Reinhard Sieder

Patchworks –
das Familienleben getrennter Eltern und ihrer Kinder

Mit einem Vorwort von Helm Stierlin

Klett-Cotta

Hinweis zur Transkription: Die Tonbandaufnahmen und die vollständigen Transkriptionen befinden sich im Privatarchiv des Autors. Die Transkription der Tonbandaufnahmen folgt der Regel, dass aufzuschreiben ist, was gehört werden kann. Für die Zitate im Buch wurde die Schreibweise immer dann der Schriftsprache angenähert, wenn sonst Verstehensprobleme zu erwarten wären. Die Sonderzeichen in den Zitaten aus den Transkripten der Interviews bedeuten folgendes:
Einfache Schrägstriche (/) bezeichnen den Abbruch und danach erneuten Beginn der Aussage durch den Sprecher. Doppelte Schrägstriche (//) bezeichnen den Abbruch ohne zweiten Anlauf des Sprechers, die Aussage weiterzuführen. Gleichheitszeichen (Komm=mir=nicht) bedeuten den unmittelbaren Anschluss von Worten. Gedankenstriche (--) bedeuten Sprechpausen, je Gedankenstrich etwa eine Sekunde. Die Kursivsetzung von Worten oder Wortteilen bedeutet, dass diese vom Sprecher auffällig betont wurden. Unverständliche Äußerungen stehen in leeren Klammern ( ). Übertragungen in die Schriftsprache und Erläuterungen und Bemerkungen zu nonverbalen Ausdrücken stehen in doppelten Klammern ((lacht)). Auslassungen werden durch .... markiert. Selbstlaute mit Doppelpunkt (a:ber) wurden vom Sprecher auffällig gedehnt.

Klett-Cotta
www.klett-cotta.de
© J. G. Cotta'sche Buchhandlung Nachfolger GmbH, gegr. 1659,
Stuttgart 2008
Alle Rechte vorbehalten
Fotomechanische Wiedergabe nur mit Genehmigung des Verlags
Printed in Germany
Schutzumschlag: Roland Sazinger
Foto: © Fotolia / Marvin Gerste
Gesetzt aus der Minion von Typomedia GmbH, Ostfildern
Auf säure- und holzfreiem Werkdruckpapier gedruckt und gebunden von
fgb – freiburger graphische betriebe
ISBN 978-3-608-94506-5

Bibliographische Information der Deutschen Nationalbibliothek
Die Deutsche Nationalbibliothek verzeichnet diese Publikation in der Deutschen Nationalbibliographie; detaillierte bibliographische Daten sind im Internet über <http://dnb.d-nb.de> abrufbar.

Inhalt

Vorwort von Helm Stierlin

Dieses Buch richtet sich nicht nur an Psychotherapeuten, Soziologen und Pädagogen. Es dürfte auch viele Menschen interessieren, die selbst von Trennungen betroffen sind. Das sind einmal Eltern, die sich nach der Geburt ihrer Kinder trennen, aber weiter Eltern dieser Kinder bleiben und sich dann oft auf eine neue Elternschaft mit einem neuen Partner einlassen. Zu den Betroffenen zählen auch Erwachsene, die die Trennung ihrer Eltern miterlebt haben. Die Zahl der derart von Trennungen Betroffenen nimmt in westlichen Ländern weiter zu.

Ich kenne kein Buch, das diese Thematik so umfassend und zugleich so differenziert und vorsichtig angeht wie das vorliegende Werk. Es vermittelt, wie sich in der heutigen »Moderne in der Moderne« Vorstellungen, die wir mit Familie und intimer Paarbeziehung verbinden, laufend wandeln. Und es weist überzeugend nach, dass es sich dabei vielfach um Mythen handelt, die sich kulturellen Gegebenheiten und Zwängen verdanken. Dazu gehören etwa Mythen, die die romantische Liebe oder auch die Familie als bereits biologisch angelegte Bastionen von Ordnung und Stabilität verklären. Dazu gehört aber auch der Mythos, dass eine Trennung der Eltern unweigerlich auf Kosten der davon betroffenen Kinder gehe und deshalb wenn irgend möglich eheliche Treue ohne Wenn und Aber geboten sei.

In sechs sehr detaillierten Fallstudien zeigt der Autor, dass die Trennung der Eltern in nicht wenigen Fällen die Entwicklung der Kinder schwer belastet. Aber dem stehen andere Fälle entgegen, in denen Kinder im Verlauf der Trennung und in den Jahren danach Erfahrungen machen können, die ihnen zu mehr zwischenmenschlicher Sensibilität verhelfen und ihrer Entwicklung insgesamt zugute kommen. Das gilt allerdings überwiegend für die Kinder von Eltern mit höherem Bildungsniveau. Der Autor zeigt auch, wie viele Frauen und Männer aus ihrer Trennung neue Erfahrungen gewinnen und neue Kompetenzen entwickeln, von denen letztlich nicht nur sie selbst, sondern auch ihre Kinder profitieren.

Dabei hat es der Autor nicht nur verstanden, seine Falldarstellungen und eine erstaunlich umfangreiche Literatur in einer guten Komposition zusammenzuführen. Er lässt die Fallgeschichten streckenweise auch so lebendig werden, dass sie sich fast wie ein Roman lesen. Dabei hinterfragt er doch immer wieder die Methoden und den Erkenntniswert seiner Analysen. Kein Wunder also, dass ich dieses Buch in die Hände vieler Leserinnen und Leser wünsche.

I. Die Sehnsucht nach Intimität

Wie viele Mythen wirkt auch der abendländische Familienmythos in zweifacher
Weise: Zum einen hält er Frauen, Männer und Kinder in seinen betörenden Bildern
gefangen. Zum anderen aber verdeckt er die Fraglichkeit dessen, was er verspricht.
Die Wahrheit des Mythos ist Fiktion. Nur eine Fiktion kann von den zahlreichen,
verschiedenen und sich ständig verändernden Wirklichkeiten ein einziges starkes Bild
der ›Familie‹ abstrahieren: Mann und Frau leben als Paar mit ihren Kindern glücklich
unter einem gemeinsamen Dach. Hinzu tritt – verstärkt seit der Zeit der romantischen Empfindsamkeit um 1800 – das Motiv, die Liebe zwischen Mann und Frau
verbinde sich mit der Liebe zu den gemeinsamen leiblichen Kindern. Durch die Verdoppelung der Liebesbindung sei ein vorzeitiges Ende des (heterosexuellen) Paares
abzuwenden und dauerhaftes Glück zu erlangen. Während ältere, großteils romantisch verklärende Erzählungen über die »Großfamilien« von drei Generationen unter
einem Dach beinahe schon verblasst sind, taucht der Begriff neuerdings in völlig
neuer Bedeutung auf: Getrennte und eventuell wieder gebundene Eltern leben mit
ihren Kindern in zwei oder mehr Haushalten ein multilokales »Großfamilien«-Leben
(Szczesny-Friedmann 1996). Vor allem aber beschwört die westliche Moderne den
Familien*kern*. Als ›Kern‹ wird eine nicht weiter teilbare, kleinste soziale Einheit der
Gesellschaft bezeichnet, deren vornehmste Aufgabe es sei, neues Leben entstehen und
wachsen zu lassen. Die europäische Aufklärung, die west-christlichen Kirchen, die
Familienpolitik und die Humanwissenschaften konstruieren die ›Kernfamilie‹ aber
nicht nur als Anfang und Pflegestation allen Lebens, sondern auch als *den* Ort des
Glücks. In staats-, bevölkerungs- und wirtschaftspolitischer Perspektive hingegen
interessiert an ihm vor allem, dass er neue Generationen von Staatsbürgern und
Arbeitskräften hervorbringt. ›Aufzucht‹ und ›Erziehung‹ der Kinder in der ›Kernfamilie‹ führen der Nation ihren Nachwuchs zu. Erst in der jüngst verschärften demo-
grafischen Krise setzen die Länder des Westens auch auf die kinderreicheren Familien
der Zuwanderer aus Ost- und Südosteuropa und außereuropäischen Ländern, freilich
nicht ohne den Kommentar der politischen Rechten, dies bedrohe das ›eigene Volk‹.
Man benötige ›eigenen Nachwuchs‹.

Die Hoffnung auf das im Mythos versprochene Beziehungs- und Elternglück fordert den Arbeits- und Leistungswillen der Männer und Frauen heraus. Wenn sie ihre
Kinder zu Fleiß, Zielstrebigkeit, Ausdauer und Patriotismus erziehen, schaffen sie die

nächste Generation von Arbeitskräften und Staatsbürgern, ganz so wie es der national-politische und der ökonomische Diskurs von ihnen verlangen. Das ist auch der von staatlichen und kommunalen Instanzen, Kirchen und Wissenschaften erwünschte, beschriebene und kontrollierte Effekt »verantworteter Elternschaft« (Kaufmann 1995). Doch was Frauen und Männer an den *Mythos* Familie glauben lässt, ist weniger dieser ordnungs- und bevölkerungspolitische Aspekt als vielmehr die Hoffnung, sich selbst und ihren Kindern ein »gutes« oder »besseres« Leben möglich zu machen. Diese Hoffnung ist die imaginäre Seite der Transformation von traditionalen Armuts- und Überlebensgesellschaften in Konsum- und Leistungsgesellschaften des westlichen Typs.[1] Eine Hoffnung gestaltet also die westliche Moderne und auch ihre jüngste Phase, die sogenannte zweite Moderne, maßgeblich mit: die Hoffnung auf ein gutes Familienleben. Sie ist eine, vielleicht sogar *die* Wunschmaschine[2] der westlichen Welt.

Auch wenn sich Frauen und Männer in ihrem Zusammenleben vorwiegend aus ihrer Sehnsucht nach einer glücklichen Intimität in der Paarbeziehung wie in der Elternschaft motivieren, werden sie deshalb nicht frei von Gewalt, Macht und Dominanz. Der westliche Familienmythos gibt das auch gar nicht vor, doch erzählt er nur von *legitimer* Gewalt und *guter* Macht. Mutter und Kind, so verspricht er, leben sicher und geborgen unter dem Schutz eines leistungsstarken, verlässlichen und wehrhaften Familienvaters. Dieser westliche Typus des Patriarchats ist nicht stellungs-, sondern funktionsdefiniert. Kann der Mann die körperlichen und psychischen Kräfte zur Führung des Hauses nicht mehr aufbringen, übergibt er die Führungsmacht schon zu Lebzeiten an einen Nachfolger, oder sie wird ihm entrissen. Hingegen behält der ost- und südosteuropäische Patriarch die Führungsmacht unbehelligt bis zu seinem Tod und sogar danach, wenn er als Ahne verehrt und angerufen wird. Unter dem Dach eines Patriarchen zu leben ist für die Mehrheit der Frauen und Kinder im europäisch-nordamerikanischen Westen bis in die 1970er Jahre beinahe ohne Alternative. Es bleiben nur Anstaltshaushalte wie das Kloster, das Armenhaus oder – für Kinder – das Waisenhaus. Die dunkle Erinnerung daran spricht noch, wenn Frauen im ehelichen Streit sagen: »Dann geh ich ins Kloster!« Erst seit Frauen zahlreich über eigene Erwerbseinkommen und Vermögen verfügen und damit von Männern unabhängige Formen des Familienlebens, der Freizeit, des Konsums und der Geselligkeit organisieren können, wird das Patriarchat unnotwendig, ja hinderlich. Mit einem Mann unter einem Dach zusammenzuleben wird zu einer freien Entscheidung, die auch revidiert werden kann. Viele junge Paare vereinbaren, nicht mehr patriarchalisch, sondern egalitär zusammenzuleben. Dass sich Männer dennoch weiterhin häufig wie Patriarchen benehmen und Frauen sich mitunter nach dem guten Patriarchen sehnen, zeigt, dass die über Jahrhunderte ausgebildeten und diskursiv transportierten

Muster des Fühlens und Sehnens bei beiden Geschlechtern zählebiger sind als die sozialökonomischen Verhältnisse. Dass sie gleichsam ›tiefer‹ sitzen im Psychosystem der Personen als das Denken und Handeln, wird uns noch mehrmals beschäftigen.

Um 1800 wird nach den für viele bedrohlichen Herausforderungen der Aufklärung und der Französischen Revolution, die Freiheit und Gleichheit gefordert haben, die christliche Urfamilie von Nazareth überaus populär (Koschorke 2001; Lutterbach 2003). Sie heiligt die ›Kern‹-Familie von Vater, Mutter und Kind. Ihre Protagonisten bleiben lange Zeit prototypisch: Der Mann geht fleißig seiner Arbeit nach; die Frau sorgt für das Kind und ihren Mann und leidet stumm; das unschuldige Kind zieht alle Hoffnung nach Erlösung auf sich. Im 19. und 20. Jahrhundert fokussieren auch die Human- und Medizinwissenschaften die Ernährung, Pflege und Erziehung des Kindes durch seine Eltern (Schütze 1991; Honig u. a. 1999). Das christliche Familienbild, die modernen Wissenschaften sowie die Bevölkerungs-, Familien- und Sozialpolitik bestärken einander wechselseitig darin, die Gestaltung der Elternschaft zu kontrollieren und die Liebe des (Eltern-)Paares in den Rang der wichtigsten Bedingung einer glücklichen Kindheit zu heben (Schülein 1994, 2002).

Gemessen an den Forderungen und Werten der europäischen Aufklärung des 17. und 18. Jahrhunderts ist das christliche Familienbild in vieler Hinsicht restaurativ. In einigen Aspekten und im Vergleich der drei abrahamischen Religionen (Judentum, Christentum und Islam) ist es aber auch relativ emanzipierend und modernisierend. Der starke Partner der christlichen Kirchen in der Durchsetzung ihres Familienbildes ist die literarisch-philosophische und alltagskulturelle Bewegung der europäischen Romantik, die »Zeit der Empfindsamkeit« um 1800: Mit der romantischen Konzeption der Liebe des bürgerlichen und kleinbürgerlichen Ehepaares *und* seiner Elternliebe verstärkt sich der christliche Einfluss auf das Familienleben. Das nun gleichermaßen christliche wie romantische Familienmodell wird trotz seiner inneren Widersprüche hegemonial. Es legt die Frau auf die Aufgaben der Ehefrau, Hausfrau und Mutter fest und motiviert den Mann, nicht nur fleißig zu arbeiten, sondern auch ein guter ›Hausvater‹ zu sein, der seine Frau, seine Kinder, seine Lehrlinge und Dienstboten erzieht. Die (Selbst-)Erziehung des ›guten Patriarchen‹ erfolgt über Texte und Bilder in den populären Massenmedien der Zeit. Um das hochsensible System des Hauses, der Familie, der Ehe und der Elternschaft durch ›Fehltritte‹ nicht zu gefährden, formuliert die christliche Theologie die Pflicht zur Versöhnung jener Ehegatten, die sexueller Begierde gefolgt und einander untreu geworden sind. Schon die mittelalterlichen Theologen zeichnen ein Bild der Ehe, in der »Wüstenzeiten« auf »Oasenzeiten« folgen. Auch das lateinische Wort *coniugium* spiegelt diese Einschätzung wider, bezeichnet es doch zunächst das Joch, unter das Mann und Frau zusammengespannt sind (Gruber 2003, 26 f.). Nur der *reuelose* Verstoß gegen die Tugenden des Gehorsams und der Keuschheit, so raunen es ihre Erzählungen, wird über kurz oder lang mit Unglück, Leid, Erkrankung und Tod, aber auch mit Seelenqualen vor und nach dem Ende des Lebens bestraft. Früher als weltliche Instanzen entwerfen die west-christlichen Kirchen die Ehe als eine freie und individuelle Verbindung von Mann und Frau, die sich primär auf Gattenliebe gründet und nicht auf das vernünftige Kalkül wirtschaftlicher oder politischer Arrangements zwischen Familien und Clans. Das Konzept der Gattenliebe sieht zwar sexuelle Leidenschaft und ein verliebtes Schwärmen der Ehegatten füreinander nicht vor, doch bereitet es dem romantischen Liebesideal und der Liebesehe dennoch den Weg. Überdies treibt der christliche Entwurf der Elternschaft die Idee der ›richtigen‹ Erziehung voran, im Elternhaus wie in der Schule; eine Idee von langer Dauer. Noch was die Bildungsökonomen in der zweiten Hälfte des 20. Jahrhunderts die »Ausschöpfung der Begabungsreserven« nennen werden, *legitimiert* sich aus dem zunächst christlich und romantisch motivierten Anspruch des Kindes auf bestmögliche Erziehung. Nach Widerständen von Eltern und Unternehmern, die auf die Arbeitskraft der Kinder nicht verzichten wollen, findet die Idee im zwanzigsten Jahrhundert breite Zustimmung. Dennoch dauert es bis in die 1960er und 1970er Jahre, dass Nachteile der Kinder auf dem Land und Benachteiligungen der Mädchen im Zugang zu Bildung und Ausbildung abgebaut werden.

Die patriarchale Herrschaft im Haus bleibt bis ins zwanzigste Jahrhundert der sozial-kulturelle Prototyp vieler Institutionen: Klöster, Asyle, Arbeitshäuser, Gefängnisse, Krankenhäuser, Handwerksbetriebe und noch die ersten industriellen Unternehmen werden dem patriarchal geführten Haus nachgestaltet. Redeweisen und Metaphern, aber auch die vielfach bezeugten Praktiken lassen keinen Zweifel daran, dass das west-christliche Modell patriarchaler Herrschaft die Kommunikation in all diesen Institutionen motiviert und reguliert. Auch Herrscher, Regierungschefs und Parteipolitiker benutzen den patriarchalen Code. Erst in den letzten Jahrzehnten verliert er durch die Veränderungen des privaten Lebens, die Durchsetzung neoliberaler Wirtschaftsgesinnung, die Dominanz der Finanzmärkte und die Erwerbsarbeit der Frauen seine motivierende und regulierende Kraft. Im privaten Leben weicht er dem Code der egalitären, geschlechter- und sexualdemokratischen Partnerschaft von Mann und Frau, der auch für einen Teil der gleichgeschlechtlichen Paare orientierend wird. Die Attitüden des patriarchalen Unternehmers finden sich fast nur noch im Kleingewerbe und in Familienbetrieben, die sich aus diesem Motiv oft noch immer als christlich verstehen. Den Managern der börsennotierten und multinationalen Unternehmen und den Shareholdern und Finanz-Jongleuren hingegen ist patriarchale Verantwortung fremd. Diese Veränderungen erfolgen schneller, als sich die davon betroffenen Menschen re-orientieren können, und lösen Verunsicherung aus.

Die (west-)europäische Gesellschaft, über viele Generationen durch und durch (westlich-)patriarchalisch geprägt, entlässt ihre ›Kinder‹ in eine Welt, die patriarchalen bzw. paternalistischen Schutz kaum mehr gewährt. Ein Streiflicht in die Geschichte des 20. Jahrhunderts soll diesen historischen Vorgang etwas genauer belegen.

Nach dem Zusammenbruch des Deutschen Kaiserreichs und der österreichisch-ungarischen Monarchie um 1918 wird der egalitär-revolutionäre, kommunistische Gegenentwurf einer Gesellschaft der Gleichen (›Räte‹-Republiken in Bayern und Ungarn, Bestrebungen dazu auch in Österreich) aus dem egalitären Verhältnis der Geschwister abgeleitet. Doch diese offene Revolte klagt, genauer besehen, das veruntreute Prinzip des westlichen Patriarchalismus ein: Die revolutionär gestimmten Soldaten, Arbeiter und Arbeitslosen entidealisieren und dämonisieren ihre adligen, militärischen und klerikalen ›Väter‹, ja sie degradieren sie buchstäblich, wenn sie den heimkehrenden Offizieren die Kokarden und Rangabzeichen von den Uniformen reißen. Sie klagen, die patriarchalen Autoritäten an der Spitze des Staates und seiner Armeen hätten den Tod von Millionen »Söhnen« verschuldet und weder »das Haus« (das Reich) noch die Nahrung seiner Bewohner sichern können. Damit hätten sie jeden Anspruch auf Führung und Herrschaft verloren. Die »vaterlos« Gewordenen (der Begriff findet sich erstmals bei dem Freud-Schüler Paul Federn, s. Federn 1919) besetzen für kurze Zeit Fabriken und Werkstätten, aber auch Schlösser und Jagdgründe der Monarchie. Doch nur für kurze Zeit bleiben die von ihren ›Feinden‹ wie von ihren ›Vätern‹ Geschlagenen *vater- und führerlos*. Viele suchen und finden bald neue ›Väter‹ in den faschistischen, falangistischen und nationalsozialistischen Führern. Der Protest gegen den monarchisch-militärischen Paternalismus um 1918 – weniger eine politische denn eine moralische Rebellion – bleibt eine Episode. Die neuen Führer legitimiert nicht mehr patriarchale Güte, sondern Militanz: Aggressiv nach innen und außen versprechen sie, das Versagen der alten Patriarchen zu sühnen und das von ihnen mitverschuldete Unrecht zu revidieren. Dollfuß, Hitler, Franco, Mussolini, Horthy sorgen für »Arbeit und Brot«. Einige versprechen auch die Ausweitung des »Lebensraumes« und die Vertreibung oder die Ausrottung alles »rassisch Fremden«. Nur ein patriarchal ›geordnetes Haus‹ – hier Metapher für Familie und Staat – schütze vor dem Angriff der »Fremdrassigen« auf das »eigene Blut«.

Die 1950er und 1960er Jahre stehen im Zeichen einer möglicherweise letzten Transformation des (westlichen) Patriarchats: Gefragt sind nun wieder »gute Patriarchen«, doch ihre ›Güte‹ gründet nicht mehr so sehr auf Glaube, Tradition oder Militanz als auf Leistung und Kaufkraft: Sie sorgen für den Wiederaufbau und für rasch wachsenden Wohlstand. Ihren Frauen und Kindern sind sie nicht mehr strenge und gefürchtete Autoritäten, sondern »mitfühlende« und »miterziehende« oder gar »neue« Väter. Ab den 1980er Jahren wird diese gleichsam *fordistisch*[3] gewendete Version des westlichen Patriarchats durch Entwicklungen auf dem Arbeits- und auf dem Gütermarkt und durch die Expansion des Bildungssystems in Frage gestellt. Angesichts verbesserter Qualifikationen entwerfen Frauen ein sinnstiftendes Berufsleben, das nicht mit der Geburt der Kinder endet oder für einige Jahre unterbrochen wird. Damit stellen sie die patriarchale Ordnung der Familie (wie auch der Politik) in Frage und fordern, die elterlichen, häuslichen und politischen Aufgaben neu (»gerecht«) zu verteilen.

Ein konsum- und leistungsorientiertes Leben wird gegen Ende des zwanzigsten Jahrhunderts immer mehr Frauen und Männern auch ohne Ehe und Familie möglich. Für besonders leistungsorientierte Typen und Phasen der Berufskarriere ist es geradezu hinderlich, Kinder zu haben, schränkt es doch die Verfügbarkeit der Arbeitskraft in den Betrieben und Konzernen und damit die beruflichen Karrierechancen ein. Immer mehr Frauen und Männer bleiben kinderlos, weil sie die hohe Belastung durch anstrengende Berufsarbeit und Elternarbeit fürchten. Viele junge, gut qualifizierte Erwerbstätige leben als Singles oder in nur schwach institutionalisierten Paarbeziehungen, weil sie sich davon mehr Bewegungsspielraum im Beruf und in der Freizeit und nicht zuletzt eine leichtere Trennung versprechen (Bachmann 1992). Auch die immer zahlreicheren Mutter-Kind-Familien (derzeit bilden sie etwa ein Viertel, bis 2010 voraussichtlich fast ein Drittel aller Haushalte, Schipfer 2001) zeigen, dass es immer weniger *notwendig* ist, mit dem Intimpartner »unter einem Dach« zu leben. Die Liberalisierung des Ehe- und Familienrechts, des Scheidungs- und des Sorgerechts trägt dem, wenn auch zögerlich und oft verspätet, Rechnung.

Jene Frauen und Männer, die sich dafür entscheiden, mit oder ohne Trauschein in einem gemeinsamen Haushalt zu leben und Kinder zu haben, geraten angesichts der gewachsenen Alternativen unter erhöhten Druck, ihr Zusammenleben nicht mehr patriarchalisch, sondern »partnerschaftlich« zu organisieren und das Gelingen ihrer Bemühungen vorrangig an diesem Kriterium zu messen. Doch hinken die ›Reformen‹ des Privatlebens den rascheren Veränderungen des Berufslebens hinterher. Sehnsüchte, Hoffnungen und Ängste sitzen gleichsam ›tiefer‹ im psycho-somatischen System als etwa logische, administrative oder technische Fertigkeiten im Beruf. Überdies sind viele Männer und Frauen unterschiedlich, ja sogar gegensätzlich an ›Reformen‹ ihres privaten Lebens interessiert. Die Beteiligung der Männer an der Hausarbeit, an der Sorge um die Kinder und an der Gestaltung des Familienlebens wird ab den 1970er Jahren zur *primären Kampfzone*[4] der Geschlechter, nicht nur in feministisch inspirierten Milieus. Die mangelnde Bereitschaft vieler Männer, sich an der Gestaltung des Paar- und Familienlebens und der Elternarbeit zu beteiligen, wird eine der Ursachen für die immer häufiger vollzogenen Trennungen und Scheidungen. In der sozial-ökonomisch avanciertesten Gesellschaft des Westens, jener der USA, setzt diese Entwicklung früher ein als in Westeuropa und führt dort zu den weltweit höchsten Scheidungsziffern.

Im westlichen Europa erscheint nun vor allem feministisch inspirierten Frauen die Familie ohne Vater, die Mutter-Kind-Familie (sowohl als ausdrücklich gewählte Form wie auch als hingenommene Folge von Trennung und Scheidung) eine Möglichkeit, sich vom vielfältigen Ungenügen des Mannes im alltäglichen Zusammenleben zu befreien (Heiliger 1993, 1994; Simsa 1994 u. a.). Andererseits übernimmt ein Teil der Männer ehemals ›mütterliche‹ Aufgaben. Die in den 1990er Jahren anschwellende Diskussion über die Rolle, Funktion und Wirkung der Väter macht deutlich: Weder der autoritäre, noch der konsumstarke Patriarch sind nun gefragt, sondern der im Alltagsleben präsente »Miterzieher« der Kinder und »Partner« der Frau. Allerdings trifft der Begriff »Miterzieher« die gewünschte Vielfalt seines Engagements kaum: Der erwünschte Mann und Vater erzieht nicht nur, sondern er versorgt auch das Kind und teilt mit der Frau und Mutter viele Tätigkeiten im alltäglichen Zusammenleben. Er beteiligt sich vom Schwangerschaftsturnen über den Kindertransport bis zur Berufswahl des Kindes an allen Facetten der Elternarbeit. Der Typus des »neuen Vaters« hingegen, der seine Vaterarbeit ebenso ernst oder noch ernster nimmt als seine Erwerbsarbeit, der also seine Vaterarbeit quasi zum (temporären) Beruf macht, ist nur für Minoritäten attraktiv. Der daraus folgende Verzicht auf einen Teil oder das gesamte Einkommen des Mannes erscheint vielen Paaren nicht gangbar (Fthenakis 1993 c, 1994, 1999; Matzner 2002, 2004). Innerhalb von zwei bis drei Jahrzehnten werden also *zwei gänzlich konträre Strategien* zur Überwindung des unpassend und illegitim gewordenen Patriarchats westlicher Art entworfen: *die Verabschiedung der Männer* aus dem Familienleben einerseits und *die Integration der Männer* in das Familienleben als egalitäre Partner der Frauen und als »Miterzieher« oder »neue Väter« ihrer Kinder andererseits. Dass dies ältere Vorstellungen von Männlichkeit (Virilität) irritieren muss, liegt auf der Hand. Die oft beredete Unsicherheit, ob Männer zugleich »männlich« und in postpatriarchaler Weise »väterlich« sein und »partnerschaftlich« mit Frauen und Kindern zusammenleben können, resultiert daraus. Nicht zuletzt wachsen damit auch Zweifel an der romantischen Liebe, die trotz diverser Modifikationen in den letzten zweihundert Jahren nicht völlig frei ist von patriarchalen Zügen (s. Kapitel 2).

Am Rande sei angemerkt, dass die Idee (sic!) des »guten und mächtigen Vaters« noch nicht bedeutungslos ist. Im Gegenteil: Während ein wie auch immer reformiertes, abgemildertes Patriarchat seine materiellen und kulturellen Grundlagen verliert, bleibt die Sehnsucht nach dem ›idealen‹ Vater, der Halt und Orientierung gibt und das Beste zum Wohl seiner Angehörigen ohne große Konflikte durchzusetzen vermag, weiter in Kraft. Das Imaginäre ist deutlich zählebiger als das Reale und das Symbolische, um die Begriffstriade Lacans zu benutzen (Lacan 1994, 2003; zur Einführung Pagel 2002). Gemessen an der zählebigen Sehnsucht werden aber auch die »miterziehenden« und sogar die »neuen« Väter letztlich enttäuschen. Die Sehnsüchte, die sich auf Väter und Mütter richten und dann oft auch auf Lebens- und Ehepartner übertragen werden, sind weder vollständig noch dauerhaft zu befriedigen. Dass der ersehnte und der wirklich erlebte Vater *niemals* völlig zur Deckung gelangen, ist eine nur mühselig zu erlangende Einsicht. Analoges gilt für das Verhältnis der imaginären und der realen Mutter.

Zwar verändern Mann und Frau immer wieder ihre Lebensentwürfe und ihr Handeln als Intimpartner, als Mutter und Vater, auch als Großmutter und Großvater. Doch bei all ihrer Lernfähigkeit geben nur wenige das ›zeitlose‹ Glücksversprechen des Familienmythos auf. Es ist auch nicht abzusehen, welche Hoffnung an seine Stelle gesetzt werden könnte. Für viele, die sich trennen, liegt deshalb die Deutung nahe, nicht das Ideal einer glücklichen Ehe oder Lebenspartnerschaft und nicht das Ideal der Familie, sondern der konkrete Partner sei zu revidieren. Mit einem neuen Partner oder mit einer neuen Partnerin sei der Wunsch nach einer glücklichen Intimbeziehung und einem glücklichen Familienleben vielleicht doch noch zu erfüllen. Oft sind es erwerbstätige Frauen, die dieser Hoffnung auch die entsprechenden Taten folgen lassen. Die Mehrzahl aller Trennungen und Scheidungen wird von erwerbstätigen Frauen initiiert (Zartler, Wilk, Kränzl-Nagl 2004). Sie sind früher und stärker motiviert als Männer, einen für sie unbefriedigend gewordenen Zustand der Paarbeziehung zu verändern und allenfalls zu beenden. Zunehmend enttäuschende Partner werden von ihnen besser heute als morgen ›entlassen‹, denn Zeit haben auch erwerbstätige Frauen im erheblich beschleunigten Kapitalismus nicht zu verlieren. Dass Frauen und Männer in der zweiten Moderne, was immer sie beschleunigt tun, kaum Zeit gewinnen, steht auf einem anderen Blatt.

Woher kommen jene enormen Energien, die in Ehe und Lebenspartnerschaft, Familie und Elternschaft im ersten, zweiten oder dritten Versuch investiert werden? Eine mögliche Antwort bietet die psychoanalytische Theorie. Ihren Ausgang nimmt sie bei Sigmund Freuds Überlegung, das Bedürfnis geliebt zu werden, beginne mit dem ersten Schrei des Neugeborenen nach Nahrung oder sogar schon im »Mutterleib, die erste, wahrscheinlich noch immer ersehnte Behausung, in der man sicher war und sich so wohl fühlte« (Freud 1982, IX, 221 f.). Mit anderen Worten: Die anthropologische Lage des Menschen, in den ersten Lebensjahren auf die liebevolle Zuwendung signifikanter Anderer[5] angewiesen zu sein, erzeugt eine tiefe Sehnsucht, die den Menschen bis zu seinem Sterben nicht mehr verlässt. Sie stimuliert die (kulturell codierte) Liebe zum Intimpartner, die (kulturell codierte) Liebe zum Kind und die (kulturell codierte) Liebe zum Elternteil. Sie verhindert aber nicht die mögliche Verkehrung der Liebe in Hass und auch nicht, dass Menschen Gewalt ausüben, in Partnerschaft und Ehe, gegenüber Kindern und in der politisch oder militärisch organisierten, gelenkten oder ›spontan‹ agierenden Masse, bis hin zu Terror und Genozid. Wie ist das möglich? Die genannte Sehnsucht ist moralisch und ethisch blind. In psychoanalytischer Sicht ist sie eine »Sehnsucht nach dem Ganzen«, »… mystischer Abgrund der affektiven Verschmelzung«, die »soziale Utopie einer totalitären Bevormundung«, die »alle Formen des Heimwehs nach einem vor der Geburt verlorenen Paradies« in sich birgt, wie auch die »dunkelsten Strebungen zum Tod« (Lacan 1994, 53). Was sie bewirkt, hängt davon ab, mit welchen sozialökonomischen Kräften und politischen Utopien sie sich in der Gesellschaft, in einer Partei oder Bewegung und im einzelnen Leben verbindet. Im christlich geprägten Westen nimmt sie, wie eingangs gezeigt, sichtbar *Gestalt* an in der Triade von Vater, Mutter und Kind, die einander lieben, zuverlässig umsorgen und noch im körperlichen und geistigen Verfall auf den Tod hin trösten und pflegen. Doch unter den Bedingungen des irdischen Lebens ist diese Sehnsucht nicht vollends zu erfüllen. Schon die erste Liebe des Lebens, die Liebe zu einem Elternteil, muss in ihrer vollständigen, psychischen und körperlichen Erfüllung zurückgewiesen werden – so Freuds Theorie von ihrem (partiellen) Untergang im ödipalen Konflikt. Dies aber erzeuge eine fortgesetzte Suche nach der verlorenen Liebe, die ihren illusionären Charakter weiter behält. Die psychoanalytische Theorie vermag so zu erklären, warum sich sehr viele Menschen nach dem Verlust einer Liebe neuerlich auf die Suche nach der Liebe machen. Und auch, warum der einmal geliebte Partner abgewertet oder sogar dämonisiert und gehasst wird (Eiguer u. Ruffiot 1991). Dass dies nach der Trennung des Paares vielfältige Schwierigkeiten in der Elternarbeit erzeugt, werden die Fallstudien zeigen (Kapitel 4 bis 9).

Aber auch im zweiten Subsystem der Familie – in der Eltern-Kind-Beziehung – erfüllen sich die Sehnsüchte nicht. Das Kind darf nicht nur geliebt, es muss auch diszipliniert und erzogen, auf die Härten der Schul- und Arbeitswelt vorbereitet und ihnen ausgesetzt werden. Zu seiner Erziehung, Bildung und Disziplinierung ist die fortgesetzte *Sublimierung* affektiver und sexueller Antriebe in kulturelle Leistungen erforderlich. In psychoanalytischer Sicht erscheint ›die Familie‹ also mit ihren beiden Subsystemen – dem intimen Paar und der Eltern-Kind-Beziehung – als jener besondere Ort, an dem die Sehnsucht nach restloser Geborgenheit und grundloser Liebe *genährt* wird, aber immer auch mehr oder minder *enttäuscht* werden muss.

Gesellschaften des modernen westlich-kapitalistischen Typus benötigen leistungs- und konkurrenzfähige Menschen. Dieser Bedarf ist dynamisch und wirkt dynamisierend. Die Gewöhnung an Leistung und Konkurrenz beginnt nun schon seit Jahrzehnten mit der Förderung der Säuglinge und Kleinkinder und setzt sich in den Kindergärten, Kinderläden und Kindergruppen und in allen Schul- und Bildungseinrichtungen fort. Auf dem Arbeitsmarkt, im sportlichen Wettbewerb, in den Künsten und Wissenschaften müssen sie sich bewähren. Nicht zuletzt sollen Kinder einen Teil der Lebenshoffnungen ihrer Eltern realisieren. Fast nichts erregt die Leidenschaft der Eltern mehr als der Gedanke einer erfolgreichen Zukunft ihrer Kinder. Ob den Kindern daraus Schwierigkeiten, Überforderungen oder Konflikte erwachsen, ist eine Frage des Grades und der Angemessenheit der Anforderungen, der Belohnung ihrer Leistungen und des daraus zu gewinnenden Selbstwertgefühls. Helm Stierlin u. a. unterscheiden Konflikte zwischen unvereinbaren Aufträgen, Loyalitätskonflikte und Konflikte aus der Unvereinbarkeit des Auftrags mit Werten der Gesellschaft (Simon, Clement, Stierlin 1999, 62 ff.). Auch jenes Kommunikationsmedium, das nun schon seit Jahrzehnten in jedes Wohnzimmer und neuerdings auch schon in viele Kinder- und Jugendzimmer dringt, das Fernsehen, trimmt seine Unterhaltungssendungen verstärkt auf die sukzessive Ausscheidung der Verlierer und die tränenreiche Krönung der Sieger. International vertriebene Sendeformate (»Big Brother«, »Starmania«, »Dancing Stars«) sozialisieren ihr Massenpublikum ›spielerisch‹ und beteiligen es daran über das *voting*. Auch so wird verinnerlicht, Andere wie sich selbst nach der erbrachten Leistung zu beurteilen, für die Leistung zu lieben und – sich von den Verlierern zu trennen. So ist auch zu erklären, warum sich der Familienmythos selbst jenem zynischen Narzissmus erfolgreich widersetzt, der nun schon seit einigen Jahrzehnten grassiert und zur Grundstimmung der zweiten Moderne geworden ist. Je mehr sich die Individuen in allen Lebensbereichen der Forderung nach Leistung, Wettbewerb und Konkurrenz und der zunehmenden Versachlichung und Konkurrenzförmigkeit ihrer Arbeitsbeziehungen unterworfen finden, desto drängender wird ihre Hoffnung auf Geborgenheit, Zugehörigkeit und Intimität an einem vermeintlich ganz ihnen gehörenden Ort. Dafür mit der Familie ein scheinbar natürliches Lebensmodell anzubieten ist die nährende und stärkende Seite des Familienmythos.

Was aber geschieht, wenn das konkrete Leben an irgendeinem Punkt abbiegt von der Erfolgsspur, um es im Zeitgeist zu formulieren? Was, wenn eine Ehe oder eine intime Beziehung getrennt oder geschieden werden? Verliert der Mythos dann seine Glaubwürdigkeit? Wie ich zeigen werde, fallen die Antworten verschieden aus. Während die einen skeptischer und vorsichtiger werden und Alternativen zu einem Leben in Ehe und Familie erwägen, glauben die anderen weiterhin an den Mythos. Sie führen ihr Scheitern auf Schwächen und Fehler des Partners zurück, der gegen Abmachungen, Regeln und Normen verstoßen habe. Die Personalisierung des Scheiterns als *Schuld* lässt den Mythos weitgehend unbehelligt. Bald suchen die Getrennten mit der alten Sehnsucht nach neuem Glück. Erst in den letzten drei bis vier Jahrzehnten wird dieser Zusammenhang eher durchschaut, weil sich mit der Häufung der Trennungen die darum geführten Diskussionen intensivieren. Doch den Familienmythos als solchen zu erkennen und zu bezeichnen setzt ihn noch nicht vollends außer Kraft.

Wie soziologische und psychologische Untersuchungen (Heiliger 1993; Niepel 1994; Amato 1999; 2000; Arditti 1999; Hope, Power u. Rodgers 1999 u. a.) belegen, glaubt ein Teil der Frauen, die eine Zeit lang in Eineltern-Familien leben, ohne das dauernde Mitwohnen eines Mannes und Vaters Defizite anzuhäufen. Dem Kind könnten ›wesentliche‹, ›natürliche‹ und für seine ›normale‹ soziale, kognitive und geschlechtliche Entwicklung notwendige Erfahrungen vorenthalten werden. Auch viele Väter, die einen Familienhaushalt verlassen, fürchten ihren Kindern nachhaltigen Schaden zuzufügen. Und tatsächlich steht damit das junge Projekt einer *aktiven* Vaterschaft auf dem Spiel. Wenn dann Frauen, Männer und Kinder neue Familien (Folgefamilien) bilden, führen sie die auftretenden Schwierigkeiten auf die Abweichung von den drei zentralen Motiven des Familienmythos zurück: die dauernde Liebe, die Leiblichkeit der Elternschaft und das gemeinsame Dach. In Phasen erhöhter Selbstzweifel und Unsicherheit scheint ihnen die einfache Klarheit des mythischen Denkens überzeugender als das (widersprüchliche) Wissen aller Experten. Zugleich aber verstärkt der Familienmythos ihre Gefühle von Schuld und Scham, mindert ihr Selbstwertgefühl und ihre Erfolgstüchtigkeit. So entfaltet der Familienmythos ausgerechnet dann, wenn Beruhigung und Stärkung erforderlich wären, seine beunruhigende und schwächende Kraft.

Der Familienmythos stellt die Geschichte der Gesellschaft still. Er erzählt nicht, dass Mutter, Kind und Vater in höchst verschiedener Weise in die Verwandtschaft, in das Haus, in das Dorf, in die Nachbarschaft, in die Gemeinde integriert werden und ihr Verhältnis zueinander auch davon abhängt, wie die Gesellschaft Nahrung, Arbeit, Recht und Sicherheit, Wissen und Bildung organisiert. Er erzählt nichts von Hass und Gewalt. Der Familienmythos behauptet eine einfache *ewige* Wahrheit. Und auch jene, die diesen Mythos predigen, ihn gegen das (immer unsichere) Wissen der Wissenschaften stellen und gut davon leben, reüssieren mit der Behauptung, im Besitz einer ewigen Wahrheit zu sein. Dem Mythos unterliegen auch Wissenschaftler, wenn sie behaupten, im Grunde fände sich »überall« auf der Welt nur ein einziges anthropologisches Grundmuster: Mann und Frau lieben sich, Eltern lieben ihre Kinder und Kinder lieben ihre Eltern (Goody 2000), so als könnte man durch die Reduktion der sozio-kulturellen Vielfalt auf einen einzigen biologisch fundierten, naturharten Liebes-Kern eine gemeinsame Wahrheit aller Kulturen freischälen. Wenn das »unvollendete Projekt der Moderne« (Habermas) weitergeführt werden soll, kann es nicht die Aufgabe der Sozial- und Kulturwissenschaften sein, den Familienmythos und mythisches Denken im Allgemeinen stärker zu machen als sie im Alltagsleben ohnehin sind. Ihre professionelle Aufgabe ist vielmehr die *Kritik*. Das heißt zu allererst, das Erzählte und das Ersehnte von den sozialökonomischen Wirklichkeiten des Zusammenlebens zu *unterscheiden*, ohne es zu diskreditieren. Zu diesem Zweck sammeln und analysieren sie Daten, Erzählungen, Beschreibungen und Beobachtungen. Auf diesem empirischen Weg finden sie die (unvermeidlichen) Widersprüche und Differenzen. Und sie machen erkennbar, dass sowohl die Elternschaft als auch die Intimität des heterosexuellen wie des homosexuellen Paares höchst vielfältig und kontextspezifisch gestaltet werden. Allein dies rettet einen Rest von Utopie: die Einsicht in die Möglichkeit, das intime Zusammenleben von Paaren, Eltern und Kindern qua Wissen und Reflexion zu verbessern. Die folgende sozial- und kulturhistorische Skizze soll dies an einem Aspekt zeigen, der neben der Eltern- und Kinderliebe in den letzten zweihundert Jahren wohl einer der wichtigsten für die westliche Moderne geworden ist: an den Veränderungen der Liebe zwischen Mann und Frau.

II. Eine kurze Geschichte der Liebe in der Moderne

Gleich am Beginn ihres Buches *Geschichten von der Liebe* sagt Julia Kristeva, die Liebe sei literarisch. Sie meint freilich nicht, ›die Liebe‹ bestünde nur in Texten und Bildern. Aber unter Menschen gibt es keine Liebe, die sich nicht bewusst oder unbewusst auf Texte und Bilder (das Symbolische) bezieht. Letztlich erzählen alle Geschichten der Menschheit von Liebe, und sehr oft vom »Mangel an Liebe« (Kristeva 1989, 9 ff.), mithin von einer offenbar unstillbaren Sehnsucht nach Liebe. Dass alle Welt von Liebe spricht und träumt, bringt jedoch keine zeitlose und universale Praxis der Liebe hervor. Viele meinen zwar, man könne im Singular von ihr reden, sei sie doch das Natürlichste von der Welt. Doch die sozial- und kulturgeschichtliche Forschung belehrt uns eines anderen.

2.1 Romantische Liebe

Zwei unglücklichen Liebesaffären eines hoch begabten jungen Dichters verdanken wir einen überaus einflussreichen literarischen Versuch, über die Liebe zu sprechen. Johann Wolfgang von Goethe gerät wegen seiner unverhüllten Leidenschaft für die junge Frau des Kaufmanns Brentano in einen heftigen Konflikt. Darauf zieht er sich in strengste Isolation zurück und schreibt in vier Wochen den Briefroman *Die Leiden des jungen Werther,* der 1774 erstmals erscheint. Auch die Erinnerung an eine unglücklich verlaufende Affäre des Dichters mit der Verlobten eines Gesandtschaftssekretärs in Wetzlar geht in den Text ein. Werther, der bürgerlich-empfindsame Intellektuelle, schwärmt in seinen Briefen von einem gleichsam religiösen Gefühl zu Lotte, das allerdings durch die bürgerlichen Umstände umschlägt in Schmerz und Selbstfesselung. Als er Lotte bei einem »Ball auf dem Lande« kennenlernt, warnt man ihn, sie sei schon verlobt und vergeben. Doch weigert er sich, auf die Stimme der Vernunft zu hören, wo »das Herz spricht«. Werther beklagt Lottes biedere Beziehung zu dem Geschäftsmann, der die bürgerliche »Ordnung und Emsigkeit in Geschäften« verkörpert: »Zieht ihn nicht jedes elende Geschäft mehr an als die teure, köstliche Frau?« Nach einer letzten Begegnung mit Lotte erschießt er sich an seinem Schreibtisch. Die Leserinnen und Leser werden durch die Briefform (Werther schreibt Briefe an seinen engen Freund Wilhelm) in ihren eigenen intimen Gefühlen angesprochen. Das Erlebte soll nacherlebt werden von allen, die den Text lesen. So codiert ein bereits erfolgreicher junger Literat nicht nur sein eigenes Erleben der Liebe im Umfeld *bürgerlicher* Geschäftigkeit, sondern auch das seiner Leserschaft. Er drückt aus, was zu dieser Zeit Tausende beschäftigt (Kluckhohn 1966; Greis 1991). In *Dichtung und Wahrheit* wird Goethe über die Wirkung »des Büchleins« notieren, sie »war groß, ja ungeheuer … weil es genau in die rechte Zeit traf«. Viele junge Männer erkennen sich in Werther wieder, kleiden sich wie er, und nicht wenige begehen nach seinem Vorbild Selbstmord. Hier wird ein romantisches Lebensgefühl, ein bestimmter Körper- und Kleidercode und eben auch ein Liebescode von einigen allzu wörtlich in das eigene Leben kopiert und von Tausenden spielerisch nachgeahmt. Ein »Werther-Fieber« grassiert. Es entzündet sich an der Differenz von Leidenschaft und Vernunft und markiert eine erste, exaltierte und heroische Phase der romantischen Liebe. Das naturschwärmerisch und literarisch überhöhte Begehren erzeugt ein ›heiliges‹ und ›echtes‹ Gefühl. *Romantische* Liebe fällt, wo sie hinfällt. Sie ist unkalkulierbares Schicksal. Das berechtigt die Liebenden, sich im Namen dieser Liebe gegen die gesellschaftliche Ordnung und ihre Klassenschranken aufzulehnen. Die frühe romantische Liebe ist eine ›anarchische‹ Kraft. Sie unterscheidet sich vom spielerischen Charakter und von der Delikatesse der *galanten* Liebe des höfischen Adels im 17. Jahrhundert, die die Gefahren der Leidenschaft noch spielerisch zu zähmen weiß (Steigerwald 2003).

Das Bürgertum konstituiert sich als sozial-kulturelle Klasse, indem es sich auch in seiner Façon der Liebe als besonders ernsthaft, redlich und strebsam erweist. Mit der romantischen Liebe reklamiert es allerdings ein Elixier für sich, das seine soziale und ökonomische Ordnung bedroht. Bis ins 20. Jahrhundert reiben sich romantische Liebe und bürgerliche Vernunft. Romane, Theaterstücke, Erzählungen, Memoiren und Briefe belegen die zahllosen Austragungen dieses Konflikts. So wundert es nicht, dass schon im frühen 19. Jahrhundert an der Adaption des romantischen Liebescodes gearbeitet wird: Das Leidenschaftliche und Anarchische wird deutlich zurückgenommen. Der Liebesentwurf wird an jene bürgerliche Geschäfts-Moral angepasst, gegen die Goethes Werther noch so heftig rebelliert. Die für die Jugend verfassten Ratgeber behalten einige Vokabeln und Phrasen der Verführung aus der Liebeswelt des höfischen Adels bei. Doch gemessen an den frivolen Dialogen bei Hof sind sie eher schüchtern und indirekt. Mit der Sorge um das vergleichsweise mühsam erworbene Vermögen des Bürgers wächst seine »Schamangst« (Elias 1976, 240). Anspielungen auf körperliche Lust werden zurückgenommen, die Sprache für das *innere* Erleben der Liebe hingegen wird weiter ausdifferenziert (Wegmann 1988; Sombart 1984/1911). Im mündlichen Dialog und in Liebesbriefen besprechen die Liebenden ihre Übereinstimmungen – nach Vorbildern der Literatur und nach Anleitungen, wie man ›überzeugende‹ Liebesbriefe schreibt und sein ›Innerstes‹ zur Sprache bringt (Bohrer 1987; Bovenschen 1979; Gay 1986; Frevert 1988). So bildet sich ein »affektiver Individualismus«, im puritanischen England früher als auf dem Kontinent (Stone 1977; Macfarlane 1986). Konversations-Lexika und Ratgeber kehren bald nicht mehr die rauschhafte Gefährlichkeit, sondern die bergende und beruhigende Kraft der Liebe hervor. Nach seinen Geschäften finde, so der Tenor des 19. Jahrhunderts, der rastlos geschäftige Mann bei seiner Ehefrau Ruhe und Geborgenheit: den sprichwörtlichen Heimathafen (Hausen 1976). Die Liebe zwischen Mann und Frau wird nicht mehr, wie im höfischen Adel des 17. und 18. Jahrhunderts, als aufregendes, vornehmlich außereheliches Spiel kultiviert, sondern verehelicht und verhäuslicht. Ihre Moralisierung soll – im Einklang mit den christlichen Kirchen – die Gefahren der Leidenschaft bannen und Ausschweifungen der Lust unterbinden. Der Lohn ist die Stärkung der Fähigkeiten zur Akkumulation immaterieller und materieller Werte. Dem Bürger des 19. und des frühen 20. Jahrhunderts geht es im wörtlichen und übertragenen Sinn darum, seine Ehefrau als lebendiges Eigentum zu verwahren und materielles Eigentum nur seinen *leiblichen* Kindern zu vererben. Um sich dessen einigermaßen sicher zu sein, wird die verheiratete Frau in den goldenen Käfig des Bürgerhauses verbannt, aus dem sie nur mit List und Betrug und nur für Stunden entkommen kann. Die Kinder der Bürger erfahren eine zunehmende Verhäuslichung und Pädagogisierung ihres Alltagslebens – unter der Aufsicht einer dazu vom Mann berufenen Mutter und Ehefrau. Bürgerliche und kleinbürgerliche Männer finden daher im 19. und im frühen 20. Jahrhundert, dass der derart recodierte Code der romantischen Liebe bestens zu ihren eigenen Interessen passt: Von ihren Frauen erwarten sie, aus Liebe verwöhnt und umsorgt zu werden: Arbeit aus Liebe und Liebe als Arbeit (Bock u. Duden 1977). Von ihren Kindern erwarten sie eine kindliche Liebe, die ihrem Fleiß und ihrer Akkumulation Sinn und Richtung gibt, über den eigenen Tod hinaus.

Auch die solcherart patriarchal reformulierte spätromantische Liebe wird keineswegs nur ›von oben‹ diktiert, sondern von Männern und Frauen aus praktischen Interessen angenommen, aber eben doch nur als Code, von dem sich die Praxis in jedem einzelnen Fall mehr oder minder unterscheidet. Die römisch-katholische Kirche, vollständig von Männern beherrscht, formuliert eine patriarchale Sexualmoral: Nur die Liebe der Ehegatten berechtige zum Sex; sexuelle Lust zu erleben sei generell mit dem Kinderwunsch zu verbinden (Menne 1971; Cancik 1988). Die Gläubigen und darüber hinaus alle der kulturellen Hegemonie christlicher Kirchen Unterworfenen (und das sind weit mehr als alle Gläubigen) übernehmen diese Moral insoweit, als sie ihnen zu ihren aktuellen Interessen passt. Wo sie dann doch nicht passt, finden sich Wege, die Vergebung der Sünde zu suchen (Hahn 2000, 197 ff.). Code und Praxis differieren also in unterschiedlichen Graden. Der Code *motiviert* die Akteure und stattet sie mit den Mitteln aus, ihr Begehren auf eine verstehbare Weise zu *symbolisieren*. Er gibt dem Affekt einen aussprechbaren Namen und macht ihn zum kommunikablen Gefühl. Diskurs, Norm und Gesetz *regeln* und *reglementieren* die Praxis. Aber weder Diskurs noch Norm noch Gesetz beherrschen vollends die Praktiken derer, die einander begehren und sich als Liebende sprechen. Es ist genau die Differenz von Code und Praxis, die Literaten, Komponisten, Musiker und darstellende Künstler animiert und den kulturellen Streit um die Bedeutungen der Liebe in Gang hält.

Im Namen der Liebe fordern die Liebenden voneinander Unterwerfung, aber auch Solidarität, Fürsorge und Schutz. Doch erfolgt dies nie in völliger Absehung vom Geschlecht. Bis ins späte 20. Jahrhundert ist es immer der Mann, der die geliebte Frau schützt, und es ist immer die Frau, die dem geliebten Mann dient. Dem romantischen Liebesverhältnis werden also patriarchaler Schutz und patriarchale Herrschaft eingeschrieben. Der Mann kann dies um so effizienter leisten, je höher sein Ansehen im sozial-kulturellen Milieu, in der Berufsgruppe, in der Nachbarschaft, in der Öffentlichkeit des Dorfes, der Region, der Stadt oder des Staates ist. Selbst das Motiv der guten Kommunikation wird im Bürger- und Kleinbürgertum patriarchal gefärbt. Das bürgerliche Paar soll »sich verstehen«, hätte es sich doch sonst nach der zunehmenden Separierung seiner Arbeits- und Lebenswelten nur wenig zu sagen. Und auch die Kommunikation des Paares erfolgt nicht geschlechtsneutral: Die Frau erfährt die Welt aus dem Munde des Mannes. Die Kommunikation produziert Machtdifferenz. Der bürgerliche Mann bringt das in der Öffentlichkeit, im Amt oder im Kontor seines Unternehmens erworbene Wissen nur insoweit und dergestalt in die Kommunikation des Paares ein, als es ihm hier nützlich ist und seine Machtstellung legitimiert. Die Maxime der romantischen Liebe ist zwar, dass nichts aus der Kommunikation des liebenden Paares auszuschließen wäre. Doch diese Vorstellung einer ›totalen‹ Kommunikation ist eine zweckmäßige Illusion. Wie die Fallstudien in den folgenden Kapiteln zeigen werden, bleiben vor allem in Gründungs- wie in Trennungskrisen Motive, Entwürfe und Interessen der Partner im Dunkeln. Andererseits steigert sich die Maxime der guten Kommunikation in den Anfängen einer Liebe in schwindelnde Höhen. Die Verschmelzung der Liebenden, so die zentrale Metapher aus diesem Liebeskonzept, findet im Sexualakt ihren psychosomatischen Gipfel, womit der Sexus durch Liebe geheiligt erscheint. Psychoanalytische Theoretiker halten die romantische Liebe deshalb alles in allem für ein illusionäres Programm zur Aufhebung der Einsamkeit des Menschen. Der Lernprozess eines Lebens bestünde folglich darin, den illusionären Charakter dieser Hoffnung nach und nach anzuerkennen und mit dieser Einsicht leben zu lernen (Holzhey-Kunz 2005).

Der kulturelle Code der romantischen Liebe ist keineswegs universal, sondern spezifisch für die Geschichte des Westens. Auffälligerweise fallen die ›Erfindungen‹ der Nation, des bürgerlichen Individuums und der romantischen Liebe in einer Epoche zusammen: in der Zeit um 1800, als Ideen der Aufklärung, der Französischen Revolution, der deutschen Romantik und des christlichen Kults um die Heilige Familie aufeinandertreffen und partiell in Übereinstimmung treten. Meine These ist, dass ein fortan zunehmend sich selbst überantwortetes, selbst-diszipliniertes und selbst-reflexives Individuum, das sich in eine immer konkurrenzhafter werdende kapitalistische Welt verschlagen findet, sehnsüchtiger wird nach einer bergenden und heilenden Liebe. Erhoffte der Mensch vor dieser Epochenschwelle seine Erlösung noch durch einen personalisierten Erlöser im Jenseits, wird diese Hoffnung im Lauf der letzten zweihundert Jahre zusehends »innerweltlich« (Max Weber). Geliebte Frauen und Männer sowie Kinder ziehen sie jeweils eine Zeit lang auf sich. Neben ihnen werden Einkommen und Vermögen, Dinge und diverse Liebhabereien affektiv besetzt.

Im Licht soziologischer Modernisierungs- und Individualisierungstheorien erscheint die Liebe schon als »galante Liebe« des höfischen Adels im 17. Jahrhundert, dann als »romantische Liebe« im Bürgertum wie auch in deren mehrfachen Recodierungen im Lauf des 19. und 20. Jahrhunderts als ein komplementäres Gegenstück der »Zweckrationalität«. An die Stelle von Affekten und Traditionen treten die verhandelten und legitimen Zwecke. Gab es eine Rationalität der Mittel auch in vormodernen Gesellschaften, scheint für moderne Gesellschaften kennzeichnend, dass auch die Zwecke zunehmend rational werden, sowohl im Hinblick auf die Unterwerfung der Natur als auch im Hinblick auf die Gestaltung der Gesellschaft und der öffentlichen, der halböffentlichen (innerbetrieblichen etc.) und der privaten Beziehungen. Kurz, die westliche Rationalität wird, so Max Weber (1922), zunehmend »innerweltlich«. Sie beruft sich immer weniger auf Transzendenz, etwa auf einen göttlichen Sinn der Schöpfung oder ein ewiges Leben. Den Menschen wird zunehmende Selbstbeherrschung und Selbstgestaltung aufgegeben. Die disziplinierenden und bedrohenden Instanzen sind immer weniger übergeordnete Instanzen wie Gott oder König. Der gesamte historische Prozess der Verschulung (Scholarisierung) steht im Dienst dieser Selbstbeherrschung, in deren Verlauf, wie Norbert Elias (1976) formuliert, »die Schamgrenze« steigt. In den letzten Jahren haben Soziologinnen und Soziologen – Max Weber folgend – die Liebe als eine letzte Bastion mythischen Denkens oder Glaubens in der westlichen Moderne bezeichnet (Beck u. Beck-Gernsheim 1990; Giddens 1993; Burkart 1992, 1998, 2005). Die Liebe fülle, so Ulrich Beck, eine »Sinnlücke«, die im westlichen Modernisierungsprozess entstanden sei. Doch ist sie *nicht das Relikt* eines vormodernen Zeitalters, was manche Formulierungen bei den genannten Autorinnen und Autoren suggerieren. Seit der Epoche der Empfindsamkeit war und ist sie stets auf eine zeitspezifische Weise modern, da sie immer wieder an die Verhältnisse angepasst wird. Die romantische Liebe *verzaubert* die sonst zunehmend zweckrational agierenden Männer und Frauen in ihrer ›entzauberten‹ Lebenswelt und macht sie dazu bereit, eine auf Dauer angelegte Ehe oder Lebenspartnerschaft einzugehen und sich auf eine Elternschaft einzulassen. Alle Umfragen zeigen, dass Frauen und Männer dauerhafte und verlässliche intime Beziehungen zu Wege bringen wollen. Dass sie darin immer öfter scheitern, wird zu erklären sein.

Die wachsende Zweckrationalität und der Glaube an die Liebe bringen einander, so absurd dies zunächst scheinen mag, hervor. Das Imaginäre hinter und zwischen den Symbolisierungen der Liebe gibt den Akteuren die Energie, die politisch-ökonomischen Verhältnisse nicht nur zu ertragen, sondern auch weiterzutreiben. Dennoch verhalten sich die Liebe und die Ökonomie nicht wie die nächstliegenden Elemente eines gesellschaftlichen Puzzlespiels. Im Gegenteil: Der Beginn einer neuen Liebe wie auch die Trennung eines Paares (im Namen der Sehnsucht nach Liebe oder im Namen einer neuen Liebe) führen zu vorübergehenden Störungen der sozialen und der ökonomischen Ordnung und lösen Krisen in den Akteuren aus. Sie erzeugen Einbrüche in ihrer Arbeitsfähigkeit, in ihrer Zuverlässigkeit als Eltern und nicht zuletzt im Wohlbefinden und in den Schulleistungen der Kinder. Verliebungen, Trennungen und Scheidungen erfordern körperliche und psychische Energie und erzeugen soziale und ökonomische Kosten. Sie erhöhen einerseits den Konsum (etwa durch die Erfordernis, einen Haushalt neu einzurichten) und schlagen andererseits als Kaufkraftverluste bzw. als Verluste investierten Kapitals zu Buche. In viel ärmeren Gesellschaften war dies über Jahrhunderte Anlass dazu, die Freiheit der Paarbildung einzuschränken: mit Heiratsverboten, durch die Mitsprache der Eltern bei der Partnerwahl, die christliche Sexualmoral u.a.m. Doch ab dem späten 19. Jahrhundert nimmt der *manifeste* Einfluss von Autoritäten (Eltern, Clan-Chefs, Gemeinden, Kirchen u.a.) auf die Liebeswahl der Partner ab. In der zweiten Hälfte des 20. Jahrhunderts ist die Liebeswahl in den westlichen Gesellschaften bereits weitgehend ›privatisiert‹ und ›individualisiert‹. Niemand anderer soll über die Bildung eines Paares entscheiden als die Verliebten selbst. Wie aber kann hier der Liebe (und ihren Illusionen) freier Lauf gelassen werden, während ost- und südosteuropäische wie auch viele außereuropäische Gesellschaften daran festhalten, die Partnerwahl nach sozialkulturellen, konfessionellen, politischen und ökonomischen Kriterien zu *arrangieren* oder gar Zwang auf die Akteure auszuüben?

Offenbar sorgen in rezenten westlichen Gesellschaften andere Mechanismen dafür, dass Liebes-Bindungen, die jeder sozialökonomischen Vernunft widersprechen, eher selten sind. Dazu gehört, dass die meisten Männer und Frauen einen Partner wählen, dessen sozial-kulturelles Herkunftsmilieu sie mehr oder minder gut kennen. Viele wählen ihren Partner aus derselben Region, aus derselben sozialen Klasse, oft auch aus derselben Konfession oder aus derselben Freizeitgesellschaft. Je höher die Übereinstimmung der Herkunft, der Bildung oder der Freizeitinteressen, desto höher erscheint die subjektive Sicherheit, Werte, Symbole und Modelle für die Gestaltung des Lebens zu teilen und daher keinen besonderen Aufwand der Einigung treiben zu müssen. Insbesondere einer annähernd gleichrangigen *Bildung* widmen Frauen und Männer in den letzten Jahrzehnten erhöhte Aufmerksamkeit. Dies erklärt sich daraus, dass die gute Kommunikation des Paares umso wichtiger wird, je weniger der Arbeitsalltag durch die Routinen gemeinsamer Arbeit bestimmt ist. Die Soziologie beschreibt das Ergebnis dieser Suche nach sozial-ökonomischer und kultureller Übereinstimmung der Partner als ein hohes Niveau der sozial-kulturellen Homogamie (Burkart 1998; Klein 2001; Hassebrauck u. Küpper 2002; Lenz 2003). Der Volksmund bespricht die meist ›spontan‹ oder ›intuitiv‹ hergestellten Übereinstimmungen in seiner proto-soziologischen Art: »Gleich und gleich gesellt sich gern«, womit er in diesem Fall recht hat. Hohe sozial-kulturelle Homogamie kann jedoch, wie alle Daten zeigen, ein Gelingen der Ehe bzw. der Familie nicht garantieren. Sie gewährleistet nicht, dass sich das Paar in den umkämpften Bereichen der Elternschaft, der Sexualität und der alltäglichen Hausarbeit einig ist. Und sie erspart es den Partnern nicht, sich damit auseinanderzusetzen, Divergenzen anzuerkennen, mit Kompromissen leben zu lernen und, wenn sie zu sehr frustriert oder verletzt sind, auch eine Trennung in Erwägung zu ziehen.

Mit der Eheschließung wird eine frische Liebe in die Verfassung des (klein)bürgerlichen Hauses und der Familie gezwungen. Sie verpflichtet Mann und Frau in den letzten zweihundert Jahren in patriarchaler, geschlechterspezifischer Weise und gelangt so zu einer *Doppelmoral*. Um Niklas Luhmanns Formulierung zu wiederholen: Der Mann liebt das Lieben, die Frau liebt ihren Mann (Luhmann 1982). Doch das ist bei aller Übertreibung keine überzeitliche, universale Wahrheit, sondern die mentalitätsgeschichtliche Folge von (klein)bürgerlichen Familienverhältnissen, in welche die romantische Liebe eingezogen ist. Der Mann geht in die Welt und begegnet ab und zu einer romantischen Liebe, manchmal ist es auch nur ein ›sexuelles Abenteuer‹, das ihm in einer kurzlebigen Fehldeutung als ›Liebe‹ erscheint. Die Frau bleibt zu Hause und wartet auf die Heimkehr jenes Mannes, der neben den Kindern ihre einzige Liebe (gewesen) ist. Von künstlerischen und intellektuellen Avantgarden im späten 19. und im frühen 20. Jahrhundert abgesehen, ändert sich dies erst ab den 1970er und 1980er Jahren, als Frauen – auch unter dem Einfluss der zweiten Frauenbewegung – ausziehen, das Liebesregime der Moderne in Frage zu stellen (s. u.) und damit auch diesbezüglich den Beginn einer ›zweiten‹ oder ›reflexiven‹ Moderne einzuleiten.

2.2 Pragmatische Liebe

Die romantische Liebe steigert die Sehnsucht nach dem *abwesenden* Geliebten und den Wunsch nach dem Ende der Einsamkeit in der *Verschmelzung* des Paares. Dieses Konzept trifft viele Männer und Frauen der westlichen Moderne, vornehmlich in den bürgerlichen Milieus, in ihrem kollektiven Imaginären. Doch ist dies nicht das einzige Liebes-Konzept. Andere Konzepte resultieren aus den Hindernissen und Störungen, die eine konkurrenzhafte, kriegerische, kapitalistische und patriarchale Welt der Sehnsucht nach Liebe entgegenstellt. Bis um den Ersten Weltkrieg ist ein Teil der Frauen und Männer in Westeuropa über Jahrzehnte oder für das gesamte Leben von Heirat und Ehe ausgeschlossen (s. Anmerkung 1; Mitterauer u. Sieder 1977; Mitterauer 1979; Mitterauer u. Sieder 1982; Ehmer 1991; Harmat 1999 u. a.). Städte und Gemeinden, die für die Ernährung und Versorgung der Alten, Kranken und Obdachlosen sorgen müssen, erklären Armut zum wichtigsten Ehehindernis. Besitzlose Frauen und Männer leben daher oft in informellen Lebensgemeinschaften. Doch auch dazu benötigen sie Nahrung, Einkommen und Behausung. Unstete und unsichere Arbeits-, Wohn- und Lebensverhältnisse machen zwar eine sexuelle Affäre oder eine kurze Beziehung nicht unmöglich, doch hindern sie viele, *dauerhaft* als Paar und mit ihren Kindern in einem Haushalt zusammenzuleben. Hat also der patriarchale Code der romantischen Liebe nur für die besitzenden Bürgerinnen und Bürger Relevanz?

2.2.1 Die Liebe der Ledigen auf dem Land

Auch für die Dienstboten auf dem Land, die mit ihren wenigen Habseligkeiten ein- oder zweimal im Jahr oder auch alle paar Jahre den Arbeitsplatz wechseln, hat Intimität – psychische, körperliche und soziale Geborgenheit in der nächsten Nähe eines begehrten Anderen – hohe Bedeutung. Ja oft ist sie es, die diese Arbeits-Nomaden für einige Jahre an einen Ort binden kann, obgleich sie dafür nicht den Segen der Kirche erhalten. Bauer und Bäuerin, der Gutsverwalter des Grundherrn oder der Abt einer Klosterwirtschaft müssen darum wissen. Denn als um 1800 durch die Sogkraft der neuen Industrien in vielen Regionen der Mangel an Dienstboten drückend wird, müssen sie das Begehren der Ledigen nach Intimität in ihre Personalpolitik einbeziehen. So trachtet beispielsweise ein obersteirischer Bauer in der Nähe des Erzberges zu erfahren, wer gerade die Geliebte eines besonders tüchtigen Knechts ist, den er einstellen möchte. Er richtet es ein, dass das (zwangsläufig unverheiratete) junge Paar auf seinem Hof Arbeit findet, weil dies am ehesten garantiert, dass er den tüchtigen

Knecht auch für mehrere Saisonen auf dem Hof halten kann. So sehr dieses still-schweigend geduldete, ja sogar unterstützte »Liebesverhältnis« (so die Wortwahl eines herrschaftlichen Beamten, der 1803 darüber berichtet) der christlichen Sexualmoral widerspricht, nützt es doch allen Beteiligten. Staatliches und kirchliches Gesetz, christliche Sexualmoral, regionaler Code und die Praxis des ledigen Paares differieren auch hier. Die Protagonisten wissen es und gehen je nach ihren Interessen damit um.[1] Doch um welche Art von »Liebesverhältnis« handelt es sich? Wer codiert diese ver-botene und doch geduldete Liebe? Und mit welchen symbolischen Mitteln wird sie kommuniziert?

Die Besitzlosen – die Mägde und Knechte auf den Bauernhöfen und auf den Gutshöfen der adeligen und klösterlichen Herrschaft, die Tagelöhner und auch die Heimarbeiterinnen und Heimarbeiter der »Protoindustrie« – sie alle sind des Lesens und Schreibens meist unkundig oder darin nicht geübt. *Literarische* Codierungen der Liebe rezipieren sie kaum, es sei denn in mündlichen Erzählungen, Redewen-dungen und Liedern: »Die Liebe und der Husten lassen sich nicht verheimlichen«, heißt es in Katalonien, im Limousin und im Val d'Aoste. »Wer nicht verliebt ist, muss krank sein«, sagt man in der Provence (Segalen 1990, 164 f.). Aus kastilischen Dörfern kennen wir die frivolen Wechselgesänge der Burschen und Mädchen, die sich beim Schlachtfest (kastil. *matanza*) wechselseitig zusingen, was sie einander an körper-lichen Lüsten zu bieten haben (Aichinger 2001, 55). Innerhalb der begrenzten Räume des Landes, deren Maßstab noch die Fußwanderung ist, sind also vornehmlich *orale* Codierungen wirksam. Geronnene Sprache drückt Erfahrungen aus, bezeichnet das Legitime und das Illegitime und orientiert die Praxis. Übrigens auch noch in jenen städtischen Vierteln, in die viele Jugendliche und junge Erwachsene vom Land zu-wandern, in der Hoffnung auf eine besser entlohnte Arbeit und ein bescheidenes häusliches Glück.

Die Art und Weise, wie orale Codes gebildet und verbreitet werden, unterscheidet sie deutlich von literarischen Codes. Es sind die männlichen Jugendlichen und die ledigen Männer, die ihren Umgang mit Mädchen und Frauen codieren. Das komple-mentäre, kulturell ›richtige‹ Verhalten der Mädchen und Frauen codieren sie ganz *eigennützig* mit. Bei welchen Gelegenheiten ledige Burschen an das Fenster eines Mädchens treten dürfen und wie sie Einlass begehren, dass der Sieger eines Wett-kampfes den gewonnenen Preis dem von ihm begehrten Mädchen überreicht und die Aufforderung zum Tanz unter der Linde für die Anbahnung einer Intimbeziehung symbolhaft ist, all das regeln ihre Codes, die sie der jeweils nächsten Generation weitergeben. Sind es symbolische Handlungen *ohne* Worte, ist der Körper das Kom-munikationsmedium.[2] *Geflügelte Worte* werden über das Sprechen und Singen in Umlauf gehalten. Teils überlieferte und teils neu gereimte Verse bereiten den Akteuren ästhetischen Genuss. Der Reim erleichtert ihnen das Memorieren. *Rügerituale* machen öffentlich sichtbar, dass gegen Regeln verstoßen wird, und halten die Normen im kollektiven Gedächtnis. So rügen die ledigen Burschen ältere Männer oder Witwer, die ein junges Mädchen begehren oder verführt und geschwängert haben. Sie ziehen nachts vor das Haus des Rivalen, lärmen mit Töpfen, Schellen und Kuhhörnern und fordern den Beklagten mit ihren Spottversen heraus (dt. *Katzenmusik,* frz. *charivari,* kast. *cencerrada,* engl. *rough music*). Rüge-Rituale der Burschen richten sich aber auch gegen Mädchen, die sich auf dem Kirchtag (Kirchweihefest) weigern, mit den Burschen zu tanzen oder es an Witz und Schlagfertigkeit fehlen lassen. Aus dem Kärntner Gailtal ist bekannt, dass sie noch in den 1970er Jahren von Burschen umzingelt und mit Urin bespritzt werden.[3] Sexuelles Begehren und dörfliche Macht verbinden sich mit körperlicher Gewalt. Bis heute halten die Burschen und ledigen Männer im Dorf und in der Pfarre mit diesen und ähnlichen Mitteln ihre symbolische Ordnung aufrecht. Sie verteidigen sie auch gegen Carabinieri, Guardia Civil und Gendarmen, die längst staatlichen Rechtsordnungen verpflichtet sind (Thompson 1980).

Wir sehen: Auch auf dem Land, bei den Ledigen und den Besitzlosen und auch ohne (schriftliche) Literatur wird der legitime Ausdruck des sozial-sexuellen Begehrens codiert. Doch verglichen mit den großteils literarischen Codierungen der Liebe im Adel und im Bürgertum ist die mündliche Rede über die Liebe und das verschlüsselte körperliche Gehabe in den Wettkämpfen, Ritualen und Tänzen auf dem Land weniger euphorisch und noch kaum individualisiert. Hier entsteht keine differenzierte und reflektierte Sprache, die das Einzigartige des Geliebten rühmen könnte. Die gesprochene Sprache ist nicht introspektiv, sie blickt nicht in die »Tiefe der Seele«, sondern haftet an der Oberfläche der Körper, die nicht als individuelle, unverwechselbare oder einzigartige, sondern als Gattungs-Körper besprochen werden. Mädchen und Frauen werden zum Objekt eines pragmatischen, ironischen und oft sarkastischen ›männlichen‹ Tons. Wir wissen nur wenig über die Gegenrede der Mädchen, die das Treiben der Burschen kommentieren, aber auch oral tradiertes Wissen über »die Liebe« austauschen: in der Mädchenkammer, in der Spinnstube, beim Federnschleißen, auf dem Weg zur Kirche. Es ist ganz undenkbar, dass sie keinerlei Einfluss hätten auf die Rede und Wahrnehmung der Burschen, doch bleibt er eher *diskret.* Die Redeweise der Burschen hingegen ist laut, milieutypisch und inklusiv, und so wird sie auch von »Volkskunde« und Ethnologie archiviert: Sie schließt alle ein, die der regionalen ländlichen Gesellschaft angehören. Und sie lässt in ihrer spezifischen Ironie niemanden daran zweifeln, dass die Liebe des Paares, so euphorisch sie auch hier oft beginnen mag, nur kurze Zeit dauert und bald den Beschwernissen des Lebens unterliegt.

Als im späten 19. und Anfang des 20. Jahrhunderts christliche Kirchen, staatliche

Behörden und politische Parteien beginnen, das in die Städte zugewanderte Proletariat zu ›zivilisieren‹, versuchen sie die »wilde« rhetorische und körperliche Gewalt gegenüber Mädchen und Frauen zurückzudrängen. Sie mahnen zur Mäßigung bei Alkohol und Nikotin und zu verantwortlicher Elternschaft. Auch dass Kinder so schmutzig und frei auf den Gassen und Straßen der Großstädte herumlaufen wie in den Dörfern und hier vermeintlich nur Gefährliches lernen, scheint den Pädagogen, Priestern, Politikern und Polizisten inakzeptabel. Die Gefahren erscheinen in den Diskursen der sich professionalisierenden Fürsorge, der Pädagogik und des polizeilichen »Jugendschutzes« geschlechterspezifisch: Burschen unterliegen demnach typischerweise der Verführung zur Eigentumskriminalität, Mädchen den Gefahren der sittlichen Verwahrlosung. Im eugenischen Diskurs werden ihre Umtriebe zu einer Gefahr für die Reinheit des Blutes im »Volkskörper«. Dagegen setzen politische Instanzen und christliche Kirchen den Aufbau der Kinder- und Jugendfürsorge, die Einrichtung von Kindergärten und Horten, den kommunalen Wohnungsbau, den »Normalarbeitstag« und diverse Sozialgesetze (Pirhofer u. Sieder 1982). Im Lauf von einigen Jahrzehnten rückt dann das Leben der ›Proleten‹ (der in die Städte zugewanderten Nachfahren der Besitzlosen auf dem Land) auch tatsächlich näher an die kleinbürgerlichen Sozialmilieus heran. Doch wirken die knappen Ressourcen weiterhin dämpfend und der pragmatische und ironische Ton in der Rede über die Liebe und das Sexuelle bleibt dominant. Er findet sich noch in den Erzählungen aus den 1920er und 1930er Jahren. Junge Mädchen und Frauen versuchen, dem typischen Schicksal besitzloser Frauen auf dem Land durch ihre Zuwanderung in die Stadt zu entgehen. Das folgende Zitat aus der mündlichen Erzählung eines vom Dorf in die Großstadt zugewanderten Dienstmädchens zeigt, wie die Differenz von Stadt und Land zum Lernpotenzial wird und zur allmählichen ›Verstädterung‹ der Hoffnungen und Lebensentwürfe führt:

»Soll ich ihn nehmen? Er ist ein Angestellter in der Molkerei, verdient schön. Aber er ist schon so alt. Na ja, wenn er auch älter ist als ich, deshalb kann er doch auch anständig sein. Vielleicht wird er mir nicht so rapid an die Brust greifen. Vielleicht ist das sogar gescheiter als bei Vater und Mutter. Dann werde ich nicht so viele Kinder kriegen.« (Josepha »Fini« Neumann, geb. 1902, zit. n. Sieder 2008)

So belegen mündliche Erzählungen und literarische Texte, dass in den Städten und Industriezentren im ersten Drittel des 20. Jahrhunderts der *pragmatische* und der spät-*romantische* Code der Liebe kollidieren. Arbeiterinnen und Arbeiter, Dienstmädchen und (kleine) Angestellte nehmen – wie Josepha Neumann – beide Codes wahr und räsonnieren einigermaßen unsicher darüber, welcher vorzuziehen sei: Sollen sie an soziale und materielle Sicherheit (an den Haushalt, an die Wohnung, an das Einkommen, an die Begrenzung der Zahl der Schwangerschaften und der Kinder) denken und ihre Partnerwahl danach ausrichten? Oder sollen sie ihrem sexuell-erotischen Begehren folgen, auch wenn der Begehrte ein armer Prolet ist oder vielleicht gerade – wie Kasimir in Horváths Volksstück *Kasimir und Karoline* – seine Arbeit verloren hat? Wie aber finden romantische Kriterien der Partnerwahl Eingang in diese armseligen Lebenswelten? Sie werden eher mit allen Sinnen erlebt als erlesen. Kriterien weiblicher und männlicher Schönheit, erotischer Attraktion und modischen Schicks finden Mädchen und Burschen in den Häusern ihrer bürgerlichen und adeligen Arbeitgeber, in den ersten Kinofilmen, im Varieté und in der Unterhaltungsmusik, in den Schlagern der 1910er und 1920er Jahre, in den illustrierten Zeitungen, in den Schaufenstern der Einkaufsstraßen und in den Vergnügungsvierteln der Stadt. Hier setzt eine kommerzielle Bebilderung der erotischen und sexuellen Phantasien ein. Pragmatik und Romantik mischen sich neu. Allerdings findet sich bei Arbeitern und kleinen Angestellten bis heute öfter ein nüchterner und pragmatischer Ton, der dem romantischen Code Grenzen der Bedeutsamkeit setzt, wie auch zwei Fallstudien (s. Kapitel 6 und 8) zeigen werden.

2.2.2 Die Vermeidung der Leidenschaft

In seinem Buch *Männerphantasien* erklärt Klaus Theweleit (2000) die auffällige Vermeidung der Liebeswahl bei Offizieren und Soldaten des Ersten Weltkriegs und der folgenden Jahre, insbesondere bei einem Typus des ›faschistischen Mannes‹, der im Lauf seiner Jugend einen »Körperpanzer« ausgebildet hat, da er sich über Jahre an die Zucht des Militärs gewöhnt hat und sie auch nach dem Kriegsende nicht entbehren kann. Er integriert sich in »Frontkämpfer«-Vereinigungen, »Heimwehren« und anderen paramilitärischen Gruppen. Viele Männer dieses Typs plagt die Angst, ihren Phantasien von soldatischer Größe und Stärke im Augenblick der sexuellen Begegnung nicht zu entsprechen. Dies könnte ein unbewusstes Motiv ihrer besonderen »Heimattreue« sein. Sie neigen zu einer besonderen Partnerwahl: Der sexuell und erotisch anziehenden, aber bedrohlich fremden Frau ziehen sie die Schwester des Freundes oder die Kameradin aus der Jugendgruppe vor. Sie wählen also Verlässlichkeit, Vertrautheit und Nähe. Auch für Jugendliche und junge Männer, die sich in der Hitlerjugend und danach in Verbänden der SS, der Deutschen Wehrmacht, der Marine oder der Luftwaffe engagieren, wird ähnliches berichtet. Soldatisch streng erzogene Söhne von Offizieren des Ersten Weltkriegs fürchten sich vor dem Sexuellen und sublimieren es in ihren physischen und psychischen Härte-Ritualen. Ihre Ängste vor sexueller Bedrohung projizieren sie zum einen auf ›die Juden‹. Der Antisemitismus, den sie sich im Lauf ihrer Kindheit und Jugend zu eigen machen, erhält dadurch eine Komponente der Sexualangst. Zugleich schreiben sie »den Juden« eine besondere sexuelle Gier nach »blonden arischen Mädchen« zu. Zum anderen wählen Hitlerjungen informelle Jugendgruppen zum Gegner, denen sie sexuelle Zügellosigkeit und ›Asozialität‹ unterstellen: »Stenzen« (Bayern), »Swing-Heinis« (Norddeutschland) und »Schlurfs« (Wien). Psychoanalytisch gesprochen, spalten viele Hitlerjungen ihr sexuelles Begehren ab und projizieren es auf ›rassisch‹ (rassistisch) definierte Gegner (»die Juden«) und auf sozial-politisch definierte Gegner (»die Schlurfs«). Beide Gruppen bekämpfen sie mit soldatischen und para-militärischen Mitteln (Gerbel, Mejstrik, Sieder 2002).

Die Annäherung an einen potenziellen Ehe- oder Lebenspartner möglichst leidenschaftslos und asexuell zu halten ist allerdings nicht auf die politische Rechte und die skizzierten Gruppen von ›faschistischen‹ Jugendlichen und jungen Männern aus bürgerlichen und kleinbürgerlichen Herkunftsmilieus beschränkt. Auch unter Arbeitern und auch in der politischen Linken findet sich Vergleichbares bis in die 1950er Jahre. Der Wiener Facharbeiter Franz Potensky, 1903 geboren, bleibt bis zu seinem dreißigsten Lebensjahr ohne Freundin. Sein Beruf als qualifizierter Facharbeiter in einer Fabrik für optische Geräte, sein Engagement in der *Sozialistischen Arbeiterjugend* (SAJ) und im Betriebsrat der Firma lassen ihm nach seinem Dafürhalten gar keine Zeit. Noch wirksamer aber ist gewiss die völlige Tabuisierung des Sexuellen in seiner Kindheit und Jugend in einer Facharbeiterfamilie und auch die Abschottung vor dem Sexuellen in der Jugendgruppe der SAJ. Diese bildet eine kulturelle Avantgarde der Arbeiterbewegung und hält ihre eigenen Werte und Normen für zukunftweisend. Auch hier dominiert das Interesse der Kameraden, die Bildung von Liebespaaren im Interesse der politischen Jugendgruppe möglichst lange hinauszuzögern. Das sexuelle Moratorium wird nur gelegentlich durch sexuelle Kontakte mit (meist älteren) Frauen durchbrochen. Die Dissoziation von Sex und Liebe begünstigt die auch für bürgerliche Jugendliche beschriebene Spaltung des Frauenbildes in das Bild der guten Frau und Mutter (»Madonna«) und der sexuell willfährigen Frau (»Hure«), die für eine Ehe oder Lebenspartnerschaft gar nicht in Frage kommt (Bernfeld 1974; Fischer 1984; Sieder 1986; Blaumeiser u. Sieder 1988). In deutlicher Differenz zu proletarischen und subproletarischen Milieus sind die Jugendjahre des politisch und gewerkschaftlich aktiven Facharbeiters durch schulische, berufliche und politische Leistungen charakterisiert. Der spätromantische Liebes-Code, in bürgerlichen und kleinbürgerlichen Milieus der 1920er und 1930er Jahre längst vertraut und verfügbar, ist zwar auch hier bekannt, scheint aber (noch) nicht zu den sozialökonomischen Verhältnissen zu passen:

»Wir, meine Braut und ich, haben uns vertragen, das Kind war auch auf dem Weg. Ich hab meine Ordnung gehabt, die ich als Lediger nicht gehabt hab. Also alle diese Gründe.« (Franz Potensky, geb. 1903, zit. n. Sieder 2008)

Die ›Ordnung‹ ist die häusliche Ordnung des verheirateten Mannes. Sie wird vornehmlich von der Ehefrau hergestellt durch regelmäßige Mahlzeiten, die Reinigung und Ausbesserung aller Kleider, das samstägige Vollbad im Waschtrog, wo sich der Mann von der Frau den Rücken schrubben lässt, körperliche und psychische Erholung. All das hätte er »als Lediger« nicht haben können, sagt Herr Potensky. Es ist ein (westlich-)patriarchal geordnetes und reglementiertes Zuhause, das den Bedürfnissen und Interessen des leistungsorientierten Facharbeiters und Gewerkschafters vollends entspricht. Das Vorbild kleinbürgerlicher Häuslichkeit wird annähernd realisiert, *ohne* auch den Code der romantischen Liebe mit zu übernehmen. Das von der Frau gestaltete Zuhause ermöglicht dem Mann sich zu regenerieren, den Anforderungen der qualifizierten Lohnarbeit zu genügen und auch noch Energie für politische und gewerkschaftliche Arbeit aufzubringen. Die Erfolge der Arbeiterbewegung in den 1920er Jahren gründen letztlich – wie schon zuvor jene des Bürgertums – in einem patriarchal geordneten Familienleben ihrer Eliten. Nicht *romantische* Liebe motiviert den strebsamen, politisch und gewerkschaftlich engagierten Arbeiter dazu, sondern sein *pragmatischer* Sinn, die Arbeitskraft seiner Frau zu konsumieren, um seine eigene Arbeitskraft täglich wieder herzustellen und bestmöglich zu verkaufen.

Der *romantische* Code der Liebe zieht zuerst in jene sozial-kulturellen Milieus der städtischen Arbeiter und Angestellten ein, in denen ein eminenter Leistungs- und Aufstiegswille auf die ausgeprägte Neigung zu bürgerlichen Bildungsinhalten trifft: bei einigen Gruppen der sozialdemokratischen Erziehungsbewegung. Auch hier wird der romantische Code allerdings milieuspezifisch rezipiert und – unter den besonderen Bedingungen einer Selbst-Erziehung der angehenden Erzieher – umformuliert. Das sexuell Drängende wird im Modell der Kameradschaft von Bursch und Mädchen weitgehend ›entspannt‹. Maria Cerwenka, Arbeitertochter und Schülerin einer Schule für »sozialistische Erzieher«,[4] die Anfang der 1920er Jahre – emblematisch nach dem Zusammenbruch der Monarchie – im ehemals kaiserlichen Schloss von Schönbrunn untergebracht ist (Kottlan-Werner 1982), erinnert sich an die ausgeprägte Tendenz in ihrer Jugendgruppe, das Sexuelle in der »Kameradschaft« von »Bursch und Mädel« resp. von Mann und Frau sowie in Naturverehrung zu sublimieren:

»Wichtig ist die Erotik, die Erotik kam in diesen Jahren viel besser, wie ich den Kanitz[5] verstanden hab, wichtig ist also das erotische Moment, nicht die Sexualität, das Hand-in-Hand-gehen, das Einander-Ansehen und irgendwie Gedichte machen, das Singen

und *das Romantisieren*, das gehört zur Erotik ... und sich *aufzusparen*, ja, das ist vielleicht das richtige Wort, sich *aufzusparen* für das große Erlebnis.«
INTERVIEWER: »auf eine Zukunft, ja das könnte man auch auf die politische Ebene übertragen, da war ja auch die Hoffnung auf den Sozialismus ...« – »Ja ja, mit den neuen Menschen auf eine neue Form der Liebe.« (Maria Cerwenka, geb. 1905, im Gespräch mit dem Verfasser, zit. n. Sieder 2008)

2.3 Romantische Liebe als Konsumangebot

In diesen 1920er Jahren, in denen sozialdemokratische Massenparteien wie jene im »Roten Wien« noch emphatisch auf die »Erziehung zum Sozialismus« setzen, ihren Jugendavantgarden aber auch bürgerliche Grundwerte nahebringen, schlagen die expandierenden Unterhaltungsindustrien Gewinn aus der grassierenden Sehnsucht nach Liebe. Billigromane, Stummfilme, ab 1927 auch populäre Tonfilme und populäre Musik (Kabaret, Operette, Schlager u. a.) machen ihr rasch wachsendes Publikum mit einem ›entdramatisierten‹, leicht konsumierbaren Code der romantischen Liebe vertraut: Die Liebenden finden nach der Überwindung einiger Schwierigkeiten zueinander und das Happy End lässt offen, wie es ihnen weiter ergeht. Nur intellektuelle Avantgarden fragen, ob romantische Liebe in der Ehe gut beheimatet sei. Die notorische Krise der bürgerlichen Ehe führt zu verschiedenen Rettungsversuchen: So soll das Versiegen der erotisch-sexuellen Attraktion durch sexuelle Aufklärung hintangehalten werden (van de Velde 1923). »Freie Liebe«, »offene Ehe«, »Partnertausch« u. a. werden, nicht zum letzten Mal, von Literaten, Psychoanalytikern und Intellektuellen als Auswege diskutiert[6] und von kleinen Minoritäten ausprobiert.[7] Nach der Epoche des Faschismus in Europa, die den Liebesbeziehungen wie den Ehen und Lebenspartnerschaften mit Millionen Toten, Verletzten, Vermissten und Entwürdigten das Äußerste abverlangt, wird in den späten 1940er und 1950er Jahren mit kriegsbedingter Verspätung gegenüber den USA die Arbeits- und Lebensweise der Lohnarbeiter und Angestellten ›fordistisch‹ reformiert (Sieder, Steinert, Tálos 1995, 9 ff.). Auf einem noch weitgehend ungesättigten Markt dynamischer Bedürfnisse bewirbt man nun selbst die trivialen Dinge des täglichen Lebens mit Erotik: Transistor-Radios, Mopeds und Autos, Staubsauger und Waschmaschinen. Die den Zeitgeist ausdrückenden und verbreitenden Texte des Swing, des Rock 'n' Roll, des deutschen Schlagers, des französischen Chansons und des englischen Beat und die expandierende Werbeindustrie greifen nichts so häufig auf wie ›die Liebe‹ (Raeithel 2005).

»All you need is love.«/»Es gibt nichts, was Du nicht tun könntest. Alles was Du brauchst ist Liebe.«/»Ich brauche jemanden um ihn zu lieben. Glaubst Du an die Liebe auf den ersten Blick? Ja, ich bin sicher, dass das immer wieder passiert.« (John Lennon u. Paul McCartney 1967; gesungen auch von Joe Cocker 1969 in Woodstock)

Ein Millionen-Publikum hört diese (neo-)romantischen Texte über die Liebe, lernt sie und summt sie mit. Es versucht, ihre ›Stimmung‹ in die eigene kleine Wohnwelt zu übertragen, freilich nicht ohne manches an ›der Liebe‹ dann doch anders zu erleben, als es besungen wird. Codierung, Decodierung und Recodierung: die Endlosschleife kultureller Produktion. Die sexuelle und erotische Pose wird zur Attraktion einer schnell wachsenden Bild- und Filmindustrie. Davon unterscheidet sich die Pose der Liebenden, die sich in der Regel weniger als Überschreitung der Keuschheit, denn als Überschreitung der kapitalistischen Ordnung inszeniert. Viele, wenn nicht die meisten Bilder von der romantischen Liebe sind Bilder aus den Peripherien der Leistungsgesellschaft: die Umarmung der Liebenden am Strand, in den Bergen, oder am Rande der Großstadt. Oft ist es Abend und die Arbeit getan. Liebe ist hier nicht Sex, sondern sublimiertes Verlangen, eine Gegenreligion zur Religion des Profits. Und doch wird sie zum wichtigsten Marker der Konsumgesellschaft (Illouz 2003). Illustrierte, Filme und Fernsehen liefern Vor-Bilder für das Rendezvous, den Honeymoon und auch für die erotischen Phantasien derer, die schon verheiratet oder irgendwie all zu fest gebunden sind.

Die recodierte Rede über die Liebe ist zwar noch immer ›spätromantisch‹, doch spaltet sie den zusehends warenförmigen Sex von Liebe ab. Das Pendel schwingt zurück: Nach etwa zweihundert Jahren ihrer nie vollends gelungenen Zähmung im Namen der Liebe des (Ehe-)Paares wird sexuelle Lust wieder unabhängiger von Liebe und als eigenständiger Konsumwert erlebbar gemacht (Schmidt 1996). Die billigen Pin-ups hängen in den Spinden der Rekruten und der Arbeiter, die teuren Herrenmagazine liegen in den Schreibtischen der Manager und leitenden Angestellten. Dort wie da wächst die ästhetische Diskrepanz zwischen den professionell zur Schau gestellten Körpern und den Körpern jener, mit denen man wohnt, isst und schläft. Zwangsläufig lernen die Konsumenten mit der notorischen Differenz zwischen dem *Hipen* und dem Erschwinglichen und Vertrauten umzugehen. Diese Differenz bindet sie weitaus stärker in den kapitalistischen Arbeitsprozess ein, als es Armut oder polizeiliche Mittel in früheren Zeiten jemals konnten: Sie laufen fleißig zur Arbeit, um ihre nächsten Konsumhoffnungen zu realisieren. Immer mehr Frauen und Männer sind auch zur schweißtreibenden Trimmung ihrer Körper bereit. Eine boomende Schönheitschirurgie korrigiert vornehmlich die Brüste, Lippen und Falten der Frauen. Die Konsumentinnen nehmen all die Kosten und Mühen auf sich, weil sie sich sonst in ihren Körpern nicht wohlfühlen, aus einem Versuch der Selbstliebe also, und oft auch in der Hoffnung auf besseren Sex oder ein romantisches Liebesglück. Die Maxime des fordistisch reformierten Kapitalismus lautet längst nicht mehr »Lebe, um zu arbeiten!«, sondern: »Arbeite, um zu konsumieren!« Das bedeutet auch: »Arbeite an deinem Körper und investiere Zeit, Energie und Geld, um ihn konsumfähig, attraktiv und sexuell konsumierbar zu machen!«

Die Illusionen des fordistischen Kapitalismus rufen freilich auch Kritik auf den Plan. Ende der 1960er Jahre beginnen studentische und akademische Eliten in kleinen Zirkeln »die Sexualfrage« zu debattieren und mit psychoanalytischem Wissen zu verknüpfen. Die kulturelle Transversale der Schüler, Studenten und Intellektuellen um »1968« setzt – nahezu gleichwertig mit den weltpolitischen und historischen Themen (Vietnamkrieg, Prager Frühling, die Vergangenheit der eigenen Eltern im Dritten Reich, im faschistischen Italien, in Vichy-Frankreich) – auch die »sexuelle Befreiung« auf die Agenda. Autoritäre Erziehung wird – wie schon in den autonomen Schulgemeinden der 1920er Jahre (Bernfeld 1974) – an den Pranger gestellt. Avantgarden entwerfen eine *hedonistische Konsummoral*: Als legitime Konsumenten hätten Mann und Frau gleichermaßen Anspruch auf Genuss und seien nicht mehr zu Leid und sexueller Askese verdammt.

Im Nachklang der kulturellen Transversale um »1968« entsteht in einigen westeuropäischen Ländern (deutlich später als in Nordamerika) die zweite Frauenbewegung. Eines ihrer zentralen Themen ist die Abtreibungsfrage, das »Recht auf den eigenen Bauch« (Cyba 1996). Experimente mit »Kommunen«, »freier Liebe« und »offener Ehe« bleiben – wie schon in früheren Perioden (Linse 1985) – intellektuellen und studentischen Minoritäten vorbehalten. Allgemeinere Bedeutung aber erlangt, dass der überkommene und den Frauen eher aufgezwungene denn jemals mit ihnen ausgehandelte ›Geschlechtervertrag‹ (Frauen verpflichten sich vor allem der Reproduktion der Männer und Kinder – Männer gehen einer Erwerbsarbeit nach und finanzieren den Haushalt) aufgekündigt wird. Der Kampf der Frauenbewegung um das Recht der Frauen, aus dem Haus zu gehen, um zu lernen und einen Beruf oder andere Tätigkeiten auszuüben, ist insgeheim immer auch ein Kampf um die Möglichkeit zu neuen Liebesbeziehungen und hetero- wie homosexuellen Affären. Was hier nachhaltig demontiert wird, ist die patriarchale Doppelmoral mitsamt ihren sozialen und materiellen Fundamenten. Doch ein soziales Konstrukt, das darauf zurückgeht, bleibt dennoch hoch im Kurs: die ›Kleinfamilie‹. Als Ideal bleibt sie weitgehend intakt, die ihr eingeschriebene patriarchale Doppelmoral aber wird obsolet. Dass vor allem studierende junge Frauen und gut ausgebildete und verdienende Frauen in den letzten Jahren ebenso häufig Sexualpartner wechseln oder sich sogar öfter »Seitensprünge« erlauben als annähernd gleich situierte Männer (Schmidt,

Dekker u. Matthiesen 2000, 44; Schmidt u. a. 2002, 145 ff.), lässt Ausmaß und Geschwindigkeit dieser Veränderung erahnen.

Mit der sukzessiven und relativen Befreiung des Sexuellen aus der Zucht staatlicher und kirchlicher Autoritäten und mit mehr Gestaltungsfreiheit für die Frau und den Mann verliert »Sex« allerdings seinen ›alten‹ Nimbus des Rauschhaften und der Ekstase. Aus dem unerreichbar Fernen wird die Banalität einer Möglichkeit. Für viele ist Sex nicht mehr die große Metapher für Lust und Glück. Im öffentlichen Diskurs wird er beinahe öfter mit Gewalt, Missbrauch oder lebensbedrohender Infektion (AIDS) verbunden. Unlust, Potenzstörungen oder Enthaltsamkeit werden zu möglichen Haltungen. Die Häufigkeit des heterosexuellen Koitus soll in den letzten Jahren abgenommen, Praktiken der Masturbation – keineswegs nur als ›Ersatz‹ für fehlende Intimpartner – sollen zugenommen haben (Schmidt, Dekker, Matthiesen 2000). Zugleich erfolgt eine Virtualisierung des Sexuellen (Žižek 2001, 81 ff.). Die Medienkonsumenten sehen Pornographie und Gewalt im Kino, auf ihren PCs, im Internet und zuletzt auch schon auf den Displays ihrer Handys. Nicht nur das Sehen sexueller Bilder und das sexuelle Körpererleben werden auf diese Weise entkoppelt (dissoziiert), womit die Verhandlung der *verunsicherten Gefühle* nur noch wichtiger wird. Auch das körperliche Geschlecht und die sexuelle Orientierung treten potenziell auseinander. Das symbolisierte Geschlecht wird (potenziell) unabhängig vom physischen und selbst das köperliche Geschlecht kann, freilich mit erheblichen Schwierigkeiten, operativ umgestaltet werden (Lindemann 1999). Auch hier also weniger »Triebschicksal«, mehr Entscheidung und mehr Gestaltung, oder anders gesagt: kulturelle Produktion, immer verquickt mit wirtschaftlichen Interessen. Diese Teilprozesse resümierend, spricht der Sexualforscher Volkmar Sigusch von einer »neosexuellen Revolution« in den reichen Gesellschaften des Westens seit den 1980er Jahren (Sigusch 2005). Anders als die lautstark verkündete »sexuelle Revolution« um 1968, deren Aufgabe es war, das Sexuelle erstmals weithin hörbar zu thematisieren, verlaufe sie eher leise und schleichend, erfasse aber wohl auch deshalb weitaus mehr Frauen und Männer (Sigusch 2002, 12 f.). Was diese Entwicklungen, wenn sie denn zutreffend empirisch erfasst und erläutert werden, für die Gestaltung der Lebensprozesse bedeuten, kann nicht unabhängig von Theorien entschieden werden. Während psychoanalytisch orientierte Theoretiker in der Nicht-Anerkennung der Geschlechterdifferenz und in der Möglichkeit, auch in sexueller Hinsicht eine »Bastelexistenz« zu führen, sich die eigene Sexualität wie in einem Kinderspiel zurecht zu legen, eine Verschiebung von »Normalneurosen« zu »Normalperversionen«[8] sehen (Oberlehner 2005) und darin kaum eine Befreiung entdecken können,[9] heben anti-psychoanalytisch eingestellte Sexualforscher wie Volkmar Sigusch den emanzipatorischen (d. h. aus dem zugewiesenen Schicksal befreienden) Gehalt dieser Ent-

wicklung hervor. Welcher Theorie und damit welcher Interpretation man auch zu-
neigt, mit der offenkundig ambivalenten Recodierung des Sexuellen in jüngster Zeit
muss auch das Konzept der romantischen Liebe reformuliert werden, soll es weiterhin glaubhaft sein.

2.4 Skeptisch-romantische Liebe

Etwa seit den 1980er Jahren beginnt sich die Rede über die romantische Liebe neuerlich zu ändern. Frauen und Männer sprechen ironischer, vorsichtiger, weniger pathe-
tisch und doch oft immer noch liebesverliebt über die Liebe. Ich nenne dies den Code
der skeptisch-romantischen Liebe. Die Veränderung ist an den Redeweisen im Alltag
der Jugendlichen, an den Texten der Popsongs, in den Dialogen und Bildern des Kinos
und des Fernsehens, aber auch in Partner-Annoncen in Zeitungen oder an den Part-
nerbörsen im Internet nachzuvollziehen (Hochschild 1990; Gern 1992; Illouz 2003;
Hausen 2006). Der Brief als Medium des Sprechens über das innere Erleben der Liebe
wird abgelöst durch Handy, SMS und E-Mail. In diesen neuen elektronischen Medien
der Kommunikation herrschen andere Bedingungen und flinkere Redeweisen, beinahe in Echtzeit, doch in sehr beschränkter Zeichenzahl. Das Display reduziert die
privaten Texte der Liebe auf das elektronische Taschenformat. Die Partner sind stets
füreinander erreichbar. Das macht ältere Formen ihrer schwärmerischen Sehnsucht
und damit ein Merkmal der alten romantischen Liebe: die Unerreichbarkeit des/der
Geliebten, obsolet. Angesichts der neuen Unsicherheiten wollen sie umgehend die
Rückmeldung haben, wo sich der geliebte Andere im städtischen Verkehrsgewirr gerade befindet. Das Maß der Kontrolle nimmt weiter zu. Aus sehnsüchtigen Schwär-
mern sind Standortfunker im neuerlich beschleunigten Kapitalismus geworden.

Der Grad der Skepsis gegenüber romantischer Liebe variiert nach sozial-kulturellen Milieus und verändert sich überdies meist im Lauf des Lebens. Oft schätzen
Frauen die Qualität ihrer intimen Beziehung kritischer ein als ihre männlichen Partner. Weitaus öfter reichen verheiratete Frauen die Scheidung der Ehe ein als verheiratete Männer. Frauen scheinen sich der Problematik ihres Familien- und Beziehungslebens eher bewusst zu werden als Männer und auch eher Konsequenzen zu
ziehen, die in einer Trennung resp. Scheidung bestehen können. Nur einige Ursachen
dieser Differenz sollen hier kursorisch angesprochen werden: Nach 1950 geborene
Frauen, die bereits vom Ausbau des öffentlichen Bildungssystems in den 1960er und
1970er Jahren profitieren, verschieben ihren Kinderwunsch, weil sie eine bessere
Bildung und Ausbildung und zumindest einige Berufsjahre vor dem ersten Kind
beanspruchen. Halten Frauen in den 1970er und 1980er Jahren noch zwei Kinder für

wünschenswert, sinkt auch die *gewünschte* Kinderzahl zuletzt auf 1,7. Die Zahl der Ein-Kind-Familien wächst und immer mehr Frauen bleiben letztlich kinderlos. Frauen im deutschen Sprachraum bilden diesbezüglich eine Avantgarde in Europa; Frauen in Italien und Spanien folgen ihnen (Goldstein, Lutz, Testa 2003). Die geringe Kinderzahl, ein eigenes Einkommen, erhöhte Bildung und Ausbildung, eine darüber verstärkte Identifikation mit dem Beruf, der leichtere Zugang zu Miet- und Eigentumswohnungen, Autos und Konsumgegenständen und die ambivalente Entmythisierung und Kommodifizierung des Sexuellen (s. o.) erhöhen die relative Autonomie vieler Frauen. Sie beobachten die Qualität ihrer intimen Beziehungen weitaus genauer als viele Männer und stellen sie in einen Vergleich der Möglichkeiten. Die Recodierung der romantischen Liebe verbindet sich mit dem neuen, seit den 1980er Jahren erheblich intensivierten Trennungs- und Scheidungsdiskurs. Und auch daran sind Frauen maßgeblich beteiligt, als sich Trennende, die aus eigenen Erfahrungen sprechen, als journalistische oder wissenschaftliche Beobachterinnen, als Psychotherapeutinnen u. a. m. Immer seltener nehmen sie den Verfall einer intimen Beziehung als unabänderlich und schicksalhaft hin. Im Namen einer erlebten oder auch nur vorgestellten neuen Liebe, aber auch im Zeichen gewachsener Skepsis beenden sie Ehen, Lebenspartnerschaften und Intimbeziehungen, in denen sie nicht mehr zufrieden sind. Und sie nützen ihre rechtlichen Möglichkeiten und die Eigenlogik des juristischen Scheidungsverfahrens oft viel besser aus als ihre (Ex-)Partner. Aus ihren eigenen Erfahrungen in den Ehen und Lebenspartnerschaften *widersprechen* sie, implizit und explizit, dem immer noch patriarchalisch imprägnierten Code der romantischen Liebe. Bis herauf in die 1970er Jahre sollte er die Frauen dazu verführen, sich früher oder später ganz in den Dienst eines geliebten Mannes und der eigenen Kinder zu stellen. Doch auch was unter dem Postulat einer egalitären Partnerschaft von Mann und Frau ›Liebe‹ sein könnte, ist nicht klar und jedenfalls nicht ohne Schwierigkeiten, macht doch die Idealisierung des romantisch geliebten Partners tendenziell blind für den Verlust an Autonomie. Dagegen formulieren beruflich orientierte und gebildete Frauen eine Art Mentalreservation: »Ja, ich bin dabei, mich zu verlieben, und ich liebe diesen aufgeregten Zustand, der hoffentlich noch eine Weile anhalten wird. Aber ich bin aufgeklärt genug, darüber meine beruflichen Interessen und die von mir erreichte Autonomie nicht aufzugeben.« Der verschlingende, totale Anspruch auf den geliebten Anderen gerät in Verdacht, der Restposten einer sonst weitgehend entlegitimierten Lebensweise nach der Ideologie des west-christlichen Patriarchats zu sein.

Überblickt man all diese Veränderungen, entsteht der Eindruck, dass es sich erstmals seit zweihundert Jahren nicht nur um eine weitere Adaption, sondern um einen Geltungsverlust des romantischen Liebes-Codes handeln könnte. Die normative Bindung der romantischen Liebe an das *heterosexuelle* Paar, an das *verheiratete* Paar und an das dauerhaft unter einem Dach *zusammenlebende* Paar löst sich augenscheinlich auf. Nichteheliche Lebensgemeinschaften werden in den meisten westlichen Gesellschaften ohne weiteres akzeptiert. Paare ohne gemeinsamen Haushalt entkräften den Mythos, dass ›Liebesglück‹ nur unter einem gemeinsamen Dach möglich wäre. Intime Beziehungen *neben* einer Ehe oder einer offiziellen Beziehung sind nicht mehr die gefährliche Ausnahme, sondern fast schon die Regel. Gleichgeschlechtliche Paare präsentieren sich offener und selbstbewusster denn je. Sie sind gewiss die Avantgarde der Sexualpolitik in den letzten Jahrzehnten. Dieser Befund gilt freilich weit mehr für die großen Städte als für das Land, doch ist das Land dabei, die Entwicklung in den Städten in erstaunlichem Tempo nachzuvollziehen. Dort wie da heiligt die romantische Liebe nicht länger den Zweck, in Ehe, Familie und Häuslichkeit zu gelangen. Auch wenn das Paar keine Kinder hat oder haben will, wird es als legitime Lebensform anerkannt. Viele Paarbeziehungen und Ehen werden im Namen der Liebe eines sich neu bildenden Paares getrennt und geschieden. Kurz: Liebe wird in ihren möglichen Formen und Bedingungen *pluralisiert* und Mann und Frau erleben sie nicht nur einmal, sondern einige Male im Leben. So gesehen, hat das Konzept Liebe sogar gesiegt – über die Ehe, über die Monogamie, über die christliche Sexualmoral, und zuletzt auch über die normative Heterosexualität (»Heteronormalität«). Doch wurde es zugleich auch ›entzaubert‹. Die alte Hoffnung, dass ›Liebe‹ ein sicheres und hinreichendes Gefühlsfundament für eine dauernde Lebenspartnerschaft oder eine Ehe abgeben könnte, scheint weniger angemessen denn je. Romantische Liebe hat kein Monopol mehr in der Ehe oder in der anerkannten Lebenspartnerschaft. Längst wird erfahren und anerkannt, dass sich Frauen und Männer in ihrem Leben mehrmals verlieben können. Dass man auch gleichzeitig mehr als einen Menschen lieben kann, ist zur Zeit erst das Postulat kleiner Minoritäten, doch seine weitere Verbreitung ist nicht auszuschließen. Seit kurzem werden wieder, nicht zum ersten Mal, Konzepte diskutiert, die romantische Liebe aus den Fesseln der Monogamie zu befreien. So wird unter dem Schlagwort »Polyamory« behauptet, dass Mann und Frau zwei oder mehr Menschen zur gleichen Zeit lieben könnten, allerdings nur in Offenheit und Ehrlichkeit. Damit bricht eine kleine subversive Bewegung mit dem Postulat der »einen und einzigen« Liebe.

»Insbesondere soll das fatale Vorurteil aufgehoben werden, wonach eine neu entstehende Beziehung eine alte bestehende Beziehung unbedingt zerstören muss. Angestrebt wird der Aufbau relativ stabiler Netze von treuen, verbindlichen Liebesbeziehungen, die sich nicht gegenseitig ausschließen, sondern unterstützen, und bei denen die Grundlage das gegenseitige Einverständnis und Vertrauen darstellt.«[10]

Es geht also darum, wie man aus dem »Ehekäfig zum Intimnetzwerk«[11] gelangen könnte. Diese kleine Utopie mag an Fehleinschätzungen leiden, etwa was die Fähigkeit zu Offenheit und Ehrlichkeit in intimen Beziehungen betrifft. Doch macht auch sie deutlich, dass das Konzept der romantischen Liebe in Zweifel geraten ist. Romantische Liebe verliert nach und nach den (typisch romantischen) Ruf, das Natürlichste von der Welt zu sein. Sie wird zunehmend erkannt als das, was sie freilich immer war: eine spezielle kulturelle Symbolisierung der Sehnsucht, in der nächsten Nähe eines Anderen körperlich erregt *und* sozial geborgen zu sein.

Nach der bislang erreichten und wohl noch nicht abgeschlossenen Pluralisierung der legitimen Liebes- und Beziehungsformen ist mit einer einzigen und dauerhaft festgelegten Moral nicht mehr auszukommen. Freilich ist Moral für die Regelung allen Zusammenlebens weiterhin unverzichtbar, doch unterliegt sie einer Entkonventionalisierung. Was richtig ist und was falsch, müssen die Intimpartner in ihrer aktuellen Lage aushandeln und vorläufig festlegen. Gunter Schmidt spricht von »Verhandlungsmoral« (Schmidt 2004), Volkmar Sigusch von »Konsensmoral« (Sigusch 2001 a). Die Lebensgeschichte des Einzelnen zerfällt zusehends in verschieden gestaltete Lebensabschnitte. Alte Lebensabschnitte werden abgeschlossen und neue eröffnet, wenn ein neuer Intimpartner zentrale Bedeutung erlangt. Die Trennung und das Ende einer intimen Beziehung erhalten damit eine neue Bewertung. Sie gelten weniger als ein Scheitern, das ein Leben lang bedauert und betrauert wird, und mehr als die Eröffnung eines nächsten und neu zu gestaltenden Lebensabschnitts. Allerdings stellt sich Paaren mit Kindern die nicht geringe Anforderung, ihre Elternschaft in zwei Haushalten zu organisieren. Davon wird in den folgenden Kapiteln ausführlich die Rede sein.

Auch die Frage, wie das Paar seine Intimität, d. h. seine sexuelle Anziehung, seine umfassende Solidarität und gute Kommunikation bewahren kann, gewinnt in diesem trennungsfreundlichen Umfeld neue Brisanz. Entscheidend wird die *fortgesetzte, aktive Bezogenheit* aufeinander (Jaeggi 1999). Die intime Beziehung muss fortlaufend verändert werden, um erhalten zu bleiben. Auch die in sie gesetzten Ansprüche sind wie alle Ansprüche dynamisch. Dass sich die anfänglich noch vielfach romantische oder auch skeptisch-romantische Liebe mit der Zeit in eine Gefährtenliebe verwandeln kann, wird in verschiedenen Begriffs-Systemen ausgedrückt. So spricht Bernard Murstein von drei aufeinander folgenden Stadien: Die erste »Stimulus«-Phase sei davon gekennzeichnet, die aus Liebe eingegangene Beziehung zu stabilisieren und zu institutionalisieren; in der zweiten Phase verliere die romantische Liebe an Bedeutung und gemeinsame Werte der Partner (wie der materielle Wert eines gemeinsamen Haushalts oder der ideelle Wert einer Elternschaft) und darauf bezogene mittel- und langfristige Planungen träten in den Vordergrund. Darauf folge eine dritte Phase, in der die Partner ihre Arbeitsteilung routinisiert haben und sich aufeinander verlassen können, wozu jedoch weiterhin anhaltende Lern- und Anpassungsbereitschaft erforderlich ist. Gelingt dies nicht, wird sich die Qualität der Beziehung vermindern und irgendwann die Option einer Trennung aktuell (Murstein 1976). Recht ähnlich spricht die Soziologin Constantina Safilios-Rothschild von der Anforderung, die romantische Liebe im Lauf der Jahre in eine »reifere Beziehung« zu verwandeln, was zunehmend mehr Gestaltungswillen der Akteure erforderlich mache (Safilios-Rothschild 1977). Diese frühen, explizit handlungstheoretischen Modelle, die im Unterschied zu noch älteren soziologischen Modellen (wie der *wheel-theory*[12] von Ira L. Reiss, 1960) keinerlei innere Gesetzlichkeit der Liebe und somit auch kein quasi natürliches Ablaufdatum mehr unterstellen, scheinen heute im Licht der Individualisierungs-Theorie immer noch plausibel. Individualisierung der intimen Beziehung bedeutet nichts anderes als die zunehmend erforderliche Gestaltung der Beziehung durch eigenes und selbstverantwortetes Handeln der Partner. Die Häufigkeit der Trennungen und Scheidungen ist in dieser Sicht weder Ausdruck eines schicksalhaften Misslingens noch einer sozial-kulturellen ›Fehlkonstruktion‹. Sie indiziert vielmehr die in einem Teil der Fälle nicht hinreichend gelingende *Gestaltung* und fortlaufende *Umgestaltung* der intimen Beziehungen in Ehen und Lebenspartnerschaften bei einem dynamisierten Maßstab für deren Qualität.

Woran messen die Partner die Qualität ihrer sexuell-erotischen, sozial-solidarischen, kommunikativen Bezogenheit? Wie in anderen Lebensbereichen sind die Kriterien keineswegs beliebig, aber deutlich vielfältiger geworden. So kommt es in der westlichen Gesellschaft zu einer Gemengelage von verschiedenen Motiven und ideologischen Elementen. Die Liebe bzw. die liebevolle Intimbeziehung werden *offen codiert,* sodass ein sich veränderndes Spiel des Paares mit Motiven historisch ungleichzeitig entstandener Codes möglich wird. Dieses rückbezügliche Spiel mit heterogenen Elementen bei wachsender Bewusstheit des Vorgangs (Reflexivität) kann in einer Analogie zu Architektur, Philosophie und Literatur (Welsch 1991) eine postmoderne Codierung genannt werden.

Die zunehmend offene Codierung erhöht den Druck zur selbstverantwortlichen Gestaltung. Sie erfordert, den gewonnenen Wahrnehmungs-, Deutungs- und Handlungsspielraum erfolgreich zu nutzen. Damit wächst die Wahrscheinlichkeit, am eigenen Anspruch zu scheitern. Doch was ist ein Scheitern und was ist eine erfolgreiche Neu- oder Umgestaltung des eigenen Lebens? Gilt der Abbruch einer unglücklichen oder auch nur unbefriedigenden Intimbeziehung inzwischen nicht in ähnlicher Weise als ein erfolgreiches Lebensmanagement wie der gut überlegte Wechsel des Arbeitsplatzes? Tatsächlich ›surfen‹ immer mehr Männer und Frauen zwischen verschiedenen Beziehungsformen: zwischen der romantischen Lust, sich zu verlieben, und der ironischen Distanz zu einem solchen Triumph des Gefühls, zwischen monogamen Phasen und peripheren sexuellen Begegnungen, zwischen hetero- und homosexuellen Lieben, zwischen dem temporären Rückzug in die Enthaltsamkeit und permissivem Urlaubs-Sex, zwischen der ernsthaften Anstrengung, einer intimen Beziehung mit therapeutischer Arbeit mehr Stabilität zu verleihen, und der kurzen Affäre eines Sommers.

Was moralisch, ethisch oder auch geschlechter- und familienpolitisch richtig ist, wird von den Akteuren nicht gänzlich autonom ausgehandelt. Sie nehmen dabei auf hegemoniale Diskurse Bezug. Seit den 1970er Jahren opponieren einander im europäisch-nordamerikanischen Westen zumindest drei mächtige Diskurse: Erstens der schon ältere Diskurs um ›Patriarchat und Mutterschaft‹ mit der expliziten Anforderung an die Frau, sich »für die Familie« aufzuopfern und an den Mann, alles für seine Frau und seine Kinder zu leisten. Zweitens der jüngere, seit den 1970er Jahren geführte Diskurs um Partnerschaft und Gleichberechtigung der Frau mit der ausdrücklichen Anforderung an Frauen, sich aus dem Patriarchat »zu emanzipieren« und an Männer, diese Emanzipation aktiv zu fördern und sich als Väter und im Haushalt zu engagieren. Drittens der in den 1970er Jahren in Westeuropa (gegenüber den USA verspätet) begonnene Diskurs einer fordistischen Arbeits- und Konsummoral mit der Anforderung, sich physisch und psychisch fit zu halten für den Konsum und den Arbeitsprozess. Die allermeisten Lebens- und Liebesgeschichten sind in dieser diskursiven Triangel aufgespreizt. Und viele scheitern daran, ihr Beziehungsleben an den Normen und Motiven dieser drei sich zum Teil widersprechenden Diskurse zu orientieren.

Drei Haupttypen der dauerhaften Intimbeziehung können für westliche Gesellschaften in den letzten Jahrzehnten unterschieden werden: Erstens, *strikte Monogamie* mit dem höchstmöglichen Grad an Institutionalisierung: mit weltlichem Trauschein und kirchlichem Segen, gemeinsamem Haushalt und Vermögen, absolutem Treuegebot, hoher materieller und sozialer Abhängigkeit der Frau vom Ehemann. Strikte Monogamie zeigt im 20. Jahrhundert, verglichen mit dem Jahrhundert zuvor, zwar deutlich gemäßigte, aber immer noch unverkennbar westlich-patriarchale Züge: Der Mann repräsentiert die Familie nach außen und sichert den Unterhalt ›seiner‹ Angehörigen. Die Frau wird vom Vermögen und Lohneinkommen des Mannes abhängig. Dieser Typus der Intimbeziehung ist weniger ›individualisiert‹ als andere, vor allem was den Lebensentwurf und die Handlungsautonomie der Frau betrifft, die sich aus ihrer Bezogenheit auf den Ehemann und die Kinder entwirft und diszipliniert.

Zweitens, *die monogame Ehe oder Lebenspartnerschaft mit heimlichen Nebenbeziehungen und kurzen Sexualaffären.* Dieser Typus wird überaus variantenreich realisiert. Fast alle Fallstudien, die ich im Folgenden vorstellen werde, sind vor der Trennung des Paares durch eine ›durchbrochene‹ Monogamie charakterisiert. Viel Energie fließt hier in Täuschung und Tarnung, und doch besteht immer die Gefahr, entdeckt zu werden, was dann auch der Anlass, selten aber die ›tiefere‹ Ursache der Trennung ist. Einiges deutet darauf hin, dass die Abfolge von Erfahrungen aus mehreren Lebens-(abschnitts)partnerschaften oder Ehen die Skepsis gegenüber romantischer Liebe erhöht. Doch bedeutet dies nicht die völlige Aufgabe des Konzepts, sondern führt einerseits zu ›Basteleien‹ an und zwischen den Codes, und andererseits zur rückblickenden Um- und Abwertung früherer Partnerschaften und Ehen (s. u. Kapitel 10.5.5.1).

Drittens können *schwach institutionalisierte Intimbeziehungen* unterschieden werden. Sie sind im Jugendalter typisch, in Schüler-, Studenten- und Lehrlingsmilieus. Wir finden sie auch immer öfter nach dem Scheitern von festen Beziehungen und nach Trennungen und Scheidungen. ›Schwach institutionalisiert‹ meint, dass eine zivilrechtliche Bindung (wie die Verheiratung) und vertraglich geregelte Besitzgemeinschaft bzw. Gütertrennung fehlen. Eventuell wohnt das Paar gar nicht dauerhaft unter einem gemeinsamen Dach, weil einer der Partner auch in einer anderen Ehe oder Lebensgemeinschaft lebt, oder weil die Partner ihre Wohnungen nicht aufgeben wollen. Die Partner verabreden sich immer aufs Neue. Das bietet ihnen die Möglichkeit, Phasen des Zusammenlebens mit Phasen des Alleinlebens abzuwechseln (*living apart together*). So hoffen sie, den Verschleiß der Beziehung hinauszögern oder verhindern zu können. Zu diesem Typus zähle ich auch Intimbeziehungen, in denen sexuelle Treue und Exklusivität nicht beansprucht werden. Schließlich können ihm auch die Intimbeziehungen von Frauen zugerechnet werden, die nach Trennung und Scheidung zwar einen oder auch mehrere Intimpartner haben, diese jedoch nicht in den Alltag der Folgefamilie (und in das Zusammenleben mit ihren Kindern) integrieren. Wie eine Fallstudie (Kapitel 7) zeigen wird, setzt dies patriarchale Motive weitgehend außer Kraft und ermöglicht der Frau ein ›postmodernes‹ Spiel mit Nähe und Ferne des Intimpartners.

Romantische Liebe in ihren emphatischen wie in ihren ironisch-skeptischen Versionen ist in eine prekäre Lage zwischen dem Wunsch nach Autonomie und der Sehnsucht nach Gemeinsamkeit und Geborgenheit geraten. Das häufige Ende von Ehen und Lebensgemeinschaften macht die Fragilität romantischer Liebe unübersehbar. Es erhöht auch die individuell und kollektiv zu tragenden Folgekosten. Eine neue Kompetenz ist gefragt: die Fähigkeit, Trennung und Scheidung so zu gestalten, dass niemand dauerhaft zu Schaden kommt. Folgt auf die Illusion vom dauerhaft und allseits glücklichen Eheleben die Illusion von der glückenden Trennung? Davon wird in den folgenden Kapiteln die Rede sein.

III. Nach dem Ende der Liebe: Die Trennung

Von allen Veränderungen, die im Lauf des 20. Jahrhunderts im Zusammenleben von Frauen, Männern und Kindern aufgetreten sind, ist die starke Zunahme der Trennungen und Scheidungen wohl die gravierendste. Um die Mitte des 19. Jahrhunderts waren davon in Nordamerika und in Westeuropa noch weniger als fünf Prozent aller ersten Ehen betroffen, vorwiegend Ehen von Protestanten, denen die Möglichkeit zur Trennung und Scheidung eingeräumt wurde. Am Ende des 20. und zu Beginn des 21. Jahrhunderts beträgt die Scheidungsrate (das Verhältnis von geschlossenen und geschiedenen Ehen innerhalb eines Jahres) in den meisten westlichen Ländern zwischen 50 und 60 Prozent. Die Ursachen für die Zunahme der Ehescheidungen wie auch der in diesen Zahlen nicht enthaltenen Trennungen von Lebenspartnerschaften sind vielfältig. Am gewichtigsten scheint die wachsende sozial-ökonomische Unabhängigkeit der Frauen von ihren Ehemännern bzw. Lebenspartnern. Unübersehbar ist aber auch die Veränderung der Erwartungen an das Ehe- und Intimleben. Aus einer Zwangsgemeinschaft ist ein Bündnis von Menschen geworden, die möglichst lange zusammen bleiben wollen, aber doch nur so lange sie gut kommunizieren. Es genügt den Partnern nicht mehr, die Nahrung, das Quartier und ein wenig soziale Sicherheit zu teilen. Gute Kommunikation, sexuelle Zufriedenheit, Elternglück, hohe Freizeitqualität, zufriedenstellender Konsum, physische und psychische Gesundheit, Fitness und Wohlbefinden markieren in etwa die Erwartungen. Soziologen, Historiker und Sozialpsychologen formulieren diesen Befund meist im Rahmen der ›Individualisierungstheorie‹. Sie behaupten sowohl einen wachsenden Planungs- und Gestaltungsspielraum als auch die erhöhte Abhängigkeit der Individuen, Paare und Familien von gesellschaftlichen Institutionen der Bildung und der Ausbildung, der Altersvorsorge und des Gesundheitssystems, von Unfall- und Krankenversicherungen, Arbeitslosenversicherungen, Pensionssystemen, Kindergärten, Schulen und Universitäten, aber auch von kommunalen Verkehrssystemen, Einrichtungen der Wohlfahrt, nicht zuletzt auch von Stadtplanung, Wohnbau und Umweltpolitik. Individualisierung gilt als ein zweigesichtiger Prozess: Sie schafft immer mehr Handlungsautonomie und Selbst-Reflexivität und standardisiert die durch Markt, Kapital und Politik strukturierten und reglementierten Handlungsmöglichkeiten (Beck 1986; Gergen 1994 b; Schroer 2000).

In diesem Szenario finden zwei Familienformen, die nach Trennung und Schei-

dung entstehen, zunehmend Aufmerksamkeit: die Stieffamilie und die Einelternfamilie, die meist eine Mutter-Kind/er-Familie ist. Stieffamilien und Einelternfamilien – ich werde diese gängigen soziologischen Begriffe gleich in Frage stellen –
weichen von der im politischen, theologischen und wissenschaftlichen Diskurs
privilegierten ›Kernfamilie‹ ab, denn zwei Merkmale der ›Kernfamilie‹ sind hier nicht
mehr, nicht durchgängig oder noch nicht gegeben: die *Leiblichkeit* der Elternschaft
von Mann und Frau und das *Zusammenleben* des Elternpaares mit seinen leiblichen
Kindern unter einem gemeinsamen Dach. Sie betreffen also, was den westlich-christlichen Familienmythos der Moderne so stark macht: die Elternschaft und die Liebe
des Paares. Die Zunahme beider Familientypen im Westen auf jeweils an die 20 bis
30 Prozent aller Haushalte (Schipfer 2001; Cherlin 1992) erregt vornehmlich deshalb
großes Aufsehen, weil hier Kinder nicht dauerhaft mit dem Vater zusammenleben
bzw. weil sie mit einem Erwachsenen zusammenleben, der zu ihnen kein leiblicher
Elternteil ist. Fügt man die sinkenden oder auf niedrigem Niveau stagnierenden
Geburtenraten hinzu, ergibt dies ein Krisenszenario: Die Elternschaft in der Triade
von Vater, Mutter und Kind scheint auf dem Spiel zu stehen. Die Krise wirkt umso
bedrohlicher, je weniger den von ihren Kindern getrennt lebenden Elternteilen (überwiegend Väter) eine aktive Elternschaft ermöglicht wird und je öfter sich Väter der
Elternarbeit entziehen. Genau hierin liegt aber auch – wie ich zeigen werde – der
gesellschaftspolitische Schlüssel, die Krise rhetorisch wie praktisch zu entschärfen.

Manche behaupten, solche Verhältnisse habe es »immer schon« gegeben, ja sie
seien unter den Bedingungen ärmerer Gesellschaften in früheren Jahrhunderten –
aufgrund höherer Mortalität und weit verbreiteter Armut, von Seuchen und Kriegen in Europa – sogar noch häufiger gewesen als heute (Trotha 1994). Doch dieses
Argument berührt nur die Oberfläche des Phänomens, wenn es nicht sogar verschiedene Phänomene vermischt. Bevor im 19. Jahrhundert die allgemeine Lebenserwartung aus ernährungstechnischen, hygienischen und medizinischen Gründen deutlich
anstieg, beendete der Tod der Frau im Kindbett viele Ehen, als noch Kinder zu versorgen waren. Daher verheiratete sich der Witwer ehemöglichst zum zweiten oder
dritten Mal und es entstanden *Stiefmutterfamilien*. Sie unterschieden sich von den
heute nach Trennung und Scheidung entstehenden Folgefamilien zunächst darin,
dass ein Elternteil nicht bloß das Haus verlassen hatte, sondern verstorben war. Was
möglichst rasch ersetzt werden musste, war die *Arbeitskraft* des verstorbenen Elternteils, meistens der Frau, im Haus, auf dem Feld, im Geschäft. In Gesellschaften, die
noch stark von magischen und naturmythischen Vorstellungen geprägt waren, erschien dies als ein böses Omen. Der heute immer noch schlechte Ruf von Stief-
Verhältnissen rührt aus dieser halb vergessenen Zeit (Millhan 1993; Moinet 1989;
Watson 1995). Heute jedoch entstehen die allermeisten ›Stieffamilien‹ nicht nach

dem Tod der Mutter, sondern nach Trennung und Scheidung. Ein Elternteil (meistens der Vater) wird ›nur‹ räumlich und ›nur‹ temporär von seinem Kind/seinen Kindern getrennt. Für die Gestaltung seiner Beziehung zum Kind bieten sich mehrere Möglichkeiten, die ich im Folgenden untersuchen und diskutieren werde. Trotz gewisser tiefenpsychologischer Ähnlichkeiten wirken hier andere Sozialdynamiken als in Stieffamilien, die nach dem Tod eines Elternteils gebildet werden. Dennoch wird in der soziologischen und psychologischen Literatur weiterhin von »Stieffamilien« gesprochen. Das ist nicht zum Vorteil der Betroffenen. Es belastet sie mit Vorurteilen, die aus den deutlich anderen sozialökonomischen und kulturellen Verhältnissen früherer Jahrhunderte auf uns gekommen sind. Und es schwächt den Optimismus, das Familienleben nach einer Trennung des Paares zufriedenstellend gestalten zu können. Hinzu kommt, dass viele Frauen und Männer, die in Folgefamilien leben, aber auch Psychotherapeuten und andere Experten die Verhältnisse der Folgefamilie an der privilegierten Erstfamilie messen, welche die Kriterien des westlich-christlichen Familienmythos – leibliche Elternschaft und Zusammenleben des Elternpaares mit seinen Kindern unter einem Dach – erfüllt (s. Kapitel 1). Auch viele Männer und Frauen, die nach einer Trennung resp. Scheidung in Folgefamilien leben, messen ihr Familienleben am Ideal der Erstfamilie (›Kernfamilie‹). Wie die Fallstudien zeigen werden, folgt daraus, dass sich Erwachsene und Kinder häufig selbst überfordern. Sie erwarten voneinander, was sie nicht leisten können. So sollen Kinder in einem Teil der Fälle den neuen Intimpartner des sorgenden Elternteils möglichst umgehend wie einen leiblichen Elternteil annehmen und lieben. Und so verlangen Frauen und Männer oft von sich selbst, die Kinder ihres neuen Lebenspartners »wie ihre eigenen« zu lieben. Der aus ganz anderen gesellschaftlichen Verhältnissen überkommene Begriff ›Stieffamilie‹ hat also nicht nur eine pessimistische Aura, die mit ein wenig Image-Politur zu beseitigen wäre. Da die ›Stieffamilie‹ an der ›Kernfamilie‹ und den ihr unterstellten Vorzügen gemessen wird, werden auch falsche, weil unpassende Maßstäbe gesetzt. Unangemessene Strategien und unerfüllbare Hoffnungen führen zu erheblichen Schwierigkeiten in der Paarbeziehung und in der Elternschaft.

Noch sichtbarer für ihre Umwelt und Vor-Urteilen und mythischem Denken noch ausgesetzter sind Familien, in denen eine Elternposition nach der Trennung *unbesetzt* ist: Ein-Eltern-Familien. Frauen und Männer, die in dieser Konstellation leben, weil sie sich dafür entschieden haben oder gegen ihren Willen in sie geraten sind, hören den Vorwurf, ihrem Kind *natürliche* Bedingungen für eine glückliche Kindheit vorzuenthalten. Die Begriffe ›Alleinerzieherfamilie‹ und ›Alleinerzieher/in‹ mahnen den abwesenden Elternteil ein. Ob aber tatsächlich nur ein Elternteil ›erzieht‹ und welche Handlungen und Leistungen damit gemeint sind, wird nicht näher überlegt und geprüft. Dass sich viele »alleinerziehenden« Eltern auch wegen der genannten Vorurteile besonders umsichtig und kindorientiert verhalten, richtet gegen die pessimistische Einschätzung einstweilen noch wenig aus. Oft entstehen daraus Schuldgefühle und Unsicherheiten. Personalisierung und Schuldzuweisung nach innen und nach außen (an den Expartner, an das Scheidungsgericht, das Jugendamt, die Kindergärtnerin, die Schule etc.) sind Strategien, um sie abzuwehren. In diesen Fällen wirkt das mythische Denken belastend und befreiend zugleich. Es belastet, weil es Hoffnungen mindert und Schuldgefühle auslöst, und es entlastet, weil es zur Argumentation verführt, niemand könne eben *die Natur* verändern. Doch auch das hilft den Beteiligten nicht weiter.

Bevor ich in den folgenden Kapiteln sechs Fallstudien vorstelle, will ich noch in knappen Zügen argumentieren, was Familien aller Art in sozial- und kulturwissenschaftlicher Sichtweise sind. Warum sind Familien sozial-kulturelle und nicht natürliche Phänomene? Danach können wir mit geschärftem Blick untersuchen, warum der Aufbau einer neuen Intimbeziehung und eines neuen Familienlebens nach Trennung und Scheidung in einem Teil der Fälle gut oder sehr gut gelingt – und warum er in anderen Fällen schwierig ist oder weitgehend misslingt.

3.1 Familien sind sozial-kulturelle Phänomene

Aufgrund ihrer anthropologischen Lage und Ausstattung sind Menschen gehalten, ihr Leben und ihr Zusammenleben *sinnhaft zu gestalten*. Sie benutzen dazu ihr autobiographisches Gedächtnis (Markowitsch u. Welzer 2005) und ihre Intelligenz, um sich aus Erfahrung, d. h. aus interpretierten Erinnerungen, zwischen alternativen Möglichkeiten zu entscheiden und ihr künftiges Leben zu entwerfen. Diskurse, Codes, Regeln, Gesetze und Normen motivieren und orientieren ihre Lebensentwürfe und regeln ihr praktisches Handeln. Angesichts der unzähligen Reden, Texte und Bilder vom Zusammenleben von Mann und Frau, von Liebe und Elternglück, von Ehe- und Beziehungsdramen und Eltern-Kinder-Konflikten scheint es fast unmöglich, zu all dem noch eine *eigene,* originäre Vorstellung zu entwickeln. Doch zumindest müssen die Akteure aus all den Redeweisen, Liedertexten, Spots, Filmen und Bildern, die sie umfluten, ihren eigenen Sinn finden, um ihr Handeln zu orientieren. Die von ihnen ›gelesenen‹ Texte und Bilder sind immer mehrbedeutend (polysem), ja zum Teil widersprechen sie einander. Wenn sich die Handlungsspielräume erweitern, werden den Akteuren schärfere Unterscheidungen der Möglichkeiten, die Kritik und die Entscheidung zwischen den Optionen abverlangt. Dabei sind die Akteure keineswegs wie Marionetten, die an den Fäden der Autoren und Autoritäten tanzen. Vielmehr handeln sie gemäß jenen Bedeutungen, die sie ihren Beziehungspartnern, ihren Kindern resp. ihren Eltern und den mit ihnen geteilten Projekten geben. Wie viele Umfragen zeigen, rangiert das Paar- und Familienleben an der Spitze aller Projekte, noch weit vor den Berufen, Hobbies und Urlauben. Gemessen an diesen Hoffnungen und Wünschen sind die zahlreichen Trennungen und Scheidungen von Paaren als Misserfolge zu werten. Doch kann dieses Scheitern kaum aus einem Mangel an Interesse und Engagement erklärt werden. Woraus aber dann?

Offenbar sind einige der gewählten Strategien nicht geeignet, das Erwünschte auch zu erreichen. Frauen und Männer lernen ihre Strategien in der Herkunftsfamilie und dann in der ersten eigenen Familie, in der auf Trennung und Scheidung folgenden Folgefamilie, im Umgang mit Verwandten, Freunden und Nachbarn. Verhältnismäßig wenig lernen sie aus Artikeln und Büchern. Im hohen Gewicht empirischen Lernens und in dessen Eigenart liegt auch eine Ursache dafür, dass die erlernten und teils verinnerlichten Strategien nicht einfach ausgetauscht werden können, wenn sie nicht mehr passen oder sogar destruktiv werden. Wenn Frauen und Männer beispielsweise die Hoffnung haben, dass die Folgefamilie die erste Familie ganz und gar *ersetzen* könnte, begünstigt dies eher die *Wiederholung* empirisch erlernter Strategien als die Entwicklung neuer, geeigneterer Strategien. Wenn ›dazugelernt‹ wird, dann am ehesten aus Krisen und Konflikten, die alte Gewissheiten gründlich erschüttern.

Wie intime Beziehungen zwischen Partnern und zwischen Eltern und Kindern gestaltet werden, hängt zunächst davon ab, was in sie *investiert* wird. Was investiert wird, bezeichnen wir als Ressource oder Kapital. Neben wirtschaftlichen Ressourcen wie Einkommen, Vermögen, Wohnungen, Häusern oder Autos bringen die Akteure auch kulturelle und soziale Ressourcen ein: persönliche Fähigkeiten und Eigenarten, Neigungen, Temperamente, Wissen und Erfahrung, emotionale Intelligenz, handwerkliches Geschick, körperliche Attraktivität, nützliche Beziehungen und vieles mehr. Wichtige Überlegungen dazu liefert die *Theorie der Praxis* des Kultur-Ethnologen und Soziologen Pierre Bourdieu (1972 ff.). Nur im Mythos ist das Glück des Paares und der Eltern kostenlos. Die Fallstudien werden zeigen, wie die Akteure alle möglichen ›Dinge‹ besetzen und wie sehr der Konflikt des sich trennenden und scheidenden Paares ein Streit um die Verteilung und den Entzug von Ressourcen ist.

Zum zweiten werden die Beziehungen gestaltet, indem Gefühle und Erlebnisweisen, Erwartungen und Ansprüche aneinander, Meinungen und Überzeugungen etc. *symbolisiert* und *kommuniziert* werden. Die Mitglieder einer Familie entwickeln besondere Formen, sich anzusprechen, wobei dies je nach Ort und Gelegenheit (vor Gästen, in der Küche, im Bett, in der Liebe, im Streit) variiert. Sie entfalten ihre eigene Art, den Ehe- bzw. Lebenspartner oder ein Kind zu lieben, zu mahnen, mit ihm zu spielen, zu scherzen oder zu streiten. Indem sie derart subjekt-, beziehungs- und familienspezifisch kommunizieren, erzeugen sie Zugehörigkeit und Zusammenhalt und ziehen die Grenze des sozialen Systems nach außen. Die Systemtheorie schlägt vor, System und Umwelt zu unterscheiden (Luhmann 1990, 1995, 1997, 1999). Nach Trennung und Scheidung gebildete Folgefamilien zeichnen sich u. a. dadurch aus, dass ihre Systemgrenze anfangs noch nicht feststeht. Sie wird in den ersten Jahren meist anlassbezogen ausgehandelt und in Konflikten auch noch verändert. So stellen sich Mütter in Einelternfamilien die Frage, wieviel Kontakt sie zwischen dem Kind (den Kindern) und dem Vater (und dessen Eltern, den Großeltern der Kinder) wünschen oder zulassen sollen. In den Patchworkfamilien (zum Begriff s. u.) entscheiden Elternteile und deren neue Partner, wie häufig und wie lange das Kind den von ihm getrennt lebenden Elternteil sehen soll. Eltern und deren neue Intimpartner entscheiden, in welchem Maße Großeltern und insbesondere die Eltern des getrennt lebenden Elternteils Zugang zu den Kindern haben. Größere Kinder bestimmen meist selbst, wie häufig oder wie intensiv sie mit Geschwistern, Eltern und Großeltern in anderen Haushalten zusammen sein wollen. Bei konflikt- und verletzungsreichen Scheidungen wird diese Entscheidung von Sozialarbeitern und Familienrichtern, Psychologen und Psychiatern getroffen. Auch sie thematisieren die vorübergehend unsichere Außengrenze der Folgefamilie.

Der Prozess des Ehe-, Paar- und Familienlebens hängt offensichtlich auch vom psychischen und körperlichen Erleben der beteiligten Akteure ab. Dies bewirkt, dass Ehen, Lebensgemeinschaften und Familien zwar institutionalisiert sind (sie haben einen Namen oder eine Kombination von Namen, sie besitzen Dokumente, die ihre Mitglieder als solche ausweisen, sie melden den Behörden ihren Wohnsitz), aber dennoch weniger stabil sind als Institutionen, in denen sich die Akteure nicht derart ›total‹ aufeinander einlassen: ökonomisch und sozial, affektiv und emotional, geistig und kulturell, körperlich und sexuell. Es ist daher unverzichtbar, bei der Beschreibung und Erklärung von Prozessen des Ehe-, Paar- und Familienlebens auf das psychische und körperliche bzw. psycho-somatische Erleben der Akteure Bezug zu nehmen. Psychodynamische Theorien und Begriffe (s. Laplanche u. Pontalis 1972; Lacan 1994, 2001), Theorien und Begriffe der systemischen Paar- und Familientherapie (s. Simon, Clement, Stierlin 1999) wie auch Bindungstheorien und Theorien der Trennung, des Trauerns und des Verlustes werden deshalb an die Erzählungen angelegt (s. Bowlby 1969 ff.)

Frauen, Männer und Kinder, die über längere Zeit zusammenleben, haben eine Geschichte, die sie verbindet, sagt man. Diese Geschichte konstruieren sie in ihren Gesprächen und Erzählungen. Sie kommunizieren Erlebtes wie die Geburt und das Aufwachsen der Kinder, den ersten Schultag des Kindes, Urlaube und Familienfeste, Krankheiten und Unfälle. Die erzählten Geschichten verbinden die Erzählerinnen und Erzähler in Liebe und Wohlwollen, Vertrauen und Zärtlichkeit, Milde und Nach-

sicht, aber auch in Kränkung, Verletzung und manchmal in Hass. Dabei bedeuten die erzählten Ereignisse für jedes Mitglied der Familie mehr oder minder Verschiedenes. Eine Erinnerung ist die Interpretation eines erlebten Geschehens. Weder
die Intimpartner noch Eltern und Kinder stimmen jemals in ihren Erinnerungen
vollends überein. Andererseits ist die Erinnerung nie allein Sache des Einzelnen. Sie
muss kommuniziert werden, um nicht irgendwann dem Vergessen anheim zu fallen,
und bedarf also eines sozialen Systems.[1] Das Individuum erinnert Vergangenes vor
allem in Bezogenheit auf seine Angehörigen. Dass dies für Liebende und Intimpartner gilt, habe ich schon in der kurzen Geschichte der Liebe dargestellt (Kapitel 2).
Doch es gilt auch für die scheinbar noch viel fester gefügten Beziehungen zwischen
Eltern und Kindern (s. Kapitel 10.10). Dass Trennung und Scheidung des Paares,
die ›Aufspaltung‹ eines Familienlebens in zwei Folgefamilien und die räumliche Trennung eines Elternteils von seinem Kind diese Bezogenheit gefährden können, liegt
auf der Hand. Theorien des Gedächtnisses und der spezifischen Konservierung von
Erlebtem durch Trauma und Verdrängung helfen jene Prozesse zu verstehen, in denen
die Akteure Erinnerungen bilden, um ihr Handeln zu orientieren und ihre Zukunft
zu entwerfen.

So erweist sich das Familienleben als derart vielschichtig, aspektreich und komplex,
dass eine einzelne Fachwissenschaft überfordert wäre, es zu beschreiben und zu erklären. Erforderlich ist Multi- und Interdisziplinarität. Alle genannten Theorien
werde ich allerdings in den nächsten Kapiteln nur so weit diskutieren, als es nötig ist,
um die Fallanalysen (Kapitel 4 bis 9) und die vergleichende Analyse der Fälle (Kapitel 10) nachvollziehen zu können.

3.2 Die langsame Annäherung an die Vielfalt: Ein kritischer Forschungsbericht

3.2.1 »Stieffamilien«-Forschung

Forscher, die sich in den 1970er und 1980er Jahren mit Trennungen und Scheidungen befassten, fokussierten die Kinder als Opfer ihrer pflichtvergessenen Eltern. Die
Scheidung der Ehepaare galt noch überwiegend als Bruch der Normalität, als Skandal,
der die Geschiedenen mit Schuld belaste im Hinblick auf das weitere Schicksal ihrer
Kinder. In dieser durch und durch *tragischen* Alltagsperspektive schien es gewiss, dass
das Kind sowohl in der Einelternfamilie als auch in der Stieffamilie weiterhin seelisch
verletzt oder bereits krank sei, zumindest aber in seiner psychischen Entwicklung, in
seiner kognitiven Leistungsfähigkeit und in seinen sozialen Beziehungen beschädigt

werde. Die Weichen seien auf Abstieg und Devianz gestellt: Viele Kinder zeigten Lern-
und Anpassungsschwierigkeiten; Burschen hätten eine stärkere Neigung zu krimi-
nellem Handeln, Mädchen zu sittlicher Verwahrlosung. Insoweit dafür auch Erklärungen angeboten wurden, zielten sie vor allem auf den geringeren Grad der Ordnung
und Stabilität und die unschärferen Außengrenzen der Familie. ›Stieffamilien‹ fehle
es an verbindlichen Regeln und rechtlichen Normierungen; daher seien Männer,
Frauen und Kinder unsicher in ihren Rollen und Handlungen. Auch mangle es ihnen
an sicheren Bezeichnungen für ihre Positionen und Beziehungen in der Stieffamilie.
In einer der ersten viel beachteten Arbeiten behauptete der US-amerikanische Soziologe Andrew Cherlin, die im Vergleich zur Elternschaft in Erstfamilien geringere
Normierung und Codierung der Stiefelternrollen führe dazu, dass Stiefväter und
Stiefmütter häufig zwischen übertriebenem Engagement für das Kind, Unentschiedenheit und frustriertem Rückzug *schwankten* (Cherlin 1978). Zahlreiche psychologische und psychoanalytische Autoren trugen weitere, großteils klinische Belege
für diese These zusammen. Sie fanden unter anderem, dass der neue Intimpartner
eines Elternteils häufig versuche, seine Rollenunsicherheit durch besondere Zuwendung gegenüber dem Kind zu kompensieren, um dem neuen Intimpartner seine
Liebe zu beweisen (Schattner u. Schumann 1988). Besonders unsicher seien Stiefmütter, denn selbst ihren besten Absichten stehe die dunkle kollektive Erinnerung an
frühere Verhältnisse entgegen, in denen die Stiefmutter noch mit der Aura des Bösen
umgeben war.

Am Beginn der »Stieffamilien«-Forschung war die Erstfamilie noch ganz selbstverständlich das Maß aller Dinge. Sie wurde als »Kernfamilie« bezeichnet und der
»Stieffamilie« und der Mutter-Kind-Familie entgegengesetzt. Schon diese Begriffs-
wahl weist darauf hin, dass hier mythisches Denken (Cassirer 1925/1994) am Werk
war und noch immer ist. Denn was ist der ›Kern‹? Wenn er in der Mutter-Kind-Dyade
besteht, sind Mutter-Kind-Familien strukturidentisch mit diesem ›Kern‹. Wenn er in
der Vater-Mutter-Kind-Triade besteht, haben auch jene »Stieffamilien«, in denen der
leibliche Vater für das Kind präsent bleibt oder durch einen anderen Mann partiell
oder vollends ersetzt wird, einen »Kern«. Wenn in der »Stieffamilie« zumindest ein
weiteres Kind geboren wird, ist auch sie eine »Kernfamilie«. Wir sehen daran, dass
nicht nur die Alltagsrede, sondern auch die humanwissenschaftliche Rede ihre Begriffe keineswegs in der erwartbaren analytischen Strenge, sondern in mythischer
Weise bildet und gebraucht. Das Forschungsfeld »Familie« scheint dafür besonders
anfällig. Hinter der begrifflichen Schlamperei steckt oft Ideologie. Dass nur die Erstfamilie als »Kernfamilie« bezeichnet wird, stattet sie mit der Aura der Natürlichkeit
aus. Hingegen suggerieren die für Folgefamilien gebrauchten Begriffe mit Wortteilen
wie »Stief«- und »Allein-« den Bruch der Natürlichkeit, Unvollständigkeit, Abwei-

chung von der Norm und strukturelles, nicht fallspezifisches Ungenügen. Unter Verzicht auf den Begriff »Kernfamilie« und zur Unterscheidung und Diskussion diverser Konstellationen, Funktionen, Beziehungen und Bindungen werde ich folgende Begriffe verwenden:

■ *Herkunftsfamilien:* Nahezu jeder Mensch kann auf ein Aufwachsen in einer Familie verweisen.
■ *Erstfamilien* sind Familien aller Art, die irgendwann nach dem Verlassen der Herkunftsfamilie gegründet werden.
■ *Folgefamilien* sind Familien aller Art, die irgendwann nach der Trennung des Paares oder nach dem Tod eines Partners gebildet werden.

»Folgefamilien« können jene Konstellationen sein, sie sich durch den Einzug eines neuen Lebens- oder Ehepartners herstellen und in der soziologischen und psychotherapeutischen Familienforschung gemeinhin als »Stieffamilien« bezeichnet werden. In der Ratgeber-Literatur werden sie immer öfter »Patchworkfamilien« genannt. Doch auch die »Mutter-Kind-Familie« und die »Vater-Kind-Familie«, die aus der Trennung eines Elternpaars hervorgeht, ist eine »Folgefamilie«. Um die unterschiedlichen Konstellationen von Herkunfts-, Erst- und Folgefamilien zu benennen, benutze ich (unter Verzicht auf ideologisch aufgeladene Begriffe wie »Alleinerzieherfamilie« oder »Einelternfamilie«) Wortkombinationen, die wertfrei angeben können, wer mit wem in einem Haushalt zusammenlebt: Vater-Mutter-Kind/er-Familien, Mutter-Kind/er-Familien, Vater-Kind/er-Familien usw. Erstreckt sich ›das Familienleben‹ (verstanden als eine Fülle von spezifischen und regelmäßigen Interaktionen und Kommunikationen) bedingt durch die Trennung eines Elternpaares über zwei oder mehr Haushalte, spreche ich von bi- und polynuklearen Familiensystemen.

Es dauerte bis in die 1990er Jahre, dass Familienforscher aus mehreren Disziplinen begannen, die Dynamik zwischen Erstfamilien und Folgefamilien sowie zwischen den Folgefamilien der Ex-Partner näher zu untersuchen, ohne die Erstfamilie (als »Kernfamilie«) zu sakralisieren und die Folgefamilie (als »Stieffamilie«, »Alleinerzieherfamilie« oder »Einelternfamilie«) noch vor der näheren Untersuchung des einzelnen Falles pauschal abzuwerten. Das nach Trennung und Scheidung neu organisierte Familienleben reicht, so erkannten sie, typischerweise über die Grenze des einzelnen Haushalts hinaus und bezieht Elternteile, Kinder und Großeltern, die in anderen Haushalten leben, mit ein. Die beiden Folgefamilien der Ex-Partner hängen auf eine dynamische und vielschichtige Weise zusammen und nehmen in verschiedener Weise Einfluss aufeinander. Constance R. Ahrons stellte dazu wichtige Beobachtungen an und formulierte plakativ: »two households, one family« (Ahrons 1979). An sie anschließend spreche ich von einem bilokalen Familienleben und in systemtheoretischer Wendung von »bi- und polynuklearen Familiensystemen«, in denen getrennte Eltern, deren Kinder, neue Intimpartner und auch Großeltern und andere Verwandte agieren. Erst diese systemische Weitung des Blicks ermöglicht es, Folgefamilien in ihrer Spezifität zu begreifen. Sie sind nicht – wie bisher – an der Erstfamilie, sondern an ihren eigenen spezifischen Möglichkeiten und strukturellen Eigenarten zu messen.

Doch kehren wir noch einmal zurück zu den Anfängen der »Stieffamilien«-Forschung. Es ging ihr nicht nur um Abgrenzungen, sondern auch um Ausgrenzungen. Den von den Kindern räumlich entfernten Elternteil, meistens den Vater, hielt man für einen Störenfried, der das Leben in der Folgefamilie schwierig mache. Diese Deutung wurde in den 1970er und 1980er Jahren durch die zweite Frauenbewegung verstärkt. Der männliche Störenfried sollte von der Folgefamilie möglichst *ferngehalten* werden. Für die Erziehung der Kinder schien er, der immer im Verdacht stand, der Hauptschuldige an Trennung und Scheidung zu sein, weitgehend verzichtbar. Und wenn er dann, gekränkt und verletzt oder zunehmend gleichgültig, kaum mehr in Erscheinung trat, wirkte er noch immer störend oder gar zerstörerisch: Er nistete sich in den Phantasien des sorgenden Elternteils wie des Kindes ein und hinderte sie daran, zu einem selbstbestimmten Zusammenleben zu gelangen. »Fragmentierte Elternschaft«, »Zerstreuung der Autorität« zwischen den an- und den abwesenden Elternteilen, »Loyalitätskonflikte« der Kinder, Rivalität und Eifersucht wurden als typisch beschrieben. Lauter Begriffe, die das Missraten der Kinder ankündigten und der Folgefamilie eine schlechte Prognose ausstellten. »Stieffamilien« und »Einelternfamilien« galten daher gemeinhin als »Risikogruppen«.

Klinische Forschung, d. h. Forschung im Rahmen von staatlichen, kommunalen oder privatwirtschaftlichen Gesundheitssystemen, wird von Psychotherapeuten, Psychologen, Psychiatern und Psychoanalytikern betrieben. Sie befasst sich überwiegend mit Kindern aus Folgefamilien, die »auffälliges« Verhalten zeigen, deren Eltern über besondere »Erziehungsschwierigkeiten« klagen und professionelle Hilfe in Anspruch nehmen oder durch behördliche Interventionen dazu angehalten werden (»Zwangskontext«). Sie fand heraus, dass »Stiefkinder« häufig zum Sündenbock für Probleme im Zusammenleben gemacht werden, auch wenn die Schwierigkeiten eher von den Erwachsenen verursacht werden. Die Strukturelle Familientherapie und die ihr folgende, jüngere Systemische Familientherapie bezeichneten diese Kinder als ›Symptomträger‹. Sie sprachen auch – allerdings in anderer Bedeutung als die Psychoanalyse[2] – von der ›Triangulierung‹ eines Kindes durch seine im Konflikt lebenden Eltern (Minuchin 1987, 1988, 1993). Psychoanalytiker entdeckten, dass Kinder gleichsam ersatzweise an die Stelle eines Elternteils treten können (Schleiffer 1988). Viele Kinder werden von einem Elternteil beauftragt (delegiert), in der neuen Familie oder auch zwischen den Familien der getrennten Eltern bestimmte Funktionen und Aufgaben zu erfüllen (Stierlin 1978, 1987). Bei einem Teil jener Männer, die durch ihren Eintritt in Mutter-Kind/er-Familien zu sogenannten »Stiefvätern« wurden, beobachteten klinische Forscher überzogene Rettungsphantasien. Sie seien aus der Neigung zur Wiedergutmachung zu erklären, etwa wenn der Mann Gefühle von einer gescheiterten Beziehung bzw. Familie auf die aktuelle Intimbeziehung oder auf die Folgefamilie verschiebe. Mancher Retter trage allerdings selber unbewusst dazu dabei, dass es auch etwas zu retten gebe, indem er beispielsweise dem »Stiefkind« den Status eines schwer erziehbaren Kindes zuweise (Schleiffer 1982). In meinen Fallstudien »Die Benachteiligten« (Kapitel 6) und »Die Umerzieher« (Kapitel 8) werde ich solche Strategien im Detail rekonstruieren und ihre Auswirkungen auf die Kinder und auf die Folgefamilien diskutieren.

Wohl die allermeisten Autorinnen und Autoren, gleich ob klinische Forscher, Psychotherapeuten oder Familiensoziologen, gingen lange von der eher implizit bleibenden Vorstellung aus, ein Kind könne nur *eine* Familie haben, die sein »sozialer Heimathafen« und im Rückblick für immer seine Herkunftsfamilie sei (Krähenbühl u. a. 1986, 79). Emily und John Visher – Pioniere der »Stieffamilien«-Forschung – behaupteten, das auf die Trennung der Eltern folgende Hin- und Herziehen des Kindes zwischen den Haushalten der Mutter und des Vaters sei ein Wechselbad aus differenten Familienstilen, Erziehungsnormen und Werthaltungen; es verunsichere die Kinder oder löse geradezu einen »Kulturschock« in ihnen aus. Für das Kind stelle sich die Frage: »Wo gehöre ich hin?« (Visher u. Visher 1987, 160). Nachfolgende Autoren behaupteten dann oft pauschal die »soziale Orientierungslosigkeit« der zwischen zwei Haushalten hin und her pendelnden Kinder. Viele Verfasser von psychologischer und pädagogischer Ratgeber-Literatur (Bücher und Zeitungsartikel) folgten dieser Annahme. Erst in den 1990er Jahren entstand ein differenzierteres Bild. Nun waren Trennungen und Scheidungen in allen sozial-kulturellen Milieus beinahe schon alltäglich und auch Psychotherapeutinnen und Psychotherapeuten, Sozialarbeiterinnen und Sozialarbeiter, Soziologinnen und Soziologen waren in wachsender Zahl von Trennung und Scheidung betroffen. Damit fiel es ihnen offenbar deutlich schwerer, Folgefamilien aus der Normalität auszugrenzen. Einige Autoren wagten nun sogar die These, der regelmäßige Wechsel von Kindern zwischen den neuen Haushalten ihrer getrennten Eltern könnte unter günstigen Umständen auch *bereichernd* sein (Ahrons 1994; Amato 1999; Arditti 1999). Am deutlichsten formulierte wohl Anne C. Bernstein, ein Kind könne von der Trennung und Scheidung der Eltern sogar profitieren, wenn es die verschiedenen Lebensweisen der neu gebildeten Familien auf

beiden Seiten kennenlerne und daraus vielfältige Anregungen erhalte. Es werde angehalten, Lebensentwürfe, Kommunikationsstile und alltägliche Praktiken in den
beiden Haushalten zu vergleichen und die feinen Unterschiede wahrzunehmen. Dies
ermögliche ein sozial-kulturelles Lernen, das weniger zur Naturalisierung des Familienlebens verführe. Soziale, emotionale und kognitive Kompetenzen der Kinder
würden unter günstigen Umständen sogar stärker gefördert als in vielen Erstfamilien
(Bernstein 2001).

In einer Hinsicht teilen mehrere Autoren eine ausdrücklich positive Einschätzung:
Ein gemeinsames leibliches Kind des neuen Paares würde den Zusammenhalt der
Folgefamilie deutlich erhöhen. Das gemeinsame Kind würde eine Annäherung der
»Stieffamilie« an die »Kernfamilie« bewirken (zum ideologischen Charakter dieser
Terminologie und dieser Argumentation s.o.). Über das gemeinsame Kind entstehe
auch für das »Stiefkind« eine engere Verbindung zum »Stiefelternteil«. So schreibt
die Familientherapeutin Verena Krähenbühl:

»Das gemeinsame Kind (erhält) oft die Funktion …, die beiden Familien [gemeint sind
offenbar eine Muttter-Kind/er- und eine Vater-Kind/er-Familie, RS] *zu einer Einheit zu
verbinden*. Damit erhält das gemeinsame Kind eine Schlüsselfunktion im System …«
(Krähenbühl u.a. 1984, 8)

Worauf diese Kraft der Verbindung »zu einer Einheit« beruhen soll, führen die Autorinnen und Autoren allerdings nicht aus. Auch der Familienpsychologe Wassilios
E. Fthenakis behauptet ohne nähere Begründung, gemeinsame Kinder des neu gebildeten Paares würden den Zusammenhalt der »Stieffamilie« erhöhen (Fthenakis 1988,
145). Ob das auf die subjektive Imagination der Blutsverwandtschaft zurückzuführen
ist oder eher auf kommunikatives Handeln und Ressourcentausch (etwa das gemeinsame Erleben der Geburt und die geteilte Sorge um das Neugeborene), lässt er da-
hingestellt. Die Möglichkeit, dass zwischen Kindern aus vorherigen Beziehungen
eines oder beider Partner und dem leiblichen Kind des neuen Paares ein offener oder
verdeckter Kampf um Privilegien und um die elterliche Zuwendung entstehen kann,
fällt zugunsten einer Normalitätskonstruktion unter den Tisch. Der Optimismus der
Autoren erklärt sich wahrscheinlich daraus, dass sie mit der Geburt des leiblichen
Kindes eine *natürliche* Familienbindung hergestellt sehen, jenen mythenumwobenen,
quasi-biologischen Familien-»Kern«, der die »Stieffamilie« retten kann.

Die in den letzten Jahren zu beobachtende Tendenz zur Entdramatisierung der
Diskussion von Trennung, Scheidung und Folgefamilien hat eine doppelte Ursache:
Zum einen bewirkt die weitere Präzisierung der Begriffe, Methoden und Konzepte
eine gewisse (freilich nie abgeschlossene) Entideologisierung und Entmythisierung

der Forschung. Zum anderen erhöht sich – auch unter der Bedingung einer weniger dramatisierenden Diskussion – die Flexibilität von Kindern, Jugendlichen und Erwachsenen, mit den auf die Trennung von Paaren folgenden Veränderungen des Familienlebens umzugehen. Offenbar *verändern sich sowohl die Beobachter als auch die Beobachteten* in gewisser diskursiver Abhängigkeit voneinander. Doch besteht noch kein Grund, mit der aktuellen Forschungslage zufrieden zu sein, im Gegenteil. Zuletzt entstand ein Patt der zentralen Argumente, mehr noch: ein *Double bind*. Die eine, ältere Botschaft vieler Experten lautet, die Trennung der Eltern bringe unweigerlich erhebliche Schwierigkeiten der Kinder mit sich und beeinträchtige deren Lebensqualität und Erfolgschancen. Die andere, jüngere Botschaft lautet: Unglückliche Paare sollen sich trennen, denn nur glückliche Intimpartner sind gute Eltern und leistungsfähige Arbeitskräfte. Trennen sich Intimpartner trotz starker Konflikte oder erheblicher Unzufriedenheit *nicht*, ziehen sie den Vorwurf auf sich, als unglückliche Paare schlechte Eltern zu sein. Trennen sie sich, müssen sie sich den Vorwurf gefallen lassen, das Wohl ihrer Kinder aufs Spiel zu setzen. Ratgeber und wissenschaftliche Bücher, und nicht zufällig jene, die klare und eindeutige, aber einander oft widersprechende Thesen vertreten (Hetherington u. Kelly 2002; Wallerstein, Lewis u. Blakeslee 2000; 2002 u. v. a.), und auch journalistische Statements in unzähligen Talkshows, Zeitschriften und Zeitungen lassen ihr Publikum eher ratlos zurück.

Dabei ist an ernsthaften wissenschaftlichen Studien nun wirklich kein Mangel. In den 1990er Jahren waren in den USA »step-families« (nach Trennung und Scheidung) bereits das am häufigsten gewählte Forschungsthema in multidisziplinären, psychologischen, psychotherapeutischen, soziologischen und ethnologischen Forschungen zur Familie (Coleman u. Ganong 1990). Schon Anfang der 1990er Jahre registrierte man einen enormen Anstieg der Zahl von Doktorarbeiten, Forschungsarbeiten und populärwissenschaftlichen Büchern zu diesen Fragen (Furstenberg u. Cherlin 1991). In Europa hingegen war dies noch nicht der Fall. Anfang der 1990er Jahre wurde in Frankreich gerade einmal ein erster mehrdisziplinärer Sammelband vorgelegt (Meulders-Klein u. Théry 1993, deutsch: 1998). Im deutschen Sprachraum dominiert bis heute die Ratgeberliteratur. Sozialpädagoginnen und Ehe- und Familientherapeuten berichten aus ihren Beobachtungen an einzelnen »klinischen Fällen« (s. o.) und benutzen überwiegend die Begriffe, Kategorien und Theorien der nordamerikanischen Literatur. Besonderheiten der nordamerikanischen Gesellschaften und Unterschiede zu den familien- und sozialpolitischen Verhältnissen in den westeuropäischen Staaten, Ländern und Gemeinden bleiben dabei oft unbedacht. Populärwissenschaftliche Ratgeber bemühen sich naturgemäß, die von ihnen erwarteten klaren Antworten zu geben. Dagegen ist nichts zu sagen. Doch sind ihre Vereinfachungen lange Zeit zu *ungunsten* der Folgefamilien ausgefallen. Erst in den letzten Jahren zeichnet sich auch in der populären Ratgeberliteratur eine Trendwende ab (Szczesny-Friedmann 1996; Becker 1997; Becker 2001; Bundesministerium 2002; Scheer u. Dunitz-Scheer 2002; Unverzagt 2002; Largo u. Czernin 2003 u. v. a.).

3.2.2 »Einelternfamilien«-Forschung

»Wenn man über die *Einelternfamilie* spricht, so geschieht dies fast immer emotional; in Bezug auf die Familie ist man üblicherweise sofort ›engagiert‹.« So beginnt nicht irgendein Text, sondern immerhin ein Handbuchartikel (Clason 1989, 413). Ein mächtiges *Gefühl* dirigiert nicht nur die alltägliche Rede, sondern auch den wissenschaftlichen Diskurs. Der Begriff »Einelternfamilie« bezeichnet das Zusammenleben von ledigen oder getrennten resp. geschiedenen Frauen oder Männern mit ihren Kindern. Auch die Geschichte seiner Erforschung verläuft vom einhelligen Pessimismus und einer Tendenz zur Pathologisierung in den 1960er, 1970er und 1980er Jahren zur genaueren Differenzierung der Aussagen in den letzten Jahren. Jüngere Untersuchungen melden erstmals Zweifel an, dass ein Aufwachsen in einer »Einelternfamilie« für die Entwicklung des Kindes derart schicksalhaft und nachteilig sei, wie früher unterstellt wurde. Die nordamerikanischen Familienforscher Furstenberg und Cherlin gelangten Anfang der 1990er Jahre zu der bemerkenswerten Feststellung, das Wohlbefinden des Kindes hänge nicht allein, ja nicht einmal vorrangig davon ab, ob es in einer Normalfamilie, in einer Einelternfamilie oder in einer Stieffamilie lebe. Kinder litten nämlich nicht an bestimmten Zusammensetzungen des Haushalts, sondern an schweren und wiederkehrenden Konflikten ihrer Eltern. Solche Konflikte aber gebe es in *allen* Familienformen. Weder Einelternfamilien noch Stieffamilien seien »ungewöhnlich« konfliktreich. Im Gegenteil: Unter Umständen könne eine Einelternfamilie die Bedürfnisse von Mutter und Kind sogar besser befriedigen und eher Ruhe und Entspannung ermöglichen oder nach einer aufreibenden Trennung das Selbstwertgefühl der Frau und des Kindes stärken. Das psychische Gleichgewicht des Kindes hänge im Allgemeinen mit dem Wohlbefinden jener Erwachsenen zusammen, mit denen das Kind überwiegend zusammenlebt (Furstenberg u. Cherlin 1991). Dieser Einschätzung folgten zunächst nur auffällig wenige deutschsprachige Autorinnen und Autoren (Heiliger 1993, 1994; Niepel 1994 b; Nestmann u. Stiehler 1998; Krüger 1998). Wenn soziologische, psychologische und politikwissenschaftliche Studien nicht weiterhin den devianten und defizitären Charakter der Mutter-Kind-Familie behaupteten, rückten sie diese doch in die Nähe der »neuen Armut«, was zwar materielle und berufliche Probleme ins Bewusstsein hob, aber die Leistungen der Akteure in diesem Familientyp leicht übersah (Napp-Peters 1983). Eine neue, freilich umstrittene Perspektive auf die Mutter-Kind-Familie fanden auch feministisch engagierte Autorinnen. Sie betrachteten die Abwesenheit des Mannes und Vaters im Familienalltag nicht mehr als Defizit für die Sozialisation des Kindes. Vielmehr sahen sie darin die Möglichkeit, Frauen und Kinder aus der Herrschaft von Männern zu emanzipieren (Stein-Hilbers 1994a; Simsa 1994; Schlemmer 1994; Carbone 1994). Nur hin und wieder wurde die noch seltene Vater-Kind-Familie thematisiert (Fthenakis 1993c; Matzner 1998, 2002; Nestmann u. Stiehler 1998).

Frauen nur als passive Opfer der Männer zu sehen entspricht einer älteren,»schwarzen« Frauengeschichte und Frauenforschung. Es übersieht nicht nur den Anteil von Frauen an Beziehungskonflikten, sondern auch die Emanzipationschancen, die sich aus der Entscheidung einer Frau, nicht mit dem Vater des Kindes zusammen zu leben, ergeben können. *Alle* im sozialen System kommunizierenden Personen wirken als Psychosysteme fortwährend aufeinander ein. Und selbst Kinder sind nicht nur die Opfer ihrer sich trennenden oder gar nie zusammenlebenden Eltern. Sie können das soziale und kommunikative System stärken und sichern, aber auch schwächen und gefährden. Sie wählen ihre ersten Liebesobjekte und ziehen die Energien und Gefühle ihrer Geschwister und Eltern wie auch von deren neuen Intimpartnern in den Folgefamilien auf sich. All dies geschieht in variantenreicher Weise sowohl in Erstfamilien wie in Folgefamilien, in Vater-Mutter-Kind-Familien wie in Einelternfamilien. Und doch sind diese Familienformen deshalb keineswegs gleich. Was sie voneinander unterscheidet, können wir jedoch nur in Erfahrung bringen, wenn wir anhören, welche Bedeutungen die Frauen und Männer, Kinder und Jugendlichen ihrem Zusammenleben jeweils geben. Aus ihren Erzählungen ist erschließbar, wie sie ihre Sehnsüchte, Emotionen und Wünsche (zum Teil) ausdrücken und kommunizieren und welche Fähigkeiten und Fertigkeiten, Wissen, Gewissheiten und Vorurteile, welches Können und welche Ressourcen sie einbringen, kurz: wie sie ihr Familienleben *interaktiv konstruieren*. Verschiedene Arten, intime Beziehungen und Elternschaften nach Trennung und Scheidung fallspezifisch zu rekonstruieren, um sie zu vergleichen und zu erklären, ist die Aufgabe der folgenden Studie.[3]

3.3 Das Design der Untersuchung

Wie die Durchsicht der Forschungsliteratur gezeigt hat, schlagen sich religiös, ethisch und politisch bestimmte Weltanschauungen und Familienmythen umso eher in klinischen und akademischen Studien nieder, je mehr die Forscher ihre Vorannahmen kurzerhand den öffentlichen politischen und religiösen Diskursen oder den gängigen Redeweisen und Alltagsmythen entnehmen. Eine alternative Verfahrensweise ist es, durch eine radikale *Offenheit* der Forschung auch zu unerwarteten, überraschenden und vorab noch nicht denkbaren Ergebnissen zu gelangen.[4] Diese Ergebnisse werden nicht dadurch widerlegt, dass ihnen der Common Sense, unter Umständen auch der Common Sense von professionellen Helferinnen oder Psychotherapeutinnen widerspricht. Ein solch radikal offenes Vorgehen versucht die *qualitative* sozial- und kulturwissenschaftliche Forschung. Sie geht fallrekonstruktiv vor, d. h. sie rekonstruiert und analysiert einzelne »Fälle« (s. u.) sehr detailliert und eingehend und vergleicht die Fallanalysen miteinander, um die typischen Fälle des Möglichen herauszufinden und zu erklären. Die aus dem Vergleich gewonnenen Verallgemeinerungen entheben die Fälle nicht ihrer zeit-, orts- und milieuspezifischen Besonderheit und sie lösen sie auch nicht aus ihren zeitlichen, örtlichen und milieuspezifischen Bedingungen. Mit diesem Ansatz werde ich im Folgenden mutuelle *Wirkungszusammenhänge zwischen Herkunfts-, Erst- und Folgefamilien* rekonstruieren und erklären. Diese Wirkungszusammenhänge sind aber nicht – wie in einem Teil der älteren Familienforschung angenommen – linear-kausal nach dem Muster: X führt zu Y, Y führt zu Z. Linearkausale Schlüsse führen infolge der Vielfalt und Kontingenz der sozialen und psychologischen Phänomene unvermeidlich zu einander widersprechenden Ergebnissen. Stattdessen gehe ich systemtheoretisch davon aus, dass jede Veränderung eines Elements im sozialen System (das hier entweder eine »Familie« oder ein Verbund von »Familien« ist) auf alle anderen Elemente im System einwirkt und diese Wirkungen neuerlich auf alle anderen Systemelemente in je unterschiedlicher Weise zurückwirken. Allerdings haben wir es bei der Familie bzw. bei dem nach der Trennung von Eltern entstehenden binuklearen Familiensystem (s. u.) nicht nur mit einem *sozialen* System zu tun. Kommunikation und Interaktion im sozialen System rufen jeweils unterschiedliche Wirkungen in den *psychischen* und *somatischen* Systemen der beteiligten Personen hervor, wie umgekehrt die psychischen und somatischen Systeme mehr oder minder starke Effekte im sozialen System erzeugen (*Interpenetration*, T. Parsons). Schwierigkeiten in Folgefamilien erscheinen in diesem Licht nicht mehr als die unvermeidliche göttliche oder schicksalshafte ›Strafe‹ für eine Abweichung vom west-christlichen Familienideal. Die Schwierigkeiten werden gewissermaßen entmoralisiert und entideologisiert. Schwierigkeiten wie auch Leistungen in Folgefamilien ergeben sich vielmehr aus dem Aufeinander-Einwirken von sozialen und psychisch-somatischen Systemen. Meistens sind weder die Schwierigkeiten noch die Leistungen und Kompetenzen der Akteure allein aus der aktuellen Folgefamilie zu erklären. Auch die Herkunftsfamilien und die Erstfamilien, gegebenenfalls auch der aktuellen Folgefamilie vorgängige Folgefamilien sowie die näheren und weiteren Umwelten dieser sukzessiven Familien und ihrer Personen sind in die Rekonstruktion einzubeziehen. Damit wird die aktuelle Folgefamilie ihrer ideologischen Vereinzelung als »riskante Institution« enthoben und dem pathologisierenden Blick der ›Klinik‹ entzogen. Sie ist zwar spezifisch, aber so normal wie alle anderen Familienformen vor ihr auch.

Das zweite Kriterium des hier bevorzugten Ansatzes ist die besondere Detailliertheit und Genauigkeit der Fallrekonstruktionen. Die aufeinander einwirkenden sozialsystemischen und psychisch-systemischen Strukturen, Dynamiken und Prozesse vermag eine *historisch-genetische* Fallrekonstruktion am genauesten zu erfassen. Sie rekonstruiert sie und ihre sozialökonomischen Bedingungen jeweils über einen Zeitraum von mehreren Jahrzehnten. Allerdings ist dem fallrekonstruktiven, *familiengeschichtlichen* Ansatz (wie allen historisch-genetischen Ansätzen) die Gefahr immanent, Familiendramen zu konstruieren, denen die Beteiligten vollends unterworfen scheinen. Wer Geschichte rekonstruiert, läuft Gefahr, die Entwicklung von ihrem Endpunkt her als zwangsläufig, alternativlos und gerichtet zu betrachten. Gegen diesen teleologischen Irrtum des Beobachters hilft nur, die Handlungsspielräume und Optionen der Akteure sorgfältig auszuloten und auch die von den Akteuren verworfenen oder gar nicht wahrgenommenen Handlungsmöglichkeiten zu diskutieren.

Wenn wir die Frauen, Männer und Kinder sowohl als *Akteure* in Interaktionsprozessen wie auch als (adressierte und einander adressierende) *Personen* in Kommunikationsprozessen begreifen (s. o.), heben wir sie dennoch nicht in den Rang von souveränen Herrschern über ihr Leben und ihr Familienleben. Zum einen bleiben ihnen erhebliche Anteile ihres Erlebens und Handelns kognitiv unzugänglich. Zum anderen sehen sie manche Folgen und die Folgen der Folgen ihres Erlebens und Handelns nicht voraus. Zu diesen unabsehbaren Folgen gehören auch die Reaktionen der Handlungspartner (Ehe- oder Lebenspartner, Kinder, Eltern, Großeltern etc.) im sozialen System und in dessen Umwelt. In genau diesem Sinn ist das soziale Handeln der Akteure im Familiensystem *kontingent*. Überdies erzeugen die Akteure teils bewusst und absichtlich, teils unbewusst immer wieder *Intransparenz* füreinander: Einiges von dem, was sie bewegt, sagen sie einander gar nicht oder nur in vagen Andeutungen, besonders in den Phasen vor, während und nach der Trennung des Paares. Auch zwischen Eltern und Kindern erhöht sich in kritischen Phasen die Intransparenz. Wenn die beteiligten Akteure manchmal annähernd dasselbe wollen, meinen sie es doch verschieden und erleben es jeweils anders. Sehr oft aber wollen sie gar nicht dasselbe und beziehen sich dennoch aufeinander. Der Ehestreit ist ein gutes Beispiel dafür. Sie erinnern auch verschieden und leben trotzdem zusammen. Kurz: Die Akteure konstruieren das soziale System, das wir »Familie« oder »Folgefamilie« usw. nennen, aus verschiedenen, disparaten und oft sogar antagonistischen Motiven und Interessen, Erinnerungen und Zukunftsperspektiven. Das teilweise oder völlige Scheitern ihres Entwurfs ist in der interaktionellen Dynamik und in der Kontingenz des Handelns immer schon angelegt. Die wiederholte Revision der Entwürfe ist die Folge. Aber auch ein im Licht der Erfahrung revidierter Entwurf wird meistens nur partiell realisierbar sein.

Für die empirische Untersuchung folgt aus diesen systemtheoretischen Überlegungen zunächst: Es ist zu rekonstruieren, wer von wem oder worüber mit welchen Erfahrungen und Bedeutungen spricht und wie unterschiedlich zusammenlebende resp. getrennte Frauen, Männer und Kinder ihre Beziehungen und ihre Lebensverhältnisse wahrnehmen, erinnern und darstellen. Ihre Erzählungen sind *perspektivisch*, d. h. an ihren Standort, ihre eigenen Interessen, Motive, Erfahrungen und Entwürfe gebunden. Unvermeidlich enthalten sie daher blinde Flecken, tote Winkel, Vor- und Fehlurteile, Stereotypen, Vereinfachungen, Personalisierungen und mythisches Denken. Ihre Erzählungen über sich selbst und ihre Beziehungen sind auch nicht vollends originär. Sie kommen an den großen, allgegenwärtigen Diskursen nicht vorbei. Ihnen gegenüber müssen sie sich positionieren, wenn sie über sich und ihre Beziehungen sprechen. Daher zitieren sie überaus häufig Fragmente von religiösen, ethisch-moralischen, künstlerischen, politischen und wissenschaftlichen Diskursen, und noch weit mehr von jenen Alltagsdiskursen, die sie selber mit produzieren. Dabei interessiert uns in unserer Perspektive als Kulturwissenschaftler, wie die Erzählerinnen und Erzähler *mit* den und *gegen* die hegemonialen Diskurse (resp. die von ihnen ausgewählten und zitierten Diskursfragmente) erzählen.

Was aber ist nun in der folgenden Untersuchung eine Fallanalyse, und was ist der Fall? Um dies klar zu machen, erzähle ich kurz, wie wir fallrekonstruktiv gearbeitet haben. Wir führten offene, narrativ-biographische Interviews mit den in einem Haushalt zusammenlebenden Personen und auch mit Ex-Partnern und -Partnerinnen, Kindern und Elternteilen, die in anderen Haushalten leben. Auf diesem Weg wurde jeweils ein soziales System (re-)konstruiert, dem mehrere Personen angehören und das zumeist zweipolig ist: Es besteht aus den zwei Haushalten der getrennten Ehe- resp. Lebenspartner und der mit ihnen lebenden Kinder, eventuell auch neuer Intimpartner. Eventuell zählen wir auch weitere Haushalte von nahen Verwandten (wie den Großeltern), die regelmäßig Ressourcen in das soziale System einbringen und mit ihren Kindern und Enkelkindern intensiv kommunizieren, zu einem dann mehrpolaren Familiensystem. Diese zwei- oder mehrpolaren, lebendigen (stets in Veränderung begriffenen) sozialen Systeme bilden jeweils den »Fall«, der zu rekonstruieren und zu analysieren ist.

Wenn die Gespräche mit möglichst vielen Beteiligten eines solchen Familiensystems abgeschlossen sind, erfolgt die vollständige und lautgetreue Verschriftlichung (Transkription) der mündlichen Erzählungen nach der Regel, dass aufzuschreiben ist, was gehört werden kann (s. Dittmar 2004). Die in anderen Forschungsansätzen übliche strikte Trennung von empirischer Erhebung und Datenanalyse wird bewusst und absichtlich aufgegeben. Die einzelnen Fallerhebungen (die Gespräche und die eventuell durch sie angeleiteten Recherchen) und die Interpretation und Analyse der Gesprächsprotokolle folgen vielmehr in rekursiven Wechselschritten aufeinander (Glaser u. Strauss 1965, 1967; Strübing 2004). Bald nach der Transkription einer Tonaufnahme wird der Text in einer Gruppe von Interpretinnen und Interpreten (Interpretengemeinschaft) Textsequenz für Textsequenz analysiert. Jede Textsequenz wird in der Gruppe auf verschiedenen Ebenen befragt. Darin weitgehend Ulrich Oevermann u.a. (1979) folgend, entschieden wir uns für die Ebene 0 = Was muss zuvor geschehen sein, damit das in dieser Sequenz Gesagte gesagt werden konnte?, Ebene 1 = Was wird gesagt/mitgeteilt? (Paraphrase), Ebene 2 = Was kann dazu gesagt werden, sei es aus eigener Lebenserfahrung, sei es unter Berufung auf diverse soziologische, sozialhistorische, psychologische und psychoanalytische Theorien?, Ebene 3 = Welche Diskurse oder Ideologien werden in der Textsequenz angesprochen, sei es in expliziten Begriffen, in einzelnen Sätzen, Narrationen, Beschreibungen und Argumentationen oder auch nur in semantischen Spuren?, Ebene 4 = Welche sprachlichen Auffälligkeiten in der Textsequenz können näher ausgelegt werden?, Ebene 5 = In welcher Textsorte wird erzählt? In Gestalt eines Berichts, einer Geschichte, einer Beschreibung oder einer Argumentation? Wie bedingen das Thema oder das erzählte Geschehen die gewählte Textsorte? (Inhalt und Form), Ebene 6 = Worüber wird der Erzähler/die Erzählerin in der folgenden Sequenz voraussichtlich sprechen? Danach wird die nächste Textsequenz aufgedeckt und auf diesen sechs Ebenen befragt. Die Fallanalyse gilt als vorläufig abgeschlossen, wenn die Interpreten darin übereinstimmen, eine »Struktur des Falles« (hier also des lebenden sozialen Systems in seiner Entwicklung, s. o.) erkannt zu haben. Danach wird überlegt, welche sozial-kulturellen Verhältnisse und Bedingungen eine deutlich *anders* strukturierte Entwicklungsgeschichte und insbesondere andere Trennungs- und Bindungsdynamiken hervorbringen müssten. Es wird ein denkmöglicher, qualitativ deutlich anderer nächster Fall gesucht. Variablen, auf deren Varianz besonders geachtet wird, beziehen sich auf das sozial-kulturelle Milieu, die Bildung und Ausbildung der Akteure und ihre Erwerbsarbeit. Infolgedessen bietet das am Ende der Fallrekonstruktionen zustande gekommene Sample eine Vielfalt an sozial-kulturellen Milieus. In der letzten Phase des drei Jahre dauernden Forschungsprozesses wurden die angefertigten analytischen Fallskizzen vom Autor weiter ausgearbeitet und einem kontrastierenden Vergleich unterworfen, dessen theoretischer Ertrag im zehnten Kapitel vorgestellt wird.

3.3.1 Das narrative lebensgeschichtliche Interview

Wie ich gegen Ende des Buches ausführlicher zeigen werde (Kapitel 10.11), sind die Akteure nicht nur in dem für sie ungewöhnlichen narrativen Interview Erzählerinnen und Erzähler. Sie sind es auch in ihrem Alltags-, Beziehungs- und Familienleben. Über sich selbst, über gemeinsame Erlebnisse, Konflikte und deren Lösungen, aber auch über ihre Zukunftsentwürfe zu erzählen gehört zu ihren lebenswichtigen Kompetenzen. Sie erzählen mit Vorliebe »Beziehungsgeschichten«, kleine und größere, wichtige und weniger wichtige aus dem Zusammenleben von Eltern und Kindern, aus ihren intimen Beziehungen, vom Verlassen und Verlassenwerden, von mehr oder minder krassen Formen körperlicher Gewalt, von Betrug und Enttäuschung, von der erneuten Suche nach einem Intimpartner, und so fort. Die von ihnen ausgewählten und verdichteten (kondensierten) Geschichten stehen metonymisch für Prozesse, die als solche nicht erzählt werden können. Über die *Komposition* der exemplarischen Geschichten zu komplexen Lebensgeschichten (in Gesprächen mit Familienmitgliedern, Freunden und Freundinnen, in psychotherapeutischen Gesprächen, in diversen Formen der ›Selbsterfahrung‹, in narrativen Interviews) suchen und finden sie sowohl eine *personale* als auch eine *soziale* Identität, die jedoch veränderlich (plastisch), facettenreich und partiell revidierbar ist. Die autobiographische Leistung der über sich selbst erzählenden Akteure besteht darin, *Veränderungen* im Lebenslauf und im Familienzyklus wahrzunehmen, anzuerkennen, sich selbst und anderen zu erläutern und dabei doch *sie selbst* zu bleiben (Ricœur 1990, 1991; Tengelyi 1998).

Wir verfügen über ein sozialwissenschaftliches Instrument, das geeignet ist, diese aller Sozialität zugrunde liegende narrative Konstruktion eines Selbst und seiner Beziehungen zu stimulieren und zu dokumentieren: das *narrative biographische Interview*. Es wurde im Grundsatz von Fritz Schütze entwickelt (Schütze 1978). Ich habe es um zwei für diese Studie spezifische Module erweitert. Das Verfahren folgt einigen Grundannahmen über Kommunikation als sozialwissenschaftliches Forschungsinstrument. Die erste und folgenreichste Annahme ist, dass soziale Familiensysteme und die psychisch-somatischen Systeme der Personen nicht von außen, von irgendeiner autorisierten Beobachter-Position ›inspiziert‹ werden können. *Empirisches*, und das heißt hier zuvorderst: erfahrungs- und emotionsträchtiges Wissen über sie ist nur zu erhalten, indem sich die Personen ausführlich erzählend äußern. Sie kommen in Einzelgesprächen und in Paar- und Gruppeninterviews auf eine Weise zu Wort, die sich von *Befragungen* (in standardisierten oder halbstandardisierten Interviews der Soziologie oder der kommerziellen Umfrageforschung) deutlich unterscheidet. Sie geben nicht Antworten auf gestellte Fragen, sondern *erzählen* frei und assoziativ. Das narrative Interview unterscheidet sich aber auch von jenen Gesprächsformen, die in der klinischen Forschung (Fallanamnese, Beratungsgespräch, psychotherapeutisches Gespräch etc.) üblich sind, obwohl wir im jeweils letzten Teil unserer Gespräche wiederholt Techniken aus der psychotherapeutischen Werkzeugkiste benutzen (s. u.). Erwartungen der Erzählerinnen und Erzähler, dass die Gespräche irgendeine heilende Wirkung hätten, sind zwar in einem weiteren Sinn nicht unbegründet (Rosenthal 2003). Wird aber eine psychotherapeutische Leistung ausdrücklich gefordert, weist der Forscher auf die Möglichkeit psychotherapeutischer Gespräche an anderen Orten hin.

Das narrative autobiographische Interview ist ein radikal *offenes* Erhebungsverfahren, das den Erzählern die Freiheit lässt, assoziativ und ausschweifend zu erzählen. Nur unter dieser Voraussetzung bilden die Erzählungen erstklassiges *empirisches* Material. Die Erzählerinnen und Erzähler sprechen über die Geschehnisse so gut wie nie ohne deren implizite oder explizite Bewertung und auch nicht, ohne ihr psychisches und physisches Erleben und Erleiden des Geschehenen mehr oder minder ausführlich zu thematisieren. Sie erinnern Dialoge und Gruppengespräche aus ihrem Paar- und Familienleben und relevante Geschehnisse in vielen Details des äußeren Ablaufs wie auch des körperlichen und psychischen Erlebens. Sie sprechen über ihre Sehnsüchte, Ängste und Phantasien, soweit sie ihnen erinnerlich, gegenwärtig und zugänglich sind. Sie liefern also hochkomplexe und dennoch spezifische Erzählungen, die Einblick gewähren in das *Reale*, in das *Symbolische* und in das *Imaginäre* einer Lebens- und Familiengeschichte. Als das Reale gilt, was unter bestimmten Bedingungen und Umständen in einem Leben geschehen ist, insbesondere was die Erzähler (als Akteure in sozialen Systemen) getan haben und was ihnen von Anderen getan oder auch angetan wurde. Entgegen dem Realismus-Prinzip der Alltagshermeneutik liegt das Reale jedoch nicht auf der Hand und es steht uns auch nicht vor Augen. Es kann nur durch die aufwendige Interpretation und Analyse unserer eigenen Beobachtungen und durch die Interpretation und Analyse der Erzählungen der Erzähler erschlossen werden: rekonstruktiv und hypothetisch. Die Erzählungen sind Symbolisierungen in den Medien der Sprache und des Körpers.[5] Das *Imaginäre* schließlich ist jener innerste Bereich eines subjektiven Erlebens, Wünschens und Sehnens, wo die Kommunikationsmittel der Sprache und des Körpers nur näherungs- und versuchsweise oder auch gar nicht hinreichen. Das Imaginäre ist oft zwischen und hinter den Worten, Sätzen und körperlichen Ausdrücken einer Erzählung ›verborgen‹ und nur mittels diverser Theorien (solchen der Psychoanalyse, der systemischen Psychotherapie, der Bindungstheorie etc.) zu ›begreifen‹. Dennoch können wir auf seine Analyse nicht verzichten, denn es *durchdringt* alle Symbolisierungen der Erfahrungen mit dem Realen. Diese Gemengelage von ›Daten‹ in einer Erzählung macht deren besonderen *empirischen Reichtum* aus. Wir können ihn aber nur nutzen, wenn wir das narrative autobiographische Interview von einigen kognitivistischen Verkürzungen befreien, worauf ich gleich zu sprechen kommen werde. Zuvor beschreibe ich kurz, wie die narrativen Interviews in dieser Studie typischerweise verlaufen sind.

Wir haben den Ablauf der narrativen Interviews relativ streng modularisiert, um dann auch bei der Analyse der Erzähltexte immer genau zu wissen, in welcher Gesprächsphase und unter welchen gesprächstechnischen Bedingungen eine bestimmte Aussage getroffen wurde.

Ein *erstes* Modul dient – wie in der klassischen, von Fritz Schütze (1978) entworfenen Form des narrativen Interviews – dazu, assoziative, frei fließende Erzählungen über erlebte Geschehnisse und Situationen und zugleich immer auch schon über den Entwurf der eigenen nächsten und ferneren Zukunft zu erhalten. Das Gespräch beginnt deshalb auch gar nicht mit einer *Frage*, sondern mit einer *Einladung* zu erzählen. In ihr kündigen wir an, im ersten Teil des Gesprächs keinerlei Fragen zu stellen, und umreißen vage einen möglichen Zeit-Raum der erwünschten Erzählung. Er reicht in dieser Studie von der Ablösung der Person von der Herkunftsfamilie zur Gründung einer Erstfamilie, über Trennung und Scheidung und den folgenden ›Umbau‹ des Familienlebens bis in die aktuelle Lage des Erzählers/der Erzählerin. Wir unterbrechen die Erzählung nicht durch irgendwelche Fragen, auch wenn sie uns noch so sehr auf der Zunge brennen. Wir vertrauen darauf, dass eventuelle Unklarheiten, weitere Details oder Verstehensprobleme im Verlauf des Gesprächs geklärt werden können. Wir hören aufmerksam zu und signalisieren Neugierde und Interesse am Erzählten mit unserer Mimik und Körpersprache, subsprachlichen Partikeln und kurzen Bemerkungen (mhm, ah, aha! wirklich?! Interessant! usw.). Knappe Notizen von Stichworten bereiten uns jedoch bereits auf eine andere Gesprächshaltung in den folgenden Modulen vor.

Das *zweite* Modul dient – wieder nach Fritz Schütze – dem immanenten oder narrativen Nachfragen. Einige der in der Eingangserzählung vom Erzähler resp. von der Erzählerin angesprochenen Themen werden von uns aufgegriffen. Wir schließen semantisch an das bereits Gesagte an und laden zu einer weiteren, konkreteren, spezifischeren Erzählung zu dem uns bereits angebotenen Thema ein. (»Sie haben gesagt …, können Sie mir noch Genaueres darüber erzählen?«, »… können Sie sich in diese von Ihnen erwähnte Situation zurückversetzen und genauer erzählen, wie es Ihnen dabei ergangen ist?« usw.) Die immanenten Nachfragen werden neuerlich offen formuliert, um abermals ausholendes, detaillierendes und spezifisches Erzählen, und nicht etwa nur Wertungen, Argumente, Erklärungen und Rationalisierungen auszulösen.

Warum ist es so wichtig, ausführliche Erzählungen (und nicht knappe Antworten) zu stimulieren? Der Vorzug des detaillierten und spezifischen Erzählens liegt vor allem darin, dass der Erzähler sein früheres, historisches Ich mittels einer *Ich-Doppelung* (ich damals und ich heute) exponiert und das ihm Geschehene gleichsam noch einmal durchlebt. Dies gewährleistet in der Regel, dass er mit seinen sprachlichen und körperlichen Mitteln ausdrückt, welches psychische oder psycho-somatische Geschehen in ihm durch ein Ereignis im sozialen System ausgelöst worden ist, und umgekehrt, welches Ereignis im sozialen System durch ihn oder einen anderen Akteur ausgelöst worden ist. Um hier nur ein Beispiel zu geben, das uns später noch beschäftigen wird: Welche psychischen und körperlichen (somatischen) Reaktionen löst es in einem Mann aus, wenn sich ein Kind aus erster Ehe von ihm abzuwenden beginnt? Wie reagiert er darauf und welche Handlungen setzt er daraufhin im sozialen System? Dies ist eines von unzähligen Momenten der Interpenetration zwischen dem sozialen System Familie und den psychischen und somatischen Systemen der an ihm beteiligten Personen. Letztlich entscheiden diese Interpenetrationen, ob und wie sich das soziale System weiter in einem labilen Gleichgewicht zu halten vermag oder ob es an einem Ereignis oder an einer Ereignisfolge ›zerbricht‹. Die erwähnte Ich-Doppelung ermöglicht es dem Erzähler auch, sich von dem ihm (bzw. seinem historischen, anderen Ich) Geschehenen reflexiv zu distanzieren. (»Damals habe ich gedacht … gefühlt … Heute sehe ich das schon ein wenig anders …«) Dies wieder ist unter anderem eine Voraussetzung für gelingende Trauerarbeit und das Abklingen von Verletzungen, welche die Akteure einander zugefügt haben, und somit auch für die kooperative Gestaltung der Elternarbeit nach der Trennung, die uns hier besonders interessiert.

Als *drittes* Modul übernehmen wir – an Stelle des exmanenten Nachfragens (bei Fritz Schütze) – eine Technik aus der familientherapeutischen Praxis: das *zirkuläre Fragen*. Es fragt nach den Vorstellungen von imaginierten Anderen und Abwesenden (Selvini-Palazzoli, Boscolo, Cecchin, Prata 1977; Tomm 1989, 1992) etwa in der folgenden Art:»Wenn Sie sich in der Betreuung der Kinder künftig mehr zurückziehen würden, wäre das, glauben Sie, für ihre Expartnerin angenehm oder bedrohlich?« Zirkuläre Fragen stellen wir an mehrere Akteure des sozialen Systems. Damit erhalten wir einen gewissen Einblick in die wechselweisen Imaginationen der Personen. Diese Imaginationen bestimmen maßgeblich die Kommunikation und damit das soziale System. Eine ähnliche Möglichkeit ist die Befragung einer imaginierten Person in einer anderen (Catherall 1992; Tomm 1992; Ahlers 1996 a), zum Beispiel des Kindes im leiblichen Vater (»Wenn Sie jetzt mit der Stimme ihres Kindes sprechen, was sagen Sie dazu, dass sich der Vater immer seltener meldet?« u.ä.) oder die Befragung des Expartners im Expartner (»Wenn Sie jetzt mit der Stimme Ihres Expartners sprechen, was sagen Sie dazu, dass es Ihrer Expartnerin wieder gut geht?« u.ä.). Solche Fragen müssen von uns gar nicht immer formuliert werden, da die Erzählenden oft auch von sich aus genau solche Fragen stellen. Auch auf diesem Weg erhalten wir Aufschluss darüber, welche Vorstellungen die Akteure von den Perspektiven anderer Familienmitglieder haben, insbesondere aber auch, welche Gefühle sie selber mit Anderen verbinden.

Schließlich werden in einem *vierten* Modul die auf die nächste und fernere Zukunft gerichteten Erwartungen, Hoffnungen und Ängste der Beteiligten zur Sprache gebracht. Dies geschieht nicht zum ersten Mal, weil die Erzählerinnen und Erzähler schon in den vorherigen Phasen der Gespräche immer wieder Zukunftsperspektiven entwickeln. Doch geschieht dies in dieser letzten Phase in einer umfassenderen und resümierenden Weise. Hier bestätigt sich oder es wird klarer erkennbar, in welchen Perspektiven sie vorausdenken und vorausplanen und Möglichkeiten wahrnehmen, neue oder andere Lebensverhältnisse für sich zu entwerfen.

3.3.2 Dimensionen des Wirklichen: Manifestes und Latentes

Worin bestehen die bereits erwähnten Irrtümer im Umgang mit narrativen Interviews? Einfach gesagt darin, dem Erzählten Wahrheit und Faktizität zuzuschreiben, statt anzuerkennen, dass es sich um subjektive Wirklichkeits-Konstruktionen und Erinnerungsleistungen handelt, die von einem überaus trickreichen autobiographischen Gedächtnis erbracht werden. Die Erzählungen sind keine positiven Abbildungen eines Geschehens. Auch wenn die Erzählung oder der Bericht einzelner, in Zeit und Raum gut verortbarer Geschehnisse minutiös genau sein kann, werden umfänglichere Erzählungen über den Verlauf eines Familienlebens oder einer intimen Beziehung nach den Interessen und Perspektiven des Erzählers im Akt des Erzählens allererst komponiert. Das autobiographische Gedächtnis – »eine bio-psychische Instanz, … Relais zwischen Individuum und Umwelt, zwischen Subjekt und Kultur« (Markowitsch u. Welzer 2005, 260) – wird einerseits vom Erzähler nach Maßgabe seiner aktuellen Interessen und Bedürfnisse manipuliert. Andererseits zeigt es eine Eigendynamik, gegen die der Erzähler kaum etwas ausrichten kann. Beispielsweise bringen die Erzählerinnen und Erzähler die Rede auch auf Zusammenhänge, die sie eigentlich gar nicht erzählen wollten. Und manches, was sie gern vergessen würden, drängt sich ihnen nachgerade auf. Es zu erzählen kann mit dem Wunsch verbunden werden, es doch endlich vergessen zu können. Das autobiographische Gedächtnis dient der Bewältigung des bisherigen und dem Entwurf des künftigen Lebens. Was wir erinnern, verbinden wir mit Emotionen. Aber wir vergessen auch, was wir ›zum Leben‹ nicht mehr benötigen. Und was uns allzu sehr bedrängt, verdrängen wir (Schacter 2001; Welzer 2002 a, b, c; Welzer 2005; Markowitsch 2002). Angesichts dessen können Erzähler und Forscher keine Komplizen sein (Bourdieu 1990). Der

Forscher will auch wissen, was das Gedächtnis des Erzählers nicht hergeben mag oder nicht erinnern kann. Auch jenes Wissen, das zu diskutieren der Erzähler gar kein Interesse haben kann, weil es seine oft mühsam zurechtgelegte Selbst-Erklärung in einem ohnehin schwierigen Punkt fragwürdig oder gar unglaubwürdig werden ließe. Die Erzählenden unterliegen in ihrem Leben und somit auch in ihren Erinnerungen mancher Illusion. Meist konstruieren sie sich weitaus lieber als Entscheidende und Handelnde, die ihr Leben »im Griff haben«, denn als Getriebene in psycho-sozialen Dynamiken oder sozialökonomischen Zusammenhängen (wie Marktzwängen, Trends etc.). Sie unterschätzen deshalb auch die *Kontingenz*, die partielle *Intransparenz* und die *Komplexität* jener Prozesse, an denen sie teilhaben, in der Familie wie am Arbeitsplatz.

Kontingenz entsteht, wenn die Akteure ihren Wahrnehmungs-, Deutungs- und Handlungsspielraum nutzen und nutzen *müssen*, ohne jedoch das Ergebnis ihres Handelns und die Handlungen ihrer Interaktionspartner immer klar vorhersehen und ihren Absichten gemäß bestimmen zu können. Je weniger sie im Zuge der westlichen Modernisierung in handlungsorientierende Traditionen eingebettet sind, desto mehr sehen sie sich herausgefordert, auf ihre eigene Analyse und Deutung zu bauen. Angeleitet durch ihre Motive, Neigungen, Interessen und Handlungsentwürfe gestalten und zerstören sie ihre Beziehungen. Mit dem Traditionsverlust und dem wachsenden gesellschaftlichen Reichtum nimmt ihre personale Autonomie im Lauf der westlichen Moderne schubweise zu (Honneth 1994; Schroer 2000). Umso bedeutsamer wird, dass sie nicht alle möglichen Folgen ihrer Entwürfe und Handlungen zu überblicken vermögen. Die Wahrscheinlichkeit des Scheitern eigener Entwürfe nimmt zu. Wir werden das beispielsweise bei jenen Intimpartnern sehen, die eine Trennung resp. Scheidung initiieren. Ohne Zweifel haben sie weitaus mehr Gestaltungsmacht als Angehörige früherer Generationen, denen eine Trennung resp. Scheidung aus wirtschaftlichen, gesellschaftlichen, religiösen oder rechtlichen Gründen unmöglich war. Doch weder können sie erkennen, in welchem Maße sie zur Trennung oder Scheidung erst durch materielle Prozesse (wie das Anwachsen des gesellschaftlichen Reichtums) ermächtigt und sogar diskursiv gedrängt werden, noch können sie einige Folgen ihrer eigenen Entscheidung vorhersehen. Auch im Rückblick blenden sie die gesellschaftlichen Zwänge und Trends eher aus und neigen dazu, die von ihnen nicht beabsichtigten Folgen ihres Handelns zu übergehen oder abzuschwächen.

Phänomene der Latenz entstehen auf mehrfache Weise. Erstens können die Akteure ihr *Unbewusstes* nicht intentional in ihren Erzählungen offenbaren. Dennoch enthalten ihre Erzählungen semantische Spuren des Unbewussten. Es liegt bei den Interpreten, diese Spuren zu deuten, also der manifesten Bedeutung (dem, was der Erzähler sagen kann, sagt und sagen will), eine latente Bedeutung hinzuzufügen. Hier

ist der *psycho-logische* (vornehmlich der psychoanalytische) Begriff von Latenz einzusetzen. Zweitens gehört es zu den Lebensbedingungen von Familien und anderen
sozialen Gruppen, dass die Akteure einiges von ihrem Wahrnehmen, Erleben und
Denken für sich behalten, um den Fortbestand des sozialen Systems nicht zu gefährden. In den Phasen der Gründung und der Trennung eines Paares erhöht sich die
Intransparenz erheblich, wie wir in den Fallstudien sehen werden. Sowohl der um
den Anderen werbende als auch der sich vom Anderen trennende Partner spielt mit
verdeckten Karten. Die teilweise oder vollends verdeckten Motive, Absichten und
Interessen können (eventuell) im Akt der Interpretation und Analyse der Erzählung
als latente Bedeutungen hinzugefügt werden. Jeder Erzähler erzeugt, drittens, einen
›Sinn-Überschuss‹. Das, was er sagt, erhält für den Kommunikations- und Interaktionspartner einen anderen Sinn als jenen, den er selbst mit dem Gesagten verbindet.
Dies gilt auch für jeden anderen Interpreten. Als Überbegriff für alle dem manifesten
Sinn des Erzählers *hinzugefügten* Bedeutungen ist der *sozio-logische* Begriff des latenten Sinns einzusetzen (Oevermann u. a. 1979). Viertens scheint den Akteuren vieles
von dem, was sie in ihrem Alltagsleben tun, derart selbstverständlich, dass sie keine
Sekunde darüber nachdenken. Sie handeln also auch nach Regeln, die ihnen nicht
bewusst sind. Doch können sie zu diesen Regeln relativ leicht Zugang finden, wenn
sie ihre Aufmerksamkeit auf sie richten, etwa weil eine Regel irgendwie problematisch
geworden ist. Dies geschieht im Alltag des Paar- und Familienlebens immer wieder,
etwa wenn einer der Partner eine Gewohnheit oder ein fest etabliertes Ritual in Frage
stellt. Hier ist der *praxeologische* Begriff des präreflexiven praktischen Sinns (Bourdieu 1976, 1985, 1987) einzusetzen.

In den Erzählungen, die in den folgenden Kapiteln analysiert werden, finden wir
vorreflexiven praktischen Sinn oft noch ungebrochen, d. h. von den Erzählern noch
nicht in Frage gestellt. Latenter Sinn tritt hinzu, wenn wir dem gemeinten (manifesten) Sinn der Erzähler die von uns in der Interpretengemeinschaft erdachten, möglichen Bedeutungen *hinzufügen*. Nicht zuletzt bieten die Erzählungen über das Paar
(seine Verliebung, seine Entliebung usw.), über die Freuden und Leiden der Elternschaft und der Kindheit auch immer wieder Hinweise auf Unbewusstes. Dabei machen wir es uns – einem Vorschlag Ulrich Oevermanns folgend – zur Regel, psychologische und psychoanalytische Theorien erst dann anzuwenden, wenn wir die
Möglichkeiten, ein Phänomen aus dem sozialen System sowie aus dem sozialen Handeln der Akteure zu erklären, weitgehend ausgeschöpft haben (»Sparsamkeitsregel«,
Oevermann u. a. 1979).

Die hier unterschiedenen Formen der Latenz sprengen eine bestimmte Auffassung
vom sozialen System. Das soziale System reproduziert sich durch Kommunikation,
lautet eine zentrale Aussage der Systemtheorie (Luhmann 1995, 1999). Doch scheint

der dort benutzte Begriff von Kommunikation, für den auch der Austausch irgendwelcher Stimuli noch genügt, für unsere Zwecke allzu abstrakt. Um das Gelingen oder Misslingen von intimen Beziehungen zu erklären, ist es unerlässlich, Intentionen, Formen, Stile und Inhalte der Kommunikation zu differenzieren. Meinen wir den intentionalen Austausch von Informationen (etwa über das innere Erleben eines Akteurs im sozialen System) und unterstellen wir, dass sich die Personen sehr häufig über ihr inneres Erleben eines Ereignisses zu verständigen versuchen, reproduziert sich das soziale System Familie wie auch das psycho-somatische System der Person nicht allein durch Kommunikation, sondern auch durch ›Nicht-Kommunikation‹: Erstens durch die absichtsvolle und intentionale Nicht-Kommunikation von Motiven, Handlungsentwürfen und Interessen (Herstellung von *Intransparenz*); zweitens durch die Neigung, bestimmte Handlungen, Deutungen und Wahrnehmungen *unbewusst* zu wiederholen; und drittens durch den hohen Anteil *präreflexiver* Bedeutungen am Alltagshandeln. Das *Verschwiegene,* das *Unbewusste* und das *Selbstverständliche* sind für die Reproduktion des sozialen Systems Familie nicht marginal, sondern ebenso konstitutiv wie die manifeste und intentionale Kommunikation.

3.3.3 Was zur Sprache kommt: Texte aus Lebenswelten

Interpretation und Analyse der Textprotokolle (d.h. der Transkripte der mündlichen Stegreif-Erzählungen) erfolgen nach den Regeln der sozial- und kulturwissenschaftlichen Hermeneutik in einer Interpretengemeinschaft (Schütze 1978; Oevermann 1979; Rosenthal 2003; Sieder 2004 b). Die skizzierte binäre Matrix von Latentem und Manifestem, von Ungesagtem und Gesagtem, von Unbewusstem und Bewusstem leitet die Interpretengemeinschaft dazu an, die Textprotokolle Sequenz für Sequenz konsequent zu befragen: Wer spricht hier? Was soll ausgesagt werden? Was geht dem Gesagten voraus? Was wird nicht gesagt? Was kann der Erzähler nicht wissen? Welche Wirkungen löst das Gesagte oder auch das Verschwiegene im Anderen bzw. im sozialen System aus? Was kann aus der lebensweltlichen Erfahrung der Interpreten und unter Anwendung diverser Theorien (s.o.) *dazu gesagt* (hinzugesagt) werden? Das Ziel dieser aufwendigen Analysearbeit ist es nicht allein, den subjektiven Sinn einer Äußerung zu erschließen, sondern auch ihre Bedingungen und Umstände sowie ihre *möglichen* Bedeutungen und Auswirkungen im sozialen System herauszufinden. Vor dem gedankenexperimentell in mehrere Hypothesen (Lesarten) aufgefächerten latenten Sinn erhält dann der manifeste Sinn des Erzählers sein spezifisches, individuelles Profil (Oevermann u.a. 1979; Schütze 1978; Bertram 2002). Die entwickelten Lesarten (Hypothesen) beziehen sich zum einen auf das soziale System Familie bzw. auf das zwei und mehr Haushalte umfassende soziale System (bi- oder polynukleares

Familiensystem), zum anderen auf die hier kommunizierenden Personen, die als psychische und psycho-somatische Systeme verstanden werden. Für das soziale und kommunikative System rekonstruieren wir, was kommuniziert und was *nicht* kommuniziert wird und was an latenten Bedeutungen hinzugedacht werden kann. Welche Dynamik löst ein Akteur mit einer Handlung (Äußerung, Geste, Tätigkeit etc.) im sozialen System aus? In Bezug auf das psychische und psycho-somatische System der Person versuchen wir herauszufinden, was der Einzelne fühlt, körperlich erlebt, was er dazu sagt, mitteilen will und mitzuteilen weiß (sein manifester Sinn) und was ihm nicht bewusst ist (latenter Sinn nach dem Verständnis der Psychoanalyse), was ihm ganz selbstverständlich ist und daher präreflexiv bleibt (prä-reflexiver praktischer Sinn) oder was er uns nicht mitteilen will und erst von uns im Zuge der Textanalyse hypothetisch erschlossen wird. Die Analyse tritt also in jedem Fall hinter den Rücken des Erzählers und findet mehr und anderes, als dieser wissen kann, und auch mehr, als dieser mitteilen möchte. Dieses Mehr entspringt keinem grundsätzlichen Misstrauen und keinem pauschalen Verdacht, der Erzähler sei nicht aufrichtig oder nicht kooperativ. Es ist vielmehr Ausdruck und Ergebnis der unterschiedlichen Epistemologien des Alltagslebens und der Sozial- und Kulturwissenschaften (dazu Soeffner 1989; Rosenthal 1995, 2005). Die Art und Weise, wie wir die Erzählungen im narrativen Interview stimulieren und danach vertextlichen und sequentiell analysieren, führt zu einem Wissen, das sich vom Wissen und von den Gewissheiten, die im Alltagsleben zu gewinnen sind, unterscheidet.

Die Interpretengemeinschaft folgt der Regel, dass jede vorgeschlagene plausible Lesart solange im Spiel zu bleiben hat, als sie nicht durch die Analyse späterer Textstellen widerlegt erscheint. Allerdings ist es wohl nicht nur in der hier vorgelegten Untersuchung unmöglich, in jedem Aspekt eines Falles zu einer sicheren Entscheidung zu gelangen, welche Lesart die plausibelste sei. Oft bleibt dann gar keine andere Wahl, als mehrere mögliche Deutungen auszuweisen, was den hypothetischen Charakter *aller* Deutungen unterstreicht.

3.3.4 Mehr als ein Sinn und mehr als eine Stimme

Zwei oder mehr Akteure desselben sozial-kulturellen Systems erleben ein Ereignis weder in gleicher Weise noch erinnern, deuten und erzählen sie es im Nachhinein vollkommen übereinstimmend. Wir werden dies bei den Ehepartnern und Lebenspartnern und deren Kindern sehen, die sich ausgerechnet in Bezug auf wichtige Ereignisse ihrer Paar- und Familiengeschichte nicht auf eine gemeinsame Erzählung, geschweige denn auf eine übereinstimmende Bewertung des Erzählten einigen können (s. Kapitel 10.11). Die Differenz der Erinnerungen korrespondiert annähernd mit der Differenz der Erlebnisweisen. Was für den Mann befreiend wirkt, bedroht die Autonomie der Frau, oder umgekehrt; der Wunsch des Kindes nach Kontakt zu seinem getrennten Vater scheint seiner Mutter bedrohlich, und so fort. Und dementsprechend unterscheiden sich auch die Erinnerungen. Auch der beste und ehrlichste Erzähler ist nicht imstande, einen derart komplexen Kommunikations- und Austauschprozess, an dem mehrere Personen in verschiedenen Positionen und mit verschiedenen Perspektiven und Interessen teilhaben, *positionsneutral* zu erzählen. Das wäre auch für die sozial- und kulturwissenschaftliche Studie gar kein lohnendes Ziel. Vielmehr soll die Divergenz der Erinnerungen und Perspektiven der Protagonisten so genau wie möglich rekonstruiert werden, denn sie erzeugt einiges von der Dynamik im sozialen System wie auch in den psychischen und somatischen Systemen der Personen. Die Forscher sind für die Erzählerinnen und Erzähler ein Medium in einem *Feld der Übertragungen*, im präzise psychoanalytischen wie auch im ungefähren alltäglichen Sinn. Sie sind ein Medium, das die Phantasien der Erzählerinnen und Erzähler auf sich zieht und – stellvertretend für Andere – von ihrer Sichtweise, die oft mit der Sichtweise ihrer Partner, Ex-Partner, Kinder oder Eltern rivalisiert, überzeugt werden soll.

Aus all dem ergibt sich, dass die folgenden Fallgeschichten weder als lineare Entwicklungen noch im Alltags-Jargon der Gewissheit erzählt werden können. Eine sozial- und kulturwissenschaftliche Untersuchung ist kein Gericht, das ungeachtet aller Zweifel zu einem eindeutigen Urteil oder gar zur eindeutigen Zuweisung von Schuld gelangen muss. Möglichst selten nehme ich für einen der Antagonisten Partei. Stattdessen versuche ich mir und den Leserinnen und Lesern Einsicht zu verschaffen, wie eine intime Beziehung hergestellt, in Frage gestellt, verändert oder zerstört wird. Ich liefere also keine bloße Paraphrase der Erzählungen, keine Nachahmung des Geschehenen, sondern eine untersuchende Darstellung, die die jeweils gesetzten Handlungen von den denkbaren Handlungsalternativen abhebt und den Unterschied diskutiert. Aus den von den Erzählerinnen und Erzählern verworfenen oder verkannten Optionen ist ebenso zu lernen wie aus dem, wofür sie sich jeweils entschieden haben.

IV. Männer lernen Vaterarbeit

Wissenschaftliche wie populäre Diskurse kennen im Grunde drei oder vier Typen von Vaterarbeit. Erstens die Arbeit des *Patriarchen*, die darin besteht, die wirtschaftliche und sozial-kulturelle Existenz sowie das Ansehen seiner Familie im lokalen und regionalen Umfeld zu sichern. Er besitzt und vererbt den Betrieb, das Haus, den Grund und die darauf beruhende häusliche Macht, eventuell auch politische Macht. Er weist die Frau, das Dienstpersonal und die (älteren) Kinder an und kontrolliert sie, ohne allerdings an der täglichen Betreuung und Erziehung der Kinder teilzunehmen. Davon wird, zweitens, der Typus des *Miterziehers* unterschieden, der die Aufgaben der Existenzsicherung erfüllt, aber auch aktiv und regelmäßig an der Betreuung des Säuglings und des Kindes teilnimmt (Napp-Peters 1987; Matzner 1998, 32 ff.). Er spielt und lernt regelmäßig mit dem Kind und verbringt mit ihm einen Teil seiner erwerbsfreien Zeit. Dabei wird er von seiner Ehefrau oder Lebenspartnerin nicht nur unterstützt, sondern auch beobachtet, kommentiert und kritisiert. Die Frau überwacht die Einhaltung von Terminen und die Durchführung von Arbeiten und springt bereitwillig ein, wenn der Ehemann oder Lebenspartner ausfällt oder wenn ihm nötige Fertigkeiten fehlen. Der »miterziehende Vater« ist gewissermaßen der Assistent der Frau in der Elternarbeit. Die geleistete Vaterarbeit steht im Zeitaufwand deutlich hinter der Erwerbsarbeit des Mannes zurück. Die (Ehe-)Partnerin und Mutter übernimmt den größeren Teil der Elternarbeit (Lamb 1986). Davon wird, drittens, die Vaterarbeit des *neuen Vaters* unterschieden (Pruett 1988; Schneider 1989; Fthenakis 1994; Kudera 2002). Hier ist die Vaterarbeit für den Mann gleichrangig oder sie hat sogar Vorrang vor seiner Erwerbsarbeit. Er benötigt dabei keine Supervision durch die Ehefrau oder Lebenspartnerin. Der »neue Vater« handelt aus eigenen Motiven und Überzeugungen und ist in allen Aspekten der Sorge um die Kinder kompetent. Eine solche Intensität und Gewichtigkeit der Vaterarbeit wird meist erst möglich, wenn der Mann einen Vaterurlaub bzw. eine Elternkarenz beansprucht, wenn ihm Teilzeitarbeit oder »neue Selbstständigkeit« genügend Dispositionsspielraum lassen, oder wenn er ohne Erwerbsarbeit ist. Eventuell kompensiert die Ehefrau oder Lebenspartnerin Einkommensverluste des Mannes in diesen Phasen mit ausgedehnter oder intensivierter Erwerbsarbeit. Wird diese Arbeitsteilung über längere Zeit durchgehalten, verschwinden patriarchale Attitüden des Mannes, während sich die mit der Erwerbsarbeit verbundenen Ressourcen der Frau (Einkommen, soziale Beziehungen, berufliche Erfahrung, öffentliche Anerkennung, eventuell auch politische Macht etc.) erhöhen. Nicht zuletzt wachsen die Möglichkeiten der Frau, die Ehe oder Lebenspartnerschaft aufzukündigen und die Trennung bzw. die Scheidung zu initiieren. Aus all diesen Gründen löst der Typus des »neuen Vaters« derzeit noch bei vielen Frauen und Männern Skepsis und insbesondere die Besorgnis aus, hier werde gegen eine vermeintlich natürliche Ordnung der Geschlechter und der Familie verstoßen. Die Kinder kämen durch die längere Abwesenheit der Mutter leicht zu kurz (Boeven 1988; Pruett 1988; Fthenakis 1988, 1994, 1999; Fthenakis u. Kunze 1992; Marsiglio 1995, 2000; Rhoden u. Robinson 1997; Matzner 1998; Hurrelmann u. Bündel 1999; Herlth 2002).

Am spektakulärsten und sozial-historisch ohne Vorbild ist der Typus des »alleinerziehenden Vaters« (Matzner 2002, 2004). Vater-Kind/er-Familien bilden derzeit in Europa nur einen sehr kleinen Anteil aller Familien. Der »alleinerziehende« Vater leistet Vaterarbeit in sonst nicht erreichtem Umfang und in sonst unmöglicher Intensität. Er ist mithin entweder als eigener, vierter Typus der Vaterarbeit oder als Avantgarde der »neuen Väter« anzusehen. Der alleinerziehende Vater beansprucht häufig die Hilfe von Großeltern, Freundinnen und anderen Bekannten. Deshalb ist der Begriff »Alleinerzieher« ebenso wenig zutreffend wie der Begriff »Alleinerzieherin« für viele Frauen. Beide Begriffe sind sogar irreführend, denn sie verdecken, was zu erforschen wäre: die zum Teil neuartigen Netzwerke und Tauschsysteme zwischen getrennt lebenden Eltern, Großeltern, nahen Verwandten und Bekannten. Ich werde daher – auch um zur Entmythisierung des Familienbildes beizutragen – nicht von »Alleinerzieher-Familien«, sondern von Vater-Kind/er-Familien bzw. von Mutter-Kind/er-Familien sprechen.

Zu Beginn des zwanzigsten Jahrhunderts finden sich Männer, die dem Typus des *patriarchalen Vaters* zugezählt werden können, noch zahlreich in den Güter besitzenden und Land- und Forstwirtschaft treibenden Adelsfamilien auf dem Land, auf Bauernhöfen und unter Kaufleuten, Handwerkern, Gewerbetreibenden und Unternehmern. Das materielle und ideologische Fundament des westlichen Patriarchats ist eine an Haus, Wirtschaft, Geschäft, Unternehmen und Grundbesitz gebundene Arbeits- und Führungskompetenz des Mannes, die ihm und allen Familienmitgliedern eine relativ sichere Existenz und somit ein unter den gegebenen Verhältnissen »gutes« Leben verspricht. Im Gegenzug verlangt das Patriarchat die Unterwerfung aller Mitglieder des Hauses unter seine Regeln. Im Unterschied zu ost-, südost- und außereuropäischen Formen des Patriarchats, die der Ahnenkult und das Ältesten-Prinzip (Senioritätsprinzip) hervorbringt (Czap 1982; Mitterauer 1997), ist der westliche Typus an die (physische und psychische) Leistungskraft, Führungsstärke und Wehrhaftigkeit des Mannes gebunden. Schwinden diese Kompetenzen erkennbar, gibt der Mann seine Stellung, Funktion und Macht in der Regel noch zu Lebzeiten an einen Nachfolger ab. Am sinnfälligsten und gleichsam proto-typisch erfolgt dies mit der Übergabe des bäuerlichen Hofes an den Hoferben und dem Weg des Altbauern in das Ausgedinge, womit ein abrupter Machtverlust des Altbauern und die Übertragung der Macht an den Nachfolger (Hoferben) verbunden ist (Gaunt 1982). In Analogie dazu ist das westliche Patriarchat auch in Wirtschafts-Familien in Handel und Gewerbe, teilsweise auch in industriellen Familienunternehmen mit der sozialökonomischen Leistung und Führungskompetenz assoziiert (Kocka 1988; Simon 2001, 2002; Abraham 2003). Eine sekundäre Ableitung patriarchaler Attitüde von diesem bis ins späte 19. Jahrhundert hegemonialen »Wirtschaftspatriarchat« findet sich auch bei selbstständigen akademischen Berufen (niedergelassenen Ärzten, Rechtsanwälten, Notaren u. a.), schwächer ausgeprägt auch bei einem Teil der qualifizierten Angestellten und Facharbeiter, die ihre Vorrechte in Ehe, Lebenspartnerschaft und Familienleben mit ihren beruflichen Leistungen legitimieren (Sieder 1982, 1986; Rosenbaum 1996).

Miterziehende Väter finden sich zu Anfang des 20. Jahrhunderts zunächst in technik-, wissenschafts- und kunstorientierten Familien des städtischen Adels (Reif 1981; Budde 1994; Stekl 2000), im städtischen Bildungsbürgertum und – unter dem Einfluss der sozialdemokratischen Erziehungsbewegung – auch unter bildungsorientierten Facharbeitern (Pirhofer u. Sieder 1982; Sieder 1986; Rosenbaum 1996). Intellektuelle diverser ideologischer Ausrichtung (Christlich-Soziale, Sozialdemokraten, Deutschnationale, Nationalsozialisten u. a.), Autorinnen und Autoren der »Deutschen Jugendbewegung«, der christlichen Kirchen u. a. fordern mehr oder minder übereinstimmend die »Rückkehr« des Mannes in die Familie (Sieder 2004 a). Kommunalpolitische Eliten planen und realisieren in den 1920er und 1930er Jahren sozialpolitische Maßnahmen wie die Verkürzung der Arbeitszeit, die Steigerung des Wohnstandards durch den kommunalen Wohnungsbau und durch Genossenschaften, den Ausbau der öffentlichen Verkehrsmittel und des Gesundheitswesens – sehr oft mit der Begründung, günstigere Bedingungen für die Teilnahme der Männer am Familienleben und an der Erziehung der Kinder zu schaffen. Die in den Milieus der Arbeiter und Angestellten, aber auch der Lehr- und Gesundheitsberufe in einigen westlichen Ländern hegemoniale Sozialdemokratie organisiert in den 1920er und frühen 1930er Jahren eine Art ›Erziehungsbewegung‹, die auf die Erziehung der Frauen zu modernen Hausfrauen und Müttern setzt und damit die Hoffnung verbindet, den Mann für das Ehe- und Familienleben und insbesondere für die Erziehung der Kinder gewinnen zu können. Auch die sogenannte Mäßigkeitsbewegung (Anti-Alkohol- und Anti-Nikotin-Kampagnen) zielt darauf ab, den Mann und mit ihm den Wochenlohn aus dem Gasthaus in die Familie zurückzubringen (Pirhofer u. Sieder 1982; Pateman

1987; Sieder 1998). Nationalsozialisten, Faschisten und Falangisten teilen in den 1930er und 1940er Jahren in Deutschland, Österreich, Italien, Vichy-Frankreich, Portugal und Spanien die Vorstellung von der Familie als »Keimzelle der Gesellschaft«, die vom Mann und Vater umsichtig, liebevoll, aber auch streng zu *führen* sei (Passerini 1984; Koonz 1987; Grazia 1995; Bussy Genevois 1995 u. a.). Ab den 1950er Jahren wird der Typus des miterziehenden Vaters immer öfter realisiert, in westlichen Ländern in einer liberalisierten und bereits an Massenkaufkraft orientierten (»fordistischen«) Version des Kapitalismus, in staatssozialistischen Ländern wie der Deutschen Demokratischen Republik hingegen als Voraussetzung hoher Erwerbsbeteiligung von Frauen bei niedrigerem Konsumniveau (Gysi 1989; Dölling 1990). Staatlich kontrollierte oder freie Massenmedien (Zeitungen und Zeitschriften, Radio und Film, ab den 1960er Jahren auch die überall noch staatlichen Fernsehstationen) und die in den kapitalistischen Gesellschaften rasch expandierende Werbewirtschaft tragen dazu bei, indem sie Bilder von einem glücklichen Familienleben verbreiten, in dem der Vater nicht mehr ein strenger Patriarch, sondern ein liebevoller Teilnehmer und Miterzieher ist. Zahlreiche Werbesujets versuchen den Konsum über den Appell an den »tüchtigen Familienvater« anzukurbeln. Mit seiner Kaufkraft schafft er die Ikonen des Familienglücks: den Kühlschrank, den Fernsehapparat, das Einfamilienauto und als Krönung aller Wünsche das Einfamilienhaus. Ab den 1970er Jahren verstärkt sich dieser säkulare Trend zur ›Verhäuslichung‹ des Mannes auch durch feministisch inspirierte Debatten. Die zunehmende Beteiligung der Männer an der Betreuung der Kinder, an ihrer Lernarbeit und an der Gestaltung der Freizeit mit Kindern wird zu einer Forderung der Gesellschaftspolitik. Sie führt zu einem Typus der Elternarbeit, den ich als »umstritten patriarchale Elternarbeit« bezeichne (s. Kapitel 10.10.2.1).

Der wohl in der Mehrzahl aller Familien geführte alltägliche ›Streit‹ um die Gestaltung der Elternschaft bleibt nicht folgenlos. Es entsteht ein Alltagsdiskurs, gespickt mit zahlreichen Zitaten aus den diversen Expertendiskursen, der die Elternarbeit insgesamt *reflexiver* werden lässt. Die Folgen sind nicht nur an den Unterschieden zwischen den Generationen von Vätern zu bemerken. Sie führen auch im Lauf eines Männer-Lebens zur Veränderung der väterlichen Praktiken, zu einer Art ›Vaterkarriere‹. Seit etwa drei oder vier Jahrzehnten zählt in westlichen Gesellschaften eine wachsende Mehrheit jener Männer, die mit Frau und Kind/ern in einem Haushalt zusammenleben, zum Typus des *Miterziehers*. Miterziehen ist zwar nicht mit der Teilnahme an Hausarbeit gleichzusetzen (Matzner 1998), doch auch jene empirischen Studien, die eine langsame Zunahme männlicher Beteiligung an Hausarbeit belegen, weisen indirekt darauf hin, dass sich die Vaterarbeit verändert. In ihren reproduktiven Aufgaben (Ernährung, Körperpflege, Gesundheitsarbeit) gehen Vaterarbeit wie Mutterarbeit fließend in Hausarbeit über. Es zählt zu den Merkmalen ›reproduktiver‹

Arbeit, gleich ob sie von der Frau oder vom Mann verrichtet wird, dass sich private ›Dienstleistung‹ und ›Liebesdienst‹ eng verstricken. Nicht nur die Art der Arbeitsteilung selbst, sondern auch wie sie zustande kommt, weist auf eine kulturelle Veränderung (also eine sich verändernde Bewertung und Symbolisierung) hin: Der vom einzelnen Paar erreichte Zustand der Arbeitsteilung erscheint zunehmend weniger als (geschlechtsspezifisches) Schicksal denn als Ausdruck einer individuell getroffenen Wahl und einer immer wieder in Frage stehenden Vereinbarung der Partner. Dass diese Vereinbarung über die Jahre freilich oft nicht eingehalten wird, zeigt sich, wenn im Lauf des Trennungsprozesses oder im gerichtlichen Scheidungsverfahren die mangelnde Teilnahme des Mannes an der Eltern- und an der Hausarbeit beklagt wird.

Der Typus des *neuen Vaters* findet sich zunächst und schon vor der Erfindung des Begriffs in kleinen pädagogischen Gemeinden der 1910er und 1920er Jahre, die durch die Deutsche Jugendbewegung, die »Lebensreform«-Bewegung, die Idee des »neuen Menschen« und verwandte Strömungen geprägt sind (Reulecke 1985; Linse 1985; Lenzen 1991). Nach der Niederlage und Zerschlagung faschistischer Regime wird der Typus des neuen Vaters, ohne ihn beim Namen zu nennen, zuerst in der »antiautoritären« Erziehungsbewegung der 1970er Jahre und dann in der daraus hervorgehenden »Kinderladen«- bzw. »Kindergruppenbewegung« der 1980er und 1990er Jahre thematisch (Fischer-Kowalski u. a. 1991). Auch die zweite Frauenbewegung und der Feminismus inspirieren junge Männer, sich angesichts der heftigen Patriarchatskritik am Modell des neuen Vaters zu orientieren.

Eine solche Typologie ist nützlich, um die Suche nach weiteren Unterschieden anzuleiten. Sie weist uns auf einen im Lauf des 20. Jahrhunderts tendenziell *wachsenden Gestaltungsspielraum* der Männer in ihrem Intim- und Elternleben hin. Ausmaß und Qualität der Vaterarbeit werden jedoch nicht nur individuell gewählt, sondern auch durch pädagogische, psychologische, psychotherapeutische und politische Diskurse wie auch durch Arbeitszeiten, Kindergarten- und Schulsysteme etc. mitbestimmt. Die west-christlichen Religionen und die politischen Ideologien des 20. Jahrhunderts propagieren vornehmlich das *Miterziehen* des Mannes. Wie schon das Präfix »mit« ausdrückt, halten sie dennoch an der primären Verantwortung der Frau für das Kind fest oder sie propagieren eine annähernd egalitäre Arbeitsteilung der Eltern. Es fällt auf, dass auch sonst konträre politische Ideologien und Lager darin weitgehend übereinstimmen (Bock 1995; Mosse 1997). In der frühen Neuzeit und noch im neunzehnten Jahrhundert konnte nur ein Teil aller Männer in eine dauernd sorgende Beziehung zu leiblichen Kindern eintreten. Für Arme, Handwerksgesellen und Soldaten galten Heiratsverbote; berufspolitische Zwänge untersagten es jüngeren Offizieren, angehenden Advokaten und akademischen Staatsbeamten am Beginn ihrer Laufbahn, eheliche Beziehungen einzugehen (Mitterauer 1979; Ehmer 1991; Griswold 1997; Harmat 1999). Erst in der zweiten Hälfte des zwanzigsten Jahrhunderts wurde es in westlichen Gesellschaften fast allen Männern möglich, selbst zu entscheiden, ob sie heiraten und Väter werden wollten.

Mit den seit den 1970er Jahren immer zahlreicheren Trennungen und Scheidungen gerät Vaterarbeit nicht, wie populäre Klagen lauten, an ihr *Ende*, sondern nimmt unter veränderten Bedingungen *vielgestaltigere Formen* an. Sie *entkoppelt* sich partiell von jener Ehe oder Intimbeziehung, in der sie ihren Anfang nahm. Vaterarbeit wird auch von Männern verrichtet, die nicht dauerhaft mit ihrem Kind / ihren Kindern unter einem Dach wohnen. Und sie wird auch – ohne eine *legale* Vaterschaft zu begründen – gegenüber nicht leiblichen Kindern geleistet. Dies ist einer der neuen Aspekte im Familienleben der zweiten Moderne. Zwar zieht sich ein Teil der Männer nach Trennung und Scheidung aus dem Lebensbereich der Expartnerinnen und der Kinder zurück. Sei es, weil sie nicht (mehr) bereit sind, Verantwortung für ihre Kinder zu übernehmen (s. Kapitel 6), oder weil sie von der Ex-Partnerin mit und ohne Hilfe des Gerichts und aus berechtigten oder bloß vorgetäuschten Gründen ausgeschlossen werden (s. Kapitel 7.1; Günter u. a.1997; Blesken 1998). Ein anderer, kaum quantifizierbarer Teil jedoch – vorsichtige Schätzungen sprechen von etwa der Hälfte aller getrennten Männer mit Kindern – setzt Vaterarbeit weiter fort, unter veränderten Bedingungen in anderer Form und Intensität. Die Mehrzahl der getrennten und geschiedenen Männer sieht und betreut ihre Kinder nur an bestimmten Tagen der Woche, an Wochenenden und in Urlaubszeiten. Das haben die Eltern so vereinbart oder es wurde im gerichtlichen Scheidungsverfahren verfügt. In jedem Fall erfordert es ein überlegtes Zeitmanagement der Eltern. Die Eltern handeln aus, wie das nächste Wochenende oder der nächste Urlaub mit dem Kind gestaltet wird. Abhol- und Übergabetermine, Kurzurlaube und Ferienzeiten müssen akkordiert, der Transport der Kinder organisiert und die Verteilung der ökonomischen Kosten geregelt werden (Buchegger 2004).

Darüber, wie Männer als Väter handeln und welche Selbstbilder sie als Väter im Lauf ihres Lebens entwickeln, wissen wir nicht genug (Fthenakis 1994, 173). Noch weniger wissen wir über die genauen Auswirkungen von Trennung und Scheidung auf die Vaterarbeit und die Beziehung zwischen Vater und Kind. Es scheint überfällig, Vaterarbeit im Lebensprozess des Mannes, im Familiensystem wie auch in der langen Dauer des westlichen Zivilisationsprozesses zu untersuchen. Die folgende Fallstudie soll einen Beitrag dazu leisten. Unter der Vorannahme, dass Vaterarbeit für das Kind von hoher und spezifischer Bedeutung ist (Schütze 1989), stellt sich die gesellschaftspolitisch brisante Frage, unter welchen Umständen nach Trennung und Scheidung hochwertige Vaterarbeit geleistet werden kann.

4.1 Auf der Suche nach Familienglück

Simon Kepler wird im Jänner 1945 im »Sudetenland« geboren. Kurz zuvor fällt sein Vater als Soldat der Deutschen Wehrmacht irgendwo an der »Russischen Front«. Niemand weiß, wo er begraben ist. Die Mutter flüchtet mit Simon und dessen älterem Bruder zu Verwandten in das bombenbeschädigte Wien. Hier geht Simon in den folgenden Jahren zur Schule, macht das Abitur und studiert Medizin. Danach beginnt er eine Ausbildung zum Facharzt für Psychiatrie. Mit knapp dreißig Jahren (1975) zieht er zu einer geschiedenen Frau, die zwei Söhne im Alter von zwei und fünf Jahren hat. Simon spielt ab und zu mit den Kindern, doch Vatergefühle entwickelt er nicht. Mit dem Ende der intimen Beziehung scheidet er aus dem Haushalt aus. Zu den Kindern hält er keinen Kontakt. Er verlässt die Stadt. Die nächsten Jahre verbringt er in Paris und in Los Angeles, wo er an Forschungsprojekten teilnimmt. Als er 1985 nach Wien zurückkehrt, ist er vierzig Jahre alt. Er entschließt sich, eine Praxis als Psychiater zu eröffnen. Damit verändert er auch seinen Partner- und Bindungswunsch. Er beginnt aktiv nach einer Frau zu suchen, mit der er auch Kinder haben will. Nach längerem Suchen trifft er auf Gitta Kunst, eine akademische Bildhauerin und Malerin. Sie ist im zweiten Monat schwanger. Der Vater des Kindes, ein älterer, väterlicher Freund und Mentor, hat sie eben verlassen. Mit dem Kind will er nichts zu tun haben. Simon begleitet Gitta aufmerksam durch die Schwangerschaft und zur Geburt. Der fliegende Wechsel der Intimpartner ›erspart‹ es der Frau, um den verlorenen Partner und leiblichen Vater des Kindes zu trauern. Auf ihren ausdrücklichen Wunsch übernimmt Simon Kepler alle Aufgaben des Vaters. Dass ihm dies möglich ist, begründet und legitimiert seine psychologische Bildung und seine neu-linke Ideologie.[1]

»Ich seh es irgendwie als einen *Kompromiss*, dass ich dann eine Frau kennen gelernt hab, die schon schwanger war – … Aber ich seh das heute als einen Kompromiss zwischen dem eigenen und dem nicht eigenen Kind, dass man dann eines nimmt, das *eh* schon da is, nicht ((lachend)). Auch mit der Vorstellung, es macht *eh* nix, es ist *eh* wie ein eigenes, das man *annimmt* … Dieses Projekt ist am *ehesten* noch aufgegangen, dass das Kind so wie ein eigenes Kind is. Und das Kind *weiß* auch noch nicht, dass ich nicht sein Vater bin. … So zusagen mein erstes Kind ist nicht mein eigenes Kind. Ich hab das ungefähr dann so ausgedrückt, also ich möchte mich da – weil ich gewusst hab, da ist kein Vater *greifbar* – ich möchte mich da *wichtig* machen in der Position und möcht mich da *einmischen*. Das war mein *Entree* in unsere Beziehung. Und das ist soweit auch ganz *gut* gegangen – *anfänglich*.«[2]

Simon Kepler entschließt sich, das Kind wie sein eigenes anzunehmen. Nach einigen Monaten adoptiert er es auch. Der leibliche Vater des Kindes wird sowohl in den Gesprächen des Paares wie auch in den späteren Gesprächen der Eltern mit dem Kind *tabuisiert*. So entsteht ein mehrschichtiges Familiengeheimnis und die Gefahr seiner Entdeckung (Imber-Black 1995, 1999). Der Sohn wird von der Mutter über seinen biologischen Vater erst aufgeklärt, als er das fünfzehnte Lebensjahr erreicht hat. Ein »nettes Gespräch« sei es gewesen. Für ihn mache es nun keinen Unterschied zu wissen, dass Simon Kepler nicht sein biologischer Vater ist. Eine besondere Neugierde des Jungen nach dem leiblichen Vater ist nicht zu bemerken.

Simon Kepler teilt die seit langem geltende Maxime, dass Männer erst dann Kinder in die Welt setzen sollen, wenn sie beruflich oder geschäftlich etabliert sind. Seine Auffassung, die Frau solle auch nach der Geburt eines Kindes erwerbstätig bleiben, ist hingegen viel jünger und zu dieser Zeit (um 1985) noch keine zwanzig Jahre populär. Nur Avantgarden, vorwiegend mit künstlerischen und intellektuellen Berufen, folgen dieser Leitidee schon Anfang des 20. Jahrhunderts. Doch noch am Ende des 20. Jahrhunderts führt die Frage, wie Mann und Frau Erwerbsarbeit und Elternschaft vereinbaren können, zu vielfältigen Konflikten. Wie wir gleich sehen werden, sind sich auch Simon Kepler und Gitta Kunst darin nicht einig. Nach seinen akademischen Wanderjahren will Simon endlich sesshaft werden und, wie er sagt, »eine Familie gründen«. Er folgt damit in Rede und Tat einem gesellschaftlichen *Skript*, das im hegemonialen Diskurs derart prominent verankert ist, dass es auch die Familien- und Patriarchatskritik um 1968 nicht aus der Welt schaffen konnte.

Knapp zwei Jahre nach der Geburt des ersten bringt Gitta Kunst ein zweites Kind (Matthias, geb. 1986) zur Welt. Nun ist Simon Kepler auch der leibliche Vater. Er ist fest davon überzeugt, zwischen Martin, dem adoptierten Sohn, und Matthias keinerlei Unterschiede zu machen. In seiner geräumigen Wohnung an der Wiener Ringstraße führt das Paar ein reges gesellschaftliches Leben: Freundinnen und Freunde, Intellektuelle, Künstler und Psychiater treffen sich hier zu Diskussionen, Lesungen und Festen – eine späte Form des bürgerlichen Salons, linksintellektuell gewendet und weitgehend ohne Hauspersonal. Bald stellt sich jedoch heraus, dass sich die Bedürfnisse und Interessen der Intimpartner nicht hinreichend vereinbaren lassen. Kritisch ist vor allem die Arbeitsteilung zwischen Mann und Frau, doch nicht in der sonst üblichen Weise:

»Es ist dann in relativ kürzerer Zeit das *zweite* Kind gekommen, das war *auch* ein Bub und ja – der Belastungsdruck ist dann schon ein bisserl größer geworden und es sind dann auch … die *Wünsche* an die Beziehung / haben sich stärker artikuliert, wo die Beziehung dann unter die Belastung des Alltagslebens gekommen ist. Und das war einerseits, dass man natürlich nicht so weiterleben konnte wie mit *einem* Kind da am Ring mit einem Salon, und ich geh arbeiten und die Gitta führt dort sozusagen *Salon*, wie man das unter Anführungszeichen sagen kann. Es war ein sehr reges soziales Leben, das hat eigentlich auch *ihren* Vorstellungen entsprochen, weil sie gleichzeitig zum Muttersein auch noch bildhauerisch tätig sein wollte, was sich dann *eh* nicht in der Weise bewahrheitet hat, wie sie es gerne gewollt hätte, also sie konnte nicht so erfolgreich sein. Und nach dem *zweiten* Kind ist dann ein ziemlicher *Druck* von mir ausgegangen ... der Druck hat sich dann eigentlich von meiner Seite auch noch verstärkt im Laufe der Zeit, dass sie ihren gelernten *Beruf* aufnimmt. Also sie hat gehofft, dass sie sich das *ersparen* kann, sie hat Lehramt für Bildnerische Erziehung studiert und gehofft, mit meiner Hilfe bildhauerisch und als Mutter tätig zu sein und i=hob=gsogt *nein*, da hängt zu viel an *mir* und ich will auch *Vater sein* können und nicht nur Brötchengeber – ah Brötchen*bringer* sozusagen.«[3]

Simon Kepler ist nicht bereit, seiner Lebensgefährtin eine Karriere als freischaffende Künstlerin zu finanzieren. Mit seinem Wunsch, nicht nur »Brötchenbringer«, sondern »auch Vater sein« zu können, zitiert er die eingangs erläuterte Differenz zwischen dem (westlichen) *Patriarchen* und dem *miterziehenden Vater*. Er wehrt sich dagegen, von der Partnerin in die Rolle des Patriarchen gedrängt zu werden, der aufgrund zu hoher Arbeitsbelastung keine Zeit für seine Kinder hat. Sein Anspruch, ein *miterziehender* Vater zu sein, ist durchaus glaubhaft. Simon Kepler hält sich alle Wochenenden und jeden Mittwoch frei, um mit seinen Söhnen Ausflüge zu unternehmen, ins Kino zu gehen, zu basteln und vieles mehr. Im Vergleich zu seiner ersten Familie, in der er sich nur sehr sporadisch mit den Kindern seiner Partnerin beschäftig hatte, widmet er nun seiner Vaterarbeit weitaus mehr Zeit. Er intensiviert seine Vaterarbeit, indem er die Tage und Stunden, die er mit seinen Söhnen verbringt, sorgfältig plant und sich nicht, wie viele Männer, auf das bloße Dabeisein beschränkt. Während er in seiner ersten Familie keine väterliche Bindung gegenüber den Kindern der Lebensgefährtin entwickeln konnte, weil er kaum Vaterarbeit übernahm, entsteht nun durch die regelmäßige Vaterarbeit eine starke emotionale Bindung zwischen dem Vater und seinen Söhnen (s. Kapitel 10.10.3).

In der Paarbeziehung hingegen nehmen Streit und Zerwürfnisse zu. Den Gedanken an eine Trennung schieben die Partner hinaus. Wann die Krise der intimen Beziehung begonnen hat, wissen sie nicht genau. Die Schwangerschaften, die Geburten und die Säuglings- und Kleinkinderphasen absorbieren einen Großteil ihrer Energien. So täuschen sich die Partner über die langsame Erosion ihrer erotisch-sexuellen Bindung hinweg. Sicher scheint nur, dass eine dritte Schwangerschaft, die mit einer Totgeburt endet, bei Simon Kepler eine rasche Entidealisierung der Partnerin einleitet. Doch kommuniziert er seine Überlegungen zu einer möglichen Trennung immer noch nicht. Mit seinen Überlegungen beginnt zwar bereits der Trennungsprozess (s. Kapitel 10.2), doch nur auf der Seite des Mannes, heimlich und intransparent. Dies hat noch Folgen für die Erzählung im Rückblick: Im narrativen Interview erzählt Simon Kepler dazu keine stringenten Geschichten. Stattdessen räsoniert er und wiederholt jene damals seiner Partnerin *nicht* kommunizierten Argumente, die er so oder ähnlich überlegt und wahrscheinlich nur mit engen Freunden und Berufskollegen diskutiert hat:

»… wahrscheinlich wenn=ma *keine* Kinder ghabt hätten wären wir schon *früher* getrennt gewesen, also wenns nach *mir* gegangen wäre. – Ah -- Natürlich ist es dabei auch um eheliche *Treue* gegangen, nicht wahr. Ich halte ja die eheliche Treue zwar für eine soziale oder zivilisatorische *Errungenschaft*, die aber sehr auf Kosten von sozusagen biologischen Programmierungen geht, das heißt eine hohe Anforderung an denjenigen stellt, der sie eingeht, also eigentlich eine, kann man sagen, un -- unverhältnismäßig *hohe* Anforderung.«[4]

Zudem seien, fährt Kepler fort, Ehen und ähnliche Beziehungen emotionell stark überladen. Alle Hoffnungen auf ein intensives und glückliches Leben würden auf eine einzige Beziehung projiziert. Dies aber könne kaum eine Beziehung leisten. Trennung, Scheidung und die Neubildung von Beziehungen und Familien seien eine neue kulturelle Antwort auf das uralte Treue-Problem. Diese Theorie des Erzählers stimmt im Wesentlichen mit sozialpsychologischen, soziologischen und sozialhistorischen Theorien überein, was angesichts des hohen Bildungsniveaus des Erzählers auch nicht weiter erstaunt. In seinem Leben aber wird diese Theorie auch *praktisch* relevant, denn mit ihr begründet er sowohl den Aufschub der Trennung im Interesse der Kinder als auch seinen späten Entschluss, sich von seiner Lebensgefährtin zu trennen. Als er Gitta Kunst später seine Trennungsabsicht mitteilt, trägt er den Wunsch schon lange mit sich. »Fremdgegangen« sei er allerdings »nur in Gedanken«, um sich der Möglichkeit sexuell und erotisch erfüllender Beziehungen zu versichern.

»ich – bin – zwar nicht *fremd*gegangen, aber ich bin in *Gedanken* sozusagen fremdgegangen, und das heißt, dass ich – in der *Vorstellung* ah Trost für sonstige emotionelle Schwächen oder Zerwürfnisse oder Zerrüttungen gesucht habe.«[5]

Als Simon Kepler seiner Lebensgefährtin endlich seinen Trennungswunsch mitteilt, löst er damit heftige emotionale Ausbrüche aus. Sie »schreit stundenlang und hört vor drei Stunden nicht auf«. Was die Frau derart erschüttert und erzürnt, wird dem

Mann nur in den kommunizierten und verstandenen Teilen bewusst. Es ist zunächst der Vorwurf, ein gegebenes Versprechen zu brechen und sie mit den Kindern »im Stich zu lassen«. Doch ist auch anzunehmen, dass der Trennungswunsch für die Frau eine ›tiefere‹ Bedeutung durch den Umstand erhält, dass Simon Kepler sechs Jahre zuvor als »rettender Vater« ihres noch ungeborenen Kindes in ihr Leben getreten ist. Da sie durch den fliegenden Wechsel zwischen zwei Männern davon abgehalten wurde, den Verlust des älteren Geliebten hinreichend zu betrauern, verspürt sie nun einen umso heftigeren Trennungsschmerz, der sich in eruptiven Aggressionen gegen den »Verräter« entlädt.[6] Dass sich der Mann der Auseinandersetzung durch »Flucht« entzieht, macht den Zorn seiner Lebensgefährtin nur noch größer. Simon Kepler zieht in eine kleine Wohnung. Aus sicherer Distanz prüft er sein bisheriges Familienleben und nimmt wahr, dass er sich durch die Probetrennung »befreit« fühlt. Nach einigen Wochen weiteren Zuwartens teilt er Gitta in einem Brief seinen endgültigen Entschluss zur Trennung mit. Dass sich Simon Kepler nach seinem Auszug »befreit« fühlt, dürfte bedeuten, dass er sich zuvor als gefangen oder eingesperrt erlebt hat. Dies wird für uns nachvollziehbar, wenn wir bedenken, dass er die Lebensgemeinschaft zumindest über zwei für ihn sehr unglückliche Jahre aufrechterhalten hat, um seine Vaterarbeit nicht zu gefährden.

In der folgenden Phase seiner Trennung auf Probe – wir können auch von einem *Moratorium* sprechen – setzt er sich mit seiner künftigen Vaterarbeit auseinander und beschließt, beiden Söhnen ein aktiver Vater zu bleiben. In einer Aussprache beschwört er Gitta, die Beziehungskonflikte künftig von der Elternarbeit zu trennen. Damit zitiert er einen pädagogischen und psychologischen Diskurs: Die »Elternebene«, heißt es da, soll von der »Paarebene« getrennt werden. Doch wie macht man das, wenn weiterhin heftige Aggressionen der Frau gegen den Initiator der Trennung bestehen?

In den ersten Jahren nach der Trennung leben die Söhne jedes zweite Wochenende und jeden Mittwoch beim Vater. Simon Kepler widmet ihnen also nicht mehr so viel Zeit wie zuvor. Doch das zu bestimmen liegt nicht in seiner Macht. Das zeitliche Arrangement der Elternarbeit wird bei diesem Verlauf der Trennung (sic!) wesentlich durch den ›Kleinkrieg‹ der Ex-Partner bestimmt. Den Söhnen fehlt die alltägliche Präsenz des Vaters vor allem bei den täglichen Mahlzeiten: Sein Platz am Tisch bleibt leer. Andererseits werden dem Mann neue Formen der Vaterarbeit abverlangt: der Transport der Kinder zwischen den Wohnungen, die Besprechung aller wichtigen Termine mit der Mutter der Kinder, die Teilung der Hausarbeit bei getrennten häuslichen Ökonomien und vieles mehr. Aus dem *miterziehenden* Vater ist ein *getrennter* Vater geworden, der sich bemüht, seine Vaterarbeit, den neuen Verhältnissen angepasst, zu optimieren.

4.2 Eine »gestandene Frau«

In den letzten Monaten seiner krisenhaft gewordenen Lebenspartnerschaft lernt Simon Kepler Miriam Schön kennen, eine Ärztin für Allgemeinmedizin, noch verheiratet und Mutter zweier Töchter. Die langsame Annäherung folgt zwar noch dem Code der romantischen Liebe (s. Kapitel 2.1), erfordert aber einigen Bedacht auf die familiären Verhältnisse auf beiden Seiten. Simon Kepler ist 48, Miriam Schön ist 40 Jahre alt. In ihren Erzählungen versuchen sie, den Beginn ihrer intimen Beziehung von den Trennungen der vorherigen Beziehungen zeitlich zu distanzieren.

»Ja ---- des woar auch – irgendwie ist das wahrscheinlich / ja ich glaub schon auch, ja schon auch, dass das damals Hand in Hand gegangen ist, dass die neue Partnerin – Miriam – erschienen, am Horizont erschienen ist. Aber es war nicht ein gleitender Übergang. In dem Maße wie ich mich entschlossen hab, von der Gitta wegzugehen, in dem Maße hab ich mich seelisch an die Vorstellung, mit der Miriam zusammen zu sein, angenähert. Ich hab sozusagen nicht viel – wie kann man sagen – Latenz oder Karenz, sozusagen geduldet. Also ich hab sie noch nicht gekannt, wie diese Trennung war, aber im Kennenlernen von der Miriam ( ) entschlossen, … glaub ich, würd ich einmal sagen, dass das fast ein Entschluss war, dort aufzuhören und dort anzufangen, glaub schon. Das ist rekonstruiert. Mir ist es bisher nicht so vorgekommen, ich hab eher gedacht, dass da ein bissl mehr Abstand dazwischen liegt. Aber so zeitlich gesehen müsst das schon / müsst das schon hinhauen. -- gut.«[7]

Möglicherweise gelangt Simon Kepler erst im Zuge des Erzählens zu der Einsicht, dass er durch den Beginn der Intimbeziehung mit Miriam darin bestärkt worden ist, Gitta zu verlassen. Es könnte freilich auch sein, dass er bemerkt, die Geschichte nicht plausibel erzählen zu können, wenn er genau diesen Zusammenhang in Abrede stellt. Etwa vier Wochen später diskutieren Simon und Miriam in einem Paarinterview, wer zu welchem Zeitpunkt in das Leben des Anderen getreten sei. Und auch hier bestätigt sich, dass beide Partner noch in ihre Trennung verstrickt waren, als sie glaubten, den Intimpartner für den nächsten Lebensabschnitt gefunden zu haben. Ihre diesbezüglichen Hoffnungen und Phantasien mobilisierten Energien für die Trennung. Die Idealisierung des potenziellen neuen Lebenspartners forcierte die Abwertung des eigenen Partners. Für einige Wochen oder Monate war also Miriam Schön Keplers *Schattenfrau* und Simon Kepler Miriams *Schattenmann*. Jahre später entscheidet der aktuelle Handlungszusammenhang und das je persönliche Interesse, was die Akteure von diesem komplexen und teilweise intransparenten Geschehen erinnern können.

Miriam ist interessiert, die Geschichte so zu erzählen und sie so auch in der *Familien-erzählung*[8] zu verfestigen, dass Simons Lebensgemeinschaft mit Gitta *schon zu Ende* war, als sie in sein Leben trat. Simon ist daran interessiert, dass sein Eintritt in Miriams Leben mit dem Ende ihrer Ehe nichts zu tun haben kann. Aus diesen aktuellen Interessen, die jedoch mit einigen faktischen Details der Erzählung in Widerspruch geraten, entsteht ein beinahe komischer Dialog, der eindrucksvoll zeigt, dass autobiographisches Erinnern kein Blättern in Archiven ist, sondern aktuelle Sinnproduktion im Kontext wahrgenommener Handlungsnotwendigkeiten (Rusch 1997).

MIRIAM: »Wie ich den Simon *kennengelernt* hab, da war ich schon – da war ich zwar noch in einer bestehenden Beziehung mit dem Rafael, die aber eben nicht mehr sehr gut gelaufen ist schon seit längerem. Und ich war sicher irgendwie bereit für war Neues oder relativ *offen* glaub ich, oder?«

SIMON: »Ich hätt sogar so aus der Erinnerung gesagt, dass eure Beziehung eigentlich schon *aus* war, aber wahrscheinlich /«

MIRIAM: »Nein es war noch nicht aus.«

SIMON: »Ich weiß schon, dass ihr noch miteinander *gelebt* habt, aber //«

MIRIAM: »Aber es war eigentlich ohne *Perspektive*, insofern wars schon aus, ja.«

SIMON: »Ich weiß natürlich, dass ihr noch miteinander *gewohnt* habt und noch einmal auf Urlaub gefahren seid nach Rhodos damals.«

MIRIAM: »Genau ja.«

SIMON: »Aber auch dieses auf Urlaub fahren hab ich schon so verstanden, dass es das letzte Mal sein wird, so ungefähr.«

MIRIAM: »*War* auch das letzte Mal. Ja es stimmt, ich war schon ziemlich entschlossen zu sagen, dass ich mich dann von ihm trennen möchte eigentlich, ja. Obwohl ich hab das letztens schon gesagt, dass dann in dieser Phase der Rafael unbedingt noch einen Versuch machen wollte und eben noch einmal ein gemeinsames Leben irgendwie *versuchen* wollte. Aber bei mir war das dann eine beschlossene Sache, also insofern ist es schon möglich, dass dieser fester Entschluss schon irgendwie so *sichtbar* war//«

SIMON: »Oder es könnt auch sein, dass ich das so haben *wollte* und indem ich das so aufgefasst hab, dass das auch für dich auch re//- auch so *geworden* ist in der Erinnerung, ich kann=ma *beides* vorstellen.«

MIRIAM: »Bei *dir* wars schon aus, das weiß ich *ganz sicher*.«

SIMON: »Entweder wors, wors scho, also es war schon, wir ham uns schon nicht mehr gesehen, ja aber … hab ich den entscheidenden Brief schon abgeschickt oder nicht? Weil ich gewusst hab ((wird leiser)) ich werd das mit einem Brief dann einmal//– letztendlich definitiv machen, damit es auch – … aber das heißt irgendwie, ((wieder lauter)) es ist schon *ziemlich aus* gewesen, und ich weiß jetzt nicht, ob ich den letzten Brief schon geschrieben hatte, also//– ob ich sie ((die Entscheidung)) getroffen hab oder nicht.«

MIRIAM: »Das weiß ich auch nicht, also ich mein, wie wir uns das erste Mal gesehen haben, das war ja so Ende Februar, das is so ungefähr – glaub ich dann neun Jahre, acht Jahre her.«

SIMON: »Na da hab ich den Brief *sicher* noch *nicht* geschrieben gehabt aber//«

MIRIAM: »Und dann hama uns ein paar Monate *überhaupt* nicht gesehen, und dann hast du mich immer wieder angerufen. -- Ja das war dann erst wieder im Sommer, wie wir uns wieder gesehn haben, genau. Weil da hama erst so Kontakte über die Klinik gehabt, kannst dich erinnern?«

SIMON: »Ja das war aber eh schon, das war aber schon irgendwie mehr im *Mai*.«

MIRIAM:»Ja eh, genau, aber *kennengelernt* tatsächlich, wo wir uns auch ah – Telefonnummern ausgetauscht haben, das war im *Februar*, ((lachend)) aber du merkst dir solche Sachen ja nicht.«[9]

Um den Trennungsverlauf zu verstehen, muss auch die geschiedene Ehe Miriams in einigen Zügen rekonstruiert werden. Hier eine knappe Version der Geschichte ihrer ersten Ehe aus den Perspektiven der Frau, ihres Ex-Ehemannes, Rafael Santos-Mendez, und ihrer beiden Zwillingstöchter Julia und Catherine.

4.3 Die große Liebe

Mit dreiundzwanzig Jahren beantragt Miriam Schön ein Stipendium, um einen Teil ihrer Ausbildung zur praktischen Ärztin in Sevilla zu absolvieren. Hier lernt sie den jungen Arzt Rafael Santos-Mendez kennen, die erste »starke und große Verliebtheit« ihres Lebens. Rafael ist sephardischer Herkunft. Schon als Kind war er mit seinen Eltern aus dem marokkanischen Marrakesch nach Sevilla gekommen. In seiner winzigen Wohnung nahe dem Klinikum beginnt eine intensive Liebesbeziehung. Nach einem halben Jahr endet Miriams Auslandsstipendium und sie muss nach Wien zurück, um die Ausbildung abzuschließen. Rafael folgt ihr bald nach. Es fällt ihm schwer, in der für ihn völlig fremden und abweisend wirkenden Stadt Fuß zu fassen. Er spricht kaum Deutsch. Nach längerer Wartezeit erhält er eine Anstellung als Arzt in einem Krankenhaus. Rafael will kein Kind. Als Miriam schwanger wird, zwingt er sie zur Abtreibung. Für Miriam ist das ein »ganz schlimmes« Erlebnis.[10] Als sie ein Jahr später neuerlich schwanger wird, setzt sie sich mit ihrem Kinderwunsch durch. Es stellt sich heraus, dass sie Zwillinge bekommen wird. In der Schwangerschaft wird sie von Rafael kaum unterstützt. Sie fühlt sich von ihm im Stich gelassen, fast verraten. Ein erster innerer Bruch. Doch als dann die beiden Töchter geboren sind, stürzt sich Rafael zu Miriams Erstaunen mit Eifer in die Vaterarbeit. Er zeigt sich also – ähnlich wie Simon Kepler – lernfähig und verändert sich vom abweisenden (während der ersten und der zweiten Schwangerschaft) zum engagierten miterziehenden Vater. In ihrer intimen Beziehung verstehen sich Miriam und Rafael zunehmend schlechter. Eine naheliegende Erklärung ist, dass sie ihre Energien in die Sorge um die Zwillingstöchter investieren und nicht genügend Zeit und Kraft für ihre Intimbeziehung erübrigen können. Als die Töchter acht Jahre alt sind, beschließt Rafael Santos-Gomez für ein Jahr nach Madrid zu gehen, um sich über seine eheliche Beziehung klarer zu werden – ein *Moratorium*, noch ausgeprägter, als wir es bei Simon Kepler und Gitta Kunst gefunden haben. Die gewissermaßen auf Probe verlassene Miriam Schön erinnert sich:

»Die Kinder waren damals acht Jahre alt. Er war dann ein Jahr *weg*. Dann ist er zurückgekommen und hat eigentlich *nichts* für sich gefunden, was er anscheinend gesucht hat oder auch eine Klärung. Und dann haben wir noch ein Jahr so gemeinsam verbracht und dann wars eher schon *schlecht*. Ja also es war nicht in dem Sinn ein Streitzustand da, aber wir ham uns *ziemlich* auseinander gelebt gehabt. Und das war auch die Zeit, wo ich dann den Simon schon kennengelernt hab.«[11]

Nach einem Jahr kehrt Rafael Santos-Gomez ohne Idee, wie es mit seiner Beziehung zu Miriam weitergehen soll, nach Wien zurück. Zu seiner langsamen inneren Distanzierung sagt er:

»Also das war *allmählich* und – 1989 glaube ich – haben wir gedacht, okay ich bleibe ein Jahr fern, ich bin ein Jahr nach Spanien gegangen, um – ein bisschen zu sehen wie das geht, also ich – ich habe dort in Madrid war ich ein Jahr, ich war öfters da und die Kinder waren neun Jahre alt … Und dann bin ich zurück gekommen und das war noch schlimmer und tss /«[12]

Das Paar bleibt noch ein weiteres Jahr zusammen. Am Horizont von Miriams Lebenswelt taucht ein neuer Mann auf: Dr. Simon Kepler. Sie begegnet ihm erstmals in einer Besprechung an der Klinik. Wir erinnern uns an Simons Erzählung. Auch er hat eine ›Auszeit‹ von der Beziehung mit seiner Lebenspartnerin genommen und die gemeinsame Wohnung verlassen. Sein Interesse für Miriam Schön bestärkt ihn in seinem Entschluss, sich von Gitta Kunst endgültig zu trennen. Auf beiden Seiten beginnen nun aber jene Partner, die die Trennung *nicht* initiiert haben, zu ›klammern‹ (s. Kapitel 10.5.5.1). Gitta Kunst lädt Simon Kepler mehrfach ein, doch wieder bei ihr einzuziehen. Rafael Santos-Mendez weigert sich, aus der ehelichen Wohnung auszuziehen. Er fürchtet sich vor dem Alleinsein. Erst nach einigen Auseinandersetzungen verlässt er die Wohnung.

Für die Töchter ist es völlig überraschend, als ihnen die Eltern eröffnen, dass sie sich trennen werden. Rafael Santos-Mendez erinnert sich, wie schwer ihm die Aussprache mit den beiden Töchtern fiel.[13] Wie bei Simon Kepler wird der Entschluss zur Trennung deutlich von der Sorge um die Kinder überlagert. Und auch hier wurde die Ehe aus dieser Sorge noch einige Jahre aufrechterhalten, obwohl sie den Partnern schon kaum mehr ›reparierbar‹ erschien. Rafael spricht den Wunsch der Kinder an, die Trennung der Eltern mit Freundinnen in der Schule zu kommunizieren. Offenbar ist es ihnen sehr wichtig, die gravierende Entscheidung der für sie nächsten Umwelt mitzuteilen. Wie aber erinnern die Töchter jenen Abend, an dem sie über die bevorstehende Trennung informiert wurden? Es kann nicht überraschen, dass sie ihn anders erleben und folglich auch anders erinnern als ihre Eltern.

CATHERINE: »das war im September //«

JULIA: »Zwei Tage vor Schulbeginn //«

CATHERINE: »Ja zwei Tage vorm Geburtstag meiner Mutter noch dazu, – sind sie spazieren ge // – sie ham gesagt, sie gehen spazieren und dann sind sie zurückgekommen mit solchen Gesichtern, total *verweint*, haben gsagt, ja wir müssen euch was sagen und … wir wollen uns *trennen* //«

JULIA: »dunkel das Zimmer //«

CATHERINE: »Ja es war ganz ( ) wie so eine Szene endet, wir sind alle gesessen und, ja, [imitierendes Sprechen] Wir ham beschlossen, wir trennen uns voneinander und //«

JULIA: »Es war so unerträglich, weil ich absolut nicht traurig war.«

CATHERINE: »Ich auch nicht.«

JULIA: »Mich hat einfach nur gestört, dass die solche Gesichter machen.«

CATHERINE: »Ja und ich, meine Mutter hat great ((geweint)) und mein Vater auch, und ich hab meine Mutter auch noch nie wirklich weinen sehn, aber bei meinem Vater hats mich noch mehr überwältigt, dass mein Vater plötzlich anfängt zu weinen und ich hab einfach, ich hab auch geweint, aber einfach so, ich hab mir gedacht, einfach um dieses Schweigen zu überbrücken.«

JULIA: »Ja ich hab einfach nicht weinen können, ich wollt //«

CATHERINE: »Ich hab mich dann aufs/ich hab gesagt, ich geh aufs Klo, ich wollt da einfach nur weg.«

JULIA: »Ich wollt einfach, dass die Szene nur vorbei ist, es war ganz finster, weil so um fünf am Abend im Herbst, niemand hat ein Licht aufgedreht, wir sind nur da gesessen.«[14]

Die Mutter glaubt, dass die Mitteilung den Töchtern einen »Schlag« versetzt habe. Freilich erinnert sie ihr *eigenes* inneres Erleben, zuallererst ihr Interesse, für die Fortführung der Elternschaft »die beste« Lösung zu finden. Schon in den davorliegenden Wochen der »halboffenen Trennungsdiskussion« (s. Kapitel 10.3) habe sie die Frage, wie die Eltern weiterhin mit ihren Töchtern leben könnten, in den Mittelpunkt gestellt. Die Reduktion der Kontakte mit dem Vater auf die Wochenenden sei von Anfang an nicht in Frage gekommen.

»Dann haben wir versucht, die *best*mögliche Lösung für die Kinder zu finden, und das haben wir dann gefunden, indem wir sie uns ((lachend)) *aufgeteilt* haben. Das heißt, dass wir ein ziemlich *rigoroses Regime* gehabt haben, also wo beide Kinder auf den Tag genau *eine* Woche bei *ihm* und *eine* Woche bei *mir* gelebt haben, und die Kinder haben das relativ gut akzeptiert von Anfang an, muss ich sagen.«[15]

Miriam hilft Rafael, eine Wohnung zu finden, in der sich auch die Töchter zu Hause fühlen können. Das getrennte Paar richtet in der Wohnung des Mannes ein zweites Kinderzimmer ein, das dem in der ehemals ehelichen Wohnung bis ins Detail gleicht.

»Die waren zehn, genau zehn, also noch nicht ganz zehn Jahre alt. Im September haben wir uns getrennt und im November sind sie zehn geworden. Und da haben wir das dann organisatorisch so gemacht, dass sie *zwei Zuhause* hatten. Es war lustig, ihre Kinderzimmer waren damals fast *ident* von der Einrichtung und Ausstattung her, also bei ihm und bei mir. Ich weiß nicht, es war mehr *unbewusst* aber --- und sie sind dann eben – jeden Sonntag wars anfangs – mit ihrem Pinkerl *gegangen* und dann halt wieder *gekommen*. Es war für *mich* – also für ihn sicher *auch*, aber ich rede jetzt über *mich*, wars wirklich sehr schwierig ...«[16]

Rafael Gomez-Santos nimmt seine Vaterarbeit nun noch ernster als vor seinem Auszug. In der ersten Zeit leiden Mann und Frau, wenn die Töchter für eine Woche nicht bei ihnen wohnen. Der Verlustschmerz erhöht ihre Bereitschaft, als getrenntes Paar freundschaftlich zu kooperieren. Es zeigt sich, dass auch ihre Beziehung als Paar keineswegs völlig »am Ende« ist. Mann und Frau erkennen und kommunizieren ihr Interesse, auch wieder *gemeinsame* Unternehmungen mit den beiden Töchtern zu erleben. Dies wird möglich, weil die Paarbeziehung von dem schwelenden Begehren,

die sexuelle Beziehung wieder aufzunehmen, endgültig *entlastet* wird, als sich Miriam
neu verliebt (in Simon Kepler) und auch Rafael eine Liebesbeziehung (mit Nina
Leynes) beginnt.

4.4 Ein neues Paar mit reicher Erfahrung

Miriam Schön ist noch in die Trennung von Rafael Santos-Mendez verstrickt, als sie
ihren Berufskollegen Simon Kepler kennenlernt. Sie ist keineswegs hilflos oder pa-
nisch auf der Suche nach einem neuen Mann, wie dies Frauen in dieser Lage oft
pauschal unterstellt wird. Sie ist neununddreißig Jahre alt, selbstbewusst und beruflich wie privat bestens organisiert. Den Annäherungen Simons begegnet sie mit einer
Mischung aus Skepsis und Ironie. Sie fragt sich, ob sie denn neben ihrem Beruf und
ihren Töchtern noch Zeit und Energie für einen Mann übrig hätte. Mann und Frau
sind nach ihren gerade beendeten langjährigen Intimbeziehungen nicht bereit, sich
Hals über Kopf in ein romantisches Liebesabenteuer zu stürzen. Bezogen auf meine
Typologie der Liebescodes (s. Kapitel 2) befindet sich das Paar nach seinen ersten
Liebesbeziehungen, die noch ganz dem romantischen Code folgten, nun in der Mitte
des Lebens im Übergang von der romantischen zur skeptisch-romantischen Liebe.
Sie treffen einander zu Spaziergängen und verbringen Liebesstunden in Simons Wohnung. Simon hingegen betritt die Wohnung Miriams noch nicht. Erst nach einem
halben Jahr kommt es auf ausdrücklichen Wunsch der Töchter dazu, dass Miriam
ihren Liebhaber zu sich nach Hause einlädt. In der folgenden Erzählsequenz aus
einem Paarinterview rekonstruiert Miriam Schön im Gespräch mit Simon Kepler den
ersten gemeinsamen Abend der künftigen Folgefamilie, sozusagen die Ouvertüre, im
Detail. Miriam zeigt sich sehr darum besorgt, dass ihre Töchter Gefallen an ihrem
neuen Intimpartner finden. Sie weiß, wenn sie ihm den Respekt und die Anerkennung verweigern, kann die junge Beziehung daran zerbrechen.

MIRIAM: »Na ich weiß noch, nach diesem Heurigenbesuch wolltest du dann gleich
zu mir kommen, da hab ich gesagt, nein, mach=ma lieber was am Wochenende.
Und dann hast du mich angerufen, und //«
SIMON: »Das kann ich mir gar nicht vorstellen, weil ich zu dir ins Haus überhaupt nicht
gegangen bin, weil //«
MIRIAM: »Ja, aber da war der Rafael schon weg, war schon ausgezogen zu dem
Zeitpunkt«
SIMON: »mit den Kindern aber.«
MIRIAM: »Die Kinder waren wo anders, aber die waren auch weg, ja ich //«

SIMON: »Ja eben das war glaub ich ir //, das war // ich wollte mich sozusagen in in – in diese *Familienkreise* wollte ich mich nicht *sofort* einmischen, ja. Und da hama uns auch längere Zeit schon frequentiert und ah – und dann ham die Mädchen doch mal irgendwie, glaub ich, *ihr Interesse* angemeldet. Da hab ich gsagt okay, wenn das *so* is //«

MIRIAM: »Da war der Rafael schon ausgezogen.«

SIMON: »Ja also wenn das *so* ist --- dann dann«

RS: »wenn man *neugierig* ist …«

SIMON: »Eben, wenn man *neugierig* ist mich zu sehen, dann lass ich mich anschauen.«

MIRIAM: »Lass ich mich anschauen! ((lacht)).«

RS: »Und wie war das dann?«

MIRIAM: »Nach dem Essen hab ich gesagt, Catherine, spiel doch was am Klavier vor! Das weiß ich noch ganz genau. ((beide lachen)) Das war damals so ein kleines Mädel, so um die elf Jahre, sie war dann noch so richtig lieb, wie sie eben ist, hat sich so hingesetzt und hat ganz brav vorgespielt. Sie hat wohl gedacht, ich muss meiner Mami eine Freude machen, so irgendwie.«

RS: »Wie war das für Sie, Herr Kepler, als Sie da auf Miriam mit den zwei Töchtern getroffen sind?«

SIMON: »Ja ich mein, mich hat diese Konstellation *berührt*, das rührt mich sehr, das ist ein sehr // – dieses Verbundensein von Mutter und Töchtern ist für mich sehr / rührt mich sehr an. Dadurch, dass man sieht, dass die Kinder so irgendwie auch *nahe* an der Mutter sind.«

RS: »Und war das eine neue Erfahrung?«

SIMON: »Naja ich hab ja schon eine Beziehung mit einer Frau und Kindern gehabt vor meinen eigenen Kindern mit der Gitta. Und das hab ich eigentlich auch sehr genossen. Diese, noch dazu zwei *Mädel*, diese Mutter-Töchter-Verbundenheit, das hat mich sehr interessiert, also interessiert mich nach wie vor. Also weil das ist bei den *Vätern* und den *Söhnen*, also bei meinen Kindern irgendwie auch nicht zu finden, eben dieses – ah --- also dieses *Anhängliche*, also das *gegenseitige Anhängliche*. ---- Und das ist irgendwie sehr reizend oder entzückend also. Gut, ich kanns jetzt nicht genau sagen, wie das *anders* war.«[17]

Miriam und ihre Töchter scheinen Simon eine geradezu geheimnisvoll enge Beziehung zu haben. Doch er ist gebildet und erfahren genug, um sich Miriams »reizenden und entzückenden« Töchtern nicht als *Vater* aufzudrängen. Anders als bei seinem Eintritt in das Leben der schwangeren Gitta Kunst übernimmt er keine Vaterrolle. Dazu besteht auch gar kein Anlass. Rafael Santos-Gomez, der leibliche Vater der beiden Mädchen, ist ja überaus präsent (s. o.). Simon hätte also keinen Platz und keine Funktion als ein zweiter, besserer oder rettender Vater. Er bemüht sich behutsam um die *Freundschaft* der beiden Mädchen. Auch Miriam drängt nicht. Das Paar lässt sich Zeit. Erst nach weiteren zwei Jahren eines »living apart together« ziehen Miriam und ihre Töchter in Simons große Wohnung an der Ringstraße ein.

4.5 Komplexe Motive, nochmals Vater zu werden

Nach den Experimenten mit neuen Lebensformen im Kontext von »1968« und nach sechs Jahren der Lebensgemeinschaft mit Gitta Kunst steht für Simon Kepler fest: Eine neue Partnerin soll nicht weniger als Erotik, Sex, Mutterschaft, Bildung und einen ihm adäquaten Beruf vereinen. Sein bisheriges Leben und vor allem die wahrgenommenen Defizite der vorangegangenen Lebenspartnerschaft bestimmen Simons Motive. Warum aber will er, der schon zwei Söhne hat, nun mit Miriams Töchtern zusammenlebt und inzwischen fünfzig Jahre alt ist, noch ein weiteres Kind? Sechs subjektive Gründe sind aus seinen Erzählungen herauszufiltern: Erstens fühlt er sich nach dem Stress der letzten Trennung ein wenig müde. Ein kleines Kind könnte seine Energien mobilisieren und sein Altern verlangsamen. Zweitens würde er Miriam mit einem gemeinsamen Kind fester an sich binden. Drittens ist die materielle und berufliche Situation des neuen Paares erheblich besser als in früheren Beziehungen. Beide Partner haben ein gutes Einkommen; Miriam bestreitet ihren Lebensunterhalt und die Hälfte des Lebensunterhalts ihrer beiden Töchter, die andere Hälfte finanziert der leibliche Vater. Simon und Miriam verfügen, viertens, über annähernd gleichwertige sozial-kulturelle und psychische Ressourcen, ihre Erfahrungen als Eltern eingeschlossen, was eine partnerschaftliche Beziehung, eine Balance der Macht und die faire Teilung der Elternarbeit ermöglichen sollte. Fünftens hängt Simon Kepler nach wie vor der Idee an, ein gemeinsames Kind sei der Beweis einer gelungenen Partnerwahl und Garant für das Überleben des Paares in der künftigen Familien-Geschichte. In dem Maße, in dem sich seine Beziehung zu seinen beiden ersten Söhnen verdünnt, wünscht er sich, sechstens, neue Kinder im Haus, die seine Vaterliebe, Zärtlichkeit und Fürsorge – unbehindert durch eine feindselige Mutter – auf sich ziehen.

Kaum zwei Jahre nach dem ersten Kind, Peter, kommt dann noch ein zweites, Paul, auf die Welt. Es dauert jeweils einige Wochen, bis sich Miriam, einigermaßen erschöpft, von jedem schlechten Gewissen gegenüber den Töchtern befreit und dem Neugeborenen, wie sie sagt, »einen Platz« in ihrem »Herzen« einräumen kann. Wenn sie diese Bemühung um die Liebe zu ihren beiden neugeborenen Söhnen ausdrücklich hervorhebt, drückt sie auch ihr Erstaunen aus, dass Mutterliebe nicht mit der Geburt auf die Welt kommt. Die beiden Kleinen bilden das neue affektive Zentrum der Familie, um das Eltern und Töchter kommunizieren. Die wachsende Folgefamilie wird überdies Teil eines größeren sozialen Systems.

4.6 Zwei Folgefamilien, ein soziales System

Seit der Trennung ihrer Eltern wechseln Julia und Catherine wochenweise zwischen den Wohnungen der Eltern und ihren fast identisch eingerichteten Kinderzimmern. Simons Söhne aus der Beziehung mit Gitta Kunst kommen jedes zweite Wochenende und jeden Mittwoch zu Besuch. So ergibt sich für die etwa vierzigjährige Miriam und den etwa fünfzigjährigen Simon ein *Wechsel* der Familien-Konstellation, der ihnen einige Flexibilität abverlangt. Miriam Schön: »Das war überhaupt sehr interessant, dass es sozusagen solche *Abschnitte* gegeben hat, nicht, so wie: *alle* vier Kinder, oder *zwei* Kinder, oder ganz *ohne* Kinder.«[18]

In der Folgefamilie von Miriams geschiedenem Mann (Rafael Santos-Mendez) schätzt dessen zweite Ehefrau, die dreißigjährige Französin Nina Leynes, ihre Beziehung zu Julia und Catherine als solidarisch und freundschaftlich ein. Von Anfang an habe sie versucht, den Mädchen *eine ältere Freundin* zu sein. Bald nach den Geburten von Peter und Paul in der Folgefamilie von Simon Kepler und Miriam Schön werden auch in der Folgefamilie von Rafael Santos-Gomez und Nina Leynes weitere Kinder geboren: 1998 kommt hier Marcelo auf die Welt und im Jahr 2000 Beatrice. Wir haben also *zwei parallel wachsende* Folgefamilien vor uns, die freundschaftlich und regelmäßig kommunizieren. Sie bilden ein »binukleares Familiensystem« (s. Kapitel 10.10.5). Der Begriff drückt aus, dass es in beiden Folgefamilien jenen ominösen ›Kern‹ gibt, den eine ideologische Terminologie sonst nur der Erstfamilie zugestehen will. Die neugeborenen Kinder werden zu affektiven Zentren in den beiden Folge-familien, aber auch im binuklearen Familiensystem. So führen die befreundeten Ex-Ehepartner Miriam und Rafael ihre neuen Babys aus ihren neuen Intimbeziehungen miteinander in den Park, tauschen Baby- und Kinderkleider und Ratschläge aus und feiern fast alle Familienfeste, vor allem die Geburtstage der Kinder, gemeinsam. Die beiden Folgefamilien werden also erstens durch das regelmäßige Pendeln der Zwillingstöchter und zweitens durch die neuen Elternschaften der Ex-Ehepartner Miriam und Rafael und deren freundschaftliche Kommunikation eng miteinander verbunden.

Die Folgefamilien sind strukturell *variabel*. Ihre Zusammensetzung verändert sich von Woche zu Woche und sogar im Lauf jeder Woche. Dies zum einen wegen des regelmäßigen, wöchentlichen Pendelns der Töchter, und zum anderen weil Simon Keplers ältere Söhne zunächst jeden Mittwoch und jedes zweite Wochenende zu Besuch kommen. Betrachten wir die Folgefamilie von Simon Kepler und Miriam Schön für die Zeit nach der Geburt von Peter (1996 ff.) etwas genauer: An jenen Tagen, an denen Simons ältere Söhne (Martin und Matthias) und Miriams Töchter (Catherine und Julia) sowie Peter, ab 1997 auch Paul anwesend sind, hat die Folgefamilie die Struktur einer *Patchwork-Familie* im von Anne C. Bernstein (1990) gemeinten Sinn: Die Partner haben (vier) Kinder aus zwei früheren Familien und zunächst ein gemeinsames leibliches Kind, bald zwei gemeinsame leibliche Kinder bei sich. Sind Simon Keplers ältere Söhne nicht im Haus, Miriams Töchter aber schon, hat die Familie (konventionell familiensoziologisch gesprochen) die Struktur einer *Stiefvaterfamilie mit einem gemeinsamen leiblichen Kind*. An jenen Tagen, an denen weder Miriams Töchter noch Simons ältere Söhne zu Hause sind, hat die Folgefamilie die Struktur einer *Erstfamilie*, die aber lebensgeschichtlich für Miriam schon die zweite, für Simon bereits die dritte ist. Auch auf der anderen Seite des binuklearen Familiensystems, in der Folgefamilie um Rafael Santos-Gomez und Nina Leynes, sind jede zweite Woche Rafaels Töchter (Catherine und Julia) anwesend; mit dem Baby Marcelo und später auch mit Baby Beatrice hat diese Folgefamilie die Struktur einer *Stiefmutterfamilie mit gemeinsamen leiblichen Kindern*. Jede zweite Woche aber sind die Töchter Rafaels *nicht* im Haus. Dann hat die Folgefamilie die Struktur einer *Erstfamilie*, die für Nina auch wirklich die erste, für Rafael aber bereits die zweite ist. Ob derartige Unterscheidungen nach der Nomenklatur der Familiensoziologie die faktischen Interaktionen, Beziehungen und Bindungen treffen, scheint allerdings zweifelhaft. Sie dienen hier nur dazu, sich die Komplexität des sozialen Systems und seinen plastischen, lebendigen Charakter zu vergegenwärtigen.

Catherine und Julia spielen mit ihren kleinen ›Halbbrüdern‹ Peter und Paul auf der einen Seite, dann auch mit ihrem ›Halbbruder‹ Marcelo und mit ihrer ›Halbschwester‹ Beatrice auf der anderen Seite. Rafael und Nina besuchen mit ihren Kindern Miriam und Simon und deren Kinder regelmäßig. Simons große und geräumige Wohnung an der Ringstraße ist die ›erste Adresse‹ für die Zusammenkünfte der »großen Familie« (Tochter Julia). Überdies werden Simons Kochkünste von allen sehr geschätzt. Seine Gastgeberrolle – er bewirtet alle Angehörigen seiner »großen Familie«, aber auch andere Gäste herzlich und großzügig –, sein höheres Alter, sein Beruf und wohl auch seine reiche Erfahrung als Vater statten ihn mit einer besonderen Autorität in der Gruppe aus, fast so, als wäre er, der nie ein Patriarch werden wollte, nun der Doyen einer »großen Familie«.

4.7 Zwei Zuhause für die Kinder

Wechseln wir zu den Perspektiven von Miriams Töchtern. Zunächst kommt Catherine, das Mädchen am Klavier, zu Wort. Zum Zeitpunkt der narrativen Interviews ist sie achtzehn Jahre alt und hat wie ihre Schwester Julia gerade die Reifeprüfung abgelegt. Die Töchter wachsen mehrsprachig auf. Sie sprechen Spanisch und Deutsch, die Muttersprachen von Mutter und Vater, sowie Französisch, die Muttersprache von Nina Leynes, der zweiten Frau ihres Vaters. Einige sprachliche Auffälligkeiten in den folgenden Textsequenzen erklären sich daraus. Catherine:

»Und dann ist halt meine Mutter *schwanger* geworden und ich wollt eigentlich nie ein kleines, also ein liebes Geschwisterchen haben oder so weiter, und das hat sich dann aber geändert, weil wie mein kleiner Bruder ((Peter)) auf die Welt gekommen ist, da war ich *eh* ganz narrisch und so, *eh* ganz *süß* und so weiter, und sobald man sich an den Kleinen gewöhnt hatte, ist dann auch schon der Zweite ((Paul)) nachgekommen. Das war dann irgendwie auch zuerst irgendwie ja, wie wird das eigentlich sein? Und zwei kleine Kinder, natürlich anstrengend und das. Ja das ist irgendwie ((lachend)) *auch* recht gut gegangen. Und gleich danach, nachdem so die zwei Kleinen geboren waren ((lachend)), hab ich mal den Vati gefragt, ob er *auch* ein Baby / ob seine Freundin ein Baby erwartet. Und ja es ist / ich finde das völlig normal, also ich mein, dass wir jetzt *überall Babys* haben. Eigentlich sind die Verhältnisse auch recht gut, *sehr* gut sogar, weil sich auch meine Eltern gut miteinander verstehen und zusammen ihre *Babys* ausführen und so weiter. Also die Familienverhältnisse sind eigentlich / sind jetzt wieder so geworden – wieder *ganz normal*, sind wieder *Familien*, mit Kindern.«[19]

Zwillingsschwester Julia schließt sich dieser Darstellung weitgehend an. Auch sie betont, sich »immer schon ein kleines Geschwisterchen« gewünscht zu haben. Noch deutlicher als Catherine bezieht sie in ihren Erzählungen das Glück von Mutter und Vater ein:

»Ja – also ich / bei mir wärs also auch so, dass mich das so überrascht hat, dass sie sich trennen, aber nicht in dem Sinne, dass es mich persönlich betroffen hat, dass ich darüber traurig war. Das einzige was mich wirklich *traurig* gestimmt hat war, dass meine *Eltern* unglücklich waren, und zuletzt vor allem mein *Vater*, weil er ein halbes Jahr niemanden hatte. Und als er dann eine Freundin gefunden hat, war das für mich, ich wollte unbedingt eine *Parallelität* haben zwischen zwei Familien, und deshalb war ich auch *glücklich*, als mein Vater einen Sohn gekriegt hat, weil die Situation nun bei beiden *gleich* ist und nicht einer benachteiligt oder so. Und ich //, bei mir wars *so*, dass ich *immer* schon ein kleines Geschwisterchen haben wollte, zwar schon längst die Hoffnung aufgegeben hatte, weil ich mir gar nicht gedacht hab, dass das noch möglich ist, aber mich schon sehr darauf gefreut hab, und jetzt auch sehr *froh* bin, dass das eingetreten ist.«[20]

Die »Parallelität zwischen zwei Familien« (Julia) und »dass wir jetzt überall Babys haben« (Catherine) drückt die Fortführung dessen aus, was die Eltern seit ihrer Trennung für die Mädchen organisieren: »zwei Zuhause« und damit eine hohe Symmetrie des binuklearen Familiensystems. Eine beunruhigende Ungleichheit entsteht nur für kurze Zeit, als Rafael etwa ein halbes Jahr benötigt, um eine neue Partnerin zu finden, während die Mutter, wie wir wissen, Simon schon kennt, als Rafael noch nicht aus der ehelichen Wohnung ausgezogen ist. Das Alleinsein des Vaters beunruhigt die zehnjährige Julia. Sie wünscht ihm eine neue »Freundin«. Als die nach einem halben Jahr gefunden ist und schon ein Jahr später ein Baby auf die Welt kommt, sieht die Tochter das Glück beider Eltern wiederhergestellt. Ihre Sorge um die Eltern, besonders um den Vater, setzen die Töchter auch fort, wenn sie die neuen Babys nicht als lästige Konkurrenten um ihren Platz in der Familie, sondern als die neuen Glücks-Kinder ihrer Eltern beschreiben. Wenn die Ex-Partner Miriam und Rafael neuerdings manchmal sogar ihre Babys gemeinsam ausführen, wie Catherine begeistert erzählt, realisiert sich eine *neue Balance* des Elternglücks. Nach den anfänglichen Besorgnissen Catherines, ihre zentrale Stellung einzubüßen, sind beide Töchter sehr zufrieden und verfolgen aufmerksam jeden Entwicklungsschritt ihrer »kleinen Brüder«. Von »Halbbrüdern« reden sie natürlich nicht. Nicht zuletzt profitieren sie von der Präsenz der Babys auch deshalb, weil ihre Freiräume in der Adoleszenz rascher wachsen. Ihre Eltern wenden sich den neugeborenen Kindern zu und sind weniger versucht, die Töchter allzu sehr zu umsorgen. Nach den Erfahrungen der Töchter mit den kleinen Söhnen der Mutter ist die Erfahrung, dass auch väterlicherseits Babys hinzukommen, nicht mehr neu. Rafaels neue Partnerin, Nina Leynes, die mit den Töchtern vollends darin übereinstimmt, ihnen keinesfalls eine »Stiefmutter«, sondern eine ältere Freundin zu sein, erinnert sich daran, wie ihr erster Sohn Marcelo auf die Welt kam und Julia und Catherine damit bereits recht erfahren umgehen konnten:

»Ja, es war nicht neu. Aber sie haben doch sich gefreut, glaube ich, weil sie haben auch verglichen, die Mutter hat schon einen Freund und Kinder, und der Vater jetzt *auch*. Ich glaube, das war auch wichtig, dass sie fühlen, das ist jetzt auch fest und bedeutet auch, das ist ein neues Leben, es macht die Familie *fester*. Und ich glaube so, sie haben sich gefreut sicher. Aber ich würde sagen, sie sind auch/ sie waren schon groß genug, sie haben schon viel gesucht über selbst Leben, und sie sind schon groß seit langem.«[21]

Die Töchter leben zum Zeitpunkt der Interviews schon seit acht Jahren in dem symmetrisch strukturierten binuklearen Familiensystem. Ein Ende dieser Konstellation ist abzusehen. Der bevorstehende Auszug aus den Wohnungen von Vater und Mutter macht den Töchtern zwar ein wenig Angst, aber sie wissen, dass es der Beginn eines selbstständigen Lebens zweier junger Frauen sein wird, die einige berufliche Ambitionen haben. Nicht nur die Töchter sind in der Frage des Auszugs ambivalent. Auch die Mutter weiß, dass sie ihre geliebten Töchter loslassen muss. Ihre zwei kleinen Söhne werden es ihr leichter machen. Schon jetzt genießen die Töchter aufgrund ihrer »Unsesshaftigkeit« (s. u.), ihres regelmäßigen Pendelns zwischen den Haushalten, besondere Freiheiten. Die Babys resp. Kleinkinder lösen die Töchter sukzessive in der Funktion ab, das affektive Zentrum in den beiden Folgefamilien und im binuklearen Familiensystem zu sein. Julia erkennt diesen Zusammenhang erstaunlich genau, was meine These von der erhöhten Möglichkeit sozial-kulturellen Lernens im freundschaftlich integrierten binuklearen Familiensystem zu bestätigen scheint:

»Und zur Situation passt es mir insofern schon ganz gut, weil wir dadurch eine irrsinnige *Unabhängigkeit* gewonnen haben. Da wir nur eine Woche / also jede Woche wechseln, sind wir bei beiden Eltern zu Hause, aber nicht so, dass man so sein Nest hat, wo man immer alle Sachen *fix* hat, dass man sich gar nicht vorstellen könnte auszuziehen, weil wir ham da schon so eine kleine *Unsesshaftigkeit*, und das ist mir eigentlich ganz *angenehm*, und ich hab auch immer Angst davor gehabt / ich mein, wir sind noch nicht ausgezogen und wir ham noch nicht / es ist noch nicht fix, wann wir ausziehen, aber wir haben es *vor*, und ich glaube, dass es dadurch auch *leichter* wird, dass jetzt sozusagen eine Generation *nach*gekommen ist.«[22]

4.8 Geschwister, Stiefgeschwister, Halbgeschwister

Zwischen den acht Kindern dieses binuklearen Familiensystems (Julia und Catherine, Matthias und Martin, Peter und Paul, Marcelo und Beatrice) sind verschiedene und sich verändernde Geschwister-Beziehungen zu beobachten. Jedes neugeborene Kind bewirkt eine Veränderung in allen anderen Beziehungen. So löst die Bemerkung Rafaels und Ninas, Julia und Catherine würden sich häufiger und lieber mit den Söhnen Miriams befassen als mit ihrem Sohn Marcelo, eine gewisse Eifersucht aus, die wiederum in den Töchtern ein »schlechtes Gewissen« und damit ein verändertes

Erleben und Handeln in Bezug auf das Kleinkind und das Elternpaar erzeugt. (Ein Fall der Interpenetration des sozialen Systems und der Psychosysteme der Personen, s. Kapitel 3.3.)

JULIA: »Und als dann Marcelo geboren wurde, war das wieder dieselbe Situation, und jetzt langsam, weil der Peter und der Paul kennen uns beim Namen, reden mit uns, haben uns offensichtlich jetzt so lieb, also sagen und zeigen uns das auch. Der Marcelo ist dazu noch zu klein. Beim Paul war das auch zuerst schwierig, weil ich ein schlechtes Gewissen hatte, ich kümmere mich mehr um den Peter. Und das hat sich jetzt erst wieder so ergeben und seit einem Jahr vielleicht. Und beim Marcelo hab ich aber immer das Gef //, dieses schlechte Gewissen, weil ich auch das Gefühl hab, dass mir der Rafael und die Nina dieses schlechte Gewissen irgendwie geben, dass wir den Marcelo irgendwie nicht *so beachten* wie den Peter und den Paul.«[23]

Catherine stimmt ihrer Schwester zu und beschreibt am Ende der folgenden Erzählsequenz, wie die leicht mahnende Aufforderung von Nina und Rafael, auch einmal den kleinen Marcelo in den Arm zu nehmen, eher *hemmend* auf sie wirke:

»Gut es war auch so, dass wir eine Zeitlang bevor der Marcelo geboren wurde, irrsinnig viel vom Peter erzählt hatten, von den ersten Fortschritten, was er redet, wie er geht, dann von Paul. Und wie dann der Marcelo geboren wurde, war dann immer mehr von den beiden zu erzählen als vom neuen Baby. Der Marcelo schläft und trinkt und kann noch nicht so. Und dann kam so ein: Na *nimm* ihn doch mal. Er ist doch *auch* dein Bruder. – Obwohl ich ihn *irrsinnig* süß finde, aber ich *kann* ihn gar nicht mehr / nicht mit ihm spielen oder so, ohne dass ich das Gefühl habe, heuchlerisch zu sein, obwohl ichs nicht *bin*, aber irgendwie geben sie uns das Gefühl, dass wir uns *zwangsmäßig* um ihn kümmern, und das is ein bisserl *unangenehm*.«[24]

Die Unterschiede sind fein, aber wirksam. Doch eines sind sie nicht: eine Frage des Blutes. Peter und Paul einerseits und Marcelo und Beatrice andererseits sind den Zwillingstöchtern nach den Regeln der Verwandtschaft gleich nah. Nur sind Peter und Paul die Halbgeschwister auf der Seite der Mutter, Marcelo und Beatrice die Halbgeschwister auf der Seite des Vaters. Sollte das einen Unterschied machen? Wir glauben eher, dass es so ist, wie die Töchter es sehen: eine Frage des Alters der Kinder und damit der Intensität und Dauer der Interaktionen der Geschwister. Je weiter die kleinen Brüder in ihrer psychodynamischen Entwicklung sind und je differenzierter die älteren Schwestern mit ihnen kommunizieren können, desto stärker wird die

Bindung zwischen ihnen und ihren ›Halbschwestern‹. Doch zeigt sich auch, dass die Eltern hochsensibel dafür sind, wie sich die Beziehungen zwischen den Geschwistern entwickeln. Sie wollen, dass in der Geschwisterreihe möglichst wenig Unterschiede (moralisch gewendet: »Ungleichheiten«) entstehen. Ein moralisch-ethisches Anliegen, das dem modernen, westlich-aufgeklärten Postulat folgt, dass alle Kinder gleich viel wert seien. Es dürfte aber auch dadurch motiviert werden, das Scheitern der ersten Familie nicht durch Rivalitäten unter den Geschwistern schmerzlich vor Augen geführt zu bekommen.

Dass trotz feiner Unterschiede die Babys und Kleinkinder in beiden Folgefamilien von Julias und Catherines Zuwendung profitieren, steht für die Beteiligten wie für uns als Beobachter außer Frage. Doch schließt das binukleare Familiensystem auch die Söhne Simons aus dessen Beziehung mit Gitta Kunst ein? Einmal in der Woche, meist am Mittwoch, besuchen Martin und Matthias ihren Vater. Zum Zeitpunkt der Trennung sind sie sechs und vier Jahre alt, beim Einzug Miriams und der Töchter in Simons Wohnung sind sie acht und sechs Jahre alt. Als ihr Halbbruder Peter geboren wird, sind sie zehn und acht, bei der Geburt ihres zweiten Halbbruders Paul sind sie zwölf und zehn Jahre alt. Die Zwillingstöchter Miriams sind zu diesem Zeitpunkt sechzehn Jahre alt. Simon und Miriam unternehmen anfangs einige Anstrengungen, Martin und Matthias in die Folgefamilie zu integrieren. Doch verändert sich das Verhältnis schon in den ersten Jahren: Martin und Matthias zählen sich immer weniger zur neuen Familie des Vaters und fühlen sich immer mehr als ›Gäste‹, die Höflichkeitsbesuche absolvieren. Ein vierwöchiger Urlaub im Sommer 1998 (also zwei Jahre vor den Interviews) wird in der Familienerzählung, zu der Simon, Miriam und die Töchter einige Geschichten und Nina Leynes eine Erklärung beitragen, zum letzten ›Beweis‹ für den fehlenden Integrationswillen von Martin und Matthias. Von morgens bis abends hätten sie sich von der Familie *absentiert*, berichten Miriam und Simon in einem und die beiden Töchter in einem anderen Paarinterview:

SIMON: »Ja es war, dass muss man sich mal vorstellen, es war //«

MIRIAM: »Nebeneinander, oder //«

SIMON: »Wir wohnen gleich neben dem Strand, ja in so einem was=weiß=i, Art Reihenhaus ja, und i weiß nicht, ob sie zum Frühstück kommen, auf jeden Fall *kommen* sie dann. Wir gehen dann an den Strand und die Buben kommen dann erst was=weiß=ich, beim Sonnen*untergang* kommen sie erst.«

MIRIAM: »Ja das war erst vor zwei Jahren, da waren sie auch schon ein bisschen älter, aber auch, da waren sie *immer* noch so, ja, also ham *völlig* ihr *Eigenleben* geführt, ohne irgendwelche Fragen oder Rücksichten oder wie spielt sich der heutige Tag ab, also überhaupt *kein Sinn* für ein *gemeinsames* Leben.«[25]

Danach lehnt es Miriam ab, noch einen weiteren Urlaub mit den beiden Söhnen Simons zu verbringen. Im Rückblick kommt sie zu dem Schluss, dass ein längeres Miteinanderwohnen wohl zu einer Verschärfung der Konflikte geführt hätte, zu Spannungen, die vielleicht sogar die Paar-Beziehung von Miriam und Simon beschädigt hätten. Dass sich inzwischen längst eine Familienlegende über Simons Söhne gebildet hat, die den Beteiligten die sozial-moralische Richtigkeit ihrer Beurteilungen und Wertungen zu bestätigen scheint, zeigt sich auch in den Erzählungen der Zwillingstöchter. Wenn sie auf Martin und Matthias zu sprechen kommen, sticht die ungewöhnlich distanzierte und knappe Wortwahl ins Auge:

»Dann hat er auch zwei Söhne gehabt, die auch einfach vom Altersunterschied sechs Jahre jünger sind als wir, und das hat einfach nicht so gepasst, weil wir zwölf gewesen sind und die sechs Jahre, die Burschen, und da haben wir nichts anfangen können. Und zudem haben wir nicht wirklich eine enge Beziehung aufgebaut.«[26]

Schon der erste Halbsatz (»Dann hat er auch zwei Söhne gehabt«) drückt die inzwischen weiter gewachsene Distanz zu Simons Söhnen deutlich aus. Die Strategie, sie nicht in die Folgefamilie zu integrieren, findet allerdings auf der anderen Seite des Ex-Paares eine Entsprechung. Gitta Kunst, die Mutter von Martin und Matthias, ist der Ansicht, dass Väter, die Frau und Kinder »verlassen« haben, nicht »auch noch dafür belohnt werden sollen«. Sie sollen die Folgen ihres Handelns spüren und ihre Kinder schmerzhaft vermissen. Gittas Haltung erinnert uns daran, dass der Prozess der Trennung meist einen ›Gewinner‹ (oft, aber nicht immer ist das der Initiator der Trennung) und einen ›Verlierer‹ hervorbringt. Die Bereitschaft des ›Verlierers‹, an der Folgefamilie des ›siegreichen‹ Ex-Partners teilzunehmen, ist gering oder gar nicht vorhanden. Was den einen Partner zum ›Gewinner‹ und den anderen zum ›Verlierer‹ macht, entscheidet sich aus der Dynamik der Paar-Beziehung und aus dem Trennungsprozess (s. Kapitel 10.2–6). Das Unglück des einen Ex-Partners bleibt allerdings nicht folgenlos für den anderen, der mehr Glück hat, zumindest immer dann, wenn Kinder die Kommunikation der getrennten Eltern erfordern. Es ist schwierig, dem Ex-Partner in seiner nächsten Beziehung Glück zu wünschen, wenn man selber keine neue Intimbeziehung finden kann und darüber zutiefst unglücklich ist. Ob man dies nun als Eifersucht, Neid oder Missgunst bezeichnet – etwas von diesem Unglück wird über das Kind zum anderen Partner transportiert. Das Kind wird – und sei es durch sein wortloses Verhalten – zum Boten des Unglücks eines Elternteils. Das neue »Familienglück« Simons erfüllt Gitta Kunst mit Wehmut und Zorn. Deshalb boykottiert sie – bewusst oder unbewusst, beredt oder schweigend – die Besuche ihrer beiden Söhne in der Folgefamilie des Vaters. Den Beteiligten ist das bewusst. Rafaels zweite

Frau, Nina Leynes, erklärt die Probleme zwischen Simon und Gitta aus dem Verlauf der Trennung:

»Der Unterschied ist der, dass Rafael und Miriam sich ganz *friedlich* getrennt haben, ohne sich schwer zu verletzen, während Simon seine erste Frau doch schwer *verletzt* hat, indem er sie verließ, nicht? Und dann entstehen Aggressionen, sie *will* ja gar nicht, dass ihre beiden Söhne da in diese Familie *integriert* werden.«[27]

4.9 Hat die Komplexität der Folgefamilie Grenzen?

Es gebe keinen Unterschied zwischen der Vaterschaft zu seinen leiblichen und jener zu seinen nicht-leiblichen Kindern, beteuert Simon Kepler. Seine Partnerin Miriam Schön aber beharrt auf dem Anderssein von Simons ersten Söhnen und hebt den Adoptivsohn Martin besonders hervor: Zu ihm bestehe ja schließlich »gar keine« Blutsverwandtschaft. Sie betont es, um zu erklären, warum die Integration des Brüderpaars in die Folgefamilie nicht gelingen konnte. Hingegen will sich Simon trotz seiner Enttäuschung weiter um seine beiden ersten Söhne bemühen. So wie in diesem Fall ziehen die Beteiligten die Außengrenze der neuen Familie häufig verschieden eng oder weit (Minuchin 1988 u. 1993). Doch ist dafür nicht, wie die ältere »Stieffamilien«-Forschung annahm, die fehlende Blutsverwandtschaft zwischen einigen Mitgliedern der neuen Familie verantwortlich. Nicht die fehlende biologische Bindung macht den Mann zum Stiefvater und das Kind zum Stiefkind, oder wie in diesem Fall zum Adoptivkind, sondern allein die *Deutung* der fehlenden biologischen Bindung. Sie aber ist an die unterschiedlichen Erfahrungen, Interessen und Wünsche der Akteure gebunden. In diesem Fall stimmen sie gar nicht überein. Gitta und Simon haben keinen Zweifel zugelassen, dass Simon der Vater von Martin sei. Der leibliche Vater wurde so kurzerhand aus den Lebenswelten des Kindes und der Mutter geschafft. Miriam hingegen kehrt nun die kulturelle Differenz wieder hervor, womit sie das Wegtriften von Simons ersten Söhnen, gewollt oder ungewollt, unterstützt.

Freilich, auch wenn die subjektiven Deutungen und das praktische Zusammenleben und nicht etwa »das Blut« Zugehörigkeit oder Fremdheit erzeugen, sind die Schwierigkeiten nicht geringer. Offenbar gibt es subjektive und auch lebensphasenspezifische Grenzen der kulturellen *Gestaltungskraft*. In der Folgefamilie von Simon und Miriam geraten die Akteure an eine Komplexitätsgrenze, als sich zeigt, dass die beiden Söhne Simons aus der Beziehung mit Gitta Kunst gegen ihren (durch ihr Verhalten bekundeten) Willen und gegen den Willen der Mutter nicht integriert werden können. Miriam sähe sich davon überfordert, die ihr zunehmend »fremd« scheinenden Söhne Simons zu integrieren. Simon möchte ihr diese Belastung nicht antun. Zudem sähe er sich außerstande, einen dazu erforderlichen Konsens mit seiner Ex-Partnerin zu finden, von der er sich nach belastenden Konflikten und heftigen Auseinandersetzungen mühsam getrennt hat. Die Zwillingstöchter sähen ihre prominente Stellung in der Folgefamilie und ihren Anspruch auf Aufmerksamkeit und gewisse Privilegien bedroht. Auch die leisen Differenzen, die im binuklearen Familiensystem um das Verhältnis der Töchter zu den Babys in beiden Folgefamilien entstehen (s. o.), deuten auf eine Grenze der Komplexität hin, die an die subjektive (sozial-kulturelle, psychische und körperliche) Gestaltungskraft der Akteure gebunden ist. Sie ist mithin weder natürlich noch objektiv.

4.10 Veränderung und Vielfalt der Vaterarbeit

Art und Intensität der Vaterarbeit verändern sich bei den Männern in diesem komplexen sozialen System im Lauf der Jahre. Simon Kepler unternimmt drei Anläufe, Familie zu leben: einen ersten in den späten 1970er Jahren, einen zweiten in den späten 1980er Jahren und einen dritten in den 1990er Jahren. Öffentliche Diskurse zu Ehe, Familienleben, Elternschaft und insbesondere zur Vaterschaft veränderten sich in diesem Zeitraum erheblich. Simons erster Versuch nach 1975 fällt in eine lebensgeschichtliche Phase, in der er sich als Student und dann als junger Facharzt in Ausbildung und als Mitglied einer Initiativgruppe »Kritische Psychiatrie« in einem intellektuellen Milieu bewegt, in dem er auch seine meisten Freunde rekrutiert. Hier wird er mit dem Diskurs der Neuen Linken und mit der Kritik am Konsumismus der »bürgerlichen Familie«, am Patriarchat und an der »Sexualrepression« vertraut (Reiche 1968; Marcuse 1979 u. a.). In den Diskussionen mit Freunden und Kollegen und in der Ausbildung zum Psychiater macht er sich einiges davon zu eigen. So kommt er gar nicht auf die Idee, den beiden Kindern seiner ersten Lebenspartnerin Vater zu sein. Sein zweiter Versuch mit Gitta Kunst fällt in die zweite Hälfte der 1980er Jahre. Der theoretische Diskurs der Neuen Linken ist hinter den Erfahrungen des Berufslebens etwas verblasst. Simons Lebensgefährtin, in der Frauenbewegung politisch sozialisiert, fordert von ihm eine aktive Vaterschaft, bald jedoch die Übernahme einer patriarchalen Verantwortung für die Familie und ihre künstlerischen Ambitionen. Die Gleichsetzung des nicht-leiblichen und des leiblichen Sohnes entspricht der Konzeption sozialdemokratischer Familienpolitik und erscheint durch die zeitgenössische Milieutheorie wissenschaftlich fundiert. Simons dritter Versuch, Familie zu leben, setzt Anfang der 1990er Jahre ein, als das sozialdemokratische Projekt auch in Österreich einer neokonservativen Hegemonie gewichen ist. Die »große Familie«

(das binukleare Familiensystem) nimmt sich wie eine subkulturelle Insel aus, die den Solidaritätsverlust der Gesellschaft wettmachen soll.

Zu dieser Zeit finden im deutschen Sprachraum erste Forschungen über die Beziehung des Mannes zu den Kindern seiner Partnerin nach Trennung und Scheidung statt. Friedl und Maier-Aichen finden drei Modelle: den »Stiefvater« als den »besseren Vater«, den »ambivalenten Stiefvater« und den »Freundvater« (Friedl u. Maier-Aichen 1991). Nach dem Modell des besseren Vaters erwartet die Frau vom Mann, sich wie ein leiblicher Vater zu engagieren. Sie möchte, dass er den leiblichen Vater *ersetzt* und in Vergessenheit geraten lässt. Nach dem Modell des »ambivalenten (Stief-)Vaters« schwankt der Mann in seiner Vaterarbeit unsicher zwischen Distanz und väterlichem Engagement. Oft fühlt er sich gehemmt durch ein schlechtes Gewissen gegenüber dem Kind oder den Kindern, die er in einer vorherigen Familie ›zurückgelassen‹ hat. Männer, die dem Modell des »väterlichen Freundes« folgen, bemühen sich, die Freundschaft des Kindes zu gewinnen, vor allem dann, wenn das Kind schon in jugendlichem Alter ist und eine gute Beziehung zu seinem leiblichen Vater hat. Diese Typologie erscheint nach wie vor brauchbar. Doch anders als ihre Erfinderinnen Anfang der 1990er Jahre dachten, ist ein Mann, der in eine Mutter-Kind-Familie eintritt, nur dann eindeutig einem der drei Typen zuzuordnen, wenn wir ihn virtuell einfrieren. Wählen wir hingegen eine sozial-dynamische und lebensgeschichtliche Sicht, zeigt sich zunächst, dass sich Vaterarbeit nicht gleichsam automatisch und in jedem Fall mit dem Eintritt des Mannes in die Mutter-Kind-Familie herstellt. Übernimmt der Mann Vaterarbeit, bleibt sie nicht gleich, sondern verändert sich mit dem Wandel der familialen Verhältnisse. An Simon Kepler ist das gut zu illustrieren. Dem Typus des »ambivalenten Stiefvaters« ist er mit einiger Mühe in seiner ersten Familie zuzurechnen, als er, noch familienskeptisch und diesbezüglich ohne Erfahrungen und Kompetenzen, ganz auf seine Berufsausbildung bedacht, nur eine schwache Beziehung zu den zwei Buben der Lebensgefährtin aufbaut. Zehn Jahre später entspricht er am ehesten dem Typus des »rettenden, besseren Vaters« in den ersten Jahren seiner Beziehung zu seinem Adoptivsohn Martin. Er tritt im zweiten Monat der ersten Schwangerschaft Gittas sehr entschlossen in die Rolle des Vaters ein. Dem Typus des »Vaterfreundes« (oder besser: des väterlichen Freundes) entspricht er in seiner Beziehung zu Miriams Töchtern, die einen sehr präsenten leiblichen Vater haben und keinerlei Bedürfnis nach einem zweiten oder besseren Vater verspüren. Bald darauf macht Simon weitere Vater-Erfahrungen gegenüber seinen kleinen Söhnen Peter und Paul. Hier kommt er dem Typus des neuen Vaters sehr nahe. Hingegen verdünnt sich im selben Zeitraum seine Beziehung zu seinen Söhnen aus der Beziehung mit Gitta. Simons Lebensgeschichte führt also zu einer sich immer wieder verschiebenden *Gemengelage von verschiedenen Formen der Vaterarbeit*. Sie unterscheiden sich in ihrem zeitlichen und organisatorischen Modus (in Häufigkeit und Dauer der Interaktionen), in den Aufgaben des Mannes als Vater sowie in der Intensität der emotionalen Bindung zwischen Vater und Kind. Doch bestehen diese verschiedenen Formen des Vaterseins offensichtlich nicht unabhängig voneinander. Simon Kepler wechselt teils wöchentlich, teils täglich zwischen verschiedenen Formen der Vaterarbeit, wenn seine älteren Söhne zu Besuch kommen und wenn er mit seinen kleinen Söhnen kommuniziert. Zudem verändert sich seine väterliche Freundschaft mit Miriams Töchtern im Lauf ihrer Pubertät und Adoleszenz. Mit der steten Präsenz der kleinen Kinder und der rhythmisierten Präsenz von weiteren vier Kindern im Haushalt verändern sich die an den Mann als Vater und als väterlicher Freund gestellten Anforderungen deutlich. Es scheint plausibel, dass sich diese Formen der Vaterarbeit wechselseitig berühren und beeinflussen. Sie können kaum unabhängig voneinander wahrgenommen und praktiziert werden. Simon Kepler selbst zieht immer wieder Vergleiche und stellt Unterschiede fest. So beklagt er die zunehmende Distanz in seiner Beziehung zu seinen Söhnen Martin und Matthias. Er leidet darunter, weiß aber kein Mittel, die langsame Abkehr der Söhne zu stoppen oder gar umzukehren. Er tröstet sich mit dem Argument, Martin und Matthias, die (zur Zeit der Interviews) dreizehn und fünfzehn Jahre alt sind, würden ihn nun deutlich weniger benötigen als früher. Die Peers (Klassenkollegen aus dem Gymnasium) würden zusehends wichtiger. Vor allem aber ›entschädigt‹ Simon Kepler das Leben mit seinen beiden kleinen Söhnen Peter und Paul für den Verlust an Nähe zu seinen ersten Söhnen. In den Begriffen der referierten Vater-Typologie verändert sich Simon in seinem Verhältnis zu Martin und Matthias nach und nach vom miterziehenden zu einem getrennten Vater, der das Programm des miterziehenden Vaters nicht mehr erfüllen kann. Der Rückgang der Vaterarbeit erfolgt in Reaktion auf den Rückzug der Söhne und die Resistenz ihrer Mutter. Er erfolgt also nicht etwa aufgrund einer erkennbaren Veränderung des persönlichen Charakters des Mannes, sondern mit den Veränderungen im sozialen System. Der systemische Vorgang drückt sich auch darin aus, dass sich Simon gegenüber der langsamen Entfernung der Söhne als »hilflos«, »ratlos« und ohne Chance erlebt, der Entwicklung eine andere Richtung zu geben.

Er, der innerhalb von drei Jahrzehnten in drei Familien mit insgesamt acht Kindern von drei Frauen zusammenlebt, ist gewiss kein Dutzendfall. Doch an der Besonderheit lässt sich auch Allgemeines erkennen: Simon Kepler ist weder als Vater noch – nach der Trennung und der Bildung einer Folgefamilie – als »Stiefvater« einem einzigen Typus zuzuordnen. Die Transitionen im sozialen und kommunikativen System machen eingeübte Handlungsmuster und Überzeugungen fragwürdig. Damit geht der Abbau unbewusster zugunsten bewusster und im Lichte diverser Diskurse auch reflektierter Handlungsweisen einher. Diese soziologische These scheint mit einer psychoanalytischen These kompatibel, die eine frühkindliche Vater-Imago und deren anhaltende Wirksamkeit im Lebensprozess annimmt. Im Mann repräsentiere sich *unbewusst dessen Vater*, solange dies möglich und passend ist und die Erosion dieses Vor-Bildes nicht durch geänderte Verhältnisse erzwungen wird. Die erste Vaterschaft erscheint oft als noch weitgehend *unbewusste* Wiederholung der als Kind erlebten Vaterschaft. Nach Krisen, die durch Trennungen, Scheidungen, Unfälle oder den Tod einer Partnerin ausgelöst werden, setzt eine zunehmend *bewusstere Gestaltung* der Vaterarbeit ein (Ley u. Borer 1992, 198; Bovensiepen 1987; Chasseguet-Smirgel 1988). Legen wir diese psychoanalytische These an den Fall an, zeigt sie in der Tat eine gewisse Erklärungskraft: Simon ist ohne Vater aufgewachsen, er kennt nicht einmal das Grab. So gerät er ohne festes Vaterbild in die neulinke Familienskepsis der 1968er-Szene. Er ist noch weitgehend ohne väterliche Ambition, als er als junger Arzt mit einer Intimpartnerin und deren Söhnen zusammenlebt. Doch in den folgenden Familien unternimmt er bewusstere und ambitioniertere Versuche, Vater zu sein. Das schließt Rückschläge und Verluste (wie den Verlust an Nähe zu den ersten Söhnen) nicht aus.

In den auf Trennung und Scheidung folgenden Familien und in binuklearen Familiensystemen kann eine spezifische Konkurrenz unter Männern als Väter entstehen. Die Ambition, in der neuen Intimbeziehung »alte Fehler« gutzumachen, lenkt den Blick der Männer wie ihrer Frauen und Kinder stärker auf die väterlichen Leistungen. Die Auswirkungen sind höchst verschieden: Der Einsatz des getrennten Vaters kann sich vermindern, wenn er sich von einem Konkurrenten verdrängt oder ›überflüssig‹ gemacht fühlt, wenn seine väterlichen Leistungen von der Ex-Partnerin stark abgewertet werden, oder wenn er sich anderen Lebensprojekten (etwa der Gründung einer neuen Familie) zuwendet. In anderen Fällen aber erhöht die Konkurrenz – oft verbunden mit dem schlechten Gewissen gegenüber dem Kind oder den Kindern – die Leistungsbereitschaft des einzelnen Mannes als Vater.

Väter setzen sich aber auch mit ihren Vätern auseinander: Sie erinnern sich an ihre Kindheit und vergleichen die von ihnen geleistete Vaterarbeit mit der ihrer Väter. Im Lauf des Aufwachsens bildet sich unter Bezug auf die Vater-Imago ein konkretes Vater-Modell aus. Während der Kindheit, der Adoleszenz und oft auch noch im Leben als junger Erwachsener wird ein Vater phantasiert, der die empfundenen und phantasierten Defizite des real erlebten Vaters kompensieren und die erlebten Zurückweisungen und Enttäuschungen »wiedergutmachen« soll. Oder das Kind, der Jugendliche, der Erwachsene versucht, den getrennten oder auch den toten, beispielsweise im Zweiten Weltkrieg gefallenen Vater (wie im Falle Simons) in der Phantasie zu ›ersetzen‹ (Freud 1982, IV, 221 ff.). Die Vater-Imago ist jedoch kein Gefängnis. Je bewusster Männer ihre aktuelle Vaterarbeit gestalten, desto eher entkommen sie dem *unbewussten* Nachvollzug und nähern sich ihrem eigenen Entwurf von Vaterarbeit an.

In seiner zweiten Familie mit Gitta Kunst tritt Simon zunächst die Nachfolge eines bekannten älteren Künstlers und des leiblichen Vaters des ersten Sohnes an. Mit ihm misst er sich eine Zeit lang, ihn will er als Vater vollkommen ersetzen. Wir können annehmen, dass der leibliche Vater des Kindes auch in Gittas Phantasien präsent bleibt. In der dritten und zum Zeitpunkt unserer Gespräche aktuellen Familie steht Simon Kepler vor allem mit Rafael Santos-Gomez, dem Ex-Ehemann seiner Frau Miriam, in einer *sozial-symbolischen* Konkurrenz. Simons Verhältnis zu Rafael ist freundschaftlich. Die beiden Männer nehmen wechselseitig an ihrer Vaterarbeit Anteil. Rafaels Engagement in der Betreuung seiner beiden Zwillingstöchter macht großen Eindruck auf Simon und fördert seinen Entschluss, selber noch einmal Kinder zu bekommen. Wenn die beiden Folgefamilien heute diverse Familienfeste gemeinsam feiern oder an Wochenenden zusammenkommen, was immer mit Arbeit verbunden ist, übernimmt Simon eine aktive und gestaltende Rolle. Er kocht nicht nur bei solchen Gelegenheiten, sondern auch an normalen Wochentagen. Fast täglich kauft er auf einem nahen Markt Lebensmittel ein und beachtet dabei die aktuellen Lehren des Gesundheitsdiskurses. Er ist also nicht jener oft karikierte Mittelschicht-Mann, der das pragmatische und gesunde Alltagskochen der Frau überlässt (Frerichs u. Steinrücke 1997, 254). Zwischen den beiden Folgefamilien entsteht keinerlei Konkurrenz um Konsumstandards, Wohnungseinrichtungen, Autos oder Urlaube. Eher bildet sich eine subtile postmaterialistische Konkurrenz der Männer in der Frage, wer im Lauf seines Lebens der ›bessere‹ Vater *geworden* sei. Ereignisse im sozialen System wie Paarbildungen, Geburten, Trennungen und neuen Bindungen haben bei Simon wie auch bei Rafael jeweils Schübe des Dazulernens provoziert; öffentliche Diskurse haben sie dabei orientiert und motiviert. Aber auch strukturelle Besonderheiten der Folgefamilie und des binuklearen Familiensystems begünstigen ihre Lernprozesse: die höhere Durchlässigkeit der Außengrenzen der Folgefamilien, mehr Verhandlungsbedarf in ihrem Inneren, höhere Reflexivität, bewusstere Gestaltung und weniger Tradition, die Herausforderung des »Neubeginns«, und nicht zuletzt der Wettbewerb zwischen den Männern.

Eine Dimension der (»Stief-«)Vaterschaft steht notorisch unter Verdacht: die Beziehung des Mannes zu heranwachsenden Mädchen im eigenen Haus, die nicht seine leiblichen Töchter sind. Sie wird in der Forschungsliteratur als delikat eingeschätzt. Einige Autoren fürchten die Abschwächung des Inzesttabus infolge der fehlenden Blutsverwandtschaft und eine mögliche »Sexualisierung« der Familie (Friedl 1988, 45). Psychoanalytisch orientierte Forscher diskutieren das ödipale Dreieck von Stiefvater, Mutter und Tochter: Die jugendliche Tochter könne sich durch die sexuellen

Aktivitäten der Mutter herausgefordert fühlen und ihr den neuen Mann streitig machen. Mancher Mann habe dann Schwierigkeiten, die Balance zwischen »väterlicher« und »männlicher« Nähe zu finden. Doch könne sexuelle Spannung auch dazu führen, dass sich der Stiefvater angstvoll fernhalte und sein sexuelles Begehren abwehre (Schleiffer 1982, 155 ff.; Fthenakis 1985, 178; Scheib 1989, 69). Vor diesem Szenario schlecht gelingender oder pathogener Folgefamilien gewinnt Simons Beziehung zu Miriams Töchtern an Erkenntniswert. Wie ist diese Beziehung zu bewerten?

Die Freundschaft zu Simon dürfte für Julia und Catherine eine *Modellfunktion* haben. Über die letzten acht Jahre lernten sie mit einem Mann zu leben, der ihre Mutter liebt und der von ihrer Mutter geliebt wird und überdies mit ihrem Vater befreundet ist. Damit erhält Simon in der Reihe der für die Töchter gültigen Mann-Modelle eine prominente Stelle. Für ihre künftigen Partnerwahlen könnte er durchaus orientierend sein. Das Mann-Modell des väterlichen Freundes, den die Töchter ja auch bei seiner engagierten Vaterarbeit mit den kleinen Brüdern beobachten können, weist viel deutlicher als die Vater-Imago der Zwillinge aus der Herkunftsfamilie (ich erinnere an den noch ›familienflüchtigen‹ Rafael) auf eine *partnerschaftliche* Mann-Frau-Beziehung *voraus*. Ein Effekt könnte sein, dass sich darüber die Fähigkeit der Töchter erhöht, verschiedene Frau-, Mann-, Vater- und Muttermodelle sensibel zu registrieren und zu vergleichen. Die höhere Varianz, die sie diesbezüglich erleben, erhöht nicht nur ihre Toleranz, sondern auch ihre Kritikfähigkeit.

Entgegen dem Urteil der frühen Stieffamilienforschung habe ich den Eindruck, dass die höhere Komplexität und Rollenvielfalt in der Folgefamilie und im binuklearen Familiensystem zwar einige Schwierigkeiten erzeugt, aber unter gewissen Voraussetzungen für das Kind auch nützlich und vorteilhaft werden kann. Wenn die sozial-kulturellen Unterschiede zwischen Mutter und Vater für den Sozialisationsprozess bereichernd und förderlich sind, können es auch die Unterschiede zwischen den getrennt lebenden Elternteilen und dem neuen Partner der Mutter oder der neuen Partnerin des Vaters sein. Auch für Folgefamilien müsste das Resümee der soziologischen Sozialisationsforschung gelten, dass sich Kinder »durch Differenzierung der Beziehungen zu *verschiedenen* Bezugspersonen ... selbst als *differenzierte Persönlichkeit*« entwickeln können (Kaufmann 1995, 50 f.). Freilich macht die Neigung vieler getrennter Eltern, ihre Konflikte und Konkurrenzen auf dem Rücken der Kinder auszutragen, den Vorzug eines erweiterten Angebots an nahen Persönlichkeiten weitgehend zunichte.

Je genauer die Beobachtung ist, desto eher wird sie registrieren, dass ein Mann im Lauf seines Lebens nicht nur einen einzigen Typus von Vaterarbeit und Väterlichkeit und auch nicht nur einen einzigen Typus von Männlichkeit repräsentiert (Palkovitz 1997; Matzner 2004, 2006). Wie Simon Kepler und Rafael Santos-Gomez wechseln

Männer – wahrscheinlich nach den letzten Schüben an Enttraditionalisierung öfter als früher – sukzessive zwischen mehreren Typen der Vaterarbeit, und damit zusammenhängend, zwischen verschiedenen Codes der Männlichkeit. Einen seiner ersten Entwürfe, wie er als Mann künftig leben möchte, formuliert Simon Kepler in Auseinandersetzung mit der Kulturrevolution um 1968. Noch mit dreißig Jahren ist er nicht bereit, das hegemoniale gesellschaftliche Skript für erwachsene Männer: Ehemann oder Lebensgefährte einer Frau, Vater, Ernährer und Erzieher seiner Kinder zu sein, zu übernehmen. Simon übersetzt Diskurse der Neuen Linken in seinen Lebensentwurf. Sein Entwurf ist allerdings nicht ideologisch ›sortenrein‹, sondern ein Amalgam aus machistischer Männlichkeit, Sympathie für die Ziele der zweiten Frauenbewegung, einer autoritäts-skeptischen Einstellung zu Familie und Vaterschaft sowie der Absicht, familiäre Verpflichtungen, die ihn von seiner beruflichen Arbeit abhalten könnten, zu vermeiden. Ungefähr zehn Jahre lang behält dieser Lebensentwurf für ihn Gültigkeit. Als Simon Kepler aus den USA zurückkehrt, hat er bereits einen neuen Plan gefasst: Nach seinen akademischen Wanderjahren will er sich beruflich und häuslich niederlassen und sucht nach einer ›emanzipierten‹ Frau, mit der er Kinder haben kann. Fünfzehn Jahre später machen ihm der Tod seiner Mutter und seines älteren Bruders, auch manche Erkrankung und körperliches Leiden das eigene Altern stärker bewusst. Nun ist er der älteste Mann im binuklearen Familiensystem. Seine Virilität drückt sich eher in schützender Fürsorglichkeit und sozialer Verlässlichkeit als in neuen Eroberungswünschen aus.

Der Mythos von Vater, Mutter und (leiblichem) Kind unter einem gemeinsamen schützenden Dach hat seine Kraft auch in Folgefamilien noch nicht gänzlich verloren. Auch sie wollen von ihrer Umgebung als *normale* Familien wahrgenommen werden (Krähenbühl u.a. 1986). Selbst wenn wir hoffen, dass die Angst vor Stigmatisierung und Pathologisierung wie auch die reale Gefahr, einer solchen Stigmatisierung unterworfen zu werden, mit erhöhtem Wissen und Bewusstsein weiter abnehmen wird, bleibt die Sehnsucht, hohe – subjektiv oft zu hohe – Komplexität zu reduzieren. Der Mythos von der ›natürlichen‹ Familie verspricht die Einfachheit einer Essenz, eine kleine Welt ohne Widersprüche, eine glückliche Klarheit (Barthes 1964, 131 ff.). Dass nach schmerzvollen Trennungen und Scheidungen, Eifersucht, Rivalität und Streit dieser Mythos des Einfachen und Natürlichen fasziniert, kann nicht erstaunen, wohl aber, dass er selbst in einer überaus kompetent gestalteten Folgefamilie zitiert wird: In einigen Jahren, sagt Miriam, wenn ihre Töchter aus erster Ehe und Simons Söhne aus der Beziehung mit Gitta selbstständig sind, werde man wohl »eine ganz normale Familie« sein:

»Weil ich meine, diese erste Kindheitsphase, so wie wirs jetzt leben, wissen wir gar nicht, wie lange das jetzt noch so anhält, weil früher oder später mal werden die Mädchen ausziehen und dann, glaub ich, werden wir eine ganz normale Familie irgendwie werden.«[28]

Gegen den Mythos einer glücklichen Klarheit lautet das Resümee dieser ersten Fallanalyse jedoch: In Folgefamilien finden sich umso bessere Chancen auf ein zufriedenes Zusammenleben, je bewusster sich die Akteure der Eigenart ihrer Lebensform sind und je flexibler sie ihr Zusammenleben entgegen dem Mythos, dass zwischen Vater, Mutter und Kind immer schon alles auf *natürliche* Weise festgelegt wäre, zu *gestalten* vermögen.

V. Die Prominenten

Sie managt philharmonische Orchester und berühmte Sängerinnen und Sänger in aller Welt. Sie ist immer unterwegs zwischen Rom, Tokio, New York, London, Berlin, Zürich und Wien und hat viele Bekannte, nur eine dauerhafte intime Beziehung hat sie nicht. Um ihr 35. Lebensjahr beginnt sich Norma von Echtheim nach einem Ort zu sehnen, an dem sie sich zu Hause fühlen könnte. Auf einer Tournee trifft sie einen distinguierten Herrn, attraktiv, gebildet, wohlhabend, um die sechzig. Nach einer ersten Plauderei verliert sie ihn aus den Augen, doch wenige Tage später steht er in der Tür und beteuert, in sie verliebt zu sein. Norma erzählt ihm, dass sie sich einen Ehemann wünscht und ein Kind. Als ihr der Verehrer antwortet, dies sei unmöglich, denn er sei verheiratet und habe erwachsene Kinder, antwortet sie, dann solle er ihr doch bitte »einen passenden Mann aus seinem Freundeskreis vermitteln«. Der elegante Herr gibt nicht auf. Er kommt wieder und macht Norma verlockende Angebote: Eine Kunstgalerie würde er ihr einrichten und eine schöne Wohnung. Norma überlegt: Wäre dieser Mann nicht »so eine Art Strohhalm« für mich? Auch wenn ich mit ihm kein Kind haben werde, könnte ich doch ein angenehmes Leben mit ihm führen, bis ich einen Mann kennenlerne, mit dem ich auch ein Kind haben kann.

Das erste Jahrzehnt ihrer Berufskarriere hat Norma, wie sie sagt, als *Single* verbracht. Ihre intimen Begegnungen mit Männern waren kurze Affären, manchmal auch idealisierend und schwärmerisch, doch stets unverbindlich. An ein Familienleben mit Kindern war bei den vielen Reisen nicht zu denken. Nun trifft sie, gleichsam an einer Sollbruchstelle ihrer Karriere, auf einen deutlich älteren Mann, der sie verehrt. Er will diese schöne Frau *erobern*, er sucht das Abenteuer für Stunden oder Tage. Schnell erkennt er, dass Normas neue Pläne mit seiner Lebensführung nicht zu vereinbaren sind. Um an sein Ziel zu gelangen, verspricht er ihr das ersehnte Nest einzurichten. Ein Kind verspricht er ihr allerdings nicht, und auch nicht, dass er bleiben wird.

Der Fall ist in vieler Hinsicht ungewöhnlich. Jüngeren Männern und Frauen, die um einander werben und dabei längerfristige Pläne verfolgen, ist im Allgemeinen klar, dass der Aufbau eines gemeinsamen Lebens Zeit und Energie braucht, dass an ein Kind erst gedacht werden kann, wenn sich die Intimbeziehung bewährt, und dass die kleinen und großen Ikonen des Wohlstands nur Schritt für Schritt angeschafft werden können. Oft benötigen sie dazu die Unterstützung der Eltern, vor allem beim

Erwerb einer Wohnung oder beim Bau eines Einfamilienhauses, nach wie vor *on top* in den *charts* des privaten Glücks. Das aber ist nicht nur ein Wohnideal, sondern auch ein Familienideal: eine dauernde Liebe unter einem gemeinsamen Dach, mit Kindern, die diese Liebe bezeugen und stabilisieren. Das Einfamilienhaus ist die Architektur des Familienmythos. Norma aber fühlt sich schon zu alt, um diesen konventionellen Weg zu gehen, überdies erscheint er ihr ein wenig »kleinbürgerlich«. Sie will keine Zeit verlieren. Sie will alles mit einem Schlag: Haus und Kind und einen Mann, der alles ohne Probleme finanziert. Das lenkt ihre Aufmerksamkeit naturgemäß auf ältere, gut situierte Herren.

Was immer man über diesen Mann sagen oder vermuten kann, ein Familienleben hat er Norma nie in Aussicht gestellt. Die Jahre des Aufbaus einer ersten Familie und der Erziehung seiner Kinder liegen längst hinter ihm und er denkt nicht daran, diese Mühen noch einmal auf sich zu nehmen. Aufgrund seines Vermögens ist er in der Lage und auch bereit, so behauptet er wenigstens, Norma einige kostspielige Wünsche zu erfüllen. Angezogen durch seine Attraktivität, seine Versprechungen und seinen luxuriösen Lebensstil lässt sich Norma auf eine sexuelle Beziehung mit ihm ein. Doch von Anfang an steht die Beziehung im Zeichen kurzer Treffen und langer Abwesenheiten des Mannes. Norma ist vor allem damit beschäftigt, ihren Liebhaber vom Flughafen abzuholen oder ihn dorthin zu bringen und immer wieder Abschied zu nehmen, noch ehe sie wirklich gebunden ist. Wiederholt bemüht sich der Mann Norma klarzumachen, dass er für das von ihr ersehnte Familienleben nicht der Richtige ist. Er gibt sich sogar Mühe, ihre Bitte nach Vermittlung eines geeigneten Ehe-Kandidaten zu erfüllen:

»Wir haben uns zum letzten Mal gesehen am neunzehnten Dezember 1997 -- wo ich ihn noch zum *Flughafen* gebracht habe und wo=s irgendwie so war – nicht, dass man sich trennt, aber wo eben / ich kann nicht *das* für dich sein, was du eigentlich *brauchst*. -- Dann hatte er einer Freundin und mir versprochen, er wollte uns auch eine Reise nach Mauritius schenken, damit wir da jemanden kennen lernen sollen ...«[1]

Auf den ersten Blick scheint Normas Bitte, ihr einen passenden Ehemann zu vermitteln, verwunderlich. Die Sachlichkeit, mit der sie um die Vermittlung eines potenziellen Ehemannes und Kindesvaters verhandelt, irritiert jeden, dem die romantische Liebesrhetorik vertraut ist. Norma sucht einen passenden Mann für die Ehe, wie sie als Agentin geeignete Künstler sucht. Sie überträgt die Logik ihres Berufs in das private Leben. Solches finden wir zwar auch in anderen Branchen und Berufen; auch der Berufsalltag von Polizisten oder Lehrerinnen wirkt in deren Intim- und Familienleben hinein. Doch reicht dies nicht hin, um Normas sachliches Verhältnis zur Partnerwahl hinreichend zu erklären. Die Geschichte ihrer Herkunft wird uns weitere Aufschlüsse geben.

5.1 Eine großbürgerliche Herkunft

Normas Mutter ist die Tochter eines Bankdirektors in Stuttgart, der Hauptstadt des südwestdeutschen Bundeslandes Baden-Württemberg, und arbeitet ein Berufsleben lang erfolgreich als selbstständige Wirtschaftreuhänderin. Eine romantische Liebe während ihrer Studienzeit in den späten 1940er Jahren führt zu einer ersten Schwangerschaft. Die Eltern wünschen die Heirat. Sie legen hohen Wert auf Anstand und Ansehen. Doch der junge Ehemann – Normas Vater – ist wenig zielstrebig und verbummelt sein Studium der Musik. Auch im weiteren Leben trägt er deutlich weniger zum Wohlstand bei als seine Frau. Sie finanziert ihm das Studium und interveniert erfolgreich an den richtigen Stellen, um ihm am städtischen Konservatorium eine Anstellung als Musiklehrer zu verschaffen. Aus ihrem Erbe und ihren Einkünften lässt sie ein großes Haus an einem Seeufer bauen. Auch in den folgenden Jahrzehnten ihres Ehelebens hält die Frau die Zügel fest in der Hand. Sie bringt noch weitere drei Kinder zur Welt, bleibt aber immer berufstätig. Für ihre jüngste Tochter Norma wird sie das wichtigste Vorbild.

Die Begriffe »Mutter-Imago« und »Vater-Imago« entstammen der psychoanalytischen Begriffstradition (Lacan 1994, 41 ff.; Ley u. Bohrer 1992). Sie bezeichnen die unbewussten Vorstellungen von Mutter und Vater, die über die ganzheitliche (sinnlich-körperliche, affektive und kognitive) Wahrnehmung der Eltern, über deren Imitation, die Liebe zu ihnen und die Identifikation mit ihnen verinnerlicht werden und ein Leben lang mehr oder minder wirksam bleiben. In der soziologischen Theorie gilt, dass vor allem die eigenen *Tätigkeiten* den Habitus der Person nach und nach erzeugen (Bourdieu 1976, 1985, 1987). Doch scheint dies etwas zu kurz zu greifen, da die Tätigkeiten in tiefenpsychologischer Sicht auch durch Neigungen und Sehnsüchte, die Tendenz zur Wiederholung von angenehmen und zur Abwehr von unangenehmen Erfahrungen gesteuert werden. Einige dieser Neigungen und Sehnsüchte, und es scheinen nicht die schwächsten zu sein, werden durch die Mutter-Imago und die Vater-Imago stimuliert. Sie bringen eine gewisse Regelmäßigkeit im Wahrnehmen, Fühlen, Denken und Handeln – und also den Habitus der Person *mit* hervor.

Von Frau von Echtheim gehen vornehmlich die wirtschaftliche Kompetenz und die Dominanz im Ehe- und Familienleben in die unbewusste Mutter-Imago der Tochter ein. Die Mutter-Imago zählt zum Bereich jenes Imaginären, das die Erzählungen (das Symbolische) und das Reale (die Beziehungen, Verhältnisse und Ereignisse) durchdringt. In den Erzählungen finden wir folglich nur indirekte Hinweise darauf. Ein solcher ist, dass Norma im Zusammenhang mit ihrer Mutter wie auch mit ihrem eigenen Lebensentwurf auffällig oft die Metapher vom »großen Haus« der Mutter benutzt. Sie steht für das private ›Imperium‹, das die Mutter mit ihrem Geschäftssinn und ihrer Tüchtigkeit gegründet und bis zu ihrem Tod verwaltet hat. Es begründet die besondere Macht, die Frau von Echtheim über ihren Mann und ihre Kinder ausübt, zu ihren Lebzeiten und – wie wir sehen werden – auch noch nach ihrem Tod. An ihrem Vater lernt Norma hingegen, dass er zwar künstlerisch begabt ist, in praktischen Fragen des Lebens aber eher schwach und seiner Frau kaum eine Hilfe ist. In seiner Ehe und gegenüber den Kindern hat er daher relativ wenig Macht. Diese Eindrücke von Vater und Mutter könnten Normas Schwierigkeiten erklären, eine egalitäre Intimbeziehung mit einem Mann einzugehen, wie auch ihre Neigung, nach älteren, wohlhabenden, erfolgreichen und berühmten Herren zu suchen.

Normas Brüder werden homosexuell. Der eine lebt einige Jahre in Schwulen-Szenen in Kalifornien, erkrankt an AIDS und stirbt ungefähr zu jener Zeit, als Norma beschließt, den Job zu wechseln und ein ruhigeres Leben zu führen. Der zeitliche Zusammenhang ist nicht zufällig. Der Tod des Bruders macht Norma die Endlichkeit des Lebens bewusster und weckt ihre Besorgnis, dass »ihre Familie« aussterben könnte. So fasst sie mit fünfunddreißig Jahren doch noch den Plan, eine »eigene Familie« zu gründen. Normas jüngerer Bruder lebt seit vielen Jahren in Düsseldorf und ist Rechtsanwalt. Später wird er Normas kleinem Sohn, so gut er kann, den Vater ersetzen. Eine ältere Schwester ist kinderlos; ihr geschiedener Mann ist unfruchtbar. Die alt und krank gewordenen Eltern nehmen sich in ihrem großen Haus immer einsamer und verlorener aus. Für sie ist Norma die letzte Hoffnung, dass doch noch neues Leben einziehen könnte.

Trotz ihres hochmodernen Lebensstils und als beruflich erfolgreiche Single ist Norma auffällig eng an ihre Eltern und an ihre Geschwister gebunden. Das Haus der Eltern bleibt für Singles oft länger ein Refugium als für Kinder, die in einer Intimbeziehung leben oder auch selber Eltern sind. Singles kehren zu Festen und Feiertagen gern nach Hause zurück, um sich hier von ihrem umtriebigen Berufsleben zu erholen, sich ein wenig verwöhnen zu lassen und für kurze Zeit die Zugehörigkeit zu einer Familie zu erleben (Bachmann 1992; Soltau 1993; Schlemmer 1994; Hradil 1995). Doch betrachten wir Normas Bindung an das Elternhaus etwas genauer. Schon in ihrer Kindheit und Jugend wiederholt sie eine auffällige kulturelle Polarität ihrer Eltern: Wie der Vater studiert sie zuerst Musik. Eine Jugendliebe zu einem Musiker zerbricht an ihrer Entscheidung, nach dem Musikstudium ein zweites Studium anzufangen: Kulturmanagement und Ökonomie. Sie wechselt also von der künstlerischen Ausrichtung des Vaters, die in dieser Familie von jeher mit dem Odium des wirtschaftlichen Misserfolgs behaftet ist, zur wirtschaftlichen Kompetenz der Mutter. Nach dem Abschluss des zweiten Studiums beginnt sie eine Karriere als Konzertmanagerin, in der sie musik- und wirtschaftswissenschaftliches Wissen kombinieren kann. Trotz ihrer anstrengenden Arbeit kümmert sie sich um den inzwischen an AIDS erkrankten jüngeren Bruder und fliegt immer wieder nach Los Angeles, um seine Pflege zu organisieren. Schließlich verschafft sie auch der an einem Tumor erkrankten Mutter die Aufnahme in eine Spezialklinik. All das sind Indizien für eine starke und loyale Bindung der Frau an ihre Eltern und ihre Geschwister.

Damit ist nun aber auch schon eher zu verstehen, warum Norma in den zehn Jahren ihrer Karriere als Konzertmanagerin neben ihren beruflichen und privaten Verpflichtungen kaum Zeit und Energie erübrigen kann, um eine dauernde intime Beziehung mit einem Mann oder einer Frau aufzubauen. Vor diesem familien- und berufsbiographischen Hintergrund erscheint auch die Bitte an den älteren Verehrer, ihr doch einen geeigneten Ehe-Kandidaten zu vermitteln, wenn er selbst nicht als Ehemann und Vater in Frage komme, in neuem Licht. Offenbar will Norma das Verfahren der Partnerwahl abkürzen und die Zahl der Fehlversuche gering halten – ein Pragmatismus, der nicht nur dem Berufsmilieu der Kunst-Agentin entspricht (»vermittle mir …«), sondern auch jenem an der Mutter gewonnenen Frau-Modell, in dem die Kriterien der Zweckmäßigkeit und der Effizienz dominieren. Zudem fehlt es ihr, erst seit kurzem in Wien, noch an jenen privaten und beruflichen Netzwerken, in denen die Partnersuche sonst meist erfolgt. Norma fühlt sich einsam, vor allem nachts. Das macht sie auch empfänglich für die Werbung jenes älteren Herrn.

»Ich war die *unglücklichste* Person glaub ich -- und *er* war – wie der *Strohhalm.* Ich kannte bis dato noch kaum Leute oder fast keine Leute hier in Wien – und er hat eben viermal fünfmal angerufen jede Nacht. Stundenlang. Hat mir also immer erzählt er kann nicht / er kann ohne mich nicht mehr leben und und und -- dann hat er mir also erzählt er hat sich *sterilisieren* lassen – schon vor längerer Zeit – dann hat / hab ich ihm ein / ein / ausführlichen Brief geschrieben, dass ich halt unbedingt ein *Kind* von ihm haben möchte wenn diese Beziehung so weiter gehen sollte / oder eben er sollte mir andere Leute vorstellen – aber dass es halt so und so nicht weiterging ohne irgendwelche Konsequenzen -- ja und dann plötzlich war ich *schwanger* und *wusste* das aber gar nicht und er hat sich die ganze Zeit nicht mehr gemeldet …«[2]

Fast atemlos fällt die Erzählerin von einer Sequenz in die nächste. Wenn es mit ihm nicht ginge, dann eben mit einem anderen Mann. Man spürt förmlich, wie sehr sich Norma unter Handlungsdruck fühlt. Und so passiert etwas, was sie nicht geplant hat.

Auch deshalb ist die Reihenfolge der Geschehnisse in ihrer Erzählung nicht immer leicht nachzuvollziehen. Der Verehrer habe ihr zugesichert, schon vor vielen Jahren sterilisiert worden zu sein. Dennoch schreibt sie ihm einen »zehn Seiten langen Brief«, in dem sie ihm erklärt, ihn zu lieben und ein Kind von ihm zu wollen, es gebe ja wohl nichts Schöneres für einen Mann. Das nachgesetzte »bla bla bla« könnte allerdings darauf hindeuten, dass sie sich der Ehrlichkeit ihrer Aussage nicht sicher ist.

»Ich hab ihm einen *zehn* Seiten langen Sei / – zehn zehn Seiten langen Brief geschrieben wo ich ihm geschrieben habe -- dass ich ein *Kind* möchte. Und was was gibt es *Schöneres* als als dass eine Frau zu einem Mann sagt, dass sie ihn *liebt* und dass sie ein *Kind* von ihm haben möchte und bla bla bla, das hab ich ihm in in *zehn* Seiten hab ich ihm das *schönstens geschrieben*.«[3]

Jedenfalls könne es »ohne Konsequenzen« nicht weitergehen. Wenn eine Elternschaft unmöglich sei, werde sie die Intimbeziehung beenden. Wieder zeigt sich der Habitus einer Frau, die gewohnt ist, aus ihrer Analyse der Lage rasch Konsequenzen zu ziehen, was freilich nicht heißt, dass die Schlüsse immer richtig sind, schon gar nicht in Bezug auf intime Beziehungen, wo es Norma an Erfahrungen fehlt. Die Möglichkeit, ein Kind zu bekommen, ist ihre primäre Idee. Offenbar ist sie ihr deutlich wichtiger als eine gelingende Intimbeziehung zu einem Mann. Auch das weist auf die enge Verknüpfung ihres Handelns mit ihrer Herkunftsfamilie hin, der ein ›Stammhalter‹ fehlt. Deshalb und weil sie diesen Verehrer aufgrund seiner Aussage für unfruchtbar hält, hat sie keinen Grund zu verhüten. So wird sie schwanger.

Das ist allerdings nur eine Möglichkeit, den Vorgang zu denken. Eine andere Lesart ist, dass Norma von Echtheim die Hoffnung hat, der Verehrer würde, wenn sie einmal schwanger ist, seine ablehnende Haltung aufgeben oder wenigstens mit seinem vielen Geld für sein eigenes Kind sorgen. Dass sie dann auch in diesem Punkt enttäuscht wird, lässt sie wütend zurück und mobilisiert beträchtliche Energien, den Mann zu ›stellen‹ und zur Rechenschaft zu ziehen. Norma könnte aber auch, und das ist schon die dritte Denkmöglichkeit, Zweifel daran haben, überhaupt schwanger werden zu können, hatte doch auch ihre ältere Schwester damit Probleme. Kinder zu bekommen zählt unter ihren Geschwistern nicht zu den Selbstverständlichkeiten. Dann stünde hinter ihrer Anrede, ich will mit dir ein Kind, ein banges Fragezeichen: Kann ich aber auch schwanger werden?

Mit der dezidierten Ankündigung Normas, sie werde nicht verhüten, sieht sich der Liebhaber vor die Alternative gestellt, seinerseits eine Verhütungsmaßnahme zu ergreifen oder eine Schwangerschaft zu riskieren. Er entscheidet sich für letzteres, gibt aber vor, es bestehe ohnehin kein Risiko, denn er sei nach der Sterilisation nicht mehr zeugungsfähig. Der Mann sagt die Unwahrheit, was unvernünftig erscheint, denn es kommt durch die Schwangerschaft an den Tag. Es könnte aber auch sein, dass er hofft, mit der unzutreffenden Behauptung, er sei sterilisiert, leichter zu seinem sexuellen und erotischen Abenteuer zu kommen – dies wäre freilich ein Fall von moralisch höchst fragwürdiger Intransparenz am Beginn einer intimen Beziehung. Vielleicht hält er es auch für unwahrscheinlich, dass Norma rasch von ihm schwanger werden könnte. Mit der Behauptung, sterilisiert zu sein, könnte er sich aus dem Spiel um eine künftige Familiengründung nehmen wollen. Dazu würde passen, dass er Norma verspricht, andere Ehekandidaten zu vermitteln. Denkbar ist schließlich auch ein riskantes Spiel aus dem Vertrauen in seine Fähigkeit, sich mittels hoher Mobilität und Weltgewandtheit jeder Zwangslage entziehen zu können. Welche dieser Hypothesen auch zutreffen mag, in dieser intimen Beziehung steckt jedenfalls einige Koketterie. Geflunkert wird hier, wie so oft, auf beiden Seiten. Einerseits geht es für den Mann um die sexuelle Verführung der Frau. Zu diesem Zweck setzt er seine spezifischen Ressourcen ein: die Rhetorik der romantischen Liebe, die Eleganz seiner körperlichen Erscheinung und das Versprechen seiner materiellen Leistungen. Andererseits spielt auch Norma ein rhetorisches Spiel, wenn sie von Liebe zu diesem Mann und von einem Kind ihrer Liebe spricht. Es ist sehr wahrscheinlich, dass sie weit mehr am Status und Geld dieses Mannes interessiert ist, als dass sie ihn liebt. Dies mag auch erklären, warum sie eben dieses materielle Interesse so leidenschaftlich weiterverfolgt, als der Mann längst verschwunden ist.

5.2 Spiel und Gegenspiel

Nicht nur bei derart hoher Intransparenz löst das Spiel des Einen das Gegenspiel des Anderen aus. Wie Spiel und Gegenspiel in diesem Feld funktionieren, kann mit der Metapher des Pokerspiels erläutert werden: Beide Spieler versuchen, den Anderen davon zu überzeugen, die besten Karten zu haben, ohne sich in die eigenen Karten schauen zu lassen. Der Spieler fürchtet, dem idealisierten Anderen vielleicht nicht ganz ebenbürtig zu sein, weil er ihn ja *über*-schätzt, und eben deshalb bemüht er sich emsig, sich selber im allerbesten Licht darzustellen und damit den Anderen zur *Über*-Schätzung zu verleiten. Geht der Partner darauf ein, nimmt das Spiel der wechselseitigen Über-Schätzung und Idealisierung seinen Lauf. Doch ist auch nicht zu übersehen, dass die Frau in diesem Spiel das weitaus höhere soziale Risiko trägt: Ihr Leben wird durch die Schwangerschaft und das Kind nachhaltig verändert werden. Am Leben des Mannes hingegen wird sich zumindest in diesem Fall beinahe nichts ändern.

Als Norma in ihrem neuen Job nicht respektvoll behandelt wird, gerät sie in eine Krise. In dem Moment, als sie ihr Unglück zutiefst empfindet, glaubt sie, den Mann, der ihr zunächst doch nur ein »rettender Strohhalm« sein sollte, endlich fest an sich binden zu müssen. Doch spätestens damit stehen für den Mann die Zeichen auf Flucht. Er reist ab und lässt sich fortan verleugnen. Als Norma erfährt, dass sie von ihm schwanger ist, benötigt sie Wochen, um ihn davon in Kenntnis zu setzen.

»... ja und dann plötzlich war ich *schwanger* und wusste das aber gar nicht / und er hat sich die ganze Zeit nicht mehr gemeldet und das wars /-- Also er hat das dann über ne Freundin von mir erfahren, hat sich dann darüber aufgeregt, warum ich es *der* gesagt habe und nicht *ihm* gleich. Aber ich hatte ja nicht seine Adresse. Er wohnte immer in einem Fünf-Sterne-Hotel in *Zürich* -- da konnte man halt immer die Nachricht hinterlassen, er möchte *zurück*rufen.«[4]

Als ihre Regel längst überfällig ist, konsultiert sie einen befreundeten Gynäkologen, der ihre Schwangerschaft feststellt, den Geburtstermin ausrechnet und dazu rät, das Kind zur Welt zu bringen. Norma verlässt sich gern auf den Rat berühmter Männer, hier auf den Rat eines stadtbekannten Gynäkologen, der sich auskennt mit den Kriterien der Partnerwahl in diesem sozial-kulturellen Milieu, wird er doch vornehmlich von den Frauen der Reichen und Prominenten konsultiert. In seiner Ordination laufen viele Gespräche, in denen es neben Schwangerschaft und Kinderwunsch immer auch um das spezifische Verhältnis von Frauen und Männern in diesem Milieu geht. Sinngemäß argumentiert er: Ein junger Mann komme für Norma doch offensichtlich nicht in Frage. In ihrem Alter sei es relativ unwahrscheinlich, später doch noch einen passenden Mann zu finden, denn die reichen und berühmten Männer neigen bekanntlich dazu, sich beim zweiten oder dritten Mal mit deutlich jüngeren Frauen zu verbinden. Dieser ältere Herr passe doch jedenfalls, was das Geld und das Ansehen betrifft, gut zu ihr. Wenn er jetzt kein Kind wolle, dann könne sich das ja noch ändern. Später sei es vielleicht zu spät, noch schwanger zu werden. Dann würde es Norma bereuen, dieses Kind abgetrieben zu haben.

Selbst in diesem glitzernden Milieu ist an dem älteren Verehrer Normas nichts normal. Genau das scheint Norma so anziehend zu finden. Erst heute, fünf Jahre später und nachdem er für sie nicht mehr erreichbar ist, gibt sie eine Darstellung der Ereignisse und der Person, die aus dem Verdacht, er könnte nicht nur sie, sondern alle Welt betrogen haben, eine mysteriöse Kriminalaffäre macht:

»Da bin ich mal in *Zürich* gewesen, hab ehemalige Freunde von ihm getroffen, die mir dann *merkwürdige* Geschichten von ihm erzählt haben -- und dann bin ich weitergefahren nach Zürich und hab ihn *zufällig* in Zürich getroffen. *Zufällig*, also er wusste nicht dass ich kam – und ich wusste ja auch nicht, dass ich ihn sehn würde -- und ... -- und da hat er sich dann so verhalten – dass er *plötzlich gehen* wollte – Und dann hab ich gesagt, ne ne ich hätte noch ein paar Sachen mit ihm zu besprechen. // ((er sagte)) dass ich jetzt unbedingt dieses Kind *abtreiben* müsse -- das ginge halt nicht, weil er könnte dafür *niemals* die – die Vaterschaft übernehmen auch niemals die *Verantwortung*, und er würde sich auch nicht verantwortlich fühlen für / dann hat er versucht, mich also übelst unter *Druck* zu setzen / dieses Kind -- er hat sich da / auf gar keine / auf gar keine Diskussionen eingelassen – und dann hat er mich nachher noch zum Bahnhof gebracht und meinte dann – ja er würde mich irgendwann mal in seine innersten Gedanken *hineinfühlen* lassen und er würde mich irgendwann anrufen und mir das mitteilen. Das passierte dann schon eine Woche später / hat er mich angerufen ja – ich sollte also nach Zürich kommen ... Und die Gedanken waren dann -- er war am Flughafen *eiskalt* / dann fing er an, ich soll also kurz/oder um das Kind zur Welt bringen --- ich sollte dieses Kind jetzt unbedingt zur Welt bringen – sollte es aber nicht -- ähm -- nach der Geburt sehen -- sondern er hätte sehr vermögende Freunde / er ist sechsundsechzig und sie vierundvierzig und beide wollten *unbedingt* ein Kind haben -- aber die wollten gerne ein Kind haben aus Verhältnissen, wo sie wissen, wo das Kind *herstammt* -- und ich habe gesagt, na ja dann können sie doch irgendwie / weil er hat sich immer damit ge/gepriesen – dass er irgendein Kinderdorf in Süd/Südamerika unterhält – und ich sag na dann können sie doch ein Kind aus Südamerika nehmen -- nein nein, die wollten eben wissen, aus welchem *Stall* das is. Und seine Idee war, ich soll das Kind kriegen. Ich soll=s nach der Geburt nicht sehn – er würde es sofort adoptieren und würde es dann zu der Familie bringen ------ da war ich aber schon mittlerweile im fünften oder sechsten Monat. Und dann äh -- ja bin ich halt schon ziemlich *fertig* gewesen, wusste auch gar nicht, was ich sagen sollte – bin *zurückgeflogen* nach / nach Wien – und hab mich ins *Auto* gesetzt und hab einen solchen *Heulkrampf* gekriegt wie noch *nie* in meinem Leben. Ich hab glaub ich vier fünf Stunden nur abends in diesem Auto geheult -- und hab mir danach geschworen, das passiert mir *nie nie* wieder, dass der mich nochmal so *fertig* machen kann ---- also irgendwie pack ichs *alleine* oder *gar* nicht – aber irgendwie wirds ne *Lösung* geben / und dass ich jedenfalls von ihm nicht *abhängig* bin.«[5]

Die Phantasie des Mannes, das Kind zu adoptieren und es anschließend an reiche Bekannte weiterzugeben, entbehrt jeder sozialen Logik. Versetzen wir uns kurz und ohne auf eine Erzählung des Mannes zurückgreifen zu können, in dessen Position: Ein Kind wollte er nicht. Mit der Aussage, er sei sterilisiert, hat er die Spiellust der Frau provoziert. Nun, da er gegen seinen Willen leiblicher Vater eines (noch ungeborenen) Kindes werden soll, sucht er nach einer Lösung, die ihm soziokulturell und mental entspricht. Selbst den gewissenlosen Deserteur rührt offenbar die Idee, das von ihm gezeugte Leben sei auf irgendeine Weise Teil seines eigenen Lebens. Deshalb soll sich wenigstens der Lebensstil des Vaters im künftigen Leben des Kindes spiegeln. Und so imaginiert er Zieh- oder Adoptiveltern für das Kind, die »sehr reich« sind und sich ein Kind aus »gutem Hause« wünschen. Dass er Norma zu dieser merkwürdigen Verhandlung ausgerechnet auf dem Flughafen trifft, erscheint durchaus stimmig: Er ist ja *immer* unterwegs, eben deshalb kommen die Anerkennung der Vaterschaft und Vaterarbeit für ihn gar nicht in Frage. Die Abflughalle wird zu einer Orts-Metapher, die seine ›Flüchtigkeit‹ wie ein Bühnenbild unterstützt. Aber auch Norma akzeptiert den Vorschlag, das Gespräch über die Zukunft ihres ungeborenen Kindes am Flughafen zu führen, ohne Widerstand. Die ins Spiel gebrachten Orte – Lugano, das Cipriani in Venedig, der Flughafen Kloten bei Zürich, die Insel Mauritius – sind Lande- und Startplätze der interurbanen Professionals, Nicht-Orte und Zwischen-Räume (Augé 1994). Im Gegensatz zu den meisten Reisenden aber kommen Norma und ihr unbekannter Bekannter auch nach längeren Reisen nirgendwo an. Sie treffen sich immer wieder nur an diesen Nicht-Orten, wo Geborgenheit nicht zu gewinnen ist. Selbst Normas lösendes, kathartisches Weinen findet nicht in einem bergenden Zuhause, sondern nach ihrer Ankunft am Flughafen Wien-Schwechat auf einem riesigen Parkplatz statt. Wir sehen förmlich ihr verweintes Gesicht hinter der schmutzigen Windschutzscheibe. Nach einigen Stunden heftiger Erschütterung beschließt sie, das Kind auf die Welt zu bringen und allein aufzuziehen.

Wie wohl jede Frau in dieser Lage benötigt sie viel Kraft, um gegen das Familienbild der okzidentalen Moderne zu verstoßen. Die Probleme des Alltags sind zumindest vage vorherzusehen und überdies wird sie damit auch ihre Mutter enttäuschen. Wie es der Mythos verspricht, soll das Kind der geradezu magische Anziehungspunkt in der Familie sein. Ein Kind und seine glücklichen jungen Eltern sollen das Haus der alten Mutter noch einmal mit Leben füllen. Doch nun ist Norma in ihrer Glitzerwelt auf einen Mann hereingefallen, der ein anderes Spiel spielt, ob wir ihm nun unterstellen, ein Hochstapler und Schwindler, ein Neurotiker, ein Borderliner oder bloß ein schlitzohriger Bonvivant zu sein, der seinen aufwendigen Lebenswandel aus einem reichen Erbe finanziert. Normas Erzählungen über den Vater des Kindes regen psychotherapeutisch und psychiatrisch erfahrene Interpreten zu einigen Vermutungen an: Es könnte sich um eine narzisstische Störung, vielleicht aber auch um eine *Borderline*-Störung handeln, bei der an der Grenze zwischen Neurose und Psychose ein Bewusstsein der Störung nicht vorhanden ist (Kernberg 1985). Dafür sprechen die auffälligen Orts- und Personenwechsel des Mannes, seine Strategie, immer wieder unauffindbar zu sein und nicht zuletzt die höchst merkwürdige Phantasie, sein Kind an ein Millionärspaar in Südamerika zu verschenken. So wie ein Kind seine ihm unzulänglich erscheinende Familie in seiner Phantasie ›korrigiert‹, phantasiert dieser Mann die perfekte Familie und das perfekte Glück für sein eigenes Kind. Was jedoch beim Kind Ausdruck seiner entwicklungsdynamisch bedingten »Phantasietätigkeit« (Freud) ist, wird hier zu einer auffälligen Symptomatik eines Erwachsenen. Offenbar verschwimmen die Grenzen zwischen Phantasie, Schwindel und Realität, wofür auf der anderen Seite Norma empfänglich scheint. Aus ihrem ebenfalls auf ihre Kindheit zurückweisenden Wunsch nach dem Supermann und Supervater, der all ihre Wünsche mit einem Schlag erfüllen wird, ist sie für einen solchen Persönlichkeitstypus empfänglicher als andere Frauen. Das Spiel dieses »Mannes von Welt« erzeugt eine markante Leerstelle im sozialen System. Ein Familienleben wird es mit ihm nicht geben.

5.3 Delegationen

Etwa zu der Zeit, als Norma von ihrer Schwangerschaft erfährt, diagnostiziert man ihrer Mutter in einer Stuttgarter Klinik eine Tumor-Erkrankung. Die ältere Schwester bringt die schon fast blinde Mutter nach Wien, um Normas neue Lage in einem Krisenrat der drei Frauen zu besprechen:

»Dann kam die Schwester mit meiner Mutter im Zug und da hat sie=s leider meiner Mutter schon im Zug gesagt. Meine Mutter war damals fast blind – und das war ein unheimlicher *Schock* für sie, weil es ist natürlich so ne sehr -- traditionelle Familie aus der sie kommt und da war sie so -- / und da hat sie sich lang hingesetzt und hat gesagt na völlich völlig weg [imitiert nun in Tonfall und Gestik die Mutter]: Ja Kind, du musst es jetzt ja wissen. Eigentlich wärest du jetzt so weit, dass du im / dass du in / in / in so nen Sozialbau musst – dass du halt Sozialhilfe kriegst [hier beendet Norma das imitierende Sprechen[6] und wechselt zurück in den sachlichen Bericht] und so weiter und so weiter, dass ich also sozial irrsinnige Abstriche mache -- dann hat sie gesagt [wieder imitierend] Na ja so weit muss es ja nich kommen. Natürlich werden wir dich unterstützen. ---- [kommentierend und berichtend] Und das war natürlich sehr nett von ihr. Dann hat mich damals auch mein Vater sehr unterstützt -- dann hatte er gesagt: [imitierend:] Gut ich zahl dir halt monatlich n gewissen Betrag -- damit du dir alles kaufen kannst, damit das alles ganz / ganz normal funktioniert und mach dir keine Sorgen und natürlich unterstützen wir dich. [berichtend:] Dann sind meine Eltern aber binnen von sechs Wochen kurz danach schon gestorben. Das ging also wirklich – wie die Feuerwehr --- und es is ein gewisses Erbe natürlich da -- nur dieses Erbe lasse ich unangetastet weil ich denke, ich verdiene zur Zeit so wenig hier -- ich kann es mir nicht erlauben, das auszuplempern, weil ich muss irgendwie es natürlich für meine für / für mein Alter haben und für den Kleinen natürlich und so bleibt das *unangetastet*. Ich tu so, als wär das gar nicht *da* -- und wurschtel mich einfach *alleine* durch.«[7]

Die alte Frau von Echtheim, ein Leben lang geschäftstüchtig gewesen, spricht in drastischen Tönen vom ökonomischen Niedergang der Tochter, der uns allerdings keineswegs besiegelt scheint. Die fehlende Unterstützung durch den Vater des Kindes bedeutet zwar einen erheblichen Einkommensverlust in der Zeit vor und nach der Geburt, doch noch kein Absinken zum ›Sozialfall‹. Das weiß auch die alte Geschäftsfrau. Mit ihrer Übertreibung drückt sie eher ihre *moralische* Entrüstung als ihre ökonomische Sorge aus. Sicher aber ist das Maß, das sie anlegt, ihr eigenes Maß. Seit Beginn ihrer Ehe ist sie die ›Matriarchin‹ gewesen, die das Vermögen erwarb und anlegte, die das große Haus im großen Park am See errichten ließ, ihrem Mann auf die Sprünge half, und so fort. Damit verfügt sie über materielles, soziales und kulturelles Kapital, das sie ermächtigt, in diesem ›matriarchischen‹ Ton mit ihrer erwachsenen Tochter zu sprechen. Noch als fast erblindete, todkranke Frau setzt sie ihre Worte auf eine Weise, die ihren Herrschaftsanspruch zum Ausdruck bringt: »du wärst also so weit«, Sozialhilfe und eine Wohnung in einem »Sozialbau« in Anspruch nehmen zu müssen, aber: »So weit soll es nicht kommen.« Es liegt in der Macht und Fähigkeit der Mutter, den sozialen Abstieg der Tochter zu verhindern. Der Vater, der zu diesem Familienrat gar nicht nach Wien gekommen ist, wird das definitive Wort seiner Ehefrau später nur noch anerkennen können: »Natürlich werden wir Dich unterstützen.« Im entscheidenden Augenblick aber ist er wieder einmal nicht da.

In psychoanalytischer Sicht ist die mangelnde Präsenz des Vaters nicht nur eine faktische Abwesenheit in derartigen krisenhaften Situationen. Sie erzeugt auch eine allgemeine Sehnsucht nach dem Vater, die wir bei Norma in der Auffälligkeit ihrer Partnerwahl entdeckt zu haben meinen. Dabei geht es um die unbewusste *Vorstellung* vom Vater, in der psychoanalytischen Fachsprache um die ‹Vater-Imago›. Jacques Lacan schrieb dazu:

»Aber eine Großzahl psychologischer Effekte scheint uns von einem sozialen Verfall der Vaterimago herzurühren … Welche Zukunft er auch haben mag, dieser Verfall bildet eine psychologische Krise. Vielleicht muss man die Heraufkunft der Psychoanalyse selber auf diese Krise zurückführen … Wie dem auch sei, die Ende des letzten Jahrhunderts vorherrschenden Neurosenformen haben bewiesen, dass sie von den Bedingungen der Familie aufs engste abhingen. Seit der Zeit der ersten freudschen

Devinationen scheinen sich diese Neurosen in Richtung auf einen Charakterkomplex entwickelt zu haben, in dem man, was sowohl die Spezifität seiner Form wie auch seine Generalisierung betrifft … die große zeitgenössische Neurose erkennen kann. Unsere Erfahrung heißt uns, seine Hauptbestimmung in die Person des Vaters zu setzen, die stets irgendwie *mangelnd, abwesend, erniedrigt, gespalten oder unecht* ist.« (Lacan 1994, 77)

Das Gespräch zwischen Mutter und Tochter ist in einem nüchtern-geschäftlichen Ton gehalten, in dem bürgerliche Patriarchen und zuweilen eben auch bürgerliche ›Matriarchinnen‹ Angelegenheiten der Familie wie des Unternehmens verhandeln. Unausgesprochen bleibt, dass sich die Tochter, nimmt sie die zugesagte Hilfe an, dem mütterlichen Regime fügen muss. Doch die Mutter stirbt sechs Monate nach diesem Treffen, der Vater folgt ihr nach weiteren sechs Wochen. Für die Tochter bleibt somit nur der Ausweg, so rasch wie möglich in die Fußstapfen der Mutter zu treten und Mutter *und* Geschäftsfrau zu sein, ohne den gewünschten finanzkräftigen Mann und Kindesvater an ihrer Seite.

Mit dem Ableben beider Eltern (wenige Jahre vorher ist der an AIDS erkrankte Bruder Normas gestorben) wird die Frage des *Familienerbes* im materiellen wie im ideellen Sinn virulent. Für alle lebenden Geschwister scheint die Selbstdeutung zu gelten, der *Rest* der Herkunftsfamilie, eine Restfamilie zu sein. Diese Deutung wird dadurch begünstigt, dass Normas Geschwister nicht verheiratet sind und keine Kinder haben, sich als ›Familie‹ im Sinn des Mythos daher nur auf das Mutterhaus beziehen können. Das fördert zum einen ihren Zusammenhalt, zwingt sie aber zum anderen auch unter den *letzten Willen* der Eltern. Er regelt (teils durch das schriftliche Testament, teils mündlich verfügt) den Umgang mit dem Familieneigentum und dessen Aufteilung, aber auch das Verhältnis der Geschwister zueinander. Norma hat ihrer Mutter am Sterbebett versprechen müssen, wegen des Familienvermögens niemals mit ihren Geschwistern zu streiten, und dieses Versprechen bezieht sich vor allem auf das Mutterhaus. Es verlangt den Kindern ab, ihre Besitzanteile am Haus gemeinsam zu verwalten, den ökonomischen Wert unangetastet zu lassen und ihn auch nicht zu benutzen, um auftretende finanzielle Sorgen zu lindern.

»Wir haben also eigentlich ein sehr großes *Elternhaus* geerbt – mit einem *riesengroßen* Garten – achttausend Quadratmetern – wo wir also immer uns zu Weihnachten und zu Ostern alle treffen – also der *Rest der Familie*, der noch übrig geblieben ist, sprich meine drei / also meine zwei Geschwister und ich und der Kleine -- was immer sehr *schön* ist. Aber wir haben eine Haushälterin und wir stecken wirklich fast jeden Monat dreitausend Mark in das Haus --- zur Erhaltung und für den Garten …

Also dieses Haus hat halt damals meine Mutter gebaut -- mit dem riesigen Garten, weil sie wollte immer eine alleinstehende Frau sein -- oder ein alleinstehendes Mädchen – ne – *sie* hat dieses *Riesenhaus* gebaut. Und plötzlich lernte sie meinen Vater kennen, hat sich *furchtbar* verliebt – hat ihn geheiratet und plötzlich zack zack kamen die vier Kinderchen. Mein Vater studierte immer noch und sie hat also alle vier Kinder durchgebracht -- plus Haus plus eigenen Beruf gehabt. Also die hat irrsinnig gearbeitet – und hat alles wirklich wunderbar hingekriegt -- wirklich ein Phänomen. -- Da gab es aber noch das Elternhaus meines Vaters, das ist damals *abgebrannt*, das war ein sehr schönes altes Fachwerkhaus, und das ist dann so schnell wieder aufgebaut/und da ist halt heut die Commerzbank drin -- die zahlt sehr gute Miete – und das was / – jetzt ist mein Vater ja gestorben und jetzt haben wir Anteile an diesem Haus – mei / meine beiden Geschwister und ich -- und es gibt noch eine Schwester meines Vaters, die hat sechzig Prozent -- und wir haben vierzig Prozent geerbt. -- Und das Geld, das wir jetzt von dieser Commerzbank kriegen, das stecken wir gleich in das Elternhaus rein.«[8]

Die Frage, ob eine Frau Mutter werden und heiraten soll, oder ob sie »wie ein Mann« nur für ihre Geschäfte leben soll, ist also für die Tochter eines Bankdirektors schon in den 1950er Jahren ein Thema. Sie baut ein großes Haus in einem sehr großen Garten, ist jedoch noch ledig und hat gar keine Absicht zu heiraten und Kinder zu kriegen. Erst als das Haus schon errichtet ist, verliebt sie sich »furchtbar« in einen Mann, mit dem sie in rascher Folge vier Kinder bekommt. Der junge Mann kann sein Studium noch länger nicht abschließen und bietet der Frau daher kaum Schutz und Sicherheit, wie es in diesem adelig-bürgerlichen Milieu sonst üblich ist. So steckt in dem von Norma gewählten Adjektiv »furchtbar« wohl auch ein Hinweis auf die romantische Unvernunft einer reinen Liebeswahl, die ökonomisch nicht passt. Frau von Echtheim wächst nicht nur aus eigenem Antrieb, sondern auch unter dem Druck der wirtschaftlichen Unfähigkeit ihres Ehemannes im Beruf und im Familienleben in die Rolle der ›Matriarchin‹ hinein. Eine autoritative Führung des Hauses durch den Patriarchen oder die Matriarchin ist kein genetischer Niederschlag der Natur, sondern variabler Ausdruck eines sozial-kulturellen und ökonomischen Systems. Das zu vererbende Haus ist (wie wir auch beim norddeutschen Elternhaus des Valentin Jakob Schütz[9] sehen werden) nicht nur ein Gebäude, sondern auch eine Metapher für bürgerlichen Lebensstil und das hohe Ansehen der Familie in der lokalen Gesellschaft. In diesem Fall ist es allein durch die Mutter geschaffen worden. Eine Generation später bindet das *Mutterhaus* die Geschwister noch immer aneinander und verpflichtet sie als »Rest der Familie« dazu, nicht darum zu streiten. Über diese Delegation übt die Mutter noch nach ihrem Tod beträchtliche Macht über die Kinder aus. Der Aufwand, das Haus zu erhalten und die Haushälterin zu bezahlen, kann nur getrieben werden, weil ein ehemals abgebranntes (sic!) Vaterhaus wieder aufgebaut wurde und nun von einer Bank gepachtet wird. Erst nach dem Tod beider Ehegatten findet also eine Rückzahlung des Vaters an die Mutter, gleichsam ein später Ausgleich der Schuld-Konten, statt. Erst das Erbe des Vaters entschädigt die Hinterbliebenen für seine fehlenden wirtschaftlichen Leistungen zu seinen Lebzeiten. Norma zieht daraus einen Schluss für den Umgang mit dem desertierten Vater ihres Kindes: Auch für ihn könnte der Zahltag noch kommen.

Dass der älteste Bruder, der Rechtsanwalt, »nie heiraten« und »auch nie Kinder haben« wird und dennoch am Erhalt des Mutterhauses als Treffpunkt der Familie überaus interessiert ist, deuten wir so: Er fühlt sich als Nachfolger seiner Eltern und als Traditionsträger. Als ältester Sohn kommt ihm die Rolle eines ›Stammhalters‹ zu. Er erfüllt sie zwar nicht in bio-sozialer, doch in sozial-kultureller Weise. In dieser Familie, die auch in der Elterngeneration keinen männlichen Patriarchen hatte, repräsentiert er – paradox formuliert – die alleinstehende Frau, die einen Mann (im sozial-ökonomischen und kulturellen Sinn) ersetzt und, wie schon die Mutter, keine Ehe und keine Familie gründen möchte. Bei der Erhaltung seines Elternhauses müssen ihn seine Geschwister finanziell unterstützen, obwohl sie vielleicht andere wirtschaftliche Prioritäten setzen würden, hätten sie freie Hand. Doch sie haben es der Mutter versprochen. Mit dem Zusammenkommen im großen Haus füllen sie nun eine Lücke im Leben des großen Bruders. Norma hat ein Kind, aber keinen Mann. Genau deshalb passt sie mit ihrem Sohn in die teils virtuelle, teils sozial praktizierte Restfamilie der Geschwister, der nun der ältere Bruder auch als schwuler Mann vorstehen kann: Obwohl homosexuell, erfüllt er seine soziale Rolle als Familienvater. Es ist deutlich zu sehen, dass Norma ihrem älteren Bruder eine stellvertretende Vaterschaft in Bezug auf ihren Sohn zuerkennt. In Übereinstimmung mit ihm organisiert sie ihr Leben so, dass der Sohn seinen Onkel zumindest einmal im Monat sehen kann und mehrmals die Woche mit ihm telefoniert. Die von den Geschwistern – auch auf Wunsch der verstorbenen Mutter – vorgenommene soziale Konstruktion der Restfamilie verschafft dem Kind einen psychosozialen Vater. Für Norma ist diese Konstruktion auch deshalb funktional, weil sie derzeit für einen neuen Intimpartner gar keinen Platz, keine Zeit und keine Energie übrig hätte. Dass sie mit ihrem Kind auch Sehnsüchte ihrer Geschwister erfüllt, ist ihr hingegen nur zum Teil bewusst. Der kinderlosen Schwester erfüllt sie den Wunsch, wenigstens die liebevolle Tante zu sein. Mit dem ersten männlichen Nachkommen in der ›Restfamilie‹ hat sie ›Nachwuchs‹ für den verstorbenen Bruder geschaffen. Die Restfamilie kommt zu allen Familienfesten wie auch zu Ostern und zu Weihnachten im Elternhaus zusammen. Ohne ein Kind sind diese Anlässe nur halb so schön zu feiern. Die geschiedene Schwester, der

Bruder und Norma haben nun gewissermaßen gemeinsam einen Sohn. Ihre Familienfeste zu feiern heißt immer auch, ihrer eigenen Kindheit zu gedenken. Zu diesem Zweck wird die Haushälterin finanziert, denn das Haus muss, so wollte es die verstorbene Mutter, in Schuss gehalten werden. Die Haushälterin erwirbt für Norma teure Kinderkleidung in guten Second-Hand-Shops. Auch in dieser Hinsicht vertritt sie die verstorbene Großmutter. Der Bruder bemüht sich als Anwalt darum, den leiblichen Vater ausfindig zu machen und die Alimentation des Kindes gerichtlich zu erzwingen. Als Oberhaupt der Familie verteidigt er ihr Recht mit den ihm zu Gebote stehenden juristischen Mitteln.

So sehr sich Norma »eine eigene Familie« gewünscht hat oder noch immer wünscht, könnte es sein, dass die Mutter-Sohn-Dyade mit der permanent diskutierten Leerstelle des leiblichen Vaters, eingebettet in den Rahmen des Mutterhauses, ihren Fähigkeiten und Möglichkeiten eher entspricht. Wäre es Norma gelungen, eine ›vollständige‹ eigene Familie einzurichten, hätte sie das von ihren Geschwistern und von ihrem Mutterhaus eher entfernt.

Nach soziologischer Terminologie bilden Norma und ihr Sohn eine »Mutter-Kind-Familie« und Norma ist eine »alleinstehende« oder »alleinerziehende Mutter«. Doch diese Terminologie stimmt hier – wie so oft – gar nicht. Dass Norma keine »Alleinerzieherin« im Wortsinn ist, geht schon daraus hervor, dass das Kind seinen Onkel (den Mutterbruder) als Ersatzvater erlebt und wahrnimmt. Mutter und Kind sind aber auch Teil eines sozialen Systems, das alle Geschwister der Frau und am Rande auch die Haushälterin im Mutterhaus umfasst. Diese Teilnahme ist nicht auf die Zeit der Anwesenheiten im Mutterhaus beschränkt. Sie erstreckt sich auch auf alle Telefonate, auf die anteiligen materiellen Kosten, die für das Mutterhaus und die Haushälterin permanent aufgewandt werden, auf die Treffen und Besuche zwischen Geschwistern an anderen Orten und nicht zuletzt auf die eminente Bedeutung, die diese modifizierte Herkunftsfamilie in den Vorstellungen, Phantasien und Redeweisen ihrer Mitglieder hat. Modifiziert ist sie zum einen, weil ein Enkelkind der (verstorbenen) Hauseltern das affektive Zentrum bildet, während Frau von Echtheim auch nach ihrem Tod die zentrale Autorität der Familie bleibt. Modifiziert ist sie auch, weil der älteste Sohn die Rolle des sozialen Vaters gegenüber dem Kind seiner Schwester übernimmt.

So wie ihre Geschwister ist Norma dabei, bestimmte strukturelle Merkmale und Symbole ihrer Herkunftsfamilie zu reproduzieren: Da sie sich mit ihrer Mutter identifiziert, wiederholt sie auch deren hauptsächliche Lebensstrategie, und nicht die des Vaters: Sie versucht wirtschaftlich erfolgreich und selbstständig zu sein und braucht dazu keinen Mann, wie sie auch selber sagt. Normas verschwundener ›Mann‹ taugt ohnehin nicht für den Aufbau eines Familienlebens. Doch die Kopierung der Mutter kostet Norma beträchtliche Kraft: Unter Tränen entschließt sie sich dazu, ihr künftiges Leben mit dem Kind ganz selbst in die Hand zu nehmen. Ihr Vater nannte seine jüngste Tochter Norma nach der gleichnamigen Oper von Vincenzo Bellini. Ihrem Sohn gibt Norma einen Namen, der wie ihr eigener auf die Künstler- und Musikszene verweist: Giuseppe. Nur in diesem Akt der romantischen Symbolisierung folgt sie ihrem Vater. Wie so oft ist diese Namensgebung ein Akt, Zukunftsvorstellungen und Glückshoffnungen auszudrücken – ein Rest von Magie in einer ökonomistischen Welt.

5.4 Ein illegitimes Enkelkind im Mutterhaus

Trotz aller Funktionalität der ›Restfamilie‹ im Stuttgarter Mutterhaus ist doch ein christlich-konservatives, adelig-bürgerliches Wertmuster gebrochen worden. Dank der sorgfältig inszenierten Bürgerlichkeit sind die Folgen nicht gleich zu sehen, und doch sind sie wirksam. Um sie wahrzunehmen, bedarf es einer vertraulichen Mitteilung, einer Denunziation nachgerade, zu der nur im Stande ist, wer zur bürgerlich-familiären Verschwörung nicht verpflichtet ist: die Haushälterin.

»Dann hatten wir damals schon diese Haushälterin -- und hab ich damals ihr ((der Mutter)) so ein Album geschenkt mit ganz vielen Bildern vom Giuseppe -- und da war auch ein Rahmen zum Aufstellen, vorn Silber mit mit mit Bärchen drauf und so -- und den Rahmen, wenn ich da war, stand er halt immer da, und sobald ich weg war, hat mir nachher die Haushälterin gesagt, hat sie ((die Mutter)) den sofort *verschwinden* lassen --- hat sie gemeint – nein, der hat hier gar nix zu suchen ------ das hieß also, wenn Gäste kamen oder so, wollte sie es vielleicht nicht, ich weiß es nicht ---------- Also ich glaube schon, dass es ihr schwer gefallen ist. Sie hätte es lieber gehabt, wenn natürlich die Tochter *ordentlich* geheiratet hätte – und -- *ordentlich* halt Kinder gekriegt hätte wie das in jeder *normalen* Familie halt der Fall is --- ich weiß, das hab ich leider mal mitbekommen, dass sie – irgendwie glaub ich – auch sich / – sie hat sonst nie geklagt über ihr Leben, weil sie wusste ja, sie hat irgendwie fantastische Kinder -- aber dass sie schon ge / gerne gehabt hätte, dass auch Enkel gekommen wären ---- nur sie hätte lieber Enkel auf -- auf *realem* Weg gehabt und nicht *so* ------ aber als dann der Kleine da war, denk ich mal, ist -- ist *alles verloren*/also ist alles *vergessen* gewesen.«[10]

Dass der silberne Bilderrahmen mit dem Foto des kleinen Giuseppe im Salon sofort weggeräumt wird, sobald Tochter und Enkelsohn wieder abgereist sind, ist offenbar ein Versuch, den Bruch der Norm ›unsichtbar‹ zu machen. Einerseits bekennen sich beide Großeltern zu ihrem Enkelkind. Sie sind auch bereit, finanzielle Leistungen zu erbringen. Die Großmutter nimmt das Baby zu sich ins Bett. Bei vier Kindern nur ein einziges Enkelkind zu bekommen macht dieses Kind besonders begehrt. Andererseits entsprechen die Umstände seiner Geburt ganz und gar nicht den christlich-konservativen Werten, was vor den Besuchern des alten Ehepaares verborgen werden soll. Dass die Haushälterin Norma davon erst nach dem Tod der Herrschaften berichtet, könnte bedeuten, dass sie den Auftrag der Geheimhaltung bricht, weil sie eine solche Handlungslogik moralisch nicht akzeptieren kann. Zudem ist die Haushälterin mit der Übernahme der gesamten Kosten des Hauses durch die Kinder nicht mehr allein den verstorbenen Herrschaften, sondern auch deren Kindern verpflichtet. Die Nachricht aus den letzten Lebensmonaten ihrer Eltern schmerzt Norma. Der Schluss ihrer Erzählsequenz deutet auf die Dramatik, die die Geburt des einzigen Enkelkindes für die alten Großeltern gehabt haben muss: Mit Giuseppe ist die ersehnte Fortsetzung der Familie in die nächste Generation zwar im genealogischen, aber nicht im ideologischen Sinn gelungen. Das Kind wird geliebt, aber die Fortsetzung des bürgerlichen Familienprojekts ist ein für alle Mal »verloren«, wie es Norma – sich versprechend – ausdrückt. Normas Mutterschaft war die letzte Hoffnung der Mutter. Von den schwulen Söhnen und der Tochter mit dem mittlerweile geschiedenen Mann, der keine Kinder zeugen kann, konnte sie keine Enkelkinder erhoffen. Nun aber ist ein nicht mehr rückgängig zu machendes Faktum gesetzt. Das Ableben der Großeltern lässt eine vollständige Integration Giuseppes, wie sie auch im bürgerlichen Milieu erfolgen kann, nicht mehr zu. In diesem Licht erscheint der Tod beider Eltern – sechs Monate nach Giuseppes Geburt und im Abstand von nur sechs Wochen – wie ihre Resignation.

5.5 Widersprüchliche Aufträge

Menschen machen ihre Geschichte zwar selbst, aber nicht aus freien Stücken, sondern gemäß ihren sozial-kulturellen, materiellen, intellektuellen und psychisch-affektiven Möglichkeiten. Diese Möglichkeiten sind u. a. an die Herkunftsfamilien gebunden. Norma trifft wichtige Lebensentscheidungen, ohne diesen Zusammenhang vollends zu erkennen. Was sie dabei leitet, ist eher Affekt als Analyse oder Plan. Sie verspürt den Wunsch, wiedergutzumachen, was in ihrer Herkunftsfamilie in den letzten Jahren falsch gelaufen ist. Die konservativen Werthaltungen der Eltern verbinden Norma von Echtheim als erfolgreiche Single-Frau mit der adelig-großbürgerlichen Tradition. Einerseits wirkt diese Rückbindung orientierend und stabilisierend: Norma bezieht

Selbstwert und Sicherheit daraus, ein Gefühl der Zugehörigkeit und des Beheima-
tetseins. Andererseits aber erschwert die imaginäre wie symbolische und auch reale
(ökonomische und soziale) Rückbindung ihre Ablösung von den Eltern und den
Geschwistern. Die Rückbindung an die Herkunftsfamilie ist immer *ambivalent*
(König 1998, 215). Es zeichnet sich ab, dass auch die nächste Generation, Normas
Sohn Giuseppe, die ambivalente Bindung an die Herkunftsfamilie – vor allem an
seine Mutter und an seinen Vater-Onkel – fortsetzen wird. Auch er wird von der
modifizierten Herkunftsfamilie Aufträge, Delegationen, erhalten. Und auch er wird
sich darüber zugehörig *und* gebunden fühlen.

Das eben angesprochene psychotherapeutische Konzept der *Delegation* birgt,
sofern es den Beigeschmack des Pathologischen hat, für die sozial- und kulturwissenschaftliche Forschung eine gewisse Schwierigkeit: Wir entdecken Delegation in
autobiographischen und familiengeschichtlichen Erzählungen quasi überall. Das Konzept stammt aus der älteren mehrgenerationalen Familientherapie-Theorie (Stierlin
1978), welche aus der Delegation mögliche Störungen im aktuellen Familiensystem
abgeleitet hat. Delegiert werden demnach Erwartungen und Wünsche von Angehörigen einer Generation an Angehörige der nächsten oder übernächsten Generation.
Die Delegierten (lat. *delegare*, hinaussenden, mit einem Auftrag betrauen) sind typischerweise Jugendliche, die gleichzeitig an der langen Leine der Loyalität gehalten
werden. Ihre Loyalität besteht darin, die ihnen erteilten Aufträge gewissenhaft zu
erfüllen. Dies wird ihnen zu einer Quelle ihres Selbstwertes. Der Delegationsprozess
kann daher nicht apriori als pathologisch angesehen werden. Er ist im Gegenteil
notwendig, um dem heranwachsenden Kind »sinnvolle Lebensziele, Inhalte und
Richtungen zu vermitteln« (Simon, Clement, Stierlin 1999, 63). Erst vor kurzem hat
Helm Stierlin (2001) ›Delegation‹ nochmals nachdrücklich normalisiert und gezeigt,
dass sie in jeder Lebensgeschichte mehrfach stattfindet. Ob eine Delegation das Kind
überfordert und Schwierigkeiten erzeugt oder gar pathologische Folgen hat, hängt
von den altersadäquaten Bedürfnissen ab. In der Anwendung des Konzepts an den
konkreten Fall scheint es dann aber oft schwierig, eine pathologische von einer normalen Delegation zu unterscheiden. Nach welchen Kriterien sind Ausmaß, Intensität
und Adäquatheit der Delegation empirisch zu bestimmen? Es liegt auf der Hand, dass
Eltern in autoritär strukturierten Gesellschaften die Autonomie des Heranwachsenden enger begrenzen als in libertären. Ob die spezifische Handlungsfreiheit eines
Heranwachsenden bzw. deren Einschränkung durch Delegation für angemessen oder
für unmäßig gehalten wird, hängt von kulturspezifischen und historisch veränder-
lichen Vorstellungen der Beobachter ab, die nicht außerhalb ihrer Gesellschaft stehen.
Ähnliche Schwierigkeiten ergeben sich, wenn wir versuchen, den Grad der Handlungsfreiheit (die relative Handlungsautonomie) erwachsener Akteure und deren

Einschränkung durch Delegationen einzuschätzen. Das lässt sich auch an Norma von Echtheims Erzählungen zeigen.

Als es ihr endlich gelingt, Kontakt zu dem verschwundenen Kindesvater aufzunehmen, ist die Option einer Abtreibung längst nicht mehr gegeben, denn Norma ist bereits im sechsten Monat schwanger. Sie hätte sich schon davor entscheiden können, den Kontakt mit dem Mann abzubrechen, als ihr seine Erzählungen und Vorschläge zunehmend inkongruent erschienen. Damit hätte sie verhindern können, weiterhin Opfer seiner Phantastereien oder seiner Lügen zu werden. Doch diese Entscheidung nahm ihr der Mann gewissermaßen ab, indem er wieder verschwand. Nun bleibt ihr nur die Wahl, die Gegenspielerin des Mannes zu werden oder darauf zu verzichten. Sie entscheidet sich für ersteres. Sie versucht Kontakt mit Verwandten des Mannes herzustellen, was ihr nach einigen Mühen auch gelingt. Sie zieht bei Freunden des Mannes in Zürich und anderswo Erkundigungen ein. Am offiziellen Wohnort des Mannes in der Schweiz nimmt sie Kontakt mit der Polizei auf. Sie heuert einen Detektiv an und informiert sich ausgiebig über die unterschiedliche Rechtslage in Österreich, Deutschland und der Schweiz. Bei alldem hilft der Bruder, der Rechtsanwalt, eifrig mit. Da Norma deutsche Staatsbürgerin, der Vater des Kindes Schweizer und das Kind in Österreich geboren ist, stellen sich komplizierte Fragen des Unterhalts und der Klagbarkeit des Mannes. Man kann also sagen: Norma hat sich entschieden zu handeln. Sie will das begonnene Spiel gewinnen. Handelt sie aber autonom, oder ist sie von langer Hand (von der verstorbenen Mutter) delegiert? Normas Hoffnungen werden auch dadurch genährt, dass sie vage Kenntnis von einem großen Vermögen des verschwundenen Kindsvaters hat. Was Norma zu ihrer ausdauernden Suche nach dem Mann antreibt, ist gewissermaßen die ökonomische Seite der Mutter, die ihrer Tochter ein Leben lang vorgeführt hat, dass sich eine erfolgreiche Frau um ihre wirtschaftlichen Angelegenheiten kümmern muss. Sollte sie schon als Jugendliche dazu *delegiert* worden sein, schwächt sie dies nun gewiss nicht. Bleibt noch die Option, sich *parallel* zu diesem Gegenspiel auf ein Leben als alleinstehende Mutter einzulassen. Hier baut Norma von Echtheim, wie gezeigt, zunächst voll auf die Unterstützung ihrer Eltern und dann auf das Engagement des älteren Bruders. Eltern und Geschwister haben sie – um im familientherapeutischen Modell der Delegation zu bleiben – damit beauftragt, der ›modifizierten Herkunftsfamilie‹ mehr Zusammenhalt und mit ihrem Sohn ein affektives Zentrum zu verschaffen. Es ist nicht zu erkennen, dass *daraus* eine Schwächung des sozialen und kommunikativen Systems oder seiner Mitglieder folgen könnte. Im Gegenteil: Wenigstens zur Zeit unserer Gespräche scheinen alle Beteiligten davon zu profitieren.

Jede aktuelle Entscheidung hat Folgen für die späteren Entscheidungsmöglichkeiten. Mit der Entscheidung, geschlechtlich zu verkehren ohne zu verhüten, und mit der verspäteten Wahrnehmung ihrer Schwangerschaft hat Norma ihre Optionen im Berufsleben und im privaten Leben erheblich reduziert. Mit dem Kind gewann sie aber auch neue Optionen und neue Ressourcen hinzu. Die Entscheidung, das Kind in die Herkunftsfamilie zu integrieren, stärkt ihre Stellung in der Herkunftsfamilie enorm: Sie ist nun die einzige Mutter in diesem sozialen System und in dieser Hinsicht die legitime Nachfolgerin ihrer Mutter im großen Haus. Das war freilich, um es zu wiederholen, nicht ihr ursprünglicher Plan. Norma wollte ja eine »eigene Familie«. Diesen Plan konnte sie nicht realisieren, weil ihr Gegenspieler andere, zuwiderlaufende Interessen verfolgte. Nun lebt sie in einer Mutter-Kind-Familie, die in das soziale und kommunikative System der Herkunftsfamilie integriert ist und diese Familie zugleich modifiziert. Was davon im Einzelnen auf Delegationen durch die Mutter, den Vater, den verstorbenen jüngeren oder den älteren Bruder oder die ältere Schwester zurückgeht, ist trotz der vergleichsweise hohen empirischen Dichte des Erzähltextes nicht mit Sicherheit zu unterscheiden.

5.6 Das Kind als Beziehungshindernis

Wie viele Frauen in ähnlicher Lage fühlt sich Norma von Echtheim von der Sorge um das Kind und von ihrer Erwerbsarbeit bis an die Grenze des Möglichen ausgelastet. Eine intime Beziehung zu einem Mann einzugehen kann sie sich daher nicht vorstellen. Doch das ist nicht nur eine Frage der physischen und psychischen Kräfte der Akteurin, sondern auch des sozialen und kommunikativen Systems, in dem sie lebt. Und überdies hängt es, wie ich zeigen werde, mit dem Familienmythos zusammen. Mutter und Sohn haben sich inzwischen an ihr enges Zusammenleben gewöhnt. In ihrer Dyade scheint kein Platz für einen neuen Intimpartner der Frau, jedenfalls nicht unter einem gemeinsamen Dach:

»Wo ich auch kein Problem mit habe ist mit dem Kind, weil er ist – er ist lieb und nett und alles, es ist überhaupt kein Problem mit ihm --- Was ich packe ist den Beruf. Aber was ich *nicht* mehr packen würde, wenn jetzt irgend noch nen *Freund* ankäme dazu – der ankäme und sagte ich / er müsste mich auch noch beanspruchen, das würd ich nicht schaffen … Weil letztens ist er ((Giuseppe)) eine Woche im Schiurlaub gewesen und ich hab jemanden kennen gelernt im Zug -- und der ist furchtbar nett. Und wir sind dann also eine Woche lang zusammen gewesen und es war *himmlisch*. Aber ich war nach dieser einen Woche war ich völlig tot, ich war so fix und fertig tot, ich *kann* das nicht mehr.«[11]

Die schon von Normas Mutter habitualisierte *Nicht-Erwartung* an Männer scheint sich bei Norma zu wiederholen. Ein Mann im Haus würde, so befürchtet sie, keinerlei Erleichterung, sondern nur zusätzliche Belastungen mit sich bringen. In der durch Übertreibungen gekennzeichneten Rhetorik Normas würde er ihr Lebenskraft nehmen, dann wäre sie metaphorisch »tot«. Andererseits kann die Geschichte mit dem einwöchigen Honeymoon nicht als plausibler ›Beweis‹ dieser These gelten, denn Giuseppe ist ja in dieser Woche, wie Norma von Echtheim erwähnt, gar nicht zu Hause. Die Mutter kann ihre kleine Affäre offenbar nur genießen, weil der Sohn eine Woche auf Schiferien ist. Hat sich die Dyade von Mutter und Sohn nach fünf Jahren bereits derart hermetisch geschlossen, dass eine neue Intimbeziehung für Mutter und Sohn emotional überfordernd wäre, gar vom Sohn als ›Untreue‹ der Mutter erlebt werden würde? Die folgende Sequenz aus Normas Erzählungen unterstützt diese Lesart. Als Norma, ein Freund und das Kind ein Kaffeehaus besuchen, ereignet sich ein kleiner Unfall: Giuseppe stürzt von einem Barhocker und verletzt sich am Kopf; die Platzwunde muss genäht werden. Das Ereignis wird von Norma erzählt, um damit sich selbst und uns plausibel zu machen, dass der fünfjährige Sohn viel zu eifersüchtig sei, als dass sie an eine Intimbeziehung mit einem Mann denken könnte.

»Giuseppe ---- der hat das *gespürt*. Und der / und der Mann / ich meine so gut kannte ich den damals noch gar nicht als es passiert ist -- hat mich am nächsten Tag angerufen, hat gesagt ja also er hätte ein ganz schlechtes Gewissen und er hätte das Gefühl – dass das Kind das nur seinethalben getan hat. Weil so aufgeführt / dass er also überall rumgesprungen ist und überall ganz ganz komische Aktionen gemacht hat, wo er gezeigt hat, guck mal hier, ich kraxle da hoch / und is auch plötzlich auf irgend ne Bar gestiegen, er ist noch *nie* auf irgend ne Bar so hoch gestiegen, das hab ich noch *nie* gesehn, da hab ich fast nen *Herzinfarkt* gekriegt und denke das *gibts* doch gar nich --- das hat er ((Giuseppe)) nur gemacht, um seinen *Macho* zu zeigen / um zu sagen / zu sagen, da da ist ein viel *größeres* Interesse, das ((dieser Mann)) soll nicht weiter ein Gegenüber sein … oder auch das ist ganz komisch, wenn ich normal / wenn ich zu Hause bin und normal telefoniere, sagt er überhaupt nichts. Aber wenn dieser Mann dran ist, macht er ein irres Theater ---- ich weiß nicht, was das ist, das ist Eifersucht meines Erachtens. ---- Dieser Mann wollte zum Beispiel, dass ich gestern Abend unbedingt rauskomme zu ihm. Da hätt ich aber wieder jemanden organisieren müssen, der dann wieder zu Hause ist – dann hab ich – ich hab morgen Abend ne Veranstaltung, da bin ich weg, ich hab Samstag Abend ne Veranstaltung, da bin ich weg, da muss ich jeweils auch immer noch irgendwelche Donnen ((Kindermädchen)) organisieren, das heißt, es kostet mich sehr viel Geld …«[12]

Künftig will sie dem Sohn Vorrang geben vor jedem potenziellen Beziehungspartner oder Ehekandidaten. Norma von Echtheim möchte es erst gar nicht auf einen Wettkampf zwischen dem Sohn und jenen Männern, die an ihre Tür klopfen, ankommen lassen. Aus entwicklungsdynamischer Sicht scheint uns das Verhalten Giuseppes nicht überraschend, da er wahrscheinlich auch einem präsenten leiblichen Vater zeigen würde, dass er seine Mutter ganz für sich haben will. Allerdings hat sich hier ein Mann einer Mutter-Kind-Dyade genähert, in der das Kind noch nie erleben musste, dass erwachsene Männer um die Liebe der Mutter rivalisieren. Das macht das Erlebnis für das Kind wahrscheinlich bedrohlich und fordert es dazu heraus, seine spezifische Macht über die Mutter einzusetzen. Diese Macht besteht darin, symbolisch sein eigenes Leben in die Waagschale zu werfen.

Die Szene hat allerdings auch eine latente Bedeutung, die den am Geschehen Beteiligten wohl nicht bewusst wird. Giuseppe provoziert die Ambivalenz der Mutter gegenüber Männern als Liebhaber und Lebenspartner. Norma hat gegenüber ihrem Sohn ein schlechtes Gewissen, da sie sich vorwirft, ihm den leiblichen Vater nicht bieten zu können. Das stellt ihre Partnerwahl ebenso in Frage wie ihr eigenes Unglück. Ihre Bereitschaft, dem Kind in seiner Ablehnung möglicher Intimpartner entgegenzukommen, nährt sich aus dem ungelösten Konflikt, der sie immer noch an den leiblichen Vater des Kindes bindet. Norma hat noch eine offene Rechnung mit ihm und auch deshalb soll sich das Kind nicht vor der Zeit einem anderen Mann zuwenden müssen. Zur Argumentation ausgefaltet würde sich Normas Deutung etwa folgendermaßen anhören: »Ich mute Dir, mein geliebter Sohn, keinen anderen Mann zu, denn ich will dein Recht auf den leiblichen Vater nicht schmälern. So lange er nicht heimkehrt und seine Vaterpflicht übernimmt, soll es auch keinen Nachfolger geben. Denn damit könnte Dein Anrecht auf das Erbe nach dem Vater erlöschen. Solange wir auf ihn warten, wird mein älterer Bruder Dein Vater sein.« Übernähme ein neuer Intimpartner die Vaterrolle, würde sich die Frage stellen, ob der verschwundene leibliche Vater damit aus seiner von ihm nie anerkannten materiellen Pflicht entlassen ist. Dagegen aber sprechen die Aussichten auf das Erbe seines Vermögens, so vage sie sind. Ein Ausweg wäre freilich, einen Liebhaber dezidiert nicht in die Rolle eines Ersatzvaters eintreten zu lassen. Doch diese Variante widerspricht Normas Familienkonzept, das weniger dem Code der romantischen Liebe folgt als dem (selbstgewählten?) Auftrag, die Herkunftsfamilie genealogisch fortzusetzen. Der Aufbau einer neuen Beziehung bedeutet in Normas Lage überdies, Geld für kostspielige Babysitter auszugeben, um mit dem Intimpartner allein sein zu können. Angesichts ihrer sozialen und psychischen Barrieren erscheint ihr eine solche Investition derzeit unangemessen. Seitdem sie den Tag- und Nachtrhythmus des Kindes übernommen hat, fühlt sie sich hinreichend ausgeruht und fit für die Arbeit. Eine neue Intimbeziehung würde sie von diesem Lebensstil wieder abbringen. So gelangt Norma von Echtheim zu der Idee, sie könnte Giuseppe die Entscheidung überlassen, ob es künftig zu einer Ergänzung der Mutter-Sohn-Familie um einen Intimpartner kommen soll:

> »Also wenn ich merken würde, dass der Giuseppe immer versucht, uns auseinander zu bringen, weil er einfach merkt, er ist zu eifersüchtig, dann weiß ich nicht, ob ich ihm das zumuten würde.«[13]

Im Hinblick auf den Familienmythos der westlichen Moderne, die Herstellung der sinnlichen Dreifaltigkeit von Vater, Mutter und Kind unter einem gemeinsamen Dach (s. Kapitel 1), zeigt dies, dass die inzwischen fest gefügte Mutter-Kind-Dyade mit vermeintlich natürlichen Rechten ausgestattet wird. Jedem Newcomer wird die Tür gewiesen, sobald das Kind ein Zeichen seiner Eifersucht setzt. Metaphorisch gesprochen ist es das gemeinsame Dach, das gegen einen fremden Eindringling verteidigt wird. Eine Affäre der Mutter, die sich irgendwo *außer Haus* abspielt, würde die Dyade von Mutter und Sohn höchstens am Rande tangieren. Die Mutter verhindert letztlich im Namen und im Auftrag des Sohnes, dass ein fremder Mann einzieht. In der Sprache der familientherapeutischen Theorie könnte man auch sagen: Mutter und Sohn delegieren einander wechselseitig und symmetrisch. Der Ehe- und Familientherapeut Jürg Willi hat dafür den Begriff *Kollusion* geprägt (Willi 1975). Es werden sich immer pragmatische Argumente (der frühe Schlaf, das Geld für den Babysitter usw.) finden, um den tieferen Sinn dieser Vermeidung nicht entdecken zu müssen. Dieser Sinn aber stiftet sich nicht nur aus der Dyade, sondern auch aus jenem größeren sozialen und kommunikativen System der modifizierten Herkunftsfamilie, in die Mutter und Sohn integriert sind. So betrachtet, wird jeder künftige Verehrer Normas nicht nur deren Sohn, sondern auch deren Geschwister und – indirekt – auch deren verstorbene Mutter als ›Widersacher‹ haben.

Nach den Enttäuschungen mit Giuseppes Vater nimmt Norma potenzielle männliche Partner wie durch einen familienhistorisch definierten Fragen-Raster wahr: Wird er mich ebenso belügen und betrügen wie Giuseppes Vater? Oder auch: Wird er ein wirtschaftlicher Versager sein wie mein Vater? Wird er mir den angemessenen Lebensstandard bieten können wie meine Mutter? Und wird er sich in meine ungewöhnliche Herkunftsfamilie fügen? Oder aber: Wird er mich von ihr ›wegziehen‹ und ablösen wollen, um mit mir eine neue, *seine* eigene Familie gründen zu können? Nach dem frühen Tod des jüngeren Bruders, angesichts der homosexuellen Lebensweise des älteren Bruders, der Kinderlosigkeit der Schwester und dem nahenden Tod der Eltern leistet Norma nicht nur Hilfe nach allen Seiten, sondern auch den entscheidenden Beitrag dazu, »dass die Familie nicht ausstirbt«. Sie selbst kommt dabei in ihren Gefühlen zu kurz, aber daran ist sie schon gewöhnt. Haben ihre Angehörigen jemals einen Platz für einen »fremden« männlichen Partner an ihrer Seite vorgesehen? Angesichts ihrer starken Bindung an die Herkunftsfamilie scheint es fast naheliegend, dass Norma nach dem Verschwinden des Vaters ihres Kindes den Bruder dazu auserwählt, Ersatzvater zu sein. Seine verwandtschaftliche Bindung an Mutter und Kind und seine sexuelle Orientierung machen es unwahrscheinlich, dass er aus dieser Verantwortung flüchten wird. Nachdem der Mythos des Blutes zwischen Vater und Sohn nicht schlagend geworden ist, erscheint die Blutsverwandtschaft der Geschwister die zweitbeste Garantie für eine verlässliche Väterlichkeit. Dass ein Bruder der Mutter an die Stelle des verschollenen oder verstorbenen Vaters tritt und die Rolle des gesetzlichen Vormunds und somit materielle und ideelle Verantwortung für das Kind übernimmt, war in der westeuropäischen Geschichte bis zu jüngsten Rechtsreformen, die der ledigen Mutter mehr Rechte und Pflichten überantwortet haben, häufig der Fall. Aus der ethnologischen Forschung ist bekannt, dass es in afrikanischen und lateinamerikanischen Gesellschaften die Institutionen des ›Mutterbruders‹ und des ›Paten‹ gibt, die bei Ausfall des leiblichen Vaters väterliche Verpflichtungen übernehmen (Ekejiuba 1995; Ortmayr 1996; Bernand u. Gruzinski 1997). Unser Fall zeigt, dass die sozial-kulturelle Rolle des Vaters trotz der rechtlichen Stärkung der ledigen Mutter gesucht wird. Die Position und Rolle des Vaters ist derzeit mit dem älteren Bruder, dem Rechtsanwalt, besetzt. Dies scheint Norma den Druck zu nehmen, sich umgehend auf die Suche nach einem neuen Intimpartner machen zu müssen. Deshalb auch kommt sie auf den Gedanken, die nächste Wahl eines Intimpartners gleichsam ihrem Sohn zu überantworten. Zugespitzt formuliert, soll er einen passenden Nachfolger für den Mutterbruder finden, denn nur dann, wenn es auch seine Wahl ist, wird sie für alle gut sein.

5.7 Parentifikation oder Partnerersatz?

Giuseppe ist in der Dyade von Mutter und Kind gewissermaßen an die Stelle einer männlichen (väterlichen) Autorität gerückt. Die Mutter will ihm neben vielen kleinen Entscheidungen im Alltag auch die gravierende Entscheidung überlassen, ob ein neuer Intimpartner für sie gut wäre. Die systemisch-familientherapeutische Theorie spricht bei einer solchen Handlungs- und Entscheidungsstruktur von ›Parentifikation‹ (Boszormenyi-Nagy 1965), weil sie die Hierarchie auf den Kopf stellt. Das Kind tritt gegenüber dem Elternteil partiell in die Aufgaben eines Elternteils ein, der Elternteil übernimmt partiell die Rolle eines Kindes. Über schädliche Folgen besteht allerdings wenig Übereinstimmung und folglich auch diagnostische Unsicherheit.

Während Vertreter der Strukturellen Familientherapie wie Salvador Minuchin (1974) ein parentifiziertes Kind grundsätzlich als übermäßig belastet sehen, hält Boszormenyi-Nagy (1965) eine pathogene Entwicklung nur dann für wahrscheinlich, wenn die besondere Leistung des Kindes, elterliche Aufgaben zu übernehmen, im Familiensystem nicht auf eine förderliche Weise honoriert wird. Giuseppe erhält für seine Leistungen Anerkennung und Respekt der Mutter, des Vater-Onkels und anderer Verwandter und Bekannter. Weil er, wie gezeigt, für das soziale und kommunikative System wie auch für die psychischen Systeme der beteiligten Personen je und je besondere Funktionen erfüllt, wird er besonders wertgeschätzt, ja geliebt und ›belohnt‹. Allerdings erscheint die familientherapeutische Theorie zur Parentifikation in der Lesart von Boszormenyi-Nagy (1965) im Licht solcher empirischer Fälle aporetisch, d. h. sie verlangt, eine Deutungsentscheidung zu treffen, die jedoch häufig unmöglich ist. Bedeutet die Zuweisung von Verantwortung nicht nahezu immer auch die (möglicherweise illusorische) Anerkennung, dass das Kind diese Verantwortung tragen kann? Ließe sich jemals das eine ohne das andere finden?

Überdies ist im konkreten Fall nur schwer zwischen Parentifikation und Partnerersatz zu unterscheiden. Kann denn eindeutig klassifiziert werden, ob eine bestimmte, dem Kind zugeteilte und von ihm übernommene Verantwortung dem elterlichen oder dem partnerschaftlichen Erwartungsspektrum entspricht? Wenn beispielsweise die Mutter den Sohn fragt, ob deren Bruder (der Ersatzvater) sofort oder erst nach dem Essen angerufen werden soll, ist kaum zu entscheiden, ob dem Kind hiermit eine elterliche oder eine partnerschaftliche Aufgabe zugewiesen wird. Auch erwachsene Intimpartner/innen übernehmen in manchen Situationen elterliche, sorgende Funktionen füreinander, und sofern sie in diesem Verhältnis nicht erstarren, wird es weder für ihre Intimbeziehung noch für die Entwicklung der Individuen hinderlich sein. Im Übrigen ist Parentifikation in jedem Fall eine Form der Delegation, da die entscheidenden Impulse dafür, dass das Kind eine elterliche Funktion übernimmt, von einem Elternteil oder von beiden Eltern ausgehen (Simon, Clement u. Stierlin 1999, 252).

Wie schon angesprochen, können *Delegationen* recht klar in den Aufträgen erkannt werden, welche die Mutter, der Onkel (der Mutterbruder) und die Tante an Giuseppe erteilen. Das soziale System der ›Restfamilie‹ hat in letzter Zeit auf Grund der Verluste (Tod der Eltern, Tod des jüngsten Bruders) einen besonderen Zusammenhalt entwickelt und im Mutterhaus mit Giuseppe ein affektives Zentrum und das sinnfälligste Symbol seiner Zukunft gefunden. Der Auftrag der Familienmitglieder an Giuseppe lautet in etwa: »Halte als unser aller Kind unsere Restfamilie im Mutterhaus weiter zusammen!« Den Auftrag der Mutter an das Kind können wir etwa so formulieren: »Hilf mir, meinen schweren Verpflichtungen gegenüber meinen verstorbenen Eltern, meinem verstorbenen Bruder und meinen lebenden Geschwistern nachzukommen!« Giuseppes durchaus anerkannte und bedankte Leistung besteht darin, der Herkunfts-familie ein affektives Zentrum zu sein, was freilich auch ein Kind dieses Alters nicht einfach von Natur aus *ist*, sondern wozu es selber *tätig* werden muss, indem es mit seinen Handlungsweisen (seiner Art, »lieb« oder »klug« oder »geschickt« zu sein, etc.) die Aufmerksamkeit und die Affekte der Angehörigen auf sich zieht.

Ich sagte schon, dass Norma von Echtheim – wie wohl jeder Mensch – in ihrer Kindheit und Jugend von den Eltern beauftragt, delegiert, worden ist, bestimmte Leistungen in ihrem Leben zu erbringen. Sie hat allerdings zwei sehr verschiedene, ja konträre Delegationen angenommen: jene der Mutter als effiziente wirtschaftliche Betriebsführerin und jene des weltfremden Künstler-Vaters. Familientherapeuten würden von »unvereinbaren Aufträgen« sprechen (Simon, Clement, Stierlin 1999, 63). Norma aber hat diesen Widerspruch durch ihr erfolgreiches Doppelstudium (Musikwissenschaft und Kunstmanagement) aufgelöst. Das erste und einzige Enkel-kind dieser Großeltern findet sich nun seinerseits zweifach delegiert: zum einen durch die Mutter, zum anderen durch die kinderlosen Geschwister der Mutter. Wie schon die Mutter an die Herkunftsfamilie gebunden wurde, scheinen nun beide Delegati-onen übereinstimmend (und nicht widersprüchlich) zu einer engen Bindung des Kindes an die Mutter und an die ›Restfamilie‹ zu führen. Erst im Fall einer künftigen Intimbeziehung der Mutter könnten sich für Giuseppe besondere Loyalitätskonflikte ergeben, sollte er sich eines Tages vor die Wahl gestellt sehen zwischen einem neuen Intimpartner und Lebensgefährten der Mutter und dem Mutterbruder. Ob Giuseppe daran irgend einen Schaden nehmen würde, kann nicht vorausgesagt werden, da zu viele unvorhersehbare und veränderliche Faktoren, Umstände und Akteure ins Spiel kommen können. Die in jedem Fall schwierige Diagnose einer schädlichen Belastung aus einer Delegation lässt sich offenbar nur rückwirkend treffen.

VI. Die Benachteiligten

Sie ist die Tochter eines Arbeiterpaares aus Simmering. Ihre Kinderjahre vergehen zwischen Gemeindewohnung und Schrebergarten. Nach der Hauptschule macht sie eine Lehre als Bürokauffrau und findet Arbeit als Sekretärin. Mit 17 Jahren wird sie schwanger. Der Vater des Kindes ist zehn Jahre älter. Es wird Hochzeit gefeiert. Sylvia Mayer, so heißt sie nun, bringt das Kind zur Welt und gibt ihm den Namen Mario. Bald darauf, so als hätte ihm das Kind die Frau weggenommen, beginnt der Mann exzessiv zu trinken. Er verliert Arbeit und Führerschein. Immer öfter schlägt er zu. Sylvia droht mit der Polizei und ruft sie eines Tages herbei. Im Lauf der Auseinandersetzungen wird sie zusehends resoluter und kämpferischer. Nach fünf Jahren reicht sie im März 1992 die Scheidungsklage ein. Doch der Mann will sich nicht scheiden lassen. Er weiß, dass er den letzten Halt und die Wohnung verliert. Die Richterin räumt ihm eine Frist von drei Monaten ein, um die eheliche Wohnung zu verlassen. Damit will sie vermeiden, dass der Mann obdachlos wird. Nach weiteren Gewalttaten ruft Sylvia neuerlich die Polizei. Die Beamten setzen Herrn Mayer eine einwöchige Frist, die Wohnung zu verlassen. Um diese Woche gut zu überstehen, fliegt Sylvia mit ihrem kleinen Sohn auf die griechische Insel Santorin. Als sie zurückkehrt und vor dem Wohnhaus eintrifft, sieht sie ihren Ex-Ehemann am Fenster stehen. Gegen die polizeiliche Anordnung hat er die Wohnung nicht verlassen. Hoch erregt läuft Sylvia mit dem Kind auf dem Arm die Treppe hoch. Im Vorzimmer greift sie zum Telefon und wählt den Polizeinotruf. Ein heftiger Schlag des Ehemannes verfehlt nur knapp den Kopf des Kindes und trifft Sylvia im Gesicht: »also ich glaub, wenn ich den Kopf vom Mario damals *vor* meinen ((Kopf)) gegeben hätte, hätt er ihn *zertrümmert*.«[1]

Das Jugendamt spricht Herrn Mayer dennoch eine Besuchszeit zu: Jedes zweite Wochenende von Freitag Mittag bis Sonntag Abend darf er seinen Sohn sehen. Einmal kommt er, dann wieder nicht. Manchmal ist das Kind darüber enttäuscht, manchmal erleichtert. Die Gewaltausbrüche des Vaters nimmt es wie Eruptionen in sein Gedächtnis auf. Nur annähernd vermögen wir uns vorzustellen, welches Vaterbild hier entsteht und wie das Kind seine widersprüchlichen Gefühle dem Vater gegenüber zu integrieren vermag.

Angesichts der bedrohlichen Umstände kämpft Sylvia Mayer beim Jugendamt gegen das Besuchsrecht des Mannes. Doch erst nach einiger Zeit kann sie die Einschränkung der »Besuchszeit« auf drei Stunden an jedem zweiten Samstag durchsetzen. Nach weiteren drei Jahren wird das Besuchsrecht vollständig aufgehoben, da sich der Mann nie an die Vereinbarungen gehalten und – wie Sylvia Mayer zu Protokoll gibt – im betrunkenen Zustand mehrfach Drohungen gegen sie ausgestoßen hat. Nun aber muss Sylvia Mayer gegenüber dem Jugendamt ihre Kompetenz *als Mutter* beweisen. Sie fürchtet das Kind zu verlieren, denn die zuständige Psychologin könnte behaupten, die familiären Verhältnisse seien für das Kind ungeeignet. Als sie für einige Wochen keine Betreuung für das Kind findet, will eine Sozialarbeiterin sie dazu bewegen, ihre Erwerbsarbeit aufzugeben. Frau Mayer lehnt entschieden ab. Sie sieht die Gefahr, von Sozialhilfe abhängig zu werden. Und sie fürchtet, dann auch bei den Mitarbeiterinnen des Jugendamtes schlechtere Karten zu haben. Die folgenden drei Jahre lebt sie mit ihrem Sohn Mario allein in der Wohnung. In ihrer Rückschau stehen diese Jahre noch vollends im Zeichen der Trennung. Wie in diesem Fall endet ein von Drohungen und körperlicher Gewalt immer wieder erschütterter Trennungsprozess nicht schon mit dem Auszug des Mannes, sondern erst, wenn dessen Besuchsrecht annulliert und der Kontakt nahezu völlig abgebrochen ist. Als berufstätige Frau und Mutter hat Sylvia Mayer alle Hände voll zu tun. Es bleibt ihr zunächst keine Energie, um sich auf die Suche nach einem neuen Intimpartner zu machen. Erst nach drei Jahren lässt sie sich vorsichtig, zurückhaltend und ein wenig skeptisch auf eine neue Intimbeziehung ein.

»Ich hab von Anfang dieser Beziehung an gewusst, er hat ein Lokal, er ist *selten* zu Hause beziehungsweise er kommt relativ *spät*, er hat nur die Wochenenden. Er geht am Samstag *allein* fort, das ist *sein* Tag. Das hab ich *akzeptiert*. Nur natürlich irgendwann hob i daun amoi gsogt, ich gangat *auch* ganz gern fort. – Und Bittgesuche einzureichen woar mir dann irgendwo zu dumm – auf *des* hinauf hob i dann a gsogt, eigentlich des is net *des* wos=i=ma vuastöh ((eigentlich ist das nicht das, was ich mir vorstelle)), weil des is ka *Hilfe* und und und //. Das anzige was mir der Mensch entgegenbrocht hot woa wieda Selbstvertrauen zu kriegn, a *Ruhe* hereinzubringen, was ich überhaupt do nicht gekannt *habe* -- do hots ka Streiten, do hots kann Stress, do hots jo *überhaupt* nichts gebn. -- Auch wenn er *daham* woa.«[2]

Nach der familiensoziologischen Sprachregelung wäre von einer ›Stiefvaterfamilie‹ zu sprechen, doch trifft dies die Wirklichkeit nicht, denn der neue Partner entwickelt keinerlei Interesse an Mario. Er kommt abends erst nach der Sperrstunde nach Hause. Mario ist dann längst im Bett. Es gibt zwar keinen Streit und Frau Mayer findet allmählich wieder ihre Ruhe, doch entspricht dieses Zusammenleben nicht ihrer Vorstellung. Von einem Lebenspartner erwartet sie »Hilfe und und und //«. Sie bricht den Satz ab. Von romantischer Liebes-Rhetorik keine Spur. Hochfliegende Erwartungen an ein romantisches Glück hat sie nicht, nur pragmatische Wünsche nach Unterstützung im Umgang mit dem als schwierig geltenden Kind. Immer noch ist sie dabei, Eindrücke, Affekte und Erlebnisse aus ihrer krisenhaften Ehe zu verarbeiten. Dazu gehört, die nächtliche Heimkehr eines Mannes nicht mehr *fürchten* zu müssen. Zwei Menschen treffen sich erst spätabends in der Wohnung, vielleicht auch nur, um einander vor der nächtlichen Wiederkehr der Einsamkeit zu bewahren. Doch auch wenn es nicht mehr gewesen sein sollte, fasst Sylvia Mayer in diesem Zwischenspiel doch wieder Mut. Für eine neue Lebensgemeinschaft aber wird sie einen anderen Mann finden müssen. Die Trennung von dem Gastwirt scheint ihr nicht schwerzufallen. Sie verliert darüber kein Wort.

6.1 Eine neue Bekanntschaft

Ganz zufällig und doch nicht ohne Absicht lernt Sylvia Mayer einen Mann kennen, abends, in Begleitung ihrer besten Freundin, an einer Bar. Er ist um die vierzig und frisch geschieden. Sie erzählt ihm, dass sie gerade »bei den Ex-Schwiegereltern« im Waldviertel gewesen sei. Trotz der Entfernung halte sie den Kontakt, damit das Kind seine Großeltern sehen kann. Rasch erkennen Sylvia Mayer und Hans Koller einige Ähnlichkeiten in ihren Lebensgeschichten und in ihrer aktuellen Lage. Dennoch kommen sie einander nur langsam näher. Als Sylvia Mayer Hans Koller anruft, um ein Treffen vorzuschlagen, winkt er ab. Kurz nach Weihnachten sucht sie nach dem Zettel, auf dem sie seine Telefonnummer notiert hat. Ob er für das bevorstehende Silvesterfest Pläne habe. Nein, Pläne habe er nicht. Sie lädt ihn zu einem Fondue-Essen ein. Für frisch Getrennte und unfreiwillig Alleinstehende sind diese Feiertage kritische Zeiten. Da beginnen sie auch flüchtige Bekanntschaften zu mobilisieren, um der drohenden Einsamkeit zu entgehen.

Frau Mayer will mit Herrn Koller eine Beziehung aufbauen, die ihr nützt. Den Code der romantischen Liebe verwendet sie nicht. Die Umstände sind nicht danach. Kollers erster Auftritt zu Silvester verläuft nicht gerade imponierend. Er kommt schon betrunken an. Aber er ist ein anderer Typ als Frau Mayers erster Ehemann: oft melancholisch, nie aggressiv. Nach einigen matten Schmähs beginnt er zu weinen. Er braucht Hilfe, und Sylvia Mayer ist dazu bereit.[3] Sie erkennt die Chance, diesem Mann, der sich in einer ähnlichen Lage befindet wie ihr erster Ehemann, zu helfen. Die Aussichten sind diesmal besser. Der Unterschied ist das Fehlen der Gewalt. Frau Mayers Hoffnung ist, mit der Heilung des Mannes auch etwas von ihren eigenen Verletzungen heilen zu können.

Dem ersten Aufgefangenwerden folgt eine lebensbedrohliche Krise: Einige Tage nach dem Silvesterfest bricht Hans Koller zusammen. Der Kreislauf versagt, Nieren und Leber sind schwer geschädigt. Nur mit Mühe bringen ihn die Ärzte wieder auf die Beine. Im Februar sehen Frau Mayer und Herr Koller einander öfter. Die Frau drängt nicht. Herr Koller hat noch keine *besonderen* Pläne für ein künftiges Leben, er weiß nur, dass er noch nicht sterben will. Doch er spürt auch, dass er es allein nicht schaffen wird. Von seiner ersten Ehefrau fühlt er sich schlecht behandelt und hinausgeworfen. In seiner kleinen Gemeindewohnung hält er die Leere und Stille nicht aus. Und doch ist er nicht im Stande, einen ersten Schritt zu einer neuen Lebensgemeinschaft zu tun. Nachsichtig lächelnd erinnert sich Sylvia Mayer daran, wie Hans Koller in jener Silvesternacht im Niederfallen ihren Weihnachtsbaum zu Boden riss. Mit Hilfe ihres Sohnes bettete sie den Gefallenen fürsorglich auf das Sofa. Der Mann wurde aufgefangen, im wörtlichen und im übertragenen Sinn.

Im Sommer 1998 spürt Sylvia Mayer Fernweh. Die Prospekte versprechen ihr Sonne, Meer und Entspannung. Sie entscheidet sich für einen Ferienclub in der Türkei. Von der All-inclusive-Ferienanlage ruft sie Herrn Koller dreimal an. Das hat er sich so gewünscht. Und Herr Koller revanchiert sich: An ihrem Geburtstag schickt er ihr ein Fax mit Glückwünschen ins Büro; er unterschreibt mit »Dein Hans«. Als Frau Mayer am Morgen das Fax auf ihrem Schreibtisch findet, ist sie vollkommen »sprachlos«. Noch im Interview staunt Herr Koller über sich selbst. Wahrscheinlich war es seine erste Handlung seit langem, die eine Partnerschaft herbeiführen soll. Mit geringem sprachlichem Aufwand artikuliert er seinen Wunsch nach Zugehörigkeit. Zwei Menschen, die sich nicht für besonders begehrenswert halten, rufen sich über ein Telefax zusammen und deuten den bescheidenen Schriftsatz als Beweis einer sonst weitgehend sprachlosen Liebe. Im August 1998 zieht Hans Koller bei Sylvia Mayer ein.

Nach den Begriffen der Familiensoziologie entsteht damit eine ›Stieffamilie‹, genauer eine ›Stiefvaterfamilie‹ aus Mutter, Sohn und Stiefvater. Doch auch Herr Koller hat aus seiner ersten Ehe einen Sohn, Kevin. Er ist zwei Jahre jünger als Mario. In den folgenden Jahren kommt Kevin jedes Wochenende von Freitag Mittag bis Sonntag Abend in Frau Mayers Wohnung. Während der Woche wohnt er weiterhin im Haushalt seiner Mutter. Dort feiern Michaela und Franz Wild schon wenige Monate nach den Scheidungen beider Ehen eine aufwendig inszenierte Hochzeit. Sorgsam achten sie auf die Symbole des Glücks: ein weißes Brautkleid, weiße Blumen, ein weißer Mercedes vom Autoverleih. Für beide ist es schon die zweite Hochzeit, doch dieses Mal wird mit erhöhtem symbolischem Aufwand gefeiert. Ersetzen die aus anderen sozial-kulturellen Milieus oder aus Filmen ›geborgten‹ Zeichen des Wohlstands die Würde des kirchlichen Zeremoniells, das Geschiedenen verweigert wird? Oder machen sich die Brautleute damit selbst Mut? Soll all die Pracht bekräftigen, es diesmal besser zu machen?

6.2 Diagnose »Tobsucht«

Nach dem, was er schon als zwei- und dreijähriges Kind erleben musste, kann es nicht überraschen, dass Mario Mayer in den folgenden Jahren mehrmals aggressive Ausbrüche zeigt. Schon im Kindergarten ist er öfters in Raufereien verwickelt. Die Kindergärtnerin, die Sozialarbeiterin und eine Psychologin des Jugendamtes, zuletzt auch ein stadtbekannter Kinder- und Jugendpsychiater führen Gespräche mit ihm, testen ihn und erklären seine Ausbrüche amtlich zu »Tobsuchtsanfällen«. Hätte die Leiterin des Kindergartens das Jugendamt auch verständigt, wäre Frau Mayer keine »Alleinerzieherin« und wäre ein respektabler Vater im Kindergarten erschienen, um ein ruhiges Gespräch über die Probleme des Kindes zu führen? Mario ist offenbar deshalb manchmal aggressiv, weil er die eingangs beschriebenen Szenen mit seinem gewalttätigen Vater erleben musste, den Vater aber mit seiner Wut und seinem Zorn in keiner Weise erreichen kann und nun seine Aggressionen auf Andere verschiebt, verschieben muss. Dem Jugendamt sind Frau Mayer und ihr Sohn bereits seit der Scheidung und dem dreijährigen Streit um das Besuchsrecht des Vaters bekannt. Jede weitere Bestätigung unsicherer Prognosen über die Entwicklung eines einmal ›auffällig‹ gewordenen Kindes treibt dessen *diskursive Pathologisierung* im sozialen System der Jugendwohlfahrt voran. Dabei ist die Mutter keineswegs ›uneinsichtig‹ oder gar ›renitent‹, sondern um das Wohlwollen der Ämter und Institutionen bemüht. Ja sie verstrickt sich geradezu in das Netz der Helferinnen und Helfer. Immer wieder sucht sie nach ärztlicher und therapeutischer Hilfe für ihren Sohn. Befunde und amtliche Bescheide legt sie in einem schwarzen Ordner ab, sie könne »*alles* belegen«.

September 1994, Schulbeginn. Mario hat Angst vor der neuen Anforderung. Die Direktorin nimmt ihn in eine besondere Klasse mit nur zehn Kindern auf. »Lauter schwere Kinder« und eine »super Klassenlehrerin«, versichert die Mutter. Es funktioniert. Mario absolviert die Volksschule ohne nennenswerte Probleme. Mit zehn Jahren wechselt er in eine Hauptschule, wo er Lehrerinnen erhält, die seine besondere Geschichte nicht kennen. Mario ist körperlich stark entwickelt und zeigt früh Merkmale der Pubertät. Ein Bub aus der Klasse fordert ihn auf, seine fette Mutter zu ficken.[4] Es kommt zum Kampf, eine Schulbank wird umgestürzt. Während sich der Freund von den herbeigeeilten Lehrern bald besänftigen lässt, gerät Mario außer Rand und Band und beruhigt sich erst nach einigen Stunden. Wieso hat ihn diese Provokation derartig aufgebracht? Sie setzt gezielt an den körperlichen Merkmalen

des Sohnes und der Mutter an, beide sind übergewichtig. Doch trifft sie auch – unbewusst – das erotische Erleben des Buben. Gegen den gewalttätigen Vater konnte er
seine Mutter noch nicht verteidigen, aber gegen diesen gleichaltrigen Jungen nimmt
er den Kampf auf. Mario kämpft gegen einen Gegner, der seine Mutter und damit
auch ihn beleidigt hat. Am frühen Beginn seiner Pubertät befasst er sich verstärkt mit
seinem Vater. Die Figur des Vaters ist über die Maßen fragwürdig.[5] Was ist das für ein
Vater, der seine Mutter schwer verletzt und dann verschwindet? Und wer ist seine
Mutter, die sich mit einem solchen Mann eingelassen hat, der nicht imstande ist, sein
Kind und seine Frau zu schützen und der Umgebung Respekt zu gebieten? Wenn
Mario, der die letzten Jahre allein mit der Mutter gelebt hat, nun von einem Jungen
zum Geschlechtsverkehr mit der Mutter aufgefordert wird, zeigt dies, dass der inzes-
tuöse Geschlechtsverkehr in einem negativ konnotierten Stereotyp für die Umwelt
vorstellbar und sogar in beleidigender Absicht aussprechbar ist. Hier werden Vorurteile schlagend. Weil Mario seinen oder einen Vater vermisst und er nun auch an
seiner Mutter, die ihm am nächsten steht und die er liebt, zweifeln muss, verteidigt
er sie so erregt und verzweifelt.

Mit Marios Vater gibt es einen ›Schuldigen‹, dessen Eigenschaften im mythischen
Denken, und nicht nur in diesem Milieu, als ›vererblich‹ gelten. In der Wahrnehmung
der Angehörigen ist das Kind der Erbe und Nachfolger seines Vaters. So sagt seine
Großmutter zu seiner Mutter: »Gib das Kind in ein Heim! Der ist genau so wie sein
Vater!«[6] Mario agiert, von innen wie von außen, von der Großmutter, von Mitschü-
lern und von Lehrerinnen, Direktoren und anderen Amtspersonen immer wieder
subjektiv bedroht und gekränkt, auf eine Weise, in der er sich wenigstens nicht als
wehrlos erleben muss. Er greift an und wehrt sich gegen jeden Angriff. – Die systemischen und die psychoanalytischen Teile dieser Deutung schließen einander nicht
aus, sondern erhellen die sozial-kommunikativen und die tiefenpsychologischen
Aspekte. Die Direktorin der Schule aber anerkennt in ihrem Routinebetrieb weder
den einen noch den anderen Aspekt. Wohl ahnt sie, dass das Kind nicht nur Täter,
sondern auch Opfer seiner Verhältnisse ist, doch vermag sie nur auf die Verletzung
der schulischen Ordnung zu reagieren. Sie veranlasst einen Wechsel der Klasse, womit
für Mario wenig gewonnen ist. Auf Betreiben seiner Mutter erhält er eine psychologische Betreuung. Zweieinhalb Jahre lang besuchen Mutter und Sohn regelmäßig
eine Beratungsstelle der Gemeinde Wien. Mit dem neuen Klassenlehrer vereinbart
die Mutter, einmal in der Woche in die Schule zu kommen, um aktuelle Vorfälle gleich
zu besprechen.

Es ist schwierig, in einem Prozess, an dem seit dem dritten Lebensjahr des Kindes
das Personal des Kindergartens, der Schule, des Jugendamtes und der Kinder- und
Jugendpsychiatrie mit seinen Redeweisen und Diagnosen beteiligt ist, die Konstrukte

der Betroffenen (hier vor allem der Mutter) noch von den Konstrukten der Experten zu unterscheiden, zumal sich die Mutter mit den Meinungen der Fachleute weitgehend identifiziert und sogar deren Begriffe und Redewendungen in Bruchstücken übernimmt. Mit dem sukzessiven Ausbau des Beobachtungsnetzes um Mario und mit der Verdichtung der pathologisierenden Rede wird die ›Auffälligkeit‹ des Kindes kommunikativ hergestellt und erhalten. Um das Problem bildet sich ein System von Personen, die aus ihrer jeweils spezifischen Betroffenheit, Zuständigkeit und Expertise über dieses Problem kommunizieren. Sie erzeugen ein *Problemsystem*, welches sich so lange erhält, als sie die Kommunikation über das Problem als sinnvoll und notwendig erachten (s. Anderson, Goolishian u. Winderman 1986). Die professionellen Konstrukte haben dabei weitaus mehr Deutungsmacht als die Konstrukte der Laien. Ihre Macht rührt daher, dass sie sich auf besonderes Wissen und auf spezielle (medizinische, psychologische etc.) Untersuchungsmethoden berufen und an Institutionen gebunden sind, die gesetzlich begründete Verfügungen und Urteile treffen und das Leben der Laien verändern. Die Konstrukte der Laien sind dagegen relativ machtlos. Frau Mayer wählt die Strategie, den Professionellen mit der Bitte um Diagnose und Hilfe entgegenzueilen. Sie begreift sich als deren Komplizin, was sich wohl auch daraus erklärt, dass ihr Gericht, Polizei und Jugendamt geholfen haben, sich von ihrem aggressiven Ehemann zu befreien. Doch schließt das ein Beharren auf der eigenen, vom offiziellen Verdikt abweichenden Deutung keineswegs aus. Etwa fünf Jahre nach diesen Vorfällen versichern ihr die Experten, mit ihrem Sohn sei nun wieder alles in Ordnung. Fast scheint sie darüber enttäuscht. Will sie amtlich bestätigt erhalten, dass Mutter und Kind über Jahre einem Mann ausgeliefert waren, dessen Gewalttätigkeit doch irgend einen ›bleibenden‹ Schaden verursacht haben müsste? Frau Mayer kann nicht glauben, dass die in der Neuropsychiatrie diagnostizierte Störung (»Tobsuchtsanfälle«) fünf Jahre später gänzlich verschwunden sein soll. Und doch ist es der Fall.

6.3 Besserer Vater oder väterlicher Freund?

Als Herr Koller bei Frau Mayer einzieht, müssen alle erst lernen, mit der neuen Konstellation umzugehen. Die Mutter beobachtet aufmerksam, wie sehr ihr Kind um die Anerkennung des Mannes kämpft. Sie hofft, Hans Koller könnte Mario den Vater ersetzen. Erstmals steht, wie sie sich ausdrückt, eine »männliche Bezugsperson« für das Kind zur Verfügung. Dass sie diesen pädagogisch-psychologischen Begriff benützt, könnte aus ihren Kontakten zu Experten im Kindergarten, in der Schule oder an der neuropsychiatrischen Klinik resultieren. Der Begriff konnotiert aber auch die

Ungewissheit, ob der neue Lebenspartner die Funktion eines ›besseren Vaters‹ übernehmen wird. Für Mario sind die ersten Monate des neuen Familienlebens aufregend
und interessant (»leiwand«). Hans Koller war vor seiner Zeit als exzessiver Trinker
ein guter Fußballspieler. Darüber erzählt er nun Mario manche Geschichten und wird
für den Buben ein Held. Hans Koller hat die Anerkennung des Kindes bitter nötig,
nachdem ihn sein eigener Sohn (Kevin) jahrelang nur betrunken erlebt und zuletzt
kaum noch respektiert hat. Marios Zuneigung und Bewunderung ist Labsal auf den
Wunden des Mannes. Umso verblüffender ist die folgende Begebenheit. Als Mario
wieder einmal damit kokettiert, Papa zu ihm zu sagen, weist ihn Hans Koller zurecht:
»Pass auf – merk dir eines, i *bin* net dein leiblicher Vater!«[7] Wie ist diese überra-
schende Schärfe zu deuten? Zwischen Mario und Kevin besteht eine Rivalität um die
Gunst des Mannes, die Mario gelegentlich damit schürt, vor Kevin »Papa« zu Hans
Koller zu sagen. Vielleicht weist ihn Hans Koller aus der Sorge um die Zuneigung
seines eigenen Sohnes zurecht. Oder fühlt er sich schlicht überfordert, nach den Jahren einer kaum wahrgenommenen Vaterschaft plötzlich seinem Sohn und gleich auch
dem Kind seiner neuen Partnerin ein aktiver Vater zu sein?

Manchmal verspürt Mario den Wunsch, seinen leiblichen Vater wieder zu sehen.
Ab und zu lässt er dazu eine leise Bemerkung fallen. Die Mutter lehnt das jedesmal
mit großer Vehemenz ab. Einmal fordert sie ihn explizit dazu auf, seinen leiblichen
Vater mit Hans Koller zu vergleichen:

»Daun hob i eam erklärt – *schau* den Hans an – der *trinkt* keinen *Tropfen*, der kommt
pünktlich *ham*, vergleich deinen *Papa* dazua – *schau* was *er* mit dir macht, *schau* was
der *Papa* mit dir macht, schau eigentlich wie=s uns jetz *guat* geht!«[8]

Die Mutter verlangt von ihrem Sohn, den leiblichen Vater endlich zu ›vergessen‹ und
die im Alltag ohnehin eher verborgen gehaltene Liebe zum Vater auf ihren neuen
Lebenspartner zu ›übertragen‹. Damit soll die Folgefamilie *normalisiert* werden. Nach
der Komplettierung der Triade von Mann, Frau und Kind sollen auch die typischen
(in der Gewissheit des mythischen Denkens: die *normalen* und *richtigen*) Gefühlsbindungen und Kommunikationsweisen hergestellt werden. Doch ist diese pragmatische Forderung der Mutter nicht zu erfüllen. Eine Eltern-Kind-Beziehung ist nicht
kündbar wie der Ehevertrag. Das Ansinnen der Mutter, das Kind solle seine Phantasien über seinen leiblichen Vater kurzerhand auf ihren neuen Intimpartner umpolen,
verschärft Marios Loyalitätsproblem drastisch: Kann er um die Zuneigung Kollers
werben, ohne seinen leiblichen Vater zu verraten? Muss er, wie es die Mutter darstellt,
seinen Vater »fallenlassen«, um Kollers Zuneigung zu gewinnen? Die Aufforderung
der Mutter, diesen ›Vaterwechsel‹ auf der vernünftigen (zweckrationalen) Grundlage

einer Kosten-Nutzen-Rechnung zu vollziehen, entspricht dem Pragmatismus, den sich Frau Mayer zu eigen gemacht hat und der ihr in ihrer Lage angemessen erscheint. Doch das Kind folgt keiner pragmatischen Logik, sondern einer grundlosen Liebe. Solange diese – und sei es nur in Phantasien über den Vater – besteht, ist die Vater-Kind-Beziehung ein unkündbares System.

Was sich im psychischen Leben ereignet, muss symbolisiert werden, wenn es von den nächsten Anderen wahrgenommen und beantwortet werden soll. Das gilt für die Liebe des Paares, für die Liebe zwischen Eltern und Kindern, aber auch für die Eifersucht, dort wie da. An einem Wochenende unternehmen Hans Koller, Sylvia Mayer und Mario einen Ausflug in eine westungarische Stadt. Das Paar geht Hand in Hand, Mario trippelt mit kürzeren Schritten hinterher. Plötzlich drängt er sich zwischen die Mutter und deren Lebensgefährten und gibt *beiden* die Hand. In psychoanalytischer wie in familientherapeutischer Hinsicht befindet sich der nun zwölfjährige Mario in der Folgefamilie – nach dem faktischen Verlust des Vaters – in einer latenten Konfliktsituation: Wie kann er seine intime Nähe (seine Liebe) zur Mutter behalten, ohne deren neuen Intimpartner (seinen Konkurrenten um die Liebe der Mutter) zu kränken? Am besten, indem er in die Mitte tritt und beiden die Hand gibt – eine empathische Handlung, die sich deutlich von den Handlungsmustern des sechsjährigen Mario unterscheidet, der Bänke durch das Klassenzimmer fliegen lässt und die Ehre seiner Mutter mit den Fäusten verteidigt. Diese und andere Szenen legen die psychoanalytische Deutung nahe, dass Mario dabei ist, den ödipalen Konflikt – durch die Ereignisse später als sonst – aufzulösen. Die Voraussetzungen dafür sind nicht schlecht: Erstmals (!) *idealisiert* er einen Mann an der Seite der Mutter. Eine allzu starke männliche Macht muss er nicht befürchten. Ohne Zweifel dominiert die Mutter die Folgefamilie. Sie ist es auch, die mit ihrem Einkommen Wohnung und Lebensstil großteils finanziert. Sie wäre wohl imstande, Mario vor Übergriffen des Mannes zu schützen. Erstmals in seinem Leben fühlt sich Mario zwischen seiner Mutter und deren Lebensgefährten einigermaßen sicher, ja beinahe geborgen. Wichtig wäre allerdings, dass man ihm hinreichend Zeit und Gelegenheit gibt, sich gelegentlich in seine Phantasien zurückzuziehen, wo auch der gescheiterte Vater noch einen Platz haben darf. Doch was sich in den Phantasien und im Unbewussten des Kindes ereignet, bleibt der Mutter weitgehend verborgen. Sie nimmt nach dem Realitätsprinzip wahr, was sie vom Kind sieht und hört, vor allem jenes »freche« Verhalten, das ihre Erziehungsambitionen und ihre Sorgen um die Zukunft des Kindes mobilisiert. So als ob sie mit ihm darüber einen Handel vereinbaren könnte, gesteht sie ihm ein wenig körperliche Zärtlichkeit als Belohnung zu, wenn er seine »Frechheiten« unterlässt. Körperliche Zärtlichkeit assoziiert sie allerdings mit einem jüngeren Kind.[9] Auch wenn sich seit einigen Jahrzehnten eine Annäherung der Arbeiter und kleinen Ange-

stellten an (klein-)bürgerliche Standards vollzieht und Frau Mayer eine weiterführende Schulbildung und »sozialen Aufstieg« für ihren Sohn wünscht, bleibt sie
tradierten Vorstellungen ihres sozial-kulturellen Milieus verhaftet: Dazu zählt, dass
körperliche Zärtlichkeit zwischen Mutter und Kind ungehörig und für die Entwicklung des Kindes ungünstig sei – »verzärtelnd«,[10] eine Deutung des mythischen
Denkens im Rahmen einer (selbst-)unterdrückenden Verwaltung des Mangels.

6.4 Die Geschichte des Trinkers

Hans Koller wird 1961 im Wiener Arbeiterbezirk Simmering geboren. Sein leiblicher
Vater stirbt schon im 38. Lebensjahr an Leberzirrhose. Nach einer kurzen Jugendliebe
und einer längeren Beziehung lernt Hans Koller mit siebenundzwanzig Jahren ein
zehn Jahre jüngeres Mädchen kennen und heiratet es im Mai 1990.[11] Im November
1990 wird sein Sohn Kevin geboren. Kurz darauf beginnt Koller, der seit seiner frühen
Jugend Fußball gespielt und sportlich gelebt hat, exzessiv zu rauchen und zu trinken.
Im Zusammenhang mit Heirat und Haushaltsgründung und dem Kauf einer Genossenschaftswohnung zieht die Familie von Simmering nach Erdberg. Koller verlässt also sein angestammtes ›Revier‹ und muss im für ihn fremden Bezirk erst neue
Freunde gewinnen. Vielleicht habe dieser Ortswechsel mit dem Beginn seines Trin-
kens zu tun, vielleicht sei aber auch das Schicksal des Vaters »durchgebrochen«. Dass
es eine solche biologische Erblast geben soll, hat er schon mehrfach gehört. Es ist dies
eine in seinem Milieu populäre Erklärung, die ihn – ungeachtet ihres Wahrheits-
gehalts – von persönlicher Schuld entlastet. Koller trinkt schon während der Arbeit
im Lager einige Flaschen Bier; nach der Arbeit zieht es ihn regelmäßig mit einigen
Kollegen ins Wirtshaus. Fast jeden Abend kommt er schwer betrunken nach Hause
und legt sich gleich schlafen. Sieben Jahre geht es so dahin. In jenem kritischen
Moment eines noch irgendwie patriarchal getönten Familienlebens, in dem der Vater
an der Türschwelle steht und eintritt, zeigt sich der Niedergang. Es läutet. Kevin
öffnet die Tür und erkennt die Lage mit einem Blick. Resigniert meldet er der Mutter:
»Ojeh Mama, der Papa is schon wieder angsoffn.«[12] In welcher Hinsicht sollte sich
Kevin seinem Vater unterwerfen? In seinem Phlegma ist der Vater nicht einmal ein
Mann, vor dessen Zorn oder Gewalt sich das Kind fürchten müsste.

Michaela Koller hat längst einen Freund, Franz Wild, der seinerseits noch verheiratet
ist. Hans Koller schöpft keinen Verdacht, wenn seine junge Ehefrau abends »fortgeht«
und erst spät heimkommt. Er schläft seinen Rausch aus. Später wird er von Franzis
Ehefrau einen Anruf erhalten. Seine Frau gehe fremd. Nach der Scheidung wird Koller seinen Sohn Kevin fragen, wie lange das denn schon so gegangen sei. Und Kevin

wird weinend »gestehen«, dass die Beziehung schon etwa zwei Jahre bestanden hat, als der Vater Kenntnis davon erhält. Michaela Koller beantragt nun umgehend die Scheidung. Im Juli 1997 wird die Ehe einvernehmlich geschieden. Drei Monate darf Hans Koller noch in der ehelichen Wohnung bleiben. Dieses Recht gesteht ihm das Gericht zu. Dann zieht er in eine kleine Gemeindewohnung, die er von seiner Mutter übernommen und für sich oder für seinen Sohn in Reserve gehalten hat. Im folgenden Halbjahr verschlechtert sich sein Zustand erheblich, wie es von geschiedenen Männern mit Alkoholproblemen häufig berichtet wird. Übermäßiges Trinken ist einer jener Faktoren, die die Lebenserwartung Geschiedener im Vergleich zu verheirateten Männern deutlich verringern. In diesem körperlich geschwächten und depressiven Zustand trifft Hans Koller eines Abends in einer Bar auf Sylvia Mayer.

Franz Wild bringt einen sechzehnjährigen Sohn in die zweite Ehe mit. Seit dem Einzug der beiden in Michaela Kollers Wohnung lebt Kevin während der Woche nach gängiger Typologie (Krähenbühl u. a. 1984) in einer »zusammengesetzten Stieffamilie«. Jeder Partner hat ein leibliches Kind aus erster Ehe bei sich. Als dann eine gemeinsame Tochter zur Welt kommt, entsteht eine ›Patchwork-Familie‹ in dem von Anne C. Bernstein gemeinten Sinn (Bernstein 1990). Bianca, so wird das Mädchen genannt, bildet in den nächsten Jahren den Mittelpunkt des Familienlebens. Kevin befindet sich in einer schwierigen Lage: Sein sechs Jahre älterer Stiefbruder René ist ihm in fast allen Belangen überlegen und wird von seinem Vater als erster und leiblicher Sohn deutlich bevorzugt. Die kleine Bianca zieht alle Aufmerksamkeit auf sich. Daher wird es für Kevin immer bedeutsamer, dass sein Vater mit Hilfe seiner neuen Lebenspartnerin (Sylvia Mayer) endlich dem Alkohol entsagen kann und nach seiner Genesung erstmals für seinen Sohn regelmäßig ansprechbar ist. Kevins *Sandwich*-Position zwischen den beiden leiblichen Kindern des Franz Wild auf der einen Seite erhält in der neu hergestellten Beziehung zu seinem Vater auf der anderen Seite ein emotionales Gegengewicht. Das regelmäßige Pendeln des Kindes zwischen beiden Haushalten und die Kommunikation der getrennten Eltern, an denen die neuen Intimpartner beider Eltern Anteil nehmen, lassen ein lebhaftes soziales System aus zwei Folgefamilien entstehen. Doch wird die Kommunikation vorwiegend von Sorge, Neid und Vorwürfen bestimmt. Dies und der Mangel an Ressourcen haben allerdings nicht erst mit der Bildung der Folgefamilien begonnen. Die Vor-Geschichten reichen in die Herkunfts- und Erstfamilien zurück. Geschichten gehen aus Ereignissen hervor, die in den Akteuren starke Affekte und Emotionen ausgelöst haben. Eben deshalb bleiben sie im individuellen Gedächtnis wie im Gedächtnis der Gruppe. Wenn gemeinsame Geschichten verbinden, dann gilt das auch für Folgefamilien, die in Feindseligkeit, Sorge und Angst verbunden sind. Eine der stärksten Bindungen entsteht auf der Seite des Mannes durch dessen Wut und Zorn auf den jahrelangen Betrug durch die Ex-Ehefrau. Die Ex-Ehefrau ist vom Versagen des Ehemannes und die verlorenen Jahre ihrer ersten Ehe enttäuscht. Wut und Zorn des Mannes führen in diesem Fall aber nicht etwa zu Aggressionen, sondern zu Angst (wörtlich »Federn«); auf der anderen Seite nährt die tiefe Enttäuschung der Ex-Ehefrau deren Bedürfnis, offene Rechnungen zu begleichen, obwohl sie ahnt, dass dies nicht zu erreichen sein wird. So bleiben die Ex-Ehepartner einander in starken Gefühlen verbunden. Sowohl der Mann als auch die Frau fühlen sich als Opfer des Anderen und geben ihm alle Schuld. Seit zwei Jahren streiten sie jedoch nur noch am Telefon. Eine Unterredung von Angesicht zu Angesicht scheint ihnen viel zu bedrohlich.

6.5 Zwei Kinder und ihre verfeindeten Eltern

Untersuchen wir die Erinnerungen, Perspektiven und Handlungsmuster der beiden Kinder Kevin und Mario. In familiensoziologischer Terminologie hat Kevin in der um seine Mutter neu entstandenen ›Patchwork-Familie‹ einen Stiefvater (Franz Wild), einen älteren Stiefbruder René und eine Halbschwester Bianca. Auf der anderen Seite des Systems lebt er an den meisten Wochenenden mit seinem Vater, mit seiner ›sekundären Stiefmutter‹ Sylvia Mayer und seinem ›sekundären Stiefbruder‹ Mario. Diese Folgefamilie bezeichnet die Familiensoziologie wegen der kürzeren Zeit, die das Kind in ihr verbringt, als ›sekundäre Stieffamilie‹. Mario Mayer lebt permanent im Haushalt seiner Mutter Sylvia und mit seinem ›Stiefvater‹ Hans Koller, an vielen Wochenenden und in Urlauben auch mit seinem ›Stiefbruder‹ Kevin. Für beide Buben hat sich also das Beziehungsnetzwerk deutlich kompliziert. Doch nur Kevin ist ein ›Pendler‹, der regelmäßig zwischen beiden Folgefamilien hin und her wechselt. Dies, seine materielle Versorgung und die damit einhergehende Kommunikation erzeugen einen guten Teil der Verbindungen zwischen beiden Folgefamilien. Mario hingegen sieht seinen Vater, der im nördlichen Weinviertel bei einer älteren Frau Unterschlupf gefunden hat, nur wenige Male im Jahr.

Auf meine Frage, wie sich Kevin und Mario verstünden, antwortet Frau Mayer, anfangs hätten beide Schwierigkeiten gehabt, sich aufeinander einzustellen, denn sie seien ja in ihren Erstfamilien als *Einzelkinder* aufgewachsen. Frau Mayer zitiert eine alltagspsychologische Theorie, die sich zwar primär aus eigenen Erfahrungen und Beobachtungen nährt, aber auch einzelne Begriffe und Redeweisen (»Einzelkind« u. a.) aus wissenschaftlichen Diskursen und deren journalistischen Übersetzungen übernimmt. Auch in diesem bildungsfernen Milieu sickert einiges aus den Fachdiskursen der Psychologen, Psychotherapeuten und Pädagogen in die Alltagssprache ein (Mahlmann 1991), wie unter anderem die folgende Erzählpassage zeigt:

SYLVIA MAYER: »No *warum* woars schwierig? Des woarn beide *Einzelkinder*!«

HANS KOLLER: »Mhm is richtig jo.«

SYLVIA MAYER: »*Beide* hom olles kriagt – ( ) da Mario – i hob eam schon *sehr* zum *Teilen* erzogen muass=i sogn olso – do hots eigentlich nie Probleme gebn, dass er nicht irgendwo oteilt ((mit anderen teilen)). Natialich – da Mario wollt sich daham auffiahrn jetzt – *auffüahn* mecht=i net sogn, i man, sich behaupten – jetz muass=er mi *eh* schon mit an *neichn Maunn* teilen, jetz muass er mi mit *an Kind auch* noch *teilen* naürlich -- und i bin eigentlich der Mensch, dass i do nit – relativ – viele Unterschiede setz. – Für mi zöht jeda gleich, is wuascht ob des *mei* Kind oda *sei* Kind is – es san – *die Kinda* – de san do. – Kriagt *der* wos, kriagt *der* wos, kriagt *der* nix, kriagt *der* nix. Kaun i, is *guat*, kaun i *net*, is *a* guat. -- Jo daun i hob des hoit immer zu *schlichten* und wa:s i wos probiert. – -- daun … I man, es is a Zeit laung irrsinnig *guat* gaungan, *daun* woan die *Machtkämpfe*. – Vor allem bei Kevin is no dazuakumman – mit dem wos sie ((Michaela Koller)) jetz vaheirat is, der hot jo a noch an sechzehnjährigen Sohn in die Ehe mitgebrocht, olso dozumois an vierzehnjährigen Sohn. – Zuerst is da Kevin im Mittlpunkt gstaundn – daun auf amoi hots do drübn zwa ((Kinder)) gebn und *do* hots a wem gebn. I siech des ein, dass des fürn Kevin schwer is, mit olle *viere* san=ma do gsessn und hom=ma gsprochn üba die Situation und und und.«[13]

Typische Schwierigkeiten von Kindern und Eltern in Folgefamilien kommen hier zur Sprache. Mario und Kevin hatten in den Erstfamilien die Position von Einzelkindern und mussten sich in den Folgefamilien erst an ihre neuen Geschwister gewöhnen. Doch nicht nur für sie, sondern für alle Beteiligten, so sieht es Frau Mayer durchaus treffend, war damit die Anforderung verbunden, ihre Bedürfnisse und Interessen auf die gewachsene Zahl von Beziehungen (intim-partnerschaftliche Beziehungen, Geschwisterbeziehungen, Eltern-Kind-Beziehungen) abzustimmen. Die Konstellation ändert sich jeweils erheblich, wenn der Freitag Nachmittag angebrochen ist und Kevin kommt, oder wenn es wieder Montag Morgen geworden ist und Kevin die Wohnung verlässt, um während der Woche im Haushalt seiner Mutter zu wohnen. Den neuen Anforderungen versucht Frau Mayer mit einem Modell der Gleichwertigkeit der beiden Kinder (Äquivalenz) und der gleichen Nähe zu ihnen (Äquidistanz) gerecht zu werden. Sie behauptet zwischen dem leiblichen Sohn und dem Sohn ihres Lebenspartners keinerlei Unterschiede zu machen. (»Für mi zöht jeda gleich, is wuascht ob des *mein* Kind oda *sein* Kind is«). Frau Mayer formuliert ihre Auffassung von einem allgemein erwünschten und vermeintlich vorteilhaften, legitimen Verhalten, eine *Maxime*. Sie bringt diese Maxime immer dann ins Spiel, wenn sie zwischen den Söhnen vermitteln will, um deren »Machtkämpfe«, die in letzter Zeit deutlich zugenommen hätten, einzugrenzen. Doch dass diese Maxime realisierbar wäre, können wir nach allen Mühen und Kämpfen, welche die Frau schon durchgestanden hat, nicht so recht glauben. In den folgenden Gesprächspassagen finden wir denn auch einige Hinweise, dass sie die Maxime vor allem dann deutlich verfehlt, wenn es um ihre materiellen Interessen geht.

Seit in der anderen Folgefamilie Bianca geboren wurde, ist für Kevins Mutter und deren zweiten Ehemann die Frage virulent, welche Rechte und Pflichten Kevin in den beiden Folgefamilien hat. Wenn Kevin mit dem älteren René und dann auch mit der kleinen Bianca um Aufmerksamkeit, Zuwendung und Liebe der Mutter konkurriert, gerät er damit auch in der Folgefamilie des Vaters in eine neue Lage. Sein Bedürfnis verstärkt sich, vom Vater eindeutigere Zeichen der Zuneigung und der Zugehörigkeit zu erhalten. Dies wieder zieht Reaktionen aller anderen Mitglieder dieser Folgefamilie nach sich: Mario wird eifersüchtig und Frau Mayer versucht den damit angefachten *Machtkampf* zwischen den Kindern auszugleichen, indem sie sich als erfahrene Haupterzieherin in die Bresche wirft.

6.6 Die Leidenschaft für die Bildung der Kinder

In dem Maß, wie sich ab den 1960er und 1970er Jahren der Bedarf an qualifizierten Arbeitskräften erhöhte, wuchs auch der Druck auf die Bildungspolitik der westlichen Staaten, die vorhandenen Potenziale »auszuschöpfen«, wie es im Jargon der Bildungsökonomen ungeschminkt heißt. In der Phase sozialdemokratischer Hegemonie in Frankreich, Deutschland, Österreich und in skandinavischen Ländern verband sich damit die Parole von der »Demokratisierung der Bildung« als wichtigem Teilschritt zur »Demokratisierung aller Lebensbereiche«. Ab Mitte der 1960er Jahre nahmen bis dahin benachteiligte Familien die verbesserten Bildungsangebote zunehmend an und schickten ihre Kinder in weiterführende allgemein- und berufsbildende Schulen. Vor allem die Anteile von Kindern aus Dörfern und Kleinstädten und von Mädchen an den Absolventen höherer Bildung wuchsen in den folgenden Jahren (Lassnigg 1996). Mit der Öffnung der Bildungsportale (der Zugänge zu Gymnasien und berufsbildenden höheren Schulen, Pädagogischen Akademien, Universitäten und Fachhochschulen) war jedoch zwangsläufig verbunden, dass sich mit der wachsenden Zahl der Absolventen der Wert der Zertifikate und Abschlüsse tendenziell verringerte. Ein Verdrängungsprozess der Bildungsklassen von oben nach unten setzte ein. Wo vor dieser bis heute anhaltenden ›Bildungsexpansion‹ noch die Absolvierung einer zweijährigen Handelsschule genügt hatte, saß bald eine Abiturientin bzw. Maturantin. Wo in den 1950er Jahren ein Maturant seine Laufbahn in einem

Amt, in einer Behörde oder in einem Dienstleistungsbetrieb begann, wurden einige Jahrzehnte später nur noch Akademiker eingestellt. Mit dem Verdrängungseffekt nahm die Konkurrenz unter den immer zahlreicheren Absolventinnen und Absolventen derselben Bildungsklasse und in ihrem Vorfeld auch die Konkurrenz zwischen den Eltern zu.

Schüler und Studierende aus schwächeren sozial-kulturellen Milieus müssen sich besonders anstrengen, um auf ihrem Bildungsweg Erfolg zu haben. Ihre Eltern erbringen im Verhältnis zu ihren Einkommen höhere materielle Opfer als sozioökonomisch stärkere Eltern. Die Kinder müssen nicht nur ihre Rede- und Schreibweise verändern und an jene der Bildungseliten annähern, sondern auch ihren Lebensstil, ihre Kleidung und ihren Habitus, was ihnen nach der praxeologischen Theorie Pierre Bourdieus allerdings niemals vollständig gelingen kann (Bourdieu 1974, 1987). Trotz aller Anstrengungen finden sich jene, die auch tatsächlich bis an das vorgesehene Ende der Bildungslaufbahn gelangen, immer öfter vor die Situation gestellt, auf dem Arbeitsmarkt keine Stelle zu finden, die ihren Erwartungen entspräche. Wenn sich zwei Bewerber mit dem formal gleichen Bildungsabschluss um eine Stelle bewerben, gewinnt meistens jener aus dem sozial-kulturell stärkeren Milieu (Tippelt 2005). Denn sowohl in eher weichen als auch in sogenannten ›objektivierten‹ Auswahlverfahren schlägt der über Jahre und Jahrzehnte praktizierte Kommunikationsstil in der Herkunftsfamilie in den sprachlichen, sozialen und emotionalen Kompetenzen am stärksten zu Buche. Überdies suchen privilegierte Eltern angesichts der sich verschärfenden Konkurrenz die Kindergärten, Schulen, Hochschulen und Universitäten für ihre Kinder noch gezielter und sorgfältiger aus. Privatkindergärten, Eliteschulen und – so vorhanden – Eliteuniversitäten kosten viel Geld, erfordern wiederholte Ortswechsel der Kinder, sehr gute Sprachkenntnisse und hohe soziale Kompetenz. Komplementär dazu stehen auch Schulen und Hochschulen unter wachsendem Druck, ihre Lehrangebote, Studiengänge und ihr Selbstverständnis zu verändern. Mehr Wettbewerb, das Ranking der Hochschulen, »Benchmarking«, Studiengebühren und die Einrichtung von Elite-Hochschulen werden von der EU-Bildungspolitik und von der staatlichen Bildungspolitik gefordert. Auch die vorschulische Erziehung der Kinder gerät unter Reformdruck, etwa wenn es um die Sprachkompetenz der Kinder beim Eintritt in die Grundschule geht. Hiermit aber werden die Unterschiede in der Sozialisationsleistung der Familien nicht – wie oft behauptet – kompensiert, sondern für die Bildungskarrieren der Kinder noch relevanter. Im Licht dieser These erscheint die Annahme vieler Eltern, sie könnten über den formalen Bildungsgrad ihrer Kinder bestimmen, welche Positionen die Kinder beruflich und gesellschaftlich erlangen können, teilweise als Illusion. Diese Illusion aufzudecken liegt jedoch weder im Interesse des Bildungssystems noch im Interesse der Privilegierten. Die besser und am besten gebildeten und ausgebildeten Eltern, die diese Zusammenhänge zum Teil durchschauen, investieren in dem Bewusstsein, ihren Kindern neben den besten Schulen und Universitäten auch kraft ihres sozialen und kulturellen Kapitals eminente Startvorteile zu bieten (Sprache, Habitus, Selbstvertrauen, nützliche Beziehungen u. a. m.), die ihre Kinder auch und gerade aus einer weiter verschärften Bildungskonkurrenz als ›Gewinner‹ hervorgehen lassen.

Dieser knappe Exkurs soll erklären, warum der Kampf um die Bildungschancen der Kinder von bildungsfernen, aber ›aufstiegsorientierten‹ Eltern oft mit besonderer Leidenschaft und auch einigem Leid aufgenommen wird. Aufstiegsorientierte Eltern wollen alles tun, damit ihre Kinder das Milieu in Richtung auf ein sozial, kulturell und materiell stärkeres Milieu verlassen können. Dementsprechend versuchen sie, die Ressourcen der Kinder zu stärken und zu vermehren. Die allgemeine Redeweise verdunkelt dieses strategische Moment, indem sie alle Anstrengungen hinter diffusen idealistischen Begriffen wie »engagierte« oder »verantwortliche« oder »gute« Elternschaft verbirgt. Die sich aufrichtenden Barrieren und die negativen Prognosen von Experten (wie im Fall Marios) spornen einerseits die Leidenschaft der Eltern an, stimmen sie jedoch oft zugleich pessimistisch, was die Chance betrifft, das so leidenschaftlich angestrebte Ziel auch zu erreichen. Sylvia Mayer und Michaela Koller haben diesen Kampf für ihre Söhne Mario und Kevin aufgenommen und sie führen ihn nun auch nach ihren Scheidungen und dem Umbau ihres Familienlebens weiter. Der Streit zwischen den beiden Folgefamilien um die Erziehung Kevins, und schon zuvor die enormen Anstrengungen Sylvia Mayers, ihrem Sohn Mario trotz aller Schwierigkeiten eine Bildungschance zu bewahren, erscheinen in diesem Kontext nicht nur als individuelle Besonderheiten, sondern auch als klassen- und milieuspezifischer Ausdruck eines so leidenschaftlichen wie pessimistischen Kampfes um die Chancen der eigenen Kinder auf ein ›gutes‹ oder ›besseres‹ Leben.

Um das evidente Risiko des Scheiterns ihrer ›Erziehung‹ zu mindern, wählt Sylvia Mayer einen rigiden Kontrollkurs. Mario darf nicht aus dem Haus gehen und er muss zeitig zu Bett gehen, wenn er »nicht brav« war. Die Mutter wünscht eine psychologische Betreuung des Buben. Mit der Lehrerin hat sie vereinbart, einmal die Woche in der Schule »nachzuschauen«. Dennoch ist ungewiss, ob Mario der gewünschte ›Aufstieg‹ über das Bildungssystem gelingen wird. Wenn sich seine Auffälligkeiten wiederholen, könnte ihm sogar ein ›Abstieg‹ drohen. Seine Mutter neigt dazu, dem »Hinuntersinken« eine unaufhaltsame Dynamik zuzuschreiben. Angesichts der diskursiven Pathologisierung des fünf- bis sechsjährigen Mario im System der Experten scheint ihre Furcht nicht unbegründet. Sie steigert sich zur »*einzigen* Angst«, ja zur »*panischen* Angst«, was die These von der hohen subjektiven Bedeutung des Erziehungsprojekts in einer solchen Lage bestätigt:

FRAU MAYER: »Jo ----- ((hustet)) I man psychologische Betreuung weiter in da Schule und des Gaunze --- jo – mei *einzige* Angst is --- njo dass er/ -- dass er ma holt do irgendwo do eine – *geratet*.«

RS: »Was meinen Sie mit irgendwo hineingeraten?«

FRAU MAYER: »Jo mit der gaunzn *Schimpferei* und mit seiner *Aggressivität*, dass … des amoi schief *aus*geht. --- I hob eam eh -- schon so vü gsogt und ----- vor dem hob i wirklich a *panische* Angst oiso – dass er=ma do irgendwo *obesickert* ((hinunter sickert)). --- Und i wa:s a no net, wie ich das *aufhalten* oda *ändern* kann, und i man, i steh jo mit irrsinnig nahem Kontakt in der Schul, – mit dem Lehrer is ausgmocht, dass= i hoit amoi in da Wochn so *nachschaun komme* und und und.« [14]

In ihrer Sorge eilt die Mutter möglichen nachteiligen Entwicklungen gleichsam voraus. Sie will sich mit Experten und Professionellen der Erziehung und der Psychotherapie besprechen, bevor ein Malheur passiert. Sie weiß, dass auf den Arbeitsmärkten nicht nur Wissen und Können, sondern auch Stil gefragt ist. Daher finanziert sie Mario einige Tennisstunden. Sie möchte nichts versäumen, was ihn zu einem ›angesehenen‹ Menschen macht. Manchmal scheint sie das Kind in seiner momentanen Lage gar nicht wahrzunehmen, so beschäftigt ist sie mit seiner Zukunft. Sie hat sich verhakt in die Rolle der »kämpfenden Löwin«, die sie ja auch einmal sein musste, um sich gegen die Drohungen des Ehemannes durchzusetzen.

Auch an dem Ex-Ehepaar Koller beobachten wir, wie geschiedene Eltern dem Kampf um die Bildungslaufbahn ihres Kindes eine besondere Note geben können. Sie führen ihren fortgesetzten Streit vorrangig im Namen der Bildung und Ausbildung des Kindes. Michaela Koller fordert von ihrem Ex-Ehemann und damit auch von dessen neuer Partnerin, am Wochenende mit Kevin »etwas zu unternehmen«. Hinter dem unscheinbaren Wort »etwas« verbergen sich ungenannte Aktivitäten wie Fußballspielen, Drachensteigen, Eislaufen, der Besuch eines Museums oder auch nur Spazierengehen. Frau Mayer, die sich damit in ihrem Selbstbild als kompetente Mutter und Erzieherin in Frage gestellt sieht, entgegnet der Forderung ihrer Rivalin wütend, Kevins Mutter mache »überhaupt nichts mit ihm«.

Elternarbeit wird nun auch von Hans Koller gefordert, der die ersten zehn Jahre seiner Vaterschaft wegen seiner Trinksucht weitgehend versäumt hat. Nur darin stimmen die Ex-Ehefrau und die neue Lebensgefährtin des Mannes überein. Die Ex-Ehefrau würde diese Forderung an den Vater ihres Sohnes wohl so nicht stellen, wäre da nicht auch ein gesellschaftliches Skript, das sie dazu legitimiert. Es meint ungefähr folgendes: Getrennt lebende Väter haben mit ihrer Trennung Schuld auf sich geladen. Neben möglichen offenen Schulden gegenüber der ehemaligen Partnerin haben sie vor allem eine Bringschuld gegenüber ihren Kindern. Sie können diese Schuld teilweise ›abzahlen‹, indem sie sich mit erhöhtem Engagement und Einsatz um die Bildung und Erziehung ihrer Kinder kümmern. Dies scheint legitim angesichts der Sorge, die schulische Laufbahn des Kindes gerate durch die Trennung der Eltern in Gefahr. Es trägt dazu bei, dass wie in diesem Fall häufig ein *upgrading* der Vaterarbeit nach der Trennung der Eltern zu beobachten ist (s. Kapitel 10.10.3.1).

6.7 Lizitation und Delegation

Ob ein getrennt lebender Vater hinreichend Vaterarbeit leistet, ist zwischen ihm und seiner Ex-Ehefrau oder seiner ehemaligen Lebensgefährtin und Mutter seiner Kinder sehr oft umstritten. Nicht nur zwischen derart verfeindeten Folgefamilien neigt die Ex-Ehefrau dazu, ihre Forderungen an den Ex-Ehemann immer aufs Neue zu steigern (Lizitation). Seit ihrer Scheidung und seit ihr Ex-Ehemann eine neue Familie hat, stellt Michaela Koller immer wieder Forderungen an ihn und auch an seine neue Lebenspartnerin. Auch Kevins Großeltern mütterlicherseits beteiligen sich daran, die unzulängliche Betreuung des Sohnes durch den Vater und dessen neue Lebenspartnerin zu behaupten. Die Mutter des Kindes und ihre Eltern bestätigen sich wechselseitig in ihren Klagen über den säumigen Vater. Insbesondere werfen sie ihm vor, die Bildung des Sohnes nicht gehörig zu fördern. Sie halten, allen kleinen Veränderungen und Besserungen des Mannes zum Trotz, an dem im Lauf der ersten Ehe gebildeten Urteil über ihn fest. Würde Michaela Koller die Veränderungen ihres Ex-Ehemannes anerkennen, müsste sie sich die Frage stellen, ob es gut und richtig war, ihn über zwei Jahre zu betrügen und dann zu verlassen. Die dem Mann vorgeworfene Schuld verdeckt ihre eigenen Schuldgefühle. Überdies wirft sie ihrem Ex-Ehemann vor, es sich mit ihrer Nachfolgerin – auf gut Wienerisch – gerichtet zu haben. Nun, nachdem er zu trinken aufgehört hat, ist er vom Lagerarbeiter zum Verkäufer aufgestiegen, was sich nicht nur im höheren Einkommen, sondern auch in sichtbar ›besserer‹ Alltagskleidung ausdrückt. Heute trägt Hans Koller ein helles Hemd mit Sakko und Krawatte (so empfängt er mich auch zu den Gesprächen in der Wohnung) – Zeichen des Angestellten. Nun lebt er in einer gut ausgestatteten Wohnung, die allerdings Frau Mayer gehört. Nun fährt er (dank Frau Mayer) einmal im Jahr auf Urlaub in die Türkei. Erst jüngst hat sich das Paar eine – wie die Ex-Ehefrau sagt, »sündhaft teure« Küche angeschafft. Warum, so fragt Michaela Koller anklagend, hat er das alles nicht auch schon in seiner ersten Ehe gemacht? Sie führt also einen gleichsam verspäteten Streit um ein ›gutes Familienleben‹. Die offenen Rechnungen werden von ihrem Ex-Ehemann nicht mehr beglichen werden. Und genau das macht sie wütend.

Die Vorwürfe bleiben allerdings nicht unerwidert. Aus der Sicht von Frau Mayer und Herrn Koller wird Kevin von seiner Mutter »schlecht erzogen«. Die Konkurrenz der beiden Folgefamilien bezieht sich also neben wirtschaftlichen Fragen auf die Kindererziehung, und das wird sehr deutlich ausgesprochen: »Is irgendwie traurig, dass die *Erziehung* da drüben ziemlich *schwach* ist.«[15]

Zu Beginn einer Urlaubsreise verdichtet sich die Konkurrenz der beiden Folgefamilien allegorisch: Kevin wird von Hans Koller und Frau Mayer in die Abflughalle des Flughafens gebracht und verabschiedet sich mit einem Kuss von seinem Vater. Als er etwa zwanzig Meter entfernt seinen Großvater (mütterlicherseits) und seinen Stiefvater (»Franzi«) erblickt, »geht ein Ruck durch ihn«, erzählen Hans Koller und Sylvia Mayer übereinstimmend. Er bewegt sich »wie ferngesteuert«, »da wars auf einmal aus«.[16] Was das Paar nur mit einer unscharfen Körpermetapher aus der Robotik umschreiben kann, deuten wir so: Das Kind kann den beiden getrennten und im Konflikt lebenden Elternteilen und deren Folgefamilien *nicht gleichzeitig und nicht am selben Ort angehören*. Die einzig mögliche Existenzweise des Kindes ist bis auf weiteres *das Pendeln* zwischen den beiden Folgefamilien, womit es nie an beiden Orten und in beiden Familien gleichzeitig ist. Das Kind kann sich nur dann einer der beiden Folgefamilien zugehörig fühlen, wenn es von der anderen getrennt ist. Stehen dem Kind aber bei derartigen Zwischenfällen plötzlich Angehörige beider Familien gegenüber, erhöht sich der psycho-soziale Druck derart, dass es sich nur noch »hilflos« und wie »ferngesteuert« von einer zur anderen (Familien-)Seite bewegen kann. Jener, der die Fernsteuerung bedient, steht aus der Wahrnehmung der Kontrahenten immer auf der anderen Familienseite, ausgestattet mit einer vermeintlich illegitimen Macht über das Kind.

Dazu eine zweite Geschichte. Die Mutter schickt Kevin mit einem recht verschlissenen Kapperl zum Flughafen, denn das sei »gut genug« für die Türkei. So wertet die leibliche Mutter aus der Sicht von Frau Mayer nicht nur ihre Rivalin, sondern auch die von ihr organisierte Urlaubsreise ab. Sylvia Mayer gibt Kevin daraufhin ein neues Kapperl, denn: »so nimm i des Kind net *mit*, weil i man i *genier* mi jo, net, die Leit glaubn jo, des is *mei* Kind«.[17] Ein weiterer Hinweis darauf, dass die Maxime der Äquidistanz und Äquivalenz (beide Kinder seien der Frau gleich viel wert und gleich nahe) nicht realisiert werden kann. In der Türkei gewinnt Kevin bei einer Tombola einen Spielzeug-Hubschrauber. Zurück in Wien, bringt er einer Tante, der Schwester seiner Mutter, den geborgten Koffer zurück. Ihr erklärt er, das Kapperl in Italien (im Urlaub mit seiner Mutter) gekauft und den Hubschrauber im selben Italienurlaub gewonnen zu haben. Er verortet also beide Dinge (sachlich unzutreffend) auf der Familienseite der Mutter. Diese »Lüge« empört Frau Mayer zutiefst. Sie könne mit ihrem Video »beweisen«, dass Kevin die Unwahrheit gesprochen habe. Wir erinnern uns: Beweise spielen in Sylvia Mayers Leben seit ihrer Scheidung eine besondere Rolle.

Hans Koller teilt die Empörung seiner Lebenspartnerin und übernimmt nach anfänglichem Zögern ihre Meinung, Kevin benötige irgendeine Art von »psychologischer« Betreuung: »Und do frog i mi ehrlich, *wem* soll=i glaubn -- und *warum* mocht er des? --- Oiso i glaub mo / i glaub maunchmoi, da Kevin gehört zum *Psychologen*.«[18]

Auch diese Geschichte zeigt Kevins Problem, nicht beiden Familien gleichzeitig angehören zu können, was bei anderen Folgefamilien, die weniger verfeindet sind, sehr wohl möglich ist.[19] Insbesondere auf der Familienseite seiner Mutter (hier: im Gespräch mit deren Schwester) darf sich Kevin einzig und allein zu deren Familie und zu deren Verwandten bekennen. Die neue Familie des Vaters muss er verleugnen, just in einem Zusammenhang, der ihn und seine eigenen Konsuminteressen betrifft. Der Vater stellt Kevin am Telefon erbost zur Rede. Kevin bestreitet alles. Was sollte er sonst tun, wenn er doch seinen Vater, den er erst vor kurzem zurückgewonnen hat, nicht kränken und schon gar nicht verlieren will? Herr Koller ist ratlos: »Wem soll ich glauben? Warum macht er das?« Die beiden Paare lasten alle auftretenden Ungereimtheiten Kevin persönlich an und vermögen nicht zu sehen, dass sie die Unsicherheiten des Kindes großenteils durch ihre Feindseligkeit verursachen und aufrecht erhalten. – Damit erweist sich die ältere These der »Stieffamilien«-Forschung (Visher u. Visher 1987) von der Unvereinbarkeit zweier Zuhause für derart verfeindete (sic!) Folgefamilien als partiell immer noch richtig. Doch ist nicht von einem »Kulturschock« des Kindes, hervorgerufen durch eine kulturelle Differenz zwischen den beiden Folgefamilien, zu sprechen. In diesem Punkt war die ältere »Stieffamilien«-Forschung noch substanzialistisch. In der uns angemessener erscheinenden sozialkonstruktivistischen Sichtweise ist es vielmehr die feindselige Kommunikation der Paare, die viele Schwierigkeiten des Kindes erzeugt.

Was sich der Wahrnehmung der beiden Paare ebenfalls weitgehend entzieht, ist, dass sie sich aus der Kritik an der anderen Familie ein Gefühl ihrer Zusammengehörigkeit als Paar verschaffen. Das Paar Koller-Mayer hält neben dem Programm, den Alkoholmissbrauch des Mannes abzustellen, vor allem zusammen, dass es Kevin beschuldigt, untreu zu sein und dass es dem anderen Paar vorwirft, Kevin »schlecht« zu erziehen. Das eine Paar feindet das andere Paar vornehmlich als Elternpaar an, um sich selber ›vertragen‹ und in seiner eigenen Elternarbeit wertschätzen zu können. Frau Mayer findet darin nach den Jahren ihrer Querelen mit ihrem ersten Ehemann und den Tobsuchtsanfällen Marios eine neue Herausforderung. Da nun nicht mehr ihr eigenes Kind, sondern das Kind des Lebensgefährten im Zentrum der Auseinandersetzungen steht, setzt sie sich gleichsam als ratgebende Expertin für die Erziehung schwieriger Kinder ein. Den Sohn des neuen Lebenspartners zu pathologisieren ist die Wiederholung eines im Umgang mit dem eigenen Kind bereits erlernten und einverleibten Musters. Zugleich sieht sich Frau Mayer durch die (von ihr mit konstruierten) Ähnlichkeiten der beiden Buben in ihrer Meinung bestätigt, dass alle Kinder, die die Scheidung der Eltern erleben, irgendeinen »psychischen Schaden« erleiden.

Der Familientherapeut Salvador Minuchin sprach in den späten 1970er Jahren – noch ausschließlich auf Erstfamilien bezogen – von ›Triangulation‹, wenn die Eltern, die einen offenen oder verdeckten Konflikt miteinander haben, sich die Sympathie und Unterstützung des Kindes gegen den anderen Partner holen. »Bei der Triangulation wird das Kind in eine Lage gebracht, aus der heraus es sich nicht äußern kann, ohne mit seiner Äußerung Partei für den einen und gegen den anderen Elternteil zu ergreifen« (Minuchin, Rosman u. Baker 1981, 46 f.). Im vorliegenden Fall aber betreiben *zwei* nach Trennungen und Scheidungen neu gebildete Paare die Triangulation eines Kindes, das regelmäßig zwischen zwei Haushalten pendelt. Ein binukleares Familiensystem, in dem zumindest eine der getrennten Paarbeziehungen derart konflikthaft bleibt, scheint für eine solche Variante der *Triangulation* prädestiniert. Die neuen Partner der Elternteile und oft auch Großeltern beteiligen sich aktiv an dieser familienübergreifenden (interfamilialen) Form der Triangulierung.

Kevins Problem besteht unter anderem darin, in den beiden Folgefamilien nicht immer »die Wahrheit« sagen zu können, um die Feindseligkeiten nicht noch zu verstärken und damit seine eigene Lage zu verschlechtern. Wird eine Unwahrheit entdeckt, legen ihm dies die Paare auf beiden Seiten schlicht als banale Lüge aus. Noch gravierender ist, dass die getrennten Eltern und deren neue Intimpartner das Kind über die Vorgänge in der anderen Folgefamilie ›ausfragen‹. Kevin kann dann nur ausweichend antworten, lügen oder schweigen. Aber es geht nicht nur um das Reden, es geht auch um das Fühlen und die körperliche Präsenz. Würde er sich im gewünschten Ausmaß in der Folgefamilie seines Vaters heimisch fühlen, bekäme er Schwierigkeiten in der Folgefamilie seiner Mutter. Was immer er in der einen Folgefamilie tut oder unterlässt, hat in der anderen gewisse Wirkungen. (Auch deshalb scheint es vollends angemessen, die beiden Folgefamilien als ein System anzusehen.) Kevin versucht sich den Forderungen nach mehr Präsenz in der Folgefamilie des Vaters durch Gegenforderungen zu entziehen. So teilt er seinem Vater mit, er würde künftig an den Wochenenden nicht mehr übernachten, denn hier habe er kein eigenes Bett. Ein eigenes Bett würde Kevins Gefühl der Zugehörigkeit verstärken und vielleicht sogar ein zweites Zuhause symbolisieren. Doch diesem Wunsch wird nicht entsprochen und Kevin schläft weiterhin auf einem unbequemen Campingbett. Wahrscheinlich ist auch dies mit der ökonomischen Konkurrenz zwischen den beiden Familien (s. u.) und der Tendenz, die Kosten für das Kind der Gegenseite zu verrechnen, zu erklären. Aus jeder Kooperation wird nahezu zwangsläufig ein weiterer Streit. Was bleibt, ist der Ausdruck hilflosen Bedauerns: »Derzeit ist es *traurig*.«[20]

Für ein Kind in Kevins Alter gibt es kaum Fluchtmöglichkeiten. Kevin schafft es immer wieder, in der einen Folgefamilie Aufruhr zu erzeugen, der umgehend auf die andere überspringt. Das Kind erlebt dann sowohl seine Macht als auch seine Ohnmacht an der Aufregung, die es jeweils ausgelöst hat (Selvini-Palazzoli, Cirillo, Selvini, Sorrentino 1988). Entwicklungsdynamisch gesehen, wird es ihm damit erschwert, relative personale Autonomie zu erlangen, also eine auf die getrennten Eltern und deren Ehe- resp. Lebenspartner bezogene Individuation zu vollziehen (Stierlin 1978). In kultur- und sozialhistorischer Perspektive zeigen überdies beide Familien psychodynamische Reste einer älteren Armutskultur: Der Einzelne trägt mit seiner Arbeit, seiner Opferbereitschaft und seinem Leid zur Reproduktion des Familiensystems bei, ohne eine Alternative zu sehen, denn außerhalb der Gruppe scheint es ihm kein (Über-)Leben zu geben.

6.8 Das knappe Geld

Seit fast zwei Jahrzehnten arbeitet Herr Koller in derselben Großhandelsfirma. Zur Zeit der Interviews verdient er etwa 17.000 Schilling (ca. 1.270 Euro) netto im Monat; das entspricht ziemlich genau dem Durchschnittsgehalt eines österreichischen Lohnabhängigen. Frau Mayer verdient als Sekretärin für nur 30 Wochenstunden fast ebenso viel und triumphiert: »Ich verdiene mehr als er.« Kein Zweifel, dass sie die Folgefamilie auch in Geldangelegenheiten dominiert. Wir erinnern uns: Herr Koller wohnt in der Mietwohnung von Frau Mayer. Die Lebensgefährtin kontrolliert seine Ausgaben und nimmt ihm jeden Monats-Ersten seinen Anteil am Haushaltsgeld und an der Miete ab. Doch ist die Familie Teil eines binuklearen Familiensystems und damit erhalten auch die finanziellen Aspekte eine andere Dimension. Konflikte zwischen den Ex-Ehepartnern haben häufig eine finanzielle Seite und wirken sich auf die Ökonomie der Folgefamilien aus.

Die wirtschaftlichen Konflikte zwischen den Ex-Partnern bestimmen einen Großteil der Binnenkommunikation der beiden neuen Paare. So entzündet sich an den Kosten des Urlaubs jedes Jahr der Streit der Ex-Ehepartner und dies bringt einige Unruhe in die neue Ehe der Frau wie in die neue Lebenspartnerschaft des Mannes. Seit dem letzten Sommer-Urlaub in der Türkei gebe es zwischen ihnen »lauter Missverständnisse«, klagen Hans Koller und Sylvia Mayer übereinstimmend. Sie nahmen Mario *und* Kevin in diesen Urlaub mit. Danach fragte Herr Koller seine Ex-Ehefrau, ob sie einen Teil der Kosten von Kevins Urlaub übernehmen würde. Sie lehnte ab, sie könne sich das nicht leisten. Seither nehmen die Streitigkeiten um Geldfragen auch zwischen Frau Mayer und Herrn Koller deutlich zu. Die Frau ist mit dem Einkommen und den materiellen Leistungen des Mannes nicht mehr zufrieden. Dieses Jahr weigern sich die beiden, den Urlaub für Kevin *allein* zu bezahlen. Sie fürchten, Kollers Ex-Ehefrau Michaela würde sich jede Kostenbeteiligung für Kevins Urlaube zurückholen, indem sie bald darauf höhere Alimente fordert. Hans Koller bezahlt seiner Ex-Ehefrau zum Zeitpunkt der Interviews zwar nur 1.500 Schilling im Monat für Kevin, hat allerdings auch die Rückzahlung eines Bankkredits zu leisten, den er für den Ankauf der ersten ehelichen Wohnung aufgenommen hat, für jene Genossenschaftswohnung, die nun seine Exfrau mit ihrem zweiten Ehemann und den drei Kindern René, Kevin und Bianca bewohnt. Rechnet man die Rückzahlungsrate des Genossenschafts-Darlehens sowie die Erhaltungskosten für die kleine Gemeindewohnung ein, belaufen sich Herrn Kollers Leistungen auf die Hälfte seines Monatslohnes. Aus der anderen Hälfte finanziert er Anteile der laufenden Kosten des mit Frau Mayer geteilten Haushalts (Miete, Strom, Gas, Wasser, Telefon, Rundfunkgebühr usw.), der Urlaubskosten und der Renovierung der Wohnung. Somit bleibt ihm nur sehr wenig Geld für persönliche Zwecke.

Ein feindseliges binukleares Familiensystem verleitet auch zur Exterritorialisierung der auftretenden wirtschaftlichen Schwierigkeiten. Die andere Folgefamilie bietet sich als Sündenbock geradezu an. Frau Mayer sieht die finanziellen Probleme ihrer neuen Familie vor allem durch die »Geldgier« ihrer Rivalin auf der anderen Seite verursacht. Wirtschaftliches Kapital ist in diesen Familien immer knapp, weil die Einkommen beschränkt und die Konsumwünsche dennoch dynamisch sind. Die Aufteilung der Mittel für Konsumzwecke bildet auch in Erstfamilien häufig den Anlass zu Streit. In einem binuklearen Familiensystem mit zwei Folgefamilien, die sich um verfeindete Ex-Partner gebildet haben, führt die Geldknappheit jedoch überdies zu einem schwelenden oder akuten Streit um die *Verteilung* der Kinder-Kosten zwischen den Folgefamilien. Und fast unvermeidlich verquickt sich der Streit ums Geld mit dem Streit um die »richtige Erziehung« der Kinder, also mit jenem Zukunftsprojekt, das die heftigsten Leidenschaften der Eltern erregt.

In ihrer neuen Familie will Sylvia Mayer endlich jene Verhältnisse schaffen, die sie immer schon gewünscht hat: Eine gemeinsame Sorge des Paares um das Kind, eine neue Küche, ein neues Auto und der jährliche Sommerurlaub im Süden sind die herausragenden Werte. Die finanziellen Mittel müssen von langer Hand angespart werden. Verbesserungen in der Wohnung erfordern auch Heim-Bastelei. So streitet das Paar nun über die Verlegung der neuen Küchenleisten und über die Finanzierung des nächsten Urlaubs. Herr Koller ist handwerklich unbegabt (oder er schützt es vor) und möchte sich abends nach der Arbeit vor dem Fernseher entspannen. Frau Mayer aber beteuert, sie könne sich erst entspannen, wenn die neue Küche fertig ist. Die

Küche ist keine Nebensache. Sie ist nicht nur der wichtigste Ort der Hausarbeit, sondern auch die Visitenkarte der Familie. Sie repräsentiert den erreichten Wohlstand, zumal hier wie in den meisten Wiener Zinshäusern aus der Gründerzeit die Wohnungstür jeden Besucher direkt in die Küche führt.

Welchen Beitrag leistet Marios ausgeschiedener Vater zu dieser Familienökonomie? Er ist verpflichtet, seiner Ex-Ehefrau monatlich 2.500 Schilling (ca. 186 Euro) für Mario zu bezahlen. Da er jedoch arbeits- und wohnungslos ist, bevorschusst das Jugendamt den Unterhalt. Darauf weist Frau Mayer in der folgenden Passage hin:

»Zwatausendfünfhundert Schilling seit sieben Jahren – geht jo nix *oabeitn*, hot jo ka *Wohnung* und *goa* nix. --- I bin jo a irrsinnig ghängt beim Jugendamt, sog i, hearts, i man ihr *forderts* es jo – dass ma *oarbeitslos* wird und sich vom Sto:t *erhoitn* losst ((sich vom Staat erhalten lässt)).« [21]

Diesen Betrag, seit sieben Jahren nicht valorisiert, findet Frau Mayer unangemessen niedrig. Frau Mayer können die Alimente ihres Ex-Ehemannes für Mario nicht hoch genug, die Ausgaben für Kevin hingegen nicht gering genug sein. Der *ökonomische Familienegoismus* der verfeindeten Familien führt dazu, mit doppeltem Maß zu messen. Und dies widerspricht offensichtlich Frau Mayers Maxime, dass ihr beide Kinder gleich viel wert seien.

6.9 Pläne und Hoffnungen

Das neue Paar hat einige Pläne für die Zukunft. Einer bezieht sich auf die kleine Wohnung von Herrn Koller im nahe gelegenen Gemeindebau. Seit Hans Koller bei Frau Mayer Unterschlupf fand, steht diese Wohnung leer. Koller zahlt dafür zum Zeitpunkt des Interviews immerhin 2.000 Schilling (ca. 150 Euro) Monatsmiete. Telefon und Fernsehen hat er abgemeldet. Wenn es nach ihm geht, soll Kevin eines Tages in diese kleine Wohnung einziehen. Frau Mayer hingegen möchte, dass ihr Sohn Mario in etwa sechs Jahren, wenn er großjährig geworden ist, die derzeitige Wohnung der Familie im Zinshaus mit Küche, Bad, Wohnzimmer und Schlafkabinett übernimmt. Dann will sie mit Hans Koller in dessen kleine Gemeindewohnung ziehen, denn im Unterschied zum Zinshaus habe der Gemeindebau einen Lift. Sylvia Mayer denkt an die körperlichen Beschwernisse des Alters. Der Gemeindebau liegt um die Ecke, sie wäre also nahe bei ihrem Sohn. Mario werde ja hoffentlich »eine Familie haben« und dazu benötige er die größere Wohnung. Daran und an der folgenden Sequenz zeigt sich, wie viel diffiziler sich die Zukunftspläne gestalten, wenn rivalisierende Interessen zweier Folgefamilien aufeinandertreffen und aus den vorherigen Familien finanzielle Altlasten (Schulden, Alimentation u. a.) bestehen, die den Planungsspielraum einschränken.

»… do woarn natürlich am Anfang die *finanziellen* Sochn, wos=ma a diskutiert haum. – Weil er olleweil gsogt hot, die Wohnung ((die Gemeindewohnung)) hebt er dem *Kevin* auf, und do hob mich ich eigentlich *quer gelegt*. – Do hob i gsogt *na*, du lebst jetzt nicht siebn Joahr bei mia, ich finanzier alles – und *dei* Bua ziagt in die schene Wohnung und *ich* hob kan Groschen für mein Kind! – … und daun hom=ma des wirklich amoi normal *durchgesprochen*, und daun haum=ma eben wirklich gsogt -- und i hob gsogt, heast wos brauchn mia *mehr*, wos host du? a sechsafuchzg [56] Quadratmeter Wohnung.«

HERR KOLLER: »Geh woher – anafuchzg [51].«

FRAU MAYER: »Jo oda anafuchzg, sog i, wos brauchn mia zwa oidn Deppn ehrlich gsogt mehr?«[22]

Wie wir schon mehrfach gesehen haben, unterscheidet Frau Mayer entgegen ihrer Maxime klar zwischen den ökonomischen Interessen ihres und ›seines‹ Kindes. Die Knappheit der wirtschaftlichen Ressourcen macht selbst aus der Differenz von fünf Quadratmetern Wohnfläche einen Unterschied, der hier der Rede wert scheint. Sylvia Mayers Pläne betreffen vorrangig die Zukunft Marios, und erst sekundär die Zukunft Kevins. Erneut zeigt sich die relative Macht von Frau Mayer in allen wirtschaftlichen Belangen. Die von Kevins Mutter-Familie bewohnte Genossenschaftswohnung finanziert Herr Koller durch die Abzahlung eines Darlehens mit. Da allerdings inzwischen drei Kinder (Kevin aus der ersten, René und Bianca aus der zweiten Ehe) Ansprüche auf diese Wohnung erheben können, ist nicht auszuschließen, dass sich Herr Koller eines Tages doch noch veranlasst sieht, die von ihm in Reserve gehaltene Gemeindewohnung seinem Sohn Kevin zu überlassen. Dann jedoch wäre ein wirtschaftliches Interesse seiner neuen Familie tangiert und ein Konflikt mit der Lebenspartnerin und deren Sohn Mario unvermeidlich.

6.10 Die Konkurrenz der Mütter

Ungeachtet ihres ökonomischen Egoismus will Sylvia Mayer dem Sohn ihres Lebenspartners eine ›bessere Mutter‹ sein. Sie stößt jedoch damit nicht nur bei Kevin auf Zurückhaltung, sondern auch auf die entschiedene Gegnerschaft von dessen leiblicher Mutter. Die beiden Frauen geraten darüber in ein Verhältnis der missgünstigen

Konkurrenz. Dass sich Frau Mayer nicht mit der Rolle der mütterlichen Freundin begnügen will, erklärt sich aus ihrem mythischen Familienbild. So wie sie von ihrem Sohn Mario (vergeblich) fordert, seinen leiblichen Vater zu ›vergessen‹ und Hans Koller als ›besseren Vater‹ anzuerkennen, wünscht sie für sich in Bezug auf Kevin die Rolle der ›besseren Mutter‹. Doch genau dies mobilisiert den Widerstand einiger Akteure im Familiensystem. Da die tägliche Sorge um die Kinder und die Führung des Haushalts in diesem sozial-kulturellen Milieu fast vollständig der Frau zugewiesen werden, vergleichen die beiden Frauen vor allem ihre Leistungen im Haushalt und in der Kindererziehung und werten einander wechselseitig ab. An diesem schwächenden ›Spiel‹ beteiligen sich auch, wenn auch mit einem geringeren Selbstbewusstsein, die Männer. Mit ihrer Leistung als Väter und ihrem Einkommen bestimmen sie die sozial-kulturellen und ökonomischen Ressourcen mit, die den Frauen zur Verfügung stehen. Ist das binukleare Familiensystem derart verfeindet, steigert sich die Konkurrenz der Frauen zu einem alltäglichen ›Wirtschaftskrieg‹. Daraus erklären sich Fragen an das Kind, die so harmlos nicht sind, wie sie aufs erste klingen: Was hast Du heute gegessen? fragt Hans Koller seinen Sohn Kevin. Erst aus der Konkurrenz der Folgefamilien und insbesondere der Mütter wird die schnippische Antwort des Sohnes verstehbar: »Das geht dich nichts an!«[23] Wieder einmal muss er eine gewünschte Auskunft über die andere Familie verweigern, um den Konflikt der Familien nicht selber anzuheizen.

Nach ihrer Psychologen-Tour mit Mario vor einigen Jahren will Frau Mayer nun auch Kevin »zum Psychologen« schicken, denn was der mitgemacht habe sei »nicht normal«. Herr Koller wehrt sich zunächst dagegen und beteuert, Kevin habe keinerlei »Scheidungsknax« erlitten. Doch da widerspricht ihm Frau Mayer entschieden und beruft sich wieder einmal auf ihre Erfahrungen als Mutter eines schwierigen Kindes. Nun, zwei Jahre nach der Scheidung, sei Kevins Störung deutlicher zu erkennen als zuvor. Sylvia Mayer:

»Und bei dem Gespräch mit ihr ((mit Michaela, der Mutter Kevins)) hob i daun gsogt -- ich wäre auch bereit, mit dem Kevin zu an Psychologen zu gehn. Weil i sog, des wos da Kevin mitgmocht hot,-- des is net *normal*. Weil er ((Herr Koller)) hot olleweu gsogt, er hot kan Scheidungsknax, und i hob gsogt: *jedes* Kind hot an Scheidungsknax. – Weil am Anfaung hot er imma gsogt, da Kevin hot die Scheidung so guat übawundn, sog i Hans, ich *wünsche* es dir, ich *wünsche* es dir vom Herzn. Sog i weil i wa:s wos i beim Mario mitgmocht hob. – Sog i, nua – hoffentlich kummts net in zwa drei Joahrn auße.«
HERR KOLLER: »Leider.«
FRAU MAYER: »Und i bin der Meinung es *is heraußn*.«

HERR KOLLER: »Genau.«

FRAU MAYER: »Weil der Bua wa:s net ((weiß nicht)), kaunn er *do* die Woaheit sogn, kaun er *dort* die Woaheit sogn.«

HERR KOLLER: »Bei uns wird er *net* eingetrichtert, *drübn* wird er eintrichtert Länge mal Breite.«[24]

Diese Selbstdiagnose stimmt in einigen Aspekten mit unserem Modell des feindlichen binuklearen Familiensystems überein. Doch verkennen Frau Mayer und Herr Koller auch an dieser Stelle die Kräfte und Dynamiken, die Kevins Problem allererst erzeugen. Es liegen keine unvermeidlichen, gleichsam natürlichen Spätfolgen eines Scheidungstraumas (»Scheidungsknax«) vor. Vielmehr wird das Wahrheitsproblem (das »Lügen«) des Kindes von den beiden Paaren fortwährend erzeugt. Ein Satz von Frau Mayer trifft den Nagel auf den Kopf: Kevin weiß immer wieder einmal nicht, soll er in der einen Familie ›die Wahrheit‹ sagen und in der anderen lügen, oder umgekehrt? Doch dieses Entscheidungsproblem hat er nicht deshalb, weil er unredlich oder scheidungsgeschädigt wäre, sondern weil es ihm von der Dynamik dieses feindseligen binuklearen Familiensystems abverlangt wird. Im Übrigen sieht er sich nicht erst seit der Trennung der Eltern gezwungen, in Fragen der Wahrheit geschickt zu lavieren. Hat ihn nicht seine Mutter über zwei Jahre zum Komplizen und Mitwisser ihrer außerehelichen Beziehung gemacht und ihn gegenüber dem Vater in die Rolle eines ›Lügners‹, ja ›Verräters‹ gezwungen? Dass nur eine Psychotherapie Kevins Wahrheits-Problem lösen könne, verkennt diesen systemischen Zusammenhang.

Warum aber ist es Frau Mayer so wichtig, nach der eher widerstrebend aufgegebenen Pathologisierung ihres eigenen Sohnes Mario nun den Sohn ihres Lebenspartners für geschädigt, ja für krank zu erklären? Warum sammelt sie akribisch Indizien, dass Kevin »lügt«, ganz so, wie sie seinerzeit alle Befunde für Marios Tobsucht in ihrem schwarzen Ordner abgelegt hat? Frau Mayer versucht sich gegenüber Kevin in der Rolle der »besseren« oder der »rettenden Mutter«. So wie mancher Mann vom Typus des ›rettenden Vaters‹ dazu beiträgt, dass es auch etwas zu retten gibt, indem er beispielsweise dem Kind seiner neuen Partnerin zuschreibt, ein »schwer erziehbares« Kind zu sein (Schleiffer 1982), finden wir hier eine ›rettende Mutter‹, die eine scheidungsbedingte Störung des Kindes ihres Partners behauptet, die nur sie zusammen mit Psychotherapeuten heilen könne. Lügen ist übrigens ein typisches Merkmal in der Beschreibung von Alkoholikern, für Frau Mayer also ein vertrautes Symptom, das sie nun auf Kevin überträgt. Der Vater soll mit seinem Kind »zum Psychologen« gehen; auch sie wäre bereit, das zu tun. Aber sie ist realistisch genug zu wissen, dass ihr die leibliche Mutter dieses Recht niemals zugestehen wird. Die leibliche Mutter (Michaela Koller) reagiert auf das Ansinnen ihrer Rivalin denn auch

mit: »Haum die an Poscha?« (sinngemäß ins Hochdeutsche übersetzt: Sind die ver-
rückt geworden?).

Mittlerweile scheinen Frau Mayer und Herr Koller ziemlich fest davon überzeugt,
dass die nächsten Jahre »Verschlechterungen« bei den beiden Buben bringen werden,
schon wegen »der Pubertät«. Neuerlich bestätigt sich, dass gerade leidenschaftliche
Eltern in diesem Milieu zumindest ahnen, dass das Bildungssystem nicht für ihre
Kinder gemacht ist. Der Pessimismus verstärkt sich angesichts der Vorgeschichte, die
ihnen das Kind mit seinem geschiedenen und vollends abgewerteten Elternteil schick-
salshaft zu verbinden scheint. Jeder der beiden Buben bringt eine für die jeweilige
Erstfamilie behauptete ›Störung‹ mit: Der eine Bub ist aggressiv wie sein Vater, der
andere lügt wie seine Mutter. Eben dies hält die Lebensgefährten in ihren vermeintlich
rein defensiven Anstrengungen gegen ungerechte Beschuldigungen zusammen. Die
Folgefamilie soll die in der Erstfamilie entstandenen ›Schäden‹ reparieren oder heilen.
Das aber kann nach Auffassung der zwei neu gebildeten Paare nur gelingen, wenn
sie sich gegeneinander verbünden, um das böse Alte im anderen Paar und in den
Kindern, die seine Spuren tragen, zu bekämpfen.

6.11 Durst nach Rache

Die Phrase, dem Kind eines fernen Tages die ganze ›Wahrheit‹ zu offenbaren, hören
wir nach Trennungen und Scheidungen häufig. Sie ist ein sicheres Zeichen dafür, dass
die Ex-Partner Rechnungen offen haben, die über ein Kind beglichen werden sollen.
Diese offene Rechnung betrifft häufig die ›gerechte Teilung‹, Zuweisung oder Umkehr
von Schuld. Die hier von Hans Koller beabsichtigte Schuldumkehr mittels seines
Sohnes als Kronzeugen erhält im binuklearen Familiensystem eine besondere, bisher
kaum beschriebene Struktur: Was sonst ein Zweikampf der Ex-Partner ist, wird zum
gemischten Doppel: Die neuen Ehe- bzw. Lebenspartner spielen nach Kräften mit
und drängen auf den künftigen Sieg über das gegnerische Paar im Kampf um die
vermeintliche paarbiographische Wahrheit. Auf diesen Sieg ist jedoch geduldig hin-
zuarbeiten. Er wird erst zu erringen sein, wenn der Kronzeuge der Anklage, Kevin
Koller, in ein aussage- und entscheidungsfähiges Alter gekommen sein wird. Herr
Koller beginnt die folgende Sequenz im ersten Fall Plural, das sprechende Subjekt ist
das neu gebildete Paar. Schon dies verweist auf die Co-Autorenschaft von Frau
Mayer:

»Mia ((wir)) hom a gsogt, die *Rache kommt*, wenn der Kevin amoi großjährig is. -- Do
wear= i eam olles dazöhn, wos wirklich passiert is, dazöh i eam/olls *dazöhn*, waun er

ochzehn is, wie des *wirklich* vua sich gaungan is … Und jetz kaunnst dich entscheiden: bei da Mamma oda bei mia. -- Is ma relativ wurscht – wear=i eam daun sogn. -- Waun er wirklich amoi wa:s, wie sich des richtig ogspü:t hot – weil mit ochtzehn kaun ma doch hoffentlich schon sehr weiter denkn als wia mit zehn, tät=i sogn, oda?«[25]

Hinter der Phrase von der Wahrheit steht freilich eine parteiliche Sicht. Bei Hans Koller ist die Sicht vor allem durch seine langjährigen Eskapaden als Trinker getrübt. Wie sonst könnte er von einer Wahrheit reden, die in den Augen seines Sohnes eines Tages für den Vater sprechen wird? Dann, wenn ihm die volle Wahrheit bekannt sei, werde sich der Sohn entscheiden müssen, auf welche Seite er sich stelle. Manche Rechnungen werden offen gehalten, weil die Verletzungen noch zu frisch sind, um die Abrechnung vorzunehmen oder gar eine Versöhnung einzuleiten. Niemand kann genau vorhersehen, wann der Zeitpunkt der Abrechnung gekommen sein wird. Werden die Beteiligten dann aber noch genau genug wissen, welche Kränkungen und Verletzungen über die Jahre geschehen sind? So ergänzt Herr Koller die Ankündigung, seinem Sohn eines Tages »die Wahrheit« zu sagen, mit einer Strategie, die ihm die gelernte Buchhalterin der Familie, Frau Mayer, geraten hat. Er legt ein Heft an, in das alle erheblichen Vorfälle mit dem Sohn und mit dessen Mutter eingetragen werden. Damit sei er für die künftige Offenbarung der Wahrheit gerüstet.

»Do wear=i eam des gaunze *Gschichtl* olles einedruckn. Außerdem hot ma *sie* ((Frau Mayer)) gsogt, i soll ma a Biachl fiahn ((ein Buch/Heft anlegen)) -- wos i *gmocht* hob, olles, waun er *do* woar, wos er *gsogt* hot -- dass i eam des amoi *präsentiern* kaun. Sixt, wia / waun du zehn Joahr woast und – des leg i da jetzt vua, les des durch -- wos do olles passiert is!«[26]

Wenig später wiederholt er dieses Vorhaben in fast denselben Worten, was uns auf die Fixiertheit dieser Idee und die Stärke der mit ihr verbundenen Emotionen und Hoffnungen hinweist.[27] Frau Mayer wendet dagegen ein, es gehe nicht um einen ›Beweis‹ gegen die Frau, sondern um die Überzeugung des Sohnes, dass er sich auf die Seite des Vaters zu schlagen habe. Ganz so, wie sie *ihrem* Sohn Mario entgegengetreten sei, als er eine leise Sehnsucht nach seinem Vater zeigte. Da habe sie ihn sofort mit Fotos konfrontiert, die ihre Gesichtsverletzung zeigten, den zertrümmerten Tisch und das zerbrochene Dreirad. Diese Bilder hätten Mario davon überzeugt, dass nicht nur sie, sondern auch er selbst Opfer der Gewalt des Mannes geworden war. Und damit, so schließt sie die Sequenz, sei die Entscheidung des Sohnes für die Mutter völlig klar gewesen.[28]

Der in vielen Folgefamilien zu findende Wunsch, wie eine »ganz normale (erste)

Familie« zu erscheinen, ist in bildungsfernen Milieus noch deutlich ausgeprägter als in bildungsnahen Milieus. Auch deshalb wird der Kampf zwischen den Expartnern so geführt, als wollte man den Expartner aus dem eigenen Leben drängen, was allerdings – entgegen der Absicht – dessen besondere Präsenz in den Phantasien und Gesprächen zur Folge hat. Die kulturelle Fähigkeit, die Differenz zur Erstfamilie wahrzunehmen und das Anderssein der Folgefamilie bewusst zu gestalten, scheint hier deutlich geringer. Eine subtile Einfühlung in das Erleben des Kindes ist den Eltern kaum möglich. Während man in bildungsnahen Milieus entweder mit einer bewussten Gestaltung der Differenz oder – bei sehr kleinen Kindern – mit der Nachahmung leiblicher Elternschaft operiert, wird hier offen *unterdrückt*, was vom Modell der Erstfamilie und vom Familienmythos abweicht, auch und nicht zuletzt die Sehnsucht des Kindes nach dem abwesenden Vater. Unbedingt eine bessere oder eine richtige Familie bilden zu wollen, führt zu Übertreibungen und maßlosen Versuchen, die Kinder zu kontrollieren, insbesondere was ihr Leben in der anderen Folgefamilie betrifft. Die Kontrollsucht der getrennten Eltern folgt auch aus ihrer Frustration darüber, die sozio-kulturellen Qualitäten der anderen Folgefamilie nicht beeinflussen und deren vermeintliche Fehler nicht korrigieren zu können. Man will, was man nicht kann.

Es ist möglich, dass Kevin den derzeit noch heftig tobenden Kampf seiner geschiedenen Eltern einigermaßen übersteht und sich von ihren Geschichten und Delegationen trennen wird. Doch solange die feindselige Kommunikation der beiden Paare anhält, wird sein Vertrauen in die eigenen Deutungen nicht wachsen können. Es ist daher wahrscheinlich, dass die wechselseitigen Anschuldigungen der Eltern noch länger in ihm nachhallen werden. Er wird weiter mit den konträren Erzählungen der Mutter und des Vaters zu ringen haben, die sich wechselseitig der Lüge und des Versagens bezichtigen. Hinter diesen Widersprüchen könnte eine ihn (er)lösende Wahrheit seiner Herkunft nur schwer zu finden sein.

VII. Freak und Freelance. Eine Frau spielt sich frei

Er ist der Cousin eines Freundes. Tina kennt ihn seit ihrer Kindheit. Mit vierund-
zwanzig Jahren trifft sie ihn wieder. Die beiden finden sich über gemeinsame Freizeit-
unternehmen: Wandern, Bergsteigen, Klettern, Reisen. Tina arbeitet in der Musik-
branche und ist oft unterwegs. Jörg jobbt als Bauarbeiter »auf Montage«. Zwei junge
Nomaden: »Wir haben uns halt viel Freizeit eingeteilt und das war sehr lustig und
sehr fein.«[1] Von Anfang an ist es keine leidenschaftliche sexuelle Beziehung, sondern
eine Freundschaft, fast wie von Geschwistern:

> »… auf alle Fälle haben wir irgendwie von Anfang an eine sehr *lustige* und sehr *ge-
> schwisterliche* Beziehung gehabt -- und äh --- also es war / auch *Sexualität* war eher
> unter ferner liefen. Es war eher so im Vordergrund, dass wir halt uns gut *verstehn* und
> sehr viele Interessen miteinander teilen.«[2]

Jörg kommt zu Tina nach Wien. Er bittet sie, in ihre Single-Wohnung einziehen zu
dürfen, bis er eine eigene Wohnung gefunden hat. Tina stimmt zu. Aus dem Proviso-
rium wird ein gemeinsamer Haushalt. Die folgenden eineinhalb Jahre leben Tina und
Jörg als lediges Paar. Dann fragt er sie, ob sie ihn heiraten würde, nicht ohne auf einen
Mangel hinzuweisen: Er besitzt nichts. In einem obersteirischen Dorf als Kind eines
ehemaligen Bergarbeiters und umgeschulten Handelsvertreters und einer Hausfrau
geboren, weiß er, wie Heiratssachen üblicherweise geregelt werden und dass er nach
gängigen Vorstellungen nicht zu Tina passt. Sie verdient weit mehr Geld, besitzt die
Wohnung und kennt sich in allen Finanzangelegenheiten besser aus. In ironischer
Verkehrung der bäuerlichen Mitgift erscheint Jörg »mit einem Kochtopf und einem
Eiswürfelbehälter als Aussteuer«.[3] Tina, aus einem bürgerlichen Elternhaus, hält den
Heiratsantrag trotzdem für »eine gute Idee«. Zu Pfingsten, weil da »der Geist über die
Menschen« komme, wie Tina auf den christlichen Diskurs Bezug nimmt, tauschen
Mann und Frau auf dem Standesamt goldene Eheringe, hören eine etwas zu pathe-
tische Rede des Standesbeamten und feiern dann mit fast hundert Gästen ein Hoch-
zeitsfest auf einer Hütte in den steirischen Bergen. Danach reisen Tina und Jörg in den
Honeymoon. Doch ernüchtert stellen sie fest, dass das Hochgefühl des großen Festes
rasch verfliegt. Das gesellschaftliche Skript des Hochzeitsfestes, der Hochzeitsreise und
des Honeymoon passt irgendwie nicht zu ihrer geschwisterlichen Kameradschaft.

Jörg teilt nicht die hochkulturellen Interessen Tinas: Lesen, Malen, Theater. Er kommt aus einem Milieu, in dem humanistische Bildung, Bücher und Kunst keinerlei Stellenwert haben. Allerdings verfügt er über die Fähigkeit, sich in fremden Kulturen rasch zu orientieren. Im Kreis der gemeinsamen Freunde gilt er als geselliger, unterhaltsamer, lebenslustiger junger Mann, dessen Fähigkeit, Wohnungen geschmackvoll zu renovieren, Freunde und Bekannte gerne in Anspruch nehmen. Er jobbt nur, wenn er Geld braucht.

Als sich Tina in die Herkunftsfamilie Jörgs integrieren will, spürt sie bald, dass sie hier, im obersteirischen Dorf, als eine Fremde empfunden wird. Ihre künstlerischen Ambitionen und ihr für die Region untypisch hohes Einkommen heben ihr Ansehen nicht, sondern verkehren sich in Indizien einer fehlenden Passung. Auch die Schwiegereltern glauben, dass das junge Paar »nicht zusammenpasst«. Tina und Jörg wissen selber um ihre sozialkulturelle Verschiedenheit. Doch hoffen sie, ihre gute Kameradschaft könnte sie überbrücken.[4]

Knapp ein Jahr nach der Hochzeit wird die junge Frau schwanger. Die Monate der Schwangerschaft verbringen Tina und Jörg auf Reisen – »eine wunderschöne Zeit«. Als Sohn Daniel ein halbes Jahr alt ist, beschließen sie für einige Zeit nach Brasilien zu gehen. In einer Region, die für Trekking-Touren bekannt ist, pachten sie eine kleine Pension für Touristen. Hier leben sie nun allerdings unter schwierigeren Bedingungen als in Wien. Und es zeigt sich, dass das Paar darauf nicht vorbereitet ist. Beispielsweise ist Jörg ausgerechnet dann nicht bereit, Tina zu helfen, wenn sie ihn einmal wirklich dringend braucht. Er hat sich an eine Frau angepasst, die alles selber kann und beruflich unabhängig von ihm ist. In vielen Wortwechseln drückt er, oft ironisch, sein Staunen über Tinas Selbstständigkeit aus. Im brasilianischen Hinterland gibt es aber Situationen, in denen Mann und Frau aufeinander angewiesen sind. Als sich Tina am Fuß verletzt, weigert sich Jörg, sie zu einer medizinischen Station zu begleiten. Sie fühlt sich im Stich gelassen, eine erste Enttäuschung, die ihr zu denken gibt.

»Das war eine sehr *schwierige* Zeit -- und eine sehr schöne Zeit --- und es ist also so /-- es sind natürlich dann so die Dinge auch ein bisschen zu Tage getreten, die von Anfang an grundgelegt werden in einer Beziehung, dass er /-- also wenn ich ihn wirklich brauch, dass das recht schwierig ist, weil er da so eher die Vorstellung hat, er hat jetzt so quasi eine starke Frau geheiratet und äh ---- wenn ich ihn brauche, möchte er mich eigentlich nicht unterstützen, sondern da soll ich das schon alles selber machen. Und das war in Brasilien halt manchmal sehr virulent. Weil ich war einmal *sehr* krank, also verletzt, und konnte nicht mehr gehen, und hab ihn gebeten, weil er besser Portugiesisch konnte zu dem Zeitpunkt als ich, dass er mit mir dort zu diesem Gesundheitszentrum geht. Und er gesagt hat, nein er geht nicht mit mir, ich soll alleine gehen. Und ich war also *vollkommen* erstaunt. Wir sind am Ende der Welt gesessen und er wollte mit mir nicht zu dieser blöden Krankenschwester gehen. ---- Und da warn halt ein paar so Kleinigkeiten, wo ich mir gedacht hab – hmmm …«[5]

7.1 Erste Affären

Wieder in Wien, renoviert Jörg die kleine Wohnung und richtet im Schlafzimmer eine Kinderecke für den kleinen Daniel ein. Tina nimmt einen neuen Job außer Haus an; Jörg ist meistens zu Hause und kümmert sich um das Kind. Nur ab und zu jobbt er im Baugewerbe oder als Aushilfskellner. Er meint dadurch nichts zu versäumen; später, wenn die Kinder größer sind, werde er nach beruflichen Möglichkeiten suchen. Die Sorge um den Sohn übernimmt er sehr gern. Er wächst rasch in die Vaterarbeit hinein. Doch sobald Tina von der Arbeit nach Hause kommt, übergibt er ihr umgehend das Kind und zieht mit seinen alten Freunden durch die Lokale der Stadt.

Tina lernt einen Mann kennen, mit dem sie sich »*sehr* gut versteht«, was sie Jörg auch mitteilt. Jörg ist eifersüchtig und fühlt sich verletzt. Erstmals ahnt er, dass Tina ihn eines Tages verlassen wird. Um dies abzuwenden, will er ihr Flirts und kleine Affären zugestehen, solange sie nur »seine Frau« bleibt. Tina findet diese Einstellung praktisch: Sie hat einen Mann zu Hause bei ihrem Kind und viele Freiheiten außer Haus. Doch nun kommt das Sexualleben des Ehepaares fast völlig zum Erliegen. Warum Tina nicht mehr mit Jörg schlafen will, oder er nicht mit ihr, erfahren wir nicht. Es bleibt sowohl für Jörg als auch in unseren Gesprächen *intransparent*. Erzählbar hingegen ist, dass Tina in der Beziehung zu jenem anderen Mann und angesichts ihrer erneuten Erwerbsarbeit in einem internationalen Banken-Konzern noch deutlicher bewusst wird, dass sie viele ihrer Neigungen und Hobbys, vor allem aber sexuelle Leidenschaft mit ihrem Ehemann nicht teilen kann.[6] Insgeheim beginnt sie ihre Ehe ernsthaft in Frage zu stellen. Einige Male macht sie Jörg darauf aufmerksam, dass er sich »mehr um sie bemühen« müsse, soll es nicht zur Trennung kommen, doch die sexuelle Frage erwähnt sie mit keinem Wort.

Inzwischen ist Tina beruflich in die mittlere Führungsetage ihrer Firma »aufgestiegen«, wo sie als tüchtige und attraktive Frau von vielen Männern bewundert und begehrt wird. Im Lichte all dieser Erfahrungen revidiert sie ihren Zukunftsentwurf. An die Stelle eines Lebens mit viel Freizeit und zahlreichen Reisen, aber vergleichsweise bescheidenen materiellen Mitteln tritt die Vorstellung einer beruflichen Karriere, die höheren Wohlstand verschafft, und nicht zuletzt eine sexuell attraktive Beziehung zu einem anderen Mann. Diese Wünsche vermag Jörg mangels beruflicher

Ambitionen und sexueller Voraussetzungen nicht zu erfüllen. Nun sind nicht nur die Herkunftsfamilien, sondern auch die Lebensentwürfe der beiden Partner inkongruent. Tinas Um- und Abwertung der Beziehung mit Jörg macht aus dem sozialkulturellen Unterschied der Partner eine Zerreißprobe für die Ehe. Ihr eigenes Fremdsein in Jörgs Herkunftsfamilie empfindet Tina nun – nach zwei Jahren vergeblicher Versuche, anerkannt zu werden – weitaus stärker. Doch will sie noch aushalten, denn das Andere an Jörg ist, wie sie treffend feststellt, sein Eigenes. Wenn sie es nicht mehr aushält, wird die Beziehung zu Ende gehen.

»… es ging auch viel um seine Familie und die Welt, aus der er kommt, wo so *kaum* eine eine Überschneidung möglich war. Ich hab mich sehr *bemüht* --- auch auch da in Eisenerz --- ein bisschen integriert zu sein oder mich zu integrieren. -- Und er hat gesagt, wenn du dir so schwer tust, dann fahr halt nicht mehr hin! Und ich hab gesagt: Jörg, der erste Tag, wo ich nicht mehr mit dir nach Hause fahr, ist der Tag, wo die Beziehung sich erledigt hat, weil=s einfach genau das ist, was du *bist* und wo du *her*kommst.«[7]

Mit einem neuen Bekannten aus der Geschäftswelt erlebt Tina, wie gut sie sich mit einem Mann verstehen kann, der ihre Interessen teilt und den sie sexuell begehrt. »… und da war auf einmal so die Möglichkeit --- oder ja – hat sich so ein bissl eine Tür aufgemacht, dass es auch etwas Anderes *gibt* und *gäbe*.«[8] Wie öfters in den letzten Monaten, wenn sie beruflich unterwegs ist, trifft Tina diesen Bekannten irgendwo in Kärnten und ist mit ihm einige Tage unterwegs. Doch diesmal fühlt sie sich nicht gut. Sie registriert bekannte Symptome. Sie kauft einen Schwangerschaftstest. Das Ergebnis ist positiv.

»Und ich hab *gewusst*, ich hab seit einem halben Jahr nicht mit dem Jörg geschlafen. Aber es ist als / und mir gehen aber die *Haare* aus und ich hab so eine *unreine* Haut und mein *Busen* tut mir weh als wäre ich schwanger. -- Aber ich *kann* nicht schwanger sein, es ist äh // -- liegt außerhalb des möglichen Bereiches. Ich war aber so *unsicher*, dass ich an diesem Abend da einen Schwangerschaftstest gekauft hab und dieser arme Mann, der mich/ weiß ich nicht, zwei Monate gekannt hat – ich hab ihn hin und wieder gesehn -- ähm muss ((lacht)) hab ich gesagt – äh es tut mir leid, ich muss jetzt einen Schwangerschaftstest machen. -- Und er hat das recht gut aufgenommen – und siehe da, ich war *schwanger*.«[9]
    …»U:nd – dieser Mann hat … hat gesagt *du* --- ich würd dich nehmen mit allem was dazugehört – und ich war *komplett* ähm – *erstaunt* und irgendwie natürlich fasziniert. ---- Hab aber -- also es ist für mich so gar nicht eigentlich in Frage gekom-

men. Ich hab gewusst, ich hab ein kleines Kind, ich arbeite, ich bin schwanger –
äh -- ich kann mich nun natürlich nicht scheiden.«[10]

Tina ruft ihren Ehemann an und teilt ihm ihre Entdeckung mit. Sie verbindet damit
die für Jörg kaum nachvollziehbare Drohung, er müsse sich ändern, sonst würde sie
ihn verlassen. Eine seltsame Kombination von Nachrichten. Tina spürt und drückt
es auch mehr oder minder bewusst aus, dass ihr Leben *inkongruent* geworden ist. Von
Kongruenz sprechen wir, wenn das autobiographische Konstrukt (mit seinem retro-
spektiven und seinem prospektiven Teil) und die Lebensführung, also Narrativ und
Praxis, einigermaßen übereinstimmen. Die autobiographische Erzählung verzeichnet
Widersprüche – auch gegen die Intention der Erzählerin –, wenn Kongruenz nicht
mehr gegeben ist, weil Erzählelemente wie von selber in Widerspruch zueinander
geraten und sich eine kohärente Lebenserzählung nicht mehr formulieren lässt.
Auch Tinas Wortwahl wird auffällig unklar und mehrdeutig:

»Jörg, ich weiß nicht, ob ich mich weiterhin belügen will. --- Wenn du dich nicht
wirklich bemühst, wird es schwierig für mich! Ich hab – da – irgendwie so einen
Schritt / und so einen Schritt / und so einen Schritt gemacht ...«[11]

Einiges wird hier zwischen den Ehepartnern (und auch im Gespräch mit uns) *nicht*
zur Sprache gebracht. Einmal der konkrete Umstand der Entdeckung der Schwangerschaft, dann auch die Frage der biologischen Vaterschaft. Die Intransparenz in der
Kommunikation des Paares nimmt zu. Erst im Zuge der späteren Scheidung wird
Jörg einen Vaterschaftstest anstreben. Er bittet Tina, ironisch, wie er es sich längst
angewöhnt hat, ihm das Ende der Beziehung rechtzeitig anzukündigen. Er ist pragmatisch, zu pragmatisch, wie Tina nun findet. Eigenschaften, die sie einmal gemocht
hat, werden ihr zunehmend lästig. Die Abwertung des Partners in Tinas innerem
Monolog schreitet fort. Doch ist ihr noch immer nicht klar, ob sie sich wirklich von
ihrem Ehemann trennen wird.

Einige Wochen später schlägt sie Jörg vor, mit Daniel irgendwo drei Wochen Urlaub
zu machen, denn sie habe viel zu arbeiten. Den »Hintergedanken«, Jörg zu betrügen,
habe sie nicht gehabt, doch immerhin liegt der Gedanke so nahe, dass sie ihn in der
Erzählung (ungefragt) ausdrücklich verneint. Jörg solle für zwei oder drei Wochen
in einen Ferienclub in die Türkei fliegen, *all inclusive*, denn jeder Schilling, den er
zuviel ausgebe, würde den für das nächste Jahr geplanten gemeinsamen Urlaub in
Südamerika verkürzen. Möglicherweise hält auch Tina noch an der verbindlichsten
Zukunftsvorstellung des Paares fest: an den künftigen Reisen. Die alten Pläne laufen
zunächst noch weiter, wie ein Schwungrad, das sich nicht so einfach anhalten lässt.

Tina verdient das Geld. Daher bestimmt sie zu Recht, wie sie findet, das Reiseziel. Doch erstmals widersetzt sich Jörg und besteht auf einem Flug nach Florida. Den habe er sich schon lange gewünscht.

7.2 Die Trennung beginnt

Als Vater und Sohn abgeflogen sind, bricht Tina weinend zusammen. Telefonisch nimmt sie Kontakt mit ihren Eltern auf. In einem langen Gespräch spricht sie erstmals aus, dass ihre eheliche Beziehung »unglücklich« geworden sei.[12] Tina teilt ihren Eltern auch mit, dass sie jenes In-den-Tag-hinein-Leben, das sie mit Jörg so gut konnte, aufgeben und ein bürgerliches Leben beginnen möchte. Sie beginnt die Phase der eigentlichen Trennung also nicht, ohne sich von den Eltern die moralisch-ethische und lebenspraktische Richtigkeit ihrer Entscheidung bestätigen zu lassen. Die Eltern haben ihre Ablehnung Jörgs nie verhehlt und die Partnerwahl ihrer Tochter von Anfang an für »verfehlt« gehalten. Sie sagen daher, wie erwartet, ihrer Tochter weitere Unterstützung zu.

Als nach drei Wochen Vater und Sohn aus Florida zurückkommen und von Tina am Flughafen empfangen werden, sagt Jörg scheinbar als Scherz – doch vielleicht auch in einer Ahnung: Künftig wolle er immer nur mit Daniel reisen. Davon provoziert, fühlt sich Tina ermutigt, ihren Trennungswunsch auszusprechen. Doch schafft sie nur einen nächsten Schritt: Sie bittet Jörg, für zwei Monate, gleichsam auf Probe, »auszuziehen«. Mit Beginn des scheinbar offenen Moratoriums setzt ein für diese frühe Phase des Trennungsprozesses typischer Vorgang des Bilanzierens ein. Bei den nächsten Gelegenheiten versucht das Paar sich einigermaßen ehrlich Rechenschaft über den bisherigen Verlauf und den aktuellen Zustand seiner Ehe zu geben. Es ist sich dabei in einigen Punkten durchaus einig:

»… und wir sind übereingekommen, wenn=mas pragmatisch sieht, haben wir relativ wenig Chancen ((lächelt)) – ähm ----- einfach weil wir sehr unterschiedliche Vorstellungen vom Leben haben oder wahrscheinlich auch sehr viele / sehr unterschiedliche Vorstellungen von Beziehung haben … Wir haben immer gut miteinander gelebt. Wir haben immer viel Spaß gehabt und wir sind immer sehr gut zusammen *gereist* und waren ja auch mit dem Baby in Südamerika und sind auch mit dem Daniel also von Anfang an *sehr viel* unterwegs gewesen, waren viel in den Bergen und sind – sicher nicht immer, aber halt mal – in Kroatien schwimmen ein paar Tage gefahren und so -- das war also das, was mit ihm ganz *toll* gegangen ist -- so in den Tag hinein leben. -- Und ich nehme an, dass mit der zweiten Schwangerschaft auch so ein bisschen meine *Befürchtung* gekommen ist, dass wir den Alltag zusammen einfach nicht ganz – äh hinkriegen. -- Und dass ich wahrscheinlich sehr allein sein werd -- somit – also ich hab – halt – ich hab das Geld verdient, ich hab den Daniel gemacht, ich hab, wenn ich da war – immer den Daniel gehabt.«[13]

Tina fürchtet, Jörgs Engagement als Vater könnte für zwei Kinder nicht mehr ausreichen, zumal sie auch ihre neuen beruflichen Pläne verwirklichen will. Sie beansprucht nun mehr als Jörgs Haus- und Vaterarbeit für einige Stunden am Tag. Und sie entwirft ein anspruchsvolleres Paar- und Familienleben, dem Jörgs fehlende sexuelle Leidenschaft, sein mangelndes berufliches Engagement, sein geringes Einkommen und auch seine Gewohnheit, viele Nächte in der alten Clique der Freunde zu verbringen, zuwiderlaufen. Kurz: Jörg scheint ihr gar nicht in ihre neuen Pläne zu passen. Jörg reagiert auf Tinas Trennungswunsch mit der vagen Ankündigung, es könnte sein, dass er sich nicht um die Kinder kümmern werde, weder in sozialer noch in ökonomischer Hinsicht. Vielleicht würde er das Land verlassen, jedenfalls könne er nicht sicher zusagen, ein »Vatertum« zu übernehmen. – Tina erschrickt. Wird sie künftig die Sorge für die Kinder neben ihrem Beruf allein übernehmen müssen?

Das mangelnde Vertrauen in seine Kompetenz als Erzieher kränkt Jörg tief und bringt ihn zu der Aussage, sich »eventuell« aus seinem »Vatertum« zurückzuziehen. Wir schließen aber auch nicht aus, dass sich Jörgs auffällige Wortwahl nicht nur auf die Sorge um die Kinder bezieht, sondern auch auf die biologische Vaterschaft zum zweiten, zu diesem Zeitpunkt noch ungeborenen Kind. Sagte Jörg nicht am Flughafen ironisch, künftig nur noch mit Daniel reisen zu wollen? Seine Formulierung, »ein Vatertum« eventuell nicht zu übernehmen, könnte auch bedeuten, dass er seine biologische Vaterschaft bezweifelt. Und haben nicht auch andere Personen in seinem Umfeld solche Zweifel? Sie werden Jörg schließlich dazu bringen, einen Vaterschaftstest anzustreben. Für Tina scheint das bedrohlich: Wenn der Verdacht, nicht der leibliche Vater des zweiten Kindes zu sein, Jörg dazu veranlassen sollte, sich künftig gar nicht mehr als Vater zu engagieren, wäre all ihre Vorsicht bei der Gestaltung ihrer diversen Liebes-Affären umsonst gewesen.

»Ich bin dann / ich hab dann gesagt okay ((lächelt)), kannst da schlafen, ich geh auf der *Stelle* zu meinen *Eltern* schlafen weil ich ja --- bin *dermaßen* enttäuscht irgendwie ((lächelt)). --- Wir haben dann – wir haben dann halt so weiter gesprochen und haben beschlossen, okay das wär --- / er hat gesagt, er will *doch* mit uns leben und er will sich *bemühn*[14] -- und äh – also er zieht ein zwei Monate aus und er bemüht sich. --- Er is ausgezogen und ward nicht mehr gesehn ((lacht)), ein Monat nicht.«[15]

In diesem ersten Akt der faktischen Trennung bringt Tina kein Verständnis für Jörgs Verletztheit mehr auf. Doch ist nicht auszuschließen, dass sie sich schuldig fühlt und eben deshalb ihre »Enttäuschung« hervorhebt, so als wäre alles Jörgs Schuld. Auf versöhnliche Angebote reagiert sie abweisend. Leicht ist zu sehen, dass es dabei zumindest auf ihrer Seite nicht um ehrliche Kommunikation, sondern um den listigen Einsatz von Sprechermacht zur Durchsetzung eigener Interessen geht.

Dass Jörg nach einem Monat wieder erscheint, hat einen Grund: Weihnachten, das Familienfest, steht bevor und Jörg will seinen Sohn wiedersehen. Doch Tina ist nicht gut auf ihn zu sprechen und sie darf es auch nicht sein, will sie ihren Plan realisieren. Wieder gibt sie vor, Jörg habe sich nicht an Abmachungen gehalten und neuerlich weist sie ihm alle Schuld zu. Um dem drohenden Alleinsein mit Daniel zu entgehen, hat Tina ihre Eltern zum Weihnachtsfest eingeladen. Nicht nur Jörgs Eltern halten die Ehe für unpassend; aus sozial spiegelverkehrten Gründen sind auch Tinas Eltern dieser Meinung. Es verletzt Jörg, wenn ihn Tinas Eltern spürbar ablehnen. Daher ist er nicht interessiert, Weihnachten mit ihnen zu feiern. Sie würden ihm, so fürchtet er wohl zu Recht, sein Nicht-Passen auch bei diesem mit Erwartungen ohnehin notorisch überfrachteten Familienfest demonstrieren. Tina zeigt nun aber in dieser Phase der Trennung keinerlei Bereitschaft mehr, auf Jörgs Empfindlichkeiten verständnisvoll einzugehen. Für sie ist die Zeit der Bemühungen um die Integration der sozial-kulturellen Differenzen endgültig abgelaufen. Sie nützt jede sich bietende Gelegenheit, Jörg ein Stückchen Schuld oder Ungenügen zu attestieren. Sie treibt die Abwertung und die Entidealisierung des Partners zügig voran. Nicht zufällig schließt sie eine Erzählsequenz mit der eher deftigen Metapher: »... und er war so scheiß *beleidigt*, dass ich mir gedacht hab, okay dann hau dich doch bitte über die Häuser.«[16] Sie hätte auch sagen können, geh irgendwohin, wo du besser hinpasst.

Für die Tage nach dem Weihnachtsfest ist wie all die Jahre geplant, Jörgs Eltern in ihrem Dorf in der Obersteiermark zu besuchen. Doch diesmal hält sich Tina an diese Tradition nur noch insoweit, als sie Jörg und Daniel zu den Schwiegereltern bringt, selbst aber sofort wieder abreist. Wohin sie fährt, sagt sie nicht. Auch hier verdunkelt die Kommunikation mehr, als sie erhellt.

»Ich hab allerdings äh den Daniel dort gelassen und bin zwei Tage weggefahren und hab sie dann abgeholt. --- In der Zeit ist der Daniel *krank* geworden. Jörg hat mich *nicht* angerufen und mir *nichts* gesagt und ich war irgendwie /- seine *Schwester* hat mich angerufen, obwohl die kein großer Fan von mir ist. – Und ich war sehr enttäuscht und hab ihm gesagt *halt -- Jörg – aus*! --- ich äh -- *ich trenn mich jetzt von dir* -- und hab ((lacht)) es war so so -- eine *Film*szene! Hab also dieses kranke Kind hinten ins Auto gepackt, es hat geschneit wies noch *nie* geschneit hat, ich bin auf der Autobahn einen Dreißiger nach Hause gefahren -- und hatte also meinen Mann verlassen, war schwanger und hab dieses kranke Kind hinten im Auto gehabt und hab=ma gedacht, na gut – *schaun*=ma=mal.«[17]

Dass Jörg sie nicht umgehend von der Erkrankung des Kindes verständigt hat, erklärt Tina zum Anlass, den Schritt der faktischen Trennung zu setzen. Sie inszeniert ihre dramatische Abreise so, als wäre nicht Jörg, sondern ihr großes Unrecht geschehen. Die Bemerkung zum filmischen Charakter der Szene weist uns auf ein mediales Skript für derart spektakuläre Eröffnungen des Trennungsaktes hin. Wir können in dieser Mediengesellschaft offenbar keine Trennung (und keine Bindung) entwerfen und vollziehen, ohne bewusst oder unbewusst mediale Vor-Bilder nachzuahmen. Wahrscheinlich visionieren wir unsere eigene Zukunft zu einem Teil in medial vorfabrizierten Bildern. Nach Tinas Ankunft und angesichts des kranken Kindes haben sich Mann und Frau wohl einige Stichworte und Reizsätze geliefert; auch Jörgs Eltern und seine Schwester haben sich, seit jeher skeptisch und misstrauisch gegen Tina, daran beteiligt. Sie alle verstricken sich, freilich ohne es schon zu wissen, in Tinas Inszenierung der Trennung und treiben damit das Trennungsgeschehen weiter voran: Tina bricht aus: Schluss jetzt! Sie packt das kranke Kind ins Auto und fährt in ihr neues Leben.

Was hat Tinas scheinbar so impulsiven Ausbruch provoziert? Jörgs Eltern und seine Schwester werden es kritisch kommentiert haben, als sie zu den Weihnachtstagen für zwei Tage verschwand. Immerhin verletzte sie damit eine Regel des Verwandten-Besuchs zur Weihnachtszeit und gewiss auch eine Vorstellung von Normalität. Die Erkrankung Daniels wird ihr als dessen stiller Protest gegen diese Regelverletzung ausgelegt worden sein. Trifft diese Vermutung zu, wäre Tinas starker Abgang nicht nur der zweite Akt im faktischen Trennungsvorgang, sondern zugleich auch der letzte im Drama des Aufbruchs aus der ihr fremd gebliebenen Herkunftsfamilie ihres Mannes. Doch all das schließt nicht aus, dass sie noch von einer anderen Erregung angetrieben wurde, von der ihr Ehemann, ihre Schwiegereltern und ihre Schwägerin nichts wissen konnten. Denkbar ist, dass sie die zwei fraglichen Tage mit einem Intimpartner verbrachte. Träfe dies zu, könnte sie die Erkrankung ihres kleinen Sohnes in eine *Gewissensnot* gestürzt haben, aus der sie sich nun mit einem Schlag für alle Zukunft befreien will. Dass nicht Jörg sie von der Erkrankung Daniels verständigt, sondern dessen Schwester, die Tina gar nicht mag, nimmt sich in ihrer Perspektive als ein weiteres Versagen des Ehemannes und Vaters aus. Wenn er denn die Sorge für das Kind in so hohem Maße übernommen hat, warum kann er ihr dann nicht auch ein schlechtes Gewissen ersparen, wenn sie einmal nicht rechtzeitig zur Stelle ist? Ihr komplexes Lebenskonzept, Ehe, Mutterschaft, Beruf und Liebesaffären miteinander zu vereinbaren und sich dabei auf Jörg als Vater ihres Kindes zu verlassen, gelangt hier ganz praktisch an ein Ende.

7.3 Scheidungs-Gespräche

In den folgenden Wochen führen Tina und Jörg Gespräche über die bevorstehende Scheidung, die durchwegs ruhig und eben deshalb besonders strategisch verlaufen. Es geht vor allem um die Gestaltung des künftigen Lebens mit den Kindern. Tina lässt sich von einer erfahrenen Scheidungsanwältin beraten. Jörg hingegen bleibt ganz auf sich gestellt. In Tinas neu entworfener Zukunftsperspektive spaltet sich die bisherige Welt des Paares in »die eigene« und »die Welt des Anderen« auf. Nun empfindet Tina die Eigenart Jörgs, seine Unbekümmertheit und sein In-den-Tag-hinein-Leben, das sie einmal gemocht hat, als trennend und hinderlich. Zunächst hält sie es für wahrscheinlich und angesichts seiner Leistungen als Vater auch legitim, dass Jörg das Sorgerecht für seinen Sohn behalten wird. Doch dann fasst sie einen neuen Entschluss. In der folgenden Erzählsequenz treten Tinas frühere positive Einschätzung von Jörgs Qualitäten als Vater und deren jüngste Abwertung zueinander in Widerspruch. Wie ihre Äußerungen zeigen, ist sich Tina dieses Vorgangs der Um- und Abwertung durchaus bewusst:

»... also *bevor* diese Aussprache war, hab ich mir *extrem* Sorgen gemacht, dass er -- ähm -- ums Sorgerecht für den Daniel kämpfen wird ---- und ich hab --- also *ganz* am Anfang hab ich mir gedacht – ich hätt nichts dagegen, wenn der Jörg den Daniel aufzieht -- weil ich glaub, dass er *ein sehr guter Vater ist* (sic!). Und erst so im Laufe der Trennung ist mir aufgefallen, was ich eigentlich alles --- *gar* nicht gutheißen kann ---- für meine Welt, wie er auch mit dem Daniel umgeht. Also hab ich --- war ich mir sicher, dass *ich* die Kinder aufziehen will. --- Und ich hab ihm das auch gesagt und er hat sofort gesagt, ja ist überhaupt kein Problem für mich -- würd ich eh nicht wollen --- also somit war diese Sache ((lächelnd)) irgendwie geregelt.«[18]

Die Arbeit, die Jörg in die Renovierung der Wohnung investiert hat, und die zweieinhalb Jahre täglich geleistete Vaterarbeit mit Daniel werden nicht als ökonomische Werte eingeklagt. Das Paar hat keine Schulden. Tina bleibt in der Wohnung, die sie von ihren Eltern erhalten hat. Es ist jene Single-Wohnung, in die Jörg einmal mit wenigen Habseligkeiten eingezogen ist. Was die Frage der Alimentation betrifft, macht Jörg ein Angebot, das Tina sofort akzeptiert:

»Jörg hat gesagt, was er anbietet ist, dass er den *Kindergarten* vom Daniel zahlt. --- Und ich hab gesagt okay, und wenn das zweite Baby auf der Welt is ähm – dann sprech=ma halt noch=amal, -- spätestens wenn sie in einen Kindergarten geht --- oder – dieses Kind in den Kindergarten geht ----- ja ---- und das war ›ja‹ und das steht in der Scheidung und äh -- ich bin also -- alleinige Erziehungsberechtigte für den Daniel -- und zu dem Zeitpunkt wars noch so, dass die Anna natürlich ein -- ein eheliches Kind is, weil sie innerhalb der Ehe gezeugt wurde -- und ich hab gedacht, ich werde um die Obsorge für dieses Kind auch ansuchen dann.«[19]

Doch diese rechtliche Lage trifft dann exakt am Tag von Annas Geburt nicht mehr zu, denn am 1. Juli 2001 tritt in Österreich ein Bundesgesetz (»Kindschaftsrechtsänderungsgesetz«) in Kraft, nach welchem ein nach der Scheidung geborenes Kind nicht mehr als eheliches Kind gilt. Damit muss der Vater um die Anerkennung seiner Vaterschaft ansuchen, sonst gilt das Kind als ledig geboren und die Mutter erhält ohne Antrag das alleinige Sorgerecht. Jörg müsste also Anna vor dem Standesamt als sein leibliches Kind anerkennen. Doch genau daran hat er begründete Zweifel. Er schlägt vor, einen Vaterschaftstest durchführen zu lassen, und fragt Tina, ob sie bereit wäre, die Kosten von 30.000 Schilling (ca. 2.240 Euro) zu teilen. Tina lehnt ab. So beantragt Jörg ohne weiteren Widerstand die Anerkennung der Vaterschaft.[20]

7.4 Die Tilgung des Namens

Die sozial-kulturelle Differenz der Partner wirkt sich in der faktischen Trennung und im juristischen Scheidungsverfahren nochmals krass aus: Jörg Thonhausers mangelnde Durchschlagskraft und Tinas Geschick im Umgang mit den Behörden führen dazu, dass alle Regelungen des Gerichts und des Jugendamtes zu ihren Gunsten ausfallen. Bald nach der Scheidung lässt sie den bis dahin geführten Doppelnamen (Thonhauser-Klaar) fallen und nimmt wieder ihren früheren Familiennamen Klaar an. Daniel hat nach der Geburt den Namen des Vaters erhalten. Nun beantragt Tina beim Standesamt, dass er fortan den Namen der Mutter führen soll. Das Kind wird also »umbenannt«, sodass der Name nicht mehr auf den Vater verweist. Ein symbolischer Akt von hoher Zukunftsbedeutung:

»--- und eine Sache, mit der ich *lang* ä --- herum sch / auch schwanger gegangen bin, war --- ich hab einen *Doppelnamen* gehabt und Daniel hat nach seinem *Vater* geheißen --- und äh --- ich hab gewusst, okay wenn dieses zweite Kind / und ich möchte, dass die Kinder *gleich* heißen --und ich möchte auf alle Fälle, dass ich auch irgendwie

((lächelt)) so heiße wie die *Kinder* --- und hab überlegt, also die Anna Klaar zu taufen und meinen alten Namen zu behalten -- und äh -- nachdem sich der Jörg aber
so wenig um die Kinder gekümmert hat --- auch um den Daniel gekümmert hat
(sic!) --- ähm --- hab ich dann --- Augen zu und durch -- die Kinder *umbenannt*, also
hab ich den Daniel umbenannt ... ja -- jetzt heißen wir alle drei wieder Klaar, das
war eine relativ *große* Geschichte für mich.«[21]

Trotz seiner *symbolischen Auslöschung* (s. Kapitel 10.5.5.1) begleitet Jörg Thonhauser
wenige Wochen nach der gerichtlichen Scheidung seine schwangere Ex-Ehefrau zu
einer Ultraschall-Untersuchung. Er geht gern mit. Schon in der ersten Schwangerschaft war er »rührend« um Tina besorgt. Als sich herausstellt, dass es ein Mädchen wird, freut er sich sehr: »und da hat er sich *so*: gefreut und das hat *mich* wieder
gefreut -- dass er – dass irgendwie offensichtlich *doch* ein Bezug da ist.«[22] Warum, so
ist zu fragen, sollte Jörg, der erfahrene Vater, keinen »Bezug« zu dem Kind haben,
wenn es, wie Tina behauptet, sein eigenes Kind ist? Tina arbeitet bis zum Beginn des
gesetzlichen Mutterschutzes. Im Juli 2001 bringt sie das Mädchen zur Welt und lässt
es auf den Namen Anna taufen. Als die Wehen um halb elf Uhr abends einsetzen,
bringt sie ihr Vater mit dem Auto in eine Privatklinik zur Entbindung. Um drei Uhr
morgens fährt sie mit dem Neugeborenen wieder nach Hause. Jener Freund, der den
positiven Schwangerschaftstest miterlebt hat, wäre gern dabei gewesen. Um den
Geburtstermin herum war er »sehr aufgeregt«. Doch Tina informiert ihn nicht. Erst
nach der Geburt spricht sie von der Klinik aus zunächst Jörg auf die Mobilbox, dass
»seine Tochter« auf die Welt gekommen sei, und sagt dann dem Freund am Telefon,
dass »das Kind« geboren sei. Am nächsten Tag besucht Jörg sie in der (ehemals ehelichen) Wohnung und ist »sehr gerührt«, als er das Neugeborene zum ersten Mal
sieht. Der Freund hingegen sei zunächst ein wenig »angefressen« gewesen, dass sie
ihn nicht rechtzeitig verständigt hatte, sagt Tina. Am nächsten Tag sei er dann – erst
nach dem Golfspiel allerdings – gekommen, um Mutter und Kind zu besuchen.

  Die Erinnerungen von Tina und Jörg darüber, wie es in den folgenden Monaten
weitergeht, sind voller Widersprüche. Einerseits behauptet Tina, Jörg habe sich »wochenlang« nicht gemeldet. Kurz danach sagt sie:

»Was allerdings funktioniert hat war --- dass – wenn ich ihn angerufen hab und gesagt
hab: hör mal -- *bitte* – ich brauch den Abend frei oder so -- dann is er schon gekommen und äh -- das machen wir auch jetzt so.«[23]

Offenbar setzt das geschiedene Paar ein längst eingeübtes Muster fort. Jörg beansprucht kein Vater-Recht. Er erfüllt Wünsche auf Abruf. Er ist beruflich und privat ein

›Dienstleister‹. Da er nun auch das zweite Kind ungeachtet seiner Zweifel an der leiblichen Vaterschaft als sein Kind betrachtet, möchte er sein Engagement als Vater wieder erhöhen. Er habe ja schon bewiesen, ein engagierter Vater zu sein, wenn man ihn nur lasse. Wenn er sich wochenlang von sich aus nicht gemeldet habe, sei das auch auf seine Gekränktheit zurückzuführen.»In letzter Zeit« wird der Kontakt der Ex-Partner wieder intensiver und häufiger. Jörg ist öfter da, als Tina ihn ausdrücklich beansprucht. Tina ruft ihn aber auch wieder öfter zu Hilfe, nicht nur, was die Sorge für die Kinder betrifft, auch in der Wohnung ist das eine oder andere zu reparieren, die Reifen des Autos zu wechseln …, »Männerarbeiten« eben, und dafür ist Jörg immer gut.

7.5 Die Großeltern erkennen das Kind an

Wenn sie ein Wochenende allein oder mit ihrem Freund verbringen will, ruft Tina Klaar ihren Ex-Ehemann in ihrer sehr bestimmten Art an: »Hör mal, ich möchte am Wochenende wegfahren -- ich möchte, dass du mit den Kindern nach Eisenerz fährst oder sonst was.«[24] Bei Eisenerz liegt jenes kleine Dorf, in dem Jörgs Eltern wohnen. Tinas Ruf in diesem Dorf ist seit der Scheidung nicht besser geworden, zumal die Ex-Schwiegereltern annehmen, Jörg sei nicht der leibliche Vater des zweiten Kindes. Warum aber will Tina dennoch, dass er mit beiden Kindern dorthin fährt? Hat sie nicht im Vorfeld der Scheidung behauptet, ja es sogar als eines ihrer Motive zur Scheidung hervorgekehrt, dass dieses sozial-kulturelle Milieu für ihre Kinder *unpassend* sei? Und hat sie den eigentlichen Trennungsakt nicht ausgerechnet an diesem Ort eröffnet? Nun lautet Tinas Argument: Die Kinder sollen auch nach der Scheidung den Kontakt zu ihren Großeltern behalten. Tina schätzt kirchliche Feste und Familienfeste. Sie weiß, dass Rituale und Konventionen Sicherheit geben. Es ist aber auch denkbar, dass ihr der Kontakt der Kinder zu den Großeltern derart wichtig ist, weil sie auf diesem Weg die Vaterschaft Jörgs anerkannt wissen will. Dann ginge es freilich nicht mehr um einen Rechtsstreit, denn der ist inzwischen in ihrem Interesse entschieden. Es ginge um die soziale Konstruktion von Normalität.

»In seiner Familie hab ich also quasi Einreiseverbot ((lächelt)) und äh --- ich *denk*, dass die vielleicht glauben, die Anna wär nicht sein Kind ---- obwohl sich diese Kinder au au aufs *Haar* gleichen. --- Und sie ham also / bis vor kurzem wollten sie=s auch nicht sehen. Ich hab öfter angeboten, dass ich halt mit der Anna nach Eisenerz fahr und ich halt zwei Stunden ins Kaffeehaus geh, und er kann sie / soll sie zu Hause vorstellen -- und das wollten sie aber nicht. -- Und jetzt Ende Oktober ((2001)) -- ist er zum ersten Mal mit *beiden* Kindern rausgefahren. -- Und ich hab mir so Sorgen gemacht, dass die Anna dann -- *arm* is, aber ich mmm wollt ihn auch wirklich dahin *erziehen*, dass das einfach möglich ist und Anna auch ihre *Großeltern* sehen kann. Und er hat mich dann angerufen und hat gesagt, sie freuen sich *sehr* und sie sind ganz hingerissen, und ich war sehr glücklich.«[25]

7.6 Eine Mutter-Kinder-Familie

Mit dem Übergang von der Erstfamilie zu einer »kleinen« Familie der Frau und der Kinder verschiebt sich die häusliche Macht. Die Frau entscheidet nun in allen Fragen und übt uneingeschränkte Erziehungsmacht aus. Gelegentliche Hilfe ihrer Eltern und des Ex-Ehemannes schließt das nicht aus. Die Frau kann Macht für kurze Zeit delegieren, an den Ex-Ehemann, an den Freund, oder an die Eltern. Doch *sie* ruft diese Hilfe ab oder verzichtet darauf und keine Intervention von ›außen‹ kann gegen ihren Willen durchgesetzt werden. Tinas Eltern sind berufstätig und unternehmen viele Reisen. Sie stehen daher nicht auf Abruf bereit. Wenn sie etwas mit den Kindern unternehmen, muss es geplant und auf ihre sonstigen Vorhaben abgestimmt werden. Ihren Ex-Ehemann aber kann Tina zu Hilfe rufen, wann immer es ihr zweckmäßig erscheint. Das aber ist nur möglich, weil Jörg Thonhauser seine Vaterschaft auch zum zweiten Kind anerkennt und weil er, wie gesagt, ein privater »Dienstleister« ist und keine festen beruflichen Verpflichtungen hat. Für die Kinder verbindet sich mit diesem Familienleben ohne Zweifel die Erfahrung, dass eine Frau auch ohne (Ehe-)-Mann lebenstüchtig, selbstbewusst und entscheidungsmächtig sein kann. Am Ende des folgenden Zitats hören wir dies aus dem Mund des vierjährigen Daniel:

»... das hat bei mir eine Zeit gedauert damit klar zu kommen dass einfach – *ich* ---- alles ((lächelt)) entscheide, alles mache --- und äh – das hat den angenehmen Nebeneffekt, dass ich halt -- ja – *entscheid* ((lacht)) -- und dass Daniel sagt, Mama *Chefin* ((lacht)). Manchmal sagt er aber auch Mama *Freundin*, wenn wir schön spielen.«[26]

Nach zwei Monaten gesetzlichen Mutterschutzes zögert Tina, ob sie sich die Doppelbelastung des Jobs und der Haus- und Kinderarbeit antun soll. Auf ihre Mitteilung zu kündigen stellt ihre Firma das Aufgabenprofil derart um, dass sie ihre berufliche Arbeit großteils zu Hause bewältigen kann. Sie arbeitet durchschnittlich zwanzig Stunden in der Woche; bei Arbeitsspitzen werden es mehr; bei flauem Geschäft weniger. Offenbar ist Tina Klaar eine derart spezialisierte und wertvolle Arbeitskraft, dass ihr die Bank sehr weit entgegenkommt. Tina arbeitet vor allem vormittags, wenn Daniel im Kindergarten ist, sowie manchmal abends und in der Nacht, wenn die

Kinder schlafen. Sie arbeitet an ihrem PC und am Telefon im Wohnzimmer. Mit ihrer Firmenleitung in London hat sie vereinbart, nur für wichtige Konferenzen wenige Male im Monat und dann »immer unter Tags« nach London fliegen zu müssen. Sie schätzt es, weiterhin im Beruf bleiben zu können. Daraus bezieht sie nicht nur ein gutes Einkommen, sondern auch Selbstwertgefühl. Nicht zuletzt genießt sie das Flair der Geschäftswelt als Kontrast zu ihrer kleinen Familienwelt.

An den Wochenenden kommt Ronald, Tinas Freund aus Linz, zu Besuch. Dann geht das Paar abends zusammen aus. Für diese Abende und für ihre Flüge nach London hat Tina einen Babysitter mit einem Zeitkonto engagiert. Oder sie bringt die Kinder zu ihrem Ex-Ehemann. Manchmal stehen auch ihre Eltern zur Verfügung. Doch auch die beste Kommunikation mit den Kindern ersetzt die Gespräche mit erwachsenen Freundinnen und Freunden nicht. Tinas Job am Telefon und am PC ist eine kommerzielle Kommunikation. Damit verbringt sie manche Arbeitswoche, ohne ein privates Wort mit einer Freundin oder einem Freund gewechselt zu haben.

In den Lebensphasen der Kindheit, der Jugend und der jungen Erwachsenen sind die ungefähr gleichaltrigen Freunde, die Peers, bekanntlich von größter Bedeutung. Mit ihnen teilt man fast die gesamte Freizeit. Die Gemeinsamkeit der *Orte* und *Stile* stiftet sozial-kulturelle Sicherheit in einem Leben, in dem noch vieles unsicher ist. So war es bis zur Trennung auch bei Tina und Jörg. Sie hatten einen »großen gemeinsamen Freundeskreis«, der sich fast jeden Abend in ausgewählten Szenelokalen traf. Die erste Schwangerschaft Tinas reduzierte den Freundeskreis für sie beträchtlich. Für Jörg hingegen änderte sich zunächst nicht viel.[27] Noch deutlicher aber ist die Veränderung im sozialen Netzwerk der Freunde, wenn sich ein Paar trennt. Dann *zerteilt* sich der Freundeskreis, womit unvermeidlich einige Enttäuschungen verbunden sind. Freunde fühlen sich dem einen oder dem anderen Expartner enger verbunden und geraten in Loyalitätskonflikte. So kann es sein, dass sie *keinen* von beiden mehr treffen. Oder sie bleiben jenem getrennten Partner erhalten, der seinen Lebensstil infolge der Trennung und der Scheidung weniger verändern muss, hier also dem Mann. Offensichtlich handelt es sich um überwiegend kinderlose, ledige Freunde mit ähnlichem Lebensstil, wie ihn Jörg und Tina vor ihrer Elternschaft praktiziert haben: lebenshungrige, reiselustige Leute, ohne besondere Ambitionen auf eine berufliche Karriere. Auch das trägt dazu bei, dass die meisten von ihnen nach der Scheidung die Freunde von Jörg bleiben. Sie treffen ihn oft erst am späten Abend, in bestimmten Szenelokalen der Stadt. Tina, die Mutter zweier Kinder, könnte daran nicht mehr teilnehmen, auch wenn sie wollte. Da ist sie längst zu müde oder sie sitzt immer noch vor dem Bildschirm und am Telefon. Ihre Freunde müssen sie besuchen kommen, fast so, als wäre sie krank … Im Zuge dieser Veränderung hat sich Tinas »Freundeskreis … sehr dezimiert«. Ihre wenigen Freundinnen und Freunde unterscheiden sich von Jörgs Freundeskreis. Es sind beruflich sehr beschäftige Leute, die ihre Freizeit sorgfältig planen und managen müssen, genauso wie ihre beruflichen Termine. Für spontane Entscheidungen bleibt kaum Spielraum. Da bei Tina Familienleben und Erwerbsarbeit zu Hause stattfinden, sie also ihre Freundinnen und Freunde aus dem beruflichen Umfeld nicht bei der Arbeit trifft, muss sie aktiv und erfinderisch sein, um auf sich aufmerksam zu machen, wenn sie wieder einmal akuten Bedarf danach hat, mit einem Freund oder einer Freundin zu reden.

»... die Freunde, die ich hab und die auch -- so ein bisschen neu dazugekommen sind, sind zum Teil Leute, die ich von der Arbeit kenne – die natürlich viel zu tun haben. Und manchmal ist es so, dass ich mir mit denen wirklich *ausmach* -- weil die sagen dann – ja aber Tina, -- warum hast den nichts *gesagt*, dass du so *allein* bist oder so, und ich sag – hör mal wenn ich dich *anruf* und sag, hast du heute Zeit, lachst du mich aus und sagst, vielleicht in drei Wochen. -- Und dann hab ich mir jetzt einfach mit zwei drei Leuten so wirklich *Codewörter* ausgemacht, – dass wenn ich anruf und ein Codewort sag, dass ich *wirklich* jemanden – gern – *hätt* oder jetzt *bräucht* oder so.«[28]

7.7 Eine verbindliche Affäre

Tinas intimer Freund wohnt in einer anderen Stadt. Sie sieht ihn an einem oder zwei Tagen und Abenden in der Woche und verbringt viele Wochenenden und Urlaube mit ihm. Gehört er damit schon zu ihrer Familie? Da zwei Postulate des Familienmythos – *leibliche* Elternschaft unter einem *gemeinsamen* Dach – nicht zutreffen, beunruhigt Tina der Mangel an begrifflicher Klarheit. Wie soll sie diese Konstellation nennen? Für Tina, den Freund und die Kinder ist das freilich keine Frage der Soziologie. Sie fragen sich, woran man erkennt, dass man es praktisch wagen könnte, künftig unter ein gemeinsames Dach zu ziehen:

»Ich hab -- ahm – so was wie eine verbindliche *Affäre*. Wir sind uns immer *unsicher*, wie man das nennt mit diesem Mann, den ich damals ja ((in Kärnten)) -- getroffen hab, der allerdings in Linz lebt und -- selbstständig ist und ziemlich viel *arbeitet* – und äh -- wir besuchen ihn halt hin und wieder in Linz oder er besucht uns alle / Wir sehn uns --- in Wahrheit sehn wir uns regelmäßig fast jede Woche ... also zumindest einen Tag oder anderthalb Tage. Und --- jetzt war es eben so, dass ich einmal drei Tage mit ihm in einer Therme war und nächste Woche fahren wir drei Tage Schifahren mitsammen.«[29]

Er ist jener Mann, der den positiven Schwangerschaftstest miterlebt hat. Vielleicht ist er auch der leibliche Vater von Tinas zweitem Kind. Doch sollte es so sein, will es Tina doch nicht anerkennen. Sie hat alles getan, um beiden Kindern denselben ›offiziellen‹ (amtlich bestätigten) Vater zu geben und ihnen zugleich seinen Namen genommen. Wir erinnern uns an die Aussage des Freundes an jenem ominösen Abend, er würde Tina, die gerade ihre Schwangerschaft festgestellt hat, gerne heiraten »mit allem was dazu gehört«. Was gehört alles dazu? Die Anerkennung seiner leiblichen Vaterschaft? Mit diesem Mann hat sie erlebt, dass sich sexuelles Begehren und gemeinsame Interessen anders anfühlen als jene Kameradschaft, die sie mit ihrem Ex-Ehemann verband. An diesem Freund maß Tina in der Phase der Trennungs-Vorbereitung ihren eigenen Ehemann; auf ihn und seinen sozialökonomischen Status richtete sich zumindest ein Teil ihrer Wunschphantasien über ein künftiges, anderes Leben. Und aus dieser Phantasiearbeit bezog Tina einen guten Teil der Energie, die sie benötigte, um Trennung und Scheidung einzuleiten und dabei ihre eigenen Interessen planvoll und schlau durchzusetzen.

Inzwischen ist aus dem *Schattenmann* (Ronald) ein regelmäßiger *Besucher* der Mutter-Kinder-Familie geworden. Aus der Sicht der Frau und der Kinder (sic!) gehört er *nicht* zur Familie. Das hat einige Vorteile. Ronald kann für die Kinder ein guter Freund bleiben, der Geschenke mitbringt und in den wenigen Stunden seiner Präsenz niemanden mit seinen Launen oder mit akuten Geschäftsproblemen plagt. Er kann auch darauf verzichten, gegenüber den Kindern als Erzieher und strafende Instanz aufzutreten.

»Also er ist --- so jetzt für unsere /- für *meine* kleine Familie -- ist er im Endeffekt / oder wenn ich uns als eine Einheit nehme/ist er ein *Besucher*. Es is so. ---- Er ist mit den Kindern sehr süß, es ist aber ganz *klar*, dass er jetzt ä – sich nicht irgendwie berufen fühlt, in eine *Papa-Rolle* zu springen, sofort wenn er *da* ist oder so, das ist es nicht. – Also wir haben eher so --- wir müssen eher so ausdiskutieren, ob er sich also jetzt traut oder ob er – dem Daniel sagen möchte, hör mal – das sollst du nicht *tun* oder so, weil=s eigentlich *mein* Job ist … Von *innen* – jetzt Anna, Daniel und ich, ist er ein *Besucher*. Und es ist ja tatsächlich auch so, dass wenn er kommt, wir am Abend ausgehn --- öfter --, das heißt also, da sehn ihn die Kinder schon nicht. Oder sobald die Kinder beim *Jörg* sind oder so, treff ich den Ronald. Oder wenn ich so und so wo arbeiten muss und und und – also ich ich hab öfter in Linz zu tun, da sind die Kinder nicht *dabei*.«[30]

Dennoch wird auch hier die Normalisierung – die Annäherung an das überkommene Familienbild – immer wieder erörtert und überlegt. Soll Ronald zu Tina und den

Kindern ziehen? Oder sollen die Frau und die Kinder in Ronalds geräumiges Haus in Linz übersiedeln? Niemand kann vorhersehen, wie sich danach die Beziehungen und Verhältnisse ändern würden. Würden die Beteiligten einander aushalten können? Würde Ronald, der »sehr viel arbeitet« (Tina), die kleinen Kinder lästig finden? Und die Kinder den dann vielleicht manchmal genervten Mann? Und wie erginge es dem Paar? Würde die Verliebtheit rascher verebben, zöge der Alltag ein? Nicht zuletzt stellt sich die Frage, welche soziale Rolle dem älteren Freund in Bezug auf die Kinder zukäme. Nach den Regeln der Verwandtschaft geriete er in die Position eines Stiefvaters, doch ist es viel wahrscheinlicher, dass ihn Daniel nur als väterlichen Freund akzeptieren würde. Darauf deutet schon die aktuelle Beziehung zwischen Daniel und Ronald hin. Daniel hat ja einen Vater, der ihn über zweieinhalb Jahre täglich betreut hat und den er nach wie vor mehrmals die Woche sieht. Er hat gar kein Bedürfnis nach einem ›zweiten‹ Vater.[31] Hingegen sei die Beziehung zwischen Anna und Ronald »natürlich« deutlich enger, sagt Tina. Deshalb habe sie sich entschlossen, Ronald die Rolle des Taufpaten für Anna anzubieten. Ist die Patenschaft gleichsam ein Ersatz für die dem Mann nicht zugestandene Vaterschaft?

»Der Ronald hat *natürlich* wesentlich -- also wesen / er hat schon *wesentlich* mehr Beziehung zur Anna -- da hat er einfach von Anfang an, als ich als ich den Schwangerschaftstest gemacht hab, hat er, hat ers mitbekommen --- und er war auch *extrem* aufgeregt, als sie auf die Welt gekommen is … Aber ----- aber er ist sehr ---- also ich denk mir, dass ihm die Anna sehr ans *Herz* gewachsen ist.«[32]

… »Ich hab auch jetzt -- ähm – ich hab für *beide* Kinder so eine Taufzeremonie gemacht – es sind auch beide nicht katholisch getauft -- ich hab, als wir aufm Begräbnis von Jonny waren, der sich umgebracht hat, und ich hab / ich weiß nicht warum, im Zuge dessen beschlossen, dass ich die Kinder katholisch taufen lass --- und der Daniel hat ja zwei Paten ---- und ich hab auch jetzt beschlossen, dass ich den Ronald als Annas -- Pa / Paten / einsetzen möchte ((lächelt)). Und er hat sich *extrem* drüber gefreut. Er war sehr -- *berührt* auch ---- also das is so eher / es ist / es ist auch im / wir *kokettieren* auch allein mit unserer Beziehung sehr sehr viel …«[33]

Nicht zuletzt stellt sich bei allen Überlegungen die Frage: Wie verhielte sich Jörg, lebte da ein anderer, älterer, wirtschaftlich erfolgreicher Mann – also ein ganz anderer Typus von Mann und folglich wohl auch ein anderer Typus von väterlichem Freund – mit seinen Kindern unter einem Dach? Und wie würde Jörg reagieren, wollte sich Ronald gar an die Stelle des Vaters setzen? Würde sich Jörg der dann möglichen Konkurrenz um die Liebe der Kinder stellen? Oder würde er resignieren und allmählich aus ihrem Leben verschwinden? Würde Tina dann zwar ihren Intimpartner im Haus haben, aber den bisher durchaus engagierten Vater ihrer Kinder verlieren? Zur Zeit der Interviews gibt es auf alle diese Fragen keine sicheren Antworten. Tina wird sich irgendwann entscheiden müssen, ob sie das Risiko auf sich nehmen will, ein Leben mit Ronald unter einem Dach auszuprobieren. Oder sie wird die Entscheidung so lange hinausschieben, bis sie sich eines Tages aufgrund anderer Entwicklungen nicht mehr stellt. Neuerlich sehen wir, dass die mangelnde Vorhersehbarkeit dazu zwingt, auf Zeitgewinn zu setzen. Das ist nicht nur eine doppelte, es ist eine Kontingenz zur Potenz, denn es sind wenigstens vier, wenn nicht fünf Akteure mit ihren Unwägbarkeiten im Spiel. Eben dies aber verbietet es den Akteuren, in voller Offenheit zu kommunizieren. Die vorläufigen Antworten, die sie sich, jeder für sich, auf diese wichtigen Fragen ihres künftigen Lebens geben, müssen intransparent bleiben.

»… also es ist so ein bissl eine Fernbeziehung, -- die einfach /- ja weil ich /-- also es gab schon im im Frühling die Diskussion – oder ich hab schon daran *gedacht*, dass ich unter Umständen nach Linz ziehen könnte ((räuspert sich)). Ich bin mir aber gar nicht so sicher, ob die Beziehung -- wirklich *passen* würde, wenn wir sie – *richtig* leben würden. Und ich denke, also er weiß das auch --- ähm -- er hat so ein bisschen im Kopf, nach Wien zu kommen, weils mit ihm / weils bei ihm geschäftlich einfach zusammenhängt und er hat – ein Konzept und einen Plan und sagt – *ja ja* vielleicht und dann und so – aber eigentlich is es ganz äh // -- also wenn ich *ehrlich* bin, is es -- ziemlich *angenehm* so.«[34]

Es wird wohl noch eine Zeitlang so weitergehen. Beide Intimpartner haben die Sorge, es könnte doch nicht ganz passen. Aber miteinander reden können sie darüber nicht oder nur in schwachen Andeutungen. Das heimliche Wissen lässt sich nur nahen Freunden oder Fremden (wie uns) anvertrauen. Den Partner würde es wahrscheinlich verletzen und somit die Balance der Beziehung stören. Dass nicht alles gesagt werden kann, was man weiß oder fühlt, ist kein Spezifikum dieser Konstellation. Wir finden es auch bei zusammenlebenden Paaren, unabhängig davon, wie glücklich oder unglücklich sie miteinander sind. Doch erhält es in der »Fernbeziehung«, wie Tina sie nennt, besonderen Charakter, da es das Kommen und Gehen des externen Partners und das spezifische Management der Beziehung – das Lavieren – regelt und motiviert. Eine solche Besucher-Beziehung ist hochempfindlich für kommunikative Störungen und steht stets zur Disposition, versuchsweise Trennungen eingeschlossen.

»… Täler und Berge halt --- wir haben auch also im Sommer beschlossen, dass wir uns trennen, weil ich mit seiner Prioritätenliste nicht immer einverstanden bin --

und --- das macht halt auch bei *ihm* so wie bei mir halt so -- rück ich mal *näher* und rück ich mal *ferner* ---- ja.«[35]

Die Intimpartner fühlen einander einmal näher und einmal ferner. Jede kleine verbale Verletzung des Anderen kann sein nächstes Fernbleiben verlängern. So muss mit dem heimlichen Wissen um die eigenen Bedenken, Vorbehalte und unerfüllten Wünsche noch sorgsamer umgegangen werden, als wenn man unter einem gemeinsamen Dach lebt, das mehr Stabilität suggeriert. Während ein Ehepartner und in diesem Fall selbst noch der geschiedene Ex-Ehemann (Jörg) jederzeit abrufbar und in die Pflicht zu nehmen sind, ist es der externe Intimpartner (Ronald) nicht. Das vorsichtige Spiel mit ihm als dem »Besucher« (Tina) zieht sich denn auch in die Länge, bis vielleicht eines Tages die Regeln des Spiels geändert werden oder das Spiel beendet wird. Tina hat schon einige Initiative bewiesen, ihr Leben ›umzuplanen‹ und neu zu gestalten. Sie wird es gewiss auch künftig nicht treiben lassen. Sie hat Jörg verlassen und dabei einige juristische Winkelzüge gemacht. Sie hat sich auf eine anstrengende Doppel-belastung eingelassen. All das, um ein künftiges Familienglück auf einem höheren materiellen und sozio-kulturellen Niveau möglich zu machen. Wieder wird deutlich, wie sehr der Entwurf einer Zukunft die Rekonstruktion der eigenen Geschichte bestimmt:

»Ich hab mich auch wirklich getrennt -- / also ich denk so der Hintergrund für die Trennung war für mich, dass ich mir eigentlich unter einer Beziehung was anderes vorstelle -- und dass ich nicht / dass ich wohl nicht Beziehung um jeden Preis haben muss, --- aber dass ich eigentlich -äh *Platz mach* für etwas, wo ich sag – ja das *passt* mir. Ob das jetzt --- weiß ich nicht, in den nächsten drei Jahren, den nächsten zehn Jahren ist, ich möchte einfach für mich die *Möglichkeit* geschaffen … geschaffen haben, eine Beziehung zu führen wo ich mir denk, das *halte* ich, oder *das hält*.«[36]

7.8 Das postmoderne Spiel mit dem Namen des Vaters

Der Entwurf einer Zukunft ist immer ein Spiel mit den (wahrgenommenen) Mög-lichkeiten. Ein Teil davon ist das Spiel mit den Vätern. Ältere Formen des Patriarchats können auch als Versuche von Männern und männlich dominierten Kulturen ver-standen werden, die Ungewissheit, wer der leibliche Vater ist, zu reduzieren. Im vor-liegenden Fall ist es weitgehend der Frau überlassen, wen sie als Vater angibt, welchen Namen sie dem Kind gibt, und auch, wen sie in einem christlichen Kontext zum Taufpaten ihres Kindes erklärt. Es ist auch zunehmend ihre eigene Entscheidung, ob sie einen Intimpartner dauerhaft in ihren Haushalt aufnimmt oder nicht. Derzeit und wohl auch in absehbarer Zeit zählt Tina Klaar den Geschäftsmann Ronald nicht zu ihrer »kleinen Familie«. Man kann darin die weitgehende Befreiung der Frau aus patriarchalen Konventionen, auch aus der Definitionsmacht der Herkunftsfamilien, der Sozialmilieus und der kleinen Sozietäten erkennen, nicht zuletzt die Befreiung vom Zwang, sich im sexuellen Verhältnis dem Mann zu unterwerfen, wann immer und wie *er* es begehrt. Diese Frau bestimmt, wo sie die Grenzen nach außen zieht und welcher Mann in ihr soziales und in ihr leibliches Innen eingelassen wird: als regelmäßiger *Besucher*. Ein Besucher muss *eingeladen* sein, sonst wird er zum ungebetenen Gast und die Gastgeberin weist ihm die Tür.

Die Mutter-Kinder-Familie von Tina, Daniel und Anna erscheint ganz und gar nicht als ein unglücklicher Rest, der nach einer Scheidung übrig geblieben ist, sondern als die von der Frau gewollte, temporäre Form eines Familienlebens. Die Frau gestaltet es so, dass die Option offen bleibt, »in den nächsten drei Jahren, den nächsten zehn Jahren« einen passenden männlichen Intimpartner aufzunehmen. Auch diese Mutter-Kinder-Familie ist also für ihre Ergänzung oder – bezogen auf das hegemoniale Familienmodell – für ihre Komplettierung offen, keineswegs aber um einen niedrigen Preis. Der künftige Partner soll über jeden Zweifel erhaben scheinen. Doch welche Kriterien gelten bei seiner Wahl?

Für den aktuellen Status ihrer intimen Beziehung mit Ronald findet die Bankerin einen Begriff aus der Geschäftswelt: »… es ist so quasi die -- *Option* auf eine Beziehung. Das ist es.«[37] Die Beziehung als Aktie. Optionen setzen Kalküle voraus. Etwas zögerlich aber doch berührt Tina hier eine Dimension ihrer Zukunftsplanung, die dem romantischen Liebesdiskurs ›fremd‹ ist, weil er sie durchaus absichtsvoll eskamotiert: wirtschaftliche Sicherheit. In dieser Hinsicht hat Ronald einiges zu bieten, vor allem wirtschaftliches und soziales Kapital. Als Unternehmer ist er zwar immer von wirtschaftlichen Schwierigkeiten bedroht, doch hat er privates Vermögen gebildet, das Tina eine sorglose Zukunft verspräche. Obwohl sie selbst derzeit keine Existenzsorgen hat und einigermaßen sicher sein kann, mit ihren beruflichen Kenntnissen und Fähigkeiten auch künftig gute Jobs zu finden, weiß sie um den Unterschied, der zwischen einem mit fleißiger Arbeit erzielten höheren Einkommen und einem Vermögen besteht, das kein Firmenkrach und keine Arbeitslosigkeit je gefährden kann. In dieser wirtschaftlichen Dimension hat sie offenbar nicht schon immer gedacht, sonst hätte sie sich kaum auf den besitzlosen Weltenbummler Thonhauser eingelassen. Vielleicht hat sie erst der Unternehmer Ronald auf diese Gedanken gebracht. Sie will nicht »bis ans Ende der Welt« mit den Kindern allein bleiben. Auch »ein schönes Auto« fällt ihr dazu ein. Und wie zur Legitimierung derart profaner Kalküle erinnert sie ein romantisches Bild, das dem fordistischen und dem postfordistischen Kapitalismus millionenfach nützlich ist, weil es die Akteure alle Plagen des Erwerbslebens aushalten lässt:

»Also wenn ich so in die *Zukunft* schau, so merke ich auch beim Ronald, dass das Finanzielle -- sehr --- ähm – *gesichert* ist. Das is/das ist ein Ding, wo ich --- das war bis jetzt *nie* eine Priorität. Ich hab immer gewusst, okay ich werd irgendwie durchkommen und werd gut leben und ich werd auch alleine mit den zwei *Kindern* gut leben, aber dass es finanziell fein ist, ein *abgesichertes* Leben mit Kindern zu haben. Ich hab auch nicht irgendwie das /-- ich seh mich wirklich nicht als – Alleinerzieherin bis ans Ende der Welt ----- und ich denk mir, ein schönes Auto und so -- und jemanden, dem ich von meinem Tag erzähle, wenn ich nach Haus komme --- also manchmal gehts mir schon ab.«[38]

Tina macht sich keine Sorgen, ob ein Mann sie noch attraktiv finden würde. Sie habe immer »Verehrer« gehabt und sie habe auch jetzt einige »Verehrer«. Ronald ist nicht der Einzige, er ist nur der Einzige, der auch bei ihr übernachtet und den ihre Kinder kennen. Sie sei nicht so »stolz emanzipiert«, dass sie eine passende Beziehung, die auch »ein bisschen finanzielle Absicherung« böte, ausschlagen würde.[39] Der Unternehmer Ronald hätte die Mittel dazu, aber offenbar fehlt etwas anderes in der Beziehung zu ihm. Mit Jörg hat Tina es schon erlebt auf ihren gemeinsamen Reisen, auch wenn sie den aufregenden Sex vermisste. Heute legt sie sich, wenn sie »melancholische Anfälle« hat, manchmal »einen Bob Dylan« auf, Musik aus dieser Zeit, dann schwebe er (Dylan? Jörg? Der Traummann?) ein, wie ein im Alltag beinah schon vergessenes Gefühl … »das sind halt Dinge ((Tina lächelt)), wo ich mir denk, das wären für mich eigentlich sehr wichtige Dinge in einer Beziehung«[40]. Es scheint, als sei sie in der Beziehung zu Ronald nicht mehr dazu bereit oder imstande, auf eine unvoreingenommene, naive Weise »romantisch« zu sein, obgleich sie manchmal die Sehnsucht danach überkommt. Natürlich fragt sich Tina in solchen Momenten, ob ihre Entscheidung, sich von Jörg zu trennen, richtig war. Als unsere Gespräche stattfinden, ist es gerade etwas mehr als ein Jahr her, dass sie begann, ein neues Leben zu entwerfen, oder, wie sie selber treffend formuliert, »wo einfach diese vielen Veränderungen in meinem Kopf angefangen haben«[41]. Was man, von schweren Zerwürfnisses oder nackter Gewalt abgesehen, fast nie ausschließen kann, ist, dass es bei mehr Anstrengung auf beiden Seiten doch zu »machen« gewesen wäre: »Manchmal bin ich traurig drüber --- manchmal denk ich, wir haben /-- wir hätten=s vielleicht *machen* können, wir hätten=s vielleicht mehr *probieren* müssen.«[42] Im Zweifel um die Richtigkeit der eigenen Entscheidung, der keine klagbare Schuld des Anderen zugrunde liegt, kritisiert Tina die Reaktion Jörgs auf ihr eigenes Entscheidungshandeln. In der folgenden Passage klingt, etwas ungenau aber doch, ein Zitat an, in dem Jesus seinem Jünger Judas voraussagt: »Ehe der Hahn dreimal kräht, wirst Du mich verraten haben!«

»… hab allerdings auch gemerkt, dass / dass das einfach mit den *drei* wichtigen Männern in meinem Leben *immer* so war --- dass ehe die Sonne auf- und untergegangen ist und das erste Mal, als ich gesagt hab, da hab ich aber Probleme damit, ham=sie sich umgedreht und waren weg.«[43]

Wir müssen diese Sicht nicht teilen, und von Jesus trennt Tina nicht nur das Geschlecht. Hatte ihre Entscheidung zur Trennung nicht vorwiegend Ursachen und Hintergründe, die nicht gegen Jörg, sondern gegen *ihre* Partnerwahl sprachen? Hatte sie einen anderen Grund, sich von ihm zu trennen, als den, dass Jörg ab einer bestimmten Phase ihrer eigenen beruflichen und persönlichen Entwicklung nicht mehr zu ihr passte, ohne jemals ungewöhnliche Schuld auf sich geladen zu haben? Hatte nicht *sie* ihn mehrmals betrogen und ihm bis zur Grenze seiner Selbstachtung berufliche und sexuelle Freiheiten abverlangt? Doch wer könnte mit einem solchen Eingeständnis leben? So bleibt Tina nur der Weg, Jörg dafür schuldig zu sprechen, dass er allzu schnell und leicht weggegangen sei, nachdem *sie* ihn verlassen hatte:

»Was mich die ganze Zeit sicher gemacht hat, war einfach die Geschichte, wie die Trennung abgelaufen ist. Dass es für den Jörg auch sehr einfach war so, und dass er sich umgedreht hat ((schnippt mit den Fingern)) und *weg* war … … – ja -- es macht mich nicht so sehr *zweifeln*.«[44]

Es sei viel passiert in diesen Jahren. Gestern habe sie eine Adresse gesucht in dem Gästebuch, das sie und Jörg in ihrer Posada in Brasilien geführt haben. Sie blätterte die Einträge ihrer Gäste durch. Manche Trecker hatten geschrieben, dass sie sich so freuten, die perfekte Familie gefunden zu haben. Und dass Jörg und Tina ihnen so viel über Elternschaft gezeigt hätten und sie erstaunt gewesen seien, dass es eine solche Familie heute noch gebe.

»Und ich hab mir gedacht, oh Gott ((lacht)), ich hab mir gedacht, okay, ich könnt ja jetzt allen schreiben, wir haben uns getrennt, aber Sie sind herzlich willkommen bei mir in der *neuen* Familie.«[45]

VIII. Die Umerzieher

Ein großer Gemeindebau, 1926 und 1927 aus den Mitteln der Wohnbausteuer erbaut, so steht es in roten Buchstaben auf der Fassade. Auf Stiege IV im ersten Stock linker Hand wohnt Theresia Zadek mit ihrem kleinen Sohn Andreas und ihrem Ehemann. Sie ist eine unscheinbare Frau Mitte vierzig, immer freundlich zu den Nachbarn, doch bedrückt. Die Leute auf der Stiege wissen, dass ihr Mann oft betrunken ist und sie dann schlägt. Im Erdgeschoss wohnt die Hausbesorgerin Sophie Miller mit ihren Kindern Christian und Florian. Freundschaft wäre zu viel gesagt, eine freundliche Nachbarschaft sei es gewesen, langsam aufgebaut durch die Gespräche der beiden Frauen auf der Stiege und im Hof. Die Hausbesorgerin wäscht gerade die Stiege hinunter, als Frau Zadek mit dem Sohn vor der Wohnungstür kauert, zitternd vor Angst, während der Mann in der Wohnung brüllt und um sich schlägt. Wochen später bittet Frau Zadek die Hausmeisterin bei Gericht für sie auszusagen. Die Szene auf der Stiege soll sie dem Richter beschreiben. Dass Sophie Miller trotz ihrer das Gesicht entstellenden Krankheit vor Gericht erscheint und für sie aussagt, wird ihr Frau Zadek nicht vergessen.

Sophie Miller leidet an einem Tumor hinter dem rechten Auge. Die Chemotherapie verändert ihr Aussehen. Die Spiegel hat sie verhängt. Allmählich verliert sie den Lebensmut. Immer seltener verlässt sie das Haus. Der ältere Sohn Christian übernimmt das Einkaufen, versorgt den Hund und räumt die Wohnung auf. In den vielen Nächten, die Sophie Miller wach liegt, mischt sich die Verzweiflung darüber, dass sie ihre beiden Söhne viel zu früh verlassen wird, mit Hass auf den geschiedenen Mann.

Heinrich Miller ist groß gewachsen. Bauingenieur bei den Bundesbahnen. Nach der Scheidung von seiner todkranken Frau hat er die beiden Söhne zweimal im Monat für ein Wochenende bei sich und verbringt auch regelmäßig Urlaube mit ihnen. Weitergehende Vereinbarungen sind mit der Mutter der Kinder nicht möglich. Nach dem Tod der Ex-Ehefrau, fünf Jahre nach der Scheidung, zieht Heinrich Miller zu seinen Söhnen in die Hausbesorgerwohnung der Verstorbenen auf Stiege IV. Er will seinen Söhnen nicht auch noch einen Wohnungs- und Ortswechsel zumuten. Christian, der ältere Sohn, erkrankt an einem schweren Magenleiden und wird in die Universitätsklinik gebracht. Dort erleidet er nach einigen Tagen eine Infektion des Rückenmarks. Hundertachtundzwanzig Tage und Nächte liegt er fast bewegungslos in einem Gipsbett. Sein Freund aus dem Gemeindebau, Andreas, und dessen Mutter,

Theresia Zadek, besuchen ihn oft. So kommt es, dass Herr Miller und Frau Zadek, die nun auf derselben Stiege wohnen, sich am Krankenbett treffen und kennen-lernen.

In den Jahren zuvor hat Frau Zadek über Heinrich Miller wenig Gutes gehört. Egoistisch und kaltherzig sei er gewesen, erzählte ihr Sophie Miller. Rücksichtslos habe er sie verlassen, bald nachdem ihr Krebsleiden festgestellt worden war. Hilfe habe sie von ihm keine erhalten, auch dann nicht, als es mit ihr langsam zu Ende ging. Ganz im Unterschied zu diesen Erzählungen lernt Frau Zadek nun in Heinrich Miller einen besorgten Vater kennen, der sich seit dem Tod der Ex-Ehefrau ganz auf seine Söhne eingestellt hat. In den folgenden Wochen vereinbaren Herr Miller und Frau Zadek gemeinsame Besuche im Krankenhaus. Frau Zadek erledigt Einkäufe für Herrn Miller und sieht auch in seinem Haushalt ab und zu nach dem Rechten. Aus ihrer Sicht ist es der Beginn einer Liebe:

»Ja und da bin ich hoit *mit*gfoan jo -- wir haben dann sehr viel telefoniert miteinan-der – tjo des *is* einfach so, jo – wo die Liebe *hinfällt* sog i amoi ((lacht)) auf Deutsch gsogt, jo. Es hat sich hoit dann so ergebn, wir haben sehr oft telefoniert miteinander jo – hm hm --- jo.«[1]

Frau Zadek benützt nur dieses einzige Mal die gängige Metapher aus dem populären Diskurs über die romantische Liebe. Dass auch vernünftige Gründe im Spiel sind, scheint ihr selbstverständlich.

Heinrich Miller sieht den Beginn der Paar-Beziehung noch pragmatischer. In sei-nen Erzählungen finden wir keine einzige Bezugnahme auf den Code der roman-tischen Liebe. An Frau Zadeks Bemerkung vom Beginn einer Liebe schließt er im Paarinterview ganz unvermittelt mit der Mitteilung an: Christian verstehe sich sehr gut mit seiner neuen Partnerin, Florian jedoch gar nicht. Das ist seine allererste Wort-meldung im Paar-Gespräch. Sie bringt exakt *das* dominante Thema und – wie wir noch näher sehen werden – das Hauptmotiv seiner zweiten Ehe zur Sprache. Danach berichtet er von den enormen Belastungen in den ersten Monaten nach dem Tod seiner Frau, als sich beinahe alle Gespräche um den kranken Christian und den schwierigen Florian drehen.

»Ja – das war so der erste Schritt quasi, wobei die ersten vier Monate der Große nicht da war, net – also unser Tagesablauf war ja auch sehr – sehr *eingeschränkt*, weil ich bin von der Arbeit nach Haus gekommen, hab den Kleinen geholt und wir sind ins Spital gefahren, net, das war also kann man sagen fast täglich unser Weg -- von August bis Weihnachten.«[2]

Der lebensbedrohlich erkrankte Sohn Christian, der widerspenstige Florian und die neue Verantwortung für Haushalt, Schule und Kindergarten belasten Heinrich Miller mit ungewohnten Sorgen und nehmen ihm nach fünf Jahren eines relativ autonomen Single-Lebens beinahe jede freie Zeit. In dieser Lage ist ihm Frau Zadek als praktische Helferin, Haushälterin und gute Zuhörerin höchst willkommen. Die weitreichende Entscheidung, mit ihr eine zweite Ehe einzugehen und eine neue Familie zu bilden, trifft Herr Miller bald nachdem Christian das Krankenhaus verlassen hat. Ausschlaggebend ist für ihn nicht irgendeine Spielart der romantischen Liebe, sondern die unbezahlbare Hilfe, die ihm Frau Zadek nun bereits über ein halbes Jahr gewährt hat und die sie auch in Zukunft zu leisten verspricht. Er ist bereit, ihr dafür Fürsorglichkeit und materielle Unterstützung zuzusagen. Die eheliche Beziehung gründet auf Sympathie, Respekt, Fürsorglichkeit, Solidarität und Ressourcentausch, auf *pragmatischer* Liebe (s. Kapitel 2.2).

Theresia Zadek hat ihre leibliche Mutter nie kennengelernt. Der Vater trinkt häufig, eine Stiefmutter übt wiederholt Gewalt gegen das kleine, als besonders lebhaft geltende Mädchen aus. Mit achtzehn Jahren flüchtet Theresia aus der Herkunftsfamilie und heiratet einen etwa zehn Jahre älteren Mann. Doch auch der kommt immer öfter betrunken nach Hause und schlägt seine junge Frau. Nach unzähligen Auseinandersetzungen, Gewaltszenen und durchwachten Nächten – wir kennen die Szene vor der Wohnungstür – erkämpft Frau Zadek schließlich die Scheidung.

Als sie Herrn Miller kennenlernt, liegt ihre Scheidung sieben Jahre zurück. In der neuen Familie leben nun Frau Zadek und Herr Miller mit ihren drei Kindern zusammen. Für jedes der Kinder bedeutet es höchst Verschiedenes, dass sich der sorgende Elternteil auf eine zweite Ehe eingelassen hat. Und auch Mann und Frau erleben ihre Beziehungen zu den drei Kindern verschieden. Während die Fragwürdigkeit der »Stiefvater«-Terminologie bereits eingehend diskutiert wurde (Friedl u. Maier-Aichen 1991) und ich schon im vierten Kapitel mehrere Typen von nicht-leiblichen Mann-Kind-Beziehungen unterschieden habe, wurde die analoge Frage für Frauen noch kaum gestellt. Einschlägige Studien beschreiben die Schwierigkeiten von »Stiefmüttern« viel zu pauschal (Moinet 1989; Millhahn 1993 u. a.). Der vorliegende Fall lädt zu Differenzierungen ein.

Frau Zadek erlebt Herrn Millers Söhne Christian und Florian sehr unterschiedlich: Christian ist der beste Freund von Andreas und verbringt mit ihm einen Großteil seiner Freizeit im Hof des Gemeindebaus und auf dem Fußballplatz. Frau Zadek unterstützt und fördert den sportlichen Lebensstil der beiden Freunde, nicht zuletzt in der Hoffnung, sie würden darüber geistige und körperliche Disziplin als Grundhaltung für das weitere Leben erwerben. Dieser Entwurf nährt sich auch aus ihrem eigenen Leid, hat sie doch ihren leiblichen Vater wie auch ihren ersten Ehemann als undiszipliniert und haltlos erlebt. Christian, der ältere der beiden Miller-Söhne, schätzt die affektive Wärme von Frau Zadek und respektiert ihre Strenge. Eine *Mutter* ist sie für ihn allerdings *nicht*, denn dafür ist die Erinnerung an seine verstorbene Mutter viel zu präsent (s. dazu auch Bowlby 2006 c, 274). Er betrachtet Frau Zadek als seine *mütterliche Freundin*. Ich wähle diesen Begriff in Analogie zum Begriff ›väterlicher Freund‹ (s. Kapitel 4). Ganz anders erlebt der jüngere Florian die neue Ehepartnerin seines Vaters. Sie ist weder Mutter noch eine mütterliche Freundin für ihn, sondern die unrechtmäßige Nachfolgerin und Konkurrentin seiner verstorbenen Mutter. Indem er sich nicht willig in die Folgefamilie einfügt, sondern trotzig opponiert, hofft Florian die Ehe und damit auch die Folgefamilie *zerbrechen* zu können.

Die eminenten Unterschiede in der Lage und im Habitus der drei Kinder werden schon in den vorhergehenden Erstfamilien und – nach den Scheidungen – in den beiden Mutter-Kind-Familien erzeugt. Christian Miller und Andreas Zadek haben über mehrere Jahre als ›Komplizen‹ ihrer Mütter in zum Teil bedrohlichen Konflikten mit den Vätern, dann auch als Helfer ihrer getrennten Mütter Erfahrungen und Kompetenzen erworben. Trotz ihres jungen Alters sind sie nun auch in der Folgefamilie dazu befähigt und geneigt, eine vermittelnde, sorgende und stabilisierende Rolle zu übernehmen. Hingegen findet sich der jüngere Florian Miller nach dem Tod der Mutter und dem Einzug von Frau Zadek abrupt von der Position des Nesthäkchens in jene des *Trouble-makers* versetzt. Erstmals in seinem Leben ist er der Erziehungsherrschaft eines präsenten (sic!) Vaters und dessen zweiter Ehefrau unterworfen. Sein nun gar nicht geschätzter Habitus wird zum notorischen Thema in der Kommunikation des Paares und der Folgefamilie.

Dass Frauen und Männer in Folgefamilien die zerbrochenen vorherigen Familien an Qualität übertreffen wollen, dürfte häufig der Fall sein. Ihr Hauptaugenmerk richten sie dabei meist auf die Betreuung und Erziehung der Kinder. Sie entwickeln regelrechte Reparaturstrategien. Die Ambition neu gebildeter Elternpaare, als ›schwierig‹ geltende Kinder »besser zu erziehen«, habe ich bereits in der Fallstudie »Die Benachteiligten« (Kapitel 6) dargestellt. Auch die neue Familie Zadek-Miller ist davon geprägt. Doch anders als in den Folgefamilien von Michaela Koller und Hans Koller ist in diesem Fall eine der Konkurrentinnen tot. Das neue Elternpaar will die Erziehungsfehler der verstorbenen Mutter ›reparieren‹. Es ist sich darin völlig einig und fühlt sich durch dieses Projekt auch besonders verbunden. Mann und Frau richten ihre (unterschiedlichen) praktischen Kompetenzen und einen großen Teil ihrer Energien auf die Bewältigung dieser Aufgabe und holen dazu auch den Rat einer Psychotherapeutin ein.

In ihren Erzählungen erklären der Vater und seine zweite Ehefrau übereinstimmend Florian zum »Problemkind« der neuen Familie. In systemtheoretischer Per-

spektive müssen in der Folgefamilie Zadek-Miller nicht weniger als zwölf Zweier-
beziehungen einander angepasst werden: die neue Paarbeziehung von Mann und
Frau, zwei sehr differente Vater-Sohn-Beziehungen (Heinrich Miller und seine beiden
Söhne), eine enge Mutter-Sohn-Beziehung (Frau Zadek und ihr Sohn Andreas), zwei
sehr verschiedene ›Stiefmutter‹-Stiefsohn-Beziehungen, eine ›Stiefvater-Stiefsohn‹-
Beziehung, eine Bubenfreundschaft (von Andreas und Christian), eine fürsorgliche
Beziehung zwischen zwei leiblichen Brüdern (Christian und Florian), ein eher dis-
tanziertes Verhältnis zwischen dem jetzt zehn Jahre alten Florian und seinem ›Stiefbruder‹ Andreas, die Beziehung von Andreas zu seinem geschiedenen leiblichen Vater
sowie schließlich die noch höchst ›lebendigen‹ phantasmatischen Beziehungen von
Christian und Florian Miller zu ihrer verstorbenen Mutter. Jede dieser Zweierbeziehungen hat ihre besondere affektive Gestalt und Dynamik und die Akteure unternehmen verschiedene Anstrengungen, sie zu erhalten, zu verbessern, zu zerstören
oder – im Fall von Theresia Zadeks Verhältnis zu Florian – zu einer erträglichen Form
des Zusammenlebens zu gelangen. Systemtheoretisch gesprochen ist jede dieser
Zweierbeziehungen jeder anderen Zweierbeziehung Umwelt: Verändert sich eine
Zweierbeziehung, verändert sich die Umwelt der anderen Zweierbeziehungen, worauf
diese wieder nach ihren inneren Möglichkeiten reagieren. Wenn das jüngste Kind als
Trouble-maker eingeschätzt und von Eltern und Geschwistern immer wieder als solcher angesprochen wird, hat dies Auswirkungen auf alle Zweierbeziehungen, die
davon – jede für sich und jede auf ihre Weise – beeinträchtigt oder gestärkt werden.
Zur Zeit unserer Gespräche konkurrenziert die Freundschaft von Christian und
Andreas die geschwisterliche Beziehung von Christian und Florian. Die Beziehung
des Ehepaares ist durch seine Schwierigkeiten mit Florian beträchtlichen Belastungen
ausgesetzt, wird davon aber auch motiviert und stabilisiert. Die Auffassungsunter-
schiede in Fragen von Florians Erziehung separieren die Folgefamilie von der Verwandtschaft.

8.1 Vorgeschichten haben Folgen

Warum begehrte Heinrich Miller die Scheidung von seiner ersten Ehefrau Sophie? Er
sagt, er habe mit ihr vorwiegend um Fragen der Kindererziehung und darum gestrit-
ten, wie der Haushalt »ordentlich« zu führen sei.[3] Die Ehepartner hatten verschiedene
Vorstellungen von häuslicher Ordnung und von Kindererziehung. Als die Frau immer
weniger bereit war, Kompromisse einzugehen, fasste der Mann den Entschluss, sich
zu trennen. Die Erzählung des Mannes bestätigt die bekannte These des Familientherapeuten Salvador Minuchin (1993), dass der die Scheidung initiierende Partner (engl.

divorcer) nicht nur einen Schlusspunkt setzen will, sondern auch einen Neuanfang plant. Heinrich Miller drückt es so aus: »Ich fange bei Null wieder an.« Dabei scheint er sich einiger Nachteile seiner Entscheidung für »alle Beteiligten« durchaus bewusst zu sein. Seine Wahl der Metapher »bei Null« weist auf den Verlust geleisteter materieller und ideeller Investitionen (*sunk costs*) hin und lässt das Leben nach der Scheidung wie die Neugründung eines Unternehmens nach dem Konkurs erscheinen.

Sophie Miller hat sich gewünscht, dass nach ihrem Tod beide Söhne von ihrer Zwillingsschwester adoptiert werden. Florian wird nach der Scheidung der Eltern von Mitarbeiterinnen des zuständigen Wiener Jugendamtes befragt, bei welchem Elternteil er bleiben will. Er entscheidet sich dafür, bei seinem Bruder zu bleiben. Als das Gespräch darauf kommt, fühlt sich Frau Zadek dazu provoziert, sich als ›Stiefmutter‹ im Sinne des schwarzen Mythos (Watson 1995) ins Spiel zu bringen. Sie werde von Florian beschuldigt, all sein Unglück zu verursachen, versichert jedoch, die für sie höchst herausfordernde Frontstellung zu akzeptieren. Die Auseinandersetzung sei notwendig für eine normale Entwicklung des Kindes, und sie werde sie auch durchstehen.[4] Frau Zadek hat das Erbe einer Frau angetreten, die sie kannte und schätzte, aber mit der sie in Fragen des Erziehungsstils selten einer Meinung war. Angesichts des nicht geringen Problems, nun in der neuen Familie mit einem Kind zusammenzuleben, das sie entschieden ablehnt, setzt sie auf ihre Lebenserfahrung. Sie identifiziert sich mit Florian, der sie immer wieder attackiert, und legitimiert so ihren schwerwiegenden Entschluss, das Kind gemeinsam mit dem Vater »umzuerziehen«.

Frau Zadek erinnert sich an jene Jahre, in denen die verstorbene Sophie Miller ihre Nachbarin und Hausbesorgerin auf ihrer Stiege war. Sie betont, darüber schon öfter mit ihrem jetzigen Mann, Florians Vater, geredet zu haben: »… das hom=ma eh schon öfters beredet.« Wir erhalten also einen momenthaften Einblick in ein immer wieder fortgesetztes Gespräch des Paares, das die erste und die zweite Familie Florians in einen Wirkungszusammenhang bringt und das zentrale Projekt – Florians Umerziehung – konstruiert. Im Rückblick und aus ihrer gegenwärtigen Lage ist Frau Zadeks Urteil noch entschiedener: Ohne Zweifel sei Florian von seiner verwöhnenden, aber auch besonders zuwendungsbedürftigen Mutter in vieler Hinsicht falsch erzogen worden. Frau Zadek ist davon überzeugt, dass ein nachhaltig verwöhntes Kind nicht lebenstüchtig werden kann.[5]

8.2 Tod, Trauer und Schuld

In der Herkunftsfamilie hat Florian den intensivsten Kontakt zu seiner Mutter. Eine Hautkrankheit legitimiert seine besondere körperliche Nähe zu ihr. Nach dem Tod der Mutter und der Gründung der Folgefamilie gerät er nahezu unvermeidlich in eine tiefe Krise. Niemand kann und will ihm nun jene besondere psychische und körperliche Nähe zu seiner Mutter ersetzen. Florians Trauer über den Tod der Mutter verläuft deshalb ganz anders als die seines Bruders. In der Latenzzeit ist nach psychoanalytischer Auffassung das Empfinden von Verlustschmerz schon vorhanden, doch neige das Kind dazu, die Geschehnisse, die seine Schmerzen ausgelöst haben, nicht wahrhaben zu wollen und trotzig darauf zu bestehen, dass es so nicht sein dürfe, wie es ist (Figdor 2004, 43 ff.). Der britische Psychiater, Psychoanalytiker und Bindungstheoretiker John Bowlby hebt hervor, dass – bei einer großen Vielfalt von kindlichen Reaktionen auf den Tod eines Elternteils – selbst in einer wohlwollenden Umgebung mit Zorn und Protest des Kindes gegen den erlittenen Verlust zu rechnen sei (Bowlby 2006 c, 274). Dies erscheint dem sorgenden Elternteil, dessen neuem Intimpartner und der gesamten sozialen Umwelt jedoch leicht als Widerspenstigkeit oder Rebellion und wird oft negativ sanktioniert (Worden 1983). Vom Kind wird erwartet, dass es mit dem neuen Intimpartner des lebenden Elternteils rasch eine enge und vertrauliche Beziehung eingeht. Das neue Elternpaar hofft typischerweise, das Kind würde den Verlust des verstorbenen Elternteils umso eher verwinden, als sich ihm das neue Elternpaar intensiv und liebevoll zuwendet. Es nimmt an, die dem Kind gewährte Zuwendung würde die Erinnerungen an den verstorbenen Elternteil allmählich ›verblassen‹ lassen. Doch sei, so resümiert Bowlby mehrere Studien, das Gegenteil der Fall. Es zeige sich nämlich, dass die neue Beziehung umso »besser gedeiht«, »je deutlicher die beiden Beziehungen (jene zum verstorbenen Elternteil und jene zum neuen Intimpartner des lebenden Elternteils, RS) *unterschieden* werden können«, also je präsenter der verstorbene Elternteil im Erleben des Kindes und in der Kommunikation im sozialen System bleiben kann.

»Nur dann …, wenn sowohl der überlebende Elternteil als auch / oder die neue Elternfigur sich in die weiter bestehenden Loyalitäten des Kindes und in seine Tendenz einfühlen können, jede Veränderung übel zu nehmen, die seine vergangene Beziehung zu bedrohen scheint, kann das Kind sich wohl auf stabile Weise an die neuen Gesichter und die neuen Umstände gewöhnen.« (Bowlby 2006 c, 274)

Kehren wir im Lichte dieser empirisch begründeten These zu unserem Fall zurück. Die Fokussierung aller Aufmerksamkeit des Vaters auf den lebensbedrohlichen Zustand des älteren Sohnes und die nicht stattfindende Trauer des Vaters um die verstorbene Mutter hindern Florian daran, seinen Kummer über den Verlust der Mutter unmittelbar und spezifisch auszudrücken. Mit wem soll er Gespräche über diesen eminenten Verlust führen? Mit dem Vater, der die Verstorbene nicht würdigen kann, sondern, im Gegenteil, über die Maßen entwertet? Mit dem älteren Bruder, der mit einer lebensbedrohenden Krankheit in der Universitätsklinik liegt? Intuitiv scheint dies der Vater zu begreifen, wenn er die Metapher – »ins kalte Wasser gestoßen« – benützt, die freilich eher an körperliche Ertüchtigung erinnert als an Gefühle des Schmerzes und der Trauer. Offenbar fällt es ihm schwer, die Verlustgefühle der Söhne anzusprechen. Aufgrund seiner Vorerfahrungen in der ersten Familie, in den fünf Jahren nach der Scheidung und nach der Entwertung der Verstorbenen kann er als Expartner keine Trauerarbeit leisten und daher auch die Trauer seiner Söhne über den Tod ihrer Mutter nicht zulassen oder gar fördern, wie es Bowlby und andere Experten für erforderlich halten (s. o.). So wie er Christians Auseinandersetzung mit dem Tod der Mutter auf ein »Nachdenken« reduziert (s. o.), vermag er die besondere Schwierigkeit Florians, den Verlust der Mutter zu akzeptieren, nicht nachzuvollziehen. Auch deshalb gesteht er ihm viel zu wenig Zeit dafür zu.

Frau Zadek und Herr Miller werfen Florian vor, sich nicht an der Hausarbeit zu beteiligen, sein Zimmer nicht aufzuräumen und ähnliches mehr. Die Verhaltensweisen Florians ähneln im Detail jenen, die Herr Miller von der verstorbenen Mutter des Kindes berichtet. Auch sie stellt er als verweichlicht, antriebslos und passiv dar. Wie so oft glaubt der Vater im Kind Eigenschaften der geschiedenen (hier auch verstorbenen) Mutter zu entdecken. Diese Identifizierung hat eine aktuelle Wirkung im sozialen System: Sie bindet das neue Paar enger aneinander. Herr Miller und Frau Zadek sind sich in ihren Beobachtungen über die körperlichen, habituellen und charakterlichen Ähnlichkeiten zwischen Florian und seiner verstorbenen Mutter auffällig einig. Da sie jeweils auf eigene Beobachtungen rekurrieren können, sind sie sich ihrer Deutung besonders gewiss. Nach dem Realismus-Prinzip des Alltagslebens sind sie sich nur dessen, was sie mit eigenen Augen und Ohren gesehen und gehört haben, weitgehend sicher. Ihre Übereinstimmung in dieser Frage beseitigt restliche Zweifel.

Auch nach Trennung und Scheidung war eine sachliche oder gar solidarische Kommunikation von Heinrich und Sophie Miller in Fragen der Elternschaft unmöglich. Der Versuch, eine Mediation in Anspruch zu nehmen, wurde abgebrochen, weil die Frau die Mediatorin verdächtigte, auf der Seite des Mannes zu stehen. Wie aber gelingt es Heinrich Miller, sich im Kontext einer christlich imprägnierten Kultur von Schuldgefühlen gegenüber seiner verstorbenen Ex-Ehefrau weitgehend frei zu halten? Er sieht die Ursachen für alle Schwierigkeiten in der Herkunftsfamilie der ersten Ehefrau. Als deren Mutter an einem ähnlichen Tumor am inneren Auge verstarb, habe sich auch die Tochter aufgegeben. Seine Hilfsangebote habe sie nicht annehmen wollen. Damit entlastet sich Heinrich Miller von dem auch für ihn naheliegenden Vorwurf, seine Ehefrau in einer schweren, ja aussichtslosen Lage im Stich gelassen zu haben. Herr Miller hat, wie er argumentiert, seine Ehefrau vornehmlich wegen ihres passiven und eigensinnigen Verhaltens verlassen. Sie habe beide Kinder überfordert, wenn auch auf verschiedene Weise: Während sie Christian mit besonderer Verantwortung überlastete, habe sie Florian zu eng an sich gebunden, ohne ihm damit Halt und Sicherheit geben zu können. Zermürbende Kämpfe hielten auch nach Trennung und Scheidung an und waren für den Mann oft nur durch den augenblicklichen Abbruch der Kommunikation (indem er den Telefonhörer abrupt auflegte oder aus der Wohnung flüchtete) auszuhalten. Für die Kinder blieben diese Konflikte auch nach der Trennung weiter spürbar. Sie hörten abwertende Bemerkungen des anwesenden über den abwesenden Elternteil und erlebten zornige Ausbrüche mit. In psychoanalytischer Auffassung sind andauernde Konflikte und insbesondere wechselseitige Entwertungen der Eltern für die Kinder eine größere psychische Belastung als die eigentliche Trennung der Eltern (Lehmkuhl u. Huss 1997; Figdor 2004). An späterer Stelle wirft Herr Miller seiner verstorbenen Exfrau vor, sie habe die Vorsorgeuntersuchungen nicht rechtzeitig durchgeführt und so auch ihren eigenen Tod mit verschuldet.

Anders als Heinrich Miller, der seiner Ex-Ehefrau immer noch böse ist, fühlt sich Frau Zadek ihrer ehemaligen Nachbarin zu Dank verpflichtet. Sie glaubt dieser Dankespflicht nachzukommen, wenn sie Sophies jüngstes Kind ›lebenstüchtiger‹ macht. Sie legitimiert ihren hohen Einsatz im Erziehungsprojekt unter Bezugnahme auf jene Geschichte, die sie mit der verstorbenen Sophie Miller verbindet.[6] Ihre Augen füllen sich mit Tränen, als sie erzählt:

»Dem Andreas sein Papa hat mich -- *vergewaltigt* und *misshandelt* -- und den Andreas *auch.* ---- Und da war die Polizei da und was halt da so von statten geht, sog i amoi --- und sie ((Sophie Miller) hat einiges beobachtet, dass ich eben so mit dem Kind vor der Tür gstandn bin zum Beispiel oder es haben auch andere Leute gsehn – aber es sind halt sehr viel Leute, die sich einfach *weg*drehn und sich denken – die arme Frau mit dem Kind, oder vielleicht auch blöde Bemerkungen machen, was wir uns dann nachher anhören haben können -- und in *der* Beziehung war sie ((Sophie Miller)) die *Einzige*, weil ich bin dann hingangen zu ihr und hob gsogt – ich hab ihn jetzt *angezeigt*, i ziag des hiaz duach ((ich ziehe das jetzt durch)), er kann mich *bedrohn*, er kann machen was er will --- ich geh jetzt vor das *Gericht*, ich lass das alles über mich ergehn und im Endeffekt /- und hab sie ersucht, ob sie mir als *Zeugin* gehn würde -- weil sie das gesehen *hat*, dass er mich – mehr oder weniger im Stiegenhaus *aussetreten* ((hinausgetreten)) hat, so auf die Art. Und sie hat das *ge*macht -- und da war sie grad auf einer Chemotherapie – und ich habe ihr das sehr hoch *angerechnet*.«[7]

Frau Zadek präsentiert ihren Sohn ebenso als Opfer der Gewalt des ersten Ehemannes wie sich selbst. Florians verstorbene Mutter hat beiden Opfern dieses Mannes mit ihrer Aussage vor Gericht einen Ausweg in ein neues, besseres Leben eröffnet. Theresia Zadek distanziert sich allerdings nicht nur vom Erziehungsstil der Sophie Miller, sondern auch von deren Verbitterung, was den eigenen Ehemann und Männer im Allgemeinen betrifft. Der verstorbenen Nachbarin kann sie darin nicht zustimmen, ist sie doch nun die zweite (Ehe-)Partnerin jenes Mannes, auf den sich alle Klagen Sophie Millers bezogen. Aber auch schon damals, als sie Heinrich Miller noch gar nicht persönlich kannte, hatte sie die Hoffnung, mit ihrer eigenen Scheidung den Weg für eine bessere Beziehung freizumachen.[8]

Als Christian Miller zu Weihnachten geheilt aus dem Krankenhaus entlassen wird, könnte endlich etwas mehr Ruhe in das Leben seines kleinen Bruders einkehren, aber da geschieht schon das nächste schwerwiegende Ereignis: Frau Zadek, die neue Lebenspartnerin und künftig die zweite Ehefrau des Vaters, zieht in der Hausbesorgerwohnung der verstorbenen Mutter ein. Von ihr erlebt Florian in den folgenden Monaten nur wenig, was ihm *seine Mutter* auch nur annähernd ersetzen könnte, im Gegenteil. Er merkt rasch, dass Frau Zadek wie die anderen Familienmitglieder *gegen* den »Erziehungs«-Stil der verstorbenen Mutter eingestellt ist und sich viel »strenger« verhält. Wie John Bowlby schreibt, findet in solchen Fällen das Kind in der »Stiefmutter« (diesfalls eine Frau, die an die Stelle einer *geschiedenen und verstorbenen* Mutter tritt) ein geeignetes Objekt, an dem es seine Empörung über den Verlust der geliebten Mutter ausleben kann. Ein Teil des durchlebten Kummers drängt gleichsam darauf, die Beziehung zum verlorenen Objekt wiederherzustellen (Bowbly 1980/ 2006 c, 252 ff.). Folgen wir dieser Theorie, dann ist Frau Zadek in dem derart aufgewühlten Erleben Florians zwangsläufig die ›falsche Mutter‹. Sie ist zu früh und zu stürmisch in die von ihr beanspruchte und vom Vater unterstützte Rolle der »besseren Mutter« eingetreten.[9] Florian könnte Frau Zadek aber auch nicht als mütterliche Freundin akzeptieren, träte sie weniger »streng« auf. Es erschiene ihm als Verrat an seiner verstorbenen Mutter. Ein Effekt ist, dass er sich derzeit trotzig weigert, unter dem Regime der »falschen Mutter« im Haushalt mitzuhelfen. Nicht weil er »von Natur aus« faul wäre, wie das Ehepaar argwöhnt, sondern weil es ein wirksamer Protest gegen die Folgefamilie und ihre hegemonialen Werte – Ordnung, Disziplin, Selbstbeherrschung – ist. Florian adressiert mit seinem Widerstand vor allem jene Person, die diese Werte am sinnfälligsten repräsentiert und auch im Alltag exekutiert: die kompetente Hausfrau und überzeugte Erzieherin Theresia Zadek. Immer wieder kommt es zu heftigen Auseinandersetzungen zwischen der Frau und dem Kind. Theresia Zadek hält dem Gegendruck, den Florian erzeugt, im Namen jenes Umerziehungsprojekts stand, das ihrer zweiten Ehe zugrunde liegt.

Für den Prozess der Trauer nach dem Tod eines Elternteils können nach J. William Worden (1983) vier Stufen unterschieden werden. Die erste Stufe der Trauerarbeit und somit die erste Aufgabe des Trauernden ist, den *erlittenen Verlust als Realität zu akzeptieren*. Zunächst ist die verstorbene Mutter für das Kind ständig präsent, es kann sie gar nicht wegdenken. In seiner Phantasie ist die Mutter zumindest episodisch noch da (Bowlby 2006 c, 273 f.). Die zweite Stufe und Aufgabe ist es, *den Trauerschmerz zu erfahren*. Ab einem Alter von ungefähr sechs oder sieben Jahren halten Psychologie und Psychoanalyse ein Kind dazu für fähig, auch wenn dieser Schmerz anders durchlebt und gezeigt wird als von Erwachsenen. Doch müssen Orte, Momente und Rituale gefunden werden, um den erlebten Schmerz ausdrücken zu können. Gelingt dies nicht, wird der Trauerschmerz später in abgewandelter Form wiederkehren, wenn das Thema des Verlustes in einem anderen Zusammenhang neuerlich aktuell ist. Die dritte Stufe und Aufgabe der Trauerarbeit ist es, *sich in eine soziale Welt einzufügen, in welcher der/die Verstorbene fehlt*. Unweigerlich stellt sich für das Kind die Frage, ob es genau an der Stelle der verstorbenen Mutter im sozialen System eine andere Person akzeptieren kann. Wenn in unserem Fall Frau Zadek Forderungen an Florian stellt, die sich von jenen der verstorbenen Mutter deutlich unterscheiden und das von der Mutter Gewährte nicht nur versagen, sondern auch diskriminieren, entsteht ein besonderer Schmerz, der sich in Aggression gegen die Nachfolgerin der Mutter äußert. Noch schwieriger wird die Lage des Kindes, wenn vorherige Stufen der Trauerarbeit nicht durchwandert wurden und es dem Kind scheinen muss, dass ihm die verstorbene Mutter nicht hilft, die als illegitim, bedrohlich und unangenehm empfundenen Anforderungen der Nachfolgerin abzuwehren. Das Kind fühlt sich dann nicht nur von der neuen Partnerin des Vaters bedroht, sondern auch von seiner (verstorbenen) leiblichen Mutter im Stich gelassen. Auf der vierten und letzten Stufe der Trauerarbeit wird *emotionale Energie vom verlorenen Menschen abgezogen und in Beziehungen zu anderen Menschen investiert*. Das Kind erkennt, dass es die verlorene Person nicht weniger liebt, wenn es seine Energie auf neue Bindungen richtet. Neuerlich impliziert das Stufenmodell, dass diese letzte Stufe nicht erreicht werden kann, wenn die vorherigen Aufgaben nicht bewältigt wurden. Auch für Florian wird es erst dann möglich sein, in die Beziehungen zu Frau Zadek und zu seinem Vater zu investieren, wenn er die Trauer um seine verstorbene Mutter geleistet hat. Doch die Bewältigung der Traueraufgaben liegt nie am Einzelnen allein. Die Möglichkeiten dazu werden immer interaktionell hergestellt oder verhindert und bedürfen hinreichender Zeit, die sich der Trauernde nehmen muss, die ihm aber auch von den Angehörigen eingeräumt werden muss.

Vier Teilstrategien des neuen Elternpaares scheinen Florian maßgeblich in seiner Trauerarbeit zu behindern und Anteile seiner Empörung über den Tod der Mutter und die Nachfolgerin in Aggression zu verwandeln: Erstens die Tatsache, dass der

Platz der verstorbenen Mutter überwiegend aus pragmatischen Gründen allzu rasch wieder besetzt wurde. Zweitens, dass Trauer über den Tod der Mutter in der Folge-familie gar nicht vorgesehen ist. Drittens dass von der Nachfolgerin der Mutter keine kontinuierliche Mutterarbeit, sondern ein krasses Gegenprogramm begonnen wird. Viertens, dass dieses Gegenprogramm unter der Herrschaft eines übermächtig schei-nenden Vaters exekutiert wird, der fünf Jahre nach der Scheidung eben erst wieder dauerhaft in das Leben des Kindes getreten ist. In dieser Lage sucht Florian nach Verbündeten und findet sie in der Mutter seines Vaters, die ihn so sein lassen will wie er in dieser schwierigen Lebensphase ist, und in der Schwester der verstorbenen Mut-ter. Doch das neue Elternpaar lässt die Flucht des Kindes nach draußen nicht zu und reagiert mit dem Ausschluss der Verwandten, die es verdächtigt, das Muster der ver-storbenen Mutter fortführen zu wollen. Die neu gebildete Familie zieht ihre Außen-grenze. Florian bleibt eingeschlossen und ziemlich allein.

8.3 Delegationen

Aus der Perspektive der Nachbarin und zweiten Ehefrau des Heinrich Miller sei Flo-rian von Beginn an das »Nesthäkchen« seiner Mutter gewesen, gezeichnet mit einer schweren Hauterkrankung und wiederkehrenden Alpträumen. Für ihn sei extra ein-gekauft und gekocht worden. Bei manchen Spielen der Kinder habe er nicht mitma-chen dürfen. Wegen seiner Hautkrankheit sei er von der Mutter immer vorzeitig in die Wohnung gerufen worden, um mit einer Salbe »eingeschmiert« zu werden. Frau Zadek habe manchmal mit Frau Miller darüber geredet, »dass der Bub ja arm sei, so ausgeschlossen von den anderen«. Aber Sophie Miller sei nicht zu überzeugen gewe-sen, dem Buben mehr Freizügigkeit zu gewähren.[10] Das Verhältnis der befreundeten Nachbarinnen schließt die wechselseitige Anteilnahme an den Kindern und an Er-ziehungsfragen ein. »Richtige Erziehung« erscheint ihnen als die Kunst der angemes-senen Dosierung von Zwang und Freiheit, liebevoller Zuwendung und Disziplinie-rung. Herr Miller erzählt, Florian habe schon in den Jahren vor dem Tod der Mutter keine Probleme mit seiner Haut mehr gehabt, solange er über das Wochenende oder im Urlaub bei ihm gewesen sei. Noch in seiner Krankheit sieht er den Buben als das Produkt der verwöhnenden Mutter. Florian wäre, so deutet er an, vielleicht gar nicht krank geworden, hätten die Eltern konsensual das strengere Erziehungskonzept des Vaters verfolgt.[11]

Florian ist also seit seiner frühen Kindheit jener Akteur im Familiensystem, um den sich – je nach familientherapeutischem Konzept – *Koalitionen* bilden und *Pro-blemsysteme* ausbilden. Nach Salvador Minuchin u. a bemüht sich das Kind,

»ein stabiles Bündnis mit dem einen Elternteil gegen den anderen einzugehen. Die Rolle des ausgeschlossenen Elternteiles wechselt je nach seiner Entschlossenheit, die Koalition zu zerschlagen.« (Minuchin, Rosman u. Baker 1981, 47)

Im vorliegenden Fall scheint es, dass Herr Miller, der ausgeschlossene Elternteil, die Koalition flieht, indem er die Scheidung durchsetzt und sich in den Status eines weggeschiedenen Vaters mit begrenzten Kontakten zum Kind zurücknimmt. Nach dem Tod der Mutter ist die Koalition zumindest in der Dimension der *leiblichen* Bindung von Mutter und Kind aufgelöst. Nun bildet der Vater seinerseits mit seiner zweiten Ehefrau eine Koalition: das eheliche Erziehungsbündnis ›gegen‹ das Kind und dessen verstorbene Mutter.

Das Konzept *Problemsystem* wurde von Harlene Anderson und Harry Goolishian (1986) eingeführt, um das System aller Betroffenen, die über ein Problem kommunizieren, zu bezeichnen. Es unterscheidet sich von älteren Konzepten, in denen das soziale System bestimmte Probleme *hervorgebracht* hat (z. B. die Familie, die Schule, die Peers usw.). Von einem Problemsystem zu sprechen meint nicht, dass das Problem vom System *verursacht* wird, sondern kehrt den Aspekt hervor, dass das Problem so lange besteht, als es für die Beteiligten überzeugend kommuniziert wird. Die Psychosomatose Florians trat bald nach seiner Geburt auf. Darüber kommunizierten Mutter und Kind vornehmlich körperlich. Das Ehepaar hingegen stritt darüber. Das Problem hörte zu existieren auf, als das Problemsystem mit der Mutter die zentrale Akteurin verlor. In der Folge wurde ein neues Problemsystem ausgebildet: der Widerstand des Buben gegen die neue Intimpartnerin des Vaters und gegen das Umerziehungskonzept des neuen Paares. Nun perpetuieren die Intimpartner, die Geschwister, die nahen Verwandten und auch eine Psychotherapeutin das neue Problem, indem sie es relativ dauerhaft in den Mittelpunkt ihrer Kommunikation rücken.

In psychoanalytischer Sichtweise – und dies ist das dritte Konzept, das sich an den Fall anlegen lässt – war Florian seit frühester Kindheit das Objekt elterlicher Bedeutungskämpfe. Um seine Erziehung, seine Psychosomatosen und seine kleinen Privilegien ging der Streit der Eltern fast von Anfang an. Ohne es zu wissen oder zu wollen, trug er damit zur Trennung und Scheidung der Eltern bei. Hat er damit – wie dies Kinder nach psychoanalytischer Beobachtung (Maywald 2001; Figdor 2004) häufig tun – auch subjektiv empfundene Schuld an der Trennung der Eltern auf sich geladen? Nach der Scheidung lebte er in einer immer engeren Dyade mit der Mutter, die eine übermäßig beschützende und daher auch einschränkende Sorge um ihn ausübte. Der Schmerz der Mutter muss groß gewesen sein, mit dem Verlust des eigenen Lebens auch das geliebte Kind dem verfeindeten Vater und dessen deutlich »strengerem« Erziehungsstil überlassen zu müssen. So scheint es verständlich, dass die Mutter versuchte, das Sorgerecht ihrer Zwillingsschwester zu übertragen. Doch wird sie wohl geahnt haben, dass dieser Versuch wenig Aussicht auf Erfolg hatte, denn das Jugendamt hätte keine Gründe gefunden, dem Vater das Sorgerecht zu verwehren. Wieviel von diesen amorphen Schuld- und Verlierergefühlen nahm Florian aus der Mutter-Kind-Dyade mit in die Folgefamilie? Da er die aus seinem Verlust entstehende Aggression nun auf eine ›falsche Mutter‹ projizieren kann, muss er seiner leiblichen Mutter keine Vorwürfe machen. Er kann sie weiterhin und vielleicht sogar mehr denn je idealisieren.

Die Akteure selbst nehmen von all dem freilich ›nur‹ bestimmte Aspekte wahr. Herr Miller und Frau Zadek sehen, wie gesagt, ein Lernprogramm für Florian vor: Er soll sich einordnen in eine Familie, in der jeder seine Pflichten erfüllt. Mann und Frau sind überzeugt, dass dann die Probleme um Florian wie von selber verschwinden werden. Was die Eltern darin so sicher macht, ist nicht eine der genannten psychotherapeutischen oder psychoanalytischen Theorien, sondern ihr Vertrauen in ihre eigenen Wahrnehmungen und in ihr kognitives, leibliches und emotionales Erleben. Herr Miller erklärt seine relativ strengere Erziehung mit seiner Sozialisation und seiner Lebenserfahrung. Berufstätige Eltern hätten ein Anrecht darauf, dass die Kinder im Haushalt mithelfen. Herr Miller befürchtet, dass Florian ähnlich inkompetent und lebensuntüchtig werden könnte, wie es die Mutter aus seiner Sicht war. Dem will er mit einer strengeren Erziehung vorbeugen. Er nimmt an, Florian trage eine gewisse Schwächlichkeit von Natur aus in sich: Wenn er über leichte Augenschmerzen klagt, fällt dem Vater sofort ein, dass Mutter und Großmutter an einem Tumor im Bereich des Sehnervs gestorben sind. Er stellt also einen Bezug zu einem populären Vererbungs-Diskurs her. Andererseits sind körperliche Symptome wie Neurodermitis, Bettnässen und Alpträume des Kindes nach dem Tod der Mutter verschwunden. Dies bestätigt in den Augen des Vaters sowohl *die Schuld* der Mutter als auch seine Überzeugung, der Bub könne noch *umerzogen* werden. Doch je vehementer das Umerziehungsprogramm in die Tat umgesetzt wird, desto stärker wird die Wut Florians und das Gefühl, benachteiligt und ungerecht behandelt zu werden. Folgen wir der These, dass sich Psychosomatosen unter anderem aus dem Nicht-ausdrücken-Können negativer Affekte herleiten, können wir Florians widerspenstiges Verhalten auch als nunmehr *ausdrücklichen* Umgang mit seinen Gefühlen betrachten und dies im Vergleich zu seinen früheren Schwierigkeiten als einen psychodynamischen Entwicklungsschub deuten. Trifft dies zu, werden auch die aktuellen Schwierigkeiten nicht von langer Dauer sein.

8.4 Die Folgefamilie als Lerninstitut

Erst auf Nachfragen werden einige Schwierigkeiten angedeutet, die zwischen Herrn Miller und dem Sohn seiner zweiten Ehefrau, Andreas Zadek, entstehen. So wenn der Familienvater hin und wieder jenen rauhen Ton anschlägt, den er sich angewöhnt hat, um sich Respekt zu verschaffen. Andreas reagiert darauf leicht verstört. Nach sieben Jahren in der Mutter-Sohn-Familie ist er einen körperlich präsenten Mann noch nicht gewöhnt und fühlt sich rasch an Szenen der Gewalt mit seinem leiblichen Vater erinnert. In Bezug auf Andreas ist sich das neue Paar nicht immer so einig wie bei Florian, und es ist leicht zu erkennen, warum: Hier geht es aus der Perspektive von Frau Zadek nicht um ein Umerziehungsprojekt, sondern um die *Fortsetzung* ihres Erziehungsstils, der sich in der Mutter-Kind-Familie über Jahre ausgebildet und bewährt hat. Für Herrn Miller ist es nicht einfach, als Vater seiner Söhne und als väterlicher Freund des Sohnes seiner zweiten Ehefrau zu einem sicheren Deuten und Handeln zu gelangen. Frau Zadek lässt auch keine Gelegenheit aus, ihn als einen pädagogischen Analphabeten darzustellen. Offenbar hat Heinrich Miller – schon um nicht wie in seiner ersten Ehe an den Rand des Geschehens gerückt zu werden – diese Zuschreibung übernommen und anerkennt die Hegemonie seiner Partnerin in Erziehungsfragen. In der folgenden Sequenz beschreibt er sich nachgerade als einen Schüler der Ehefrau, der in vielen Gesprächen *nachlernen* muss, was er in seiner ersten Familie und in den Jahren nach der Trennung von seinen Kindern versäumt hat.

»Drum ist mir das *fremd* und / -- und drum *versteh* ich auch manchmal verschiedene Dinge nicht wie / wie sie zum Beispiel reagiert manchmal – und ja wir tun das halt dann immer mit / mit viel Quatschn ((viel Reden)) aufarbeiten und versuchen das gegenseitig zu verstehen, weil ich dann auch manchmal wahrscheinlich für sie sonderbar *reagier*, wenn dann irgendwas is und dann kenn ich mich momentan net aus – und dann muss ich erst halt wieder *nachfragen*, dass i *versteh*, warum jetzt die Reaktion so war … Also so gesehen *prallen* do a bissl zwa ganz verschiedene Geschichten ((Herrn Millers und Frau Zadeks Erfahrungen im Umgang mit Kindern)) aufeinander.«

INTERVIEWERIN: »Mhm – mhm -- Sie können darüber *reden*?«

HEINRICH MILLER: »Ja Gott sei Dank könn=ma drüber *reden* über das *meiste*, sog i amoi so.«

THERESIA ZADEK: »Jo – i sog amoi – i brauch halt einfach -- des is bei meinem Buam auch, entweder hob ich ihm das so beigebracht oder *unbewusst* beigebracht sog i amoi -- wir/ wir san hoit so ..., die Zadeks fressn des eini a poar Tog, und dann irgendwann amol sprudelts daun *ausse* – da ist dann *er* ((Herr Miller) momentan a bissl vor den Kopf geschlagen so auf die Art – was ist denn *jetzt* los?«[12]

Die zitierte Sequenz aus dem Paarinterview zeigt, dass sich die Partner ihrer Verschiedenheit durchaus bewusst sind. Sie würdigen ihre Leistung, sich im alltäglichen Zusammenleben durch viele Gespräche die Verschiedenheit ihrer Perspektiven und Einsichten in das innersubjektive Geschehen bewusst zu machen. Frau Zadeks Bekenntnis zu ihrer Herkunft und Prägung (»wir Zadeks ...«) schafft die Unterscheidung, welche die Reflexion der *anderen* Familienkultur, aus der Heinrich Miller kommt, erst möglich macht. Die Partner ringen um Verständigung in Erziehungsthemen. Durch ihr Eingehen auf den Anderen und in vielen Gesprächen kann Frau Zadek für Herrn Miller leisten, was dessen erste Frau nicht vermochte: Verständigung herbeiführen und Kompetenzen des Mannes als Ehemann und als Vater stärken. Mann und Frau beziehen aus diesen Gesprächen Gefühle von Innigkeit und Zugehörigkeit. Herr Miller zeigt dabei Disziplin und Vernunft. Das hat Frau Zadek mit Männern bisher noch nicht erlebt. Nicht mit ihrem Vater, der sie als Kind schlecht behandelte und seine Partnerinnen häufig wechselte, und nicht mit ihrem ersten Ehemann, der sie schlug und zum Sexualakt zwang. Die Praxis des Aushandelns und Besprechens (»viel Quatschen«) gibt den neuen Ehepartnern Zuversicht und Vertrauen. Beide lernen in der Folgefamilie täglich hinzu.

Die junge Beziehung zwischen ihrem neuen Ehepartner und ihrem Sohn Andreas beschreibt Frau Zadek als vorsichtige, sympathisierende Annäherung. Auch sie selbst habe nach der Scheidung erst langsam wieder Vertrauen in Männer gewinnen können, genauso wie ihr Sohn, der dies allerdings nur mit psychotherapeutischer Hilfe geschafft habe. An Heinrich Miller gerichtet erwähnt sie, dass er und seine Söhne im Unterschied zu Andreas keine Gewalt in der vorherigen Familie erlebt hätten. Immer noch werde Andreas von spielerischen Raufereien rasch eingeschüchtert. Schon wenn Heinrich Miller mit seinen Söhnen laut schimpfe, erwecke das in Andreas Unbehagen, ja Angst. Herr Miller bestätigt:

»Es hat also da zwei drei Situationen gegeben – sowohl mit=n Florian als auch mit=n Christian, wo=s also etwas rauer und lauter geworden ist weils einfach nicht funktioniert hat was halt grad so am Programm gestanden ist, und da war also die Reaktion vom Andreas für mich zumindest – weil ich das *nicht kenne* ja – äh – sehr *extrem*. Also er hat sich richtig *verkrochen* in einer Ecke -- und – so quasi wie wenn er sich *verstecken* muss jetzt, weil er könnte der *Nächste* sein, der da jetzt in die *Mangel* genommen wird.«[13]

In der ersten Zeit seien diese Reaktionen für ihn völlig unverständlich gewesen. Er benötige die Gespräche mit seiner Ehefrau, um solche Reaktionen des Kindes zu verstehen.

Indem er Florian kritisiert, versucht Andreas seiner Mutter zu helfen. Wir erinnern uns: Erst im siebten Ehejahr gelang es seiner Mutter, den ersten Ehemann über ein Scheidungsverfahren loszuwerden. In den folgenden sieben Jahren übertrug die Mutter dem Sohn viel Verantwortung. In der nun neu zusammengesetzten Folgefamilie erweist sich Andreas als kompetent und fähig, auf die Bedürfnisse der Anderen einzugehen. Eine Solidarisierung mit Florian gegen die Mutter käme für Andreas zwar nicht in Frage. Doch versucht er hin und wieder, seine Mutter zu besänftigen, weil er ihre Bereitschaft zur Eskalation des Konflikts mit Florian eher erkennt. Zu Florian sagt er: »*überleg* dir, was du zu meiner Mutti sagst, weil das tut ihr *weh*!«[14] Vielleicht zeitigen solche Ermahnungen bei Florian eine gewisse Wirkung. Doch wissen wir, dass er dem sportlichen Andreas nicht gut gesonnen ist. Er hasst es, zu den sonntäglichen Fußballmatches mitgenommen zu werden, bei denen Andreas der Star ist. Nicht die fast gleichaltrigen Freunde Christian und Andreas teilen ein Zimmer, sondern Andreas und Florian. Auch das folgt aus dem ambitionierten Umerziehungsprogramm: Florian soll von Andreas Ordnung, Disziplin und Sportlichkeit lernen. Die Konflikte der beiden Buben entstehen denn auch genau um Fragen wie: Wann räumt Florian endlich seine Spielsachen auf? Wann wird das Zimmer gelüftet? Und so weiter. Andreas ist von der Mutter und auch von deren zweitem Ehemann dazu ermächtigt (delegiert), die Rolle eines Hilfserziehers zu übernehmen. Wir haben keine Indizien gefunden, dass er davon überfordert wäre.

8.5 Gewalt blitzt auf

Frau Zadek beschreibt Florian als ein Kind, das immer wieder »auf die Tränendrüse« drückt oder nervös zu »hüsteln« beginnt. Letzteres bestätigt ihr eine dem Kind schon seit langem nachgesagte Lungenschwäche. Frau Zadek vermag Florian gar nicht unabhängig von den Reden über ihn und seine Geschichte wahrzunehmen (siehe dazu oben das Konzept *Problemsystem*). Florian ist ja schon mit den über ihn erzählten Geschichten in ihr Leben getreten. Diese Geschichten motivieren nun auch ihre aktuelle Beziehung zu ihm und statten – als Beleggeschichten – das elterliche Projekt der Umerziehung aus.

»Naja – er traut sich nur in einem *gewissen* Rahmen ihm ((Andreas)) gegenüber aufzutreten. Er redet schon zurück bei ihm: ›Na, so net!‹ – und drückt auf die *Tränen-*

drüse, des *gspiar* ((spüre)) ich richtig, dass das jetzt richtig // – da fangt er so zu *hüsteln* an und wos=was= i alles. Also *i gspiar* des instinktiv. – Mei Bua geht in eine Fußballmannschaft. Ich weiß genau, der Bursche hat jetzt wirklich *Schmerzen*. Ich hab einfach viel mit Kindern zu tun immer schon gehabt, weil für mich Kinder des *Ehrlichste* sind was es gibt – dadurch hab ich mich gern mit Kindern umgeben – sog i amol.«[15]

Falten wir den Gehalt dieser Passage mit unserem engeren und weiteren Kontextwissen aus, lässt sich sagen: Frau Zadek ist der Meinung, dass Florian *nicht* zu jenen Kindern gehört, die »das Ehrlichste sind, was es gibt«. In bestimmten Situationen setze er gezielt Zeichen des Kränkelns ein und versuche so, seine früheren Privilegien (eigenes Essen, Befreiung von Hausarbeit, etc.) zurückzugewinnen. Frau Zadek bezichtigt Florian also, eine in der Erstfamilie erlernte Strategie fortzusetzen. Sie gründet ihre Einschätzung auf den für sie deutlich erkennbaren Unterschied zu ihrem leiblichen Sohn. Als Fußballer spüre Andreas, dieser »Bursche« (eine Wortwahl, die den Respekt der Mutter vor Härte und Selbstdisziplin konnotiert), nur echten Schmerz. Hingegen gebe Florian Schmerz nur vor, was sie aufgrund ihrer reichen Erfahrung mit Kindern leicht erkennen könne. Allerdings weiß Frau Zadek nur wenig darüber, warum Florians Handeln derart starke Affekte und Emotionen in ihr auszulösen vermag. Wir meinen: Wenn er sie provoziert, erinnert er sie an frühere Szenen mit ihrem Vater und mit ihrem ersten Ehemann. Dann eröffnet sich auch für sie die Möglichkeit zu körperlicher Gewalt. Freilich möchte sie Florian nicht schlagen, obwohl er alles tue, um sie zu provozieren. Einmal habe sie ihn beinahe geschlagen, doch es im letzten Moment doch noch geschafft, ruhig zu bleiben. Heute sei sie sehr froh, ihre Selbstbeherrschung nicht verloren zu haben. – Auch das hier bloß imaginierte Schlagen erhält seine aktuelle Bedeutung aus der Geschichte der Frau: Es wäre ein Rückfall in das Ehedrama der Zadeks, das nur mit einer schwer erkämpften Scheidung zu beenden war. Das Alte lebt in einer bedrohlichen Möglichkeit weiter. Doch bedeutet dies auch in der Folgefamilie keine schicksalshafte Determination. Frau Zadek kämpft darum, ein ihr vertrautes, gleichwohl sie erschreckendes Reaktionsmuster zu überwinden. Und in gewissem Maße gelingt es ihr auch. Die Dynamik der Interaktion, die sie nur personalisiert und als Schuld des Kindes fassen kann, führt sie manchmal an die Grenze der Selbstbeherrschung.[16] Dass der zehnjährige Florian »extreme« Auseinandersetzungen »kalt lächelnd« ausnutze, erscheint eine merkwürdige Aussage einer Frau, die durch harte Kindheits- und Ehekonflikte gegangen ist. Es könnte sein, dass sie Gefühle auf Florian projiziert, die sie aus den gewaltsamen Auseinandersetzungen mit ihrem eigenen Vater und mit ihrem ersten Ehemann kennt. Auch im weiteren Verlauf dieser Erzählung wird eine *agonale Dynamik* erkennbar, die diese Deutung plausibel erscheinen lässt. Wortwahl und Narrativ lassen eher an die Auseinandersetzung einer Frau mit einem körperlich überlegenen Mann als mit einem kleinen Jungen denken.

»ich hob=mir schon so viele *Gedanken* gemacht – jo – und … meistens weiß ich ja schon, wie er *reagiert* -- und das ist glaub ich für ihn jetzt des *nächste* Problem – weil ich ihn dann *aunschau* und sag: Und bist jetzt *fertig*? – oder fallen dir *noch* ein paar Wörter ein? -- net dann ((Frau Zadek klatscht in die Hände)) gehts los! Da steht sogar der *Andreas* da und sagt *Mama* hör auf!-- und ich – Nein! Warum? – Lass ihn -- lass ihn – der soll das *ausseschreien*, sag ich – irgendwann wird ihm nix mehr einfallen und es *fallt* ihm auch nix mehr ein -- er/ er ist *hilflos*, er weiß dann nicht, was er sagen soll, oder was er tun soll --- dann sag ich und wannst willst, dann *greif mich an* -- sag ich – ich *wehr* mich nur!«[17]

Wenn Andreas seine Mutter auffordert, den Streit mit Florian nicht auf die Spitze zu treiben, dann auch deshalb, weil er darin eine Wiederholung der elterlichen Streitszenen erlebt. Er scheint den aktiven Anteil seiner Mutter an der Eskalation eher wahrzunehmen als diese selbst. Sie hingegen meint, Florian in solchen Situationen eine Möglichkeit zu bieten, seine Aggressionen auszuleben. Sie nimmt also – dem Selbstentwurf folgend – eine erzieherische, ja eine quasi psychotherapeutische Haltung ein. Doch was sie von einer Psychotherapeutin unterscheidet ist, dass sie es genießt, die *Unschlagbare* zu sein. Ihre Strategie, Florian durch Erziehung zu ändern, wird durch ihren eigenen Willen zur Macht, der auch aus der unbewussten Wiederholung von Szenen ihrer Kindheit und ihrer ersten Ehe stammen dürfte, konterkariert. Sie richtet eine paradoxe Aufforderung an Florian, etwa folgenden Inhalts: »Drücke Deine Wut über den Verlust Deiner Mutter aus, sag mir nur, dass du mich als ihre Nachfolgerin nicht akzeptierst. Aber wisse, dass ich Deine Wutausbrüche nutze, um mich von meinen früheren Niederlagen zu erholen und mich endlich stark zu fühlen, wenn ich dich beherrsche!« Die Szene endet mit Zadeks Triumph. Der kleine Aggressor liegt schluchzend auf dem Bett. Die Rollen sind getauscht. Frau Zadek ist nicht erniedrigt:

»Und das tut er dann, net, er/ er s/ er legt sich dann aufs Bett und schluchzt hilflos – sag ich, und wenn du dich dann *beruhigt* hast und wieder alles *okay* is – sag ich – dann könn=ma weiter diskutieren oder weiterreden – und das ist für ihn dann ---- des is für ihn ein *Wahnsinn* sog i amol -- so stö=i=mas hoit vua, nen. ((So stelle ich es mir vor, nicht.))«[18]

Allerdings erringt auch das Kind so manchen kleinen Sieg. Wenn Frau Zadek das harte Spiel einmal »nicht durchhält«, die Nerven verliert und zu schreien beginnt,

kostet sie das den Triumph.[19] Eine weitaus schlimmere Niederlage aber wäre es freilich für sie, in die Rolle ihres Vaters oder des Ex-Ehemannes zu verfallen und ihre
körperliche Überlegenheit tätlich einzusetzen. Als es einmal fast so weit ist, fordert
sie Florian auf, die Flucht zu ergreifen:

»Nur einmal war ich schon so weit, wo ich gesagt hab, pass auf junger Mann,
geh mir aus dem *Weg*! – weil jetzt *ist es* so weit, jetzt nehm ich dich in die Hand – sog
i – ich leg dich übers Knie und *hau* dir den Arsch aus, dass=du net amoi mehr *sitzen*
kannst --- und das ist mein *Ernst*, hob i gsogt. – Und da is ihm dann scho – pfff – //
da is er einegangen ins Zimmer, hat die Tür zugmacht -- und hat a *Ruh* gebn – also
do diafat er *gspiart* hobn, ((da dürfte er gespürt haben)), woat, ich glaub jetzt ist es
soweit bei ihr, net.«[20]

Auch an dieser Stelle wird deutlich, was die Folgefamilie von der Erstfamilie unterscheidet: Es werden auch Handlungen ausgeführt, die noch den Drehbüchern
(Skripts) der Erstfamilien folgen. Das hat damit zu tun, dass die Akteure diese Skripts
zum Teil verinnerlicht und verleiblicht haben. Es ist daher nicht nur eine Frage der
Zeit, bis die Gültigkeit der alten Skripts erlischt und Platz wird für neue Entwürfe.
Die alten Muster müssen auch *aktiv verlernt* werden, damit neue Kommunikationsweisen erfunden und gelernt werden können. Gelingt das nicht, kann die Folgefamilie
an ihren Vorgeschichten aus den Erstfamilien der Lebenspartner und der Kinder
scheitern.

8.6 Spezielle Dynamiken in Folgefamilien

Viele Familientherapeuten (Minuchin 1993; Dunn 1996; Ewering 1996; Coleman u.
Ganong 1997; Hetherington u. Kelly 2002 u. v. a.) raten den neu eingetretenen Intimpartnern, dem *leiblichen* Elternteil in der Erziehung der Kinder die Führungsrolle zu
überlassen. Der neue Ehepartner bzw. Lebenspartner solle dem sorgenden Elternteil
nur assistieren und so sich selbst und dem Kind genügend Zeit geben, allmählich eine
passende Beziehung zum Kind aufzubauen. Ich halte diesen Rat für richtig und überaus wichtig. Doch wie sich zeigt, handeln neu gebildete Paare oft konträr: aus Unsicherheit oder um die Neugründung der Familie mit einem gemeinsamen Erziehungsprojekt zu legitimieren. Wäre bei den drei Kindern in der Folgefamilie Miller-Zadek
in den Augen der Eltern alles »in Ordnung«, worüber würden sich Mann und Frau
dann an vielen Abenden engagiert unterhalten? Ja hätten sie sich ohne die schwierige
Elternschaft überhaupt kennengelernt und ein Paar gebildet? Die Eltern- und die

Paarebene vermischen sich in diesem Fall in hohem Maß. Ein Eigenleben des Paares, das unabhängig wäre von der Sorge um die Kinder, vermögen wir nicht zu erkennen. Dies unterscheidet den Fall von anderen, in denen das Paar sein Eigenleben und sein Recht auf relative Autonomie im Familiensystem als wichtig erkennt und oft mühsam erkämpft. Was würde geschehen, gäbe Florian zur Überraschung aller sein widersetzliches Verhalten schon demnächst ganz auf? Paradoxerweise wäre eine zu rasche Erreichung des Zieles, Florian umzuerziehen, eventuell eine Bedrohung für den Fortbestand des Paares und des Familiensystems. Das Symptom hat offenbar Funktion für die Erhaltung der Paarbeziehung. Wie so oft in derartigen Konstellationen geht es jedoch nicht um ein Entweder-Oder (entweder Florian ändert sich oder wir trennen uns; Florian ändert sich, und wir trennen uns dann, weil die Arbeit getan ist), sondern es geht um die *immer prekäre Balance der antagonistischen Kräfte*: Florian macht derzeit genug Druck, dass das Paar über ihn kommuniziert, aber nicht genug, um es entsprechend seiner Absicht zu trennen. Die ältere Familientherapie sprach von einem »homöostatischen Gleichgewicht« (Zuk 1975; Minuchin 1981), das symptomerhaltend sei: Florian provoziert, Frau Zadek reagiert, Herr Miller schlichtet, Andreas und Christian betätigen sich als Hilfserzieher, und Florian hat allen Grund, sich dagegen zu wehren.

Theoretiker der Familientherapie sprechen auch von »Symptomwandel« und »Symptomverschiebung«. Doch finden die damit bezeichneten Vorgänge in diesem Fall nicht – wie in der an Erstfamilien entwickelten Theorie beschrieben – »*innerhalb* der Familie«, sondern *im Übergang* zwischen zwei Mutter-Kind-Familien und der neuen Folgefamilie statt. In dieser Sichtweise hat die Hauterkrankung Florians in der Mutter-Kind-Familie als Symptom die Funktion, die besondere Nähe des Kindes zur Mutter herzustellen. Die schwere Ersterkrankung des älteren Christian nach dem Tod der Mutter (sein Zusammenbruch infolge seiner physischen und psychischen Überbelastung erzeugt eine Schwächung seines Autoimmunsystems, das dann die Infektion des Rückenmarks im Krankenhaus begünstigt) könnte nach dieser Theorie als »Symptomverschiebung« von einem Familienmitglied auf ein anderes betrachtet werden. Christians Erkrankung hätte dann die Funktion, den geschiedenen Vater zu seinen beiden Söhnen zurückzuholen. Erst als dies – über das Krankenbett des Sohnes – gelungen ist, kann Christian gesund werden. Sein kleiner Bruder übernimmt es nun, ein für die Folgefamilie funktionales Symptom auszubilden. Hierzu passt die Beobachtung eines Pioniers der Familientherapie, Ivan Boszormenyi-Nagy, dass das symptomatische Verhalten als Folge und Ausdruck einer *verborgenen* (nicht anerkannten, illegitimen) *Loyalität* (hier zur verstorbenen Mutter) anzusehen sei (Simon, Clement u. Stierlin 1999, 316). Doch könnte diese Theorie dazu verführen, jenes System, für welches das Symptom Funktion hat, auf sein Personal zu reduzieren. Dann erscheinen die am sozialen System beteiligten Akteure als die Profiteure des Leidens des Symptomträgers oder gar als die schuldigen Verursacher seines Leidens. Eine andere mögliche Fehlverwendung dieser Theorie sehe ich in der Pathologisierung jenes Akteurs, der das Symptom allein zu tragen scheint. Familiendynamische Konzepte wie das ›Perverse Dreieck‹ (Haley 1967) oder die ›Triangulation‹ nach Minuchin (1987), die in den 1960er und 1970er Jahren an *Erstfamilien* entwickelt wurden, müssen heute auf ihren normativen Gehalt geprüft werden. Überdies erfassen sie die Prozesse im Übergang von Erstfamilien zu Folgefamilien wie auch die Prozesse zwischen den Folgefamilien der Ex-Partner nur unzureichend.

Im vorliegenden Fall tritt im einen Familiensystem (Miller) der Tod der leiblichen Mutter ein, im anderen (Zadek) wird der gewalttätige Vater mittels einer Scheidungsklage ausgeschlossen und später nur noch selten kontaktiert. Schon aus diesen familiengeschichtlichen Ereignissen ist zu schließen, dass sich die Dynamiken nach der Trennung der Partner in beiden Familien deutlich voneinander unterscheiden. Während sich Florian zunächst im typischen Kraftfeld einer *Triangulation* durch zwei leibliche Elternteile befindet, die sich getrennt haben, jedoch wegen der Kinder in konfliktiver Verbindung bleiben, entwickelt Andreas in der Mutter-Kind-Familie ein hohes Maß an Verantwortlichkeit und Partnerschaft mit seiner Mutter. Mancher Familientherapeut wird an *Parentifizierung* (die Übernahme einer elterlichen Rolle durch das Kind) oder an *Partnerersatz* (die Übernahme einer Partner-Funktion durch das Kind) denken. Die schwere Erkrankung von Christian erscheint im Licht dieser familientherapeutischen Theorien als Reaktion auf die Überlastung während des letzten Lebensjahres der Mutter: körperliche Erkrankung als somatische Reaktion auf Traumatisierung und Überforderung. Mit der Gründung der Folgefamilie setzt eine beträchtliche Entlastung von Christian und Andreas von Aufgaben und Funktionen, jedoch eine spezifische Belastung von Florian ein.[21] Andreas, Christian und Florian handeln dann auch je nach ihren Vorgeschichten und nach ihrer Stellung in der neu gebildeten Geschwisterreihe. Der entlastete Christian unterstützt die zweite Ehefrau des Vaters – auch gegen seinen jüngeren Bruder Florian. Hingegen nimmt der in der Erstfamilie und dann auch in der Mutter-Kind-Familie ›triangulierte‹ Florian seinen Kampf gegen die zweite Ehefrau des Vaters auf. Zwischen Andreas und Florian entsteht folglich eine Gegnerschaft, die von den Eltern strategisch zur Umerziehung Florians eingesetzt wird. Florian sagt sich: Wieso setzt mich auch Andreas unter Druck? Habe ich nicht genug mit den Anforderungen meines Vaters und seiner neuen Ehefrau zu tun? Andreas denkt und spricht es auch aus: Wie kann Florian meiner Mutter so weh tun? Sie hat doch schon genug unter meinem Vater gelitten! Andreas ist schon vor einigen Jahren ein offenes *Bündnis* mit seiner Mutter eingegangen.

Mutter und Sohn haben gemeinsam gegen den Vater gekämpft und sich dann sieben Jahre gemeinsam durchgeschlagen. Trotzdem hat Andreas die neue Ehe seiner Mutter und deren neuen Partner akzeptiert. Er spürte und sah voraus, dass ihn eine passende Paarbeziehung der Mutter entlasten würde.

Inzwischen hat Andreas wieder spärlichen Kontakt zu seinem leiblichen Vater. Manchmal trifft er ihn zufällig auf der Straße. Der Mann dealt mit Drogen und Andreas weiß das inzwischen. Trotzdem bittet er ihn gelegentlich um Taschengeld. Er wünscht sich zumindest eine geringe väterliche Zuwendung von diesem Mann. Auch Heinrich Miller hat Andreas' Vater schon kennengelernt. Er weiß um dessen Labilität und unterstützt trotzdem die vorsichtigen Kontaktnahmen zwischen Vater und Sohn. Es scheint, als böte die Folgefamilie Andreas bereits hinreichend affektive und soziale Sicherheit, dass er solche Expeditionen in die fremde und verbotene Welt seines Vaters wagen kann.

Manche Erinnerung wird in der Folgefamilie nur langsam verblassen. So die Erinnerung an die väterliche Gewalt oder die Erinnerung an die Psychosomatosen. Neue thematische Vernetzungen können zwischen den Akteuren entstehen: Über ihre Kommunikationen und über ihre gemeinsamen Praktiken bilden die Akteure die sie verbindenden Geschichten aus. Zudem aber sind die neuen Interaktionspartner (Erwachsene wie Kinder) jeweils auch Projektionsflächen für die *alten* Geschichten. Das schafft ihnen mitunter den Eindruck, verkannt, benutzt oder noch immer nicht »richtig« verstanden zu werden. Im Rückblick auf die unterschiedlichen Lebensgeschichten sinniert Heinrich Miller über die Differenz mancher Umgangsformen und die daraus erfolgenden Missverständigungen des Paares:

»… sie ((Theresia Zadek)) hat halt über weite Strecke nur den Andreas gehabt kann man sagen eigentlich die / die / die Jahre die ich *allein* war, war sie mit dem Andreas allein quasi – das geht sich so ungefähr aus mit der Zeit net /«

THERESIA ZADEK: »sieben Jahre!«

HEINRICH MILLER: »und -- und da fallen einem verschiedene Dinge einfach nicht auf, die einem Anderen sehr wohl auffallen, und dann kommt natürlich noch dazu, dass sie irgendwie wirklich sehr lang *sehr* ernst bleiben kann. Also ich nehme verschiedene Dinge ganz ganz locker und denk nicht ernsthaft drüber nach, wo sie also todernst da umatum kiefelt, was da sein kann oder passieren kann /«

THERESIA ZADEK: »Ja weil ich=s einfach schon *gesehen* oder *erlebt* hab oder *mitkrieg* einfach und *erlebt* hab, das is also /«

HEINRICH MILLER: »Das is *auch* wieder richtig, und da muss dann *ich* zuhorchen … und irgendwo gleicht sich das langsam aber sicher aus, net, oiso diese/ diese *Wissens-* und *Erfahrungsdifferenzen* gleichen sich langsam aber sicher Gott sei Dank aus --- und / und wir sehn immer mehr Dinge *gleich* – sog i amoi – speziell was jetzt die Kinder betrifft oder was das tägliche Leben anbelangt.«[22]

In dem Bewusstsein, sich in ihren Vor-Geschichten zu unterscheiden, driften Miller und Zadek aufeinander zu und versuchen, Missverständnisse durch Gespräche aufzulösen oder ihnen zuvorzukommen. So wächst ihre Gemeinsamkeit. Auch während unserer Gespräche schauen sie einander oft an, ehe sie antworten. Sie suchen gezielt Übereinstimmung und finden doch jede Menge Differenzen. Wichtig ist dabei, dass Rituale und Regeln eingehalten werden: Es gibt die sonntäglichen Matchbesuche. Die Aufgaben im Haushalt werden altersgerecht aufgeteilt. Jeder soll nach seinen Möglichkeiten Aufgaben übernehmen. Ordnung soll sein. Da beide Eltern berufstätig und die Kinder an den Wochentagen nachmittags im Hort sind, beschränkt sich die Kommunikation weitgehend auf die Abende und die Wochenenden. Familie wird hier mit Funktionen wie Zugehörigkeit, Regeln, Rechten und Pflichten, Gemeinsamkeit, Reden, »Quatschen« belegt. Dagegen würde Florian den Begriff der »Wohngemeinschaft« für sein Zusammenleben in dieser neuen Konstellation passender finden.[23] Er scheint den Begriff Familie für seine Vergangenheit mit seiner Mutter (ohne den Vater?) oder für deren Vorvergangenheit mit Vater und Mutter reservieren zu wollen. In gewisser Weise steuert er auch die Freizeit des Vaters. Er ruft ihn nahezu permanent zu seinen väterlichen Pflichten. Und dies, obwohl Frau Zadek bemüht ist, ihrem Partner außerfamiliäre Freizeit zu ermöglichen. Gäbe es den *Trouble-maker* Florian nicht, wäre Herr Miller wohl viel öfter außer Haus.

8.7 Die Folgefamilie emanzipiert sich von Verwandten

Frau Zadek hat keine Angehörigen aus ihrer Herkunftsfamilie mehr. Ihren Vater hat sie vor vier Jahren beerdigt. Mit dessen letzter Lebensgefährtin hat sie sehr wenig, mit ihren Halbgeschwistern (deren Anzahl sie gar nicht kennt) gar keinen Kontakt. Auch Herr Millers Vater ist schon vor einigen Jahren gestorben. Seine Mutter spielt eine Rolle im Problemsystem um Florian. Weniger präsent ist Herrn Millers Bruder Thomas. Bei den Verwandten väterlicherseits hat sich Florian schon mehrfach über die Folgefamilie beklagt. Daraufhin hielten Florians Onkel und die Großmutter dem Vater vor, Florian »viel zu streng« zu erziehen. Die Großmutter plädiert dafür, dem Kind etwas von seinen alten Gewohnheiten aus dem Zusammenleben mit der Mutter zu lassen. Die Frage, ob nach seinen Vorlieben gekocht wird, erscheint ihr dabei zentral. Herrn Miller ist es ganz recht, dass die Zwillingsschwester der Mutter, die nach dem Tod der Schwester das Sorgerecht für Florian beantragen wollte, zuletzt deutlich in den Hintergrund getreten ist. Sie lädt die Kinder jetzt nur noch zu Festtagen ein und hat den kleinen Hund der Kinder in Pflege genommen. Herr Miller vermeidet es, seine Söhne länger bei seiner Ex-Schwägerin zu lassen, da dies seiner Meinung nach das Umerziehungsprojekt gefährden würde. Die Ex-Schwägerin redet seit dem Tod der Ex-Ehefrau gar nicht mehr mit ihm. Aus den Gesprächen wissen wir, dass es Christian ärgert, wenn Florian gegenüber der Tante über seine Lebenssituation klagt. Das Verhältnis zu den Verwandten ist also eher angespannt. Den Ehepartnern scheint die Verdünnung der Kontakte ratsam, um das eigene neue Familienprojekt zu realisieren. Nur auf die Hilfe von Herrn Millers Mutter kann das Paar nicht gänzlich verzichten. Die Großmutter übernimmt Florian, wenn Herr Miller eine Woche auf Urlaub fahren will. Dann eröffnet sich für die Großmutter eine seltene Gelegenheit, sich in die Erziehung des Kindes einzumischen. Sie macht Vorschläge, die jedoch vom Vater und dessen Ehefrau postwendend zurückgewiesen werden. Da die Großmutter mit ihren Ratschlägen und Wünschen keine Zustimmung findet, zieht sie sich zurück.

Zu Beginn der Beziehung fühlt sich Frau Zadek von Herrn Millers Mutter akzeptiert, wenn sie auch die Meinungen ihrer künftigen Schwiegermutter nicht teilt. Die Schwiegermutter äußert mehrfach, es sei »ein Segen für Heinz«, eine Frau gefunden zu haben, die ihn mit seinen beiden Söhnen »genommen hat«. Theresia Zadek hört die traditionelle Vorstellung heraus, eine geschiedene Frau und Mutter hätte es bitter nötig, noch einmal einen Mann zu finden. Dem hält sie entgegen, dass sie auch *allein* gut durch das Leben käme. Sie ist nicht zu Herrn Miller gezogen, weil sie dessen Geld oder dessen Hilfe dringend benötigt hätte. Sie weiß auch um die Revidierbarkeit des Projekts. Das Risiko des Scheiterns formuliert sie in der Coda der folgenden Sequenz:

»Am Anfang ist seine Mutter immer zu mir gekommen und – [imitiert und zitiert die Mutter des Mannes] Ach i bin *so froh,* dass er Dich *kennengelernt* hat und – dass du mit ihm *zamm* ((zusammen)) bist weil – des mochat net a jede Frau wegen der Kinder und so – sog i: Schau jetzt sog i da wos, sog i – ich hab den Heini kennen gelernt. Ich hab gewusst er hat zwei Kinder und -- entweder wir schaffen es oder wir schaffen es *nicht!*«[24]

In einem Nachgespräch erfahren wir, dass die nahen Verwandten zwar zu einem Fest am Tag *nach* der Hochzeit eingeladen wurden und Herrn Millers Mutter auch erschien. Doch sind nun die übrigen Verwandten beleidigt, weil sie nicht zum Trauungsritual vor dem Standesamt eingeladen wurden. Auch diesbezüglich deutet sich ein historisch neues Muster an. Die Folgefamilie steht ungleich weniger im sozialen, wirtschaftlichen und kulturellen Bann der Herkunftsfamilien der Partner als die junge Erstfamilie. Sie wird von Männern und Frauen im mittleren Lebensalter und bei relativ hoher ökonomischer Unabhängigkeit von den Eltern der Partner gegründet. In ihrer Elternarbeit werden Mann und Frau zwar häufig durch Großeltern unterstützt, doch achten sie dennoch stärker auf ihre Autonomie und sind auch in der Lage, sich gegen unpassend erscheinende Einmischungen der Großeltern oder anderer Verwandter abzugrenzen. Schließlich sind die in die Folgefamilie mitgebrachten Kinder ›lebende Zeugen‹ wie auch ›Zeugnisse‹ vorgängiger Ehen und Familien, die sich letztlich nicht bewährt haben. Oft waren Großeltern auf subtile Weise in die Paar- und Familienkonflikte und auch in das Scheitern der Ehe resp. Partnerschaft involviert. Wo dies so gesehen wird, entsteht meist auch der Wunsch, die Folgefamilie gegen einen zu starken Einfluss der Großeltern ›abzusichern‹. Wie Frau Zadek und Herr Miller bekunden Paare mittleren Lebensalters ihren erhöhten Anspruch auf Autonomie häufig schon in der Gestaltung der Hochzeit. Nach dem ausdrücklichen Wunsch des Paares erfolgt dann – wie in diesem Fall – die standesamtliche Trauung oft nur mit den Kindern und einigen wenigen Freundinnen und Freunden. Die Gestaltung des Rituals symbolisiert den Vorsatz, diesmal »alles anders« oder »besser« zu machen wie auch die Hoffnung, den Kräften der Wiederholung entkommen zu können.

Wird die von den Eltern verfolgte und von den Geschwistern mit getragene ›Umerziehung‹ des zum *Trouble-maker* erklärten Kindes dazu führen, dass Disziplin, Ordnung, Zielstrebigkeit und Leistungsbereitschaft eines Tages von Florian erworben werden? Wird die elterliche Erziehung, an ihren eigenen Maßstäben gemessen, erfolgreich sein? Wahrscheinlich provoziert die Umerziehung auch in nächster Zeit den Widerstandsgeist des Kindes. Es ist dies für das Kind auch die einzige Möglichkeit, die ihm sonst nicht zugestandene Trauer auszuleben: Der Widerstandsgeist und die Trauer verbünden sich und geben dem Kind die Kraft, den Erziehungsanspruch der ›falschen Mutter‹ zu bekämpfen. Erst wenn dies eine Zeit lang geschehen und die Trauerarbeit (vorläufig) geleistet sein wird, könnte das Kind seine Energien in die Bindung an seine Geschwister und an seinen Vater, vielleicht sogar in den Aufbau einer Freundschaft mit der zweiten Ehefrau des Vaters investieren. Möglich ist aber auch, dass Florian sehr früh in Beziehungen zu Freunden und Freundinnen ausweicht, um der Folgefamilie und dem als übermächtig erlebten Elternpaar zu entkommen. Vielleicht wird er schon in jungen Jahren in eine intime Beziehung zu einer Freundin investieren, die dann vermutlich den Auftrag von ihm erhalten wird, die verlorene Mutter in einiger Hinsicht zu ›ersetzen‹. Nicht ausschließen können wir auch, dass sich Florian auf dem Weg dahin bald nur noch als Opfer sieht. Er könnte gleichsam in diesem Selbstbild erstarren, würde dann weiterhin viel Energie auf die

Spaltung des neuen Elternpaares verwenden und davon in der Phase der Adoleszenz und in seinen ersten Intimbeziehungen kaum profitieren. Nicht nur für die Erwachsenen, auch für Kinder geht es darum, sich aus jenen negativen Stereotypen zu befreien, die die ›alte‹, nach dem Tod eines Elternteils entstandene »Stieffamilie« belasten. Im Fall der Folgefamilie Zadek-Miller schaukeln sich die Merkmale der ›alten‹ Stieffamilie und der neuen Folgefamilie auf. Die Schwierigkeiten eines der Kinder resultieren *sowohl* aus dem frühen Tod der Mutter *als auch* aus der Strategie der Umerziehung des neuen Paares. Diese Strategie hat die fatale Wirkung, die dunkle, kollektiv unbewusste Geschichte der ›alten‹ Stieffamilie zu aktualisieren. Allerdings nur für eines von drei Kindern, womit sich neuerlich zeigt, dass die Rede von »Scheidungswaisen« allzu pauschal ist.

IX. Die Unternehmer

Als einzige ihrer Familie hat sie das Konzentrationslager Bergen-Belsen überlebt. Die Fabriken ihres Vaters, die Villa und fast das gesamte Vermögen haben die Nazis geraubt. Zehn Jahre nach ihrer Befreiung heiratet Sidonie Thule den Goldschmied und Restaurator Jakob Lorenz Schütz.[1] Er hat die Werkstätte seines Vaters übernommen und sich als Restaurator sakraler Kunstwerke einen Namen gemacht. Ein erster Sohn des Paares stirbt bald nach der Geburt. Erst sechs Jahre später, im August 1961, wird ein zweites Kind geboren und auf den Namen Valentin Jakob getauft. Der Sohn wächst heran, und alle Welt erwartet, dass er eines Tages den väterlichen Betrieb übernehmen wird. Dies aber wird dem Jungen bald zur Last. Es bedrückt ihn, die strenge Herrschaft des Vaters in der Familie und im Betrieb noch lange ertragen zu müssen. Nach dem Abitur absolviert er eine Lehre als Goldschmied im elterlichen Betrieb. Sein Vater ist auch sein Lehrherr.[2] Immer deutlicher verspürt Valentin den Wunsch, etwas Anderes, Eigenes, Neues und Großes zu schaffen. Nachdem er die Lehre abgeschlossen hat, geht er an die Kunsthochschule in Genf. Hier lernt er Marie-Claire kennen, die ihr Studium eben zu Ende bringt.

Lugano, Tessin, Schweiz. Marie-Claires Herkunftsfamilie ist Teil eines Familienclans, der nach vier Brüdern vier Linien ausgebildet hat. Sie besitzen und verwalten einen pharmazeutischen Konzern und treffen sich einmal im Jahr in einem noblen Hotel in Lugano zur Aktionärsversammlung. Dann nehmen die Repräsentanten der vier Linien an einem großen Konferenztisch Platz und stellen Fähnchen mit ihren Familienwappen vor sich auf. Ist die Versammlung beendet, wechseln sie in den Speisesaal und essen mit den Frauen und Kindern in geschlechtsbunter Sitzordnung zu Abend. Mit diesem Ritual versucht der Familienclan, seine Geschäfte vom privaten »Familienleben« zu trennen und den Clan und seine Familien doch ganz in den Dienst des Unternehmens zu stellen.

Aus der Freundschaft von Valentin und Marie-Claire wird zögerlich, aber doch eine intime Beziehung. Marie-Claires Eltern sind strikt gegen diese Verbindung, denn sie haben familiendynastisch kalkulierte Pläne mit ihr. Als Marie-Claire ihr Studium abschließt, beendet auch Valentin sein Schnupperjahr in Genf. Marie-Claire lässt sich überreden, mit Valentin in dessen norddeutsche Heimatstadt zu ziehen. Es ist wie eine Flucht der jungen Frau aus dem streng katholischen Familienclan und seinen

Heiratsplänen. In Valentins Elternhaus wird sie freundlich aufgenommen. Auch hier hat sie es mit einem – wenn auch viel kleineren – Familienunternehmen und mit einer Unternehmerfamilie zu tun. Als Schmuckdesignerin tritt sie in das Familienunternehmen ein und wird bald die Assistentin des Chefs und künftigen Schwiegervaters. Der autokratische Führungsstil des Unternehmers und sein Habitus als patriarchaler Haus- und Familienvorstand bringen einander hervor. Immer wieder mischt sich Privates in den Betrieb und Geschäftliches in das Private. Konflikte und Spannungen wirken, je nachdem, wo sie entstanden sind, vom Betrieb in die Familie oder von der Familie in den Betrieb.

9.1 Flucht und Heimkehr

Um dieser Verflechtung von Familie und Betrieb und der Herrschaft des Vaters und Firmenchefs zu entkommen, entschließt sich Valentin, in einer entfernten Universitätsstadt Mineralogie zu studieren. So wird das junge Paar, ehe es noch verheiratet ist, während der Woche getrennt. Die künftige Schwiegertochter ermöglicht dem einzigen Sohn und Alleinerben des Hauses, den Konflikten mit dem Vater, Hausherrn und Firmenchef zu entfliehen. Marie-Claire gewinnt sowohl in der Familie als auch im Betrieb deutlich mehr Einfluss als Valentin. Sie investiert Energie, Zeit und fachliche Kompetenz in den Familienbetrieb und in die Unternehmerfamilie (s. dazu Abraham 2003). Als enge Vertraute der künftigen Schwiegermutter – wir können eine Allianz der Frauen gegen den mächtigen Hausherren vermuten – erhält sie schon vor der Hochzeit einen festen Platz in der Familie.

Nach Abschluss seines Studiums muss Valentin in das Elternhaus zurückkehren, will er nicht jeden Einfluss auf das Unternehmen verlieren. Der absolvierte Mineraloge fügt sich in die Usancen des Hauses ein so gut er kann, doch ist der professionelle Vorsprung Marie-Claires nicht mehr aufzuholen. Allen Beteiligten scheint es an der Zeit, Hochzeit zu feiern. Um sich am Rande des väterlichen Unternehmens ein autonomes Geschäftsfeld zu schaffen, gründen Valentin und Marie-Claire ein eigenes Schmuck-Atelier. Es wäre aber ganz unzutreffend, sich das junge Paar als ein dyadisches Unternehmerpaar vorzustellen. Sie teilen die anfallenden Aufgaben auf eine Art, die sie während der Arbeitswoche weiterhin trennt. Marie-Claire ist für den Entwurf und die Ausführung der Schmuckstücke, Valentin für Kundenkontakte und den Ankauf der Materialien zuständig, was an zwei bis drei Tagen der Woche seine Anwesenheit an der Diamantenbörse in Antwerpen erfordert und zahlreiche Geschäftsreisen mit sich bringt. Damit noch nicht genug, übernimmt er einen Lehrauftrag für Kristallphysik an seiner Universität. Im folgenden Jahr ist er »nur noch unterwegs«, schläft wenig und sieht seine Frau und die ein knappes Jahr nach der Hochzeit geborene Tochter Carla nur an den Wochenenden. Auf eine branchen- und klassenspezifische Weise stellt sich hier eine besitz- *und* bildungs-bürgerliche Familienordnung her: Die Frau kocht nicht, aber sie entwirft und schmie-det die Preziosen; der Mann zieht in die Welt, um die Geschäfte mit Gold und Dia-manten zu machen und sich überdies im Feld der Wissenschaft auszuprobieren. Die Betreuung der Tochter Carla während der Woche obliegt der Großmutter und dem Hauspersonal.

9.2 Eine heimliche Liebe

Auch nach Valentins halbherziger Heimkehr verbringt er nur sehr wenig Zeit mit seiner Ehefrau. In Siegfried, einem alten Freund Valentins, der seit den Kindertagen im Hause Schütz ein und aus geht, findet Marie-Claire einen verständnisvollen Freund. Nach und nach entsteht eine heimliche Liebesbeziehung. 1989 stirbt der Vater und Seniorchef des Unternehmens wortlos und binnen einer Sekunde am Ge-burtstagstisch seiner Frau. Herzinfarkt. Einige Wochen später entdeckt Valentin das intime Verhältnis Marie-Claires zu seinem besten Freund. Der Vertrauensbruch in der Intimbeziehung stellt die partnerschaftliche Führung des Unternehmens auf eine harte Probe. Das Paar reagiert in der Familie und im Betrieb jeweils systemspezifisch: Auf die drohende Destabilisierung des Unternehmens antwortet es mit erhöhten Anstrengungen und erzielt trotz aller Belastungen geschäftliche Erfolge. Der von Marie-Claire entworfene Schmuck erregt Aufsehen; Berichte erscheinen in den wich-tigsten Modejournalen der Welt; Umsätze und Gewinne steigen. Im Haus und in der Familie aber ist das Vertrauen Valentins schwer erschüttert und die Ehe droht zu zerbrechen. Auch Marie-Claire erleidet einen Verlust: Um sich den Verwicklungen zu entziehen, geht ihr Liebhaber nach Lateinamerika. Spätestens seit der Entdeckung der heimlichen Liebschaft haben Marie-Claire und Valentin kein Sexualleben mehr. Mehr denn je ist Valentin außer Haus: die halbe Woche in Antwerpen, auf Ausstel-lungen, bei Kunden, und so weiter. Aus einer kurzen Liebesaffäre mit einer Studentin gewinnt er zwar wieder Selbstvertrauen, doch beendet er das aussichtslose Verhältnis schon nach wenigen Wochen.

9.3 Das Exil

Wenn sie auf der Flucht voreinander noch zusammenkommen, führen Valentin und Marie-Claire lange Diskussionen, um eine Lösung ihres Konflikts zu finden, die sich mit ihren geschäftlichen Interessen vereinbaren lässt. Doch Valentin sinnt auf Rache für die erlittene Demütigung. Zum zweiten Mal sucht er einen Fluchtweg aus dem Elternhaus. Er findet ihn über seinen guten Ruf als Mineraloge. Ein internationaler Konzern bietet ihm an, in Südafrika nach Diamantenvorkommen zu suchen. Gegen den Willen seiner Ehefrau und seiner Mutter verkauft er das Familienunternehmen. Er weiß, dass diese Entscheidung kaufmännisch fragwürdig und ausschließlich emotional begründet ist. »Das war ein sehr brutaler Schritt, den ich da gemacht habe, aber das war meine Retourkutsche.«[3] Valentin entscheidet sich für die Arbeit in Afrika, um Distanz zu Marie-Claire und zu seinem Elternhaus zu gewinnen, und hofft, im selbstgewählten Exil zu seinem Selbstwertgefühl zurückzufinden. Auch Marie-Claire sieht in der vorläufigen Trennung den einzigen Ausweg und stimmt Valentins Übersiedlung nach Südafrika zu. Obwohl sie nach herkömmlicher Auffassung mit ihrer Liebesaffäre Schuld auf sich geladen hat, scheint es, als wollte sich Valentin die Buße auferlegen:

»Ich hatte mir einen Zeitraum von fünf Jahren vorgenommen, den wollte ich durchstehen. Früher ist man ins Kloster gegangen, um Distanz zu finden, das war für mich so diese Arbeit im Steinbruch.«[4]

In den felsigen Wüstenstrichen nahe der alten Diamantenstadt Kimberley geht er seiner einsamen Arbeit nach und übersteht manche gefährliche Situation. Es ist die politisch stürmische Zeit der Auseinandersetzungen zwischen den verfeindeten Lagern des ANC und der an Zulu-Traditionen anknüpfenden Inkatha-Bewegung in der ersten Hälfte der 1990er Jahre. Valentin ist auch in Südafrika, um einen alten Jugendtraum in die Tat umzusetzen: Diamanten zu finden und reich zu werden. Doch was er nun an sich entdeckt, ist eine andere Sehnsucht:

»Wenn ich mal von der Mine runter war und ich war in Kimberley, das war so die nächste größere Stadt, wo man auch mal Sachen einkaufen konnte ... ich sah so Frauen mit Kindern, denen hätte ich die Kinder wegreißen können. Ich hatte eine wirklich tiefe Sehnsucht nach meiner Tochter, überhaupt nach einem Kind, es war, glaube ich, noch nicht mal so spezifisch nur nach meinem Kind, sondern überhaupt ein tiefes Verlangen nach dem Kind.«[5]

In dieser Lage kommt Valentin eine zufällige Begegnung wie gerufen: Auf einem Flug nach Südafrika lernt er Eva Sartorius kennen, in Aachen geboren und aufgewachsen, aber seit vielen Jahren Juristin im Dienst eines österreichischen Bundeslandes.[6] Sie ist knapp vierzig Jahre alt und hat eine kurze Ehe und eine mehrjährige Beziehung hinter sich, die unter anderem daran gescheitert sind, dass die Männer ihren Kinderwunsch nicht teilten. Ähnlich wie Valentin wurde sie durch die wiederholte Untreue des Ehepartners schwer gekränkt. Bald verbindet Valentin und Eva das Gefühl, dass ihre Verletztheit und ihre Sehnsüchte gut zueinander passen. Im folgenden Sommer verbringen sie zwei Urlaubswochen auf den Spuren deutscher Kolonialherren in Namibia, dem ehemaligen Deutsch-Südwestafrika.[7] Eva wird schwanger. Die Schwangerschaft macht die Beziehung vollends verbindlich. Valentin bricht sein Moratorium vor der Zeit ab. Einmal noch besucht ihn Marie-Claire in Kimberley und dabei anerkennen die beiden, dass ihre Ehe nun aufzulösen sei. Nach Deutschland zurückgekehrt, reicht Marie-Claire die Scheidung ein und erledigt alle Formalitäten bei Gericht. Valentin beendet seine Arbeit auf den Diamantenfeldern und übersiedelt zu Eva in eine Stadt im südlichen Österreich.

In privater wie in beruflicher Hinsicht beginnt Valentin radikal neu. Er gründet ein Unternehmen in einem Wirtschaftszweig, in dem er keinerlei Erfahrung hat. Er erwirbt Baugründe und errichtet darauf größere Wohnhäuser, deren Wohnungen er vermietet oder verkauft. Er kann nicht mehr auf den guten Ruf einer alteingesessenen Unternehmerfamilie setzen. Was das neue Unternehmen vom ehemaligen Familienunternehmen unterscheidet, ist auch, dass sich Eva Sartorius am Aufbau und an der Führung des Unternehmens nicht beteiligt. Sie trennt ihr Einkommen als Landesbeamtin von allen Geldgeschäften des Mannes. Sie identifiziert sich auch nicht mit seinen Geschäften und beobachtet sie etwas skeptisch aus naher Distanz. Valentin, im patriarchal geführten Familienunternehmen aufgewachsen, ist das Zusammenleben autonomer Partner bei getrennten Kassen und Verantwortlichkeiten völlig neu. Er muss erst lernen, es nicht als Mangel an Gemeinsamkeit zu erleben. Eva Sartorius sucht aber auch privat kein symbiotisches Intimverhältnis. Nach ihren leidvollen Erfahrungen möchte sie ihre Selbstständigkeit auch in dieser Hinsicht bewahren. Auch wenn für beide Partner vieles neu ist, gehen sie doch an der Spitze ihrer Lebensgeschichten, und alles, was sie tun oder lassen, erhält seine Eigenart aus dem Vergleich mit ihren früheren Beziehungen und Lebensumständen. Sie versuchen alte Fehler nicht zu wiederholen, und doch meldet sich das Vergangene immer wieder zurück.

9.4 Tausend Kilometer

Valentin Schütz lebt nun mehr als tausend Kilometer von seinem norddeutschen Elternhaus entfernt als Bauunternehmer mit der Landesbeamtin Dr. Eva Sartorius und der gemeinsamen Tochter Lisa. Tochter Carla aus der ersten Ehe mit Marie-Claire gewinnt für ihn in letzter Zeit an Bedeutung. Ihre ersten Lebensjahre hat er aufgrund seiner vielen Geschäfte und des ehelichen Zerwürfnisses großteils ›versäumt‹. Dessen wurde er sich in der südafrikanischen Wüste schmerzlich bewusst. Doch auch jetzt ist es schwierig, den Kontakt zu Carla lebendig zu halten. »Zu Hause«, im aufgegebenen Elternhaus, ist Siegfried Ponto aus dem Exil heimgekehrt und hat, bald nach Valentins erneuter Bindung, Marie-Claire geheiratet. Die neue Bindung Valentins, die Scheidung Marie-Claires und vielleicht auch die Schwangerschaft Evas haben die Rückkehr des Geliebten aus der freiwilligen Selbstverbannung und die Legitimierung seiner Liebesbeziehung mit Marie-Claire möglich gemacht. In familiensoziologischer Terminologie gründen Siegfried und Marie-Claire eine »Stiefvaterfamilie«. Allerdings erhebt Siegfried keinen Anspruch auf die Rolle des (Stief-)Vaters. Er begnügt sich damit, Carla ein »väterlicher Freund« zu sein.

Zwischen den beiden Folgefamilien um Marie-Claire in Norddeutschland und um Valentin im Süden Österreichs entstehen vielfältige sozial-kulturelle, materielle und durch die Phantasien und Vorstellungen hergestellte Zusammenhänge: Selbst über mehr als tausend Kilometer hinweg kommunizieren die beiden Folgefamilien regelmäßig. Ein »binukleares Familiensystem« bildet sich aus. Wie wir dies auch in anderen Fällen gefunden haben, nimmt das Kind darin eine besondere Stellung ein. Seit ihre Pubertät eingesetzt hat, meldet Carla erstmals ausdrücklich und unmissverständlich Ansprüche an den Vater an und bindet so nicht nur sich selbst stärker an den Vater und den Vater an sich, sondern auch beide Folgefamilien aneinander. Nicht zuletzt stellt sie damit eine engere imaginäre und soziale Beziehung zu ihrer sechsjährigen Halbschwester Lisa in Klagenfurt her. Mit ihren Wünschen und Phantasien, die häufig um die Wiedervereinigung beider Eltern in einem gemeinsamen Elternhaus kreisen, beschäftigt sie nicht nur Valentin, sondern auch ihre Mutter, ihre Großmutter und am Rande auch ihren väterlichen Freund Siegfried. Irgendwann wird sie die Frage stellen, wann und wie das Verhältnis zwischen ihrer Mutter und Siegfried Ponto begonnen hat. Bisher wurde sie darüber nicht aufgeklärt. Doch gerade die Tabuisierung dieser Liebesgeschichte und ihrer Folgen dürfte Carlas Neugierde erregen. Wahrscheinlich hat ihr neuerdings vehement vorgetragener Wunsch, den Vater künftig nur noch in Begleitung der Mutter oder der Großmutter zu besuchen, mit ihrem wachsenden Interesse an diesen geheimnisvollen Zusammenhängen zu tun.

Valentin Schütz ahnt, dass darüber eine Auseinandersetzung notwendig werden wird, die sich die Erwachsenen allerdings derzeit noch nicht zutrauen. »Auch wenn es da immer wieder mal Rückschläge gibt, das ist nicht auszuschließen. Ich denke auch, das wird in Zukunft passieren.«[8]

Wenn er für ein paar Tage in sein norddeutsches Elternhaus kommt, erhält Valentin Jakob Schütz bei Tisch den Platz eines Besuchers zugewiesen. Den Platz des (ehemaligen) Familienoberhauptes nimmt nun sein Jugendfreund und Rivale ein. Allerdings unterscheidet sich Siegfried von seinen Vorgängern, von Valentin und auch von dessen Vater, sozial-kulturell, ökonomisch und habituell: Er ist nicht der Erbe des Hauses und Nachfolger an der Spitze eines Familienunternehmens, sondern ein ›quer eingestiegener‹ zweiter Ehemann, ein leitender Angestellter einer Firma in Berlin, die vom Bauboom in der neuen deutschen Hauptstadt profitiert. Auch er kommt nur an den Wochenenden nach Hause, dennoch schafft er um sich eine Aura der Gemütlichkeit. Seit er als zweiter Ehemann Marie-Claires eingezogen ist, wird zu den Mahlzeiten kein weißes Tischtuch und kein Silberbesteck mehr aufgelegt. Carla wird nicht zu jenen feinen Manieren angehalten, auf welche die Großeltern und der Vater noch Wert gelegt hatten. Valentin behauptet, kultivierte Gespräche bei Tisch fänden kaum noch statt, denn dafür bringe der »eher zur Gemütlichkeit neigende« und aus einem »einfachen Elternhaus« stammende Siegfried keine Voraussetzungen mit. Als Valentin einmal sein Missfallen darüber kundtut, antwortet ihm seine Mutter: »Du *musstest* ja nicht das Haus verlassen -- und die Dinge ändern sich.«[9]

Das binukleare Familiensystem mit den Folgefamilien um Marie-Claire im Norden und Valentin im Süden ist nach der Entdeckung der heimlichen Liebesbeziehung der Frau aus einer schweren ›Umbaukrise‹ hervorgegangen. Wie wir gesehen haben, achteten beide Ex-Partner darauf, im Trennungsprozess keine übereilten Schritte zu setzen, um die Möglichkeit einer künftigen Kooperation als Eltern nicht zu zerstören. Der insgesamt gelungene Umbau des sozialen Systems verdankt sich also der aufeinander abgestimmten, reziproken und disziplinierten Strategie seiner Akteure – vom zornigen Racheakt Valentins abgesehen. Doch mit derselben Sorgfalt müssen die Akteure einiges im Dunkeln halten. Eine völlige Offenheit in der Frage der heimlichen Liebesbeziehung würde wohl zum Zerfall des sozialen Systems führen. Davon haben sie nur ein vages Bewusstsein. Sie handeln eher gefühlsgeleitet. Jedes Mal zu Beginn seiner Besuche im Elternhaus will das Gespräch nicht in Gang kommen, erzählt Valentin. Alle seien ängstlich bemüht, das vergangene Geschehen mit keiner Silbe zu berühren. Eine »Hauch von Eis«[10] liege dann in der Luft.

Carla und Lisa wird die heimliche Beziehung von Marie-Claire und Siegfried Ponto während der Ehe mit Valentin verschwiegen. Wir können vermuten, dass auch Valentin nicht über jedes Detail dieser Liebesbeziehung informiert ist. Zwischen den Erwachsenen besteht Einvernehmen darüber, dass die Affäre nicht zu besprechen ist. Wirksam aber sind die Erinnerungen, Vermutungen und Befürchtungen in der Gruppe dennoch. Sie drücken sich in jener Anspannung (»Grundnervosität«) und besonderen Vorsicht aus, mit denen die Beteiligten kommunizieren, nicht zuletzt auch in den spezifischen Schwierigkeiten, die Carla seit kurzem mit der Abwesenheit ihres Vaters hat. In diesem Fall schützt das einvernehmliche Schweigen der Erwachsenen vor allem den heimlichen Liebhaber und zweiten Ehemann der Mutter. Es begünstigt die Deutung, Valentin habe Frau und Kind mutwillig verlassen. Der Betrogene, der wie ein Sünder ins Exil gegangen ist, trägt die Last, die Wünsche der geliebten Tochter nach mehr Nähe nicht erfüllen zu können. Wie in diesem Fall bilden sich Familiengeheimnisse vornehmlich um das Geschlechts- und Liebeslebens der Eltern (s. Framo 1975, 193), in anderen Fällen auch um sexuellen Missbrauch, Perversionen und körperliche Gewalt, um Themen also, die Angst erregen und schuldbesetzt sind.

Umgekehrt können wir fragen, was ausdrücklich kommuniziert werden muss, um das binukleare Familiensystem herzustellen und zu erhalten. Hier ist es der Einsatz aller Beteiligten, um zwischen Valentin und Siegfried wieder eine Art Freundschaft möglich zu machen, so vorsichtig und reserviert sie auch bis auf weiteres bleiben muss. Fortgesetzt wird auch das enge Vertrauensverhältnis zwischen Marie-Claire und ihrer (ehemaligen) Schwiegermutter. Zu den kommunikativen Leistungen zählt nicht zuletzt, dass sich Valentins Mutter einer moralisierenden Einmischung in den Ehekonflikt immer enthalten hat. Eine Serie von Ereignissen – der unerwartete Tod des Ehemannes, die Aufdeckung der Liebesaffäre im Haus, der Verkauf des Unternehmens und die Selbst-Exilierung des Sohnes – brachte das soziale System an den Rand des Zusammenbruchs. Eine Parteinahme der Mutter für den Sohn, wie sie die mythische Sprache des Blutes verlangt, hätte das System vollends gesprengt. Stattdessen nahm die Mutter das Ende des Familienunternehmens, das Exil und den endgültigen Exodus des Sohnes in Kauf, um das Großmutter-Mutter-Tochter-System zu bewahren. Eine bemerkenswerte Fähigkeit, sich dem zur Schuldsuche verleitenden und die Treue der Frau einklagenden Familienmythos zu widersetzen. So hat sie großen Anteil daran, dass die neue Familie von Marie-Claire zustande kommt und nun mit der neuen Familie Valentins kommuniziert.

9.5 Lisa

Nach den Regeln der Verwandtschaft ist Valentins Tochter aus der Lebenspartnerschaft mit Eva Sartorius, die nun sechsjährige Lisa, die Halbschwester Carlas. Doch was bedeutet ein solches Geschwisterverhältnis? Die Beziehungen zwischen Halbgeschwistern sind ein weißer Fleck auf der Landkarte der Familienforschung. Wie gehen die beiden Mädchen – über den größten Teil des Jahres voneinander räumlich getrennt – miteinander um und welche Auswirkungen hat ihre Kommunikation auf das soziale System?

»Wenn Carla zu Besuch ist, dann muss Lisa erkennen -- hoppla, da ist ja *noch* ein Kind, und da gibt es *noch* jemanden, der zu meinem Vater *Vater* sagt ---- was sie immer sehr *nervös* gemacht und *verunsichert* hat.-- Da konnte Lisa *gar* nicht mit umgehen, wobei das Verhältnis zwischen den beiden Kindern ein sehr sehr liebes ist.«[11]

Auch hier wird deutlich, wie zutreffend es ist, die Familie als ein soziales System aufzufassen, das *durch Kommunikation nach Maßgabe der Ressourcen seiner Akteure* erzeugt und aufrechterhalten wird.[12] Valentin wird von beiden Töchtern, die nicht dieselbe Mutter haben, als *Vater* angesprochen. Genau darin aber liegt für die jüngere Lisa, die ihren Vater den Großteil des Jahres für sich allein hat, eine Verunsicherung, die sie »sehr nervös« macht. Die sechs Jahre jüngere Lisa zieht beschützerische Gefühle der älteren Schwester auf sich. Doch glaubt der Vater zu spüren, dass Carla auch Eifersucht kennt. Wieso musste, so *insinuiert* er der älteren Tochter, mein Vater noch ein Kind bekommen, das ihn nun das ganze Jahr in seiner Nähe hat, während ich nur wenige Wochen bei ihm sein kann? Diese ›Ungerechtigkeit‹ ermutige Carla ab und zu mit Bestimmtheit zu fordern, dass sich ihr Vater für eine gewisse Zeit ganz allein mit ihr beschäftigt.

»Die beiden Mädchen gehen sehr sehr *lieb* miteinander um --- und Carla, wenn sie hier ist, beschäftigt sich viele Stunden am Tag mit Lisa --- das ist eigentlich sehr / eine sehr glückliche / – ein sehr glücklicher Umstand.-- Wobei man trotzdem merkt, dass // Lisa muss mit einem Mal *teilen*. Und Carla ist ein sehr feinfühliger, ein sehr sensibler Mensch, der sehr schnell Stimmung und und und so feine -- feine Bewegungen wahrnimmt --- und sie merkt diese diese Irritation der Lisa – und hat innerlich auch irgendwo fast diesen *Neid* -- und auch die *Eifersucht*, die ich glaube auch ganz natürlich ist, nicht, dass nach ihr noch jemand gekommen ist, und die hat ihren Vater *immer* ---- wobei das bisher noch nie irgendwie in Aggression oder so etwas gewechselt hat, aber sehr wohl schon --- teilweise in Momente, wo Carla sagt. jetzt möchte ich meinen Vater für *mich* haben, wo sie das ganz deutlich artikuliert, wo sie sagt – Vati ich möchte jetzt mit *dir* zusammen zum/in die Stadt gehen oder ich möchte was mit *dir* machen.«[13]

Hinzu kommt die Wahrnehmung und Deutung des Vaters, zwischen ihm und seiner zweiten Tochter Lisa bestehe die weitaus größere physiognomische Ähnlichkeit. Während die erste Tochter Carla ihrer Mutter Marie-Claire wie aus dem Gesicht geschnitten sei, ähnle Lisa dem Vater, was ich aus eigener Beobachtung bestätigen kann. Carlas Ähnlichkeit mit der Mutter beziehe sich aber nicht nur auf das Aussehen, sondern auch auf den Charakter: Carla sei »eine richtige Schweizerin«. Damit spricht Valentin Schütz implizit die kulturelle Differenz zwischen ihm und seiner ersten Frau Marie-Claire an. Wir erinnern uns: Marie-Claire kommt aus dem Schweizer Tessin, aus einer streng katholischen Industriellenfamilie. Valentin hingegen rechnet sich – in den letzten Jahren und nach seiner Selbstexilierung verstärkt – der jüdischen Kultur zu. Die kulturelle Differenz zu Marie-Claire und ihrer Tochter Carla und der Umstand, dass ihm seine zweite Tochter Lisa auch äußerlich viel ähnlicher sei, schaffe eine besondere innere Nähe zu ihr.

»Ich hab natürlich dieses *alltägliche* und dieses *dichte* Naheverhältnis zu der Lisa. Was noch hinzu kommt ist, dass die Lisa --- zumindest äußerlich -- physiognomisch einige Grundzüge von mir hat, da ist makroskopisch eine *Ähnlichkeit* zwischen Lisa und mir, die bei Carla und mir *nicht* da ist.-- Weil Carla ist *sehr* sehr stark nach ihrer Mutter -- auch *von* der Wesensart, sie ist eine richtige *Schweizerin*, anders kann man dazu nicht sagen. Und das ist bei der Lisa ganz anders, nicht, die Lisa ist sehr stark nach *mir* gekommen oder kommt sehr stark nach *mir* --- und das hat – ich glaube nicht, dass man das leugnen kann – das bringt schon eine innerlich sehr große *Nähe*, vor allem wenn man auch den Alltag teilt.«[14]

Wenn Valentin eine »innerlich sehr große Nähe« zwischen ihm und Lisa behauptet, welche von der *äußeren* Ähnlichkeit nach sich gezogen werde, beruft er sich auf den Mythos vom »gemeinsamen Fleisch und Blut«, einen Sub-Mythos des Familienmythos. Leiblichkeit ist das eine Kriterium, das gemeinsame Dach das andere. Beide treffen auf seine zweite Tochter Lisa zu. Hingegen lebt Valentin mit Carla nur wenige Wochen im Jahr unter einem gemeinsamen Dach. Hinzu kommt das psychische Moment, sich im äußerlich und mental ähnlichen Kind eher narzisstisch spiegeln zu können. Und nicht zuletzt bewirkt die Getrenntheit der Eltern, dass die starke Ähnlichkeit Carlas mit ihrer Mutter, die Valentin so verletzt hat, von diesem auch als eine körperliche Spur dieser zwangsläufig distanzierten, im Lauf der Trennung wieder *fremder gemachten* Frau gelesen wird. Aus dieser leiblichen Unterscheidung der eigenen Kinder, aus der Trennung auch, die sie in ihrer Verschiedenheit repräsentieren, entstehen Schuldgefühle des Vaters. Eine jüngere rechtspolitische und pädagogische Maxime verlangt ja, jedes deiner Kinder sei dir gleichviel wert und jedes deiner Kinder sei dir gleich nah. In früheren Jahrhunderten wäre wohl kaum jemand auf solche Ideen gekommen. Im Gegenteil: Die *ungleiche* Behandlung der Kinder war ein Gebot des dynastischen Denkens im Adel, im Besitzbürgertum und in Bauernfamilien. Erst die Ideen der Aufklärung und die Gesetzeswerke, die ihrem Geist folgen, wie der postrevolutionäre *Code Civil* in Frankreich und die bürgerlichen Gesetzbücher in Deutschland und Österreich, sehen seit Beginn des 19. Jahrhunderts die *rechtliche* Gleichstellung aller leiblichen Kinder vor. Doch mit diesem oktroyierten Gesetz war die reale Ungleichheit der Kinder in der Praxis des Familienlebens noch lange nicht beseitigt, und sie ist es bis heute nicht, wie viele aus eigener Erfahrung wissen. Immerhin aber hat sich das Postulat, dass einem alle Kinder gleich viel wert sein *sollten*, mittlerweile weitgehend durchgesetzt. Darauf bezieht sich Valentin Schütz, wenn er feststellt:

Daraus entstehen natürlich auch *Schuldgefühle,* dass ich – weil ich der einen Tochter ((Lisa)) natürlich grundsätzlich immer *mehr* gebe als ich der *anderen* geben kann. Und das kann man nicht kompensieren. Das kann man nicht materiell kompensieren, nicht emotionell, das *geht* nicht. -- Das heißt, *eine* ((Carla)) kommt grundsätzlich aus meiner Perspektive zu kurz.«[15]

9.6 Carla

Es sei keine Alltagsbeziehung, dazu sei er mit Carla viel zu wenig zusammen, sagt Valentin, aber beide bemühten sich, einander am Telefon und bei den Besuchen möglichst viel mitzuteilen. Bis zum Eintritt der Mensis im zwölften Lebensjahr sei ihr Verhältnis zum Vater ungetrübt, fast auffällig pragmatisch gewesen. Seither aber drücke Carla ihre Schwierigkeit, ihn nicht öfter bei sich haben zu können, immer heftiger aus. Sigmund Freud schreibt, dass »ungefähr von der Zeit der Vorpubertät angefangen« das Kind sich des »Themas der Familienbeziehungen« bemächtige (Freud 1982, IV, 224). Beziehen wir diese These auf das binukleare Familiensystem, ist anzunehmen, dass die Geschichte der Trennung der Eltern und die Gründung von zwei Folgefamilien, in denen jeder Elternteil mit einem neuen Intimpartner zusammenlebt, die Phantasietätigkeit des Kindes in spezifischer Weise anregen dürften. Ist das Kind in der Erstfamilie dem Liebesbündnis der Eltern ausgesetzt, kompliziert sich seine Lage und Stellung im binuklearen Familiensystem durch den geheimnisvollen, vor dem Kind verborgenen Akt des Treuebruchs, die Trennung und die neuen intimen Bindungen beider Eltern. Jeder Elternteil wird von einem Fremden begehrt und ›erobert‹. Aber wie fremd war Siegfried Ponto, der in Claras Elternhaus immer schon ein und aus ging? War er für das Kind nicht ebenso ein Konkurrent um die Liebe der Mutter und – folgen wir der Freudschen Theorie – ein versagter Geliebter wie der Vater? Dass das Kind dazu keine konstante Haltung einnimmt, sondern der fragliche Zusammenhang in der Pubertät eine entwicklungsdynamisch bedingte Brisanz erhält, zeigt die folgende Passage aus der Erzählung des Vaters:

»Seit dem Weihnachtsbesuch, wo ich in Deutschland war im Januar, beim Neujahrsbesuch, hat sich das schlagartig geändert. Es war mit einem Mal sehr sehr heftig --- und äh -- sie hat fürchterlich *geweint* --- und hat so ne ganze Stunde sich überhaupt nicht wieder eingekriegt. Das hatte ja schon irgendwie was *Tragisches* – das war unendlich traurig -- sie war von einer tiefen/von einer *tiefen* Traurigkeit war sie erfasst, etwas, was ich vorher überhaupt nicht kannte bei ihr, eine Reaktion, die sie *nie* gezeigt hat --- … sie stand da, das weiß ich noch, da draußen vorm Haus so vor mir mit richtig *geballten* Fäusten – und war voller *Wut* und Traurigkeit. Man merkte, sie konnte mit einem Mal mit dieser Situation nicht mehr umgehen und sagte dann -- Vater warum gehst du weg? Warum *verlässt* du mich? Also so wirklich ganz ganz emotional *tief – tief* raus.«[16]

In den Wochen nach diesem schmerzlichen Abschied erzählt Carla bei häufigen Telefonaten dem Vater viel mehr von ihrem Erleben als zuvor, besonders von ihren intimen Beziehungen. Auf eine verblüffende Weise fordert sie den Vater dazu auf, sich am Telefon mit seinem Namen vorzustellen:

»Es kamen dann auch so Reaktionen, wenn ich angerufen habe --- und sie war am Telefon – ich sag ja nicht einmal den Namen, ich sag *ich* bins, ne -- und sie sagte auf einmal: *Wer* spricht dort? -- und hat das einfach abgelehnt. Sag ich: Nun stell dich nicht so blöd an, *hier ist dein Vater*! – Können Sie sich nicht mit *Namen* vorstellen?«[17]

Der Vater ahnt, dass dies kein unbedeutendes Spielchen ist. Er spürt den Zusammenhang mit der fragwürdig gewordenen Geschichte einer Herkunft. Wie oft nach Trennung und Scheidung sehen wir eine besondere Sensibilität des Kindes für die Frage des Familiennamens und im Besonderen für den Namen des Vaters. Carla fordert den Vater auf, sich am Telefon mit seinem Namen zu melden. Er trägt denselben Familiennamen wie sie. Der zweite Ehemann ihrer Mutter trägt einen anderen Namen. In ihrem Wunsch, am Telefon die Stimme des Vaters zu hören, die *seinen* und zugleich *ihren* Namen nennt, äußert sich ihr erhöhtes Verlangen, die fragwürdig gewordene Zugehörigkeit zum Vater zu *symbolisieren*. Valentin Schütz berichtet noch eine weitere

Szene, von der er annimmt, dass sie für die neue Suche Carlas nach ihrem Vater steht. Nach Carlas einwöchigem Besuch zu Ostern fährt der Vater mit ihr in die norddeutsche Heimatstadt zurück und schließt noch eine Woche Ferien in seinem Elternhaus an. In den zwei Wochen des Zusammenseins von Vater und Tochter an beiden Orten entsteht eine sonst unmögliche Gemeinsamkeit. Dann reist Valentin nach Aachen zu einem Fest der Herkunftsfamilie seiner neuen Lebensgefährtin.

»das waren so zwei Wochen, die sehr sehr schön waren, das muss ich sagen, die waren *sehr* intensiv und ----- und sie hatte in diesen zwei Wochen sehr sehr stark das Bedürfnis zu körperlicher Nähe. --- Sie hat sich an mich herangekuschelt, sie hat mit mir zusammen auf dem Sofa gelegen und sie hat *Nähe*, sie hat *Wärme* gesucht. – Und wir haben uns so auch -- irgendwie auf eine sehr liebevolle Art und Weise ausgetauscht ... An dem Samstag nach Ostern, als ich dann weggefahren bin, ich bin ja nach Aachen gefahren, da war ein Familientreffen von Evas Familie --- da war genau die gleiche heftige Reaktion *wieder da* wie im Januar. Das ist -- man spürt das richtig, sie *will jetzt ihren Vater haben*, den *will* sie haben, sie *braucht* ihn jetzt irgendwie. --- Und das ist sehr / das ist sehr *heftig*.«[18]

Die intensivierten Handlungs- und Ausdrucksweisen Carlas lösen im Vater stärkere Emotionen in Bezug auf *diese* Tochter aus. Er beschäftigt sich seither eingehender mit Carla als zuvor. Carla muss die Woche mit ihrem Vater im Elternhaus wie eine Wiederherstellung der Vater-Mutter-Kind-Familie erschienen sein, zumal Siegfried, der zweite Ehemann der Mutter, aus beruflichen Gründen abwesend war. Aber auch für die beiden Ex-Ehepartner war es ein Zusammenleben, das »ganz ruhig dahinging«, ohne Streit und Konflikt und belastende Gespräche. Vielleicht wünschte Valentin in diesen Tagen, den Betrug, die Trennung und seinen Auszug aus dem Elternhaus hätte es nie gegeben. Mit anderen Worten: Carlas Wünsche nach einer Wiedervereinigung von Vater, Mutter und Kind könnten in der Erzählung des Vaters auch dessen *eigene* Wünsche repräsentieren. Für diese Lesart spricht, dass es Valentin dann bei seiner Ankunft in Aachen besonders schwerfällt, sich auf seine zweite Tochter Lisa und seine neue Partnerin, Eva Sartorius, einzustellen, die er noch in der Erinnerung spürbar distanziert zu »dieser anderen Familie« zählt. Sie befinden sich in einem für ihn nicht nachvollziehbaren Zustand der »Heiterkeit«, als er, vom Abschied noch tief betroffen, in Aachen eintrifft:

»... und dann kam ich da in diese andere Familie hinein da von – von den Eltern von Eva --- die alle ganz froh waren. Und da waren auch vierzig Leute oder sechzig --- Jubel Trubel Heiterkeit -- und da war ja auch die – *Lisa*, die mich eine Woche nicht gesehen hatte ---- und ich konnte überhaupt nicht so schnell umschalten -- das war wie kaltes Wasser warmes Wasser ( ) sehr /- also das war *extrem*, also man kann sagen binnen einer Stunde ein ein so brutales emotionales Wechselbad ---- das war im Grunde schwer auszuhalten. Ich musste mich dann auch erst mal ein zwei Stunden zurückziehen, ... bevor ich mich hier jetzt auf was -- auf was Neues einlassen kann. ---- ... aber das war schon *heftig*. Ich hab auch auf dieses Anstürmen von Lisa überhaupt nicht reagieren können --- ich war so *tief* in in ---- irgendwo bei Carla, dass ich sogar die ersten Stunden Lisa gegenüber ein fremdlicheres Gefühl hatte ---- das ist äh /--- das ist komisch, wie man das / ---- man kann sich nicht so *aufteilen*, das geht nicht, und wenn man grade durch so einen Vorgang gefühlsmäßig sehr gefangen genommen ist und da so richtig *drinnen* ist ---- dann kann man diese gleiche Heftigkeit nicht sofort dem nächsten ((Kind)) auch zu Teil werden lassen. Das muss halt erst mal verarbeitet werden und etwas abklingen, bevor ich zumindest die *Freiheit* habe, dann auch wieder Lisa gegenüberzutreten.«[19]

Vielleicht ist das nur der *sagbare* Ausdruck der Erfahrung einer Art innerer Zeitverschiebung. Der Mann vergegenwärtigt die erste Tochter und die erste Ehefrau in zutiefst emotionaler Erinnerung und distanziert die aktuelle Intimpartnerin und die zweite Tochter für einige Stunden oder Tage. Valentin ist noch ganz mit den Eindrücken von Carla, Marie-Claire und seinem Elternhaus erfüllt, als er auf »Eva und Lisa« stößt und in einem fremden Hotelzimmer keinen Zugang zu ihnen finden kann:

»Ich weiß noch genau, wie ich da in dieses Hotelzimmer kam und --- Eva und Lisa waren da oben --- ich gar nicht die Möglichkeit hatte, irgendwie auf Lisa *einzugehen* --- und das ist auch, wenn ich also längere Zeit mit äh äh mit der Carla zusammen bin ----- ich äh äh -- bei Carla eine *Vertrautheit* entdecke --- die ich hier gar nicht habe. --- Das liegt auch an Äußerlichkeiten, an der Mundart --- so dieser etwas heimische Dialekt ---- und es ist so irgendetwas, was so etwas *Geborgenes* auslöst -- das is ganz ganz witzig ----- was ich bei der Lisa -- bei der Lisa nicht habe. --- Die Lisa, die/wenn sie vom Kindergarten kommt, die spricht dann teilweise so *kärntnerisch* --- und kommt auch mit *Worten*, die ich gar nicht verstehe, da weiß ich gar nicht, was sie da meint ---- da kam sie mal, das ist schon -- zwei Jahre glaub ich, ja ist schon zwei Jahre --- kommt sie so reingestürmt, sagte ((den Dialekt unbeholfen imitierend)) -- wo sein meine Patschen, oder irgendwie so hat sie gesagt. -- Ich wusste nicht, was die *wollte*.«[20]

In dieser Passage der Erzählung weisen sprachliche Merkmale wie der mehrmalige Tempuswechsel zum historischen Präsens – also die Vergegenwärtigung des Geschehenen mit sprachlichen Mitteln – und andere Auffälligkeiten auf eine Art *Wiedererleben* hin. Der Erzähler versetzt sich in das für ihn tief beeindruckende, aber auch beunruhigende Geschehen und erlebt es psychisch und körperlich quasi noch einmal durch. Wir nehmen an, dass der Erzähler diese Anstrengung in der Hoffnung auf sich nimmt, sich durch das Erzählen und Wiedererleben Einsicht in das beunruhigende Geschehen zu verschaffen. Wir betreten also gleichsam eine ›Baustelle‹ seiner autobiographischen Arbeit. Mit seiner Tochter Lisa könne er jene Vertrautheit nicht finden, die er »bei Carla« zu Hause entdecke. Das macht Valentin Schütz am »etwas heimischen Dialekt« Lisas fest, den er nicht verstehe. Dabei kann es sich höchstens um einzelne Wörter oder Redewendungen handeln, denn Lisa spricht, wie ich mich überzeugen konnte, wie ihre Mutter und wie ihr Vater reines Hochdeutsch. Hingegen spricht Marie-Claire nicht dieselbe Sprache wie Valentin. Sie kommt ja aus einer Italienisch sprechenden Familie aus dem Schweizer Tessin. Valentins Erklärungen für das Fremdsein Lisas scheinen also nicht überzeugend und widersprechen seiner vorhin analysierten Erzählung, dass die physiognomische Ähnlichkeit mit Lisa seine besondere innere Nähe zur jüngeren Tochter erzeuge. Wie ist dieser Widerspruch, der dem Erzähler nicht auffällt, zu erklären? Entspringt er einer nicht weiter bedeutsamen Schlampigkeit in der Buchhaltung der Gefühle eines geschäftigen Mannes? Oder steckt mehr dahinter?

Wie wohl jeder Vater bringt Valentin seinen Töchtern nicht nur Gefühle der innigen Vertrautheit, sondern auch der relativen Fremd- oder der Andersheit entgegen. Je nachdem, wo er sich gerade im dynamischen sozialen System zweier kommunizierender Folgefamilien bewegt, verkehren sich Nähe in Ferne und Ferne in Nähe. Die Beziehung des Vaters zu seinen Töchtern ist nichts Substanzielles, sondern etwas Relatives in einem System, das niemals stillsteht und in dem sich alle Akteure auf einander zu- und voneinander weg bewegen. Die Trennung der Eltern schafft eine große geographische Distanz zwischen ihnen und ihren Folgefamilien, und mit ihr wächst auch die Differenz von erlebter Nähe und Ferne zwischen dem Vater und seiner ersten Tochter. Dass die Eltern-Kind-Beziehung in ihrer Intensität und subjektiven Wertigkeit nicht gleich bleibt, dass sie sozial-kommunikativ plastisch ist, widerspricht dem Mythos, dass die psychisch-affektive Beziehung aus dem »gemeinsamen Fleisch und Blut« ein für allemal geboren sei. Und eben deshalb ist der Vater vom Schwanken seiner Gefühle fasziniert und beunruhigt, ja manchmal verwirrt.

9.7 Der ferne Vater

Kinder, die im Alltag vom Vater räumlich getrennt sind, leben häufig mit einem neuen Partner ihrer Mutter zusammen, in der Nomenklatur der Verwandtschaft mit einem ›Stiefvater‹. Wie schon ausgeführt, wird dieses nominelle Verhältnis jedoch in sehr verschiedener Weise gelebt, sodass sich der Begriff ›Stiefvater‹ als starr, der Plastizität unangemessen und überdies historisch belastet erweist. Verallgemeinerbar ist nur, dass die alltägliche Nähe zum neuen Lebenspartner resp. Ehemann der Mutter häufig von einer *vermissten Nähe* zum leiblichen Vater begleitet wird. Die subjektive Bedeutung des getrennt lebenden leiblichen Vaters für das heranwachsende Kind wird – zumindest von der Frühpubertät bis in die Adoleszenz – durch die geographische Distanz eher *erhöht* als verringert. Der häufig vermisste Vater erhält mehr Gewicht für das Kind als der selbstverständlich präsente Vater, zieht er doch eine intensivere Phantasietätigkeit des Kindes auf sich. Carlas vermehrte Suche nach Nähe und nach Klärung und Sicherung ihrer Beziehung zum Vater seit ihrem elften oder zwölften Lebensjahr stimmt mit diesen Überlegungen und Beobachtungen überein.

Erstaunlich rasch scheint sich in bildungsnahen sozialen Milieus ein Grundwissen über die neuen Verhältnisse zu verbreiten. Der spezifische Realismus des Alltagslebens (als wahr gilt, was man sehen, hören und angreifen kann) vermischt sich zunehmend mit soziologischen, psychologischen und psychotherapeutischen Wissensfragmenten in mehr oder minder vereinfachten Versionen. Die Erzählungen, die uns der naturwissenschaftlich, künstlerisch und humanistisch gebildete Valentin Jakob Schütz von seinen Beziehungen zu seinen Töchtern gibt, stimmen in vieler Hinsicht mit dem Wissens-Diskurs der Experten überein. Einerseits nimmt Schütz die eher leisen Eifersüchte und Rivalitäten der Töchter sensibel wahr und unterliegt nicht der bei geschiedenen Eltern oft zu beobachtenden Illusion, die Kinder hätten keinerlei Schwierigkeiten, solange diese Schwierigkeiten nicht unübersehbar werden. Andererseits freut er sich an der Behutsamkeit, die beide Mädchen im Umgang miteinander zeigen. Natürlich bewahrt ihn das nicht vor mancher Selbsttäuschung. Wie könnten seine Erzählungen auch unbeteiligt sein. Sie sind an seine Wahrnehmung, an seine Affekte, Emotionen und Interessen gebunden. Der Wunsch der ersten Tochter, Vater und Mutter mögen wieder unter ein gemeinsames Dach ziehen, ist nicht zu erfüllen. So lenkt der Vater die Hoffnung dorthin, wo sie nicht vollends unangemessen und vergeblich erscheint: in die Herstellung einer geschwisterlichen Liebe seiner Töchter zueinander. Damit werden zwar die getrennten Eltern und die beiden Folgefamilien nicht unter einem Dach vereint, doch sozial-kommunikativ miteinander verbunden. Mit Distanz versus Nähe ist ein Raumkonzept angesprochen. In diesem Fall scheint das Konzept des »gelebten Raumes« angemessen. Über ihn ist vor allem zu sagen: Grundlegend ist die Zentrierung des gelebten Raumes durch »den Ort des erlebenden Menschen«; infolge dieser Zentrierung ist der gelebte Raum heterogen; seine Maßeinheiten sind nicht metrisch, sondern subjektiv, und seine Richtungen sind nicht – wie die des physikalischen Raumes – untereinander beliebig vertauschbar. Der erlebte Raum ist auch *unstetig* und *plastisch* und auf alle möglichen Arten begrenzt (Mejstrik 2006, 27).

9.8 Eine mütterliche Freundin

Valentins Lebensgefährtin und Mutter seiner zweiten Tochter hält sich eher im Hintergrund, wenn Carla zu Besuch ist. In die eben beschriebenen Interaktionen zwischen dem Vater und seinen beiden Töchtern mischt sie sich nur behutsam ein. Doch kommt es häufig vor, dass sie etwas mit den beiden Mädchen unternimmt, denn Valentin kann sich nicht vollständig von seinen beruflichen Verpflichtungen freimachen, wenn Carla im Haus ist. Wir wissen allerdings, dass auch Eva Sartorius berufstätig ist, sodass auch hier – wie in den allermeisten Familien – ein geschlechtsspezifischer Aufwand von Zeit für Kinder festzustellen ist: Erwerbstätige Frauen *haben* nicht mehr Zeit, sie sind eher bereit, Zeit für Kinder aufzuwenden, als ihre männlichen, erwerbstätigen Partner.

»Na ja, bei Eva ist das ja so eine Sache, die Eva ist natürlich von ihrer Ausbildung her ------ weiß sie ihr Verhalten natürlich zu steuern und geht da nicht so unbefangen ran, ich möcht mal sagen wie ein *Laie*. Das merkt man schon. Also wenn Carla da ist, hält sich Eva grundsätzlich immer im Hintergrund. Das ist dann eine Geschichte von Lisa, Carla und mir.«[21]

Einerseits vermutet Valentin hinter Evas Zurückhaltung sachkundige Überlegungen der Juristin. Andererseits aber könnte sich hinter seinem Satz »na ja, bei Eva ist das so eine Sache«[22] auch der Wunsch verbergen, sie sollte etwas offener oder herzlicher auf Carla zugehen. Vielleicht meint Valentin, dass Carla ihm und ihrer Schwester noch näherkommen könnte, würde auch seine Lebensgefährtin eine engere Beziehung zu ihr entwickeln. Fühlt sich Eva Sartorius durch den Stiefmutter-Mythos in ihrem Zugang zu Carla gehemmt (Moinet 1989; Watson 1995)? Oder hält sie sich aus dem Wissen um die besondere Fragilität des Dreiecks Valentin, Carla und Lisa zurück?

Gehen wir dem Verhältnis der beiden Mütter nach, denn nach herrschender Auffassung können sie leicht zueinander in Konkurrenz treten. Eva und Marie-Claire
trafen sich irgendwo in Deutschland, um die Scheidung zu besprechen. Wahrscheinlich wollten sich beide Frauen gegen spätere Ansprüche absichern. Von Anfang an
verhielten sie sich nicht wie feindliche Konkurrentinnen, sondern begegneten einander in einer gewissen Solidarität. Es würde uns wundern, hätten sie sich dabei –
vielleicht auch nur ›zwischen den Zeilen‹ – nicht auch schon über Valentin ausgetauscht. Haben sie ihre Solidarität darauf gegründet, als Frauen mit ein und demselben
Mann, mit dessen liebenswerten Zügen wie mit dessen Schwächen, »*leben*« zu müssen? Dafür spricht, dass sich Valentin heute, wenn Marie-Claire mit Carla zu Besuch
kommt, ein wenig ausgegrenzt fühlt. Für ihn sind diese Wochen im Rückblick »meistens sehr unangenehm, weil ich immer der Trottel war, der ausgegrenzt wurde«.[23]
Hier ist eine leichte Tendenz des Mannes zur Selbst-Viktimisierung zu bemerken, die
mit seiner Erfahrung im patriarchalen Elternhaus und auch damit zu tun haben
könnte, im eigenen Haus von seiner Ehefrau und von seinem besten Freund betrogen
worden zu sein. Die Solidarität der Frauen könnte sich auch aus einem diskret ge-
handelten Wissen über Eigenschaften und Tendenzen Valentins erklären, vor allem
über dessen Neigung, von Zeit zu Zeit ein ›großes Abenteuer‹ zu suchen, was nicht
nur seine eigene wirtschaftliche Existenz gefährden, sondern auch die Lebensbedingungen seiner Angehörigen verschlechtern kann. Mag sein, dass die beiden Frauen
Valentin auch als den Sohn eines schwierigen Vaters zu deuten wissen, dessen ambi-
valenter Ruf in der *Familienerzählung* kolportiert wird. Wenn sich die Frauen darüber
austauschen, schafft dies ein geteiltes alltagspsychologisches Wissen, das die zweite
Frau davor bewahrt, ›blind‹ und ›ahnungslos‹ in die Fußstapfen der ersten zu treten.
Daran ändert nichts, dass die erste Ehe vordergründig an der Untreue Marie-Claires
gescheitert ist. Einiges spricht dafür, dass Valentins Flucht aus dem Elternhaus und
der Umstand, dass er Marie-Claire als sein ›Unterpfand‹ im Elternhaus zurückließ,
der Gründung einer stabilen Eltern-Kind-Gruppe und überdies Marie-Claires Wünschen nach Geborgenheit zuwiderlief. Dieses nähere, ja vielleicht sogar intime Wissen
um die Nichterfüllung legitimer Bedürfnisse der ersten Ehefrau scheint für Eva Sartorius handlungsleitend. Nicht zuletzt bestärkt es sie in ihrer Strategie, selbstständig
und autonom zu bleiben. Für Valentin stellt sich das Einverständnis der Frauen aber
beinahe als eine beunruhigende Verschwörung dar. Wenn es für ihn eher unangenehm ist, mit beiden Frauen unter einem Dach zu wohnen, so auch deshalb, weil er
damit zwei Abschnitte seines Lebens allzu nahe aneinander gerückt sieht. Wenn die
beiden Frauen – Zeuginnen, Betroffene und Akteurinnen dieser beiden Lebensabschnitte – kommunizieren, beginnt er zu phantasieren, sie würden einander auch
Anekdoten erzählen, die auf Kosten seiner Reputation gehen könnten. Sie vergleichen

und kommentieren, so argwöhnt er, was in seiner Perspektive und in seiner eigenen Lebenserzählung besser getrennt bleiben sollte.

Valentins Wunsch nach einem radikalen Neubeginn wird durch die vertrauliche Kommunikation der Frauen konterkariert. Der Wunsch, einen ›Schlussstrich‹ zu ziehen und radikal neu anzufangen, ist oft auch der Wunsch, sich und Anderen über die eigenen Anteile am Scheitern der eigenen Ehe oder Intimbeziehung keine Rechenschaft geben zu müssen. Die Kommunikation der Erwachsenen und Kinder im binuklearen Familiensystem ist einerseits unabdingbar, um dieses Netzwerk allererst aufzubauen und es für die Beteiligten mehr oder minder zweckmäßig zu gestalten. Andererseits bedroht sie den Wunsch, ein radikal neues Kapitel des Lebens zu schreiben. Der Wunsch nach der *tabula rasa*, der Neugründung, ist jedoch schon deshalb illusorisch, weil Eltern ihre Beziehung zu den Kindern fortsetzen, weil sie Wohnungen und Häuser, Orte, Gegenstände und Bilder behalten, die sie immer an die vorherigen Familien erinnern werden. Das sichert ihnen über alle Beziehungs-Brüche hinweg eine gewisse lebensgeschichtliche Kohärenz (Sieder 1999, 2000).

Im Rückblick, den unsere Gespräche für Valentin Jakob Schütz ermöglicht haben, und nach einem gewissen *Wiedererleben*[24] emotional, affektiv, kognitiv und körperlich markanter Geschehnisse vermag er zum Scheitern seiner ersten Familie neue Deutungen und Bewertungen zu entwickeln. Deutlicher als jemals zuvor sieht Valentin Jakob Schütz seine erste Frau Marie-Claire durch ihre Herkunftsfamilie geprägt, kann er ihr Aufblühen an der Kunsthochschule in Genf als Ausbruch aus dem strengen Elternhaus deuten. Heute vermag er auch zu erkennen, dass er aus Eigennutz dazu beigetragen hat, sie gleichsam in seinem patriarchalen Elternhaus ›einzuschließen‹. Trotz der Verletzung, die sie ihm mit ihrer Liebesaffäre zugefügt hat, vertraut er ihr heute als Mutter seiner Tochter. Ihre Nähe zu seiner Mutter entlastet ihn und gibt ihm gleichzeitig Halt. Seine verwitwete Mutter verlassen zu haben scheint ihm angesichts ihrer Geschichte, die Teil seiner eigenen Vorgeschichte ist, keineswegs selbstverständlich. Weil Marie-Claire ihn betrog, *musste* er sein Elternhaus verlassen. Weil Marie-Claire bei seiner Mutter und seiner Tochter blieb, *konnte* er in die Ferne ziehen.

9.9 Trauma und Amnesie

Im Lebenshorizont des Valentin Jakob Schütz taucht in letzter Zeit ein altes Element seiner Familien-Geschichte wieder auf. Nicht zufällig ist es eines der mütterlichen Seite, nachdem die Nachfolge des Vaters als Firmenchef und Hausvorstand gescheitert ist: Immer intensiver setzt sich Valentin Jakob Schütz mit seiner jüdischen Herkunft mütterlicherseits auseinander, womit ihn freilich die fatale Geschichte des 20. Jahrhunderts einholt: An dessen Ausgang rekonstruiert er seine jüdische Identität im Schatten der Shoah – als Stifter einer wieder aufgebauten Synagoge einer kleinen jüdischen Gemeinde. Das Eröffnungsfest wird für ihn ein »kolossales« Erlebnis, das ihn erstmals seit vielen Jahren wieder erleben lässt, dass er sich der jüdischen Kultur zugehörig fühlt. Was ihn »maßlos und zutiefst« freut ist, dass das von ihm mit finanzierte und errichtete und dann auch »ausschließlich« von einer jüdischen Gemeinde gefüllte Gebäude »einen Freiraum« gibt, der einer kleinen jüdischen Minderheit sonst nicht gegeben ist. Die wenigen Juden der Stadt können hier ganz unter sich sein. Dieses Erlebnis bewirkt allerdings, dass ihm sowohl seine erste Ehe als auch seine aktuelle Lebenspartnerschaft mit nicht-jüdischen Frauen gewissermaßen als Konfrontation mit dem Fremden erscheinen. Erst in diesem Zusammenhang führt nun (erstmals?) Valentin Jakob Schütz das Scheitern der Ehe mit der Tessiner Christin Marie-Claire auch auf eine ethnisch-religiöse Kluft zurück. Ja sogar seine aktuelle Lebenspartnerschaft mit Eva Sartorius wird in der folgenden Sequenz und der ihr eingeschriebenen religiös-ethnischen Perspektive durch das wechselseitige Erleben der Partner als einander »kulturell Fremde« charakterisiert.

»… jetzt als die Synagoge im Oktober letzten Jahres eingeweiht wurde, da war ich eine Woche wie benebelt, -- das hat so *tief* / mich sehr sehr *tief* berührt und und geprägt --- also in der Situation -- es hat mich *maßlos* und *zutiefst* gefreut, dass so was möglich ist, und dass es doch wieder ein ein – einen Freiraum gibt -- der auch so ein Manifest findet in einem Gebäude. -- Und das war sehr sehr schön und ich war dann zum ersten Mal seit wirklich sehr vielen Jahren mal wieder in einer *ausschließlichen* jüdischen Gemeinschaft --- und das war ein *kolossales* Erlebnis – wirklich, das war kolossal und äh --- ich war ganz *euphorisch* und und und wirklich war eine Woche ganz /--- wie *geschwebt* ne ich hatte ein ein ganz intensives tiefes Glücksgefühl und und Empfinden. --- Und das konnte ich mit Eva überhaupt nicht teilen. Für Eva war das eine Einweihung wie was weiß ich wenn ---- ein neuer Vorlesungssaal an der Uni eingeweiht wird ((lacht)) oder irgendetwas, aber --- ((räuspert sich)) – dieses *Emotionale*, was dahinter steht ---- und ich glaube nicht, dass sie das gar nicht – äh / sie hat mich einfach unverstanden angeguckt, das ist -- die ist da nicht hingekommen auf diese Ebene.«[25]

Das Gedächtnis des zwanzigsten Jahrhunderts schwankt zwischen Trauma und Amnesie (Huyssen 1995, 249 ff.). Traumatisiert sind die Überlebenden des Holocaust und ihre Kinder. Erinnerungsverlust oder -unlust hingegen zeigen viele Teilnahmslose, Mitläufer und Täter. Das Trauma hinterlässt Lücken in der Erzählung, unausgesprochene Zusammenhänge, und doch deutbare Spuren des Schweigens. So erhebt sich hinter dem privaten und geschäftlichen Leben von drei Generationen einer christlich-jüdischen Familie die Katastrophe eines Jahrhunderts. Könnte ein Trauma der Mutter angesichts der Nazi-Barbarei erklären, warum sie »ihre Familie« und »ihr Haus« erhalten will, selbst um den Preis, dass der Sohn von seinem Rivalen aus dem Haus gedrängt und in die Diaspora geworfen wird? Bestimmen nur zum Teil erzählbare Verletzungen und Kränkungen, die der strenge protestantische Vater seinem Sohn zugefügt hat, dessen Tendenz, sich von den patriarchalen Zwängen zu befreien, und koste es den Verlust des Elternhauses? Wird seine jüdische Herkunft in Auseinandersetzung mit einer Umwelt von Leugnern, Beschwichtigern und Antisemiten wieder deutlicher spürbar? Etwa so und in tausend anderen Mikroaspekten schreibt sich die allgemeine Geschichte in die Lebensgeschichte des Sohnes einer jüdischen Mutter ein, die ein Konzentrationslager des Dritten Reichs nur knapp überlebt hat. Psychoanalytisch gewendet könnte es sein, dass Valentin ein Trauma der Mutter und eine für die Überlebenden der Shoa kennzeichnende »Überlebensschuld« aufgeladen erhalten hat. Ebenfalls auf der Grundlage von lebensgeschichtlichen Interviews hat Kurt Grünberg die These formuliert, dass sich aus einer solchen Tradierung des Traumas der Überlebenden eine »Trennungsschuld« der Söhne und Töchter herleitet, die dann oft zu Schwierigkeiten mit nicht-jüdischen Ehe- und Lebenspartnern führt (Grünberg 2000). Die ökonomische und politische Krise der 1930er Jahre ermöglichte und begrenzte im Hause Schütz die Gründung des großelterlichen Handwerksbetriebs. Die Renovierung zahlreicher Kirchen und Kunstdenkmäler in der Nachkriegszeit erlaubte die rasche Expansion des kunsthandwerklichen Familienunternehmens. War der Verkauf des Familienunternehmens in dieser Interpretationsperspektive vielleicht nicht nur die Rache Valentins an Marie-Claire, sondern auch die unbewusste Trennung vom Lebenswerk des protestantischen Vaters, das ökonomisch aus der Katastrophe des Krieges hervorgegangen war?

9.10 Gewinn und Verlust

Der Vorrang des wirtschaftlichen Kapitals in kapitalistischen Gesellschaften sollte nicht den Blick auf nicht-ökonomische Ressourcen verstellen (Bourdieu 1976, 1985). Selbst in einer Unternehmerfamilie, die so offenkundig durch die Akkumulation wirtschaftlichen Kapitals bestimmt ist, sind immer auch kulturelles und soziales Kapital mit im Spiel. Letztlich kommt es auf das Mischungsverhältnis der diversen Kapitalien an, über die eine Familie oder ein Akteur verfügen und die von anderen anerkannt werden, womit jedwedes Kapital erst in sozial wirksames, *symbolisches*

Kapital konvertiert (Bourdieu 1983). Die Luhmannsche Systemtheorie hat dem Missverständnis Vorschub geleistet, die Systemkomponenten seien – in einem sich selber erhaltenden, autopoietischen[26] System – alle gleich. Doch es ist die *ungleiche* Verteilung von biologischen und körperlichen, psychologischen und sozialen, wirtschaftlichen und anderen Ressourcen im sozialen System, die einen guten Teil von dessen Dynamiken allererst entstehen lässt. Marie-Claire verfügt mit ihrer Bildung und Ausbildung, ihren künstlerischen Fähigkeiten, aber auch mit der ihr anerzogenen Strenge und Selbstdisziplin über hohes kulturelles Kapital, das im Handlungsfeld des Familienunternehmens ökonomisch zu Buche schlägt. Als Ehefrau des Erben und (künftigen) Hausvorstands und Firmenchefs, als Mutter von dessen Tochter und als Mutter der Enkeltochter der Schwiegereltern, als enge Vertraute der Schwiegermutter, zunächst als Assistentin des (Senior-)Chefs und später als umsichtige Leiterin des Schmuckateliers mit hoch qualifizierten Mitarbeitern verfügt sie auch über mehr soziales Kapital (wichtige und nützliche Beziehungen) im sozialen System als der Ehemann. Sie hat die allerbeste Ausbildung für das Unternehmen, worin ihr Valentin deutlich unterlegen ist. Vor allem aber ist sie in den folgenden Jahren stets *präsent*, intellektuell, emotional und – nicht zuletzt – körperlich. Ein nicht geringer Teil ihrer sozial-kulturellen Ressourcen ist *verkörperlicht*: die Bildung und Ausbildung als kreative Schmuckdesignerin, die Fertigkeit, das Kunsthandwerk praktisch auszuüben, ja selbst die Ästhetik künstlerischer Gestaltung, mit der die immer auch körperliche Selbstrepräsentation als Künstlerin einhergeht.[27] Marie-Claire bringt ihre körperlichen und verkörperlichten, sozialen, ästhetischen und intellektuellen Ressourcen tagtäglich in die koevolutiven sozialen Systeme des Betriebs und der Familie ein, während Valentin in beiden sozialen Systemen überwiegend *abwesend* ist. Dass er großteils in Geschäften unterwegs ist, ändert nichts daran. Seine kaufmännischen und wissenschaftlichen Ressourcen an der Diamantenbörse und an der Universität können seine fehlende Präsenz nicht aufwiegen. Valentins kulturelles Kapital entsteht zunächst aus dem Erwerb allgemeiner Bildung und ihrer Anerkennung im Abitur, dann aus der Lehre im väterlichen Betrieb und dem Studium der Mineralogie, zuletzt auch verbunden mit Titel und Stelle als Lehrbeauftragter an einer Universität. Doch dieses Kapital wird im Familienbetrieb nicht in ähnlicher Weise anerkannt wie der Einsatz von Marie-Claire. Im Gegenteil: Valentins wissenschaftliche Ambitionen begründen seine jahrelange *Abwesenheit* im Elternhaus, sie bedrohen den Erfolg des Familienbetriebs und eröffnen ihm schließlich die Flucht und das Exil in Südafrika.

Nach der Entdeckung der heimlichen Liebesaffäre der Frau ändert sich das Kapitalverhältnis im Hause Schütz gleichsam über Nacht. Valentin besitzt nach dem Tod seines Vaters den größten Teil des Unternehmens sowie Anteile an der Diamantenbörse in Antwerpen. Das ermächtigt ihn, den Verkauf des Unternehmens gegen die Interessen der Mutter und der Ehefrau durchzusetzen. Valentin entzieht seiner Ehefrau mit dem Betrieb ein wichtiges Feld ihrer sozial-kulturellen Macht. Seine Entscheidung entbehrt also keineswegs einer psychosozialen und machtökonomischen Logik. Doch ob sie letztlich einen *Kontenausgleich* zwischen den (Ex-)Partnern herstellen wird, entzieht sich im Moment der Entscheidung jeder Vorhersehbarkeit.[28] Bei autobiographischen Zwischenbilanzen wird zwar versucht, ökonomische, soziale, kulturelle und psychische Gewinne und Verluste abzuwägen, doch erbringt dies selten ein klares Ergebnis. Eine gemeinsame ›Währung‹ oder auch nur ein Umrechnungsschlüssel für affektive, soziale und körperliche Geborgenheit einerseits und für ökonomische Leistungen und Werte andererseits ist nicht zu finden – ein Konvertierungsproblem für jede Zwischenbilanz und schon gar für die Schlussbilanz eines Lebens. Der von Valentin Jakob Schütz in der Mitte des Lebens vollzogene Wechsel des Wohnortes, der Branche und des Beziehungs- und Familientyps ermöglicht seine partielle Ablösung vom Elternhaus und somit auch die – vielleicht nur temporäre – Neutralisierung einer mächtigen Delegation durch die Eltern, erzeugt aber auch Verluste. So bedauert er den Verlust einer fest gefügten häuslichen Ordnung, vielleicht am sinnfälligsten symbolisiert an jenem Tisch, an dem er nach dem abrupten Tod des Vaters bis zu seinem eigenen Exodus den Platz des Patriarchen und Firmenchefs innehatte. Leise Trauer und die Anerkennung der veränderten Lage mischen sich, wenn er resümiert: »Ich habe einen zweiten Anfang gesetzt, doch das Begonnene wird das Verlorene nicht ersetzen.«

X. Muster der Patchworks: Vergleich der Fallanalysen

Eine vielfach erprobte Möglichkeit, mehr über die Akteure und ihre Verhältnisse in Erfahrung zu bringen, als sie selbst über sich wissen und erzählen können, ist der Vergleich der Fallanalysen. Die Fälle werden auf Ähnlichkeiten und Differenzen befragt und mit Theorien aus mehreren Humanwissenschaften (s. Kapitel 3) konfrontiert. So gelangen wir zu ›offenen Typologien‹ von Wahrnehmungs-, Deutungs- und Handlungsmustern einerseits und Beziehungs- und Bindungsformen andererseits. Die Typenbildung macht über den Einzelfall hinausreichende theoretische Aussagen möglich, die sich vornehmlich auf folgende Aspekte beziehen: Erstens, auf den *Prozess der Trennung* des Paares. Zweitens auf den *Umbau* und die *Erweiterung* der Folgefamilien durch den Eintritt von neuen Intimpartnern und (eventuell) deren Kindern. Dabei interessieren die Möglichkeiten der Ex-Partner, ihre Elternschaft »getrennt« oder »parallel« zu gestalten, wie auch die Möglichkeiten der in den Haushalt neu eingetretenen Intimpartner, Beziehungen zu hier lebenden Kindern aufzubauen. Drittens lassen sich Wirkungszusammenhänge zwischen den dynamischen sozialen Systemen und den handelnden Personen (Akteuren) untersuchen, wobei vorrangig interessiert, wie aus dem aufeinander bezogenen Handeln (Interaktion) Gefühle und Bindungen hervorgehen und wodurch sie verändert werden.

Die Trennung des Paares und der folgende Um- und Neubau des Familienlebens der Getrennten zerfallen in mehrere Teilprozesse: Entliebung und Abwertung, Moratorium und Durchführung der Trennung, Erholungsphase, Beginn einer neuen Intimbeziehung und Einrichtung von Folgefamilien sowie die Ausbildung von zunächst einfachen, dann komplexeren bi- und polynuklearen Familiensystemen. Ich werde diese Teilprozesse in ihrer *Sequenzialität* (d. h. in ihrer gerichteten Abfolge) und in ihrem *Timing* und *Pacing* untersuchen. Mit dem *Timing* ist die Wahl der kritischen Zeitpunkte, an denen Akteure wichtige Entscheidungen treffen, gemeint, mit *Pacing* die Geschwindigkeit, mit der sie die Prozesse durch ihr Deuten und Handeln vorantreiben oder verzögern. Danach werde ich die Dialektik der sozialen Systeme und der handelnden Personen (Akteure) besprechen. Am Ende unternehme ich den Versuch, den Um- und Neubau von Familien nach der Trennung des Paares in zivilisationsgeschichtlicher Perspektive einzuschätzen.

10.1 Die Trennung des Paares und der Umbau des Familienlebens

Die Dynamik einer Trennung entsteht aus den sozial-kulturellen, psychischen und ökonomischen Bedingungen, in denen die beteiligten Akteure, sich aufeinander beziehend, unterschiedlich wahrnehmen, fühlen, deuten (interpretieren), entwerfen und handeln. Welche Teilprozesse in diesem Geschehen unterschieden werden, ist eine Frage des analytischen Blicks. Ich wähle eine mittlere Tiefenschärfe, um die schon bisher unternommene Grenzwanderung zwischen soziologischen, psychologischen und psychotherapeutischen Fragestellungen und Aspekten fortzusetzen. Folgende Teilprozesse lassen sich in dieser Einstellung des forschenden Objektivs unterscheiden:

TEILPROZESS 1: Die sozial-sexuelle Bindung des (heterosexuellen) Paares lockert sich durch die schleichende oder abrupte *Entliebung*, verbunden mit der *Abwertung* der anderen Person und zum Teil auch der eigenen Person, der intimen Beziehung und manchmal des gesamten Familienlebens. Fast immer gehen damit wechselseitige psychische Verletzungen, manchmal auch physische Verletzungen, psycho-somatisches Leiden und Erkrankungen einher. Dieser erste Teilprozess wird in der Regel von einem Akteur *initiiert* und vom anderen zunächst oft gar nicht wahrgenommen, dann eher passiv hingenommen und *erlitten*, oft auch vergeblich abgewehrt. Eher selten deuten, erleben und handeln die Noch-Partner in der Phase der Entliebung weitgehend simultan, synchron und übereinstimmend. Sie setzen je nach ihren Deutungen, Motiven und Interessen *körperliche* und *narrative Strategien* ein, um die Abwertung auszudrücken oder (vergeblich) abzuwehren. Mit ihnen wird das Gefühlte, Interpretierte, Gedachte, Erlebte und Entworfene performativ. Die Akteure handeln mit Worten und Sätzen, mit Blicken, Gesten und Berührungen, und wenn sie dabei verzweifelt an die Grenzen des Sagbaren stoßen, werden manche grob, werfen mit Gegenständen, zerstören Dinge, schlagen zu oder zerkratzen einander das Gesicht.

TEILPROZESS 2: Häufig vereinbaren die Akteure im nächsten Schritt ein *Moratorium*, das einer eventuellen Verhaltensänderung eines oder beider Partner Raum und Zeit geben soll und die Entscheidung hinausschiebt, die Trennung jedoch nur selten abwendet und oft erst recht herbeiführt. Meistens wird das Moratorium nicht offen und ehrlich ausgehandelt, sondern einer der Partner nimmt sich – gegen das Interesse des anderen – selbst eine bestimmte Spanne Zeit, um die Trennung herbeizuführen. Es ermöglicht dem Initiator, für die bevorstehende Trennung Kraft zu sammeln,

Strategien auszudenken und Pläne für die Zeit nach der Trennung zu schmieden. Dritte treten im Moratorium als ratgebende Freunde, professionelle Berater und Psychotherapeuten oder auch als mögliche neue Intimpartner (»Schattenmänner« und »Schattenfrauen«) auf.

TEILPROZESS 3: Die Beziehungspartner führen ihre Trennung *praktisch* durch und – sofern sie verheiratet sind – über kurz oder lang auch die gerichtliche Scheidung. Damit verbunden sind freiwillige oder gerichtlich verfügte Vereinbarungen, welche die Sorge um das Kind /die Kinder, die Besuchsrechte, die Aufteilung von Vermögen und Wohnraum, die Rückzahlung von Krediten u. a. betreffen. Ein Teil der hier auftretenden Konflikte und Schwierigkeiten wird durch die Eigengesetzlichkeit des gerichtlichen Scheidungsverfahrens und die Interessen seiner professionellen Akteure (Scheidungs- und Familienrichter, Rechtsanwälte, Sozialarbeiter etc.) miterzeugt.

TEILPROZESS 4: Die frisch getrennten Ehe- resp. Beziehungspartner und ihre Kinder erholen sich allmählich vom Stress der Trennung und restabilisieren ihre sozialen und wirtschaftlichen Verhältnisse. Sie bilden zwei Haushalte und auch zwei Folgefamilien aus, sofern das Kind oder die Kinder zumindest zeitweise und abwechselnd in beiden Haushalten leben. In den Haushalten der Frau und des Mannes werden die täglichen Arbeiten neu organisiert. Kinder übernehmen in der Regel mehr Aufgaben und Verpflichtungen als in Erstfamilien. Sie pendeln zwischen den Haushalten, wobei verschiedene Rhythmen vereinbart und mehr oder minder eingehalten werden. Das Elternpaar kommuniziert, um seine Elternarbeit zu akkordieren. Damit entsteht ein Familiensystem in zwei Haushalten, ein ›binukleares Familiensystem‹. Manchmal werden auch Großeltern für eine gewisse Zeit einbezogen, wenn sie vorübergehend ein Enkelkind beherbergen oder an einzelnen Tagen der Woche vom Kindergarten oder von der Schule abholen, mit Essen versorgen usw., und zu diesem Zweck regelmäßig mit den getrennten Eltern kommunizieren. In diesem Fall kann von einem mehrgenerationalen polynuklearen Familiensystem gesprochen werden (Bien u. Marbach 1991; Spitze u. Russel 1998). Andere Familiensoziologen nennen es eine »multilokale Mehrgenerationenfamilie« (Bertram 2002).

TEILPROZESS 5: Die *Suche* nach einem neuen Intimpartner bzw. die *Anbahnung* einer Intimbeziehung wird zunächst von einem Expartner oder annähernd gleichzeitig von beiden Expartnern begonnen. Damit verändern sich die Akteure (psychisch und psychosomatisch) und somit verändert sich auch das soziale System, dem sie primär angehören. Auf der Suche wenden sich Frauen und Männer verstärkt nach ›außen‹ und testen ihre Attraktivität auf dem Markt der Beziehungen. Auch dies hat

Effekte in den sozialen Systemen, wie umgekehrt das soziale System den Akteuren bei dieser Suche gewisse Grenzen setzt. Da die Aufgaben, Verpflichtungen und Ressourcen der Akteure nicht gleich, sondern verschieden, oft zu Lasten der Frauen verteilt sind, fühlen sich Frauen durch ihre Sorge um das Kind / die Kinder wie auch um den Haushalt stärker eingeschränkt als Männer. Viele fürchten, mit der Aufnahme einer neuen intimen Beziehung das Wohlergehen ihres Kindes / ihrer Kinder zu gefährden. Daher suchen sie zunächst gar nicht oder nur zurückhaltend nach einem neuen Partner oder auch nach einer neuen Partnerin. Viele halten neue Intimpartner eine Zeit lang vom eigenen Haushalt und dem Kind / den Kindern fern, um das eben erst wiederhergestellte Gleichgewicht des sozialen Systems nicht aufs Spiel zu setzen. Dies bildet sich demographisch darin ab, dass geschiedene Frauen mit Kindern weniger oft zweite oder dritte Ehen eingehen als geschiedene Männer (Schipfer 2001). Gut gebildete, ausgebildete und wirtschaftlich und beruflich erfolgreiche Frauen zeigen besonderes Geschick, Nähe und Distanz des neuen Intimpartners zu regulieren. Sie setzen die sozial-kulturellen und ökonomischen ›Mechanismen‹ des (westlich-modernen) Patriarchats nahezu vollständig außer Kraft. In bildungsfernen und sozial-ökonomisch schwachen Milieus hingegen wird die neue Intimbeziehung von der Frau aus materiellen und sozial-kulturellen Gründen oft so rasch wie möglich angebahnt. Die Frau integriert ihren neuen Intimpartner sofort in die Folgefamilie und stattet ihn umgehend mit Elternfunktionen aus. So kommt es zu zwei qualitativ deutlich verschiedenen Varianten des folgenden Teilprozesses:

TEILPROZESS 6, VARIANTE A: Werden neue Intimbindungen rasch und pragmatisch, aus wirtschaftlicher Not und unter sozial-kulturellem Druck eingegangen, wird der neue Intimpartner auch umgehend in die Folgefamilie integriert. Er soll die vakante Stelle des Vaters / der Mutter im Familiensystem besetzen. Trotz bester Vorsätze, alles ›besser zu machen‹, werden markante Muster des vorherigen Paar- und Familienlebens *fortgesetzt* oder *wiederholt*. Der neue Intimpartner übernimmt sehr bald Aufgaben des weggeschiedenen Elternteils, oft mit dem Motiv, diesen ehemöglichst zu ersetzen. Die Erinnerungen des Kindes an den ausgeschiedenen Elternteil sollen rasch verblassen. Die Sehnsucht des Kindes nach Kontakt mit dem ausgeschiedenen Elternteil wird subtil oder gewaltsam unterdrückt. Dazu dient auch die Herabwürdigung des ausgeschiedenen Elternteils oder dessen Inkriminierung. Diese Strategien motivieren sich aus der Absicht der handelnden Personen, die vorherige Ehe, Intimbeziehung und Familie gleichsam zu *annullieren* (s. u.). Der Widerstand, den ein Kind dann dem neuen Intimpartner des sorgenden Elternteils typischerweise entgegensetzt, reicht von depressiver Verstimmung und Rückzug bis zu Aggression und Rebellion. Auch die ›Verschiebung‹ der Aggression auf andere Personen wie

Lehrer oder Schulkollegen und auf andere Handlungsfelder ist möglich (Lehmkuhl u. Huss 1997; Braun 1997; Einnolf 1999; Figdor 2000, 2004).

TEILPROZESS 6, VARIANTE B: Der neue Intimpartner wird – verglichen mit der Variante A – weitaus langsamer und behutsamer in die Folgefamilie integriert. Er ist noch lange kein zweiter Elternteil für das Kind / die Kinder. Zwar übernimmt er helfende Tätigkeiten im Haushalt und bei der Betreuung des Kindes / der Kinder, doch die moralisch-ethische Erziehung bleibt unbestritten die Aufgabe der beiden leiblichen Eltern. Der vom Kind räumlich getrennt lebende Elternteil erhält einen legitimen Platz im binuklearen Familiensystem und behält darin seine elterlichen Aufgaben. Er geht im Haushalt des Ex-Partners nach Anlass und Notwendigkeit ein und aus und nimmt an Festen und Feiern teil. So können freundschaftliche Beziehungen zwischen den getrennten Eltern wie auch zwischen ihnen und neuen Intimpartnern ihrer Expartner entstehen. Für den aus dem Haushalt ausgeschiedenen Elternteil ist es möglich, ja verpflichtend, kontinuierliche und zuverlässige Elternarbeit zu leisten und damit die affektive Bindung an das Kind zu erhalten und sogar zu intensivieren. Freilich muss er seine Elternarbeit unter den raum-zeitlichen Bedingungen von zwei Haushalten neu organisieren. Der neue Intimpartner des Elternteils bemüht sich, die Freundschaft des Kindes zu erlangen, was ihm auch meistens gelingt, da er in den Augen des Kindes keine unangemessenen Ansprüche stellt. Die Freundschaft des Kindes zu gewinnen heißt allerdings nicht, keinerlei Konflikte mit ihm zu haben und auszutragen. Das Kind gewinnt einen elterlichen Freund / eine elterliche Freundin. Es lernt, zwischen seinen beiden Elternbeziehungen (zu Mutter und Vater) und der freundschaftlichen Beziehung zum neuen Intimpartner eines Elternteils oder auch zu den beiden neuen Intimpartnern der Eltern feinstufig zu differenzieren. Diese Differenzierung bezieht sich zum einen darauf, was das Kind von den mitlebenden Erwachsenen an Leistungen und Kompetenzen erwarten kann, und zum anderen darauf, in welchem Maße es sich an diese Personen gebunden fühlt. Die diesbezüglichen Differenzen sind weitaus feiner, als es die etablierte Terminologie für innerfamiliale bzw. verwandtschaftliche Beziehungen auszudrücken erlaubt. In dieser Variante wird die getrennte Ehe und mit ihr die ehemalige Familie weder von den Erwachsenen noch vom Kind *annulliert* (für ungültig erklärt) und schon gar nicht *de-realisiert* (so getan, als hätte es sie nie gegeben). Im Gegenteil: Das ehemalige Familienleben und die beendete Paarbeziehung der Eltern bleiben durch deren fortgesetzte freundschaftliche Kommunikation deutlich im sozialen Gedächtnis und im Gedächtnis der Personen. Schwierigkeiten des Kindes, die aus der Trennung der Eltern resultieren, können leichter bewältigt werden. Die Erwachsenen überwinden eher Gefühle der Schuld und des Versagens. Kinder entwickeln weniger oder gar keine

Angst, einen Elternteil zu verlieren. Die psychodynamische Entwicklung des Kindes wird durch vielfältige Anregungen begünstigt.

TEILPROZESS 7: Kommt es in einer oder in beiden Folgefamilien zur Geburt weiterer Kinder, wächst das binukleare Familiensystem. Neuerlich verändern sich die affektiven Bindungen zwischen den Akteuren. In den Folgefamilien wie auch im binuklearen Familiensystem verlängert sich die Geschwisterreihe. Je nach Gestaltung der Folgefamilien und ihrem Verhältnis zueinander ergeben sich zwei (wieder idealtypisch unterschiedene) Hauptvarianten:

TEILPROZESS 7A: Kommunizieren die Expartner und ihre Angehörigen im binuklearen Familiensystem gut oder sehr gut und bestehen zwischen ihnen freundschaftliche Beziehungen, wird die Geburt eines Kindes in der einen Folgefamilie auch in der anderen als ein positives Ereignis wahrgenommen. Das neu geborene Kind ist Anlass zu Kommunikation, zum Austausch von Ressourcen und zu Feiern und Festen, welche die Beziehungen und Bindungen im binuklearen Familiensystem aus dem Alltag herausheben, Zugehörigkeit und Solidarität symbolisieren und verfestigen. Die kommunikative Schlüsseloperation dabei ist der Austausch von Geschichten über Ereignisse, die für das soziale System und für seine Personen Bedeutung haben. Auch die (halb-)geschwisterlichen Beziehungen wirken systemintegrierend, sofern ältere Kinder ihre neu geborenen oder kleinen (Halb-)Geschwister regelmäßig sehen. Die getrennten Eltern fühlen sich durch ihre gemeinsame Geschichte und ihre aktuelle Elternarbeit aneinander gebunden und nehmen an den Ereignissen in der anderen Familie teil. Frauen, Männer, Kinder und Jugendliche bringen oft selber zur Sprache, dass sie sich als Angehörige einer »großen Familie« oder einer »Großfamilie« fühlen, womit sie diesem alten Begriff eine neue Bedeutung verleihen (Szczesny-Friedmann 1996). Er meint hier nicht mehr das permanente Zusammenleben von drei Generationen oder von verheirateten Geschwistern unter einem Dach, sondern den sozial-kommunikativen, genealogisch-verwandtschaftlichen, psychisch-affektiven und ökonomischen Zusammenhang von zwei Folgefamilien unter zwei Dächern, eventuell ergänzt durch ein drittes oder viertes Dach, unter dem Großeltern wohnen, die Kinder und Enkelkinder temporär beherbergen und umsorgen.

TEILPROZESS 7B: In bi- und polynuklearen Familiensystemen mit anhaltend *verfeindeten* Expartnern kann die Geburt eines Kindes zusätzlichen Unfrieden stiften und neue Besorgnisse auslösen. Expartner halten ihre eigenen materiellen Ansprüche oder die künftigen Ansprüche der Kinder auf ein materielles Erbe für gefährdet. Was der einen Familie nützlich ist, gerät der anderen zum Schaden. Was für die eine Folgefamilie ein Erfolg ist, erscheint der anderen als deren Misserfolg. Kurz: Die beiden Folgefamilien und eventuell weitere Haushalte der Großeltern sind negativ integriert. Die von der klinischen psychologischen und psychotherapeutischen Forschung für die Erstfamilie beschriebenen Prozesse der ›Delegierung‹ und ›Triangulierung‹ von Kindern (Simon, Clement, Stierlin 1984; Graf u. Frank 2001) überschreiten die Grenzen der Familienhaushalte und dehnen sich auf das gesamte bi- oder polynukleare Familiensystem aus. Kinder geraten typischerweise in die Funktion von ›Sündenböcken‹, auf die Frustrationen und Aggressionen, die in der Beziehung der Expartner oder auch in den neuen Intimbeziehungen oder in der Arbeitswelt entstehen, ›verschoben‹ werden. Oft gilt ein Kind als Inkarnation des »nur bösen« (Ex-)Partners. Oder es wird als »Spion« in die ›feindliche‹ Folgefamilie entsandt. Nicht selten geschieht dies durch beide Elternteile. Großeltern können sich in derart destruktiv kommunizierenden Familiensystemen kaum neutral verhalten. Sie nehmen zu den aktuellen und fortlaufend reproduzierten Konflikten ihrer Kinder und Enkelkinder Stellung und sind dabei oft parteilich. Vor allem aber verstehen sie sich meist als stellvertretende, aushelfende oder gar ›rettende‹ Betreuer der Enkelkinder, die sie für mehr oder weniger ›scheidungsgeschädigt‹ und daher besonders schutz- und hilfsbedürftig halten. Darüber geraten sie allerdings leicht mit einem Elternteil oder mit dem neuen Ehe- resp. Lebenspartner ihres Kindes in Konflikt. Immer neue Kränkungen bestätigen ältere Vorwürfe und verfestigen wechselseitige Zuschreibungen von Schuld und Ungenügen.

TEILPROZESS 8: Etwa zeitgleich mit dem Teilprozess 7, aber von diesem funktional unterscheidbar, gestalten die Folgefamilien das Verhältnis zu ihren Umwelten neu: Sie positionieren sich gegenüber den ›alten‹ und den neu hinzukommenden Verwandten, gegenüber Wohnungsnachbarn, Arbeits- und Berufskollegen und Freunden. Die zunächst unscharfe Außengrenze der Folgefamilie festigt sich durch verstetigte Kommunikation bzw. durch die Verdünnung oder den Abbruch von bestimmten Außenbeziehungen. So kann etwa ein Großelternpaar (meist die Eltern des weggeschiedenen Elternteils) oder ein Kind / Kinder aus einer vorherigen Familie sukzessive aus der Kommunikation ausgeschlossen werden. Die Folgefamilie gestaltet ihr Verhältnis zur Umwelt – wie alle sozialen Systeme – nach ihren inneren Möglichkeiten. Zwar hat sie im Vergleich zur Erstfamilie oft höhere Kosten (infolge der Alimentation von Kindern in der anderen Folgefamilie, aus der Anschaffung einer neuen Wohnung, während die Kredite für die alte, in der Angehörige leben, noch laufen, u. a.). Doch verfügen die Akteure in der Regel bereits über höheres *symbolisches Kapital* als die Akteure einer jungen Erstfamilie desselben sozial-kulturellen Milieus. Deshalb sind sie auch eher im Stande, unerwünschte Einflussnahmen von Großeltern und anderen

Verwandten abzuwehren, etwa wenn die Erziehungsvorstellungen nicht zu vereinbaren sind oder wenn Eltern notorisch Vorwürfe gegen den neuen Partner ihres Kindes erheben.

Nach dieser idealtypischen Skizze der Abfolge von acht Teilprozessen und deren Überlappungen und Varianten werde ich nun untersuchen, wie die Übergänge verlaufen, zu welchen Zeitpunkten sie einsetzen, in welchem Tempo sie vollzogen werden und wie die Teilprozesse aufeinander einwirken. Dabei wird mich die Frage beschäftigen, wo die Möglichkeiten und Grenzen liegen, die einzelnen Phasen und die Übergänge zwischen ihnen ohne größere Schwierigkeiten zu gestalten. Was können Eltern tun, um psychische Verletzungen ihrer Kinder zu vermeiden, in Grenzen zu halten und zu bewältigen?

Es zählt zu den bekannten Vorschlägen der Familiensoziologie und der systemischen Paar- und Familientherapie, im Prozess der Trennung die *Paar-Ebene* von der *Eltern-Ebene* zu unterscheiden. Die Akteure sollten reflektieren, auf welcher Ebene eine Handlungsentscheidung zu treffen ist, gehe es doch darum, die Paar-Bindung zu beenden und die Elternarbeit unter veränderten Umständen zu organisieren (Ahrons u. Rodgers 1987; Friedl u. Maier-Aichen 1991; Tyrell 1994; Ewering 1996; Herlth u. a. 1994; Kaslow 2001; Zartler u. Wilk 2004). Nordamerikanische und deutsche Studien kommen übereinstimmend zu dem Schluss, dass die Kooperation der Eltern darüber entscheide, wie das Kind die Trennung und Scheidung bewältigen kann (Hetherington, Cox u. Cox 1982; Hetherington 1993; Hetherington u. Kelly 2002/2003; Furstenberg u. Cherlin 1993; Schmidt-Denter, Beelmann u. Hauschild 1997; Maywald 1997, 30 ff.; Schmidt-Denter u. Schmitz 1999). Eingeräumt wird freilich, dass es oft schwierig sei, die Elternschaft gut zu organisieren, hat sie doch auch schon vor der Trennung des Paares oft nicht zufriedenstellend funktioniert. Wie die Ergebnisse der Scheidungsforschung zeigen, gehören Interessens- und Wertekonflikte in Fragen der Kindererziehung zu jenen Problemen, derentwegen vor allem Frauen eine Trennung anstreben (Schneider 1990; Rottleuthner-Lutter 1992; Bodenmann u. a. 2002).

Kommunikation und Kooperation der Eltern während und nach der Trennung hängen zuallererst von ihren *Ressourcen* (Wissen, emotionale Intelligenz, Wohnraum, Lohneinkommen, Vermögen u. a.) sowie von ihrem *Habitus*, also ihren einverleibten Erfahrungen und ihren verfestigten Gewohnheiten und Neigungen ab. Weder die verfügbaren Ressourcen noch die vom Habitus erzeugten Wahrnehmungs-, Deutungs- und Handlungsmuster sind bei auftretenden Schwierigkeiten einfach und rasch zu verändern! Nachdem sich schon in Kindheit und Jugend der Personen entschieden hat, welche personalen Ressourcen entwickelt und welche nicht oder weniger entfaltet wurden (Oevermann 2001), kommt es im weiteren Leben darauf an, unter welchen systemisch-dynamischen Bedingungen die Ressourcen eingesetzt, getauscht und verbessert werden. Der Verlauf der Ehe bzw. Lebenspartnerschaft sowie die Durchführung der Trennung und Scheidung stellen die Weichen dafür, wie die Expartner als Eltern miteinander umgehen können. Ihre mehr oder minder begrenzte Fähigkeit, die Elternebene von der Paarebene zu unterscheiden und eine bestimmte Handlung klar der einen oder der anderen Ebene zuzuordnen, stellt sich also nicht erst aktuell her. Im Rückblick, nach einigen Monaten oder Jahren, wird den Getrennten manches klarer. Doch für Paare, die sich gerade in Trennung befinden, sind die Auswirkungen ihres Handelns auf die Elternschaft nur bedingt vorherzusehen, zumal sie vornehmlich mit ihren eigenen Verletzungen und Kränkungen und mit der Durchsetzung ihrer Interessen beschäftigt sind. Doch variieren auch die diesbezüglichen Kompetenzen offenbar nach dem Geschlecht und nach der Bildung. In den Fallstudien konnten wir beobachten, dass gut gebildete und beruflich erfolgreiche Frauen die Trennung resp. Scheidung nicht nur häufiger und auch früher in Betracht ziehen. Sie *initiieren* die Trennung auch häufiger und kontrollieren das folgende Scheidungsverfahren mitsamt seinen juristischen Finessen oft weit besser als ihre männlichen (Ex-)Partner. Sie scheinen durch die höhere Aufmerksamkeit und Energie, die sie den Zusammenhängen des Familienlebens und der Elternschaft von Anfang an zuwenden, eher im Stande, Qualitätsverluste sensibel zu registrieren und Auswirkungen auf sich selber und auf die Kinder einzuschätzen und vorherzusehen. Und sie sind oft dazu bereit, ihre eigenen mittel- und längerfristigen Planungen auf die Interessen der Kinder abzustimmen. In den Fallstudien beweisen vor allem Marie-Claire Schütz und Tina Thonhauser besonderen Weitblick, ja ausgesprochene Raffinesse, wenn sie ihre Trennungen und Scheidungen von langer Hand vorbereiten, initiieren und die Weichen für die Elternschaft nach der Trennung stellen (s. Kapitel 7 u. 9).

Dennoch wäre es unangemessen, *souveräne* Akteurinnen anzunehmen, die zu jedem Zeitpunkt wissen, was sie tun und was die Folgen – und die Folgen der Folgen – ihres Handelns sein werden. Sie können immer nur einen Teil dessen wissen, vorhersehen und kalkulieren, was sie handeln lässt; manche Antriebe und Motive bleiben ihnen entweder unklar, vorbewusst oder unbewusst. Hinzu kommt, dass die Intimpartner füreinander immer und im Prozess der Trennung in deutlich erhöhtem Maße *intransparent* sind. Die Noch-Partner drücken auch selber aus, dass sie die Wirkungszusammenhänge nicht vollends und in Krisen noch weniger als sonst durchschauen, wenn sie sagen: »Ich kenn mich mit mir selbst nicht mehr aus!« »Ich versteh ihn nicht mehr.« »Sie ist eine Andere geworden.« »Er ist wie verwandelt!« und so fort. Psychotherapeutische Ratschläge nach dem Muster: »Man trenne die

Paar- von der Beziehungsebene« greifen also bei weitem zu kurz und unterstellen ein illusorisches Maß an Souveränität der Person im Trennungsprozeß. Im folgenden (systematisierenden) Vergleich der Fallanalysen werde ich mich bemühen, eine solche ›sozialtechnische‹ Reduktion der komplexen Vorgänge um Trennung und Scheidung, wie sie auch in manchen Ratgebern störend auffällt, zu vermeiden. Es ist niemandem damit geholfen, zu sagen, was sein soll, wenn man nicht sagen kann, warum es so schwierig ist, das Erwünschte zu leisten.

10.2 Wie die Trennung des Paares beginnt

Einer der Partner oder beide haben ernsthafte Zweifel an der Beziehung, stellen erste Überlegungen zu einer möglichen Trennung an und entwickeln mehr oder minder konkrete Vorstellungen von ihrem Leben nach der Trennung; doch behalten sie dies zunächst noch ganz für sich. Vielleicht tauschen sie sich darüber nach oft quälenden inneren Monologen erstmals mit engen Freunden bzw. Freundinnen oder auch mit den Eltern aus, aber den eigentlich betroffenen Intimpartner / die Intimpartnerin informieren sie zunächst noch nicht. Verklausulierte Warnungen weiß der Partner meist nicht richtig zu deuten oder er nimmt sie nicht ernst genug. Warum die Botschaft nicht offen und zweifelsfrei formuliert wird, erklärt sich meist daraus, daß sie noch nicht sicher ist. Unabhängig vom konkreten Motiv der Verdunkelung wächst die *Intransparenz* im sozialen System signifikant, und dies in den zentralen Fragen jeder intimen Beziehung: ihrer Bewertung und ihrer Zukunft.[1] Ganz entgegen dem moralisch-ethisch aufgeladenen Familienmythos können Eheleute und Lebenspartner ausgerechnet in dieser Phase, in der so viel auf dem Spiel steht, nicht offen und ehrlich kommunizieren.

Beginnt einer der Intimpartner, erste Überlegungen zur Trennung anzustellen, geht dem meistens eine Leidensgeschichte voran. Antriebslosigkeit oder depressive Verstimmtheit werden häufig noch nicht kausal mit der latenten Beziehungskrise in Zusammenhang gebracht. Sie beeinträchtigen aber die Kompetenz, Probleme, auch und besonders die Schwierigkeiten in der intimen Beziehung zu lösen. Die Unglücklichen flüchten – in ihren Phantasien oder tatsächlich – zu anderen Intimpartnern, während sie dem Intim- und Sexualleben mit dem Ehe- oder Lebenspartner immer weniger abgewinnen können, ja ihm auszuweichen beginnen. Manche Frauen flüchten in die Beziehung zum Kind oder / und in die Clique der ›alten‹ Freundinnen, Männer und zunehmend auch Frauen flüchten in die Berufsarbeit, in einen Sport oder ein anderes Hobby. Solche Fluchten haben den paradoxen Effekt, die Intimpartnerschaft trotz der wahrgenommenen Mängel eine Zeit lang aufrechtzuerhalten, doch nur so lange, als nicht die Sehnsucht nach einem neuen Beziehungsglück überhand nimmt. Meist ist die Aussicht oder zumindest die Hoffnung auf einen besser ›passenden‹ Intimpartner erforderlich, um sich aus der bestehenden Beziehung lösen zu können. Fehlt das eine wie das andere, kann es sein, dass das Paar trotz aller Frustrationen noch länger, manchmal sogar auf Dauer zusammenbleibt. Ein Paar kann nicht nur durch Liebe und Fürsorglichkeit, sondern auch durch Aggressionen und Vorwürfe, ja Erniedrigungen gebunden sein.

Die *Idealisierung* einer phantasierten oder bereits erlebten Nebenbeziehung geht mit der *Abwertung* der Beziehung zum Ehe- oder Lebenspartner einher. Tiefenpsychologisch gesehen werden Auf- und Abwertung durch komplementäre psychische Vorgänge hervorgebracht. Alberto Eiguer und André Ruffiot beschreiben den Prozess der *Entliebung* als die *Fortsetzung* der Idealisierung mit »negativem Vorzeichen«:

> »Das ›Entlieben‹ ist keine Rückkehr zur Neutralität. Im Unbewussten gibt es nichts Neutrales. Das ›Entlieben‹ ist eine Leidenschaft, eine *Neuauflage des verliebten ›Wahns‹ – nur mit negativem Vorzeichen* … Man kann darin alle Elemente einer leidenschaftlichen Liebe wiederfinden. Die Idealisierung wird noch über eine normale Entidealisierung hinaus zu einer wahren *Gegenidealisierung*, einer sinnlichen und affektiven Entwertung des anderen, die als Wiedergewinnung eines ursprünglich verlorenen, vermeintlich gestohlenen Selbst erlebt wird. Diese *umgekehrte Idealisierung* setzt den anderen herab, degradiert ihn, entwertet seine Worte, seine Gesten, seine Gewohnheiten; oft besteht auch ein mehr oder weniger bewusster Todeswunsch. Diese Gegenidealisierung ergibt sich aus der Erneuerung der Spaltung in ›nur böse‹ und ›nur gut‹, aus der Verleugnung der guten Anteile des Partners, über die das ›Nur-Böse‹ obsiegt. Der Partner wird als innerer Verfolger empfunden, der seine Attacken bis in die Träume hinein fortsetzt.« (Eiguer u. Ruffiot 1991, 164)

Dieser genauen Beschreibung, die nicht so tut, als ginge es bloß um das Wechseln des Hemdes, ist allerdings einschränkend hinzuzufügen, dass nicht jede intime Beziehung mit einem »verliebten Wahn« und einer »leidenschaftlichen Liebe« beginnt (Bösch 1988). Nur ein Teil aller Paare findet sich nach dem Code der romantischen Liebe (s. Kapitel 2). Andere bilden sich vorwiegend aus pragmatischen und vernünftigen Gründen. Dies könnte bei zweiten und dritten Versuchen sogar häufiger der Fall sein als »beim ersten Mal«. So sucht Herr Miller in Frau Zadek gewiss keine romantische und leidenschaftliche Liebe, sondern die helfende Hand in einer für ihn und seine Söhne bedrohlichen Lage (s. Kapitel 8). Sylvia Mayer wird in dem betrunkenen und melancholischen Hans Koller kaum einen Partner für heiße Liebesnächte gesehen haben (s. Kapitel 6.3). Zwar kann selbst eine leidenschaftslose Paarbeziehung idealisierte Anteile haben, etwa wenn Heinrich Miller seine neue Partnerin für eine überaus kompetente Erzieherin seiner Söhne hält. Doch sollte er sich eines Tages darin enttäuscht sehen, wird er diese mäßige Form der Idealisierung auf eine vergleichsweise unspektakuläre Weise zurücknehmen können. Trennen sich Paare, die sich nicht leidenschaftlich verliebt und anfangs nicht umfassend idealisiert haben, finden wir im Prozess der Trennung meist auch keine leidenschaftlich überschießende Entidealisierung und selten eine Dämonisierung des Ex-Partners.

Aber auch dort, wo eingangs der Beziehung Idealisierung und ausgangs der Beziehung Entidealisierung oder gar Dämonisierung stattfinden, zeigt sich kein einheitliches Muster. Zwei grundlegend verschiedene Verlaufsformen der Entidealisierung lassen sich unterscheiden: Die Entidealisierung kann bei beiden Partnern annähernd gleichzeitig *(synchron)* erfolgen und von beiden Intimpartnern auch annähernd *simultan* erlebt werden. Die Entidealisierung wird dann relativ *früh thematisiert* und auch von ›gemeinsamer‹ Trauer begleitet. Einen solchen synchronen und simultanen Verlauf fanden wir bei Rafael Santos-Gomez und Miriam Schön (Kapitel 5). Die Auswahl der dafür relevanten Geschichten orientiert sich – wie zuvor die Herstellung der intimen Bindung durch Idealisierung – an dem für das Paar geltenden Code der Liebe und an jenen Fragmenten des aktuellen Liebesdiskurses, die dem Paar zugänglich und vertraut sind. Das seinen Liebesverlust betrauernde Paar erzählt einander jene Geschichten, die für seine Liebe stehen, und jene, die den Verlust dieser Liebe vermeintlich erklären können. Wird die geteilte Trauer über den Verlust der Liebesbeziehung auch den Kindern angemessen kommuniziert, bestehen sehr gute Chancen, dass die Trennung ohne schwere und anhaltende Zerwürfnisse und ohne dauernde Schwierigkeiten der Kinder vollzogen werden kann. Wer seinen Verlust betrauert, weiß annähernd, was er verliert. Dies ist eine Voraussetzung dafür, den Partner verlassen zu können, ohne ihn krass abzuwerten. Erlebt das Kind die wechselseitige Wertschätzung der Eltern mit all seinen Sinnen, erspart ihm dies, einen Elternteil gegen die Vorwürfe des anderen verteidigen und sein inneres Bild von diesem Elternteil unter Aufbietung psychischer Kräfte schützen zu müssen. Die Chance wächst, dass die Eltern auch nach der Trennung kooperieren und sich in der Elternarbeit wechselseitig unterstützen.

Deutlich häufiger (in unserem Sample bei acht von neun Trennungen) verläuft die Entidealisierung jedoch *asynchron:* Sie wird von einem Partner begonnen und vom anderen zunächst gar nicht bemerkt. Erst durch Zufall, ›Verrat‹ oder ›Entdeckung‹ wird sie eines Tages plötzlich wahrgenommen. Der dann schockartig erlebte Verlust erzeugt Verletzungen des Entidealisierten. Gezielte Gegenverletzungen folgen dem Muster der Rache (Douglas u. a. 2000; Berg 2003). Die verletzende Trennung trennt die Getrennten noch mehr voneinander. Eine gemeinsame Trauer über den Verlust der Beziehung ist hier bis auf weiteres unmöglich. Kinder werden in solchen Fällen von den Eltern kaum hinreichend in die Kommunikation einbezogen, da sich die Eltern angesichts ihrer Verletztheit, ihrer Aggressionen und ihrer Schuldgefühle dazu nicht im Stande fühlen. Erst wenn es sich gar nicht mehr vermeiden lässt oder wenn das Kind selbst Aufklärung fordert, stellen sie es vor »vollendete Tatsachen«, und oft lassen sie es danach mit seinen Ängsten und Sorgen allein. Dann können jene Angst erregenden Geschichten in den Köpfen der Kinder entstehen, in denen beispielsweise ein Vater vollends aus dem Leben des Kindes verschwindet. Reagieren Kinder auf die Trennung nach Wahrnehmung der Eltern unverständig oder störrisch, werden sie unter Umständen dafür beschimpft und bestraft. Ein Vorwurf des Kindes wird typischerweise mit einem Gegenvorwurf beantwortet, der eine gewisse Mitschuld des Kindes an der Trennung andeutet (»Hättest Du nicht …, wäre …«). Der Kummer oder die Trauer der Kinder wird von den Eltern häufig überspielt, wie auch die Initiatoren der Trennung oft zu wenig trauern. Eltern, die so vorgehen, gelingt es nur unzulänglich, sich in das spezifische Erleben des Kindes, in seine Sorgen und Ängste, Befürchtungen und Hoffnungen zu versetzen. Wie sollte das auch ohne den Austausch der Geschichten vom Vergangenen und vom Künftigen gelingen! Freilich tritt die mangelnde Kompetenz zur Kommunikation nicht erst im Prozess der Trennung auf. Sie hat zuvor schon die Beziehung der Intimpartner und ihre Elternschaft – also das Leben in der Erstfamilie – geprägt. Und meist war sie auch schon ein Merkmal der Herkunftsfamilien, wo sie die Akteure, die damals noch Kinder und Jugendliche waren, geschwächt hat. Sie beeinträchtigt auch das Kind nicht erst im Trennungsprozess, sondern hat schon vorher manche Schwächung des Kindes bewirkt. Das Kind geht dann mit geringerem Selbstvertrauen durch den Trennungsprozess, mit weniger Vertrauen in die Eltern und auch mit einer beschränkten Fähigkeit, seine Emotionen auszudrücken und die dazugehörigen Geschichten zu erzählen.

In der Fallstudie »Die Benachteiligten« (Kapitel 6) finden wir eine Entidealisierung, die in der hier explizierten Weise deutlich *asynchron* und für einen der Partner schockartig verläuft. Michaela Koller beginnt ihren Mann, den sie im jungen Alter von achtzehn Jahren geheiratet hat, abzuwerten und zu entidealisieren, als er bald nach der Geburt des Sohnes immer öfter betrunken nach Hause kommt und zu einer sozialen, intimen und sexuellen Beziehung nicht mehr fähig ist. Welche Geschichten könnte sie mit ihm noch austauschen? An Stelle des Ehemannes werden der neue Intimpartner (Franz Wild) und das Kind (Kevin) ihre bevorzugten Gesprächspartner. Die Entidealisierung des Mannes wird vom Sohn miterlebt und wahrgenommen und wahrscheinlich auch ein Stück weit nachvollzogen. Der Sohn wird Zeuge einer heimlichen Liebe der Mutter. Über zwei Jahre hält er das Wissen darüber vor dem Vater geheim. Der Zusammenhang zwischen der Entidealisierung des Partners, der Komplizenschaft von Mutter und Sohn und einer überfordernden *Delegation* des Kindes zunächst durch die Mutter, später auch durch den Vater, ist evident. Der Ehemann vermag seine fortschreitende Entidealisierung gar nicht wahrzunehmen. Der Alkoholmissbrauch beeinträchtigt sein Wahrnehmungsvermögen. Er verschläft seine sukzessive Entwertung. Erst nachdem ihn ein anonymer Anrufer über die heimliche Liebesbeziehung seiner Frau informiert hat, wird er seiner völligen Entwertung plötzlich gewahr. Er zwingt die Frau und den Sohn, ein umfassendes ›Geständnis‹ abzulegen. Das ist, erzähltheoretisch gewendet, der erzwungene, komprimierte und vermutlich nur partiell ehrliche Nachtrag – und auf der Seite des Mannes der komprimierte Nachvollzug vorenthaltener Erzählungen. Der beinahe tödliche Zusammenbruch des vom Alkoholmissbrauch geschwächten Mannes ist eine indirekte Folge seiner Schockierung. Nach der Trennung und Scheidung und in den Jahren seiner Genesung beginnt Hans Koller seine Ex-Ehefrau zu entidealisieren. Unter tatkräftiger Beteiligung seiner neuen Partnerin bringt er nach und nach in Erfahrung, was sich »zu Hause« ereignet hat. Da dies in Bezug auf die nun physisch *abwesende* Ex-Ehefrau geschehen muss, die sich jedoch fast täglich am Telefon und durch die Nachrichten, die der Sohn überbringt, ins Gedächtnis ruft, beherrschen diese Nachforschungen die Kommunikation in der Folgefamilie des Mannes. Seine Versuche, Geschichten über Verfehlungen und andere ›Mängel‹ der Ex-Ehefrau zu rekonstruieren, sind aufgrund seiner Gedächtnislücken mühsam. Die neue Lebenspartnerin rät ihm, »ein Büchlein« anzulegen, in dem alle ›Verfehlungen‹ der Ex-Ehefrau sorgsam eingetragen werden. Zum Zeitpunkt unserer Gespräche – zwei Jahre nach den Scheidungen der Ehepaare Koller und Mayer – ist der Vorgang der nachträglichen Entidealisierung der Ex-Ehefrau und die Zurückweisung der Schuld bzw. die Umkehr der Schuld immer noch im Gange und das alles überlagernde Thema. Die Ex-Ehepartner sind trotz ihrer räumlichen Trennung füreinander in höchstem Maße und bis in ihre Träume präsent – ihre Erzählungen zeigen es eindrucksvoll. Sie repräsentieren füreinander das jeweils »Nur-Böse«, wie es Eiguer und Ruffiot für einen Teil der Fälle treffend beschreiben.

Ähnlich konfliktreich und durch krasse Abwertungen bestimmt verläuft die Trennung von Heinrich und Sophie Miller (s. Kapitel 8.1 bis 8.4). Die schwere Krankheit der Frau, ihre Schwächung und Antriebslosigkeit und die Entstellung ihres Gesichts durch einen Tumor erzeugen eine besondere Psychodynamik. Wechselseitige Todeswünsche der (Ex-)Partner, sonst meist vollends versteckt, sind erkennbar im Spiel. Sophie Miller tut alles, um die beiden Söhne nicht ihrem Mann überlassen zu müssen. Angesichts des herannahenden Todes wünscht sie den *sozialen* Tod des Mannes als Vater ihrer Kinder. Andererseits sehnt Herr Miller das Ende aller Qualen durch den Tod seiner Ex-Ehefrau herbei, was dazu führt, dass er dann nicht trauern kann. Umso mehr bleibt das jüngste Kind (Florian) an die verstorbene Mutter gebunden. Wir sehen: Eine derart heftige Entidealisierung der Ex-Ehefrau durch den Mann (und umgekehrt) ragt zeitlich in die Folgefamilie und auch in das bi- oder polynukleare Familiensystem hinein und stört deren labiles Gleichgewicht. Die Entidealisierung bindet die Ex-Partner in psychisch belastender und immer neue Konflikte erzeugender Weise aneinander. Dies selbst dann, wenn ein Ex-Partner (wie Sophie Miller) verstirbt. Kindern kommt in dieser Dynamik häufig eine überfordernde Aufgabe zu: Sie sollen die nachträgliche Entidealisierung des einen Elternteils durch ihre ›Zeugenaussagen‹ unterstützen oder Nachricht geben von den aktuellen Verfehlungen des anderen Elternteils. Oder sie bleiben die Verbündeten des unterlegenen Elternteils, im Fall von Florian Miller sogar über den Tod der Mutter hinaus.

Eine asynchron verlaufende Entidealisierung fanden wir auch in einem ganz anderen sozial-kulturellen Milieu: bei dem Akademiker-Paar Simon Kepler und Gitta Kunst (s. Kapitel 4.2). Zuerst entidealisiert Simon Kepler seine Partnerin heimlich, indem er sich über etwa zwei Jahre in seinen sexuellen Phantasien intensiv mit anderen Frauen beschäftigt. Damit wertet er die aktuellen sexuellen Erlebnisse mit seiner Partnerin ab. Da sich Simon Kepler seinen zwei Söhnen sehr verpflichtet fühlt, zögert er, seiner Partnerin davon zu erzählen und damit die Trennung einzuleiten. Nach zwei Jahren wagt er endlich seinen Trennungswunsch zu äußern. Er gibt der Partnerin ein knappes Resümee seiner geheim gehaltenen Phantasie-Geschichten. Die aggressiven Ausbrüche der Frau (»stundenlanges Schreien«) können als heftige, leidenschaftliche und beschleunigte Form einer *nachholenden Entidealisierung* des Mannes gedeutet werden. Der asynchrone Verlauf bewirkt eine nachhaltige psychische Verletzung der Frau und hindert Mann und Frau in den folgenden Jahren, eine parallele Elternschaft freundschaftlich zu akkordieren. Dies hat noch weitere Konsequenzen, die für die Akteure freilich in keiner Weise vorhersehbar sind: Wenige Jahre nach der Trennung kommt es zum sukzessiven ›Ausschluss‹ der beiden Söhne aus der neuen Familie Simon Keplers und damit auch aus dem binuklearen Familiensystem, das sich um die Folgefamilien von Simon Kepler und Rafael Santos-Gomez ausgebildet hat (s. Kapitel 4.5). Dieser ›Ausschluss‹ mindert nach und nach Keplers Möglichkeiten einer intensiven Vaterarbeit in Bezug auf die beiden ersten Söhne, während sich seine Vaterarbeit gegenüber den in der Folgefamilie geborenen Söhnen intensiviert. Die Dynamik der sequentiellen Teilprozesse der Trennung unterwirft also auch jenen Akteur im sozialen System, der die Trennung gewollt und eingeleitet hat: den Initiator. Er, der sich zunächst oft ausschließlich als ›Gewinner‹ sieht, löst neben dem von ihm Gewollten auch nicht vorhergesehene Folgen (und Folgen von Folgen) aus. Und auch hier zeigt sich: Der asynchrone Verlauf der Entidealisierung und die psychische Verletzung des die Trennung *erleidenden* Partners durch den Initiator wirken noch lange in die Folgefamilien hinein.

Eine ähnlich *schleichende* Form der *asynchronen Entidealisierung* mit einem abrupten Ende finden wir in der Fallstudie »Die Unternehmer« bei Valentin Jakob und Marie-Claire Schütz (Kapitel 9) sowie in der Fallstudie »Freak und Freelance. Eine Frau spielt sich frei« bei Tina Thonhauser alias Klaar und Jörg Thonhauser (Kapitel 7). Entdeckungen und Teilgeständnisse beenden in beiden Fällen die Phase der asynchronen heimlichen Entidealisierung. Dies löst im psychischen System der entidealisierten Person jeweils einen Schock aus. Die Betroffenen reagieren je nach Temperament und Habitus: Jakob Valentin Schütz ist zornig und sinnt auf Rache. Jörg Thonhauser zieht sich gekränkt und mit ironischen Kommentaren zurück. Doch finden diese Ex-Ehepaare relativ bald zu wechselseitiger *Wertschätzung* zurück. Asynchrone Entidealisierung führt zwar beinahe zwangsläufig zu psychischer Verletzung, doch nicht jede psychische Verletzung ist traumatisch, ›unheilbar‹ und ›heillos‹ für die Zukunft der Expartner und ihre Folgefamilien. Was macht den Unterschied? Den getrennten Paaren Schütz und Thonhauser gelingt es, ihre verlorene Liebe trotz des Betrugs nach einer Phase der offenen Wut und der Selbstverbannung resp. des ironisch kommentierten Rückzugs in die Clique der alten Freunde in *nacheheliche Freundschaften* zu verwandeln. Schon in den ersten Phasen der Trennung erinnern sie sich relativ häufig an die gemeinsamen »besseren Zeiten«. Damit setzt früh eine kommunizierte Trauerarbeit ein. Erzähltheoretisch gewendet: Sie pflegen ihre Geschichten. In besonderen Momenten wird der Verlust der Liebe – etwa bei Valentins Heimkehr in das norddeutsche Elternhaus oder in Tinas »sentimentalen Momenten« – für Augenblicke oder für Stunden schmerzlich erlebt. Es ist kein Zufall, dass diese Momente an den Austausch von Geschichten« (etwa zwischen Valentin Jakob Schütz und seiner Tochter Carla) und an sinnlich erlebte Orte, Gerüche und Klänge, an Atmosphäre gebunden sind, etwa wenn Valentin sein Elternhaus betritt oder wenn Tina Klaar Musik von Bob Dylan hört.

Eine asynchron verlaufende Entidealisierung wird oft erst durch die *Entdeckung* der heimlichen Liebesaffäre oder Nebenbeziehung des Partners abrupt beendet (wie die Fallstudien in den Kapiteln 6, 8 u. 9 zeigen). Bei geschwächter Konstitution kann der Schock körperlich und psychisch bedrohlich sein, wie bei Hans Koller, der ihn beinahe nicht überlebt, oder bei Sophie Miller, deren todbringende Krankheit im Lauf des Trennungsprozesses ausbricht. Der Umstand, dass man vom Intimpartner hintergangen worden ist und das in ihn gesetzte Vertrauen missbraucht worden ist, kränkt tief und mindert das Selbstwertgefühl, insbesondere das Vertrauen in die Qualität der eigenen Ressourcen. Wird die heimliche Liebesbeziehung oder die sexuelle Affäre hingegen geschickt getarnt und bleibt ihre Entdeckung aus, schafft es der trennungswillige Partner, seine Ehe oder Lebensgemeinschaft entweder in Ruhe weiterzuführen oder auch auf eine Weise zu beenden, bei der er nicht selbst als der schuldige Verursacher gilt. Wie Tina Thonhauser kann eine Frau aus heimlichen

Nebenbeziehungen nicht nur sexuelles Vergnügen und gute Kommunikation, sondern auch das Motiv und die Energie für die Neuplanung ihres Lebens beziehen. Tina Thonhauser-Klaar gewinnt ihr hohes Selbstbewusstsein zum einen aus ihren beruflichen Erfolgen, zum anderen aus ihren heimlichen Nebenbeziehungen. Ihre Kontakte in der Banken-Branche sind auch maßgeblich dafür, nach welchen Kriterien sie ein Leben nach der Trennung entwirft. Sie übernimmt Elemente und Facetten aus den Lebens- und Familien-Geschichten erfolgreicher Kollegen und kompiliert daraus ihren eigenen Zukunftsentwurf. In diesen – etwa zur Zeit der Geburt des zweiten Kindes hergestellten (!) – Entwurf passt der bisherige Lebenspartner nicht mehr hinein. Ihn entidealisiert die Frau *heimlich* und *schleichend*. Dies geschieht durch die anfangs zögerliche, dann zunehmend entschlossene Um- und Abwertung der mit ihm verbundenen Erlebnisse und seiner Eigenschaften. Was früher noch relativ ›harmlos‹ war, erhält nun neues Gewicht.

10.3 Halbe Wahrheiten: die Trennungsdiskussion

Nach der einseitigen oder wechselseitigen Abwertung und des Leidens an der zunehmenden Lieblosigkeit oder auch Langeweile, oder nach der schockartigen Erkenntnis, dass der Partner / die Partnerin schon seit einiger Zeit einen heimlichen Liebhaber / eine heimliche Liebhaberin hat, beginnen die Ehepartner und Lebenspartner zu diskutieren, ob sie sich trennen sollen und wie dies praktisch möglich wäre. Was sie dabei immer noch geheim halten, sind zum einen die besonders sensiblen Motive der Entidealisierung des Partners: Sie können nicht offengelegt werden, solange eine Umkehr und ein Verbleiben in der Beziehung nicht völlig auszuschließen sind. (Manchmal werden sie aber auch später nie offengelegt.) Auch verbergen die Initiatoren der Trennung zunächst ihre Ideen für ein künftiges Leben, da sie sich aus Motiven der Entidealisierung des Partners ergeben: Was sie besonders vermissen, erhoffen sie für die nächste intime Beziehung.

Der öffentliche Diskurs um Trennung und Scheidung, aber auch die privaten und alltäglichen Gespräche unter Bekannten und Freunden eröffnen den Akteuren nun schon seit einigen Jahrzehnten einen Wahrnehmungs-, Deutungs- und Handlungsspielraum, für den annähernd folgende Maxime gilt:

»Wenn Du in Deiner Beziehung nicht mehr glücklich bist und Streit und Konflikt dominieren, wenn Dir die Konflikte zu viel Energie kosten und Du deshalb nicht mehr leistungsfähig bist, oder wenn es gar zu Gewaltszenen kommt, sollst Du die Kraft haben, Dich zu trennen!«

Doch ist da noch eine zweite Maxime, die von Pädagogen, Psychologen und Psychotherapeuten, im Gespräch mit Eltern auch von Kindergärtnerinnen, Lehrerinnen und Lehrern verbreitet wird, die sich auf Fach-Diskurse berufen und ihre Klientel etwa mit folgender Rhetorik zu überzeugen versuchen:

»Wie immer Du es anstellen wirst und welche anerkennenswerten Gründe Du auch immer haben magst, Dich von Deinem Partner/Deiner Partnerin zu trennen, Deine Kinder werden die Leidtragenden sein!«

Diese beiden Botschaften aber sind, wie schon an anderer Stelle gesagt, ein *Double bind*, dem gar nicht zu entkommen ist. Wieder zeigt sich, dass die Akteure *selber entscheiden* müssen. Sie denken zwar zum Teil mythisch und sie überblicken die Folgen ihres Handelns nicht vollends. Doch nur die wenigsten sind dumme Vollstrecker eines modischen Trennungsdiskurses. Schon deshalb, weil die Fach-Diskurse, die Ratschläge der Psychotherapeuten und Lebensberater wie auch der Alltagsdiskurs durchwegs *widersprüchlich* sind. Die Akteure brauchen daher Kraft und Zeit, um sich zu ihrer Entscheidung durchzuringen. Moralisch-ethische Bedenken sind oft im Spiel. Wir fanden Hinweise, dass der Trennungswillige (der Initiator) dem Anderen einen Trennungswunsch zu insinuieren versucht, offenbar um im späteren Rückblick nicht als der allein »Schuldige« zu gelten (s. Kapitel 4.2). Der die Trennung betreibende Partner sammelt emsig ›Beweise‹ und Argumente dafür, dass seine Trennungsabsicht gerecht und begründet wäre, Indizien, die er jedoch meist erst dann einsetzt, wenn die dritte Phase, die faktische Trennung (s. u.), begonnen hat. ›Beweise‹ und Argumente findet er in jenen Geschichten, die sich in seiner Perspektive über die intime Beziehung erzählen lassen.

Partner, die gegen ihren Willen verlassen werden, neigen in der begonnenen Trennungsdiskussion typischerweise zum ›Klammern‹. Oft klammert jener Partner, dem unfaires oder liebloses oder zu wenig engagiertes Handeln im Familienleben, in der intimen Partnerbeziehung und / oder in der Elternschaft vorgeworfen wird. Häufig fokussieren die Vorwürfe des Initiators den Alkoholmissbrauch (wie bei Hans Koller) und die körperliche Gewalt (wie in den Ehen von Theresia und Franz Zadek und Sylvia und Karl Mayer). Männer werfen ihren Intimpartnerinnen bzw. Ehefrauen die Vernachlässigung des Haushalts, eine ungeeignete Erziehung der Kinder oder mangelndes sexuelles Interesse vor (s. Kapitel 8.1; zu den typischen Vorwürfen auch Schneider 1990; Bodenmann u. a. 2002; Zartler u. Wilk 2004). Mann und Frau unternehmen oft noch einmal erhebliche Anstrengungen, um die Beziehung »zu retten« (so Miriam Schön und Rafael Santos-Gomez, Kapitel 4.4). Sie schieben die Entscheidung auf, vorgeblich in der Hoffnung, dass sich die Qualität der Beziehung nochmals verbessern ließe. Ich habe die ausgehandelte Probezeit als *Moratorium* bezeichnet. Sie wird von den Noch-Intimpartnern vereinbart, hat daher die äußerlichen Merkmale eines Konsenses und erscheint beiden Partnern vernünftig und legitim. Doch verfolgen die Partner damit in der Regel verschiedene, ja sogar konträre Absichten, die sie einander verheimlichen. Während der eine noch ernsthaft erwägt, die Beziehung nach dem Ablauf der Probezeit fortzuführen, mag der andere bereits mit dem Entwurf eines neuen Lebens oder mit der Gestaltung einer neuen Intimbeziehung beschäftigt sein. Würde die Intransparenz der Absichten vor der Zeit aufgelöst, wäre der Zweck des Moratoriums verfehlt. Das Moratorium ist ein Instrument der *funktionalen Intransparenz* in der Trennungsdiskussion, unabhängig davon, wie dies von den Intimpartern, die einander Offenheit und Ehrlichkeit versprochen haben, nach moralisch-ethischen Gesichtspunkten bewertet wird. Dritte können in das Moratorium als Schiedsrichter oder Moderatoren einbezogen werden: enge Freunde, Eltern, Psychotherapeuten. Nicht selten wird die Psychotherapie oder ein Beratungsgespräch, oder auch ein Gespräch unter Freunden dazu benutzt, um ein Moratorium zu vereinbaren oder nochmals zu verlängern. In einzelnen Fällen nimmt das Moratorium die Züge einer selbst gewählten ›Verbannung‹ an, wie bei Valentin Jakob Schütz, der wie ein Mönch (»früher ist man ins Kloster gegangen …«) in die südafrikanische Wüste zieht (s. Kapitel 9.3). In der Zeit des Moratoriums kann die Kommunikation zwischen den Intimpartnern *herabgesetzt* oder ganz *ausgesetzt* werden, doch bleiben die Partner dennoch füreinander präsent, denn sie setzen sich – wenn auch auf andere Weise als in der *Face-to-face*-Kommunikation – affektiv, körperlich und kognitiv mit der Geschichte und dem aktuellen Zustand ihrer Beziehung auseinander. Sie versuchen an sich selber zu beobachten, ob und wie sehr ihnen der Partner fehlt. Sie vergleichen die fragwürdig gewordene Beziehung mit früheren oder parallel geführten (heimlichen) Beziehungen, oder sie versuchen den ›Mehrwert‹ einer künftigen Beziehung einzuschätzen. Sie vergleichen ihre ›Beziehungskonten‹, also was sie einander ›gegeben‹ haben und was sie einander ›schuldig‹ sind. Und sie wollen eine Bilanz ziehen, die sie zu einer für sie günstigen, aber auch normativ richtigen und sozial legitimen Entscheidung befähigen soll. Manchmal schiebt das Moratorium den Schritt zur Trennung für ein Jahr oder länger hinaus. (So bei Rafael Santos-Gomez und Miriam Schön, wo auf das einjährige Time-out Rafaels in Madrid noch ein weiteres, allerdings zunehmend unglückliches Ehejahr folgt, s. Kapitel 4.4.) Das Moratorium kann aber auch *verkürzt* werden, wenn unverhofft neue Beziehungspartner die Szene betreten (wie bei Valentin Jakob Schütz). Oft sind es ganz zufällige erste Begegnungen. Nicht selten aber findet sich der neue Intimpartner unter Arbeitskollegen oder unter guten Freunden, mit denen man die eigenen Enttäuschungen und Verletzungen bespricht. Manche dieser Freundinnen und Freunde bieten sich gezielt und absichtsvoll als ›die besseren‹ Intimpartner an und stellen ihre Vorzüge heraus. So kommt es, dass relativ häufig Freunde (wie der beste Studienfreund von Valentin Jakob Schütz), manchmal sogar angeheiratete Verwandte die nachfolgenden Intimpartner werden. Sie haben oft schon einen Fuß in der Tür, ehe das Paar wissentlich den Weg zur Trennung beschreitet. Ihr Vorteil ist, aus vielen Gesprächen zu wissen, woran es in der fragwürdig gewordenen Beziehung mangelt. In anderen Fällen tritt der künftige Intimpartner durch puren Zufall in die Einsamkeit des auf Probe Getrennten ein. Ihm bietet sich eine besondere Chance, denn die Wartenden sind oft auch schon Suchende. Sie haben unerfüllte Bindungs- oder Kinderwünsche, die sie in ihrem Zustand deutlicher wahrnehmen als sonst. Ein neuer Intimpartner am Horizont der Lebenswelt kann dann wie ein *Relais* wirken, das die Kraft verleiht, den eigentlichen Trennungsprozess zu beginnen und durchzustehen.

10.4 Zug um Zug: die faktische Trennung in drei Sub-Phasen

Nach den Phasen gesteigerter Ambivalenz, wechselseitiger, synchroner oder asynchroner, schleichender oder abrupter Entidealisierung und Entliebung, manchmal auch nach der Dämonisierung des Partners und oft nach einem Moratorium beginnt die faktische Trennung, das eigentliche Trennungshandeln. Wir sind darüber aus soziologischen, psychologischen und psychotherapeutischen Studien gut unterrichtet (Wallerstein u. Kelly 1980; Lehmkuhl 1991; Ahrons 1994; Lehmkuhl u. Lehmkuhl 1997; Schlösser u. Höhfeld 1999; Wallerstein, Lewis u. Blakeslee 2000; Hetherington u. Kelly 2002 u. v. a.). Doch fokussieren die meisten Studien das sich trennende Paar und beziehen das soziale System Familie in seiner durch den einsetzenden Trennungsprozess erhöhten Dynamik nicht hinreichend ein. Eine Folge ist, dass auch im Alltagsdiskurs die Trennung des Paares für ›das Ende‹ des Familienlebens gehalten wird. Ich werde daher auf der empirischen Grundlage der Fallstudien eine systemisch-dynamische Beschreibung versuchen. Nach einem älteren kulturanthropologischen Modell[2] der *Rites de passage* unterteile ich den Vorgang der faktischen Trennung des Paares in drei Sub-Phasen:

- die Sub-Phase der Separation und der Trennungsvorbereitung,
- die Sub-Phase der praktischen und juristischen Trennung,
- die Sub-Phase der (Ab-)Lösung, Anpassung und Restabilisierung der Getrennten.

In der ersten Sub-Phase beschließen beide Intimpartner (nach der bisherigen Verdunkelung ihrer Absichten, Wünsche und Phantasien und der Erörterung der Trennung) sich zu trennen. Manche neigen zu *verletzender Aufrichtigkeit:* Sie teilen einander über das zur Klärung notwendige Maß hinaus kränkende Urteile und Bewertungen früherer Erlebnisse mit, womit sie sich offenbar jeden Rückweg abschneiden wollen, was ihnen auch oft gelingt. Viele ziehen sich in einen regelrechten Strudel aus Einengung und Rückzug, Aggression und Depression, Beschuldigungen und Schuldgefühlen hinab. Der emotionale Rückzug des einen Partners bedroht den anderen in seinem Selbstwertgefühl. Eine Kränkung ruft beim Gekränkten die aktive Kränkung des Partners hervor. Die darin für eine gewisse Zeit regelrecht verstrickten Partner gehen dieses schwierige Stück ihres Weges selten in gemeinsamem Tempo: Einmal eilt der eine voran, dann hält er ein, während der andere, gekränkt durch das Vorwärtsstürmen, nun seinerseits das Tempo erhöht. *Timing, Pacing* und *Affektlagen* der in die Trennung Verstrickten sind kaum mehr zu synchronisieren.

Den Noch-Partnern bedeutet die Trennung aufgrund unterschiedlicher Ressourcen und Perspektiven Verschiedenes und sie interpretieren auch die Folgen der bevorstehenden Trennung unterschiedlich. Die Unterschiede werden eklatant, wenn ein Partner eindeutig der Initiator und der andere der Erleidende der Trennungsabsichten ist: Was dann für den einen Partner ein vermeintlicher Schritt der Befreiung ist, erlebt der andere als einen Schritt der Nötigung. Was der eine für ein Zeichen seiner eigenen Stärke und wachsenden Unabhängigkeit (Autonomie) hält, scheint dem anderen ein Zeichen von Schwäche. Missverständnisse sind hier nicht die Ausnahme, sondern die Regel. Die geführten Gespräche und die sich dabei einstellenden Gefühle, Deutungen und Überlegungen verändern die psychischen Systeme und damit auch das soziale System nachhaltig und im Grunde irreversibel. Oft fügt die verletzende Aufrichtigkeit älteren Verletzungen neue hinzu. Die Trennung durchzuführen wird dann auch für den nicht initiativen Partner eine Frage der Ehre und des Selbstwertgefühls. Dass diese Unterschiede verschiedene narrative Strategien nach sich ziehen, wird Thema eines eigenen Abschnitts sein (s. Kapitel 10.5.5.1).

Daraus ergibt sich beinahe zwangsläufig der nächste Schritt, die *praktische Trennung.* Es ist vorläufig alles gesagt, die Trennung wird exekutiert. Die Partner lösen den gemeinsamen Haushalt auf. Dies bedeutet in der Regel den Auszug eines Partners mitsamt seinem persönlichen Eigentum. Die Partner organisieren die Sorge um die Kinder oder wählen eine Übergangslösung. Sie teilen Wohnraum, Konsumgüter und finanzielle Mittel, Bankkredite und Schulden auf. Verheiratete reichen die Scheidungsklage bei Gericht ein. Die faktische Trennung (der sozial-kommunikative Akt) und die gerichtliche Scheidung (der juristische Akt) werden in vielen Fällen zeitlich getrennt. Viele wissen oder ahnen, dass sie eine Gleichzeitigkeit der psychisch-sozialen und der juristischen Trennung überfordern würde. Sozial-ökonomisch schwache Partner sehen sich oft genötigt, ihren Auszug aus der gemeinsamen Wohnung hinauszuzögern. Scheidungsrichter gestehen ihnen zu, noch eine Zeit lang in der ehelichen Wohnung zu bleiben, um die drohende Obdachlosigkeit zu vermeiden. Doch führt dies oft nur zu weiteren Exzessen physischer und psychischer Gewalt und mancher Mann muss letztlich von der Polizei aus der Wohnung gewiesen werden.

Auf die praktisch vollzogene Trennung folgt die dritte Sub-Phase der *sukzessiven (Ab-)Lösung, der Anpassung an die neue Lebenslage und der sozialen und psychischen Restabilisierung* der Getrennten. Beide Expartner fühlen sich in gewisser Weise entlastet, weil sie endlich beginnen können, sich aktiv voneinander zu *lösen*, in psychischer und sozialer Hinsicht, aber auch in alltagspraktischen Details. Bei besonders konflikt- und gewalthaften Trennungen kann es sein, dass diese Phase für die Frau erst mit dem völligen Verzicht oder auch dem Entzug des Besuchsrechts des Mannes erreicht werden kann (s. Kapitel 6.1). Ein Hinweis auf die begonnene sozialpsychische Ablösung ist es, wenn die Getrennten wieder verstärkt mit alten und neuen Freunden, Bekannten und Verwandten Kontakt aufnehmen. Frauen mit einem Kind oder mehreren Kindern, die in einem Haushalt zusammenbleiben und eine Mutter-Kind-Familie bilden, gehen zunächst keine oder nur sehr vorsichtig dosierte Intimbeziehungen ein. Vorrangig ist für sie, sich von den Anstrengungen der Trennung zu erholen. Erst nach einiger Zeit beginnen sie – manchmal zögerlich – ihre kommunikativen, sexuellen und ästhetischen Bedürfnisse nach einem neuen Intimpartner zu erforschen. Wir fanden diese vorsichtige Haltung bei Theresia Zadek, Sylvia Mayer, Miriam Schön und Norma von Echtheim. Davon unterscheiden sich Tina Thonhauser alias Klaar und Marie-Claire Schütz alias Ponto, die beide schon vor ihrer Trennung heimliche Liebhaber hatten. Während Tina Thonhauser ihren heimlichen Intimpartner nach der Scheidung behält und auch noch andere Verehrer hat, zieht es Marie-Claire Schütz vor, ihre Liebesbeziehung mit Siegfried Ponto für einige Zeit ›auf Eis zu legen‹. Der Liebhaber geht für zwei Jahre nach Südamerika. Auch das arrangiert Marie-Claire – wie den gesamten Trennungs- und Scheidungsprozess – in der Voraussicht, dass es die baldige konsensuale Scheidung von Valentin Jakob Schütz, ihren eigenen Verbleib im Schützschen Elternhaus und die Fortführung einer kooperativen Elternschaft erleichtern wird.

Männer gestalten die erste Zeit nach der faktischen Trennung häufig als *Single*, so als hätten sie von einer Sekunde auf die andere keine Familie mehr. Dies fanden wir bei Heinrich Miller, der sich ein Single-Leben in einer nach seinen Vorstellungen gestalteten Wohnung und neuen Hobbys einrichtet (Segel-Turns etc.), bei Jörg Thonhauser, der in die Clique der alten Freunde zurückkehrt, auch bei Valentin Jakob Schütz und bei Siegfried Ponto in der besonderen Form ihrer exotischen Exile. Selbst der unselbstständige und alkoholkranke Hans Koller versucht zunächst in seiner kleinen Gemeindebauwohnung allein zu leben, scheitert aber an zu bedrängenden

Gefühlen der Einsamkeit. Andere Männer sehen sich dazu von vornherein nicht in der Lage. Sie wissen oder spüren, dass sie auf die tägliche Umsorgung durch eine Frau angewiesen sind. Karl Mayer verbringt nach seiner Wegweisung aus der ehelichen Wohnung einige Wochen in einem Obdachlosenheim. Dann zieht es ihn in seine Weinviertler Heimatgemeinde, wo ihm eine ältere Witwe Unterschlupf bietet, nach dem alten Muster, dass die Heimatgemeinde die sozialen Lasten für die in der Fremde ›Gestrandeten‹ übernimmt. Franz Zadek hat aus der Zeit vor der Trennung und Scheidung einige Freundinnen, bei denen er nun abwechselnd lebt. Jüngere Männer kehren vorübergehend zu einem spät-adoleszenten Lebensstil zurück: Sie besuchen – oft erstmals nach Jahren – wieder Discotheken und Tanzlokale, betreiben intensiver Sport als zuvor, nehmen an Körpergewicht ab, kleiden sich jugendlich und melden sich – wie Jörg Thonhauser und Heinrich Miller – bei alten Freunden zu neuen Abenteuern zurück. Andere ziehen vorübergehend in den Haushalt ihrer Eltern ein. Diese Formen der Rückkehr in ein früheres sozial-kulturelles Lebensalter können psychoanalytisch als ›Regressionen‹ bezeichnet werden, doch ist der mitschwingende moralische und normative Ton in Frage zu stellen. In soziologischer Sicht dienen sie dazu, den noch verbliebenen ›Marktwert‹ in der Werbung um (meist jüngere) Frauen zu testen. Übertriebene Hoffnungen, jüngere oder hübschere Intimpartnerinnen zu finden, weichen meist bald einer realistischeren Einschätzung. Nach einiger Zeit meldet sich bei vielen Männern die Erinnerung, dass sie nicht nur eine Frau, sondern auch ein Kind oder Kinder verlassen haben. Und mehr oder weniger geschickt nehmen sie wieder Kontakt zu ihren Kindern auf.

10.5 Die Konflikte im Trennungs- und Scheidungsprozess

Was treibt die Konflikte im Trennungsprozess an? Die Phänomene sind derart vielfältig, dass sich nur Konfliktbündel angeben und typisieren lassen. Fünf Komplexe können unterschieden werden:

1. Konflikte aus der ungleichen Verteilung von Ressourcen und Macht
2. Konflikte aus den Umständen der gerichtlichen Scheidung
3. Psychische Konflikte
4. Ethisch-moralische Konflikte
5. Symbolisch-kulturelle Konflikte

10.5.1 Konflikte um Ressourcen und Macht

Die zahlreichen Konflikte, die aus Ressourcen- und Machtdifferenzen resultieren, weisen darauf hin, dass das intime Paar bzw. das Ehepaar im gemeinsamen Haushalt mitsamt seinen Kindern ein sozial-ökonomisches System bildet. Die Akteure bringen Ressourcen in dieses System ein und tauschen sie hier (zum Teil) gegeneinander aus. So wird etwa Geld, Vermögen und soziale Sicherheit gegen Liebe, Fürsorge und Zärtlichkeit getauscht. Dies ermächtigt beide Partner, Mann *und* Frau, dazu, in je spezifischer Weise übereinander zu verfügen, also in jenem Feld Macht über den Anderen auszuüben, in dem die eigenen Ressourcen jenen des Anderen überlegen sind. Ökonomisch mächtige Männer dominieren attraktive Frauen, die ihnen ökonomisch unterlegen sind. Sexuell, erotisch und sozial machtvolle Frauen dominieren ökonomisch mächtige Männer, die ihnen an sexuell-erotischer Attraktivität unterlegen sind, und so fort. Männer und Frauen leiden an der Dominanz ihres Partners oder aber sie gewinnen daraus eine spezifische Lust, die nur tiefenpsychologisch erklärt werden kann (Benjamin 1985). Nicht erst im Trennungsprozess, dann jedoch in erhöhtem Maße und explizit, werden die Verteilung der Ressourcen und die ausgeübte Macht über den Anderen *strittig*. Die Partner werfen einander die Veruntreuung von Ressourcen, den Bruch von Verträgen und Versprechen, Illoyalität, Betrug und Schuld vor. Dabei ist nicht nur (wie wir es bei Begriffen wie ›Ressource‹ oder ›Kapital‹ gewohnt sind) an monetäre und wirtschaftliche Ressourcen resp. Kapitalien zu denken, sondern auch an sozial-kulturelle, emotionale, psychische, kognitive und körperliche Ressourcen, beispielsweise die Fähigkeit und Bereitschaft, den Kindern bei schulischen Problemen zu helfen, einem erschöpften Ehepartner die Möglichkeit zu geben, sich zu erholen, die Kompetenz, Familienfeste zu feiern, die Fähigkeit, den Intimpartner sexuell zu erregen und den Sexualakt befriedigend zu gestalten, u. a. m. Im Trennungsprozess und auch im juristischen Scheidungsverfahren wird über die Unterlassungen, Versäumnisse und Fehler des Anderen nicht abstrakt und allgemein, sondern konkret und spezifisch erzählt. Aus der Fülle der Geschehnisse werden einige Geschichten hervorgehoben und in den Rang von Beweis- und Beleggeschichten gerückt. Dabei erfolgt häufig eine Neubewertung der Geschehnisse. Besonders jene Geschichten, die die Trennung legitimieren sollen, werden nach verschärften Kriterien evaluiert. Sie bezeichnen nun exemplarisch und bilanztechnisch die Differenz von Soll und Haben, von Lebensentwurf und -realität (s. Kapitel 10.11).

10.5.2 Konflikte vor Gericht

Wenn sich das scheidende Paar nicht außergerichtlich einigen kann, geht es auch im Streit vor Gericht mit narrativen und leiblichen Strategien (Schluchzen etc.) darum, die Trennung zu legitimieren und bei der Teilung der Rechte in Bezug auf die Kinder und das Vermögen die eigenen Interessen zu wahren. Materielle Ansprüche werden nicht selten mit dem Hinweis auf die Interessen der Kinder beansprucht, weil dies die Legitimität der Forderung in aller Augen erhöht. Auch dies verweist bereits auf zwei weitere Dimensionen: die moralisch-ethische und die kulturelle Dimension der Trennungskonflikte (s. u.). Ein Teil der Konflikte entsteht oft erst im Zuge des gerichtlichen Scheidungsverfahrens. Dies geht auf das Rechtssystem und die Strategien und Taktiken der Professionellen der Rechtsberatung und Rechtsprechung (Scheidungsanwälte, Gutachter, Richter u. a.) zurück. Erinnert sei beispielsweise an zwei Scheidungsverfahren, über die in den Fallstudien berichtet wird. Alkoholsüchtigen und wiederholt gewalttätigen Männern (Franz Zadek und Karl Mayer) wurde von einem Scheidungsrichter bzw. von einer Scheidungsrichterin für einige Wochen das Wohnrecht in der »ehelichen« Wohnung und danach vom Jugendamt ein erhebliches »Besuchsrecht« eingeräumt, was zu weiterer köperlicher Gewalt gegen die Frauen und auch gegen die kleinen Kinder führte. Es erforderte jeweils höchste Anstrengung der Frauen, die amtliche »Besuchsregelung« in den folgenden Jahren in Auseinandersetzung mit den zuständigen Jugendämtern erfolgreich zu bekämpfen (Kapitel 6.1 und 8). In jüngster Zeit entwickelte Formen der vorgerichtlichen Verhandlung und Mediation (Birnbaum u. Allmayer-Beck 1997; Grünberger 2000) und Änderungen von Familienrechtsgesetzen, die grundsätzlich ein »gemeinsames Sorgerecht« der Ex-Ehegatten vorsehen, zeigen, dass in vielen westeuropäischen Ländern, so auch in Deutschland und Österreich, die juristischen Systeme wohl aus Einsicht in diesen Zusammenhang in Reformbewegung geraten sind (Buchholz-Graf u. Vergho 2000; Hopf 2000, 2001; Pelikan 2002; Mottl 2004). Ob die bisher entwickelten Reformansätze ausreichen, um die genuine Konfliktträchtigkeit des gerichtlichen Scheidungsverfahrens zu mindern, wird sich zeigen.

10.5.3 Psychische Konflikte

Psychische Konflikte der Intimpartner finden schon vor dem Trennungsprozess statt, doch fügen sich viele Partner in der Trennungsdiskussion und auch noch im gerichtlichen Scheidungsprozess weitere seelische Verletzungen zu. Die Trennungsdiskussion und die Auseinandersetzungen im Scheidungsverfahren sind, häufig unter aktiver Teilnahme von Rechtsanwälten, oft demütigend und beschämend. Schon früher entstandene psychische Schwierigkeiten können durch den Stress der Trennung und Scheidung wieder akut werden. Probleme im Prozess der Individuation (Stierlin 1991) können im Trennungsprozess zu neuer, oft erstaunlich später Aktualität gelangen, wenn es beispielsweise einem Partner darum geht, nun endlich seine Unabhängigkeit vom oft langjährigen Ehe- resp. Lebenspartner zu ›beweisen‹. Der Trennungsprozess und das Scheidungsverfahren werden dann gleichsam zur Bühne für eine ›verspätete‹ Individuation. Ein Intimpartner bringt dem anderen Aggressionen entgegen, die den eigenen Eltern oder einem vorherigen Intimpartner etc. gelten, diesen aber aus unterschiedlichen Gründen nicht geoffenbart werden konnten. Psychische Probleme können auch dann verspätet hervortreten und erstmals sichtbar werden, wenn länger zurückliegende Trennungsverluste, die ›überspielt‹ und nicht hinreichend betrauert wurden, durch die aktuelle Trennung virulent werden (s. Gitta Kunst, Kapitel 4; Bowlby 1973/2006 b; Worden 1983).

10.5.4 Ethisch-moralische Konflikte

Trennung und Scheidung erzeugen nicht zuletzt einen veritablen Wertekonflikt. Schon die typischen Vorwürfe, die die Partner gegeneinander erheben, bezeichnen ethisch-moralische Konflikte, etwa wenn es um ›Gerechtigkeit‹ in der Arbeitsteilung im Haushalt, in der Sorge um die Kinder, um den Missbrauch von Alkohol und daraus entstehende Unzuverlässigkeit oder um Treue und Untreue in der Paarbeziehung geht. Hat das Paar ein Kind oder Kinder, kommt das eminente Werteproblem hinzu, ob dem Kind / den Kindern der offene Streit und dann auch Trennung und Scheidung zugemutet werden dürfen. Lautet doch eine moralisch-ethische Forderung an die Eltern, nur das Beste für die eigenen Kinder zu tun. Moralisch-ethische Konflikte erzeugen besondere Bitterkeit, weil hochgehaltene, ja geheiligte Werte (s. Kapitel 1) verletzt gesehen werden. Wertekonflikte können sich verschärfen, wenn das Paar oder einer der Partner einer Religionsgemeinschaft angehören, welche die Trennung und Scheidung zur ›Sünde‹ erklärt und unter spezifische Sanktionen stellt (wie den Ausschluss der Geschiedenen von den Sakramenten in der Römisch-katholischen Kirche; Menne 1971; Cancik 1988). Moralisch-ethische Konflikte werden diskursiv und kollektiv vor-erzeugt und den Getrennten und Geschiedenen, insbesondere in kleinen Gemeinden auf dem Land, *aufgelastet*. Dies trifft vor allem den nach allgemeiner Auffassung »schuldig« Getrennten und »schuldig« Geschiedenen. Uns ist ein Fall bekannt, wo eine junge Frau, die nach dem Urteil der Dorfgesellschaft aus ihrem Verschulden (Untreue) geschieden wurde, im einzigen örtlichen Lebensmittelgeschäft nicht mehr bedient wurde. Unter diesem moralisch-sozialen Druck sah sie sich letztlich gezwungen, das Dorf zu verlassen.[3] Es ist evident und auch die Scheidungsstatistiken zeigen implizit, dass die moralisch-ethische Verurteilung der Geschiedenen mit der Größe des Wohnortes und dem Grad der Urbanität zurückgeht. Dies ist nicht nur mit dem geringeren Einfluss religiöser Glaubensgemeinschaften in größeren Städten zu erklären. Es hat auch damit zu tun, dass überschaubare Gesellschaften in kleinen Orten unter erheblichen Druck geraten, im Scheidungsfall Partei für einen der Geschiedenen zu beziehen, Schuld zu verteilen oder einseitig zuzuweisen. Dies tangiert alle sozialen Systeme der kleinen lokalen Gesellschaften, von den hier noch eminent wichtigen Vereinen bis zu den Freundeskreisen und Nachbarschaften. Es erschwert den Umgang mit den Geschiedenen und erhöht die Bedenken gegen eine Scheidung. Hingegen bieten größere Orte, Städte und Großstädte weitaus mehr Möglichkeiten, die sozialen Kontakte der Geschiedenen auf eine Weise zu reorganisieren, die das soziale Umfeld nicht spaltet und dadurch Spannungen erzeugt. Hinzu kommt, dass das höhere Angebot auf dem städtischen Wohnungsmarkt, mehr und vielfältigere Berufschancen, das dichtere Netz der Dienstleistungen und die höhere Anonymität den Neustart der Geschiedenen erheblich erleichtern.

Ethisch-moralische Konflikte bestimmen schon die halboffene Trennungsdiskussion, dann die faktische Trennung und schließlich auch die gerichtliche Scheidung. Ethisch-moralische Bedenken und Argumente werden schon im Trennungsprozess ausgetauscht. Um- und Abwertungen der Geschichten einer intimen Beziehung (s. o.) erfolgen unter Bezugnahme auf Ethik und Moral. Die Akteure sehen sich dabei auch immer gehalten, sich mit ethisch-moralischen Positionen in den öffentlichen Diskursen (v. a. der christlichen Kirchen und anderer Wertegemeinschaften) auseinanderzusetzen. In ihrer Kommunikation mit den lokalen Helfern und Beratern (Priester, Familienberater, Psychotherapeuten, Hausärzte, Gynäkologen etc.) besprechen sie immer auch ethisch-moralische Aspekte der Trennung und Scheidung. Dabei geht es nicht nur und in den letzten Jahren zunehmend weniger um Fragen der Schuld im Sinn einer dogmatischen Ehe- und Sexualmoral. Eher müssen die Entscheidungen nach einer flexiblen und der Situation angepassten Verhandlungsmoral (»Situationsethik«) begründbar erscheinen (Pfürtner 1972, 181 ff.; Höllinger 1992). Wie die Fallstudien im Detail zeigen, werden solche Verhandlungen nicht nur zwischen den in Trennung stehenden Partnern geführt, sondern auch mit den eigenen Eltern, Schwiegereltern und mit engen Freundinnen und Freunden. Damit verbinden die Akteure die Hoffnung, eine im Umfeld als moralisch und ethisch legitim geltende Entscheidung herbeiführen zu können, was ihnen auch deshalb erstrebenswert erscheint, weil es Solidarität und Unterstützung der Angehörigen und Freunde nach der Scheidung resp. Trennung gewährleisten kann.

Ethisch-moralische Dimensionen des Konflikts gravieren sich in das psychische Erleben der Partner ein und erfassen damit so gut wie alle Streitthemen des Paares.

Die Fallstudien machen dies in vielen Aspekten anschaulich: So vermischt sich beispielsweise bei Valentin Jakob Schütz (s. Kapitel 9) der moralisch-ethische Impetus, den Vertrauensbruch und Betrug seiner Ehefrau und seines besten Freundes anzuklagen, mit der materiellen Form seiner Rache: dem Verkauf des florierenden Familienunternehmens. So durchdringen einander in den Nachscheidungskonflikten des Ex-Ehepaares Karl und Michaela Koller (s. Kapitel 6) moralisch-ethische Aspekte mit dem fortgesetzten Streit um die Alimentation und andere Ressourcen. Auch im gerichtlichen Scheidungsverfahren geht es den Parteien und ihren Rechtsanwälten – zumindest rhetorisch und vordergründig – um Gerechtigkeit. Der Streit um materielle Ressourcen wird häufig mit moralisch-ethischen Argumenten ausgetragen. Die Urteilsbegründungen der Scheidungsrichter nehmen oft ausdrücklich eine moralisch-ethische Dimension für sich in Anspruch. Moralisch-ethische Aspekte werden aber auch in den Konflikten des längst geschiedenen Paares und seiner Kinder virulent, etwa wenn Frau Mayer von ihrem Sohn verlangt, er solle seinen leiblichen Vater wegen dessen Gewalttaten und Unzuverlässigkeit »vergessen«, oder wenn sie dem Ex-Ehemann keinerlei Rechte als Vater zugesteht. Mario gerät in Rage, weil ihn ein Schulkollege mit dem Ausspruch echauffiert, er solle »seine fette Mutter ficken« (s. Kapitel 6.5). Kaum etwas erregt den moralisch-ethischen Protest mehr als das Gefühl, das eigene Kind oder der eigene Elternteil würde von Anderen ungerecht oder entwürdigend behandelt werden.

10.5.5 Symbolisch-kulturelle Konflikte

Den genannten Dimensionen der Konflikte ist noch eine weitere hinzuzufügen, und es ist nicht die unwichtigste: die symbolisch-kulturelle Dimension. Sie entsteht aus dem Bruch einer universalisierten Erwartung, die sich aus dem Familienmythos nährt (s. Kapitel 1): Motive des Glücks, der sozialen Stabilität und Sicherheit, des materiellen Wohlstandes und des sinnvollen Lebens, kurz: das Glücksversprechen des Familienmythos, scheinen verletzt. Die sich trennenden Paare sehen sich daher mit dem kulturellen Problem konfrontiert, einen ihnen sehr wichtigen, oft ihren höchsten Wert zu verletzen. Wie lässt sich das bewältigen, ohne sich selbst untragbare oder krankmachende Schuld aufzuladen? Die erste, noch sehr allgemeine Antwort ist: Frauen und Männer und oft auch von der Trennung des Paares betroffene Kinder und Jugendliche beginnen, den Wert der gescheiterten Ehe bzw. Lebensgemeinschaft *zu mindern*. Der gescheiterten intimen Beziehung oder Ehe wird der geheiligte Wert nachträglich *aberkannt*. Dies geschieht, um weiterhin (und bei den nächsten Versuchen einer Partnerwahl und Familiengründung) an diesem hohen Wert festhalten zu können. Alle neun Paare, deren Trennung resp. Scheidung in den Fallstudien ausführlich zur Sprache kam, benutzen derartige Strategien der nachträglichen Abwertung ihrer Intimpartnerschaft und ihres Familienlebens. So gelangen sie zu einer negativen Bilanz, welche die Entscheidung zur Trennung im Rückblick *legitimiert*. Mit nur einer Ausnahme (Rafael Santos-Mendez und Miriam Schön, s. Kapitel 4) verwenden die getrennten Partner *komplementäre* Strategien. Sie unterscheiden sich nach dem Kriterium, ob der Erzähler die Trennung *initiiert*, betrieben und letztlich mit bestimmten Konditionen durchgesetzt hat, oder ob er sie hinnehmen und *erleiden* musste.

10.5.5.1 Die narrativen Strategien der Initiatoren und der Leidtragenden der Trennung

Sortieren wir die sechzehn Partnerinnen und Partner aus den acht asynchron getrennten Ehen resp. Lebenspartnerschaften nach diesem Kriterium. Ich bezeichne die erste Gruppe als ›Initiatoren / Initiatorinnen der Trennung‹ und die zweite als ›Leidtragende der Trennung‹. Die Personen werden teils durch ihre eigenen Erzählungen, teils durch die Erzählungen ihrer Ex-Partner in die eine oder in die andere Position gebracht. Auch dies impliziert subjektive Wertungen, doch zeigen sich darin sehr hohe Übereinstimmungen zwischen den Ex-Partnern.

Initiatoren/Initiatorinnen der Trennung	Leidtragende der Trennung
Heinrich Miller	Sophie Miller
Simon Kepler	Gitta Kunst
Tina Thonhauser alias Klaar	Jörg Thonhauser
Theresia Zadek	Franz Zadek
Sylvia Mayer	Karl Mayer
Michaela Koller alias Wild	Hans Koller
Marie-Claire Schütz alias Ponto	Valentin Jakob Schütz
Anonymus	Norma von Echtheim

Heinrich Miller stellt in seinem Rückblick (!) seine Frau als eine von Beginn an völlig inkompetente Hausfrau und Mutter dar, die nicht im Stande gewesen sei, den ehelichen Haushalt zu führen und die Kinder »richtig« zu erziehen. Er dehnt dieses Urteil – wie wir das sehr häufig beobachten – auf die Herkunftsfamilie der Frau aus:

Die Eltern der Frau seien nicht im Stande gewesen, die Tochter zu einer arbeitstüchtigen Ehefrau und Mutter zu ›erziehen‹. Daher lehnt Herr Miller nach der Scheidung und (fünf Jahre später) nach dem Tod der Ex-Ehefrau jeden erzieherischen Einfluss der Verwandten mütterlicherseits auf seine Söhne ab, denn dies würde die Erziehung zur Inkompetenz fortsetzen. Seine Ex-Ehefrau habe das erste Kind (Christian) deutlich mit Hausarbeit überfordert und das zweite Kind (Florian) dermaßen eng an sich gebunden und verzärtelt, dass es zu keinerlei Leistung und Mithilfe im Haushalt bereit und überdies an Neurodermitis erkrankt sei. Noch die unmittelbar nach der Scheidung ausgebrochene, todbringende Erkrankung der Frau – ein Tumor wächst hinter dem rechten Auge – stellt der Mann als eine Fleisch gewordene Metapher ihres Ungenügens dar. Schon vor der Trennung habe ihm die Frau keinerlei Zugang zu den Kindern und damit keine Chance gewährt, korrigierend in die Erziehung der Kinder einzugreifen (s. Kapitel 8). Klar ist zu sehen, dass Reproduktion, häusliche Ordnung und vor allem: *Erziehung zur Ordnung* im Zentrum von Heinrich Millers Ehe- und Familien-Modell stehen. Unter den gegebenen Umständen habe ein Ehe- und Familienleben, das diesen Namen verdiene, gar nicht stattfinden können. Daher sei es ethisch-moralisch legitim gewesen, sich von der ersten Ehefrau zu trennen und die Scheidung zu beantragen. Damit begründet Heinrich Miller nun auch in seinem aktuellen Zukunftsentwurf für die zweite Ehe, dass es vornehmlich darum gehen soll, die in der ersten Ehe versäumte ›Erziehung‹ des jüngeren Sohnes nachzuholen und den älteren Sohn von überfordernden Aufgaben im Haushalt zu entlasten.

Simon Kepler stellt seine Lebensgemeinschaft mit Gitta Kunst als erotisch und sexuell gescheitert dar, als einen Irrtum der Sinne sozusagen. Freimütig bekennt er seine phantasierten sexuellen Abschweifungen zu anderen Frauen (s. Kapitel 4). Sie beweisen ihm und sollen auch jeden, der es hören will, davon überzeugen, dass diese Lebensgemeinschaft bald nach ihrem Beginn als sexuelle und erotische Partnerschaft nicht mehr bestand. Im Zentrum seines säkularisierten und links-intellektuell geprägten Modells der Lebenspartnerschaft (die Ehe lehnt er als christlich-staatliche Institution ab) stehen Erotik, Sexualität und Liebe. Daran gemessen scheint ihm die Lebensgemeinschaft mit Gitta Kunst delegitimiert. Dass zwei Kinder geboren und aufgezogen werden, steht auf einem anderen Blatt: dem der Elternschaft, die Simon Kepler von der intimen Paarbeziehung unterschieden wissen möchte.

Tina Thonhauser alias Klaar stellt im Rückblick die Ehe mit Jörg Thonhauser als eine Kameradschaft – wie unter Geschwistern – dar. Aufregende Sexualität und Erotik fehlen offenbar von Anfang an. Zuletzt mangelt es in der Wahrnehmung der Frau auch an ›Bürgerlichkeit‹ des Familienlebens. Die das Paar anfangs verbindenden Abenteuerreisen in ferne Länder passen zur kameradschaftlichen Beziehung. Doch nach ihrem Wechsel in die Bankenbranche entwirft Tina für sich und ihre Kinder ein neues, anderes Intim- und Familienleben. Obwohl der Ehemann ein zärtlicher und sorgender Vater ist, wird ihm fortan die Kompetenz für die nun einzig richtige Erziehung zu Wohlstand und sozialem Aufstieg der Kinder *abgesprochen*. Der soziale Aufstieg ist das neue Leitmotiv der Frau. Tina veranlasst Jörg zwar, auch die legale Vaterschaft für das zweite Kind zu übernehmen, doch entzieht sie den Kindern seinen Namen und gibt ihnen wie sich selbst ihren Mädchennamen zurück (s. Kapitel 7). In einem kulturell-symbolischen Sinn hat die Ehe schon vor der Scheidung aufgehört zu existieren. Wahrscheinlich fällt dies nach dem Empfinden der Frau mit dem Ende der sexuellen Beziehung zusammen. Der Name des Vaters ist es nun nicht mehr wert, die Frau und ihre Kinder zu bezeichnen – unverkennbar eine Strategie der *symbolischen Nichtung*.

Theresia Zadek leidet unter der Gewalt und Untreue ihres ersten Ehemannes. Mühsam setzt sie die Scheidung durch. Die wiederholten Gewalttaten des Mannes, oft im Rausch, radieren ein Ehe- und Familienleben, das diesen Namen verdient, gleichsam aus. Das Gericht bestätigt es, nachdem es eine Nachbarin als vereidigte Zeugin einvernommen hat. Jedenfalls gibt Frau Zadek dem Scheidungsurteil genau diese Bedeutung. Als der geschiedene Mann stirbt, hinterlässt er – neben Frau Zadeks Sohn Andreas – auch eine Tochter, die Theresia Zadek an seinem Grab zum ersten Mal sieht (s. Kapitel 8). So bestätigt sich noch posthum: Sie ist von diesem Mann sexuell betrogen und geschlagen worden. Ihr bezeugtes Opfer ist der Beweis: Diese Ehe war nie eine ›richtige‹ Ehe.

Sylvia Mayer beschreibt, ähnlich wie Frau Zadek, eine von Alkoholexzessen, hoher Unzuverlässigkeit und körperlicher Gewalt des Mannes gezeichnete Ehe. Der Schlag mit der Faust ins Gesicht, der ihre Nase zertrümmert und jederzeit mit einem Foto bewiesen werden kann, ist der letzte Akt ihrer Entlegitimierung. Die Frau erkämpft die sukzessive Rücknahme des amtlich verfügten Besuchsrechts des Vaters. Über den Zweck der Maßnahme, weitere Gefahr abzuwenden, hinaus ist dies auch Teil ihrer symbolisch-kulturellen Strategie: Die Erziehungsleistung des Vaters und damit die soziale Vaterschaft wird amtsoffiziell als null und nichtig erklärt, jedes Vaterrecht des Ex-Ehemannes annuliert. Die konstituierenden Motive dieser Ehe waren von Anfang an nicht Erotik, Liebe und Sexualität, sondern die erfolgreiche Erziehung des Kindes und ein bescheidener Wohlstand, den das Kind eines Tages erben soll. Genau in diesen Belangen hat der erste Ehemann völlig versagt. So erklärt die Frau die erste Ehe, die Vaterschaft des Mannes und die erste Familie nach diesen Kriterien als inexistent. Das Urteil der Scheidungsrichterin und die letzte Entscheidung des Jugendgerichts bestätigen sie darin nur noch. Mit dieser Strategie schafft sie die Voraussetzung dafür, *die Folgefamilie wie eine Erstfamilie zu konstruieren*. Der neue Intimpartner soll den Ex-Ehemann in allen Belangen »ersetzen«, das Kind soll seinen leiblichen Vater

»vergessen«. Sylvia Mayer hofft auf ein neues Familienleben, das diesen Namen verdient. Es scheint, dass sie dazu einen männlichen Partner benötigt, der, obgleich auch geschieden, in ihren Augen am Scheitern seiner ersten Ehe *keine Schuld* trägt. Deshalb unterstützt sie ihn sehr engagiert, ja sie coacht ihn in dem Bemühen, seiner Ex-Ehefrau die alleinige Schuld nachzuweisen.

Michaela Koller ist eine weitere Initiatorin. Sie findet, dass ihre Ehe ab der Geburt des Sohnes und den damit einsetzenden Alkoholexzessen des Mannes so gut wie nicht mehr existiert habe. Weder gab es gute Kommunikation noch eine sexuelle und erotische Beziehung. Auch als Vater und Erzieher seines Sohnes sei der Mann ein »totaler Ausfall« gewesen. Entweder war er in der Arbeit, im Gasthaus, oder er lag betrunken im Bett. Nötige Investitionen (etwa in eine neue Küche) fanden nicht statt. Noch zwei Jahre nach der Scheidung wirft Michaela Koller dem Ex-Ehemann in zahlreichen Auseinandersetzungen am Telefon vor, seine erste Familie weder als Ehemann und Liebhaber noch als Vater und Erzieher *realisiert* zu haben. Die materiellen und ideellen Investitionen, die Hans Koller in der Folgefamilie leistet, auch sein nun an den Tag gelegtes Bemühen, Vaterarbeit zu lernen, bestätigen ihr: Er hat es schuldhaft verabsäumt, seine erste Ehe und seine erste Familie zu realisieren. Doch obwohl Michaela Koller (alias Wild) in einer zweiten Ehe und einer Folgefamilie lebt, mit denen sie einigermaßen zufrieden ist, nimmt sie dies nicht stillschweigend hin. Der Konflikt mit dem Ex-Ehemann über dessen schweres Versagen ist virulent und wird es wohl bleiben, solange Kevin ein Kind ist, zwischen den Haushalten der Eltern pendelt und Erziehung benötigt. So lange ist er in der Sicht der Mutter der lebende Beweis des Versagens und der Schuld seines Vaters, und in der Sicht des Vaters der einzige Zeuge, der »eines Tages« seine Unschuld und die Schuld der Mutter beweisen wird.

Marie-Claire Schütz leidet schon vor der Eheschließung darunter, dass sie während der hektischen Arbeitswochen von ihrem Mann allein gelassen wird. Zunächst ist sie die kompetente Assistentin des Familienoberhauptes und Unternehmers, was ihr (über die Scheidung hinaus) einen sicheren und prominenten Platz im Haus verschafft. Auch nach der Rückkehr des Mannes ins Elternhaus reichen die Zeit und das erotische und sexuelle Interesse aneinander nicht aus, um eine zufriedenstellende intime Beziehung aufzubauen. Bei Valentins bestem Jugendfreund findet Marie-Claire, was sie nach dem Code der romantischen Liebe für eine gelingende Intimbeziehung hält: den regelmäßigen Austausch von Erzählungen, Zärtlichkeiten und sexuelles Begehren. Implizit und insgeheim erklärt Marie-Claire damit ihre Ehe für *nicht realisiert*. Diese Ehe ist zwar eine wirtschaftlich vernünftige und erfolgreiche Verbindung, doch eine romantische Liebe war sie in ihren Augen von Anfang an nicht. Sie mit Rücksicht auf die Geschäfte noch länger zu leben und die Liebesbeziehung mit Siegfried weiterhin nur heimlich zu führen, hieße für Marie-Claire, eine Lüge zu leben. Die Ehe wird im Namen einer romantisch codierten Liebe geschieden. Das respektiert auch die Schwiegermutter, wenn sie die Exilierung des Sohnes zulässt und die untreue Schwiegertochter mit der Enkelin im Haus behält. Dennoch wartet Marie-Claire zu, bis auch der Ex-Ehemann eine neue intime Beziehung eingeht. Erst dann initiiert sie die Scheidung und regelt alle Details zu ihren Gunsten (s. Kapitel 9).

Vergleichen wir die Initiatoren und Initiatorinnen der Trennung resp. Scheidung miteinander, lässt sich sagen: Sie wählen narrative Strategien, die – bei Unterschieden im Detail – als Strategien der *Derealisierung* oder der *Nichtung* bezeichnet werden können. Die Ehe resp. Lebenspartnerschaft wird unter Bezugnahme auf das jeweils bevorzugte und legitime Ehe- und Familien-Modell für »nicht realisiert« oder für »wertlos« erklärt. Diese beiden narrativen Strategien ermöglichen es den Initiatoren überdies, einen an sie gerichteten moralisch-ethischen Vorwurf abzuwehren bzw. nicht akzeptieren zu müssen. Sie führen aber auch schon zu einem legitimen ›Programm‹ für die folgende Ehe resp. Lebenspartnerschaft. Das Leitmotiv der neuen Intimbeziehung bestimmt sich aus jenen Vorwürfen, die der Initiator dem in seiner Sicht versagt habenden Expartner macht: Die neue Intimbeziehung resp. Ehe wird beispielsweise als Projekt der Erziehung entworfen (Zadek-Miller), oder als Projekt der Intimität (Schütz-Ponto), oder als Projekt des sozialökonomischen Aufstiegs (Thonhauser alias Klaar), und so fort. Die narrative Strategie der Initiatoren begründet also sowohl die Legitimität der von ihnen betriebenen Trennung als auch schon das Programm der folgenden Beziehung.

Betrachten wir nun jene Partner im Sample, die den Initiatoren nichts Wirksames entgegensetzen können und letztlich die Trennung resp. Scheidung *hinnehmen* und *erleiden* müssen. Es ist zu erwarten, dass sie andere narrative Strategien entwickeln müssen. Hans Koller hat die Trennung und Scheidung in eklatanter Weise erlitten und beinahe nicht überlebt. Er hat seiner Scheidung kraft- und wehrlos zugestimmt und im gerichtlichen Verfahren keinerlei Besuchsrecht als Vater beansprucht. Mit diesem nicht nur juristisch relevanten, sondern auch hoch symbolischen Akt gab er gleichsam zu, kein sozialer Vater gewesen zu sein. Seine neue Partnerin Sylvia Mayer, die Initiatorin ihrer eigenen Scheidung, rät ihm aus *ihrer* Logik nun dringend, um ein solches amtliches Besuchsrecht zu kämpfen. Doch als Erleidender seiner Scheidung folgt Hans Koller einer anderen Logik. Nach seinem körperlichen Zusammenbruch bemüht er sich, die wie hinter einem Schleier liegende Geschichte seiner ersten Ehe mit Hilfe der Aussagen seines Sohnes zu rekonstruieren, um eines Tages der Ex-Ehefrau »die Schuld« zuweisen zu können. Dazu benötigt er allerdings, wie schon zum physischen Überleben, die Hilfe der neuen Partnerin und die Loyalität seines

Sohnes. Letztere scheint ihm zum Zeitpunkt der Gespräche eher ungewiss. Auf Anraten seiner neuen Lebenspartnerin legt Hans Koller Notizen an, die ihn eines Tages ermächtigen sollen, die Nichtigkeitserklärung der Ex-Ehefrau (s. o.) *zu widerlegen.* Der Sohn gerät mitten hinein in die antagonistischen narrativen Strategien von Vater und Mutter. Gelänge das Vorhaben des Mannes, was wenig wahrscheinlich ist, wäre bestätigt, dass die Ehe – entgegen dem Urteil des Gerichts und den Erzählungen der Ex-Ehefrau – wegen der Untreue der Ehefrau gescheitert ist. Das Ansinnen des Mannes ist es also, in absehbarer Zukunft ein *gerechtes* Urteil zu erlangen. Wir können von einer narrativen Strategie der *Widerlegung der Nichtigkeit und der Schuldumkehr* sprechen.

Valentin Jakob Schütz beantwortet die Strategie seiner Ehefrau Marie-Claire, obgleich als Betrogener für kurze Zeit zornig und voller Rachedurst, letztlich einverständig und konstruktiv. Mit seiner Selbstexilierung gibt er wortlos zu, dass die Ehe in einem normativen Sinn nicht stattgefunden hat. Im südafrikanischen Exil beginnt er sich heftig »nach einem Kind« und – so unsere Deutung – nach einer Familie zu sehen, in der er der unbestrittene, geliebte Vater eines Kindes und Intimpartner einer Frau ist. Er handelt zunächst aggressiv und rachedurstig, dann aber doch *co-konstruktiv*, indem er die (narrative) Strategie seiner Ex-Ehefrau teilt, die erste Ehe für null und nichtig zu erklären.

Norma von Echtheim geht es als Verlassene darum, die intime Beziehung mit dem Vater ihres Sohnes für legitim und für legitimierend zu erklären. Sie wurde zwar schon verlassen, noch ehe die intime Beziehung irgendeinen Alltag gewinnen konnte. Doch nun begründet Norma von Echtheim ihre mit polizeilicher und juristischer Logik verfolgten Ansprüche mit dem Fakt der Zeugung des Sohnes. Der Zeugungsakt soll – nur ungenügend durch den Vorwurf, ein Liebesversprechen gebrochen zu haben, armiert – eine legitime Beziehung begründen und Giuseppe als den Erben seines Vaters legitimieren. Normas Strategie ist juristisch und symbolisch eine *Strategie der Legitimierung* einer Elternschaft und ihrer vor der Zeit und gegen ihren Willen gelösten intimen Beziehung.

Gitta Kunst antwortet auf die Strategie Simon Keplers, die intime Beziehung als erotisch und sexuell unpassend darzustellen, mit heftigen Aggressionen. Der narrativen Strategie Simons kann sie nicht widersprechen. Das Urteil mangelnder Erotik macht sie wehrlos. Sie verschiebt ihre Rachelust auf die Elternschaft und entzieht dem Mann beide Söhne, indem sie deren Pendeln zwischen den Haushalten nicht unterstützt, wahrscheinlich sogar aktiv hintertreibt. Ich bezeichne diese Strategie als die *Verschiebung des fortgesetzten Paarkonflikts in den Boykott der Vaterarbeit.*

Karl Mayer und Franz Zadek sehen sich ähnlichen Strategien ihrer Ex-Ehefrauen ausgesetzt, die Ehe aus moralisch-ethischen Gründen für illegitim zu erklären. Die

Initiator/Initiatorin der Trennung	Leidtragende/r der Trennung
Strategien der symbolischen Nichtung oder De-Realisierung der Ehe resp. der Lebenspartnerschaft	Versuch, die Nichtung zu widerlegen und eine Schuldumkehr herbeizuführen
	Trauernde Hinnahme der De-Realisierung der Ehe resp. Lebenspartnerschaft durch den Ex-Partner
	Verschiebung des fortgesetzten Paarkonflikts in den Boykott der Vaterarbeit des Ex-Partners
	Legitimierung der vom Ex-Partner nicht anerkannten Intimbeziehung
	Resignierte Unterwerfung unter das vom Ex-Partner angestrebte und vom Gericht gesprochene Schuldurteil
	Resignierte Flucht in Krankheit und Tod

Schaubild 1: Narrative Strategien der Initiatoren und der Leidtragenden der Trennung

Ehefrauen ziehen vor Gericht rechtsgültige Beweise (Zeugenaussagen, Fotos von erlittenen Verletzungen, Polizeiprotokolle u. a.) heran, denen die Männer keine glaubwürdigeren Erzählungen oder Beweise entgegensetzen können. Als Gegenstrategie bleibt ihnen nur, ihre »schuldige Scheidung« zur Kenntnis zu nehmen. Wir können ihre Strategie insgesamt als *resignierte Unterwerfung unter das Schuldurteil* bezeichnen.

Sophie Miller, körperlich geschwächt und entmutigt, hat nur noch die Kraft, der Delegitimierung ihrer ersten Ehe aufgrund der ihr vorgeworfenen Unfähigkeit zur Erziehung der Kinder und zur ordentlichen Führung des Haushalts den Versuch entgegenzusetzen, den Vater seiner (künftigen) Vaterrechte zu berauben. Doch ihre Argumente vor Gericht sind zu schwach, um dies durchzusetzen. Sophies Strategie kann als *resignierte Flucht in Krankheit und Tod* bezeichnet werden.

Resümieren wir die narrativen Strategien jener Ehe- resp. Lebenspartner, die die Trennung *erlitten* haben. Ihre Strategien sind, nicht überraschend, Antworten auf die Strategien der *Initiatoren*. Ihre reaktiven Strategien entsprechen den geringeren Ressourcen und dem Habitus der erleidenden Partner.

Einzig Miriam Schön und Rafael Santos-Gomez unterscheiden sich in vielem von den übrigen getrennten Paaren. Sie durchleben einen *synchronen* und *simultanen* Entliebungsprozess, in dem früh gemeinsame Trauer einsetzt und die Wertschätzung füreinander erhalten bleibt, ja sogar eine spezifische Freundschaft möglich wird (s. Kapitel 4.4). Keiner der Partner spürt jemals das Verlangen, die Ehe für null und nichtig zu erklären. Umso erklärungsbedürftiger scheint ihnen, warum ihre erste Ehe gescheitert ist. Auch sie kommen nicht ohne eine gewisse Abwertung der Ehe aus. Doch anders als die übrigen getrennten Paare suchen sie die Ursache weniger in Fehlern und Mängeln des Partners, als in einer *langsamen Erosion* der Liebesbeziehung, für die sie die sozial-kulturelle Differenz und die Anpassungsschwierigkeiten des Zuwanderers (v.a. ethnischsprachlich und beruflich) verantwortlich machen. Die Legitimität der Trennung wird von den Expartnern damit begründet, dass sich die (romantisch codierte) Liebe auf beiden Seiten im Lauf der Jahre merklich abgeschwächt habe.

10.5.6 Heimliche Liebesbeziehungen und Kinder als Komplizen

Kinder werden in heimliche Intimbeziehungen ihrer Eltern mittelbar oder unmittelbar, wissentlich oder unwissentlich involviert. Wird eine Liebesaffäre entdeckt und gestanden, wird ein mitwissendes Kind häufig in eine Art ›Familiengericht‹ einbezogen: als Zeuge der ›Anklage‹ und als Komplize des ›Täters‹. In den später gegründeten Folgefamilien der getrennten Eltern muss es sich dann im mehr oder minder konfliktreichen Verhältnis der leiblichen Eltern zurechtfinden. Nahezu unvermeidlich gerät es in Loyalitätskonflikte. War das Kind Komplize eines Elternteils (wie Kevin Koller, s. Kapitel 6.11 bis 13) und hatte es bis zur Entdeckung der Affäre Stillschweigen bewahrt, bleibt es auch nach der Aufdeckung primär an den ›betrügenden‹ Elternteil gebunden. Dies behindert das Kind bei seinen Versuchen, eine gute Beziehung zu beiden Elternteilen herzustellen. Der betrogene Elternteil versucht, die Loyalität des Kindes zurückzugewinnen. Das Kind gerät in ein für die Beteiligten kaum durchschaubares dynamisch-systemisches Geschehen: Als Zeuge des fortgesetzten Betrugs und der Entwertung eines Elternteils wird es vom betrogenen und entwerteten Elternteil ›mitschuldig‹ gesprochen. Seine Sühne soll darin bestehen, sich im fortgesetzten Kampf der Expartner auf die Seite des betrogenen und entwerteten Elternteils zu schlagen und dem anderen, ›schuldigen‹ Elternteil abzuschwören, sich also an der nachträglichen Entidealisierung, Entwertung oder gar Dämonisierung dieses Elternteils zu beteiligen.

Bleibt dem Kind die heimliche Intimbeziehung eines Elternteils verborgen oder geht der Liebhaber für das Kind unverdächtig in der elterlichen Wohnung ein und aus (wie Siegfried Ponto im Elternhaus Schütz, s. Kapitel 9.2), stellt sich in beiden Folgefamilien die Frage, wie dieses Geheimnis künftig eingestanden und kommunikativ bearbeitet werden kann. Ohne eine plausible Antwort auf seine Fragen bleibt für das Kind unerklärlich, was sein Leben derart verändert hat. Dies beunruhigt das Kind. Es fragt sich, ob der Vater bzw. die Mutter nicht auch es selbst, das Kind, verlassen hat. So erscheint ihm sein eigenes Vertrauen und seine bis zur Trennung der Eltern selbstverständlich gewesene Zugehörigkeit fragwürdig. Eine Zeit lang oder immer wieder einmal weiß es nicht mehr, ob es sich auf seine eigene Wahrnehmung der Eltern und auf seine Gefühle gegenüber Mutter und Vater verlassen kann.

Soziologische Befragungen von Kindern geschiedener Eltern haben ergeben – und dies bestätigt unsere Ergebnisse –, dass Kinder zumindest im Rückblick möglichst eindeutiges und klares Wissen über die Umstände, Ursachen und Anlässe der Trennung ihrer Eltern bevorzugt hätten. Doch nur selten haben sie dieses Wissen angeboten bekommen (Berg 2003; Zartler u. Wilk 2004, 100). Aus nachvollziehbaren Gründen neigen Kinder in ihrer partiellen Unwissenheit meistens dazu, dem weggeschiedenen Vater mehr Schuld für die Trennung anzulasten als der Mutter. Die Kinder leben meist im Haushalt der Mutter und verbünden sich mit ihr, schon um für sich selbst wieder emotionale Stabilität und eine sichere soziale Ordnung zu schaffen. Den nicht identifizierten Liebhaber wird das Kind vielleicht sogar als Retter der Familie wahrnehmen und wertschätzen. So hält Carla Schütz Siegfried Ponto für den ›Retter‹ ihrer Familie, obgleich er seinen besten Freund betrog und die Scheidung von Carlas Eltern mit verursachte. Mutter und Großmutter und auch der weggeschiedene Vater bewahren Carla bis auf weiteres vor diesem Wissen (s. Kapitel 9.6). Doch auch wenn die beteiligten Erwachsenen darüber schweigen und das soziale System damit vorläufig stabilisieren, setzt um das zehnte bis zwölfte Lebensjahr ein verstärktes Verlangen des Kindes ein, die Vorgeschichte der Trennung der Eltern aufzuklären. Familiengeheimnisse warten darauf, gelüftet zu werden. Sie haben aber auch eine akute systemische Funktion: Sie binden die Folgefamilien der Expartner auf eine für die Beteiligten nicht vollends durchschaubare Weise aneinander. Eine vorzeitige oder fahrlässige Aufdeckung des Geheimnisses würde das binukleare Familiensystem zu stark belasten oder gar sprengen. Die spezifische Vorsicht hingegen, mit der zur Wahrung des Geheimnisses kommuniziert wird, ermöglicht seine Reproduktion.[4]

10.5.7 Die im Schatten sieht man nicht …

Heimlichen Intimpartnern (»Geliebten«) kommt in vielen Fällen die Funktion zu, Trennungswillige ›loszueisen‹. Sie ziehen Projektionen eines künftigen, glücklicheren Paar- oder Familienlebens auf sich und geben Mut und Kraft, die Trennung zu initiieren. Ich habe sie in den Fallstudien als *Schattenmänner* resp. *Schattenfrauen* bezeichnet. Tina Thonhauser alias Klaar macht ihren ehemaligen Schattenmann, der auch bei der Feststellung der Schwangerschaft bei ihr war und ihr an diesem besonderen

Abend einen Heiratsantrag machte, zu ihrem wichtigsten, doch nicht zu ihrem einzigen Intim- und Sexualpartner (s. Kapitel 7.9 bis 10). Zum Zeitpunkt der Interviews sind Mann und Frau schon über zwei Jahre daran gewöhnt und haben es zu einer gewissen Meisterschaft gebracht, regelmäßig Zeit zusammen zu verbringen, ohne sich allzu fest aneinander zu binden. Gewiss sind die Kinder zu dieser Zeit noch zu klein, um über die frühere Rolle und Funktion des Schattenmannes aufgeklärt zu werden. Doch sollte er nicht demnächst ausscheiden, wird sich auch hier bald die Frage stellen, mit welchen Erzählungen die Kinder über ihn aufgeklärt werden sollen.

So wie Tina Thonhauser alias Klaar beschränken viele Frauen nach Trennung und Scheidung ihr Zusammensein mit einem neuen Intimpartner auf Urlaube, bestimmte Tage oder wenige Stunden. Die einen wollen sich damit Spielraum für weitere Beziehungs-Optionen bewahren, andere leben auch tatsächlich mehrere Intimbeziehungen. Überdies fühlen sich Frauen durch einen Intimpartner, mit dem sie nicht in einem gemeinsamen Haushalt leben, weniger kontrolliert oder eingeschränkt. Auch kommen sie so nicht in Versuchung, konventionelle Rechte und Pflichten eines Familienvaters an ihn zu delegieren (Schmitz-Köster 1990; Heiliger 1993, 1994; Simsa 1994; Schlemmer 1994). Schwierigkeiten mit dem Kind oder den Kindern, manchmal auch Rivalitäten mit dem weggeschiedenen Elternteil können auf diese Weise vermieden oder in Grenzen gehalten werden.

Intimbeziehungen, die sich diskret »im Schatten« einer Ehe oder Lebenspartnerschaft etablieren und oft Monate, manchmal auch Jahre dauern, sind häufig eine Art emotionale ›Tankstelle‹. Sowohl der Unternehmerin Marie-Claire Schütz als auch der Ehefrau eines Lagerarbeiters, Michaela Koller, gelingt es, aus ihren etwa zwei Jahre dauernden Affären Wertschätzung, Selbstwertgefühl und sexuelle Lust zu gewinnen.[5] Sie genießen Lebensqualitäten, an denen es in ihren Ehen mangelt: aufmerksame Teilnahme des Intimpartners am Alltagsleben und ein intensiveres sexuelles Erleben, das unter den Bedingungen der Geheimhaltung, der relativen Seltenheit oder ungewöhnlicher Umstände aufregender und erregender gestaltet werden kann. Der aus diesen starken Motiven betrogene Partner räumt, meist ohne es zu wissen, dem Rivalen das Feld. (Valentin Jakob Schütz ist berufsbedingt nur selten zu Hause; Hans Koller kommt zwar jeden Abend nach Hause, doch ist er fast immer betrunken und geht sofort schlafen.) Die Ursachen für die schwache soziale und sexuelle Kommunikation in der Ehe oder Lebenspartnerschaft sind häufig Alkoholmissbrauch, übermäßige Arbeitsbelastung und allzu lange und zu viele beruflich bedingte Abwesenheiten. Ursache können auch zeitaufwendige Tätigkeiten in Sportvereinen und andere Hobbys sein. Auch wenn Alkoholmissbrauch nicht immer ein derart hohes Ausmaß erreicht wie bei Hans Koller, beeinträchtigt er dennoch die Zufriedenheit des Ehepartners oder Lebensgefährten. Nicht zuletzt mindert er die Qualität der sexuell-erotischen Beziehung. Auch das führt dazu, dass Frauen die Trennung oft deutlich früher erwägen als ihre Männer, die dies und den Zusammenhang mit ihrem zu hohen Alkoholkonsum oder ihrer ›Arbeitskrankheit‹ meist zu spät registrieren (Bodenmann u. a. 2002; Zartler u. Wilk 2004, 40). Heimlichen Nebenbeziehungen kommt aber auch eine von den Beteiligten kaum durchschaute Wirkung zu: Sie tragen dazu bei, dass die Ehe oder Lebenspartnerschaft noch eine Zeit lang aufrechterhalten wird.

10.6 Trauer über die Trennung

Warum fällt es Frauen und Männern oft so schwer, den Verlust, der mit der Trennung des Paares und mit der *räumlichen* Trennung des Kindes von einem Elternteil verbunden ist, wahrzunehmen, anzuerkennen und zu akzeptieren? Psychologen und Psychotherapeuten meinen, dass es meistens Aggressionen sind, welche die Anerkennung des Verlustes verzögern. Der Auslöser der Aggressionen wird im ›falschen‹, ›betrügerischen‹ oder ›verantwortungslosen‹ Handeln des anderen Partners gesehen. Dennoch richten sich die Aggressionen unter Umständen auch gegen einen selbst (Figdor 2000, 2004; Einnolf 1999; Braun 1997; Schlösser u. Höhfeld 1999; Lehmkuhl 1988, 1991; Lehmkuhl u. Huss 1997). So nützlich Aggressionen für die Ablösung sein mögen, so sehr halten sie davon ab, sich mit dem eigenen Verlustschmerz zu konfrontieren. Das Problem wird auf das schuldhafte Handeln des Anderen, seltener auf das eigene schuldhafte Handeln *reduziert,* womit der Problemhorizont schrumpft und sich die Chance vermindert, zu konstruktiven Handlungsperspektiven zu gelangen. Die Folge fehlender Trauer kann sein, dass bei späteren Gelegenheiten (etwa anlässlich des nächsten Verlassenwerdens, wie wir dies bei Gitta Kunst, der zweiten Partnerin Simon Keplers, gesehen haben, s. Kapitel 4) der Trauerschmerz umso heftiger hervorbrechen wird. In psychoanalytischen Begriffen ausgedrückt, bewirkt ein Verlust, der nicht hinreichend betrauert wird, die Formierung eines Introjekts, das nicht verlassen werden kann (Hirsch 1999, 125). Nicht nur der verlassene und verletzte Partner, auch der Initiator, der die Trennung allein oder deutlich mehr als der andere betrieben hat, erleidet einen Verlust, er nimmt ihn nur weitaus weniger wahr. Er handelt ja in der Überzeugung, sich selbst zu befreien, und meint, bald stünde ihm ein Leben in größerer Freiheit und Autonomie offen. So kann auch bei ihm ein *Mangel an Trauer* entstehen. Dass wir dies feststellen können, bemisst sich nicht an irgendeinem objektiven Maß, sondern an der empirischen Beobachtung, dass nicht geleistete Trauer – oft überraschend – als Schmerz zurückkehrt (Worden 1983).

Kinder und heranwachsende Jugendliche zeigen ihre Trauer über die Trennung der Eltern und den Verlust des familialen Zusammenlebens nicht kontinuierlich und gleichmäßig; ja oft scheinen sie ›nichts‹ zu empfinden (wie beispielsweise Julia und Catherine Schön, s. Kapitel 4), was die Illusion der Eltern nähren kann, ihr Kind hätte gar keine Schwierigkeiten mit der Trennung (Bowlby 1973/2006 b; Amato 1993; Figdor 2000, 2004). Doch der Schein trügt. Kummer oder Zorn brechen nicht genau dann hervor, wenn es die Eltern erwarten oder befürchten. Eine Begegnung, ein Dialog, eine Geste, ein Wort, ein Bild, ein Gegenstand kann sie hervorrufen. Offenkundig ist Trauern also nicht nur ein Prozess im psychischen System, sondern auch eine Serie von Ereignissen im sozialen System. Keineswegs jede Trennung von Eltern hat die Traumatisierung des Kindes / der Kinder zur Folge. Wenn Eltern und andere Nahestehende mit dem Kind ausführlich reden, wird es Geschichten bilden, mit denen es leben und die es erzählen kann (Lehmkuhl u. Huss 1997; Braun 1997; Einnolf 1999; Bohleber 2000). Von spontan auftretender Trauer sind *rituelle* Formen des Trauerns in Gemeinschaften zu unterscheiden. Rezente westeuropäische und nordamerikanische Gesellschaften haben keine *rituellen* Formen der Trauer anlässlich der Trennung eines Paares entwickelt. Dies ist wenig überraschend, haben sich doch Rituale der Trauer im Lauf der westlichen Modernisierung insgesamt zurückentwickelt (Imber-Black 1993). Da Rituale fehlen, können die erlittenen Verluste nicht oder nur unzureichend symbolisiert werden. An die Stelle des Rituals tritt oft betretenes Schweigen. Dies meint auch die Rede von einer mangelnden Trennungs*kultur*. Das einzige offizielle Ritual – die Verhandlung vor dem Scheidungsgericht – mutet oft erbärmlich an. So strategisch diese Verhandlung aus ökonomischen Interessen oder aus dem Streit der Eltern um das Sorgerecht – häufig mit falschen Beschuldigungen – (Lempp 1997; Günter u. a. 1997) geführt wird, vermag sie die Aufgaben eines helfenden Rituals nicht zu erfüllen.

In der Fallstudie »Die Umerzieher« habe ich vier Stufen der Trauerarbeit nach dem Verlust einer geliebten Person durch Krankheit und Tod beschrieben (Kapitel 8.4). Mit nur geringen Modifikationen kann dieses Stufenmodell auf den Verlust von geliebten Personen durch Trennung oder Scheidung und das Ausscheiden eines Elternteils aus dem gemeinsamen Haushalt übertragen werden. Doch nicht die tiefenpsychologische Dimension soll hier näher diskutiert werden, sondern die kommunikative und kulturell-symbolische Dimension. In sozial- und kulturwissenschaftlicher Perspektive ist Trauern ein sozial-kommunikativer Prozess, der mehrere Phasen kennt. Die Bewältigung einer Phase ist jeweils die Voraussetzung für die Bewältigung der nächsten. Aus der psychologischen und psychoanalytischen Trauerforschung wissen wir, dass nicht abgeschlossene Phasen der Trauer im Un- oder Vorbewussten des psychischen Systems bestehen bleiben und hin und wieder auftauchen, oft Jahre später, und oft unvermutet (Bowlby 1961). »Der Trauerprozess ist eine äußerst komplexe, linear *und* rekursiv ablaufende Folge innerer Zustände und äußerer Verhaltensweisen«, formuliert Norman F. Paul (Paul 1987, 122). Trifft dies zu, ist damit zu rechnen, dass Trauer-Ereignisse immer wieder und für die Akteure häufig überraschend auftreten und dann das soziale System irritieren. Jedes Stufenmodell der Trauer kann daher nur eine analytische Ordnung sein. In psychoanalytischer Perspektive mag sich das folgende Modell ›oberflächlich‹ ausnehmen, doch hat es den Vorzug, sehr nahe an den Handlungsmöglichkeiten der Beteiligten zu sein.

Die erste Stufe der Trauerarbeit beginnt für das Kind resp. für den gegen seinen Willen getrennten Partner schon mit Beginn der offenen Trennungsdiskussion. Mehrere Studien und Befragungen von Kindern geschiedener Eltern haben gezeigt, dass die Angst der Eltern vor der Reaktion der Kinder auf den Trennungsentschluss häufig dazu führt, die Kinder weder zeitgerecht zu informieren noch sie in den eigenen Trauerprozess einzubeziehen. Viele Eltern seien zunächst auch gar nicht in der Lage, ihrer eigenen Trauer angemessen Raum und Ausdruck zu geben (Zartler u. Wilk 2004). Die Folge ist, dass auch dem Kind keine hinreichende Gelegenheit geboten wird, seinen Kummer resp. seine Trauer auszudrücken. Als ein diesbezüglich gut gelingender Fall sei das Paar Miriam Schön und Rafael Santos-Gomez (s. Kapitel 4) in Erinnerung gerufen, das seinen gemeinsam gefassten Beschluss sich zu trennen wie auch seine eigene Trauer gegenüber den zehnjährigen Töchtern körperlich und sprachlich ausdrückt. Damit wird es den Kindern möglich, sich annähernd in die Lage beider Eltern zu versetzen, auch wenn sie (wie das Interview mit ihnen vermuten lässt) zunächst keinen unmittelbaren Zugang zum eigenen Schmerz finden können. Mann und Frau mindern auf diese Weise die Gefahr, dass die Kinder auf die Seite eines Elternteils gezogen werden und sich vom anderen Elternteil abwenden.

Auf der zweiten Stufe des Trauerprozesses wird der mit der Entscheidung ausgelöste *Trennungsschmerz eine Zeit lang durchlebt und erfahren.* Auch dies erfordert geeignete Orte, Momente und Rituale der Kommunikation zwischen Kindern und Eltern und anderen ausgewählten Personen, in welchen das Erleben der Trauer verbal und körperlich mitgeteilt, ausgedrückt, verstanden und verständnisvoll zurückgespiegelt werden kann.

Auf der dritten Stufe fügt sich der Trauernde in eine soziale Welt ein, in welcher ein Elternteil oder ein Ex-Partner an vielen Tagen physisch nicht mehr anwesend ist. In dieser Phase der *Ablösung und Re-Etablierung* tritt erstmals Entspannung und Beruhigung ein. Doch neuerlich ist ein gravierender Unterschied zwischen dem Initiator der Trennung und dem die Trennung Erleidenden zu bemerken. Während der Initiator häufig geradezu euphorisch ist und meint, alle Türen für einen Neubeginn stünden ihm nun endlich offen, spürt jener Partner, der die Trennung gegen seinen Willen hinnehmen muss, den Verlust jetzt – in der Ruhe nach dem Sturm – noch deutlicher als zuvor. Meistens finden wir bei ihm eine Mischung aus Trauer und Wut, manchmal tritt eine depressive Verstimmung auf, oder es kommen körperliche Beschwerden hinzu.

Über kurz oder lang wird die entstandene (physische) Leerstelle durch einen neuen Partner, eine neue Partnerin, ein neues Kind oder einen neuen Elternteil eingenommen. Wird vom neuen Partner der Anspruch erhoben, im Erleben des Kindes möglichst bald den Platz eines Elternteils einzunehmen, stellt sich für das Kind die Frage, ob es sich dem neuen Intimpartner des Elternteils zuwenden darf, ohne damit dem in einem anderen Haushalt lebenden Elternteil ›untreu‹ zu werden. Darf es das Zusammensein mit dem neuen Familienmitglied genießen oder für seine Interessen ausnützen? Für Einzelkinder, die schon über mehrere Jahre ausschließlich mit einem Elternteil (meistens der Mutter) zusammengelebt haben, steht überdies an, von der Zweierbeziehung mit dem Elternteil in eine Dreierbeziehung zu wechseln, womit sich typischerweise die Sorge verbindet, etwas von der privilegierten Zuwendung der Mutter und von der eigenen relativen Macht einzubüßen. Auch in diesem Stadium können Schwierigkeiten entstehen, weil vorherige Stufen der Trauer noch nicht hinreichend kommuniziert und erlebt wurden. Manches Kind empfindet den neu hinzugekommenen Partner der Mutter oder die neue Partnerin des Vaters als illegitimen Eroberer eines Platzes, der aus der Sicht des Kindes unverändert nur dem ausgeschiedenen Elternteil gebührt. Erscheint dies dem Kind bedrohlich oder auch nur unangenehm, wehrt es diese Person mit diversen Mitteln ab. Manchmal versucht es sie sogar aktiv zu vertreiben (s. Kapitel 8.9).

Von einer vierten und letzten Stufe der Trauerarbeit kann gesprochen werden, wenn der Getrennte positive Bindungsenergie in neue Intimbeziehungen investiert. Auch wenn das Kind nach einigen Phasen des Widerstands, der Indolenz oder des offenen Konflikts eine neue oder erneuerte Bindung zum weggeschiedenen Elternteil herstellt oder sich dem neuen Intimpartner des sorgenden Elternteils zuwendet und eine spezifische Freundschaft mit ihm aufbaut, ist diese letzte Stufe erreicht. – Die Bewältigung der Trennung durch Trauer liegt also nicht am Einzelnen allein! Sie wird von der aktuell zusammenlebenden Gruppe kommunikativ hergestellt, begünstigt oder behindert. Trauer ist zwar ein Vorgang im psychischen System, doch muss die Irritation des sozialen Systems, die sie verursacht, aufgefangen und kommunikativ verarbeitet werden. Um hinreichend zu trauern, bedarf es geeigneter Kommunikation, die in erster Linie von den Personen im sozialen System geleistet werden muss.

Während des Trennungsprozesses neigen Eltern dazu, Gefühle der Scham und Wut zu unterdrücken (Braun 1997, 64). Um ihre Unsicherheit angesichts des vorübergehenden Verlustes einer sicheren sozialen Ordnung zu bewältigen, üben sie typischerweise eine verstärkte Kontrolle über das Kind aus. (Hier sei u. a. an Sylvia Mayers Versuche erinnert, ihren Sohn Mario zu kontrollieren, oder an die Bemühungen von Herrn Miller und Frau Zadek, den jüngsten Sohn »umzuerziehen«, s. Kapitel 6 und 8.) Geboten ist aber meist weniger die verstärkte Disziplinierung des Kindes, als dass die Erwachsenen lernen, sich in die besondere Erlebniswelt des Kindes einzufühlen und den Ausdruck seiner Ängste, seiner Wut und seiner Aggressionen nicht als schuldhaftes Verhalten anzusehen, wie unangenehm es auch für die Erwachsenen sein mag (Braun 1997, 64 f.). In einigen Fallstudien haben wir gesehen, dass Eltern ihren Kindern oft nicht genug Zeit einräumen, die genannten Phasen der Trauerarbeit zu durchwandern. Dies vor allem dann, wenn sie sich selbst aus Scham oder materiellen Zwängen unter zu hohen Druck setzen, möglichst rasch eine neue, eine ›richtige‹ oder ›bessere‹ Familie aufzubauen.

10.7 Leistungen und Schwierigkeiten der Kinder im Trennungsprozess

Während sich die Eltern mehr oder minder dramatisch entlieben und entidealisieren, hält das Kind an seiner kindlichen Liebe zu beiden Elternteilen fest. Psychoanalytisch gesprochen versucht es, sein inneres Objektbild von Vater und Mutter zu stabilisieren und gegen Anfeindungen von außen zu schützen (Bovensiepen 1987; Chasseguet-Smirgel 1988; Ley u. Bohrer 1992). Scheidet im Zuge des Trennungsprozesses ein Elternteil aus dem gemeinsamen Haushalt aus und sieht ihn das Kind eine Zeit lang nicht oder nur selten, neigt es dazu, sein Bild vom abwesenden Elternteil (in acht von zehn Fällen ist es der Vater) gegen die Entwertungen durch den sorgenden Elternteil oder durch andere Personen zu verteidigen. Es *vergegenwärtigt* seinen überwiegend abwesenden Elternteil. Ein Beispiel aus unserer Forschung kann dies verdeutlichen: Immer wenn die zwölfjährige Martha von ihrer Mutter hört, wie schrecklich das Leben mit ihrem gewalttätigen und rauschgiftsüchtigen Vater gewesen sei, wenn sie also ihr Vaterbild (oft trotzig schweigend) gegen die Rede der Mutter verteidigen muss, kramt sie einen Bleistift und einen Spitzer, die der Vater ihr geschenkt hat, aus einer Schachtel hervor. Es sind Objekte, mit denen sie an ihrer Vorstellung von den guten Seiten des Vaters leichter festhalten kann. Da sie ihre Phantasie vom Vater nur in größeren zeitlichen Abständen mit dem realen Vater vergleichen muss, kann das phantasierte Bild entsprechend den Wünschen von der Realität abgehoben werden (s. Hoffmann-Riem 1989).

Der Prozess der Trennung des Paares löst im Kind einerseits *Wünsche* nach Veränderung und andererseits *Ängste* vor möglichen Veränderungen aus. Entsprechend vielfältig und teilweise konträr sind die psychischen Verarbeitungsformen des Kindes: Der Wunsch nach Veränderung mobilisiert Kräfte, Kompetenzen und Energien. Hingegen führt die Angst vor Veränderungen zu Regressionen, etwa zum Leugnen der schon eingetretenen Veränderungen oder zu vorübergehender Handlungsunfähigkeit (Einnolf 1999, 107). Eine dritte Form der Reaktion wird als Aggression beschrieben. Sie trifft nicht unbedingt denjenigen, der die Trennung initiiert und damit die Ängste des Kindes ausgelöst hat (Figdor 1998, 2004). Sie trifft auch nicht unbedingt jenen Elternteil, der aus dem gemeinsamen Haushalt ausgeschieden ist. Der Initiator der Trennung und der Ausgeschiedene sind zwar oft, aber keineswegs immer dieselbe Person! Doch das Kind kennt bei insgesamt erheblich gesteigerter Intransparenz der Verhältnisse die Hintergründe und Ursachen der Trennung meist nicht genau und vermag seine Aggressionen folglich auch nicht ›zielsicher‹ und ›gerecht‹ zu verteilen. Die US-amerikanische Forschung spricht von *displaced anger*. Sie berichtet, dass es Jungen / Buben vermeiden, ihre Wut und ihren Ärger über die Trennung der Eltern gegenüber dem Vater auszudrücken, obwohl sie sich von ihm, wenn er die Wohnung verlassen hat, verlassen und vernachlässigt fühlen (Wallerstein u. Kelly 1980; Wallerstein u. Blakeslee 1989; Wallerstein, Lewis u. Blakeslee 2000). Regressionen, Depressionen und Aggressionen der Kinder treten in vielen Trennungsprozessen auf. Eine Psychoanalytikerin resümiert ihre Erfahrungen und behauptet, zumindest vorübergehend komme es bei allen Kindern zu »regressiven Phänomenen und zu einer relativen Störung psychischer Funktionen« (Braun 1997, 64). Doch deren Dauer und Auswirkungen werden offenbar stark reduziert, wenn die Eltern dem Kind glaubhaft versichern, dass es trotz der Trennung Mutter und Vater behalten wird. Dieses Versprechen wird für das Kind umso glaubhafter, je intensiver es mit dem aus dem gemeinsamen Haushalt ausgeschiedenen Elternteil zusammen ist. Wenn das Kind *zwei Zuhause* einrichten kann, unter möglichst vorbehaltloser Zustimmung und mit tätiger Unterstützung beider Eltern, sollten seine Schwierigkeiten nur von kurzer Dauer sein (Hetherington u. Kelly 2003).

Die hier knapp referierten psychologischen und psychoanalytischen Befunde zeigen die Ambivalenz des gesamten Trennungsprozesses: Für *alle* Beteiligten, für Kinder wie für Erwachsene, hat der Trennungsprozess sowohl befreiende, emanzipierende als auch vorübergehend lähmende und einschränkende Wirkungen. Wir haben es dabei – wie im gesamten Familienleben – neben den psychischen Prozessen immer auch mit Kommunikation und Ressourceneinsatz zu tun. Einfach gesagt: Die psychischen Prozesse laufen nicht unabhängig von sozial-ökonomischen und sozial-kulturellen Prozessen und umgekehrt. Ein Psychologisieren, das die Vorgänge *naturalisiert*, führt zu falschen Eindeutigkeiten, Fehlschlüssen, Aporien und Widersprüchen.

Was wir in soziologischer Perspektive klar benennen können, sind Formen stärkender und schwächender Kommunikation. Beginnen wir in Umkehrung der gängigen Opferperspektive mit den Leistungen und Kompetenzen, die Kinder im Zuge der Trennung und Scheidung ihrer Eltern erbringen und einsetzen müssen. Dabei gehe ich nicht näher auf psychologische und psychoanalytische Untersuchungen ein. Diesbezüglich kann auf ausgezeichnete Studien verwiesen werden (Lehmkuhl u. Lehmkuhl 1997; Einnolf 1999; Figdor 2000; Maywald 2001 u. a.). Ich fokussiere vielmehr die Kommunikation und den Ressourceneinsatz im sozialen System Familie. In dieser Perspektive lassen sich einige Punkte hervorheben, die sowohl die mögliche Bewältigung der veränderten Lage seitens der Kinder beschreiben wie auch das Handeln der Eltern orientieren können. Kinder müssen lernen,

- die Endgültigkeit der Entscheidung der Eltern zu akzeptieren (oft gelingt ihnen das erst nach einiger Zeit der vergeblichen Hoffnung auf die Versöhnung und das erneute Zusammenziehen der Eltern),
- den endgültigen Verlust des permanenten Zusammenlebens mit beiden Elternteilen zu betrauern, Emotionen wie Zorn oder Wut auf einen oder beide Elternteile auszudrücken und zu kommunizieren, aber auch zu beherrschen,
- die Beziehung zum getrennt lebenden Elternteil aufrechtzuerhalten oder erneut herzustellen,
- sich anderen Personen zuzuwenden und neue Beziehungen aufzubauen,
- eigene Interessen in der Folgefamilie und im bi- und polynuklearen Familiensystem zu erkennen, auszudrücken und durchzusetzen.

Auf jeder dieser Kommunikations- und Interaktionsebenen sind sowohl stärkende und emanzipierende als auch schwächende, verletzende und traumatisierende Wirkungen möglich. Offensichtlich hängt dies nicht allein von den Leistungen und Kompetenzen der Kinder ab. Neben den Eltern und deren neuen Intimpartnern sind auch ›alte‹ und ›neue‹ Großeltern, Geschwister, nahe Freunde, aber auch Kindergärtnerinnen, Lehrer und Lehrerinnen, Psychotherapeuten und -therapeutinnen und andere Professionelle beteiligt. Sind die Leistungen der Beteiligten in der einen oder anderen Hinsicht mangelhaft, kann dies zu Schwierigkeiten führen. Typische Fehler der getrennten Eltern sind:

- Wenn sie die Zeiten, die sie abwechselnd mit dem Kind verbringen, nicht hinreichend klären; wenn sie darin unberechenbar und unzuverlässig sind und ihre Kommunikation mit dem Kind in ihrer emotionalen Qualität zu sehr schwankt.

■ Wenn Eltern ihre Konflikte nach der Trennung nicht nur fortsetzen, sondern das Kind in belastender und überfordernder Weise einbeziehen. Wir unterscheiden verschiedene *Formen der Überlastung*: durch die Umkehrung der Hierarchie von Eltern und Kind (Parentifizierung, s. Graf u. Frank 2001), durch überfordernde Aufträge an das Kind (Delegationen, Stierlin 1978), oder durch die Tendenz, das Kind in die Rolle eines Lebenspartners zu drängen (Partnersubstitut, Braun 1997).

Gefährdend sind jedoch weniger einzelne dieser Risikofaktoren als vielmehr Risikoprozesse, d. h. Verläufe, in denen nachteilige Entscheidungen weitere nachteilige Handlungsweisen nach sich ziehen. Beispielsweise kann eine überaus konfliktreiche und aggressiv durchgesetzte Trennung – wie im Fall von Heinrich und Sophie Miller (s. Kapitel 8) – eine zu enge Bindung des Kindes an die Mutter bewirken, die dem Kind in der Folge den Zugang zum Vater oder auch zu den Peers erschwert. Erst Serien von problematischen Handlungsfolgen erzeugen größere Schwierigkeiten. Damit lässt sich nun aber auch einigermaßen klar sagen, was getrennte Eltern spätestens nach ihrer eigenen Restabilisierung tun können, um das Kind kommunikativ zu *stärken*. Wieder beschränke ich mich auf *das Handeln* der Eltern im sozialen System der Familie bzw. im binuklearen Familiensystem, ohne auf psychologische und tiefenpsychologische Aspekte näher einzugehen. Getrennte Eltern sollen

■ die Beziehung des Kindes zum anderen Elternteil unterstützen und fördern. Es sollte eine Maxime der Mutter sein, die Kommunikation des Kindes mit dem Vater zu stärken und nicht zu behindern, und eine Maxime des Vaters, die Kommunikation des Kindes mit der Mutter zu fördern.[6] Die einzigen Ausnahmen, in denen der Kontakt des Kindes zu einem Elternteil kategorisch zu unterbinden ist, sind manifeste und wiederholte sexuelle und körperliche Gewalt.

■ Die beste Form, die Kommunikation des Kindes mit dem getrennt lebenden Elternteil anhaltend zu fördern, ist die aktive Mitarbeit beider Eltern und auch ihrer neuen Intimpartner am Aufbau eines *zweiten Zuhauses für das Kind*. Wo dies nicht möglich ist, sollte das Kind seinen getrennt lebenden Elternteil wenigstens regelmäßig besuchen können. Beide Elternteile und auch deren neue Intimpartner sollten das Pendeln des Kindes bzw. seine Besuche *aus Überzeugung* unterstützen. Tun sie es nur widerwillig oder nur aufgrund einer richterlichen Anordnung, tragen sie dazu bei, dass Loyalitätskonflikte und widersprüchliche Botschaften (*Double binds*) für das Kind störend werden.

■ Damit *zwei Zuhause* eingerichtet werden können oder zumindest ein regelmäßiger Besuch des getrennt lebenden Elternteils ohne Schwierigkeiten möglich ist, scheint es günstig, den getrennten / geschiedenen Partnern so bald wie möglich wieder wertzuschätzen, auf eine Weise, die auch für das Kind sinnlich nachvollziehbar ist. Die Eltern helfen ihrem Kind damit, die Bindung an beide Eltern zu behalten. Unnötig zu sagen, dass Wertschätzen nicht Lieben bedeutet, sondern anzuerkennen, dass dieser Mensch Eigenschaften und Kompetenzen hat, die man schätzt und früher vielleicht sogar geliebt hat. In Fallstudien hat sich gezeigt, dass dies selbst nach schweren Kränkungen mit der Zeit wieder möglich wird (s. Kapitel 7 und 9).

▪ Die Eltern helfen ihrem Kind, wenn sie seine Bindung an Geschwister in der Folgefamilie des Expartners aktiv und bewusst fördern, indem sie regelmäßige Begegnungen und gemeinsame Unternehmungen der Kinder organisieren.

▪ Die Beziehungen des Kindes zu beiden Elternteilen können durch die freundschaftliche Kommunikation im binuklearen bzw. im polynuklearen Familiensystem gestärkt werden (s. Kapitel 10.10.4). Großelternpaare und andere nahestehende Verwandte haben die Möglichkeit, die getrennten Eltern dabei zu unterstützen, beispielsweise indem sie Orte und Gelegenheiten für Familienfeste anbieten.

10.8 Die Suche nach einem neuen Intimpartner

Begegnen Getrennte und Geschiedene potenziellen neuen Intimpartnern, thematisieren sie ihre Vorgeschichte meistens schon in ihren allerersten Gesprächen. Im Austausch ihrer Geschichten wollen die Getrennten und Geschiedenen *testen*, ob der Gesprächspartner für eine neue intime Beziehung in Frage kommt. Heimlich stellen sie sich oft auch bald die Frage, ob der oder die neue Bekannte für eine Haushalts- und Familiengründung geeignet wäre. Dies besonders dann, wenn sie sich dazu verpflichtet fühlen, jede sich bietende Möglichkeit zur ›Komplettierung‹ der Folgefamilie ernsthaft zu prüfen. Das mythische Denken fordert die Vollständigkeit der vermeintlich natürlichen Triade von Vater, Mutter und Kind unter einem gemeinsamen Dach (s. Kapitel 1). Gegenüber den Anbahnungen von intimen Beziehungen in früheren Lebensabschnitten nehmen Getrennte resp. Geschiedene weitaus stärker auf die Geschichte/n der vergangenen Lebenspartnerschaften, Ehen und Familien *Rücksicht*. Sie bieten plausible Erzählungen an, warum ihre Ehe resp. Lebenspartnerschaft und Familie gescheitert sind. Doch dosieren sie ihre Mitteilsamkeit, um die Anbahnung nicht durch eine übermäßige Präsentierung der ›alten‹ Probleme und Schwierigkeiten zu gefährden. Sie gehen also in hohem Maße strategisch vor. Die *narrative Strategie* betrifft sowohl die Auswahl der Geschichten als auch den Grad ihrer Elaboration und nicht zuletzt, wie die Geschichten bewertet werden (Evaluation). Aus der Art und Weise, wie die um einander Werbenden ihre Geschichten auswählen, erzählen und bewerten, wollen sie (ebenfalls narrative) Anschlussmöglichkeiten für eine mögliche gemeinsame Zukunft gewinnen. Sie suchen nach Themen und Erfahrungen, die sie mit dem potenziellen Intimpartner weiterführen könnten. Sie präsentieren Fehler und Mängel, die der alte Partner angeblich hatte, und suchen mit dem potenziellen neuen Partner zu klären, ob er diese Einschätzung teilt. Mit anderen Worten: Die *Geschichten* über die vorherigen Beziehungen und Lebensabschnitte der Kommunikationspartner werden beiderseits auf mögliche Übereinstimmungen und Passungen geprüft und oft auch bereits versuchsweise mit dem *Entwurf* einer künftigen Beziehung gekoppelt.

Um dies empirisch zu belegen, rufe ich Aspekte der Fallstudien in Erinnerung.

Ein erstes Beispiel: Heinrich Miller und Theresia Zadek lernen einander am Krankenbett des älteren Sohnes kennen. Das kranke Kind ist der verbindende Anlass (*merger*) und auch das hegemoniale Thema oder Problem, welches Mann und Frau in eine intensive Kommunikation eintreten lässt. Die künftigen Partner kommunizieren aus gegebenem Anlass das ›Erziehungsproblem‹ in Millers erster Ehe, das bald die Züge eines verbindenden Programms der ›Umerziehung‹ annimmt und zum zentralen Projekt der neuen Ehe und der Folgefamilie erhoben wird (s. Kapitel 8). Ein zweites Beispiel: Die von ihrem alkoholkranken Ehemann eben geschiedene Sylvia Mayer trifft eines Abends an einer Bar einen ihr attraktiv scheinenden Mann. Im *small talk* (mit *big consequences*) stellt sich heraus, dass beide seit kurzem geschieden sind und der Mann – wie Sylvias geschiedener Mann – ein schweres Alkoholproblem hat. Damit ist ein *merger* gefunden. In der folgenden Annäherung entwickelt das Paar das verbindende Programm, zunächst die Alkoholsucht des Mannes zu heilen, dann die Geschichte seiner Ehe und Ehescheidung neu aufzurollen, den Mann als Vater zu rehabilitieren und sich vor allem gemeinsam der ›richtigen‹ und ›rettenden‹ Erziehung der Kinder zu widmen (s. Kapitel 6.3). Ein drittes Beispiel: Valentin Schütz, der sich in seinem südafrikanischen Exil nichts sehnlicher wünscht als ein *eigenes* Kind, trifft im Flugzeug eine Frau, deren vorherige Lebenspartner ihr ein Kind verweigert haben, und die sich nichts sehnlicher wünscht als einen Mann, der so sehr ein Kind wünscht wie sie. Der Betrug durch frühere Partner und der Kinderwunsch bilden die *merger*, über die sich Mann und Frau in ein Gespräch verstricken und rasch Gefallen aneinander finden (s. Kapitel 9.3).

In ihren ersten Begegnungen, die von körperlicher Attraktion und rhetorischen Strategien bestimmt werden, spielen die künftigen Intimpartner noch mit verdeckten Karten. Sie versuchen auch jene Informationen über den Fremden / die Fremde herauszufinden, die *gegen* eine Bindung sprechen könnten. Zugleich wollen sie über sich selbst nur jene Geschichten erzählen, die der Anbahnung einer intimen Beziehung *dienen.* So muss beispielsweise Sylvia Mayer herausfinden, inwiefern Hans Koller »ähnlich«, aber auch »anders« als der erste Ehemann ist. Sie misst also den Neuen am allzu Bekannten (Schütz u. Luckmann 2003). Sie erkennt *intuitiv*, in einem raschen, alltagshermeneutischen Deutungsprozess, dass die Heilung dieses Trinkers – und mit ihm auch die Heilung ihrer eigenen Wunden – möglich sein dürften, sofern es ihr gelingt, die Regie zu übernehmen und die Macht zu behalten. Für Sylvia Mayer, die zum Zeitpunkt der Partnerwahl eindeutig Stärkere, bedeutet dies in der Folge, sich des schwachen, ja beinahe lebensunfähigen Mann anzunehmen und ihn zugleich zu beherrschen.

Erscheinen bestimmte Sehnsüchte und Wünsche – wie in diesen Fällen – kompatibel, beginnen die Gesprächspartner, diese Sehnsüchte und Wünsche zu fokussieren: Die weiteren Gespräche kreisen dann – von Belanglosigkeiten und Nebensächlichkeiten gleichsam garniert und getarnt – um sie herum. So entwirft jeder Partner für sich und nicht selten ein wenig asynchron, eine hypothetische, künftige Lebenspartnerschaft. Zwei verschiedene biographische Konditionen, zwei Systeme von Dispositionen und mehr oder minder kompatible Sehnsüchte und Hoffnungen treffen aufeinander. Doch ist auch die Willkür und die Kraft der individuellen Entscheidung gefordert, den Zufall zu nutzen. Genau darin liegt freilich auch die Möglichkeit, sich im Anderen zu irren. Oft ergibt sich schon in der ersten Begegnung der Eindruck einer gewissen Passung. Was den Beteiligten dann wie eine glückliche Fügung des Schicksals oder – im romantischen Code – ein Pfeil Amors erscheint, stellen sie mit ihrer sozialen Intelligenz, ihren narrativen Strategien, ihren Phantasien und Imaginationen und dem Einsatz ihrer körperlichen, erotischen und sexuellen Ressourcen selbst her. Ob sie ihr Begehren im Code einer pragmatischen, einer leidenschaftlichen, einer romantischen oder einer skeptisch-romantischen Liebe formulieren, bestimmt sich aus dem sozial-kulturellen Milieu, aus dem sie kommen und in dem sie leben. Zugleich wählen sie den Code nach ihren dominanten Interessen und Bedürfnissen, Neigungen und Erfahrungen, nach ihrem Habitus. Sie können zwischen alternativen Codes oder zwischen Variationen eines Codes wählen. Die Reinheit der Codes war Luhmanns literarisch-soziologische Fiktion in seinem Buch *Liebe als Passion* (Luhmann 1982). Wenn sich beispielsweise Frau Mayer zu ihrem Geburtstag von Herrn Koller ein Fax mit Glückwünschen erbittet und nicht etwa einen längeren Liebesbrief, kalkuliert sie die literarisch beschränkten Möglichkeiten ihres Verehrers ebenso ein wie die Wirkung dieser Aktion in ihrer eigenen beruflichen Welt: Das Fax im Büro erreicht sie an jenem Platz, an dem sie am meisten Respekt genießt. Genau hier mehrt es ihr symbolisches Kapital (s. Kapitel 6.1). Die Codes der Liebe schlagen sich keineswegs ›mechanisch‹ auf die Subjekte nieder. Wie könnten sie auch in ihrer relativen Allgemeinheit die Vielfalt der biographischen und beruflichen Lagen und Gestimmtheiten treffen! Es liegt an den Akteuren, zu entscheiden, welcher Code in ihre eigene Lebenswelt und zu ihren Interessen und Möglichkeiten passt. Sie zitieren zwar, geschickt oder ungeschickt, ausführlich, schwärmerisch oder sparsam aus einem Liebesdiskurs, doch immer wählen sie die Zitate selbst aus und montieren sie in ihre eigene Lebenserzählung.

10.8.1 Der Wunsch nach »Glück« oder »Sicherheit«

Frauen und Männer, die nach Trennung und Scheidung mit Kindern zusammenleben, haben unterschiedliche Ausgangslagen und Interessen, wenn sie nach einem neuen Intimpartner Ausschau halten. Die in den Fallstudien gefundenen Varianten zeigen ein Spektrum. Die Wahl des Liebes-Codes ist offenbar durch die jeweils vordringliche Erwartung unter gegebenen Lebensumständen bedingt. Bei einigen Paaren dominiert der Wunsch nach Hilfe im Alltag, nach Verbesserung des Einkommens, nach sozialer Sicherheit und einer helfenden Hand bei der Erziehung und Betreuung der Kinder. Als Kürzel habe ich dafür im folgenden Schaubild »Sicherheit« gewählt. Der hier gewählte Code ist der einer »pragmatischen Liebe«. In einer zweiten Gruppe finden sich zahlreiche Hinweise auf den Wunsch nach Zärtlichkeit, sexueller Liebe, egalitärer Partnerschaft und Elternschaft sowie sozial-kultureller Geborgenheit. Dafür habe ich das Kürzel »Glück« gewählt. Den dominanten Interessen und Wünschen entsprechen die Codes der »romantischen Liebe« und der »skeptisch-romantischen« Liebe.

Franz Zadek und Karl Mayer suchen in ihren Beziehungen zu Frauen ein sicheres Obdach, regelmäßiges Essen, sexuelle Befriedigung und andere persönliche Dienstleistungen, wie das Waschen und Bügeln ihrer Wäsche, die Zubereitung von Mahlzeiten u. a. m. Hans Koller sucht bei der neuen Intimpartnerin Sylvia Mayer Empathie für die Probleme des (ehemaligen) Trinkers und Unterstützung bei der mühseligen Rückgewinnung seines beinahe schon verlorenen Sohnes aus erster Ehe. Heinrich Miller erwartet von seiner neuen Intimpartnerin einen ordentlich geführten Haushalt wie auch eine seinen Vorstellungen entsprechende Erziehung und Betreuung seiner Söhne. Wahrscheinlich suchen diese Personen auch Zuwendung, Zärtlichkeit und sexuelle Befriedigung, doch sind in ihren Erzählungen keinerlei Hinweise zu finden, dass es sich in ihrer Beziehung jemals um einen Zustand der Verliebtheit nach dem romantischen Code gehandelt hätte. Ein einziges Mal schickt Hans Koller ein Fax ins Büro von Frau Mayer, in dem er ihr zum Geburtstag gratuliert. Darüber ist er heute noch sprachlos und erstaunt.

Theresia Zadek, Sylvia Mayer, Michaela Koller und auch deren zweiter Ehemann, Franz Wild, wären wohl durchaus im Stande, alleine mit ihren Kindern zu leben; aber

Mann oder Frau suchen Hilfe und Unterstützung, Versorgung, Betreuung der Kinder: »Sicherheit«	Mann oder Frau suchen gute Kommunikation, Zärtlichkeit und Geborgenheit, sexuelle und erotische Erlebnisse, Freude als Eltern: »Glück«	Damit korrespondiert eine bestimmte Codierung von »Liebe«
	Tina Thonhauser alias Klaar Jörg Thonhauser Marie-Claire Schütz alias Ponto Siegfried Ponto Miriam Schön Gitta Kunst Simon Kepler Rafael Santos-Gomez Nina Leynes	»romantische Liebe«
	Valentin Jakob Schütz Eva Sartorius Nora von Echtheim	»skeptisch-romantische Liebe«
Sylvia Mayer Michaela Koller Theresia Zadek Franz Wild Heinrich Miller Hans Koller Karl Mayer Franz Zadek		»pragmatische Liebe«

Schaubild 2: Bedürfnisse nach »Sicherheit« oder »Glück« und korrespondierende Liebescodes

sie wünschen sich Lebenspartner, die ihnen Zuwendung, Aufmerksamkeit, Zärtlichkeit und materielle Sicherheit geben können. Die drei Frau haben unter größten Anstrengungen die Trennung und Scheidung von ihren ersten Ehemännern initiiert. Die in den ersten Ehen oder Beziehungen nicht erfüllten Wünsche sollen in der zweiten Intimbeziehung oder Ehe erfüllt werden. Dafür gehen die Frauen eine Art Tauschgeschäft (Ressourcentausch) ein. Sie sprechen nur sehr selten und überaus zurückhaltend von »Liebe«. »Die Liebe fällt, wo sie hinfällt«, sagt Frau Zadek an einer einzigen Stelle ihrer sonst so detaillierten Erzählungen. Die Frauen sorgen sich vor allem um die Kinder, die eigenen aus den vorherigen Ehen oder Lebenspartnerschaften wie die Kinder ihrer neuen Intimpartner oder Ehemänner. Das ist anstrengend, vor allem wenn eine Frau (wie Frau Zadek) beansprucht, das Kind ihres zweiten Ehemannes »streng« und somit ganz anders zu erziehen, als es die leibliche Mutter erzogen hat, und das Kind heftig dagegen rebelliert. Frau Zadek, Frau Mayer und Frau Koller sind zu hohen Anstrengungen in der Erziehung ihrer eigenen Kinder und der Kinder ihrer neuen Partner bereit. Dafür erwarten sie Anerkennung und Zuneigung, doch nicht im emphatischen Sinn der romantischen Liebe. In deutlichem Kontrast zu dem auffällig hohen romantischen Symbol-Aufwand, den sie bei ihren zweiten Hochzeiten treiben, symbolisieren sie ihre intime Beziehung im Alltag nach dem *pragmatischen* Liebes-Code.

Für Eva Sartorius, die zweite Lebenspartnerin von Valentin Jakob Schütz, scheint das Interesse an einem gemeinsamen Kind bzw. die Sorge um die Tochter des Mannes aus erster Ehe deutlich über einer romantisch codierten Paarliebe zu stehen. Erlebnisse in einer ersten Ehe ließen sie den kategorischen Vorsatz fassen, niemals mehr von einem Mann abhängig zu sein. Dies und der Einfluss der zweiten Frauenbewegung nähren ihre Skepsis gegenüber dem Konzept der romantischen Liebe. Eva Sartorius hält den historisch jüngsten Code der »skeptisch-romantischen Liebe« für angemessen (s. Kapitel 2.4). Ihr Lebensgefährte Valentin Jakob Schütz scheint eher noch dem Konzept der romantischen Liebe anzuhängen. Doch ist er dabei, sich an die Skepsis seiner Partnerin zu gewöhnen. Er *laviert* zwischen den Codes der romantischen und der skeptisch-romantischen Liebe. So wie Norma von Echtheim über Liebe spricht (s. Kapitel 5), ist sie zwar an einer Liebesbeziehung interessiert, doch hat sie kaum eigene Erfahrungen damit und überdies ein eher geschäftsmäßiges Verhältnis zu potenziellen Liebhabern. Nachdem sie verlassen und um den Unterhalt des Kindes betrogen worden ist, hält sie nur halbherzig nach neuen Liebhabern Ausschau. Sie weiß nicht recht, nach welchen Kriterien sie suchen soll. Und sie weiß nicht zu sagen, was sie von einer Liebesbeziehung zu erwarten hätte. Akribisch rechnet sie vor, wieviel Zeit und Kraft sie kosten würde. Was sie hingegen als Tochter einer erfolgreichen Geschäftsfrau und als studierte Ökonomin kompetent vertritt, ist das Interesse an materieller Versorgung und an einem künftigen Wohlstand für ihr Kind. Sie laviert zwischen »Glück« und »Sicherheit« und damit zwischen dem skeptisch-romantischen und dem pragmatischen Code.

Dem oberen rechten Pol der Grafik (»Glück«) und dem »romantischen Code der Liebe« liegen Jörg Thonhauser, Tina Thonhauser alias Klaar, Marie-Claire Schütz und ihr zweiter Ehemann Siegfried Ponto, Miriam Schön, Gitta Kunst, Simon Kepler, Rafael Santos-Gomez sowie dessen zweite Frau Nina Leynes am nächsten. Tina Thonhauser, Marie-Claire Schütz und Siegfried Ponto haben im Namen einer ro-

mantischen Liebe heimliche Affären gehabt. Nach der Entdeckung der Liebesaffären beantragten die Verheirateten die Scheidung. Simon Kepler, Miriam Schön
und Rafael Santos-Gomez trennten sich von ihren Ehe- bzw. Lebenspartnern,
weil sie ihre Liebe verloren glaubten und eine künftige neue Liebe für möglich
hielten. Alle Personen strebten damals und streben immer noch eine Intimbeziehung an, die ihre Sehnsucht nach einer romantischen Liebe erfüllen soll. Sie versprechen sich »Glück« aus dem Ensemble von guter Kommunikation, sexuellen
und erotischen Erlebnissen und gemeinsam erlebter Elternschaft. Als Paare kommunizieren sie nach dem Code der »romantischen Liebe« in seiner jüngsten, ge-
schlechterdemokratisch gewendeten und nur noch in Resten patriarchal verfassten
Version (s. Kapitel 2).

10.9 Die getrennten Eltern

Entgegen oberflächlichen Redeweisen besteht zwischen getrennten Eltern weiterhin
eine ›Beziehung‹. Nach der Stornierung der sexuellen Beziehung und des gemeinsamen Haushalts ist die Beziehung der getrennten Eltern nicht mehr als »intim« zu
bezeichnen. Sie konstituiert sich durch die aktuelle Kommunikation, die vornehmlich der Organisation der getrennten oder parallelen Elternschaft dient. Doch sind
Reminiszenzen (Erinnerungen, Träume) an die frühere intime Beziehung nicht ausgeschlossen, ja mitunter häufig. Dass die Erinnerungen an eine intime Beziehung
nicht vollends zu löschen sind, erklärt sich schon aus dem Umstand, dass Menschen
mit einem ›autobiographischen Gedächtnis‹ ausgestattet sind (Welzer 2002 c, 2005;
Markowitsch u. Welzer 2005). Dieses Gedächtnis lässt sich nicht ohne weiteres ma-
nipulieren. Intime Beziehungen bringen starke Affekte und Emotionen, aber auch
körperliches Erleben hervor, die nur partiell *vergessen* oder *verdrängt* werden können. Die Erinnerung daran stellt sich auch ein, wenn es die Akteure gar nicht wollen,
auch in ihren Träumen. Haben sich Intimpartner schwere psychische oder auch körperliche Verletzungen zugefügt, stabilisiert das Trauma die Erinnerung, ohne dass
das Erinnerte in eine Erzählung gefasst werden könnte (Bohleber 2000). Auch der
»soziale Rahmen« (Halbwachs 1925/1985), oder systemtheoretisch gewendet, das
soziale System, in dem der Einzelne lebt, agiert und kommuniziert, drängt zur Erinnerung. So repräsentieren Kinder immer noch jene Intimbeziehung, aus der sie entstanden sind: physiognomisch, sprachlich und habituell. Im Kapitel 9.7 habe ich
gezeigt, wie Valentin Jakob Schütz in seiner Tochter Carla immer auch deren Mutter
vergegenwärtigt. Im Kapitel 6.2 habe ich erörtert, warum Sylvia Mayer die Frage quält,
ob ihr Sohn Mario eine besondere Aggressivität von seinem Vater ›geerbt‹ haben

könnte. Im postmodernen Spiel der Thina Thonhauser alias Klaar ist die behauptete körperliche Ähnlichkeit beider Kinder mit dem Ex-Ehemann ein Indiz, das über die legitime Vaterschaft entscheidet (s. Kapitel 7.5), und so fort.

Den Kindern kommt im Trennungs- und Scheidungsprozess und im folgenden Um- und Neubau des Familienlebens nicht nur im Hinblick auf den weiteren Verlauf der Elternschaft hohe Bedeutung zu. Sie beeinflussen die getrennten Eltern auch in ihren Versuchen, neue Lebenspartnerschaften resp. Ehen herzustellen und diese mit Motiven oder Programmen auszustatten. Sie liefern freilich auch Anlässe für die Konflikte der getrennten Eltern. Bei verfeindeten Folgefamilien geraten sie in schwierige Lagen. Kurz: Über die Kinder entsteht der wohl stärkste und relativ dauerhafte Zusammenhang zwischen den Erstfamilien, den Phasen der Trennung, sowie dem Umbau der Folgefamilien im binuklearen Familiensystem. Versuchen wir die Beziehungen der getrennten Eltern im Hinblick auf die Häufigkeit ihrer Kontakte, den Grad ihrer Konflikte und die dominanten Konfliktthemen zu vergleichen und zu typisieren.

10.9.1 Freundschaftlich kooperierende Eltern

Getrennte Eltern dieses Typs kommunizieren häufig und regelmäßig. Konflikte treten eher selten auf und können gelöst werden. Die spezifische Freundschaft der Eltern nährt sich zum einen aus nicht zerstörten (genauer: nicht irreversibel abgewerteten) Geschichten von gelungenen Phasen und Momenten ihrer sozialen, sexuellen und erotischen Beziehung und ihres Familienlebens. Zum anderen erhält die Freundschaft des getrennten Paares aus der fortgesetzten Elternschaft wiederholt neue Impulse. Elternarbeit führt die Getrennten immer wieder zusammen: zu Familienfesten, zur Übergabe der Kinder, zur Besprechung von Problemen und Schwierigkeiten. Episodisch können sogar Liebesgefühle füreinander aufkommen, meist dürften es aber eher nostalgische Erinnerungen an die verlorene Liebesbeziehung sein. Die Entstehung und Fortführung der Freundschaft wird offenbar durch höhere Bildung, Eloquenz und Selbstreflexivität begünstigt. Dem Typus der freundschaftlichen Kooperation getrennter Eltern sind in unserem Sample die Paare Rafael Santos-Gomez und Miriam Schön, Tina Thonhauser alias Klaar und Jörg Thonhauser sowie Valentin Jakob Schütz und Marie-Claire Schütz alias Ponto zuzuzählen.

10.9.2 Feindselig kooperierende Eltern

Sie kommunizieren häufig, doch sprechen sie dann direkt oder indirekt einen weiter schwelenden Konflikt an oder sie entfachen einen neuen Konflikt. Die im Lauf der

Trennung erlittenen Verletzungen schmerzen noch immer. Der Trennung ging meist die einseitige, heimliche Entidealisierung des Partners, die plötzliche Entdeckung dessen und – daraus folgend – die psychische Verletzung des Partners voran. Nach der Trennung wird der Paar-Konflikt häufig auch auf die Eltern-Ebene verschoben, wo er sich allerdings oft auch schon vorher zugetragen hat. Die Entidealisierung des Initiators der Trennung wird ›nachgeholt‹ und kann in beiden Folgefamilien zum notorischen Thema werden. Häufige Konfliktthemen sind die Erziehung des Kindes, Fragen der Alimentation, des Besuchsrechts u. ä. Die Getrennten meiden nach Möglichkeit *Face-to-face*-Kontakte. Sie kommunizieren am Telefon oder über das Kind, das sie als ›Bote‹ oder ›Spion‹ in die ›feindliche Familie‹ schicken. Verfeindete Eltern sind durch ihre Kontroversen und die aufeinander bezogenen Phantasmen und Interessen eng aneinander gebunden. Die überwiegend destruktive Bindung kann meist erst gelöst werden, wenn das Kind aus beiden Folgefamilien ausgeschieden ist und einen eigenen Haushalt gegründet hat. Diesem Typus sind die Elternpaare Michaela Koller alias Wild und Hans Koller sowie Sophie und Heinrich Miller (bis zum Tod der Frau, fünf Jahre nach der Scheidung) zuzuzählen.

10.9.3 Zweckpartner

Die Getrennten kommunizieren nur das pragmatisch Notwendige und haben selten und mäßig Konflikte. Sie empfinden weder besondere Gefühle der Freundschaft noch der Feindschaft füreinander und kooperieren überwiegend sachlich und pragmatisch. Das wichtigste Kooperationsthema ist die Elternschaft. Doch kommt es zu keinen gemeinsamen Aktivitäten beider Eltern mit dem Kind. Jüngere Kinder werden an der Türschwelle abgegeben und wieder abgeholt. Während getrennte Eltern des ersten Typus immer ein »offenes Haus« des ehemaligen Intimpartners vorfinden, in dem sie auch ohne ausdrückliche Einladungen ein- und ausgehen, wird von Eltern dieses Typus die Außengrenze der Folgefamilie strikt beachtet und eingehalten. Die Kommunikation der Eltern reicht über pragmatische kurze Gespräche nicht hinaus. Alte Konfliktthemen werden gemieden. Diesem Typus ist das Paar Simon Kepler und Gitta Kunst zuzurechnen.

10.9.4 Feinde, die nicht kooperieren

Die Getrennten nehmen nur sehr selten Kontakt miteinander auf, meist zu dem Zweck, eine weitere Forderung (etwa nach Bezahlung von Alimenten) zu erheben. Damit entstehen anlässlich seltener Kontakte neue Konflikte. Frauen bekämpfen den Kontakt mit dem Ex-Mann und Vater aktiv, zunächst indem sie die Scheidung gerichtlich erkämpfen (wie Theresia Zadek und Sylvia Mayer), dann die Wegweisung des Mannes aus der ehelichen Wohnung durch die Polizei durchsetzen und / oder ein gerichtlich verfügtes Besuchsrecht des Vaters zu stornieren versuchen (wie Sylvia Mayer). Frau Mayer gestattet ihrem Sohn (Mario) nur hin und wieder, mit dem Vater Kontakt aufzunehmen. Zugleich unterdrückt sie jede gute Erinnerung des Kindes an den Vater (s. Kapitel 6). Ähnlich verhält sich Frau Zadek. Sie toleriert zwar die seltenen Kontaktaufnahmen des Sohnes mit dem Vater, fördert sie aber nicht und fürchtet den ›schlechten Einfluss‹ (s. Kapitel 8). Einen besonderen Fall nicht kooperierender und konfliktreicher Eltern stellen Norma von Echtheim und der verschollene Vater ihres Kindes dar (s. Kapitel 5). Obwohl sie sich seit Normas Schwangerschaft kaum mehr gesehen haben, sind sie durch ein sehr einseitiges Interesse weiterhin aneinander gebunden: Norma geht es um die Anerkennung der Vaterschaft und entsprechende Alimentationsleistungen sowie um das künftige Erbe.

10.10 Elternarbeit

In sozial-konstruktivistischer Perspektive scheint es angemessen, eine aktive Form zu wählen, die ausdrückt, dass sich Eltern durch eine Reihe von spezifischen, auf das Kind bezogenen Arbeiten und Leistungen auszeichnen: Da das Verbum »eltern« im Deutschen nicht gebräuchlich ist, benutze ich das Wort ›Elternarbeit‹. Trennung und Scheidung stellen die Fortführung der Elternarbeit zunächst in Frage. Vorübergehend können beide Partner aufgrund ihrer Okkupiertheit durch die Probleme der Trennung ihre Elternarbeit vernachlässigen. Doch noch gewichtiger ist der sehr häufige Auszug des Mannes aus dem gemeinsamen Haushalt, der die Fortführung seiner Vaterarbeit bedroht. Es dauert einige Zeit, bis sich neue Routinen einer ›getrennten‹ oder ›parallelen‹ Elternarbeit einstellen. Zugleich aber wird die Elternarbeit während und nach der Trennung infolge des Kontinuitätsbruchs viel stärker reflektiert und diskutiert. Auswirkungen der Trennung auf das Kind werden von den Eltern, aber auch von Großeltern, Verwandten, Erzieherinnen, Erziehern, Lehrerinnen und Lehrern beobachtet. Dies ist zu bedenken, wenn gesagt wird, ein Kind sei durch die Trennung der Eltern schwieriger, unausgeglichen oder fordernd geworden: Das mag sein, aber auch der Blick der Eltern und anderer Erzieher auf das Kind hat sich verändert. Es ist sehr wahrscheinlich, dass er gemäß der weithin geteilten Annahme, die Trennung der Eltern würde dem Kind jedenfalls schwere Probleme machen, eher zu viele der auftretenden Schwierigkeiten auf die Trennung zurückführt, ohne dass dies aber positiv nachzuweisen wäre. Aus demselben Grund investieren die getrennten resp. geschiedenen Eltern – von möglichen Phasen der Konfusion abgesehen – eher mehr als weniger Energie und Aufmerksamkeit in das Zusammenleben mit ihren Kindern. Die Wirkungen auf das Kind sind *ambivalent*: Die erhöhte Sorge um das Kind und die eigene Unsicherheit der Eltern können sowohl zu einer stärkeren Disziplinierung des Kindes und zur Unterdrückung seiner Wünsche führen als auch zu einer sensibleren Wahrnehmung seiner Bedürfnisse.

Das soziale System Familie differenziert Aufgaben, Leistungen, Beziehungen und Bindungen einerseits nach dem körperlich-kulturellen Geschlecht von Mann und Frau und andererseits nach der Stellung im Generationenverhältnis (Eltern und Kind; Großeltern und Eltern, Großeltern und Kind): zweiteilige (binäre) und polare Strukturen, in denen die Seiten nicht ohne weiteres gewechselt werden können. Geschieht dies aber doch, entsteht der Verdacht, Schwierigkeiten oder gar Erkrankungen hervorzurufen. So bezeichnen die familientherapeutischen Begriffe »Parentifikation« und »Partnersubstitut« eine solche Vertauschung der Positionen im Generationenverhältnis (Simon, Clement, Stierlin 1999). Über lange Zeit galten auch die Fähigkeiten und Fertigkeiten von Frauen und Männern in der Elternarbeit als nicht vertauschbar und an das Körpergeschlecht gebunden. Was die Mutter kann, kann der Vater nicht, und umgekehrt, so dachten und denken immer noch viele Laien und auch manche Fachleute der Psychologie, der Psychotherapie und insbesondere der Psychoanalyse. Nach diesem Denk-Modell bestimmen sich ›weibliche‹ und ›männliche‹ Formen der Elternschaft wechselseitig und komplementär: Die Fähigkeit der Mutter, unermüdlich für das Kind zu sorgen, zieht notwendig die Fähigkeit des Mannes nach sich, außer Haus wirtschaftlich und beruflich erfolgreich zu sein. Ist das westliche Patriarchat zwischen Mann und Frau weitgehend unnütz und hinderlich geworden, hält es sich am ehesten noch in der Elternarbeit. Ein Teil der Frauen und Männer ist überzeugt, ein Vater sei nur dann ein guter Vater, wenn er gegenüber seinem Kind auch patriarchale Attitüden an den Tag legt: schützende wie sanktionierende. Elternarbeit scheint also ein letztes Refugium eines rudimentären Patriarchats, selbst dort, wo das Zusammenleben des Paares sonst eher partnerschaftlich gestaltet wird. Allerdings sind patriarchale Attitüden auch in der Elternarbeit kaum mehr unumstritten, wie nun gezeigt werden soll.

Die als weiblich geltenden Elternaufgaben sind immer noch weitaus verbindlicher codiert als die den Männern zugewiesenen Elternaufgaben. Bio-physiologische Funktionen der Schwangerschaft, der Geburt und des Stillens begünstigen, dass auch eine weit über sie hinausgehende Palette von elterlichen Aufgaben an das Körpergeschlecht der Frau gebunden wird. Das ist historisch kontingent: Im Zuge der Industrialisierung, der Urbanisierung, der Bürokratisierung und der Ausdehnung der Dienstleistungen separierten sich die Arbeitswelten zusehends von den (privatisierten) Familienwelten. Damit wurden viele Tätigkeiten im Haushalt und so gut wie alle Arbeit für Kinder einer »natürlichen Mutterschaft« zugewiesen. Erwerbsarbeit außer Haus hingegen war nur Sache der ledigen jungen Frauen und vor allem eine Domäne der Männer. Männlichkeit verband sich mit dem konkurrenzhaften Erwerbsleben, mit Politik und Krieg, Weiblichkeit hingegen mit Mütterlichkeit und elterlichen, fürsorgerischen und karitativen Aufgaben. Die Berliner Sozialhistorikerin Karin Hausen hat diesen säkularen Prozess als das Auseinandertriften (die »Polarisierung«) der »Geschlechtscharaktere« bezeichnet (Hausen 1976). Bis ins 20. Jahrhundert galt es in vielen sozial-kulturellen Milieus des europäischen und nordamerikanischen Westens als das Vorrecht, aber auch als die Pflicht der verheirateten Frau, sich nach der Geburt eines Kindes bevorzugt den Aufgaben der »natürlichen Mutterschaft« zu widmen. Wollte oder konnte sie das nicht, etwa weil sie mit ihrer Erwerbsarbeit das Leben der Kinder oder auch des arbeitslosen Mannes sichern musste, galt dies als Abweichung von der ›natürlichen‹ Arbeitsteilung. Die Gesellschaftspolitik des frühen 20. Jahrhunderts setzte sozialpolitische Maßnahmen dagegen ein (Pateman 1987; Dölling 1990; Carbone 1994). Die in westeuropäischen politischen Parteien und Bewegungen noch durchwegs patriarchal gestimmte Sozial- und Familienpolitik wusste den christlichen Familienmythos auf ihrer Seite. Besonders Christlich-Konservative und Sozialdemokraten, aber auch Nationalsozialisten überhöhten die Mutterschaft im Namen allen künftigen Lebens (Pirhofer u. Sieder 1982; Koschorke 2001; Schwikart 2001; Lutterbach 2003). Berufe wie jene der Lehrerin, der Krankenschwester, der Fürsorgerin oder der Ärztin wurden deshalb zunächst nur *ledigen* Frauen zugänglich gemacht. Man rechtfertigte und überhöhte sie als Berufungen zu einer »erweiterten Mütterlichkeit«. Die Befähigung, diese Berufe auszuüben, wurde auf natürliche, mütterliche Fähigkeiten der Frauen zurückgeführt: erziehen, pflegen, umsorgen, heilen. Ledige Frauen in sozialen oder karitativen Berufen sollten verheiratete Frauen darin unterstützen und sie nötigenfalls mahnen, den vermeintlich natürlichen Pflichten der Mutterschaft nachzukommen. Erst die zweite Frauenbewegung unterzog diesen patriarchalen Mutterschafts-Diskurs ab den 1970er Jahren einer Kritik.

10.10.1 Kritik der »natürlichen Mutterschaft«

»Mutterschaft« als sozial-kulturelle Tatsache und psycho-soziales Element personaler Identität entsteht durch die regelmäßige und langjährige Durchführung von spezifischen Aufgaben und Leistungen (Mutter*arbeit*) in einer Reihe von Bereichen: als Gebär-, Ernährungs-, Beziehungs-, Gesundheits-, Lern-, Liebes- und Hausarbeit, und auch das ist wohl noch keine vollständige Aufzählung. Alle diese Dimensionen der Mutterarbeit werden in westlichen Gesellschaften seit nun schon zweihundert Jahren wissenschaftlich oder moralisch-ethisch begründeten Instruktionen unterworfen. Dazu zählen vornehmlich der medizinische (gynäkologische) Diskurs, der psychologische und der pädagogische Diskurs, der Gesundheitsdiskurs und der geschlechterpolitische Diskurs der ersten und der zweiten Frauenbewegung. Trotz aller politischen, moralisch-ethischen und wissenschaftlichen Aufklärung umgibt und durchdringt die Mutterschaft nach wie vor mythisches Denken, das ihr höchsten Wert, ja Heiligkeit verleiht. Die vertraute Vorstellung von einer »natürlichen Mutterschaft« wurde von der zweiten Frauenbewegung schon in den 1970er Jahren als ideologisch kritisiert (Firestone 1970/2003; Mitchell 1971; Hausen 1976; Bock u. Duden 1977; Chodorow 1978 u. v. a.). Die vergeschlechtlichte Interaktion von Mutter und Kind stelle in den Töchtern erst jene oft für natürlich gehaltene Neigung her, Mutterarbeit zu verrichten und sich als Person vorrangig aus Mutterarbeit zu bestimmen. Diesen Zusammenhang erhärtete die soziologische und psychologische Sozialisationsforschung ab den 1970er Jahren (Caesar 1972; Milhoffer 1973; Schütze 1991; Dausien 1996, 2001). Auch sie wies nach, dass Mutterarbeit auf das Mädchen und die Frau sozialisierend zurückwirkt. Die Frau wird, was sie über Jahre oder Jahrzehnte hingebungsvoll tut und von anderen Frauen, insbesondere von der eigenen Mutter, erfährt und erlebt. Die feministisch inspirierte Kritik wurde bald auch auf psychologische und psychoanalytische Konzepte ausgedehnt. Es lag nahe, Freuds Theorien auf patriarchale und naturalisierende Logiken zu überprüfen (Mitchell 1970, 159 ff.; Chodorow 1989 u. 1990; Benjamin 1990 u. 1994 u. v. a.). In psychoanalytischer Sichtweise entstehen tiefe emotionale Bindungen zwischen Mutter und Kind, die auch das Selbstbild der Frau als »Frau und Mutter« bestimmen. Dies jedoch nicht mehr als natürlichen, sondern als kulturellen, also gestaltbaren Vorgang zu fassen und zu beschreiben wurde zu einer Aufgabe feministischer Psychologie und Psychoanalyse. Etwa zur selben Zeit begannen Historische Diskursanalysen die Geschichtlichkeit der wissenschaftlichen und politischen Diskurse über Mutterschaft und Vaterschaft zu rekonstruieren. Ihre Leistung besteht zum einen darin, erkennbar zu machen, in welchem Maße Ideologien, Religionen und wissenschaftliche Lehrmeinungen in Wissens-Diskursen aufeinander Bezug nehmen und dabei der Historizität des Wiss- und Sagbaren unterliegen, und zum anderen in der allgemeinen Erkenntnis, dass öffentliche Wissens-Diskurse das Wahrnehmen, Denken und Handeln der Vielen orientieren (Schütze 1988; Schütze 1991; Lamb 1997; Hawkins u. Dollahite 1997; Douglas u. a. 2000 u. a.). Allerdings vermögen derartige Diskursanalysen (aufgrund ihrer Anlage als Analyse von publizierten Texten) kaum zu eruieren, wie sich die Diskurse im praktischen Leben niederschlagen, und auch nicht, wie sie Frauen und Männer in ihrem Handeln als ›Eltern‹ bzw. als ›Mütter‹ und ›Väter‹ motivieren und instruieren. Demgegenüber vertreten sozial-konstruktivistisch orientierte Forscher den Ansatz, dass die zweifellos einflussreichen Wissens-Diskurse im Handlungsfeld des täglichen

Lebens auf deutungsmächtige und eigensinnige Akteure treffen. Daher sei es eine unerlässliche Forschungsfrage, wie Frauen und Männer die öffentlichen Wissens-Diskurse wahrnehmen, interpretieren und zur Orientierung ihres Handelns aneignen. Niemals sei ihr Handeln ein bloßer oder blinder Vollzug der Wissens-Diskurse (Arendell 2000; Blume u. Blume 2003; Sieder 2004 b).

Aus der Kritik der »natürlichen Mutterschaft« entstand zunächst das Konzept einer (populär-)wissenschaftlich informierten, reglementierten und disziplinierten Mutterarbeit, sogenannte »intensive Mutterarbeit« (engl. *intensive mothering*). Im deutschen Sprachraum wurde dies als »Professionalisierung« der Mutterarbeit diskutiert. Mutterarbeit blieb zwar weiterhin eine Spezialität der Frauen, doch genügte es zu ihrer Begründung nicht mehr, sich auf die Natur des weiblichen Geschlechts, auf mütterliche Instinkte u. ä. zu berufen. Hinzu trat die Verpflichtung zur bestmöglichen Rezeption relevanter wissenschaftlichen Wissens, in Übersetzungen und Popularisierungen, abgestuft nach dem Bildungsgrad der Frauen. Ältere Motive des mythischen Mutterbildes – die Aufopferung der Frau für das Kind, ihre Selbstlosigkeit und das Pathos der »guten Mutter« blieben jedoch in Resten erhalten (Rich 1977; Thorne 1993; Hays 1996; Gillis 1997; Arendell 2000). Auch das Konzept der »intensiven« oder der »professionellen« Mutterschaft löste sich nicht vom Familienmythos (Badinter 1981; Schütze 1988, 1991). Vor diesem Hintergrund werde ich nun untersuchen, welche Konzepte von Mutterschaft in den Erzählungen der Männer und Frauen, die in den Fallstudien zu Wort kamen, zu finden sind. Wie wirken sich Wissenschaft und politische Aufklärung auf die Gestaltung der Mutterarbeit in den diversen sozialkulturellen Milieus aus? Und inwieweit fördert oder behindert das jeweils gültige Modell von Mutterschaft die Beteiligung der Männer an der Elternarbeit?

Im vierten Kapitel habe ich schon dafür plädiert, »Vaterschaft« zu entnaturalisieren und die Plastizität der *Vaterarbeit* im Lauf des Männerlebens – auch nach Trennung und Scheidung – genauer zu erforschen. Analoges gilt für Mutterarbeit. Weder Vaterarbeit noch Mutterarbeit können für sich genommen verstanden werden, denn sie sind komplementäre Teile des Systems Elternschaft. Forschungen, die davon ausgehen, dass »Mutterschaft« und »Vaterschaft« in sich geschlossene Phänomene wären, schreiben – ob sie es wollen oder nicht – naturalisierende und mythische Vorstellungen fort. Um dies zu vermeiden, spreche ich, freilich wenig poetisch, von *Elternarbeit*, die sich aus einer Reihe von permanent, zyklisch, wiederholt und gelegentlich zu erfüllenden Aufgaben ›zusammensetzt‹. Je nachdem, ob die Aufgaben von Männern oder von Frauen übernommen werden, spreche ich von Mutterarbeit und von Vaterarbeit, ohne damit Elternschaft resp. Vaterschaft und Mutterschaft als ein natürliches Sein zu behaupten (sie zu ontologisieren) und auch ohne für die jeweils vereinbarte und praktizierte Teilung der Elternarbeit zwischen Mann und Frau eine naturalisierende oder mythische Begründung zu liefern. Nahezu alle Eltern-Aufgaben können sowohl von Frauen als auch von Männern übernommen werden.

Die Trennung von Ehen und Lebensgemeinschaften ist immer auch eine Bruchstelle für Konventionen. Sich trennende Frauen und Männer, ja sogar ihre Kinder, stellen Traditionen und Gewohnheiten eher in Frage und reflektieren mehr als sonst ihr bisheriges Handeln und ihre Handlungsentwürfe. Wie die Fallstudien zeigen, diskutieren sie die Gestaltung ihrer künftigen Elternarbeit erstmals in der halboffenen Trennungsdiskussion und dann oft auch im gerichtlichen Scheidungsverfahren (Klärung des »Sorgerechts«, der »Besuchszeiten« u.a.). Auch in den auf die Trennung folgenden Jahren bleibt die Gestaltung der Elternarbeit das wichtigste Thema aller Verhandlungen, Konflikte und Diskussionen. Dieser zunächst banale Befund zeigt zweierlei: Zum einen wird die *Gestaltung* der Elternschaft während und nach dem Trennungsprozess ›fragwürdiger‹ und ›problematischer‹, als sie es vorher war. Deshalb suchen die sich trennenden resp. die getrennten Eltern häufig den Rat von Expertinnen und Experten, und deshalb werden sie von Ämtern und Behörden im System der Fürsorge resp. Sozialarbeit angefragt und eventuell auch durch »Hausbesuche« unterstützt und kontrolliert. Das patriarchale Beziehungsmodell, das noch eine natürliche Mutterschaft unterstellt, um den Mann für andere, höher bewertete Aufgaben der Erwerbsarbeit, der Politik und des Krieges freizustellen, verliert zwar im Zuge von Trennung und Scheidung nicht vollends seine Geltung, doch wird es deutlich stärker *umstritten*. Ich habe in mehreren Fallstudien gezeigt, dass Trennung und Scheidung patriarchale Lebensmuster in ihrer Selbstverständlichkeit für Männer und Frauen *entkräftigen*, sei es in der Unternehmerfamilie (s. Kapitel 9), in der Familie des selbstständigen Akademikers (s. Kapitel 4), in der Angestellten-Familie (s. Kapitel 8), in der Familie der neuen Selbstständigen (s. Kapitel 7) oder in der Arbeiterfamilie (s. Kapitel 6). Zum anderen hängen Elternarbeit und Paarbeziehung enger und folgenreicher zusammen, als die Akteure meinen und als es in der Ratgeber-Literatur dargestellt wird. Im Folgenden werde ich daher untersuchen: Wie werden die *elterlichen Aufgaben* den beteiligten Personen (Mutter und Vater, Großmutter und Großvater, neue Intimpartner von Elternteilen, nahe Verwandte, eventuell auch einzelne Kinder) zugewiesen, wie werden sie durchgeführt, erlebt und bewertet? Was ändert die Trennung des Elternpaares daran? Und besteht zwischen den jeweils übernommenen *Aufgaben* eines Erwachsenen und seiner *Beziehung* zum Kind sowie der emotionalen *Bindung* des Elternteils an das Kind ein operativer (d.h. durch Handeln hergestellter und Handeln erfordernder) Zusammenhang?

Wie die Fallstudien zeigen, sind die Auseinandersetzungen der frisch getrennten resp. geschiedenen Eltern in hohem Maße auf das Kind zentriert. Doch das bedeutet sehr verschiedenes, denn sowohl die mehr oder minder *freundschaftlich* kommunizierenden als auch die mehr oder minder *verfeindeten* Ex-Paare stellen das Kind in den Mittelpunkt ihrer Kommunikation! Der Diskurs um eine »verantwortliche Elternschaft« hat nicht nur die Erstfamilien, sondern längst auch die Folgefamilien erfasst, ja er findet hier besonders aufmerksame und für mögliche Fehler sensibilisierte, deshalb jedoch keineswegs ›fehlerlose‹ Adressaten. Staatliche und kommunale Politik ist vorrangig an der Fortführung der Elternschaft – nicht zuletzt wegen unmittelbarer und mittelbarer Folgekosten ihres möglichen Scheiterns – interessiert. Dies zum einen aus dem moralisch-ethischen Vorrang der Kinder als Schutzbedürftige und zum anderen aus der ökonomischen Bevorzugung ›frischen‹ Humankapitals vor der Regeneration der Produzenten (Kaufmann 1994, 1995; Schultheis 1990, 1995, 1999). Die öffentlich-politische wie die private Privilegierung der Elternschaft gegenüber der intimen Partnerschaft hat auch damit zu tun, dass die Elternarbeit auf die eine oder andere Weise fortzuführen ist, wenn die intime Beziehung des Paares beendet wird.

Die in den Fallstudien zu Wort kommenden Frauen und Männer stellen einen signifikanten Zusammenhang zwischen ihrer *Elternarbeit* und ihrer Intimbeziehung her. Für die meisten von ihnen hängt das Gelingen der Elternschaft von ihrer *Vereinbarung* ab, wie sie zu gestalten sei. Angesichts der westlich-patriarchalen Tradition kann es nicht überraschen, dass sie Mutterarbeit und Vaterarbeit für *komplementär* halten, d. h. Mann und Frau können und sollen einander ergänzen. Ein erheblicher Teil aller anfallenden Elternarbeiten könne auch vom Mann erledigt werden. Weder die Mutterarbeit noch die Vaterarbeit scheint den Akteuren noch in enger und unabänderlicher Weise an das Körpergeschlecht gebunden. Doch diese Meinung führt in vielen Fällen noch nicht zu einer entsprechend flexiblen Praxis. Viele Elternpaare organisieren ihre Elternarbeit vor und nach der Trennung immer noch nach dem *patriarchalen* Modell: Die Frau übernimmt den Großteil der Elternarbeit, der Mann findet dazu deutlich weniger Zeit, Lust und Motivation. Nach der Trennung vermindern sich überdies in der Regel seine zeit-räumlichen Möglichkeiten, Elternarbeit zu verrichten. Dies ist nun aber kein prä-reflexives Regime des mythischen Denkens mehr. Regelungen der Elternarbeit werden ja, wie gesagt, in der halboffenen Trennungsdiskussion, im Lauf der faktischen Trennung, im gerichtlichen Scheidungsverfahren und eventuell auch in der Paar- und Familientherapie ausdrücklich *verhandelt* und (oft mühsam) *ausgehandelt*. Zwar zeigen jüngste Veränderungen des Familien- und Kindschaftsrechts (»gemeinsame Obsorge« u. a.) die Tendenz, die Elternrechte und Pflichten des Mannes nach der Scheidung anzuerkennen und verstärkt einzufordern. Doch längst nicht alle Paare und auch nicht alle Experten und gerichtlichen Scheidungsverfahren halten hier mit. Es stellt sich die Frage, *warum* patriarchale Attitüden in der Elternschaft eher beibehalten und mehr noch: ausdrücklich vereinbart werden, selbst nachdem das Gewohnte durch die Trennung einigermaßen gebrochen, problematisch und verhandelbar geworden ist. Bedenken wir zudem, dass viele Frauen vor und nach der Trennung (in unserem Sample: alle Frauen) erwerbstätig sind und daher Interesse an einer stärkeren Beteiligung ihrer Ex-Partner an der Elternarbeit haben müssten, lässt sich nicht mehr argumentieren, hier setze sich ein traditionelles und habitualisiertes Handlungsmuster ungebrochen fort. Zu treffenderen Erklärungen gelangen wir, wenn wir die Erzählungen daraufhin untersuchen, wie Mutterarbeit und Vaterarbeit geleistet, erlebt, erinnert und erzählt werden und wie Frauen und Männer (Ex-Partner wie neue Intimpartner) ihre diesbezüglichen Interessen durchzusetzen versuchen.

10.10.2 Das historische Modell des westlichen Patriarchats

Beginnen wir damit, das idealtypische Modell einer *noch nicht* umstrittenen, patriarchalen Elternschaft des westlichen Typs zu umreißen. Mann und Frau sprechen sich explizit dafür aus, dass der Mann für die sozial-ökonomische und sozial-kulturelle Sicherung der Familie und die Frau für alle reproduktiven Arbeiten im Haushalt zuständig ist. Dazu zählen alle wichtigen Aufgaben und Tätigkeiten der Eltern. Sie werden von der Frau übernommen, weil sie »von Natur aus« dafür geeignet erscheint. Ist ihre biologische Fähigkeit, schwanger zu werden, ein Kind auszutragen und es für einige Zeit zu stillen, offensichtlich an das Körpergeschlecht gebunden, wird ein davon ausgehendes, weit darüber hinausreichendes Talent der Frau für mütterliche (elterliche) Aufgaben unterstellt. Mutter und Kind werden solcherart in einem rekursiven Zirkel gefangen, der sie schicksalhaft aneinander bindet. Weil nur die Mutter die lebenswichtige Elternarbeit leisten könne, sei sie auch dazu *verpflichtet*. Der Mann wird auf die materielle und soziale Sicherung der Mutterschaft festgelegt. Damit scheint es allen Beteiligten legitim, dass er sich über weite Teile der Arbeitswoche nicht in der Wohnung, sondern unterwegs, an seinem Arbeitsplatz oder zu Geschäften an anderen Orten befindet. Ein Effekt dieses Modells ist, dass der Mann seine Ehefrau oder Lebenspartnerin auch und zuweilen sogar vorwiegend für ihre Mutterarbeit und ihre mütterlichen Eigenschaften wertschätzt oder gar liebt. Die (spät-)romantische Liebe wird in (spät-)patriarchale Strukturen eingepasst (s. Kapitel 2). Mütterliche Eigenschaften gehen fließend in Dienstleistungen der Frau an ihrem Mann über. So wäre übrigens in einer psychoanalytischen, aber auch in einer ressourcentheoretischen Sichtweise zu erklären, warum sozial schwache Männer leicht in eine psychische Krise geraten, wenn das erste Kind geboren ist. Das Kind ›raubt‹ ihnen eine für sie wichtige Ressource: die ungeteilte Mütterlichkeit der Frau. (In den Fallstudien scheint dies bei Hans Koller wie auch bei Karl Mayer der Fall.)

Wird das Modell der patriarchalen Elternschaft von Mann und Frau anerkannt, hat dies eminente Folgen für ihre intime Beziehung: Der Mann beansprucht das Privileg seiner besonderen Schonung zu Hause und seiner regelmäßigen Bedienung durch die Frau und die Kinder. Die Dienstleistungen an ihm sollen ganz nach seinem Geschmack und nach seinen Vorlieben erbracht werden. Die Frau beansprucht für ihre mütterlichen Leistungen wie auch für ihre Dienstleistungen am Mann geliebt, respektiert oder wenigstens fair behandelt zu werden. Der Mann soll auf den Einsatz körperlicher Gewalt verzichten und einen hinreichenden Teil seines Einkommens in die Haushaltskasse abliefern; er leistet Fürsorge und solidarische Hilfe in Fällen von Krankheit und Not. An diesem Modell (sic!) *orientiert* sich ein großer Teil der bürgerlichen und kleinbürgerlichen Familien, darunter auch ein Teil der Facharbeiter-Familien im 19. und in der ersten Hälfte des 20. Jahrhunderts. Doch in unserem Sample, das Fälle aus diversen Milieus aus dem letzten Drittel des 20. Jahrhunderts und dem Beginn des 21. Jahrhunderts versammelt, ist eine Elternschaft, die von Mann und Frau völlig unbestritten und dauernd patriarchalisch organisiert wäre, nicht zu finden! Am ehesten folgen dem Modell sehr junge Paare der Unterschicht in den ersten Jahren ihrer ersten Ehen resp. Lebensgemeinschaften (Michaela und Hans Koller, Franziska und Franz Wild, Theresia und Franz Zadek). Sie tun, was sie bei ihren Eltern gesehen haben und was sie in dieser ersten Phase noch für normal halten. Doch sie haben auch schon in der Herkunftsfamilie häufig Streit um die Elternarbeit erlebt. Sie wissen, dass die Gestaltung der Elternschaft wie auch die Hausarbeit und die Verwaltung des Lohneinkommens *notorische Streitthemen* sind. Folgen wir den Erzählungen, kommt es auch in diesen jungen Ehen bald zu Konflikten um die Elternarbeit. Wiederholt findet sich der Hinweis, dass die Konflikte schon mit der Geburt des ersten Kindes oder bald danach beginnen. Der Streit um die Gestaltung der Elternschaft verquickt sich mit dem Streit um die rechtzeitige Heimkehr des Mannes von der Arbeit, um den Missbrauch von Alkohol, um den Umgang mit Geld oder die Gestaltung der Wochenenden und Urlaube.

Inwieweit wirken sich dabei sozialökonomische und sozial-kulturelle Unterschiede differenzierend aus? Die Frauen im Sample sind in den späten 1950er, 1960er und 1970er Jahren in Österreich, Deutschland, der Schweiz und in Frankreich geboren. Sie leben ihre späte Kindheit und Jugend in einer Zeit, in der in diesen Staaten die staatliche wie auch die regionale und kommunale Politik bereits durchwegs davon ausgeht, dass Frauen eine Berufsausbildung erhalten und über die Zeit der Mutterschaft hinweg – nur von kurzen Mutterurlauben abgesehen – erwerbstätig bleiben sollen. Die Frauen haben teils eine Berufslehre, teils eine höhere allgemeinbildende Schule, teils auch ein akademisches Studium hinter sich. Sie üben unterschiedlich qualifizierte und bezahlte Berufe aus und ihre Löhne und Gehälter sowie ihr Vermögen und andere Ressourcen variieren (s. Schaubild 3).

Sylvia Mayer, geb. 1968	Lehre im Büro- und Einzelhandel	30 Stunden/Woche als Sekretärin, 1.100 Euro netto plus Alimentation für einen Sohn	US
Michaela Koller-Wild, geb. 1971	Lehre als Verkäuferin	30 Stunden/Woche als Verkäuferin einer Modekette: 900 Euro netto	US
Theresia Zadek, geb. 1961	Lehre als Köchin und Kellnerin	40 Stunden/Woche als Köchin in einer Großküche; zusätzlich abends Putzfrau: 1.200 Euro netto	US
Sophie Miller, geb. 1960	Lehre im Büro und Einzelhandel	Vor der Erkrankung 20 Stunden/Woche im Büro, 800 Euro netto	US
Tina Thonhauser alias Klaar, geb. 1971	Matura und Berufstraining im Bank- und Kreditwesen	Freelance in Bankenbranche, ca. 3000 Euro netto plus Prämien	MS
Gitta Kunst, geb. 1958	Matura, Studium der Bildnerischen Erziehung an der Universität für Musik und darstellende Kunst in Wien	AHS Professorin, je nach Lehrverpflichtung 2.000–2.600 Euro netto plus Alimentation für zwei Söhne (derzeit 1.000 Euro)	MS
Nina Santos-Gomez Leynes, geb. 1970	Matura, Studium der französischen Literatur an der Universität Lyon	20 Stunden/Woche als Lehrerin an einer Privatschule, ca. 2.000 Euro netto	MS
Dr. med. Miriam Schön, geb. 1953	Matura, Studium der Medizin an der Universität Wien	40 Stunden/Woche als hohe Beamtin eines Ministeriums, ca. 3.400 Euro netto	oMS
Dr. jur. Eva Sartorius, geb.1957	Matura, Studium der Rechte an der Universität Köln	40 Stunden/Woche als Beamtin einer Landesregierung, ca. 3.300 Euro netto	oMS
Dr. phil. Norma von Echtheim, geb. 1969	Matura, Studium der Musikwissenschaft und der Volkswirtschaft an der Hochschule für Musik in Stuttgart bzw. an der Universität München	Gehalt ca. 3.000 Euro netto und erfolgsabhängige Provisionen, Immobilien aus Familienerbe in Stuttgart	uOS

| Marie-Claire Schütz alias Ponto, geb. 1970 | Matura, Studium Schmuck-Design an der Kunsthochschule Genf | Selbstständige Geschäfts-frau, Repräsentantin eines großbürgerlichen Hauses in einer norddeutschen Stadt, Vermögen aus Immobilien und Wertpapieren in der Schweiz | oOS |

US: »Unterschicht«, MS: »Mittelschicht«, oMS: »obere Mittelschicht, uOS: »Untere Oberschicht, oOS: »obere Oberschicht«; die angegebenen monatlichen Einkommen sind Schätzungen nach den Angaben in den Erzählungen.

Schaubild 3: Frauen: Bildung und Ausbildung, Erwerbsarbeit, monatliches Einkommen, Schichtzugehörigkeit

In den Erzählungen jener Frauen, die nach Bildung und Ausbildung, Beruf, Einkommen und Status der Unterschicht zugezählt werden (Sylvia Mayer, Michaela Koller-Wild, Theresia Zadek und Sophie Miller), fällt auf, dass die Auseinandersetzungen und Konflikte mit dem ersten Ehemann resp. Lebenspartner um die *Gestaltung der Elternschaft* hohe, ja dominierende Bedeutung erlangen. Bei den jungen Frauen Theresia Zadek und Sylvia Mayer verknüpft sich der Streit um die Kindererziehung mit ehelicher Gewalt und dem Alkoholmissbrauch des Mannes und kulminiert im gerichtlichen Scheidungsprozess bzw. in der sukzessiven Aberkennung des Besuchsrechts des Vaters durch das Jugendamt. Diese Konfliktthemen bleiben auch in der Folge wegweisend, denn sie bestimmen die nächste Partnerwahl wie die Leitmotive in den nächsten Intimbeziehungen und Folgefamilien. Bei diesen Frauen finden wir die vehementesten Bekenntnisse, »leidenschaftliche« und »erfahrene« Mütter zu sein und sich für das Wohl ihrer Kinder gleichsam »aufzuopfern«. Ihre Sorge ist sehr ausgeprägt, dass Trennung und Scheidung zum »sozialem Abstieg« des Kindes führen könnten. Dies stimuliert ihre Leidenschaft als Mütter und führt sie zu hohem persönlichem Einsatz. Daraus wieder nähren sich (innerhalb des binuklearen Familiensystems) die Konflikte mit den Ex-Ehepartnern und oft auch mit deren neuen Ehe- oder Lebenspartnern. Die bei weitem häufigsten und gewichtigsten Themen dieser Konflikte sind solche der Elternarbeit.

Bei jenen Frauen, die ich der Mittelschicht bzw. der oberen Mittelschicht zuordne (Tina Thonhauser alias Klaar, Gitta Kunst, Nina Santos-Leynes, Miriam Schön und Eva Sartorius), sind körperliche Gewalt oder Alkoholmissbrauch keine Faktoren, um die sich ein Problemsystem oder ein Familiendiskurs bilden würde. Auch finden wir hier keine ausgeprägte Angst der Frauen vor dem Abstieg der Kinder als mittelbare Folge von Trennung und Scheidung. Zwar sind in den ersten Ehen resp. Lebenspartnerschaften Kommunikation, Haushaltsführung und Kinderbetreuung konfliktträchtig und umstritten. Und nach Trennung und Scheidung wird deshalb ein neues Familienleben mit dem festen Vorsatz entworfen, als Paar besser zu kommunizieren und die Elternarbeit gerechter zu teilen. Doch aufgrund ihrer höheren Bildung, ihrer kommunikativen Fähigkeiten, ihrer qualifizierten Berufe und ihrer nützlichen Beziehungen vertrauen die Frauen (wie auch ihre Ehe- und Lebenspartner) darauf, den Bildungs- und Ausbildungsweg der Kinder auch nach der Trennung erfolgreich gestalten zu können. Der sozial-kulturelle Aufstieg der Kinder über Bildung und Ausbildung war schon in der Erstfamilie das zentrale Projekt und wird es in der Folgefamilie oft noch entschiedener. Bei Tina Thonhauser alias Klaar (s. Kapitel 7) ist dies sogar das zentrale Motiv für die Trennung vom ersten Ehemann, da er dem Aufstieg der Kinder qua Bildung und Ausbildung im Weg zu stehen scheint.

Die der Oberschicht zugerechneten Frauen Marie-Claire Schütz und Norma von Echtheim zeigen eine noch höhere Leistungsorientierung im Familienunternehmen bzw. im Kunst-Managment. Marie-Claire und Valentin Jakob Schütz reflektieren ihre Elternarbeit, zeigen ausgeprägte Fähigkeiten zur Perspektivenübernahme und verfügen über psychologisch-pädagogisches Grundwissen. Dennoch nehmen sie sich weniger Zeit für die praktische Elternarbeit als die Frauen der Mittelschicht. Sie delegieren einen großen Teil der Elternarbeit an die im Haus lebende Großmutter und an das Hauspersonal. Die Konzertmanagerin Norma von Echtheim ersetzt den flüchtigen Kindesvater durch ihren Bruder. Sie zeigt keine Bereitschaft, ihre Erwerbsarbeit zugunsten der Elternarbeit zurückzunehmen, und delegiert – wie es schon ihre wirtschaftlich überaus erfolgreiche Mutter getan hat – Elternarbeit an Kinderfrauen und Tagesmütter (s. Kapitel 5). Auch diese Frauen haben hohes Vertrauen in ihre Kompetenz, die richtigen Bildungsentscheidungen für ihre Kinder zu treffen. Sie vermögen die Bildungsinvestitionen der Mittelschicht-Familien qualitativ und finanziell deutlich zu überbieten: mit speziellen Ausbildungen, Kursen und Kulturkonsum, mit der gezielten Auswahl der Schulen und Universitäten, mit der Wahl von Elite-Internaten, Mehrfachstudien und längeren Ausbildungswegen, Sprachferien, Bildungsreisen, Theater-, Opern- und Konzert-Abonnements, Familien-Netzwerken im In- und Ausland u. a. m.

10.10.2.1 Umstrittene patriarchale Elternarbeit

Wie gesagt: Kein einziges Paar in den Fallstudien lässt sich dem vorhin konstruierten Idealtypus der *unbestrittenen* patriarchalen Elternschaft zuordnen. Im Gegenteil: Genau jene Wahrnehmungs-, Deutungs- und Handlungsmuster, die noch patriarchale Züge haben, sind zwischen den Eltern mehr oder minder heftig umstritten.

Der patriarchale Vater bildet eine kulturhistorische Folie, von der sich Frauen und Männer implizit oder explizit distanzieren, ohne sich allerdings darüber einigen zu können, in welchem Maße es dem Mann auch tatsächlich gelingt, patriarchale Attitüden abzulegen. Das kulturell Neue kann offenbar nur unter Bezugnahme auf das vereinfachte und gescholtene Alte entstehen.

Solange die Frau nach Trennung und Scheidung nicht mit einem neuen Intimpartner zusammenlebt, übernimmt sie zwangsläufig über weite Strecken des Alltags die Elternarbeit und oft auch Aufgaben der sozial-ökonomischen Sicherung. (Die Köchin Theresia Zadek nimmt nach ihrer Scheidung eine zweite Arbeitsstelle als Putzfrau an, um den Scheidungsanwalt bezahlen zu können, s. Kapitel 8.) Der geschiedene resp. getrennte Mann hingegen beschränkt sich häufig auf Alimentation und Wochenend-Unternehmungen sowie auf Urlaube mit dem Kind oder den Kindern. Dies führt häufig zu Streit zwischen den frisch Getrennten, wobei sich die Eltern-Konflikte unvermeidlich mit Paar-Konflikten vermischen. Geht die Frau eine neue Beziehung ein und lebt das neue Paar in einem gemeinsamen Haushalt, verlangt die Frau, durch das Scheitern der Erstfamilie dazu motiviert, eine bestimmte elterliche Leistung ihres neuen männlichen Partners. Ihrem in die Folgefamilie mitgebrachten Kind gegenüber soll er entweder ein »väterlicher Freund«, ein »Miterzieher« oder gar ein »rettender« oder »besserer Vater« sein, der den leiblichen Vater möglichst rasch »vergessen lässt«. Gemeinsamen Kindern des neuen Paares gegenüber soll er jedenfalls ein »besserer« Vater sein, als es der Ex-Partner war. Oft wird der neue Partner von der Frau in seinen elterlichen Leistungen überwacht und kontrolliert, auch häufig kritisiert und korrigiert. Eher selten verrichtet er Elternaufgaben, ohne dass die Frau in der Wohnung resp. im Haus anwesend wäre.

Wieso erhöht sich die Aufmerksamkeit für Fragen der Elternarbeit nach einer Trennung derart signifikant? Offenbar aktualisiert und provoziert die Trennung das Verantwortungsgefühl vieler Eltern. Überdies wird Elternarbeit nach der Trennung eines Elternpaares gleichzeitig und parallel in mehreren Beziehungen thematisch: in den Beziehungen der Ex-Partner wie auch in deren neuen Intimbeziehungen. Dies legt den Vergleich und die Kritik der elterlichen Leistungen – insbesondere den Vergleich der immer umstrittenen elterlichen Leistungen der Männer nahe. Ein kurzer Rückblick auf die Fallstudien soll dies deutlicher machen.

Bei den nach Trennung und Scheidung gebildeten Paaren Miller und Zadek-Miller, Mayer und Koller sowie Koller und Wild fanden wir, dass in der Kommunikation das Motiv der Frau dominiert, den Mann zu einem aktiveren Vater zu erziehen. Als die ›primär‹ Verantwortliche für Kindererziehung begibt sich die Frau gegenüber dem Ehemann oder Lebenspartner in die Position der talentierten, erfahrenen und wissenden Mutter. Sie instruiert, kontrolliert und korrigiert die Vaterarbeit. Die Auseinandersetzungen um die Gestaltung der Elternarbeit können friedlich, quasi wie päd-agogische Abend-Seminare, verlaufen (so bei Miller und Zadek, Kapitel 8); sie können aber auch zu härteren Auseinandersetzungen führen. Nun liegt es aber in der Eigen-art des binuklearen Familiensystems, dass das neue Paar bei seinen Bemühungen um eine bessere Elternarbeit nicht allein ist. Sehr häufig wird die Auseinandersetzung um ein *upgrading* der Vaterarbeit in der Folgefamilie von der Kommunikation mit der Ex-Partnerin des Mannes und / oder mit dem Ex-Partner der Frau begleitet. Und auch gegenüber ihrem Ex-Partner nimmt die Frau eine dezidiert kritische Haltung ein, was seine frühere wie auch seine aktuelle Leistung als Vater betrifft. Viele Frauen fordern den Ex-Ehemann resp. den getrennten Lebenspartner zu mehr Beteiligung an der Elternarbeit auf; sie verlangen von ihm ein gehaltvolleres Wochenendpro-gramm für das Kind, höhere Zahlungen, regelmäßigere Besuchskontakte, eine über-legtere Gestaltung des Urlaubs mit dem Kind, mehr Lernhilfe u. a. m. Ein Teil der Ex-Partner fühlt sich daher von ihren Ex-Frauen in ihrer Vaterschaft kontrolliert und bedrängt. Überdies fürchten sie die Loyalität des Kindes zu verlieren, das sie dem ›überwältigenden‹ und parteilichen Einfluss der Mutter ausgesetzt sehen. Doch jene Kontroll- und Sanktionsmechanismen, die bei den in einem Haushalt zusammenle-benden Paaren wirken, funktionieren hier nicht mehr. Der von Frau und Kindern getrennt lebende Mann kann sich den Kontrollversuchen relativ einfach entziehen. Daraus entsteht bei einem Teil der Männer die Tendenz zur meist langsamen (selten abrupten) Flucht aus der (getrennten) Elternschaft. Sie gewöhnen sich mit der Zeit daran, ihre Kinder aus einer getrennten Ehe oder Lebenspartnerschaft immer seltener zu sehen. Und sie entschädigen sich damit, dass sie nun wieder »mehr Ruhe« haben oder dass ihnen die Lebensmöglichkeiten eines Single oder auch die Möglichkei-ten zu einer neuen Vaterschaft in einer neuen Familie offenstehen. Schätzungen zu-folge sollen nach einigen Jahren sich stets verdünnender Kontakte etwa die Hälfte aller Männer weitgehend aus dem Blickfeld ihrer Kinder verschwinden. (In unserem Sample trifft dies jedoch nur auf die der Unterschicht zugerechneten Männer Karl Mayer und Franz Zadek zu, s. Kapitel 6 und 8.)

Der Typus der *umstrittenen patriarchalen Elternschaft* ist durch den Widerspruch zwischen dem inzwischen populären Gleichwertigkeits-Postulat (Mann und Frau sollen die gleichen Rechte und Pflichten haben und gleichermaßen Verantwortung für die Kinder übernehmen) und der geringeren Teilnahme der Männer an Eltern-arbeit sowie ihrer noch geringeren Teilnahme an Hausarbeit charakterisiert. Die Er-klärungen für diese Differenz von Norm und Praxis variieren mit der sozial-ökono-mischen Lage und dem sozial-kulturellen Milieu. Hans Koller hat in seiner ersten Ehe keinerlei Elternarbeit verrichtet. In seiner zweiten Lebenspartnerschaft mit Sylvia

Mayer lernt er nach und nach, ein zuverlässiger Ansprechpartner für seinen Sohn und für den Sohn der Lebensgefährtin zu sein. Praktische Elternaufgaben und die Hausarbeit überlässt er jedoch weitgehend der »leidenschaftlichen Mutter« Sylvia Mayer. Dies beschert der Folgefamilie ein hegemoniales Thema. Nichts steht hier häufiger auf dem Programm als der Disput über die Erziehung der Kinder – und über die Leistungen des Mannes als Vater. Zum anderen entsteht erheblicher Konfliktstoff für die Auseinandersetzungen zwischen den Ex-Ehepartnern Hans und Michaela Koller. Zentral ist der wechselseitig erhobene Vorwurf, der Ex-Partner / die Ex-Partnerin würde in der Erziehung zu moralisch-ethischen Werten wie auch bei der Unterstützung des Kindes in Schul- und Lernfragen versagen.

Der Bauingenieur Heinrich Miller lernt zwar in der Folgefamilie einige elterliche Aufgaben zu übernehmen, doch den Großteil der Elternarbeit und insbesondere die Expertise überlässt er seiner zweiten Ehefrau. Das Hauptmotiv seiner Partnerwahl in einer krisenhaften Situation (Tod der geschiedenen Mutter der Kinder, ein schwerkrankes Kind) ist, eine kompetente Mutter für seine beiden Söhne und eine gute Hausfrau zu finden. In Frau Zadek glaubt er sie gefunden zu haben. Theresia Zadek sieht sich als sehr »erfahrene« Mutter. Sie glaubt sich ganz auf ihre Erfahrungen als Mutter ihres Sohnes aus erster Ehe verlassen zu können. Herrn Millers Anteil an der Elternarbeit beschränkt sich zum einen auf die Durchsetzung einer peniblen Ordnung im Haushalt. Dies ist ihm ein besonderes Anliegen und dazu fühlt er sich auch kompetent. Zum anderen nimmt er die Rolle eines lernenden Vaters ein. Er ›übersieht‹ häufig subtile Wirkungszusammenhänge im Familienleben. So schüchtert er mit seiner lauten Art den Sohn seiner zweiten Ehefrau ein, der an die Gewaltexzesse seines leiblichen Vaters erinnert wird. Frau Zadek-Miller überwacht und korrigiert die Vaterarbeit ihres zweiten Ehemannes und führt stundenlange Diskussionen mit ihm. Heinrich Miller sagt, er sei eben dabei, einiges zu lernen, was ein Vater »spüren und wissen« muss (s. Kapitel 8).

Als talentierte Mutter und Erstverantwortliche in allen Fragen der Elternschaft sieht sich die nach einer Trennung erneut gebundene Frau zumindest zwei Männern gegenüber, von denen der eine aus ihrer Sicht nicht nur als Ehemann, sondern auch als Vater mehr oder weniger versagt hat. Dort, wo die Indizien gegen diese Behauptung sprechen (wie bei Tina und Jörg Thonhauser, s. Kapitel 7), wertet die Frau die väterlichen Leistungen ihres Ex-Ehemannes nachträglich ab. Dass der neue Partner in seiner Elternarbeit in ähnlicher Weise versagt, soll verhindert werden. Daher das Maß des pädagogischen Disputs und der Kontrolle. Die Frau nimmt gegenüber dem Mann eine erzieherische Haltung ein, die durch mehr oder minder trivialisierte Motive und Argumente des feministischen Diskurses unterstützt und legitimiert wird. Ein Effekt ist, dass die Gestaltung der Elternschaft und insbesondere die Vaterarbeit auch in der Folgefamilie ein umstrittenes Thema bleibt, ja häufig noch umstrittener wird, da die guten Vorsätze und die Angst vor der Abwärts-Mobilität der Kinder auch mehr Auseinandersetzungen nahelegen. Davon kann nun ein Typus der Elternschaft unterschieden werden, bei dem diese Merkmale nicht zu finden sind.

10.10.2.2 Emanzipierende Elternarbeit

Dieser Typus der Elternarbeit ist dadurch charakterisiert, dass Mann und Frau ihre Elternarbeit als ihr gemeinsames und verbindendes Projekt einrichten. Die Befähigung der Frau zu einer »natürlichen Mutterschaft« wird zwar auch hier nicht ausgeschlossen und manchmal behauptet. Doch führt dies nicht zur Distanzierung des Mannes von Elternarbeit. Im Gegenteil: Er erwirbt neue Fähigkeiten und Fertigkeiten als Vater und setzt sie im Konsens mit der Frau regelmäßig und zuverlässig ein. Mann und Frau beobachten einander als Eltern, ohne sich permanent zu höheren Leistungen zu ermahnen, und ohne einander zu kontrollieren und zu korrigieren. Der Mann gewinnt positive emotionale und soziale Erfahrungen aus seiner Vaterarbeit. Auch deshalb bezeichne ich diese Gestaltung der Elternarbeit als emanzipierend. Trennung und Scheidung führen weder zum abrupten Abbruch noch zum allmählichen Schwund der Vaterarbeit. Männer führen nach der Trennung ihre Vaterarbeit in erhöhter Intensität fort. Ihre Ex-Ehefrauen resp. ehemaligen Lebenspartnerinnen begrüßen und fördern dies und fühlen sich dadurch entlastet. Es ist also – in Differenz zum vorigen, umstrittenen Typ – von einem *konsensualen upgrading* der Vaterarbeit zu sprechen. Am deutlichsten findet es sich nach Trennung und Scheidung in jenen Folgefamilien, die sich annähernd nach dem Modell der ›Zwei Zuhause‹ organisieren.

Von den einundzwanzig Personen im Sample, die Elternarbeit leisten, leben die allermeisten in zweiten oder dritten Ehen bzw. Lebenspartnerschaften. Einige verändern mit der Trennung die Art ihrer Elternarbeit. Diese verschiebt sich dann durchwegs vom umstritten patriarchalen zum emanzipierenden Typus. Darin bildet sich wohl auch der öffentliche geschlechter- und familienpolitische Diskurs ab. Auch der Anstieg der Anzahl der Trennungen und Scheidungen seit den 1970er Jahren ist nicht zuletzt Ausdruck und Folge erhöhter Reflexivität und erhöhter Ansprüche an das Paar-, Eltern- und Familienleben. Wie in den Fallstudien im Detail gezeigt, fassen die getrennten Eltern häufig den Vorsatz, »das nächste Mal alles anders und besser zu machen«. Damit meinen sie auch die Gestaltung der Elternschaft. Obwohl sie ihre guten Vorsätze nur zum Teil realisieren können, intensiviert sich die Kommunikation über die Maximen und Regeln der Elternarbeit, auch wenn völlige Übereinstimmung der Partner selten ist. Dies zwingt die Paare, sich intensiver mit den öffentlichen Wissens-Diskursen um Elternschaft und Erziehung auseinanderzusetzen.

Eltern des emanzipierenden Typus gestalten die Elternarbeit flexibel je nach Anforderungen. Ältere Zuschreibungen nach dem Konzept der Geschlechtercharaktere verlieren für sie an Orientierungskraft. Es fällt allerdings auf, dass fast nur die höher und akademisch Gebildeten in unserem Sample eindeutig diesem Typus zugerechnet werden können. Die nach Trennungen und Scheidungen gebildeten Paare Rafael Santos-Mendez und Nina Santos-Mendez Leynes, Miriam Schön und Simon Kepler, Eva Sartorius und Valentin Jakob Schütz haben kaum ernsthafte Konflikte, die aus der Gestaltung der Elternarbeit resultieren. Es ist ein Anliegen der Männer, wenn auch erst bei ihrem zweiten oder dritten ›Versuch‹(!), das Aufwachsen ihrer Kinder möglichst ›hautnah‹ zu erleben. Sie lernen täglich dazu. Ihre neuen Erfahrungen als Väter führen auch häufig zu einer *nachholenden* Auseinandersetzung mit Kindern aus vorherigen Ehen oder Lebenspartnerschaften. Eltern des emanzipierenden Typus erneuern Beziehungen zu Kindern aus vorherigen Ehen resp. Lebenspartnerschaften eher, als sie verfallen zu lassen. Elternarbeit wird eine Zeit lang zum vorrangigen Thema der Paar-Kommunikation. Es scheint also, dass Lernmöglichkeiten im Feld der Vaterarbeit von höher gebildeten wie auch von postmateriell orientierten Männern eher wahrgenommen und genutzt werden. Eine habitualisierte Lernhaltung, ein berufsbedingtes, tägliches Training kommunikativer Fähigkeiten, aber auch moralisch-ethische Nonkonformität scheinen das *upgrading* der Vaterarbeit zu begünstigen.

10.10.3 Elternarbeit, Beziehung und Bindung: ein Zusammenhang

Die relevanten Textstellen aus den Erzählprotokollen zeigen, dass die Erzählerinnen und Erzähler, wenn sie *Aufgaben* und *Tätigkeiten* benennen, die sie der Elternschaft zurechnen, immer auch von den *Beziehungen* und *Bindungen* sprechen, die sie mit den elterlichen Tätigkeiten herstellen. Infolge der Ich-Zentriertheit des autobiographischen Gedächtnisses und aller Autobiographik thematisieren sie Elternarbeit im Hinblick auf ihr eigenes emotionales Erleben. Die *permanent* oder *zyklisch* durchgeführten Tätigkeiten machen die Beziehung zwischen Mutter und Kind bzw. zwischen Vater und Kind intensiver und stärken die emotionale Bindung, weil sie Gefühle der sicheren Geborgenheit und Zugehörigkeit schaffen. Aber auch die *gelegentlich* zu erfüllenden Aufgaben – an Wochenenden, in Urlaubswochen oder bei besonderen Festen und Anlässen – stärken die emotionale Bindung, da sie in ihrem Ereignischarakter individuell und kollektiv erinnert werden.

Nun erinnern aber Frauen und Männer in Folgefamilien auch die Elternarbeit in der vorherigen, getrennten Ehe resp. Lebenspartnerschaft. Sie unterscheiden die damalige von der aktuellen Elternarbeit und versuchen die Unterschiede zu erklären und in ihren Auswirkungen zu bestimmen und zu bewerten. So hebt Heinrich Miller hervor, dass der regelmäßig hergestellte Körperkontakt seiner ersten Ehefrau Sophie zu Sohn Florian zu einer (allzu) intensiven Beziehung und damit zu einer (allzu) engen Bindung des Kindes an die Mutter geführt habe. Er argumentiert, dass er deshalb keinen Zugang zu diesem Kind habe finden können, dass also die Vater-Kind-Beziehung und die emotionale Bindung von Vater und Sohn durch die Handlungsweise der Mutter behindert und tendenziell geschwächt worden seien (s. Kapitel 8). Valentin Jakob Schütz beklagt im Rückblick auf seine erste Familie, dass ihn seine übermäßige Berufsorientierung gehindert habe, die ersten Lebensjahre seiner Tochter Carla bewusst »zu erleben« (s. Kapitel 9), und so weiter. Wir können verallgemeinern: Die Erzählerinnen und Erzähler haben eine relativ klare Vorstellung davon, dass Modalität und Intensität der von ihnen verrichteten Elternarbeit die Eltern-Kind-Beziehung und damit auch die Stärke der emotionalen Bindung bestimmen. Der Umstand, dass sie sich nun in einer ersten, zweiten oder dritten Folgefamilie befinden und auf eine frühere Folgefamilie oder auf eine Erstfamilie zurückblicken, eröffnet ihnen die Möglichkeit, sich von der eigenen, vergangenen Elternpraxis ein Stück weit zu distanzieren und über alternative Formen der Elternarbeit nachzudenken. Damit haben sie es – auch nach ihrer eigenen Wahrnehmung – mehr noch als Generationen vor ihnen in der Hand, die aktuelle Eltern-Kind-Beziehung different zu *gestalten*.

10.10.3.1 Die Veränderlichkeit der Vater-Kind-Beziehung nach der Trennung

Die Gestaltung der Elternarbeit erhält durch die sich häufig und immer wieder verändernde Konstellation der Folgefamilie besondere Impulse. Wenn sich die Konstellation der Zusammenlebenden von Woche zu Woche und manchmal sogar von Tag zu Tag ändert, weil Kinder aus der Erstfamilie nur für Wochen oder Tage anwesend sind, stellt das neue Anforderungen an alle Beteiligten. Etwas technisch gesprochen, verursacht der häufige Wechsel der Konstellation eine wiederholte ›Verschiebung‹ der sozialen und affektiven Lage des Akteurs im sozialen System. Er stimuliert affektive Erlebnisse wie Freude über ein heimkehrendes Kind, das Gefühl der Belastung durch einen akuten Konflikt, die Entlastung durch das vorläufige Ende einer bestimmten Konstellation, zumindest bis dieselbe Konstellation vielleicht schon eine Woche später erneut eintritt, und so fort. Dies zieht ein deutlicheres Erleben der Gefühls*differenzen* bzw. der differenten situativen Gefühlslagen nach sich (s. dazu auch Dammasch u. Metzger 2006). Wird beispielsweise der Mann bei Familienfesten oder Besuchen mit Angehörigen seiner vorherigen Familie konfrontiert, taucht er in seine vergangene Sinn- und Gefühlswelt ein. Nostalgische Gefühle kommen auf, alte Verletzungen werden virulent, schon verloren geglaubte Gefühle können zumindest für kurze Zeit wieder empfunden werden. Kehrt der Mann nach einer solchen Expedition in die eigene Vergangenheit wieder in seine gegenwärtige Familie (Folgefamilie) zurück, kann der abrupte Wechsel ihn selbst, aber auch die Angehörigen kurzzeitig irritieren. Die Veränderlichkeit (Plastizität) der emotionalen Beziehungen wird staunend, manchmal auch leicht beunruhigt wahrgenommen. Vielen erscheint die erlebte Plastizität der eigenen Gefühlsbindungen als beunruhigende ›Instabilität‹. Wir haben dies bei den Besuchen von Valentin Schütz im norddeutschen Elternhaus (s. Kapitel 9.5 und 9.6) oder auch bei Tina Thonhausers nostalgischen Erinnerungen (s. Kapitel 7.8) gesehen.

Es ist wohl nicht zu bezweifeln, dass freiwillig und aus geteilter elterlicher Verantwortung vereinbarte und autonom gestaltete Elternarbeit für das Kind und für die Eltern-Kind-Beziehung weitaus günstiger ist als vom Scheidungsgericht oder vom Jugendamt verfügte »Besuchszeiten«; vorteilhafter auch als von der Mutter nur widerwillig zugestandene »Vatertage«. Werden Väter amtlich auf genau begrenzte »Besuchszeiten« festgelegt, demonstriert der Staat über das in seinem Namen agierende Gericht oder Jugendamt, dass er Vaterarbeit im Grunde für entbehrlich hält. Selbst ein erwiesenes oder bloß aus verfahrenstechnischen Gründen behauptetes schuldhaftes Verhalten des Mannes in der Ehe ist noch kein legitimer Grund, ihm sein Elternrecht zu entziehen. Das Elternrecht soll und darf nur in erwiesenen Fällen von sexuellem Missbrauch und wiederholter, schwerer körperlicher Gewalt entzogen werden (Günter, du Bois, Eichner, Röcker, Boos, Klosinski, Deberding 1997; Fegert 1997; Levold, Wedekind, Georgi 1990; Levold, Wedekind, Georgi 1993; Hardesty 2002; Hardesty u. Chung 2006). Mehrere Fachwissenschaften sprechen sich dafür aus, die Bedeutung des Vaters für die psychodynamische Entwicklung des Kindes höher einzuschätzen als bisher (Rhoden u. Robinson 1997; Palkowitz 1997; Stern 1998; Fivaz-Depeursinge u. Corboz-Warnery 2001; Dammasch u. Metzger 2006). Auch Gerichte und Jugendämter sollten deshalb nachdrücklich festhalten, dass das Engagement des getrennten Vaters für sein Kind *erwünscht* ist. In Deutschland wird dies seit 1998 und in Österreich seit 2001 durch das als Normalfall vorgesehene *gemeinsame Sorgerecht* geschiedener Eltern im Grundsatz artikuliert (Hopf 2000, 2001; Pelikan 2002; Mottl 2004).

Sowohl für die Masse der »miterziehenden« Väter als auch für die Minderheit der »patriarchalen« Väter (s. Kapitel 4) werden die Zeiten, die Vater und Kind nach Trennung und Scheidung zusammen sind, strikt definiert, beschränkt und organisiert.

Zugleich erhöht sich in dieser Zeit oft der soziale, emotionale und materielle Einsatz der Männer als Väter. Ihre Vaterarbeit wird *intensiviert*. Der kulturelle Sprung ist für den ehemals patriarchalen Vater am weitesten: Er findet sich nach der Trennung herausgefordert, sich erstmals selber ausdenken zu müssen, was er mit seinem Kind an einem Wochenende, das vielleicht noch verregnet ist, ohne die Regie der Mutter anfangen könnte. Für die »miterziehenden Väter« ist die Vaterarbeit nach der Trennung weniger schwierig. Sie können Miterzieher bleiben und bringen die vereinbarten Wochenenden und Urlaube mit den Kindern über die Bühne. Alltägliche Anschaffungen, Kontakte, Wege und Aufgaben überlassen sie weiterhin den Müttern. Wenn sie beispielsweise beobachten, dass dem Kind die Hosen zu kurz geworden oder die Socken zerrissen sind, gehen sie nicht in das nächste Kindergeschäft, sondern rufen die Mutter des Kindes an und geben die erwünschte Elternarbeit in Auftrag. Dieser Vater-Kind-Beziehung fehlen daher wesentliche Elemente des Alltagslebens. Damit bleibt die Bindung des Kindes an die Mutter enger. Das Kind erlebt die Mutter als schützende und helfende Instanz in allen Lebenslagen. Der Vater läuft Gefahr, trotz aller Mühe, die er sich geben mag, zu dem herabgestuft zu werden, was er ist: ein Wochenend-Vater, der für die vielen kleinen und großen Probleme des Kindes gar nicht zuständig ist, ja sie oft gar nicht wahrnimmt und kennt.

Die noch eher selten zu findenden »neuen Väter« sind aus der Sicht und dem Erleben der Kinder wie aus der Sicht ihrer (Ex-)Frauen auch nach einer Trennung resp. Scheidung die kompetentesten Väter. Sie haben die geringsten Schwierigkeiten, sich auf jene Zeiträume einzustellen, in denen das Kind für sie weiterhin Priorität hat. Dies setzt freilich voraus, dass das Kind annähernd regelmäßig zwischen den Haushalten der Mutter und des Vaters pendelt und nicht nur Tage und Wochenenden, sondern auch mehrere Arbeitstage im Stück im Haushalt des Vaters verbringt oder wochenweise zwischen den Haushalten pendelt. Erst dies wertet das Zusammenleben von Vater und Kind / Kindern zu einer annähernd gleichrangigen *Vaterfamilie* auf.

In der *Vaterfamilie* stellt der Vater seinem Kind (dem Mädchen wie dem Buben / Jungen) ein männliches Vorbild vor Augen, vermittelt ihm spezifische Fähigkeiten, Praktiken und Neigungen und erhöht auch die sozialen, emotionalen und kognitiven Lernmöglichkeiten. Dem Buben / Jungen ermöglicht das temporäre Zusammenleben mit dem Vater qua Imitation und Identifikation die Verkörperlichung (*embodyment*) geschlechtsspezifischer Haltungen und Handlungsweisen. Eine Vaterfamilie, die diesen Namen verdient, ist von Alltagsaufgaben aus eben diesem Grund *nicht* entlastet. Der Vater organisiert ebenso ›Alltag‹ mit dem Kind wie die Mutter in ihrer Familie. Die Wohnungen beider Eltern sind entsprechend eingerichtet. Freilich müssen Kinder dennoch zumindest ihre Schulsachen und manchmal auch ihr Lieblingsgewand oder ihr bevorzugtes Spielzeug zwischen den Haushalten der Eltern transportieren.

Dass dies eine kleine Schwierigkeit sein kann, zeigen die Erzählungen der Töchter von Miriam Schön, Julia und Catherine, die von ihrem 10. bis zu ihrem 18. Lebensjahr wochenweise hin- und herpendeln. An ihren Erzählungen können wir aber auch sehen, dass ihnen das Pendeln manche Freiheiten verschafft und ihr sozial-kulturelles Lernen stimuliert (s. Kapitel 4.7).

Manche werden einwenden, dass eine derart intensivierte Vaterarbeit in einer gleichrangigen Vaterfamilie doch nur selten zu finden sei, nur am selben Wohnort und nur bei hinreichenden Einkommen beider Eltern. Doch wäre sie nicht eine kleine Utopie? Angesichts der immer noch dominierenden Schwarzmalerei über das Leben der Kinder nach der Trennung der Eltern wäre sie immerhin ein Entwurf, dem sich getrennte Eltern annähern können, so gut sie es vermögen. Läge das *upgrading* der »Besuchsfamilie« zur Vaterfamilie nicht vor allem im Interesse des Kindes? Und läge es nicht auch im Interesse der Frau, die ja neben ihrer Mutterschaft legitime berufliche und persönliche Interessen verfolgt? Warum dieses Modell in europäischen Ländern noch immer kein vorrangiges Thema der familienpolitischen Diskussion ist, hat mehrere Gründe. Die feministisch inspirierte, latente Unterschätzung der Vaterarbeit dürfte einer sein. Konservative politische Parteien und Vertreter der christlichen Kirchen ziehen es vor, darüber zu sprechen, was sein soll: die Vater-Mutter-Kind-Familie als Erstfamilie, nichts sonst. Dieser normative Diskurs wäre jedoch zumindest durch einen Wissens-Diskurs zu ergänzen, in dem gefragt und diskutiert wird, welche Familienformen für die Kinder hilfreich und stärkend sind, wenn sich ihre Eltern zur Trennung entschlossen haben.

Vorderhand sind die Mutterfamilie und der Besuch beim Wochenend- und Freizeit-Vater nach Trennung und Scheidung gängige Praxis. Dies ist jedoch offensichtlich strukturkonservierend und setzt die ungleiche und oft auch unfaire Teilung der Elternarbeit zwischen Mann und Frau fort. Praktisch ist das vor allem für jene Männer, die ihre Vaterarbeit in Grenzen halten wollen, warum auch immer. Sie gewinnen mit Trennung und Scheidung das, was sie oft ihre »sexuelle und soziale Freiheit« nennen, zurück und haben dazu als Wochenendväter auch noch ein wenig Spaß mit den Kindern. Ohne Zweifel wird der in den letzten Jahrzehnten drastisch erhöhte Anspruch auf persönliche Autonomie von vielen Männern auf dem Rücken der von ihnen getrennten und geschiedenen Frauen und auf dem Rücken ihrer Kinder realisiert. Hingegen würde der Zwei-Zuhause-Ansatz Männer auch nach Trennung und Scheidung ernsthaft in die Pflicht nehmen und einen gewissen Ausgleich der Belastungen zwischen Frau und Mann schaffen. Aber das ist ein weiterer Grund, warum das Zwei-Zuhause-Modell bisher nur relativ selten gewählt wird. Es zieht einen deutlich höheren Organisationsaufwand des Mannes nach sich als die »Besuchsfamilie«, ja sogar einen höheren Aufwand als die von den meisten Männern praktizierte Rolle des Miterziehers in der Erstfamilie. Zeitvereinbarung, Kinder-Transport, Turnschuhe, Jause, Badehose, Wäsche, Kinderzahnpaste, Wochenende, Lehrer-Gespräch, Computerspiel, Ferien und andere Fragen der Alltags-Logistik müssen in der Vaterfamilie *auch* vom Mann ›gemanagt‹ werden. Da er *parallel* zur Mutter des Kindes im anderen Haushalt agiert, muss er sich immer wieder mit ihr besprechen. So ist deutlich mehr Kommunikation der getrennten Partner erforderlich. Die Beziehung der getrennten Partner *endet* nicht, sondern sie *verändert* sich radikal. Aus der Intimbeziehung wird eine *parallele* und manchmal sogar *verbindende* Elternschaft.

Die Ausgestaltung der väterlichen »Besuchsfamilie« zu einem zweiten Zuhause des Kindes zieht freilich auch Veränderungen in der Mutter-Kind-Familie nach sich. Die Mutter muss das Kind immer wieder ›loslassen‹ können. Dass manche Frau das nicht kann oder nicht will, ist ein weiteres Hindernis. Gegen diesen Widerstand hilft oft auch nicht die Einsicht, dass die Frau mit diesem Lebensmodell an Freiraum gewinnt, sei es für ihre Arbeit, sei es für ihre Freundschaften und ihre Intimbeziehungen. Erreicht die Kommunikation der getrennten Eltern einschließlich der neuen Intimpartner und Kinder ein gewisses Maß an Regelmäßigkeit, Verlässlichkeit und Intensität, entsteht eine neue, bi- und polynukleare Familienwelt, die nicht nur die Vater-, sondern auch die Mutterarbeit verändert. Ich werde sie aus der Perspektive der Frauen und Mütter im folgenden Abschnitt, und aus der Perspektive der Kinder im Abschnitt 10.10.4 eingehender diskutieren.

In mehreren Fallstudien hat sich gezeigt, dass Männer als leibliche Väter und auch gegenüber nicht leiblichen Kindern, die in ihrem Haushalt leben, Lernprozesse durchlaufen (s. die Kapitel 4, 6, 8 und 9). Ihre Auseinandersetzung mit der Ex-Ehefrau oder ehemaligen Lebenspartnerin, die Besprechung der Vaterarbeit mit der neuen Ehefrau resp. Lebenspartnerin und nicht zuletzt die nach der Trennung häufig intensivierte Auseinandersetzung mit dem Kind / den Kindern stimulieren ihre Bereitschaft, die eigenen Gewohnheiten und Verhaltensmuster zu überdenken und zu revidieren. Auch einige strukturelle Besonderheiten des binuklearen Familiensystems begünstigen, dass Männer als Väter dazulernen: mehr Verhandlungsbedarf im Inneren der Familie und gegenüber der ›anderen‹ Familie im binuklearen Familiensystem, die bewusstere Gestaltung der Beziehungen und die Schwächung der Familientradition, die gewachsene Unabhängigkeit von den eigenen Eltern. Insgesamt erhöht sich die Anforderung an den Mann, seine Elternarbeit zu reflektieren und sie nach kritisch geprüften Entwürfen zu *gestalten* (Gross u. Honer 1990; Wilk 1999). Die nach der Trennung meist noch knapper bemessene Zeit führt wie von selbst zur *Intensivierung* der Vaterarbeit. Männer sagen zu Gunsten ihrer Kinder berufliche Termine ab, orientieren sich über kindgerechte Kultur- und Sportangebote und anderes mehr. In der regelmäßig wiederkehrenden ›Vaterzeit‹ intensiviert sich die Kommunikation von Vater und Kind. Der Mann hört nicht nur mit einem Ohr zu, wie sich das Kind mit anderen Kindern oder mit der Mutter unterhält. Er kann auch nicht bloß ab und zu als Streit schlichtende, richtende oder wissende Autorität auf den Plan gerufen zu werden und sonst seiner Arbeit oder seinen Hobbys nachgehen. (Das ist die Strategie vieler »Miterzieher« in Erstfamilien.) Während der ›Vaterzeit‹ wird er zum ersten und wichtigsten Ansprechpartner des Kindes. Und auch er spricht sein Kind bewusster an. Mehr als in Erstfamilien thematisieren Vater und Kind ihre Beobachtungen, Hoffnungen, Ängste und Sorgen. So erfährt nicht nur der Vater mehr über sein Kind, auch das Kind erfährt mehr über seinen Vater. Aus dem »Miterzieher« wird ein sorgender Vater, der für regelmäßig wiederkehrende Tage oder Wochen im Zentrum der Lebenswelt seines Kindes steht. Er wird – um Mitscherlichs bekannte These umzukehren– ein für das Kind *sichtbarer* Vater (Mitscherlich 1963).

Der Mann gewinnt aus seiner Vaterarbeit Gefühle der Gebundenheit und der Zugehörigkeit, psycho-soziale Stabilität und sozial-kulturelle Anerkennung, nicht zuletzt auch Lebensinhalt und -sinn. Trotz aller zeittechnischen und praktischen Probleme stärkt ihn seine Vaterarbeit auch in seinem Berufsleben! Sie bringt Gefühle des Versagens, die häufig aus dem Scheitern der Ehe resp. Lebenspartnerschaft entstanden sind, bald zum Verschwinden. Und sie relativiert manche Aufregung im Beruf. Ein schlechtes Gewissen ist nicht nur ein schlechtes Ruhekissen, sondern auch eine wenig günstige Stimmung für Elternarbeit; führt es doch zu Handlungsunsicherheit und unausgewogenen oder unsteten Zuwendungen, etwa dazu, das Kind materiell ›entschädigen‹ zu wollen für das, was man ihm angetan hat.

Auch die unter diesen Umständen im binuklearen Familiensystem gestalteten Geschwisterbeziehungen der Kinder aus verschiedenen Ehen resp. Intimbeziehungen wirken stärkend auf den Vater zurück. Entgegen der von der älteren Stieffamilienforschung behaupteten schwachen Codierung und Unsicherheit seiner Rolle gewinnt der Mann gerade in der von ihm erlebten und gelebten Differenzierung möglicher Beziehungsmuster als Vater und / oder als väterlicher Freund an Sicherheit (Schneider 1989; Palkowitz 1997, 200 ff.; Pasley u. Minton 1997, 118 ff.; Fthenakis 1999, 126 f.). Das wird ihn freilich nicht davor bewahren, manche Kritik von (leiblichen und sozialen) Kindern anhören zu müssen. Doch indem er sie zur Kenntnis nimmt und sich dennoch weiter lernend verhält, bietet er seinen heranwachsenden und adoleszenten Kindern ein neues Vater- und Mann-Modell. Töchter und Söhne lernen am eigenen Vater und am neuen Intimpartner der Mutter, dass Elternarbeit nicht »natürliche Mutterarbeit«, und eine Frau in der Familie nicht notwendig die Dienerin des Mannes und der Kinder ist. Sie erleben auch, dass ›Männlichkeit‹ (Virilität) nicht schwindet, wenn Männer verlässlich für Kinder sorgen, unabhängig davon, ob es ihre leiblichen Kinder oder die Kinder ihrer Intimpartnerinnen sind.

10.10.3.2 Die Veränderlichkeit der Mutter-Kind-Beziehung nach der Trennung

In der Mehrzahl entstehen durch Trennung und Scheidung von Paaren mit einem Kind oder mit Kindern zunächst auf einer Seite *Mutter-Kind-Familien*. Es ist paradox: Diese Familienform birgt in sich, was dem mythischen Denken als die natürlichste und am festesten gefügte Bindung gilt: die leibliche Mutter-Kind-Beziehung. Und doch steht die Mutter-Kind-Familie ungeachtet ihrer jeweiligen Entstehungsgeschichte im Ruf, defizitär oder gar pathogen zu sein (s. Kapitel 3.2.2). Wie ist sie im Lichte der Fallstudien im Hinblick auf die Lebensqualität der beteiligten Kinder und Frauen einzuschätzen? Wie verändern sich die Mutter-Kind-Beziehungen durch den Auszug des Mannes und Vaters aus dem gemeinsamen Haushalt? Für viele Frauen, die zuvor mit einem Mann zusammenlebten und unter seiner Gewalt, seiner Herrschaft, seiner Dominanz oder auch nur unter seiner Kommunikationsschwäche litten, wird die Mutter-Kind-Familie nach Trennung und Scheidung eine stärkende und befreiende (emanzipierende) Institution. Schon Riessmann (1990) berichtet von Frauen, die im Lauf von Monaten und Jahren in Mutter-Kind-Familien an Selbstbewusstsein gewinnen und gezielt kontrollieren, auf welche Art des Zusammenlebens sie sich mit ihren neuen Intimpartnern einlassen. Acock u. Demo (1994) berichten von geschiedenen Müttern mit verbesserten Berufschancen und einem deutlich besser gelingenden sozialen Leben als vor der Trennung resp. Scheidung. Auch unsere Fallstudien zeigen einige Vorzüge der Mutter-Kind-Familie nach Trennung und Scheidung (s. Kapitel 6, 7 und 8). Dem weit verbreiteten Pessimismus lässt sich also anhand konkreter Fälle entgegenhalten: Mutter-Kind/er-Familien können die Emanzipation der Frauen wie der Kinder aus ökonomischen, sozialen, kulturellen und psychischen Abhängigkeiten von Männern fördern. Für Frauen wie für Kinder eröffnen sich – wenigstens nach Jahren in konfliktreichen Erstfamilien – neue, autonomere Lebensmöglichkeiten. Einige Fälle seien kurz rekapituliert:

Die Ärztin Miriam Schön (s. Kapitel 4) lebt nach der Scheidung ihrer Ehe wochenweise mit ihren Zwillingstöchtern Julia und Catherine zusammen. Sie *befreit* sich damit von der sie belastenden Unsicherheit und Unentschiedenheit des ewig suchenden Ehemannes. Die Sekretärin Sylvia Mayer und die Köchin und Putzfrau Theresia Zadek leben nach ihren Scheidungen einige Jahre mit ihren Söhnen. Beiden Frauen ist es zuvor nur mit Mühe gelungen, sich von ihren alkoholkranken, gewalttätigen und meist arbeitslosen Ehemännern zu befreien. Es ist nicht zu bezweifeln, dass die Mutter-Kind-Familie in solchen und ähnlichen Fällen trotz aller Schwierigkeiten eine *emanzipierende* Lebensform darstellt. Sie befriedigt die dringenden Bedürfnisse von Mutter und Kind/ern nach Ruhe und Entspannung. Frauen und Kinder gewinnen nach und nach ihr Selbstwertgefühl zurück. Die Frau kann in Ruhe prüfen, welche Art von Intimbeziehung ihr am besten entspricht, und auch, ob ein neuer Intimpartner in die Folgefamilie integriert werden soll. Ob und wie gut diese Möglichkeit genutzt werden kann, hängt vom Habitus der Frau und auch davon ab, auf welchem Weg die Lebensform zustande gekommen ist. Wurde die Frau nach ihrer Wahrnehmung eher überraschend und abrupt vom Ehemann oder Lebenspartner verlassen, wird die erste Zeit meist von Trauerarbeit und der Ablösung vom Expartner okkupiert. Für die Frau dominieren dann zunächst Gefühle der Enttäuschung und Bitterkeit über die fehlgeschlagene Beziehung und / oder über die Treulosigkeit des Mannes (wie im Fall von Gitta Kunst, s. Kapitel 4). Das Kind ist durch das Auseinandergehen der Eltern beunruhigt und findet sich erst nach einiger Zeit in der neuen Lage zurecht. Hat hingegen die Frau die Initiative zur Trennung ergriffen und dann oft auch die Scheidung begehrt, liegen Trauer und Ablösung meist schon hinter ihr. Die Frau hat ihren eigenen Entschluss mit viel Mut und Tatkraft durchgesetzt, manchmal auch gegen den Rat von Eltern, nahen Verwandten und Freunden. Nach oft zähen Auseinandersetzungen dominiert bei ihr das Gefühl, es endlich ›geschafft‹ zu haben. Kam das Kind gegen den Wunsch und ohne Miterleben des Mannes zur Welt und fanden die ersten Lebensjahre ohne jede Teilnahme des Vaters statt, oder verlief schon die Schwangerschaft ohne ihn, fällt die Phase der Ablösung und der Restabilisierung von Mutter und Kind vollständig aus. Ich habe einen solchen Fall in der Studie »Die Prominenten« (Kapitel 5) vorgestellt. Von einem derart frühen Scheitern der Beziehung der Frau mit dem Vater des Kindes kann ein zählebiges Misstrauen gegenüber jedem potenziellen Beziehungspartner zurückbleiben. Norma von Echtheim traut derzeit keinem Mann wirklich über den Weg. Frauen in dieser Lage argumentieren vornehmlich mit dem Interesse ihres Kindes (oder ihrer Kinder) an der *ungeteilten Zuwendung* der Mutter. (Wie sie sich tatsächlich verhalten, muss damit nicht unbedingt übereinstimmen.) Dies scheint ihnen offenbar legitimer, als sich und anderen die Zweifel am Gelingen einer neuen Beziehung oder ihre Ängste vor neuen Verletzungen zuzugeben. Es ist für die Frau dann aber auch nicht mehr unterscheidbar, welches Interesse sie selbst daran hat, sich auf den Widerstand des Kindes gegen einen möglichen neuen Intimpartner zu berufen. Ob für das Kind aus seiner besonderen Nähe und Funktion für die Mutter anhaltende Schwierigkeiten entstehen, ist nach Auffassung der psychotherapeutischen Forschung kaum vorherzusehen. Es dürfte davon abhängen, ob und in welchem Maß das Kind überfordert ist und unbedankt bleibt (Simon, Clement, Stierlin 1999; Graf u. Frank 2001).

Neben den möglichen (aber nicht zwangsläufigen) Schwierigkeiten sind die günstigen psychodynamischen Entwicklungen in Mutter-Kind-Familien nicht zu übersehen. Das Kind wird hier ernster genommen, ist es doch viel öfter als sonst ein wichtiger Kommunikationspartner der Frau. Es übernimmt früher und mehr Verantwortung für das Zusammenleben und bewältigt praktische Aufgaben, die sonst vom Mann resp. Vater übernommen werden. Wenn es dafür belohnt, geliebt und anerkannt wird, gelangt es zu einem erhöhten Selbstwertgefühl und entwickelt auch etwas früher als sonst bestimmte sozial-kulturelle Fähigkeiten. Die Umgebung deutet solche Kinder allerdings in fragwürdiger, weil normativer Weise als »frühreife Kinder« (Weiss 1979; Heiliger 1993). Besonders nach aufreibenden Trennungen und Scheidungsverfahren finden Kinder in der Mutter-Kind-Familie eher Ruhe, Entspannung und Stärkung als in einer oft allzu rasch hergestellten Folge-Familie mit einem Mann (Acock u. Demo 1994; Riessmann 1990). Nach beängstigenden oder traumatischen Erlebnissen in vorherigen Erstfamilien wird die Mutter-Kind/er-Familie eine Art Erholungs- und Rehabilitationsstation (exemplarisch dafür sind die zwei bis drei Jahre dauernden Mutter-Kind-Familien von Sylvia Mayer und Theresia Zadek, s. Kapitel 6 und 8).

Für relativ einkommensstarke, beruflich qualifizierte und selbstbewusste Frauen kann die Mutter-Kind-Familie deutlich mehr sein als eine Erholungsstation. Sie kann zu einer Lebensform werden, die dem Anspruch der Frau auf hohe Autonomie, insbesondere auf materielle, soziale und psychische Unabhängigkeit von einem Mann besser entspricht als die Erstfamilie oder eine Folgefamilie mit einem männlichen Partner im Haushalt. Dennoch halten auch gut situierte Frauen in Mutter-Kind-Familien Ausschau nach passenden Intimpartnern oder Intimpartnerinnen. Die oft in der Mitte des Lebens erfolgende Neuorientierung erhöht, so scheint es, den Entscheidungsspielraum, manchmal auch die Experimentierlust bei der sexuellen Orientierung. Praktische, materielle und sozial-kulturelle Motive mischen sich mit emotionalen und sexuellen Sehnsüchten. Aber auch dann ist die Mutter-Kind-Familie ein relativ sicherer Ort, von dem aus *ohne Übereilung* nach einem neuen Intimpartner oder einer Intimpartnerin gesucht werden kann. Die Selbstsicherheit und Gelassenheit solcher Frauen entsteht oft auch aus ihrer Einsicht, dass sie nicht um jeden Preis in einer hetero- oder homosexuellen Paarbeziehung leben *müssen*. Sie sind meist auch von der Mutter-Kind-Familie aus in der Lage, intime Begegnungen und sexuelle Kontakte zu organisieren (s. Miriam Schön, Tina Thonhauser und Marie-Claire Schütz, Kapitel 4, 7 u. 9). Dies reduziert das Risiko einer übereilten und verfehlten Partnerwahl und die Frauen lernen Nähe und Distanz zu ihren Intimpartnern selbst zu bestimmen. Sie entscheiden, ob und wann der Intimpartner ins Haus kommt und wie lange er bleiben darf. Und sie entscheiden, in welchem Maße er freundschaftliche oder elterliche Aufgaben gegenüber dem Kind übernimmt. So gewinnen sie an Gestaltungsmacht. Die patriarchale Macht des Mannes über Frau und Kinder ist hier weitgehend überwunden.

Herrscht hingegen relative materielle Not und ist die Frau von der Organisation des Haushalts, der Kinderbetreuung und der Erwerbsarbeit überlastet, nützt sie häufig schon eine der ersten Gelegenheiten, einen Mann an sich zu binden. Dann geht es in erster Linie um die Teilung der Miete, die Verdoppelung oder Verdreifachung des geringen Haushalts-Einkommens und die Aufteilung der Elternarbeit. Romantische Liebe ist hier oft nur am Rande oder gar nicht im Spiel (siehe die zweite Ehe von Theresia Zadek und Heinrich Miller, Kapitel 8, oder die Lebenspartnerschaft von Sylvia Mayer und Hans Koller, Kapitel 6). Je bildungsferner Männer und Frauen sind, desto eher neigen sie zu der Vorstellung, ein neues Familienleben sei gleichsam ›mit einem Schlag‹ herzustellen. Statt einer angemessenen Vorstellung vom sukzessiven ›Umbau‹ ihres Familienlebens haben sie die Illusion vom totalen und radikalen Neuanfang. Der in das Familienleben quer einsteigende Mann wird von der Frau aufgefordert, dem Kind ein »rettender« oder ein »besserer« Vater zu sein. Vom Kind verlangt die Mutter, ihren neuen Lebens- oder Ehepartner *als Vater* zu akzeptieren und den leiblichen Vater möglichst rasch »zu vergessen«, oder zu verdrängen. Dieser oft ganz unverblümt gegebene Auftrag (eine ›rüde‹ Delegation) widerspricht jedoch der affektiven Bindung des Kindes an seinen Vater. Er überfordert das Kind.

10.10.3.3 Gefühle für nicht-leibliche Kinder

Für die Beziehungen von Männern zu nicht-leiblichen Kindern habe ich an anderer Stelle (Kapitel 4) den Typus des einen leiblichen Vater restlos »ersetzenden« Vaters vom »rettenden« oder »besseren Vater« und vom »väterlichen Freund« unterschieden. Die Fallstudien zeigen jedoch auch, dass Männer nicht ohne weiteres auf einen dieser Typen (oder ähnlich bezeichnete Typen) zu fixieren sind. Die Qualität der Vaterarbeit verändert sich mit der Zeit und mit dem Zeitgeist und insbesondere auch mit den Veränderungen, die Trennung und Scheidung nach sich ziehen. Da nicht anzunehmen ist, dass Elternarbeit vom einzelnen Mann gegenüber nicht-leiblichen Kindern ganz unabhängig von seiner Elternarbeit gegenüber leiblichen Kindern geleistet werden kann, soll sie hier innerhalb des Systems aller Eltern-Kind-Beziehungen in einer Familie diskutiert werden. Männer, die mit leiblichen und / oder nicht-leiblichen Kindern stetig oder temporär in einem Haushalt zusammenleben, lassen sich sechs Grundtypen zuweisen (Schaubild 4).

Die Übersicht zeigt, dass acht der 13 aufgelisteten Männer synchron und / oder diachron *unterschiedliche Arten von Elternarbeit* verrichten. Und dabei lasse ich außer Acht, welche Veränderungen der Elternarbeit sich schon in den Jahren der Erstfamilie ergeben. Häufigkeit und Art der Interaktionen und somit auch die Qualität der Beziehung zwischen dem Mann und dem Kind sind veränderlich. Haben Männer

Leibliche Mann-Kind-Beziehungen (Vaterschaften)		
1. Vater lebt stets (zumindest über einige Jahre) im Haushalt des Kindes	2. Vater lebt zeit-weise im Haushalt des Kindes	3. Vater lebt über-wiegend in einem anderen Haushalt als das Kind
Simon Kepler Matthias u. Martin Kunst, Peter u. Paul Kepler		Matthias u. Martin Kunst
Rafael Santos-Mendez Julia u. Catherine, Milo u. Beatrice Santos-Mendez-Leynes	Julia u. Catherine Schön	
Hans Koller Kevin Koller		Kevin Koller
Franz Wild René u. Bianca Wild		
Hans Mayer Mario Mayer		Mario Mayer
Heinrich Miller Christian u. Florian Miller		Christian und Florian Miller
Jörg Thonhauser David u. Anna Thonhauser	David u. Anna Klaar (vorher Thonhauser)	
Valentin Jakob Schütz Lisa Sartorius		Carla Schütz
Anonymus		Giuseppe von Echtheim
Franz Zadek Andreas Zadek		Andreas Zadek und außerehelich geborene Kinder

Schaubild 4: Leibliche und nicht-leibliche Mann-Kind-Beziehungen

Nicht-leibliche Mann-Kind-Beziehungen		
4. rettender oder besserer Vater des Kindes	5. väterlicher Freund des Kindes	6. Wahlvater temporär im selben Haushalt
	Julia u. Catherine Schön	
Mario Mayer?	Mario Mayer?	
Kevin Koller?	Kevin Koller?	
	Andreas Zadek	
	Ronald Kaufman David u. Anna Klaar (vorher Thonhauser)	
	Siegfried Ponto Carla Schütz	
		Norbert v. Echtheim Giuseppe Echtheim

mehr als ein leibliches Kind, bauen sie unterschiedlich gefärbte Bindungen zu ihnen auf. Vielleicht noch variabler ist ihre Beziehung zu nicht-leiblichen Kindern im selben Haushalt. Hans Koller beispielsweise ist sich zwei Jahre nach seinem Einzug über die Qualität seiner Beziehung zum Sohn der Lebenspartnerin, Mario Mayer, noch nicht klar. Er schwankt zwischen leisen Vatergefühlen und der wiederkehrenden Neigung, sich von einer väterlichen Verpflichtung zu distanzieren. Einmal verhält und äußert er sich wie ein »besserer Vater«, dann lehnt er es entschieden ab, vom Kind als Vater angesprochen zu werden. Er ist also entweder dem 4. Typus des besseren oder retten- den Vaters zuzuzählen, wie es seine Lebensgefährtin ausdrücklich haben will, oder dem 5. Typus des väterlichen Freundes. Der Fall zeigt überdies, dass leibliche und nicht-leibliche Elternarbeit einer Person auf subtile Weise zusammenhängen. In sei- ner leiblichen Vaterschaft zu seinem leiblichen Sohn (Kevin) ist Hans Koller noch ungeübt und unsicher. Die affektive Stimmung dieser Beziehung schwankt zwischen Vaterliebe und Enttäuschung, denn der Sohn hat den Vater über zwei Jahre sozusagen »verraten«. Auch in dieser »leiblichen« Vater-Kind-Beziehung benötigt der Mann das Coaching durch die neue Lebensgefährtin. Wäre väterliche Freundschaft oder gar eine »bessere« oder »rettende« Vaterschaft gegenüber dem Kind der Lebensgefährtin legitim und affektiv möglich, wenn die Vaterschaft gegenüber dem eigenen Sohn auf der Kippe steht? Wahrscheinlich fühlt sich Herr Koller überfordert, die beiden elter- lichen Beziehungen einerseits zu differenzieren und andererseits – wie dies seine Lebensgefährtin als moralisch-ethische Maxime vorgibt – »Gerechtigkeit« walten zu lassen und keinen der Buben zu bevorzugen. Doch bei allen Schwierigkeiten zeigt sich, dass die oft zu hörende Behauptung, ein Mann, der in seiner ersten Familie kein aktiver Vater war, werde es auch bei seinem zweiten oder dritten Versuch nicht sein können, in dieser Allgemeinheit nicht zutrifft. Hans Koller ist trotz seines Versagens als Vater in der Erstfamilie noch lernfähig und in der Folgefamilie auf dem Weg, seinem Sohn ein zuverlässiger Vater und dem Sohn seiner Lebenspartnerin ein väter- licher Freund zu werden.

Auch Heinrich Miller lernt Vaterarbeit in mancher Hinsicht erst in der Folgefamilie, sowohl gegenüber seinen beiden Söhnen als auch gegenüber dem Sohn seiner zwei- ten Ehefrau, Theresia Zadek (s. Kapitel 8). Und auch an diesem Fall zeigt sich der subtile Zusammenhang zwischen der leiblichen Elternschaft und der Beziehung des Mannes zum Sohn der zweiten Ehefrau: Sie korrespondieren über den Transfer von Erfahrung und Kompetenz. Was Heinrich Miller in seiner väterlich-freundschaft- lichen Interaktion mit dem Sohn seiner zweiten Ehefrau lernt, orientiert seine Vater- arbeit gegenüber seinen Söhnen aus erster Ehe und umgekehrt. Dies geschieht – wie bei Hans Koller – unter der Supervision und fortlaufenden Kommentierung durch die neue Partnerin, die sich als besonders erfahrene und natürliche Mutter begreift.

Die laufenden Gespräche des Ehepaares darüber, wie sie die Elternarbeit gestalten – von Anfang an das Hauptthema in dieser zweiten Ehe – differenzieren immer zwischen »meinen Söhnen« und »deinem Sohn« und referieren auf die sehr unterschiedlichen Vorgeschichten in den beiden Erstfamilien. Die Leiblichkeit der Elternschaft bleibt ein Kriterium der Unterscheidung. Zugleich beanspruchen beide Ehepartner dezidiert, auch gegenüber den nicht-leiblichen Kindern Elternaufgaben zu übernehmen. Theresia Zadek will Christian Miller eine zweite, »bessere« und Florian Miller sogar eine »rettende« Mutter sein. Heinrich Miller will Andreas Zadek ein väterlicher Freund sein. Indem das Kriterium der Leiblichkeit immer wieder thematisch wird, erzeugt es auch eine praktische Differenz in der Elternarbeit. Der leiblichen Mutterschaft von Frau Zadek kommt Vorbildfunktion zu: Andreas Zadek gilt sowohl seiner Mutter als auch deren zweitem Ehemann als »lebender Beweis« der Richtigkeit einer strengen und konsequenten Erziehung. Die Umerziehung des von der verstorbenen Sophie Miller »verzärtelten« jüngsten Sohnes Florian durch das neu gebildete Elternpaar orientiert sich maßgeblich an diesem Modell der Elternarbeit.

Oft gestaltet sich die Beziehung zwischen dem Mann und dem Kind der Partnerin als *väterliche Freundschaft* (Typus 5 im Schaubild 6), besonders dann, wenn das Kind nicht mehr im Baby- oder Kleinkind-Alter und der leibliche Vater für das Kind präsent und bedeutsam ist. Simon Kepler wird langsam und behutsam zum väterlichen Freund der beiden Töchter von Miriam Schön, als diese im Alter von zwölf Jahren mit ihrer Mutter bei ihm einziehen. Siegfried Ponto ist der väterliche Freund Carlas. Heinrich Miller wird der väterliche Freund von Andreas Zadek. Ronald Kaufmann, obgleich vielleicht der leibliche Vater des zweiten Kindes, wird der väterliche Freund von David und Anna Klaar. Die Fälle zeigen, dass die Entscheidung des Mannes, sich auf eine väterliche Freundschaft zu ›beschränken‹ und nicht die Rolle eines ›rettenden‹ oder ›besseren Vaters‹ zu beanspruchen, maßgeblich von der Mutter des Kindes beeinflusst wird. Von ihr hängt auch ab, wie präsent der leibliche Vater nach der Trennung im binuklearen und bilokalen Familienleben sein kann, welche Aufgaben ihm überlassen und anvertraut werden oder welche Aufgaben an den neuen Lebenspartner delegiert werden. Oft ist die Frau die Supervisorin *beider* Männer. Sie diskutiert mit ihnen die Gestaltung des Familienlebens und der Elternarbeit und greift immer wieder korrigierend ein. Höher gebildete und sozial-ökonomisch gut situierte Frauen wie Miriam Schön, Tina Thonhauser alias Klaar oder Marie-Claire Schütz alias Ponto wünschen, dass die leiblichen Väter ihrer Kinder so viele elterliche Aufgaben wie möglich behalten, und hoffen, dass sich ihre neuen Intimpartner resp. zweiten Ehemänner mit ihren Kindern *befreunden*. Damit fördern, unterstützen und legitimieren sie die Beziehungen der Kinder zu ihren Vätern. Hingegen fordern wenig gebildete Frauen wie Sylvia Mayer und Michaela Koller ihre neuen Ehe- resp. Lebenspartner dazu auf, umgehend bessere oder rettende Väter ihrer Kinder zu werden. Sie wollen also den leiblichen Vater *restlos ersetzt* wissen und auch auf diese Weise alle Spuren der Erstfamilie tilgen, was freilich kaum jemals gelingt.

Einen besonderen Fall stellen Norbert und Giuseppe von Echtheim dar. Sie stehen zueinander im Verwandtschaftsverhältnis von Onkel und Neffe. Der Onkel ist der Bruder der Mutter. Die Mutter und das Kind haben den Onkel – bis auf weiteres – zum Ersatzvater gewählt. Seine Funktion ist zweifach definiert: einmal im sozialen System der multilokalen »Restfamilie« und einmal in jenem der Mutter-Kind-Familie. Die beiden Systeme verhalten sich zueinander koevolutiv: Durch seine Wahl zum Wahlvater des einzigen Kindes wird Norbert von Echtheim in seiner Stellung und Funktion als Oberhaupt der Restfamilie gestärkt. Die beanspruchte väterliche Rolle muss im Angesicht der Familienmitglieder ausgeübt werden und sinnfällig erlebbar sein. Stellung und Funktion des Mutterbruders in der Restfamilie ermöglichen und bestärken zugleich seine Rolle als Wahlvater in der Mutter-Kind-Familie. Hier soll er zumindest solange väterliche Aufgaben ausüben, bis der desertierte leibliche Vater des Kindes gestellt und zur Zahlung gezwungen ist. Ein neuer Intimpartner der Mutter könnte diesen Anspruch mindern und den Zusammenhalt beider sozialen Systeme gefährden. Der Mutterbruder kann dem Kind ein Ersatzvater werden, ohne der Liebhaber der Frau zu sein. Auch in diesem Fall bestimmt maßgeblich die Mutter des Kindes unter den Bedingungen des sozialen Systems, worin die Aufgaben des Mannes bestehen sollen.

Wie Schaubild 5 zeigt, sind Frauen weitaus öfter in der Stellung und Funktion des stets präsenten und sorgenden Elternteils als Männer. In Analogie zur Typologie der Väter können – auf der empirischen Grundlage der Fallstudien – sechs Typen der sorgenden Beziehung von Frauen zu leiblichen und nicht-leiblichen Kindern unterschieden werden.

Sieben der elf aufgelisteten Frauen praktizieren gegenüber zwei oder mehr Kindern verschiedene Formen von Elternarbeit. Frau Zadek-Miller ist ihrem Sohn Andreas sowohl in der Erstfamilie als auch in der auf die Scheidung folgenden Mutter-Kind-Familie und auch in der Patchworkfamilie mit Heinrich Miller und dessen Söhnen eine stets präsente leibliche Mutter. Den Söhnen des zweiten Ehemannes will sie eine »bessere« resp. »rettende« Mutter sein, wobei sich ihr Verhältnis zu Florian und Christian Miller sehr deutlich unterscheidet. Das Elternpaar ist sich darüber einig, dass Frau Zadek Florian davor ›retten‹ wird, ein leistungsunwilliger und unangepasster Mensch zu werden. Das Kind jedoch erlebt und deutet die Frau weder als seine »rettende Mutter« noch als seine »mütterliche Freundin«. Es bestreitet jede Legitimität des Anspruchs, ihm irgendeine Art von Mutter zu sein (s. Kapitel 8). Die grafische Darstellung ist also in diesem Punkt nicht differenzierend genug: Sie verzeichnet

nicht, ob die Intimpartner und ob Eltern und Kinder in der Einschätzung der Elternarbeit übereinstimmen oder ob sie diese unterschiedlich oder gar gegensätzlich wahrnehmen. Die Zuordnung zu diversen Typen von Elternarbeit stößt bei Frauen, die
gegenüber Kindern nicht die leiblichen Mütter sind, auf ähnliche Schwierigkeiten
wie die Zuordnung der Männer: Erstens kann auch Mutterarbeit oder ›Mütterlichkeit‹ nicht allein aus dem Entwurf und aus den Handlungsweisen der Frau hinreichend bestimmt werden. Was der Frau an Mutterarbeit gelingt oder misslingt, hängt
auch vom leiblichen Vater ab. Überdies wird es auch vom Erleben des Kindes, von
dessen Zustimmung, passivem Widerstand, aktiver Widersetzlichkeit etc. mitbestimmt. Beispielsweise wollen Martin und Matthias Miriam Schön, die Lebenspartnerin ihres Vaters, nicht als ihre mütterliche Freundin und schon gar nicht als Mutter
anerkennen. Sie leisten passiven Widerstand. Daraufhin zieht sich Miriam nach wenigen Jahren und unliebsamen Erlebnissen gegenüber den Söhnen ihres Lebenspartners zurück. Sie begründet dies mit der Priorität ihrer Mutterarbeit in der Folgefamilie, in der sie Mutter der Zwillingstöchter wie auch der beiden kleinen Söhne
Peter und Paul ist und alle Hände voll zu tun hat, die unterschiedlichen Anforderungen zu bewältigen (s. Kapitel 4). Die Fähigkeit der Frau zur Mutterarbeit ist ebenso
wenig ›angeboren‹ oder ›natürlich‹ wie die Fähigkeit des Mannes zur Vaterarbeit. Als
erworbene Kompetenz ist sie Lern- und Sozialisationsprozessen und somit Veränderungen unterworfen. Sie variiert mit der Elternarbeit des aktuellen Lebenspartners
und zum Teil auch des Ex-Partners. Und nicht zuletzt unterliegt auch die elterliche
Praxis der Frau dem orientierenden Einfluss von politisch-ideologischen Strömungen
und hegemonialen Wissens-Diskursen. Ein und dieselbe Frau ist deshalb in verän-
derlichen Konstellationen und in verschiedenen Lebensphasen und historischen
Lagen *in je verschiedener Weise* Mutter.

Frauen und Männer leisten Elternarbeit interaktionell und sozial-konstruktiv. Sie
stellen sie nach Vorstellungen, Ideen und Ideologien, von denen sie Kenntnis erlangen
und die sie teilweise zu ihren eigenen machen, wie auch nach Maßgabe ihrer sozialen,
kulturellen und materiellen Ressourcen (Kapitalien) durch ihr Fühlen, Wahrnehmen,
Deuten und Handeln her. Da alle elterlichen Tätigkeiten auf der Ebene der Performanz eng mit der Leiblichkeit der Eltern zusammenhängen, ist nicht anzunehmen,
dass Mann und Frau elterliche Tätigkeiten auf genau dieselbe Weise vollziehen. Man
denke etwa an Formen der körperlichen Zärtlichkeit zwischen Eltern und Kindern,
wo die Leiblichkeit der elterlichen Tätigkeit besonders offenkundig ist. Die leibliche
Performanz der Elternarbeit erzeugt den Eindruck, bestimmte Tätigkeiten seien eher
»männlich« und also »väterlich«, andere eher »weiblich« und also »mütterlich«. Der
kulturelle Charakter der Codierung der Körper und ihrer Tätigkeiten verdunkelt sich
im mythischen Denken, welches das Alltagsleben in hohem Maße durchdringt. Hier

Leibliche Frau-Kind-Beziehungen			
1. Mutter ist in Erstfamilie stets im Haushalt für das Kind präsent	2. Mutter lebt wochenweise etc. in einem Haushalt mit dem Kind / den Kindern	3. Mutter lebt überwiegend in einem anderen Haushalt als das Kind	4. Mutter ist in Folgefamilie stets für das Kind / die Kinder präsent
Theresia Zadek-Miller Andreas Zadek			Andreas Zadek
Sophie Miller (†) Christian u. Florian Miller			Christian u. Florian
Miriam Schön Julia u. Catherine	Julia u. Catherine		Peter u. Paul
Nina Leynes Marcelo u. Beatrice Santos-Leynes			
Marie-Claire Schütz Carla Schütz			Carla Schütz
Tina (Thonhauser) Klaar David u. Anna (Thonhauser) Klaar			David und Anna Klaar
Gitta Kunst Martin u. Matthias			Martin u. Matthias
Michaela Koller Kevin Koller			Kevin Koller, Bianca Wild
Sylvia Mayer Mario Mayer			Mario Mayer
Norma v. Echtheim Giuseppe von Echtheim			
Eva Sartorius Lisa Sartorius			

Schaubild 5: Leibliche und nicht-leibliche Frau-Kind-Beziehungen

Nicht-leibliche Frau-Kind-Beziehungen		
5. bessere oder rettende Mutter	6. Mütterliche Freundin	
	Primäre Familie	Sekundäre Familie
Florian Miller	Christian Miller	
		Martin u. Matthias Kepler
	Julia u. Cathi Schön	
		Lisa Sartorius
René Wild?	René Wild?	
		Kevin Koller
		Carla Schütz

finden wir noch den Glauben an eine ›natürliche‹ Elternschaft, die mit den physio-
logisch-biologischen Vorgängen von Zeugung, Schwangerschaft und Geburt in das
Leben eines Menschen gekommen und im weiteren Lebenslauf unverrückbar sei.
Elterliches Handeln scheint einem angeborenen und an das Körpergeschlecht gebun-
denen Gespür oder Instinkt zu folgen. Auch die allermeisten Erzählerinnen und Erzähler, deren Erzählungen wir hier analysieren, glauben daran. Verstoßen ein Mann
oder eine Frau gegen die ihnen zugeschriebenen natürlichen Aufgaben als Eltern,
beweist dies im Alltagsdenken nicht den mythischen Charakter der Vorstellung, sondern bloß die Möglichkeit, sich gegen die Natur zu ›versündigen‹. Vor allem die Meinung, die Frau folge einem »Mutterinstinkt«, findet sich bei fast allen Erzählerinnen
und Erzählern. Einzig Simon Kepler (Kapitel 4) und Eva Sartorius (Kapitel 9) distanzieren sich davon deutlich. Im Lauf ihres Studiums, ihrer Berufspraxis und ihrer
intellektuellen Bildung haben sie (nicht nur in dieser Frage) Wissen an die Stelle der
Gewissheiten des Mythos gesetzt. Am handlungswirksamsten scheint mythisches
Denken in Bezug auf die Mutterarbeit bei den bildungsfernen und sozial-ökonomisch
schwachen Frauen und Männern. Es scheint, als müsste der Glaube an die Natur hier
noch Berge versetzen.

Sehr oft wird mythisches Denken von den Bedrohungen durch die soziale Umwelt
provoziert. So sieht sich Sylvia Mayer nach der Trennung von einem gewalttätigen
Ehemann gezwungen, »wie eine Löwin« um ihr Kind zu kämpfen. Später überträgt
sie ihre »mütterliche Leidenschaft« auf den Sohn ihres neuen Intimpartners. Aufgrund ihrer ausgeprägten »Mutterinstinkte« meint sie genau zu spüren, was in einem
Kind vorgeht. Ihr Intimpartner, der als Vater völlig unerfahren ist, bewundert sie ob
ihrer, wie ihm scheint, natürlichen Kompetenzen als Mutter. Er ko-konstruiert die
»leidenschaftliche Mütterlichkeit«, wohl auch aus dem Bewusstsein seines früheren
Versagens als Vater. Die Beamten der Jugendfürsorge provozieren mit ihrer Kontrolle
und ihren impliziten Drohungen, der getrennten Mutter das von einem Kinder- und
Jugendpsychiater als »tobsüchtig« diagnostizierte Kind »abzunehmen«, die besondere
Leidenschaft der Frau als Mutter. In ähnlicher Weise empfindet sich auch Theresa
Zadek als eine »leidenschaftliche Mutter«, die aus ihren Erfahrungen als Kind (das
oft geschlagen wurde) und in den Jahren als geschiedene »Alleinerzieherin« gelernt
haben will, worauf es in der Erziehung von Kindern »wirklich ankommt«. Sie hat in
der Erstfamilie und nach ihrer Scheidung in der Mutter-Kind-Familie eine »strenge
Erziehung« verfolgt. Nun ist sie entschlossen, dieses Konzept auch auf Florian Miller,
den Sohn ihres zweiten Ehemannes, anzuwenden. Schwere Konflikte mit diesem
Kind, in denen ab und zu die nur mühsam beherrschte Lust der Frau aufblitzt, körperliche Gewalt anzuwenden, können sie von ihrem Weg nicht abbringen. Es geht an
dieser Stelle nicht so sehr darum, dieses Erziehungskonzept pädagogisch zu beurtei-

len. Die Frage ist vielmehr: Woher nimmt Frau Zadek ihre beeindruckende Sicherheit, ihr Erziehungskonzept sei das einzig richtige? Die Antwort lautet neuerlich: Sie hält sich für eine »geborene und erfahrene Mutter«. Ihre Lebenserfahrungen weisen ihr den Weg. Bücher oder Artikel von Pädagogen und Psychologen (die sie nicht liest) könnten sie nicht sicherer machen, im Gegenteil. Die einander zum Teil widersprechenden Erziehungskonzepte im Supermarkt der beratenden pädagogischen Literatur würden ihr weitaus unsicherer erscheinen als die Schlüsse aus der eigenen Lebenserfahrung. Es zählt zu den Eigenarten mythischen Denkens, dass die systematische Überprüfung seiner Wahrheit unter den Handlungsbedingungen und Zwängen des Alltags nicht gefordert ist. Es erweist sich aus dem spezifischen Realismus des Alltagslebens als »richtig«.

10.10.4 Kinder in binuklearen Familiensystemen

Was, so werden manche Leserinnen und Leser vielleicht fragen, ist heute eigentlich noch eine Familie? Aus der Perspektive der getrennten Frau und Mutter lautet die typische Antwort, solange sie nicht einen neuen Intimpartner in ihren Haushalt aufgenommen hat: »Meine Familie, das sind für mich zuallererst mein Kind / meine Kinder und ich.« Doch künftig wird – wenn wir die Tendenzen richtig erkennen – auch der getrennte Mann, der sich als Vater ernsthaft engagiert und seinem Kind / seinen Kindern ein zweites Zuhause einrichtet, immer öfter sagen: »Meine Familie, das sind für mich zuallererst mein Kind / meine Kinder und ich!« Ähnlich lauten die typischen Antworten der Kinder. Viele sagen: »Ich habe eine Familie, aber zwei Wohnungen, eine bei meiner Mutter und eine bei meinem Vater!« Oder: »Ich habe zwei Familien, aber wir sind eine große Familie!« Und so fort. Gewiss stehen diese Redeweisen unter dem Druck des Faktischen einer vollzogenen Trennung, doch ist bemerkenswert, wie flexibel Erwachsene und Kinder inzwischen mit dem Begriff Familie umgehen können. Die zitierten Redeweisen haben gewiss auch etwas Tröstliches für die getrennten Eltern. Genau deshalb zitieren sie ihre Kinder gern. Aber sind diese Redeweisen nur Ideologie? Verkennen sie die Umstände oder benennen sie die Verhältnisse nicht vielmehr zumindest in einigen Aspekten recht genau? Genauer als die amtsoffizielle Familienrhetorik?

Im Gegensatz zu Annahmen der älteren Stieffamilienforschung erleidet das Kind durch das Pendeln zwischen der Mutterfamilie und der Vaterfamilie nicht in jedem Fall einen anhaltenden »Kulturschock«, sondern es richtet sich häufig aktiv und lernbereit in seinem zweiten Zuhause ein (Bernstein 1990) und platziert in beiden Wohnungen resp. Häusern Spielzeug, eventuell verdoppelt es sein Lieblingsspielzeug; es okkupiert eine Zimmerecke oder ein eigenes Zimmer; manchmal fordert es auch vom

Vater oder von der Mutter, mehr für die Einrichtung dieses zweiten Zuhauses zu tun. Für das heranwachsende Kind kann es überaus spannend sein, mit dem Vater oder mit beiden Eltern ein zweites Zuhause einzurichten. Das hilft ihm, seine Zugehörigkeit zu Mutter *und* Vater zu stabilisieren.

Das »binukleare Familiensystem« (Ahrons 1979) besteht zunächst aus einer Mutter-Kind/er-Familie einerseits und der Vater-Kind/er-Familie andererseits. Das System ist also unmittelbar nach der Trennung noch relativ einfach strukturiert. In den folgenden Jahren wird es auf einer oder auf beiden Seiten *wachsen* und somit *komplexer*, wenn neue Intimpartner und deren eventuell mitgebrachte Kinder hinzukommen, und es wird noch einmal komplexer, wenn überdies auch noch gemeinsame leibliche Kinder eines Paares oder beider Paare geboren werden. In seiner komplexesten Form besteht das binukleare Familiensystem aus zwei kommunizierenden »Patchwork-Familien« im von Anne Bernstein ursprünglich gemeinten Sinn (Bernstein 1990): In jeder der beiden Folgefamilien lebt zumindest ein Kind jedes Partners und zumindest ein gemeinsames Kind der Lebens- oder Ehepartner. An der Peripherie des sozialen Systems nehmen oft auch mehrere Großeltern-Paare bzw. getrennte und verwitwete Großeltern teil. Es hängt von der Fragestellung ab, ob wir sie zum sozialen System oder zu dessen nächster Umwelt zählen (s. Kapitel 3.1). Innerhalb des binuklearen Familiensystems werden Ressourcen oder Kapitalien getauscht, geteilt und eingesetzt: Freundschaft, Aufmerksamkeit, Hilfe, Zeit, Wissen, Erfahrungen, Fertigkeiten, Beziehungen, Geld, Kleider, Haushaltsgegenstände, Wohnraum, Garten, Autos u.a.m. Bringen Großeltern eine Zeit lang derartige Ressourcen ein, kann von einem *mehrgenerationalen polynuklearen Familiensystem* gesprochen werden.

Kinder werden in bi- und polynuklearen Familien-Systemen auf fallspezifische Weise integriert. Umgekehrt integrieren sie das soziale System aktiv durch ihr Handeln, insbesondere durch ihre kommunikativen Leistungen und ihre affektiven Bindungen zu beiden Elternteilen, zu Geschwistern und Halbgeschwistern, ›alten‹ und ›neuen‹ Großeltern und anderen Verwandten. Sie pendeln regelmäßig zwischen zwei und mehr Haushalten und ziehen dabei die Aufmerksamkeit und Neugierde der Erwachsenen oder älterer Geschwister ›mit sich‹. Um nur ein Beispiel zu geben: Weil das eigene Kind immer wieder im Haushalt des Vaters lebt und isst, interessiert es die Mutter, wie dort gekocht und gegessen wird. Eine aktiv integrierende Funktion von Kindern ist es auch, wenn sie die Bereitschaft der getrennten Eltern erhöhen, zu einer friedlichen oder sogar freundschaftlichen Kooperation als Elternpaar zurückzufinden. Wenn Kinder in einer oder in beiden Folgefamilien geboren werden und sich ältere Kinder – oft nach anfänglicher Skepsis – dem Baby liebevoll zuwenden, befreien sie die Eltern von der Sorge, dass sie dem älteren Kind Elternliebe entziehen würden, wenn sie ein weiteres Kind auf die Welt bringen. Auf diese und ähnliche

Weise tragen vor allem größere und adoleszente Kinder teils unbewusst, teils intentional dazu bei, dass sich die Folgefamilien und ihr Verhältnis zueinander stabilisieren. Vorteile ergeben sich daraus nicht nur für die heranwachsenden Kinder der getrennten Eltern, sondern auch für die Babys und Kleinkinder, die in den Folgefamilien geboren werden. Wenn die Beteiligten loyal zueinander stehen, manchmal sogar in dem Erleben und in der Deutung, eine Art ›Großfamilie‹ zu bilden (eine Ausdrucksweise, die wir neuerdings immer öfter zu hören bekommen), kann das einzelne Kind zu jedem Erwachsenen und zu jedem anderen Kind eine differenzierte und abgestufte Nähe gewinnen, ohne deshalb notwendig in Loyalitätskonflikte zu geraten. Die Möglichkeit zu *erhöhter Diversität* der Beziehungen sei kurz illustriert: Wenn der Vater besonders sportlich lebt, ist der neue Intimpartner der Mutter vielleicht stärker an Politik interessiert. Wenn der Vater bei Tisch mit Vorliebe schweigt, kann der väterliche Freund auf der anderen Seite des binuklearen Familiensystems ein besonders wichtiger Gesprächspartner für das Kind werden. Wenn man mit dem eigenen Bruder um das gemeinsame Kinderzimmer streitet, kann die Halbschwester in der anderen Familie zur begehrten Spielkameradin werden. Wenn die Großeltern X das Kind gern zum Wassersport mitnehmen, bieten die Großeltern Y mit ihrer Leidenschaft für Musik ein »Kontrastprogramm«, das vom Kind unter Umständen sehr genossen wird.

In positiv integrierten binuklearen Familiensystemen werden Traditionen wieder belebt oder neu erfunden. Kindergeburtstage werden gemeinsam gefeiert. Die getrennten Eltern tauschen Kinderwägen und Haushaltsgeräte aus oder geben Kindergewand und Schulutensilien an jüngere Kinder in der Familie des Ex-Partners weiter. Großelternpaare bieten sich in beiden Folgefamilien zur temporären Betreuung der Kinder an. Oft bilden die aus Trennungen und Scheidungen hervorgegangenen Folgefamilien einen institutionalisierten Treffpunkt für Familienfeste aus: etwa das Haus oder die Wohnung jenes Paares, das über die höchste Autorität und die besten Ressourcen verfügt (wie Simon Keplers Salon, s. Kapitel 4); oder es findet sich ein dritter Ort wie das Haus eines Großeltern-Paares, in dem die Folgefamilien getrennter und geschiedener Kinder manche Feste gemeinsam feiern (s. Sieder 1997, 247).

Binukleare und polynukleare Familiensysteme können aber auch *negativ* integriert werden. Auch dann kommt den Kindern eine spezifische Rolle und Funktion zu: Sie werden als ›Spione‹, als ›rächende Engel‹, oder als ›Botschafter‹ mit einer schlechten Nachricht in die ›feindliche‹ Familie geschickt, oder sie werden selber zum Zankapfel der verfeindeten Eltern und / oder Großeltern. Oft werden ihre Schwächen oder Fehler von einem Elternteil im Streit hervorgekehrt, um den anderen Elternteil zu verletzen und abzuwerten. Oder ein Großelternteil benutzt das Enkelkind, um den Expartner des eigenen Kindes zu verletzen. Das Kind (Enkelkind) gilt Eltern und

Großeltern häufig als ›lebender Beweis‹ für die schlechte Erziehung in der ›anderen‹ Folgefamilie. Es wird als Träger bestimmter schlechter Eigenschaften des anderen Elternteils wahrgenommen oder verkörpert ganz pauschal jenes »schlechte Milieu«, dem die Folgefamilie des Expartners zugerechnet wird. Besondere Schwierigkeiten entstehen für das Kind, wenn ihm von den beiden getrennten Eltern Aufgaben zugewiesen werden, die nicht miteinander zu vereinbaren sind. So wenn der Vater – oft mit Zustimmung seiner neuen Ehefrau oder Lebenspartnerin – vom Kind verlangt, über die Folgefamilie der Mutter im Detail Auskunft zu geben, dem Kind jedoch zugleich den strikten Auftrag erteilt, über die eigene Folgefamilie »nichts« (vor allem nichts Nachteiliges) zu erzählen. Damit ist das Kind zu Formen des Taktierens und Lavierens gezwungen, die ihm bald den Vorwurf eintragen, unehrlich, verstockt oder verlogen zu sein.

Insbesondere (aber nicht nur) in bildungsfernen sozial-kulturellen Milieus praktizieren die Akteure in ihrem Alltagsleben mythisches Denken: Sie vereinfachen und vereindeutigen die Zusammenhänge, sie naturalisieren das Soziale, sie externalisieren Verantwortung und personalisieren komplexe Ursachen zu individueller Schuld. Die Kontrahentinnen und Kontrahenten wissen immer schon im Voraus, wie sich der geschiedene Ex-Mann / die geschiedene Ex-Frau oder wie sich das Kind verhalten wird, denn er oder sie »war ja schon immer so«. Sie wissen auch schon, wie die andere Seite auf das eigene Handeln reagieren wird, weil sie den Ex-Partner oder das Kind aus den Jahren des Zusammenlebens bestens zu kennen glauben. Kinder werden also in einer Weise instrumentalisiert, die den einzelnen Familienhaushalt übersteigt. *Triangulation* (im Sinne der systemischen Familientherapie, s. Simon, Clement u. Stierlin 1999, 329) wird zu einem Werkzeug der negativen Integration des binuklearen Familiensystems. Es bedarf offenbar einer gewissen Bildung und Reflexion seitens der Eltern, um der Versuchung widerstehen zu können, das Kind in der fortgesetzten Rivalität der Getrennten *nicht* zum Streitthema und zum Zwischenträger feindseliger oder doppelbödiger Botschaften zu machen.

Andererseits versuchen Kinder aus der Rivalität der sich trennenden oder schon getrennten Eltern Vorteile zu gewinnen. Was die Mutter nicht gewährt, soll der Vater gewähren und umgekehrt. Ihr schlechtes Gewissen macht viele Eltern dafür empfänglich. Versuche des Kindes, die Konfliktlage der Eltern für eigene Interessen auszunützen, finden sich freilich auch in Erstfamilien. Wenn sich das Bündnis des Kindes mit einem Elternteil gegen den anderen Elternteil aber unter den strukturellen Bedingungen des binuklearen Familiensystems vertieft und wenn es vom Kind überdies *verdeckt* wird, um gleichzeitig ein Gegenbündnis mit dem zweiten Elternteil zu etablieren, kann die psychodynamische Entwicklung des Kindes für eine gewisse Zeit verlangsamt oder blockiert werden (Einnolf 1999, 110).

In negativ wie in positiv integrierten bi- und polynuklearen Familiensystemen stellen sich *Familienerzählungen* über die Vergangenheiten der Personen her. Kommunikation zwischen Angehörigen verschiedener Folgefamilien führt teils zur Kongruenz, teils zur Diskrepanz der Familienerzählungen (Hildenbrand u. Jahn 1988). »Familienerzählung« meint hier ein mehr oder minder kohärentes, beständig fortgeführtes und erweitertes Ensemble von Geschichten und Beschreibungen, die immer wieder erzählt werden und sich zu Anekdoten verfestigen. Diese Anekdoten orientieren als spezifisch lebensweltliches Wissen das Handeln der Personen und ihr Zusammenleben. Beispielsweise kann es die zweite Frau davor bewahren, gleichsam blind und unwissend in die Fußstapfen ihrer Vorgängerin zu treten, wenn sie Geschichten über das ›Vorleben‹ ihres Mannes in dessen vorheriger Ehe, Lebenspartnerschaft und Elternschaft erfährt. Da die Vorgängerin in der Intimbeziehung mit jenem Mann gescheitert ist, der nun der Intimpartner ihrer Nachfolgerin ist, bezieht sich dieses mehr oder minder diskret transportierte Wissen oft auch auf Eigentümlichkeiten, Schwächen oder Macken des Mannes. Erinnert sei an den Austausch von Geschichten zwischen Miriam Schön und ihrer ›Nachfolgerin‹ Nina Leynes. Die erste und die zweite Frau des Valentin Jakob Schütz trafen einander irgendwo in Deutschland, um Fragen der Ehescheidung zu klären. Dass damals und auch bei ihren weiteren Treffen subtile Informationen über die beteiligten Männer ausgetauscht werden, ist zu vermuten und stimmt Valentin Schütz ein wenig misstrauisch (s. Kapitel 9). Ein gewisses Maß an Kommunikation zwischen den Erwachsenen und den Kindern in einem binuklearen Familiensystem ist unabdingbar, um dieses System allererst aufzubauen und es für die Beteiligten sinnvoll (bedeutungsvoll) und lebendig zu erhalten. Sein Vorteil für beteiligte Kinder ist, dass Eifersucht, Rivalität und Misstrauen, vor allem auch Angst vor Liebesverlust nach Trennungen und Scheidungen abgebaut werden können oder erst gar nicht entstehen. Doch zugleich fühlen sich Frauen und Männer von einem zu weit gehenden Austausch ›alter Geschichten‹ bedroht. Nach dem Scheitern der Erstfamilie bzw. der vorherigen Intimbeziehung wollen sie ein völlig ›neues Kapitel‹ ihres Lebens eröffnen. Wie jedes soziale System kennt auch das binukleare Familiensystem tabuisierte Zonen: »Familiengeheimnisse« (Imber-Black 1995 u. 1999). Ja ich vermute, dass es infolge der hier einander so nahen Familiengeschichten sogar besonders wichtig ist, Konsens darüber herzustellen, was *nicht* besprochen oder angesprochen werden soll. Die tabuisierten Zonen gewährleisten dann, dass die beiden Folgefamilien kommunizieren und Ressourcen tauschen können. Kinder entwickeln oft ein besonderes Sensorium dafür, welche Erzählungen sie aus der einen in die andere Folgefamilie tragen können und welche nicht. Nur in verfeindeten Folgefamilien wird dem Kind diesbezüglich vorgeworfen, es sei nicht ehrlich oder es sei parteilich und halte mehr zum anderen Elternteil (s. Kapitel 6).

Auch bi- und polynukleare Familiensysteme, die freundschaftlich kommunizieren und solidarisch Ressourcen austauschen, stoßen zuweilen an eine Grenze der Komplexität. Dann neigen sie dazu, jene Personen ›abzuspalten‹, die sie als relativ fremd (als »nicht dazu passend«) diagnostizieren. Das geschieht offenbar, um die Gefühle der fraglosen Zugehörigkeit und Zusammengehörigkeit zu wahren, die den Akteuren so überaus wünschenswert erscheinen und »Familienleben« signifikant von »Berufsleben« oder »Vereinsleben« oder »Öffentlichkeit« unterscheiden. Die Fallstudien zeigen, dass die ›kritische Größe‹ des sozialen Systems nicht dauerhaft festgelegt wird, sondern im Lauf der Zeit und mit den sich stellenden Aufgaben und Schwierigkeiten variiert. Sie wird allerdings von den Akteuren ein und desselben sozialen Systems nicht selten verschieden wahrgenommen und interpretiert. Ist einem Paar in einer bestimmten Phase des Familienzyklus schon ein einziges Kind, das nicht das leibliche Kind beider Partner ist, eine schwere Herausforderung, können andere Paare nichtleibliche Kinder problemloser integrieren. Tritt eine Zeit lang kein Problem mit der Integration von Kindern aus einer vorherigen Ehe oder Lebenspartnerschaft auf, muss es nicht immer so bleiben. Neue Stressfaktoren (berufliche Belastungen, Arbeitslosigkeit, Erkrankungen u. a.) und Veränderungen im Verhalten des Kindes etwa in der Pubertät oder in der Adoleszenz können dazu führen, dass das Zusammenleben schwieriger wird. Umgekehrt kann der Wegfall von Stressfaktoren die Folgefamilie wieder aufnahme- und integrationsfähiger machen.

10.11 Erinnern, Erzählen und Leiblichkeit

Zu keinem Zeitpunkt ist das ›Zusammenleben‹ von Eltern und Kindern ein fester Zustand. Wie das Verbum ›leben‹ schon ausdrückt, ist es ein prozesshaftes Geschehen, das durch die Kommunikation der Akteure und ihren Einsatz und Tausch von sozialen, kulturellen, körperlichen und materiellen Ressourcen in Gang gehalten wird. Trennung und Scheidung sind besonders konflikt- und leidensreiche Sequenzen in diesem Prozess. Und das ist wörtlich zu nehmen. Sie sind ein Ereignis im Lauf des Familienlebens und beenden es nicht, so merkwürdig dieser Gedanke zunächst anmuten mag. Freilich *dezentrieren* und *transformieren* sie es. Sie splitten es in zwei erweiterungsfähige Haushalte, die dann auf historisch neue Art in bi- oder polynukleare Familiensysteme integriert werden müssen. Dabei ist *die kulturelle Strategie des Erzählens des Erlebten und der Entwurf einer Zukunft* zentral.

Die Erzählungen über das Erlebte münden in Zwischenbilanzen, die das Geschehene implizit oder explizit bewerten und dem künftigen Handeln die Richtung vorgeben (Sieder 1997, 1999, 2004 b). Der Ausgang der erzählten Geschichten – explizit oder implizit als Maxime oder ›Lehre aus der Geschichte‹ gefasst – motiviert und legitimiert entweder das weitere Durchhalten oder die Trennung der Ehe resp. Lebenspartnerschaft, oft auch schon die Suche nach einem »neuen Glück«. Die emotionale Bindung an den Intimpartner und dessen mehr oder minder ausgeprägte Idealisierung erfolgen ebenso mittels narrativer Strategien wie dessen Zurückweisung, Entidealisierung und Dämonisierung. Während die Aufwertung des Intimpartners in der Phase der Verliebung gleichsam mit einem Überschuss an kommunizierten Erzählungen vor sich geht, erfolgt im Prozess der Entliebung das genaue Gegenteil: Immer weniger von dem, was der Intimpartner diesbezüglich denkt und fühlt, wird dem Anderen offen mitgeteilt. Erst in einem fortgeschrittenen Stadium beginnt sich der abwertende dem abgewerteten Partner selektiv zu offenbaren. Dies ist ein kritisches Ereignis und eine Schlüsselszene in jedem Trennungsprozess. Die Wirkungen sind in der Regel irreversibel. Sie prägen sich tief in das Gedächtnis der beteiligten Individuen ein. Die entscheidende Szene wird in ihrem Ambiente, in einem bestimmten Licht, mit Gerüchen, Berührungen und körperlichen Sensationen wie Weinen erinnert. Kommunizieren, so zeigt sich, ist weit mehr als Sprechen (Goffman 1977; 2005). Es umfasst auch körperliche Empfindungen und Berührungen, Bewegungen und Ausdrücke der Körper sowie deren wechselseitiges Lesen oder Decodieren (Lindemann 1999; Klein 2005; Knoblauch 2005). In den Face-to-face-Kommunikationen erzählen wir nicht nur mit sprachlichen, sondern auch mit körperlichen Mitteln. Dies gilt um so mehr, als die Codes der ›Liebe‹ körperlicher Attraktion und sexuellem und erotischem Körperhandeln hohe Bedeutung zuweisen. Der sich Verliebende ›gesteht‹ seine Gefühle, um den Anderen davon zu überzeugen. Dazu benutzt er einen passenden, literarisch oder oral tradierten Code (s. Kapitel 2). Blicke, Gesten und Berührungen beglaubigen das Gesagte. Wirkt der Körper nicht überzeugend, wird auch das Gesprochene schal. In der reflexiver und ironischer gewordenen (»zweiten«) Moderne fällt es ohnehin schwerer denn je, an die eigenen Worte zu glauben. Die Beglaubigung des Gesagten durch die körperliche Empfindung ist nicht nur für den Angesprochenen relevant. Sie überzeugt auch den Sprecher (mehr oder minder) davon, wahrhaftig zu sprechen.

Analoges gilt, freilich mit anderen Motiven und konträren Auspizien, für die Trennung des Paares. Der sich Trennende und insbesondere jener Partner, der die Trennung stärker als der andere initiiert und betreibt (der Initiator), versucht seine Enttäuschung über den Zustand der Beziehung mittels geeigneter Geschichten und Beschreibungen plausibel zu machen. Und auch er verkörperlicht seine Erzählungen. Beispielsweise empfindet er kein sexuelles Interesse mehr oder er meint, bestimmte Eigenarten des Anderen körperlich nicht mehr ertragen zu können. Wenn der Andere versteht, dass der Intimpartner »zu wenig« oder »nichts« mehr empfindet, antwortet er seinerseits psychisch und körperlich: etwa mit dem Ausbleiben sexueller Erregung oder mit der Empfindung von Trauer und Schmerz. Doch kann die Geschichte des allmählichen Verfalls oder des abrupten Zerfalls einer intimen Beziehung weder vollends überschaut noch ›vollständig‹ erzählt werden. Die Erzähler (ob Initiatoren oder Leidtragende der Trennung) wählen vielmehr exemplarische Geschehnisse aus, in denen die Liebe – in der jeweils gewählten Codierung – nach und nach oder abrupt verloren ging oder ›verraten‹ wurde. Dabei denken sie mythisch, benutzen aber auch moralisch-ethische und zunehmend auch wissenschaftliche, psychologische, psychoanalytische oder soziologische Vokabeln und Argumente (Mahlmann 1991).

Eine relevante autobiographische Geschichte zu erzählen ist immer der Versuch, zu einer *eindeutigen* Bewertung des Geschehenen zu gelangen. Insbesondere der Initiator der Trennung wertet das Geschehene im Rückblick gegenüber dem ›originären‹ Erleben noch einmal deutlich ab, spitzt die Erklärung des Geschehenen auf Schuldfragen zu und dramatisiert bestimmte Aspekte von einem moralisch-ethischen Standpunkt, der ihm die Richtigkeit seines Urteils gewährleisten soll. Auf diese Weise *vereindeutigt* er sich selber und anderen, was geschehen ist und welche Entscheidungen nun zu treffen sind.

Wie ich im Kapitel 10.5.5.1 dargestellt habe, unterscheiden sich die narrativen Strategien danach, ob sie vom *Initiator* der Trennung oder vom *Leidtragenden* der Trennung eingesetzt werden. Der Initiator wählt häufig narrative Strategien der Nichtung bzw. der De-Realisierung der Ehe oder Lebenspartnerschaft. Auf diese Weise gelingt es ihm weiterhin, trotz der negativen Bilanz der konkreten Beziehung den Wert der Ehe oder Lebenspartnerschaft und der Familie als generalisiertes Modell hochzuhalten. Dies ist aus der Perspektive des Akteurs erforderlich, um über kurz oder lang eine neue Intimbeziehung herstellen oder eine heimliche Intimbeziehung in den Rang einer legitimen (anerkannten) Beziehung heben zu können, ohne in einen Widerspruch zu geraten. Oft beabsichtigt der Initiator der Trennung damit auch, den Anderen zu verletzen, ihn ›zurückzustoßen‹, ihn zu distanzieren, sei es um sich für Erlittenes zu rächen, um sich leichter von ihm trennen zu können, oder um sich selbst zu ›beweisen‹, dass er inzwischen ohne diesen oft langjährigen Intimpartner leben kann. Mit solchen Abwertungen, die dem früheren Erleben der Partner und deren Bindung *nie gerecht* werden, schafft der Initiator neue Tatsachen, die der (Ex-)Partner nur hinnehmen kann. Dieser setzt narrative *Gegenstrategien* ein, deren Nachteil schon darin besteht, auf die Strategie des Initiators reagieren zu müssen, also defensiv zu sein. Um den Trennungswunsch abzuwehren, versucht er etwa dem Anderen die schönen Zeiten der Beziehung ins Gedächtnis zu rufen oder an die Verantwortung als Elternteil zu appellieren. Um einer Schuldzuweisung entgegenzutreten, kehrt er die Schuld oder Mitschuld des Anderen hervor. Um den Aggressor zu besänftigen, nimmt er bereitwillig Schuld auf sich, und so fort. In vielen Fällen ›ersetzt‹ körperliche Gewalt als gleichsam letzte Ressource fehlende oder mangelhafte rhetorische Kompetenzen. Schließlich aber wird der die Trennung erleidende Partner resignieren: Er unterwirft sich dem Trennungswunsch des Initiators.

Die von den sich trennenden (oder bereits getrennten) Intimpartnern ausgewählten und rhetorisch hervorgehobenen Motive der Trennung stimmen fast nie überein. Der Initiator der Trennung hat andere Motive als derjenige, der die Trennung erleidet. Die Erklärungen und Begründungen der Erzähler folgen den differenten, teils diametral entgegengesetzten Interessen. Auf beiden Seiten enthalten die Erzählungen zur Geschichte der Trennung oft bereits mehr oder minder ausgeführte Motive für ein künftiges, anderes (»besseres«) Intim- oder Familienleben.

In westlichen, vorwiegend christlich geprägten, kapitalistischen Gesellschaften sind Ehe, Lebensgemeinschaft und Familie sozial-kulturelle Objekte, denen besondere moralisch-ethische Würde zugedacht wird. Seit den 1960er und 1970er Jahren wird dies verstärkt mit der Möglichkeit zu einem »guten Leben« verbunden, das sich mehr denn je als gemeinsamer oder wenigstens paralleler Konsum des Paares resp. der Familie artikuliert: Man isst nicht nur zusammen um zu überleben, sondern auch um es miteinander zu genießen. Man konsumiert Wochenenden und Urlaube, man stattet die Wohnung oder das Haus mit den Insignien des erreichten Wohlstandes aus, und so fort. Daran hat auch die erhöhte Brüchigkeit der intimen Beziehungen nichts geändert. Doch erhöht sich für jene, die eine Ehe oder eine Lebenspartnerschaft abbrechen, die Notwendigkeit, die Folgen der Trennung für das erreichte Konsumniveau zu kalkulieren. Sie müssen sich selber, dem Intimpartner und allen ihnen nahestehenden Menschen plausibel erklären, warum sie die Intimbeziehung resp. das Familienleben als mehr oder minder leistungsfähige Einheit des Konsums aufgeben wollen oder aufgegeben haben. Nicht selten hören sie dann, die Entscheidung zur Trennung sei nicht nur wegen der Kinder unvernünftig, sondern auch weil der gemeinsam erreichte Standard des Konsums aufs Spiel gesetzt werde. (Ein Haus muss verkauft, ein Hobby aufgegeben, ein kleineres Auto angeschafft werden usw.) Die sich Trennenden bemühen sich dann zu begründen, warum für sie die (unzulänglichen oder ganz vermissten) sozialen, sexuellen oder psychischen Qualitäten *mehr zählen* als der gemeinsam erreichte Konsum und mehr als der materielle Verlust. Insofern kommt der Entscheidung zur Trennung nicht selten ein idealistisches Moment zu, das in einzelnen Fällen auch im Gewand der Konsumkritik daherkommen mag. Zugleich bemühen sich die Partner in Trennung, allzu starke ökonomische Verluste zu verhindern oder durch Gegenstrategien aufzufangen. Auch dazu bedienen sie sich erlernter *Erzähl*strategien. Dass ihre diesbezüglichen ›Abrechnungen‹ und budgetären Entwürfe dennoch nicht immer realistisch sind, liegt in der Natur ihrer Hoffnungen, die meistens eher dem mythischen Denken entspringen als ökonomischer Vernunft.

Autobiographisches Erzählen, welches das empirische Material für diese Untersuchung geliefert hat, ist eine der elementaren Strategien, Wirklichkeit zu konstruieren (Berger u. Luckmann 1980; Holstein u. Gubrium 1994), und dies aus mehreren Gründen: Es *organisiert die Erfahrung* der Akteure, indem es Erlebnisse aus dem Bewusstseinsstrom hervorhebt, in temporale und kausale Zusammenhänge bringt und in einen Rahmen stellt, der das Erlebnis als *erinnerungswert* erscheinen lässt. Der Rahmen kann gewechselt werden. Das Wechseln des Rahmens, das *reframing* (Goffman 1977), folgt meist den Skripts öffentlicher und medialer Diskurse. Was nie wieder erzählt wird, fällt dem Vergessen anheim. Was noch nicht erzählt werden kann, weil die Erinnerung durch zu heftige Affekte blockiert wird, nennen wir *Trauma* (Bohleber 2000). Autobiographisches Erzählen bringt *Affekte und Emotionen* zum Ausdruck und lässt *Signifikante* wie *Ausgewählte Andere*[7] daran teilhaben. Dass dies für intime Paare und Familien höchst relevant ist, muss hier nicht mehr begründet werden. Das Erzählen hat auch eine *sozial integrative* Funktion: Es bildet kleine und größere Gemeinschaften aus, die sich über das Erzählte und auch durch die Tätigkeit des Erzählens (performativ) verbunden und einander zugehörig fühlen (Hildenbrand u. Walter 1988; Sieder 1999, 248 ff.).

Allen narrativen Strategien liegt *Erinnern* zugrunde. Die intime Beziehung wird sowohl *synchron* als auch *diachron* in der Kommunikation von Erinnertem wahrgenommen, gedeutet und gestaltet. Auch zwischen den Folgefamilien im binuklearen Familiensystem werden die Verhältnisse durch den Austausch von Geschichten hergestellt und motiviert. Die relevanten Geschichten beziehen sich auf hervorgehobene Erlebnisse, die (metonymisch) für mehr oder minder dauernde Prozesse stehen. Beispielsweise steht die Geschichte eines verschlissenen Käppchens, mit dem ein Kind von seiner geschiedenen Mutter in den Urlaub geschickt wird, für die in den Augen der ihr missgünstigen Nachfolgerin kontinuierlich schlechte Obsorge dieser Mutter (s. Kapitel 6.10). Aber auch die Vorstellung von sich selbst entsteht auf diese Weise: Der Akteur wählt (metonymisch) Geschichten aus, die er für jene hält, die sein Leben oder eine Phase seines Lebens ›repräsentieren‹ können, und komponiert sie zu einer Lebenserzählung. Damit konstruiert er biographische Kohärenz, eine prekäre Subjekt-Identität, oder, mit Paul Ricœur gesprochen, ein Derselbe-Bleiben, obgleich er niemals noch der Gleiche ist, der er vor Jahren oder Jahrzehnten war (Ricœur 1990). Dass biographische *Kohärenz* nicht mit einer durchgehenden, linearen Entwicklung der Person gleichzusetzen ist, sondern – ganz im Gegenteil – vor allem die Abbrüche und Neuanfänge, den Verlust und das Scheitern plausibel machen muss, sei ausdrücklich hervorgehoben. Individuelle Lebensgeschichte und familiale Zugehörigkeit erzeugen einander rekursiv. Der wiederholte Austausch der Erzählungen (auch mit Hilfe von Fotos, Videos etc.) erzeugt ein »Familiengedächtnis« (Coenen-Huther 2002), eine Form des sozialen oder kommunikativen Gedächtnisses (Assmann 1992, 50 ff.; Welzer 2002 a). Nun führen aber Trennungen und Scheidungen zu einem mehr oder minder krisenhaften ›Umbau‹ der Familiengedächtnisse und häufig zur *Rivalität* von zwei oder mehreren Familiengedächtnissen. Dementsprechend hart wird im Zuge von Trennungen offen oder verdeckt um die Materialien der Erinnerung gekämpft: um Familienfotos, Videos, Erinnerungsstücke und dergleichen.

Individuelle wie kollektive Erinnerungen sind kognitive Konstruktionen mit den Mitteln der Sprache und der Erzählung und verbinden sich immer mit körperlichen Affekten und Emotionen. Erinnerungen sind nicht abgelegte Archivstücke in einem Gedächtnisspeicher, sondern werden als aktuelle Bewusstseinsphänomene synthetisiert. *Wie* sie synthetisiert werden, hängt zum Teil davon ab, wozu sie in der Gegenwart nützen sollen und in welchem sozialen Rahmen (Handlungskontext) sie kommuniziert werden. Es scheint daher angebracht, dem sozialen Setting oder – wie es der erste damit befasste Soziologe, Maurice Halbwachs (1925/1985), nannte – dem *sozialen Rahmen*, in dem Erinnerung jeweils aktuell konstruiert und kommuniziert wird, besondere Aufmerksamkeit zu schenken. Erinnern ist eine aktuelle Sinnproduktion im Zusammenhang aktuell wahrgenommener Handlungsnotwendigkeiten, die sich zu einem guten Teil aus der Präsenz naher Anderer im Familienleben ergeben.

Sich zu erinnern ist freilich nicht auf sentimentale Stunden oder Trennungskrisen beschränkt. Auf bewusste, vorbewusste oder unbewusste Weise ist Erinnern ständig im Gange. Erinnern orientiert jedes Handeln. Auch das Paarleben von Mann und Frau (oder von gleichgeschlechtlichen Paaren) und das Familienleben von Eltern und Kindern werden von Erinnertem und Entworfenem motiviert und orientiert. Die Teilnehmer erinnern zwar individuell und autobiographisch, doch nehmen sie dabei ständig aufeinander Bezug. Das Erinnerte kommunizieren sie einander, wie schon mehrfach besprochen, nur zum Teil. Der nicht kommunizierte Teil bleibt im sozialen System – für den Ex-Partner, für den aktuellen Intimpartner, für das Kind – intransparent und doch wirksam. Das ist kein Betriebsunfall im System Familie, sondern eine seiner bestandserhaltenden Eigenarten, die sich allerdings im Fall der Entdeckung eines Geheimnisses auch abrupt in eine Gefährdung verkehren kann. Die Kommunikation von Erinnertem stiftet das Gefühl einer spezifischen Zugehörigkeit. Getrennte und Geschiedene und ihre Kinder vermissen die vertraut gewordene Kommunikation: etwa das Gespräch bei Tisch. Selbst wenn sich die Perspektiven und Deutungen deutlich unterscheiden oder sogar widersprechen, werden das Erinnern und der Austausch von Erinnerungen nicht eingestellt. Vielmehr erhöhen die Kontrahenten ihre Bemühungen, eigene Erinnerungen als die gültigen durchzusetzen. Ich werde nun noch an wenigen Episoden aus den Fallstudien zeigen, wo und wie die Stiftung familialer Zugehörigkeit durch Erinnern *problematisch* wird.

Dass sich zwei Individuen an ein und dasselbe Ereignis verschieden erinnern, ist eine Binsenweisheit. Selbst unter verschärften Bedingungen des Erinnerns wie im Verhör oder vor Gericht vermögen sie ihre Erinnerungs-Differenzen nicht aufzulösen. Auch zusammenlebende Intimpaare (Liebespaar, Ehepaar, Lebensgefährten etc.) und Ex-Partner, nicht zuletzt auch Eltern und Kinder, haben dieses Problem. Sie können ihre Erinnerungen nie vollends zur Deckung bringen und müssen lernen, mit Erinnerungsdifferenzen zu leben. Dies betrifft vornehmlich die kritischen Transitionen in der Doppelbiographie des Paares, nämlich wie es sich gefunden hat und warum und auf welche Weise es sich gegebenenfalls getrennt hat. Auch die Erinnerungen eines Kindes an einen im Konflikt geschiedenen Elternteil können in der Folgefamilie umstritten sein. Ich wähle aus den Fallstudien nur drei von mehreren Arten problematischen Erinnerns aus: *vage*, *verbotene* und *veruntreute* Erinnerungen.

Wie wir gesehen haben, zieht sowohl die Gründung als auch der Zerfall von sozialen Systemen *erhöhte Intransparenz* nach sich: die Verdunkelung der Motive und Absichten und eine gezielte Auswahl derer, die bei triftigen Entscheidungen ins Vertrauen gezogen werden. Eine Folge ist, dass auch die Erinnerung an solche Phasen in auffälliger Weise von Unklarheiten und Uneinigkeiten der (Ex-)Partner gekennzeichnet ist. Dies zeigte sich u. a. an dem Paar Simon Kepler und Miriam Schön. Schon in den letzten Monaten einer mehrjährigen Lebenspartnerschaft (mit Gitta Kunst) lernte Simon Kepler Miriam Schön kennen, die sich einige Monate danach von ihrem Ehemann trennte. Später zog Simon mit Miriam zusammen und bekam mit ihr noch zwei leibliche Kinder. Zum Zeitpunkt unserer Interviews mit dem Paar, seinen Kindern und den Expartnern waren acht Jahre seit den Trennungen und der Stiftung der neuen Beziehungen vergangen. Trotz vieler Übereinstimmungen können sich die Partner partout nicht über den genauen Hergang ihrer Paarbildung einigen. Sie sind daran interessiert, sich auch im Rückblick von ›Schuld‹ am Scheitern der Beziehung resp. der Ehe des Anderen freizuhalten. Dieses aktuelle Interesse determiniert ihre autobiographische Gedächtnisleistung (s. Kapitel 4.4).

Der Begriff ›verbotene Erinnerung‹ ist ein Oxymoron. Wer hätte die Macht, einem Anderen eine Erinnerung zu *verbieten*. Doch gibt es nach Trennung und Scheidung in den Folgefamilien einige Anlässe, dies zwischen Ex-Partnern oder zwischen Eltern und Kindern wenigstens zu versuchen. Und auch der scheiternde Versuch erzeugt Wirkungen. Zwei Beispiele aus den Fallstudien (Kapitel 6) sollen das illustrieren. Bald nach seiner Scheidung zieht Herr Koller bei der ebenfalls kurz zuvor geschiedenen

Frau Mayer ein. Sylvia Mayer beobachtet sehr aufmerksam, wie ihr elfjähriger Sohn Mario um die Anerkennung des Mannes kämpft. Sie hofft, der neue Partner würde Mario möglichst bald den Vater ersetzen. Doch erstens zögert der Mann, diese Rolle zu übernehmen, und zweitens verspürt das Kind hin und wieder den Wunsch, seinen weit entfernt lebenden Vater wiederzusehen. Dagegen wendet sich die Mutter jedes Mal vehement. Sie fordert das Kind dazu auf, den neuen Intimpartner zu würdigen und ihn mit dem leiblichen Vater zu vergleichen, um sich jede gute Erinnerung an ihn auszutreiben. Frau Mayer erinnert auch die Szene, in der sie dem Sohn aufgebracht ein Foto vors Gesicht hält, auf dem sie mit gebrochener Nase und verschwollenen Augen zu sehen ist, nachdem sie der Ehemann ins Gesicht geschlagen hat. In diesen und anderen Situationen fordert sie ihren Sohn auf, den Vater endlich zu ›vergessen‹ und die Sehnsucht nach ihm auf ihren neuen Intimpartner zu ›übertragen‹. Den angestrebten Erfolg erzielt sie damit zwar nicht, doch interveniert sie folgenreich in das Gedächtnis des Sohnes. Er hat Mühe und wird noch eine Zeit lang Schwierigkeiten haben, seine Erinnerungen an den Vater mit den Erzählungen der Mutter zu vereinbaren.

Der größte Stein des Anstoßes im selben Familiensystem aber ist eine *veruntreute* Erinnerung: Zwei Jahre lang ist Hans Kollers Sohn Kevin Zeuge, Mitwisser und Bündnispartner seiner Mutter in deren heimlicher Liebesbeziehung mit dem späteren zweiten Ehemann. Als diese Beziehung verraten wird, zwingt der Vater den Sohn zum Geständnis seiner Erinnerungen. Er soll der Mutter abschwören und sich ganz auf die Seite des Vaters schlagen. Ein kleines Buch, in dem alle Vorkommnisse im Streit zwischen beiden Folgefamilien akribisch verzeichnet werden, soll die Erinnerung stabilisieren und ermöglichen, dass der Vater eines Tages alles Böse an der Mutter beweisen könne. Auch dieser geschiedene Mann erinnert sich offensichtlich nicht allein und nicht für sich. Er erinnert sich in der täglichen Kommunikation mit seiner neuen Intimpartnerin, mit seinem Sohn und – wenn auch höchst konfliktiv – mit seiner Ex-Ehefrau.

Die Erinnerungen getrennter Ehe- oder Lebenspartner und ihrer Kinder sind nicht nur dissonant, sondern auch ein eminentes Thema fortgesetzter Konflikte. Sie werden durch die psychodynamischen Vorgänge einer abrupten, schleichenden oder nachträglichen Entidealisierung dominiert, in deren Verlauf vermeintlich *eindeutige* Wertungen und *sichere* Erklärungen hergestellt werden. Die Erinnerung wird zu einer Funktion der Entidealisierung und Abwertung des Partners und ist mehr oder minder von dem entfernt, was die Akteure einmal füreinander gewesen sind. Die Entidealisierung entsteht ja durch die Verleugnung der ›guten‹ und geliebten Anteile des Partners. Der Partner wird als innerer Verfolger empfunden, der seine Attacken »bis in die Träume hinein fortsetzt« (Eiguer u. Ruffiot 1991, 164). Auch daran wird –

entgegen dem mythischen Denken – klar: Die Erinnerungen an den Partner / an die Partnerin bzw. die Erinnerungen des Kindes an einen Elternteil stammen, wie alle Erinnerungen, nicht aus einem Archiv der Beziehungsgeschichte, sondern sie sind aktuelle Wahrnehmungssynthesen. Doch das ist den Akteuren naturgemäß nicht klar. Je öfter sie ein Ereignis erinnern und erzählen, desto mehr sind sie von der Wahrheit ihrer Erinnerung überzeugt. Irgendwann wird es dann für den Erzähler schwer, die eigene Konstruktion noch zu verwerfen. Mit dem Fortschreiten der Konstruktionsarbeit verliert sich der Entwurfscharakter und die Erzählung nimmt die Würde einer wahren Erzählung an. Oder, wie es Gebhard Rusch formuliert: »Das kognitive System wird gleichsam zum Opfer seiner eigenen Verführungskünste« (Rusch 1997, 28). Das soziale System Familie unterstützt dies, denn die Intimpartner und auch Eltern und Kinder wollen sich gerne über ihre Erinnerungen einigen, weil ihnen dies stabilere Beziehungen und mehr Harmonie verspricht. Wächst die Dissonanz der Erinnerungen über das übliche Maß, gefährdet dies den Entwurf einer gemeinsamen Zukunft. Trennen sich Intimpartner, entzweit und differenziert sich auch ihre Erinnerungsarbeit zusehends: Sie erinnern sich und entwerfen ihre Zukunft zunehmend unabhängig voneinander und divergent. Binden sich die Getrennten an neue Partner, treten sie auch in neue Erzählfamilien ein. Mit Maurice Halbwachs (1985) gesprochen, wechseln sie einen ihrer wichtigsten sozialen Rahmen des Erinnerns und – so füge ich hinzu – des Entwerfens von Zukunft.

Neben dem allgemeinen Vorrat an Kohärenz stiftenden Konzepten wie »Kindheit«, »Jugend«, »Elternschaft« entwickeln Paare und Familien auch ihre eigenen einigenden Konzepte aus dem Motivvorrat der Paar-Geschichte: Erinnerungen an gemeinsame Urlaubsreisen, an ein Familienunternehmen, das sich mit der Paar- und Familiengeschichte eng verzahnt, an eine schlechte Erziehung, die in der Folgefamilie korrigiert werden soll, und so fort. Solche *einigenden Konzepte* erbringen immer dann, wenn sie in der Paar- und Familienkommunikation angesprochen werden, erlebte und gefühlte Gemeinsamkeit. So lange das Paar zusammenhält, hat es ein ausgeprägtes Interesse, genau jene Erzählungen, die einem einigenden Konzept folgen, sorgfältig zu pflegen. Schrumpft das Interesse daran, zeichnet sich eine Krise oder gar das mögliche Ende der intimen Beziehung ab.

Wenn es zutrifft zu sagen, dass wir durch das Erzählen ausgewählter Geschichten eine immer prekäre autobiographische Kohärenz (nicht Konsistenz!) herstellen, gilt auch, dass dies nur eine Kohärenz *zugehöriger* Subjekte sein kann. Dass die Zugehörigkeit zu ausgewählten Anderen in der ›verflüssigten‹ zweiten Moderne immer wieder in Frage steht und aufgekündigt wird, verleiht der narrativen Herstellung autobiographischer Kohärenz erhöhtes Gewicht. Wie Wilhelm Schmid treffend formuliert: »Das Subjekt besteht nun auch aus den Ruinen des abgelebten Lebens, den abgebrochenen Linien und Beziehungen, den Fragmenten …« (Schmid 2006). Damit aber steigert sich der sozial-konstruktive Aufwand und die Gespräche wie die Erzählungen der sich Trennenden und der Getrennten gewinnen zwangsläufig einen höheren Grad an Introspektion. Zunehmend wird dazu ein alltagspsychologisches Vokabular eingesetzt. Der anhaltende Psychotherapie- und Selbsterfahrungs-Boom ist ein Ausdruck dieses Vorgangs. Immerhin muss plausibel und nachvollziehbar gemacht werden, warum eine intime Beziehung abgebrochen wird, zumal wenn die eigenen Kinder und die Elternschaft davon betroffen sind. Diese Plausibilität herzustellen wird um so aufwendiger, je dezidierter die (nun aufgekündigte) intime Beziehung im Namen der ›Liebe‹ gegründet worden ist und die Beziehungsarbeit der liebenden Partner über Monate oder Jahre darin bestanden hat, körperlich-sprachliche Kommunikation auf ein kaum sonstwo erreichtes Niveau zu treiben.

Die fortgesetzte Reproduktion des sozialen Systems aus seinen eigenen Möglichkeiten bezeichnet die Systemtheorie als *Autopoiesis* (Simon 1997; Kriz 1997; Luhmann 1999). Dies ist aber nicht als ein selbstlaufender Mechanismus zu verstehen, auf den die Akteure keinen Einfluss hätten. Damit wäre die besondere Lage des sich selbst, seinen Leib und seine Beziehungen und Bindungen beobachtenden Menschen (s. Helmut Plessners Begriff der »exzentrischen Positionalität«, Plessner 1975) verfehlt. In einer doppelten, systemtheoretischen *und* praxeologischen Konstruktion wird deutlich, dass zwar – mit Luhmann gesprochen – das System kommuniziert, aber dabei die Akteure – mit Bourdieu gesprochen – ihre Ressourcen einsetzen und tauschen. Zu ihren Ressourcen zählen nicht zuletzt ihre Erinnerungen, die immer Deutung und Interpretation, lebensweltliches Wissen und Weltwissen enthalten. Das soziale System kommuniziert gleichsam Erinnerungen an die Zukunft – nach Maßgabe der Ressourcen seiner Akteure.

Kulturelle Codierungen von Liebe (s. Kapitel 2) haben sich in den Fallstudien als individuell adaptier- und modellierbar erwiesen. Die narrativen Strategien sind das erste und wichtigste Mittel dazu. Liebe, so hat sich gezeigt, verändert sich nicht nur in ihrer epochenspezifischen kulturellen Codierung, sondern auch innerhalb der Lebensgeschichte. Zwar dringen die großen Wissens-Diskurse in so gut wie alle sozial-kulturellen Milieus und damit auch in die Lebensgeschichten und Lebensentwürfe ein, doch bewahren die Akteure dennoch erheblichen Eigensinn. Sie treiben die Prozesse der Bindung und der Trennung (inklusive der gerichtlichen Scheidung) mit ihren narrativen Strategien voran, die immer von körperlich-expressiven Leistungen und leiblicher Erfahrung begleitet werden. Richter und Rechtsanwälte im Scheidungsverfahren greifen die Erzählungen ihrer Klienten auf und spitzen sie weiter zu, um Eindeutigkeit herzustellen, wo Ambivalenz war und oft noch immer ist. Narrative Strategien einzusetzen bedeutet allerdings auch, sich dem »großen Anderen« (Lacan), den verfügbaren symbolischen Strukturen, wie auch den »Zugzwängen des Erzählens« zu unterwerfen. Fritz Schütze hat die Zugzwänge der *Kondensierung* (Verdichtung auf wesentliche Aspekte eines Geschehens), *Detaillierung* und *Gestaltschließung* hervorgehoben (Schütze 1978). Auch die Herstellung von plausibel scheinenden Zusammenhängen zwischen mehreren (hier lebens-, ehe- und familiengeschichtlich) relevanten Ereignissen und die *Bewertung* der erzählten Ereignisse und ihres Zusammenhangs sind unabdingbar, will der Akteur seinen Erzählungen *orientierende* und *legitimierende* Bedeutungen abgewinnen. Ein Zugzwang ist es aber auch, dass der Erzähler die Bewertung eines Geschehens nur unter Bezugnahme auf hegemoniale Diskurse, ethisch-moralische Normen und kulturelle Codes leisten kann. Dennoch kann die Bewertung für ihn diffus, schwankend und schwierig festzulegen sein. Nicht zuletzt ist seine Bewertung ein ›Kind der lebensgeschichtlichen Zeit‹. Unsere Untersuchungen zeigen – vielleicht auch thematisch bedingt – besonders klar, dass relevante Geschehnisse im Rückblick *immer neu bewertet*, um- und abgewertet werden und ausgerechnet daraus Handlungsfolgen entstehen, die das Leben verändern oder regelrecht umstürzen können. Die Erzähler nehmen die Bewertung eines Geschehens von ihrem Erzählstandpunkt aus vor, der sich mit ihrem Lebensprozess stetig (merklich oder unmerklich) verändert. Die Erzählung von Geschichten soll eine Entwicklung *erklären* und plausibel machen und gerät somit unvermeidlich in einen teleologischen Sog: Die erlebten Geschehnisse werden auf den vorläufigen Endpunkt *hininterpretiert* und *-komponiert* (d. h. in kausale und temporale Zusammenhänge gebracht; s. Ricœur 1988, 1991; Tengelyi 1998; Sieder 2004b). Um- und Abwertungen erlebter Konflikte und Differenzen der Partner werden im Akt des Erzählens in den Rang von handlungsentscheidenden Gründen gehoben. Sie erhalten somit eine Bedeutung, die sie vorher nicht hatten und noch gar nicht haben konnten. Um- und Abwertungen erfolgen immer in zeitlicher Distanz zum Geschehen und aus dem aktuellen und zukunftsgerichteten Interesse des Erzählers. Eigenarten des Intimpartners, die ein Akteur einmal gemocht oder geliebt hat, wertet er nun als störende Eigenarten, die gar nicht mehr auszuhalten sind, die ihm moralisch-ethisch inakzeptabel oder zumindest nicht mehr passend erscheinen. Um- und Abwertungen erfolgen keineswegs willkürlich. Sie müssen glaubhaft sein, immerhin orientieren sie das jeweilige Zukunftsprojekt. Und doch ist klar, dass im Rückblick auf eine intime Beziehung manches deutlich schlechter bewertet wird, als es seinerzeit erlebt worden ist.

Aufwertungen und Abwertungen, Idealisierungen und Entidealisierungen der Intimpartner und auch die Entwürfe der Elternarbeit werden durch öffentliche *Diskurse*[8] orientiert, motiviert und instruiert. Die Akteure wissen aus Diskursen, dass es »Glück« in der intimen Beziehung geben soll, dass »Gewalt in der Ehe« abzulehnen ist und dass in der westlichen Moderne Männer und Frauen Anspruch auf eine »faire Arbeitsteilung« oder auf »guten Sex« erheben dürfen. Sie wissen aus Tausenden Texten, Bildern und TV-Programmen, dass man Kinder nicht schlagen und nicht missbrauchen soll und emotionale Zuwendung, eine gewisse Konsequenz in der Erziehung und Investitionen in Bildung und Ausbildung »eine gute Zukunft der Kinder« wahrscheinlicher machen. Diese ›Eckpfeiler‹ diverser Wissens-Diskurse markieren ihren Weg. Doch ist damit nicht gesagt, dass die Akteure immer auf dem Weg bleiben. Und auch nicht, dass sich die Intimpartner resp. die Eltern dabei immer einig sind. All die diskursiv angebotenen Texte und Bilder bedeuten für die Akteure jeweils Verschiedenes. Texte und Bilder sind immer mehrsinnig und nicht selten voller Widersprüche und Ambivalenzen. Ihre Polysemie erzeugt einigen Spielraum für Nonkonformität, Widerstand, Indolenz, Improvisation und Bricolage mit den diskursiven Elementen.[9] Das aber verstärkt noch den Deutungs- und Handlungsdruck und auch den Verhandlungsdruck der Paare. Trotz aller Widersprüche und Ambivalenzen in den lebensorientierenden Wissens-Diskursen müssen sie innerhalb angemessener Zeit zu ihrer eigenen Deutung und einer darauf gegründeten Entscheidung gelangen. Dieser Druck steigt noch an, wenn der Handlungs- und Deutungsspielraum größer wird, wie dies im Prozess der westlichen Modernisierung in Schüben der Fall ist. Die sozialökonomischen und kulturellen Möglichkeiten zu einer Trennung des Paares nehmen seit einigen Jahrzehnten deutlich zu. Dennoch ist das subjektive Leid der Frauen und Männer in diesem Zusammenhang auch ein Leiden an der Last der Entscheidung, manchmal auch an der Unfähigkeit, sich zu ihrer eigenen Entscheidung durchzuringen.

Unter ihrem Handlungs- und Leidensdruck suchen Frauen und Männer ›Beratung‹ durch lokale Autoritäten. Doch weder die öffentlichen Diskurse noch die Autoritäten vor Ort haben die Macht, die Akteure wie Marionetten zu gängeln. Psychotherapeuten, Familienberater, Mediatoren und Rechtsanwälte wissen sehr gut, wie ›eigensinnig‹ ihre Klienten sein können – wie sehr sie also auf ihre eigenen Wahrnehmungen und Deutungen setzen. Wie in anderen sozialen Systemen können die Akteure auch im Familiensystem ›nur‹ wahrnehmen und erkennen, was ihre Position, ihr Wissen, ihre Bildung, ihre Erfahrung und andere Ressourcen wahrzunehmen und zu erkennen erlauben. Sie sind, so können wir sagen, *historisch, lebensgeschichtlich und systemisch situierte Subjekte*, oder, wie die französischen Existentialisten kurz und bündig zu sagen pflegten: Sie sind immer »in Situation«.[10] Die Akteure schätzen ihre Lebensumstände zwar nach den kategorialen Vorgaben der Wissens-Diskurse und nach dem Rat der Autoritäten vor Ort ein. Doch füllen sie diskursive Kategorien wie »glücklich«, »zufrieden«, »langweilig«, »männlich«, »weiblich« etc. mit ihrem eigenen Erleben und mit ihren eigenen Hoffnungen aus. So gelangen sie zu Entscheidungen und Handlungen, die *zugleich standardisiert und individuell* sind. Wären sie bloß die Kopien der Wissens-Diskurse, blieben sie Muster ohne Wert und ihre Erzählungen wären belanglos, für uns und auch für sie selbst.

Es ist nicht so, dass einer dahinfließenden Wirklichkeit des Paares oder der Familie von Zeit zu Zeit eine nachträglich fabrizierte Erzählung hinzugefügt würde, die die jeweilige Vergangenheit mehr oder minder trifft oder verfehlt. Das ist zwar ein fortgeschrittener, aber immer noch ein abbildungstheoretischer Irrtum. Vielmehr wird die sozial-kulturelle Wirklichkeit des Paares oder der Familie Tag für Tag konstruiert, indem sich die Akteure an eben oder schon länger vergangene Geschehnisse und Erlebnisse erinnern, um ihre nahen und ferneren Zukünfte zu entwerfen. Ihre Erinnerungen und Erzählungen sind immer zurück- und vorausschauend (retro- und prospektiv). Wie schon gesagt: Sie erinnern ihre Zukunft. Erinnern, und das heißt immer auch Deuten und Werten des Erinnerten, ist ein konstitutiver Teil jeder sozialen Konstruktion. Mit narrativen Strategien entwerfen, gestalten, deuten – manche meinen sogar: *erleben* (Bruner 1997) die Akteure ihren Lebensprozess (Alheit u. a. 1999; Alheit u. Dausien 2000; Alheit 2003; Völter, Dausien, Lutz, Rosenthal 2005). In Phasen krisenhafter Veränderung scheint das noch virulenter als in vergleichsweise ›ruhigen‹ Zeiten. Die intimen Beziehungen zwischen Mann und Frau, die gemeinsame, die getrennte und die »parallele« Elternschaft sowie die Folgefamilien werden vornehmlich mit narrativen Strategien hergestellt und – zum Scheitern gebracht. Ihre Erzählungen werden durch körperliche Strategien des Tuns und des Nicht-mehr-Tuns, des Berührens und des Nicht-mehr-Berührens, des Spürens und des Nicht-mehr-Spürens – *in extremis* des Schlagens und des Nicht-mehr-Schlagens – beglaubigt. Auch das körperliche Tun und Erleben wird in sprachliche Ausdrücke und in Erzählungen gefasst, wenn es erinnert und kommuniziert und somit bedeutungsschwer wird. Die sozial-psychische Logik der Herstellung wie der Auflösung von Intimität findet ihren Ausdruck in der symbolischen Logik der sprachlich-leiblichen Narration.

XI. Epilog: Intimität in der ›zweiten‹ Moderne

Die hier untersuchten Phänomene und Problemlagen finden sich, freilich nicht ohne eine längere Vorgeschichte, in der zweiten Hälfte des 20. und zu Beginn des 21. Jahrhunderts, als die westlichen Demokratien weiterentwickelt werden und der materielle Wohlstand zu neuen Höhen gelangt. Dass sich dieser Höhenflug nach einer ersten Hälfte des 20. Jahrhunderts vollzieht, die im Zeichen von zwei Weltkriegen, einer Weltwirtschaftskrise, Nationalsozialismus, Faschismus, Diktaturen und Völkermorden stand, die ihresgleichen suchen, verstärkt den Eindruck eines fulminanten Zugewinns an individueller Freiheit und Vernunft. Demokratisierung und wachsender Wohlstand bilden im Westen die politischen und materiellen Voraussetzungen dafür, dass sich die Handlungsspielräume erhöhen und Menschen verstärkt wahrnehmen, dass sie ihr Leben nicht nur erleiden, sondern auch aktiv gestalten und partiell sogar genießen können. Individuelle Glückshoffnungen wachsen. Unglück wird damit nicht seltener, doch soll es am Individuum liegen, es zu überwinden und gestärkt in die nächste Runde einzulaufen. Mehr denn je wird also dem alten Spruch Glauben geschenkt, der Mensch schmiede sein Glück selbst. Erst bei näherem Hinsehen zeigen sich Widersprüche, Verwerfungen und Ambivalenzen. Neben die Befreiung aus alten Zwängen und Traditionen treten neue Ängste vor wachsenden Unsicherheiten. Die höhere Planungsrationalität führt zu einem häufigeren Scheitern der Pläne. Wer mehr Chancen erhält, hat auch das erhöhte Risiko, sie zu versäumen. Dabei ist es, wie gezeigt, gar nicht so, dass sich die Menschen in ihren wichtigsten Entscheidungen wie der Partnerwahl so oft *irren* würden. Sie verändern sich bloß mit der Zeit und werten dann die einmal getroffene Wahl nachträglich ab. Sie schreiben die Geschichte ihrer Beziehungen um.

Vermehrte Brüche und Wechsel sind nahezu überall zu finden: im Feld der Politik, im Arbeits- und Erwerbsleben und in den intimen Beziehungen. Die lebenslange loyale Selbst-Bindung an eine bestimmte politische Partei, an eine Gewerkschaft, an einen Verein oder an eine Freizeit-Organisation nimmt seit den 1970er Jahren stetig ab. Die Anforderung, geduldiger zu werden gegenüber Inkonsistenz, Bruch und Wechsel, finden wir auch im beruflichen Bereich, wo Frauen und Männer lernen müssen, ihre häufigeren und rascheren Job- und Firmenwechsel, arbeitstechnische Änderungen, die Deregulierung ihrer Arbeitszeiten oder gar die Selbstveränderung des ›Arbeitnehmers‹ zum *freelance*, zum Selbst-Unternehmer, als neue Normalität hinzunehmen (Hochschild 1997). Erhöhte Chancen, die eigene (Arbeits-)Zeit zu disponieren, werden geschätzt, geringere soziale Sicherheiten werden beklagt. An die Stelle der Wertschätzung von Betriebstreue und langjähriger Zugehörigkeit tritt die Forderung nach einer flexiblen Job-Gesinnung. Eine wachsende Bereitschaft zum Wechsel und dessen Umwertung finden wir auch im privaten Beziehungs- und Familienleben, wovon in diesem Buch ausführlich die Rede war. Und auch hier kann beobachtet werden: »Der Mensch beginnt gegenüber seiner eigenen Inkonsistenz zunehmend toleranter zu werden« (Rosenmayr u. Kolland 1997, 284).

Wechsel, Brüche und Neuanfänge verteilen sich nicht gleichmäßig über die Zeit des Lebens, sondern kumulieren im *mittleren* Lebensalter. Hier finden Männer und Frauen offenbar die größten Möglichkeiten und Chancen vor, aber auch die drängendsten Notwendigkeiten, das Unternehmen, den Arbeitsplatz zu wechseln, eine neue oder weitere Berufsausbildung zu beginnen oder den Intimpartner zu verlassen, eine neue Intimbindung einzugehen und ein neues Familienleben aufzubauen. Was abgebrochen wurde, soll auf neue Weise und mit anderen Partnern hergestellt werden. Nur die Sehnsucht bleibt beinahe die alte und trägt unvermeidlich zu Wiederholungen bei. Um dies zu belegen, lasse ich einige Fallgeschichten ein letztes Mal Revue passieren.

Valentin Jakob Schütz vollzog Mitte dreißig einen spektakulären Bruch, indem er sein erfolgreiches Schmuck-Unternehmen aus Rache für die Untreue der Ehefrau verkaufte und nach einem Moratorium in Südafrika beruflich wie privat einen radikalen Neuanfang unternahm. Allerdings konnte er jenen ökonomischen Erfolg, den er gemeinsam mit seiner ersten Ehefrau erzielte, nicht wiederholen. Bis heute hängt er mit nostalgischen Gefühlen an seinem verlorenen Elternhaus. Für seine erste Ehefrau, Marie-Claire, war der berufliche Bruch kaum geringer: Sie verlor mit dem Verkauf des Unternehmens ihren privilegierten Arbeitsplatz als künstlerische Leiterin des Schmuckateliers. Ihr zweites Ehe- und Familienleben mit Siefried Ponto hat andere wirtschaftliche Bedingungen und auch andere soziale und intime Qualitäten.

Die zweite Lebenspartnerin von Valentin Jakob Schütz, die in Köln geborene Eva Sartorius, lebte nach ihrer Scheidung zunächst ein paar Jahre als Single, mit wachsender Skepsis gegenüber der romantischen Liebe und dem bürgerlichen Familienleben, doch immer in der Hoffnung, doch noch Mutter zu werden. Dann lernte sie Valentin Jakob Schütz im Flugzeug nach Südafrika kennen, verliebte sich auf eine eher vorsichtig-skeptische Weise und begann mit ihm in einer fremden Stadt ein (zweites) Familienleben. Nach ihren Erfahrungen in der ersten Ehe ist es ihr überaus wichtig, ihre wirtschaftliche und sozial-kulturelle Unabhängigkeit vom Lebensgefährten zu bewahren.

Der bei Kriegsende im Sudetenland geborene und als Kind mit der Mutter, einer

Soldatenwitwe, nach Wien emigrierte Simon Kepler brach in der Mitte seines Lebens eine sechsjährige Intimbeziehung ab. Beruflich blieb der Facharzt für Psychiatrie nach seinen akademischen Wanderjahren von Wechseln verschont. Auch seine neue Lebenspartnerin beendete ihre erste Ehe im vierzigsten Lebensjahr. Die folgende Lebensgemeinschaft mit Simon Kepler wird in ein sehr gut funktionierendes binukleares Familiensystem mit der zweiten Familie ihres Ex-Ehemannes integriert. Hier lebt das Paar nun mit zwei adoleszenten Töchtern aus erster Ehe und zwei kleinen Söhnen aus der aktuellen Beziehung zusammen.

Miriams erster Ehemann, der 1949 geborene Arzt Rafael Santos-Gomez, erlebte schon um das 28. Lebensjahr einen ersten, nachhaltig irritierenden Bruch: Er verließ seine andalusische Heimat, um seiner Geliebten nach Wien zu folgen. Dann unterbrach er das zunehmend frustrierende Eheleben mit einem Studienjahr in Madrid. Schließlich trennte sich das Ehepaar (Rafael ist zweiundvierzig Jahre alt), ohne sich zu verfeinden. Schon ein halbes Jahr später gründet Rafael Santos-Gomez eine zweite Familie. Er heiratet eine französische Sprachlehrerin, mit der er zwei Kinder bekommt. Auffällig ist die auf die Scheidung folgende Intensivierung der Vaterarbeit. Sie prägt seither die zweite Hälfte seines Lebens.

Franz Zadek, Karl Mayer und Hans Koller erleben ihre ersten Ehen und ihre ersten Vaterschaften nur ganz nebenbei und oft getrübt durch den Nebelschleier des Alkohols. Es scheint, als hätten sie nicht nur die Anforderungen am Arbeitsplatz, sondern auch jene der Intimbeziehung, des Familienlebens und der Vaterschaft überfordert. Körperliche Gewalt wird zu ihrer letzten Ressource in einem Machtkampf, in dem sie den Frauen unterliegen. Die von den Ehefrauen angestrengten und mühsam durchgesetzten Trennungen und Scheidungen werfen die sozial schwachen Männer vollends aus der Bahn. Um ein Haar wäre bei Hans Koller aus dem Bruch in der Mitte schon das Ende des Lebens geworden. Nachdem er mit Hilfe einer neuen Partnerin ins Leben zurückgefunden hat, beginnt er seinem Sohn ein zunächst noch völlig unerfahrener und unsicherer Vater und dem Sohn der Partnerin ein väterlicher Freund zu sein. Doch beschweren und behindern ihn die Konflikte mit der Ex-Ehefrau. Dennoch bietet auch hier der Bruch in der Mitte des Lebens einige emanzipatorische Möglichkeiten.

Bei Tina Thonhauser fallen ein beruflicher Umbruch und das Zerbrechen der ersten Ehe lebenszeitlich und motivisch zusammen. Tina Klaar, so nennt sie sich nach diesem doppelten Bruch, versteht sich nun als *Selbstunternehmerin* und als *Alleinerzieherin*. Mit beiden Konzepten erhöht sie ihre persönliche Autonomie, doch verliert sie an Sicherheit, Zugehörigkeit und Geborgenheit. Die Frau bestimmt ihre Arbeitszeit weitgehend selbst und auch, in welchem Maße sie Männer an sich heran und an ihrer »kleinen Familie« teilhaben lässt. Ich zähle sie zu einer Frauen-Avantgarde der zweiten Moderne, die ihre Disziplin und Arbeitsorganisation weitgehend aus sich selbst hervorbringt und ihre intimen Beziehungen relativ autonom reguliert. Nostalgische Erinnerungen und die nur manchmal eingestandene Hoffnung auf einen guten Patriarchen, der für alle Zukunft ein sicheres Leben garantieren würde, weisen uns darauf hin, dass die traditionellen patriarchalen Verhältnisse im Imaginären noch weiter leben, auch wenn sie kognitiv und geschlechterpolitisch abgelehnt werden.

Norma von Echtheim beschließt Mitte dreißig ihr unstetes Leben als internationale Konzertmanagerin aufzugeben, eine ruhigere Arbeit zu suchen und »eine eigene Familie« zu gründen. In der (misslingenden) Art ihrer Partnerwahl ist sie durch ihr bürgerlich-adeliges Elternhaus geprägt. Sie sucht nach einem wohlhabenden älteren Herrn von Format und fällt auf einen galanten Liebhaber herein. So integrieren sich Mutter und Kind notgedrungen in eine modifizierte Herkunftsfamilie mit dem von der verstorbenen Mutter gebauten Elternhaus als zentralem Ort und dem Mutterbruder als dem sozialen Vater des Kindes. Eine berufliche und private Bruchlandung in der Mitte des Lebens, könnte man sagen, aufgefangen durch das Netz einer adelig-bürgerlichen Herkunftsfamilie.

Die Fälle zeigen exemplarisch, was jede Leserin und jeder Leser auch aus eigener Erfahrung kennt: Der Spielraum für die Gestaltung der intimen Beziehungen ist gewachsen, ethisch-moralische Fragen sind situativ auszuhandeln, längerfristige Zukunftsentwürfe werden unzuverlässig und müssen oft früher verändert werden als gehofft. Die Fähigkeit zur Trennung wird eine neue Anforderung, gerade weil man sich mehr denn je nach Zugehörigkeit und Geborgenheit sehnt. Der Entschluss zu einem Kind erhält besonderes Gewicht, da er die beruflich und privat angestrebte Flexibilität und die Widerrufbarkeit von intimen Bindungen erheblich einschränkt. Er setzt Frauen, aber auch Männer einem erhöhten sozialen Risiko und – in den unteren Einkommensklassen – dem Armutsrisiko aus. Zugleich wächst die Bereitschaft, bei der *vielfältiger* und insofern *freier* gewordenen Gestaltung des intimen Lebens auf die Bedürfnisse der Kinder zu achten. Elternschaft ist nicht nur seltener, sondern auch attraktiver, anspruchsvoller, aufwendiger und schwieriger geworden. In den Folgefamilien und im binuklearen Familiensystem entsteht eine zunehmende Vielfalt an Beziehungen von Erwachsenen und Kindern und zwischen Geschwistern. Männer, die viel häufiger als Frauen von ihren Kindern räumlich getrennt werden, praktizieren zur gleichen Zeit oder hintereinander verschiedene Formen von Vaterarbeit. Immer öfter wachsen Kinder in mehr als einer Familie und in mehr als einem Familientyp auf. Sie erleben ihre Eltern synchron und diachron in unterschiedlichen Haushalts- und Familienformen und in Intimbeziehungen mit verschiedenen Partnern.

Auch die narrativen Strategien, mit denen die Brüche herbeigeführt, legitimiert und nachträglich besprochen werden, verändern sich im Zuge der Pluralisierung und Liberalisierung des privaten Lebens. Sie enthalten zunehmend Elemente der Skepsis und Ironie. Ironie ist, sagen der Semiotiker und Schriftsteller Umberto Eco, der Geschichtsphilosoph Frank Ankersmit, der Kulturwissenschaftler Zygmunt Bauman und andere, die vorherrschende Redeweise – die Trope der Postmoderne (Eco 1986; Ankersmit 1993; Bauman 1995, 1999, 2000). Doch was verändert die Ironie an der romantischen Liebe und an den intimen Beziehungen in Ehen und Lebenspartnerschaften? Ich meine, sie erlaubt weiterhin die Übersteigerung, den Überschwang der Liebenden, ohne an die Dauerhaftigkeit des Zustands glauben zu müssen. Sie erlaubt auch das Zitat des Bekannten, das als bekannt vorausgesetzt und also nicht mit dem Original verwechselt wird.[1] Doch der Anspruch, mittels der Codes innere oder äußere Realitäten zu *repräsentieren*, erscheint zunehmend fragwürdig. Statt eines emphatischen »es ist« tritt immer öfter das »es scheint so, als ob …«. Der sozial-kulturelle Konstruktivismus dringt so aus den Wissenschaften und Künsten ein Stück weit in die Alltags- und Beziehungssprache ein. Dies hat mitunter die Wirkung einer kathartischen Befreiung von Normen und normativen Sprechweisen. Zwangsläufig erhöht sich die durchschnittlich erwartbare Kritik- und Reflexionsfähigkeit. Die Alltagssprache gewinnt eine Meta-Ebene hinzu, auf der – auch mit alltagssoziologischem und alltagspsychologischem Vokabular – besprochen werden kann, was und wie man selber in der intimen Beziehung oder in der Elternschaft kommuniziert. Die Fallstudien haben diese theoretische Anreicherung der alltagsweltlichen Narrative über das Paar- und Familienleben vorgeführt. Allerdings ist auch ein Missverstehen der ironischen Sprechweise nicht ausgeschlossen. Zwischen Intimpartnern und zwischen Eltern und Kindern wird im Grunde nichts so sehr (vergeblich) gewünscht wie Klarheit, Eindeutigkeit und Berechenbarkeit, steht doch die Qualität des eigenen Lebens auf dem Spiel.

In sozialökonomisch schwachen und bildungsfernen Milieus ist nach dem Scheitern einer »großen Liebe« häufig eher Pragmatik als romantische Liebe angesagt. Hier geht es weniger um Ironie als um die Frage, ob das gemeinsame Auto abgezahlt werden oder das Kind auf Schikurs fahren kann. In den sozialökonomisch stärkeren und bildungsorientierten Milieus nehmen Skepsis und Ironie gegenüber dem Modell der romantischen Liebe als Kernmotiv einer Ehe oder Lebenspartnerschaft vor allem bei den Frauen merklich zu. Die romantische Liebe verschwindet zwar keineswegs, doch wird sie öfter erlebt und öfter verloren. Damit aber wird sie auch in den ihr zugeschriebenen Qualitäten vielfältiger. Sie ist nicht mehr in der Ehe monopolisiert und auch nicht auf die heterosexuelle Beziehung beschränkt. Frauen und Männer erleben sie meist öfter als einmal im Leben, und je öfter sie das Ende einer romantischen Liebe erleben, desto eher rechnen sie damit. Die Gleichzeitigkeit der Hoffnung und des Zweifels wird zum Markenzeichen der »zweiten« Moderne. So transformiert sich auch der Code der romantischen Liebe in den Code der »skeptisch-romantischen Liebe«. Er wirkt *paradox*: Aus dem erhöhten Wissen um ihre Brüchigkeit feiern Frauen und Männer den Beginn einer Bindung aus Liebe und inszenieren sie ihre Hochzeit als großes und üppiges Fest. Doch statt wie frühere Generationen die Verliebtheit mit der Zeit in weniger aufgeregte Formen des Zusammenlebens zu transformieren und der Liebe eines Lebens nachzutrauern, ziehen heute viele die Trennung vor und suchen, in aller Skepsis, nach einer nächsten romantischen Liebe. So resultiert aus Ironie und Skepsis letztlich doch nur die Wiederholung desselben.

»Der Lebenslauf wird begriffen als eine Wanderung durch verschiedene soziale Welten und als stufenweise Verwirklichung einer Reihe von möglichen Identitäten.« Das schrieben Peter L. Berger, Brigitte Berger und Hansfried Kellner schon vor mehr als dreißig Jahren (Berger u. a. 1975, 70). Seither hat ihr Befund noch deutlich an Geltung gewonnen. Viele Menschen sind reflexiver, selbst-prüfender, aber auch anspruchsvoller geworden. Vor allem haben sie ihren *Anspruch* erhöht, möglichst frei und unabhängig, erfolgreich und glücklich zu sein. Die individuelle Freiheit, das Leben und die Intimbeziehungen nach eigenen Entwürfen zu gestalten, ist inzwischen ein allgemein anerkannter moralisch-ethischer Imperativ (Beck u. Beck-Gernsheim 1990; Honneth 1994; Schroer 2000). Die hier studierten Erzählungen haben gezeigt: Was dabei als Niederlage und was als Erfolg gilt, bestimmen immer weniger transmontane religiöse und ethische Gebote, sondern der jeweils erreichte Grad personaler Autonomie. Seit den 1970er Jahren gilt dies auch erstmals für einen rasch wachsenden Anteil der Frauen. Sie holen die Individualisierung der ersten Moderne nach, die vornehmlich ein Projekt bürgerlicher Männer war. Doch die Konsequenzen dieser Emanzipation für das intime Leben sind weitaus radikaler, als es die Durchsetzung der romantischen Liebe durch das (männlich dominierte) Bürgertum im 19. und 20. Jahrhundert war. Die heterosexuelle Paarbeziehung und die Elternarbeit des Paares sind in noch nie da gewesenem Ausmaß zwischen den jeweiligen Partnern umstritten. Sie bilden die ›primäre Kampfzone‹ der zweiten Moderne. Anders gesagt: Die Verhandlung der Partner über die richtige Gestaltung der intimen Paarbeziehung und / oder der Elternschaft wird für die Beziehungen konstitutiv. Paarbeziehung und Elternschaft werden selbstreflexiv. Das freilich haben sie mit anderen Arenen der ›zweiten‹ (reflexiven oder verflüssigten) Moderne – wie dem Verhältnis des Einzelnen zum Beruf oder zur Politik – gemeinsam (Welsch 1991; Beck 1986; Beck-Gernsheim 1994; Beck 1997; Bauman 1995; 1997; 2000).

Was meist als ganz private Angelegenheit erscheint, als notwendige Korrektur eines Lebensweges und als Ticket für ein neues Glück, hält Mann und Frau – von kurzen

Phasen der Konfusion abgesehen – arbeitsfähig und leistungsmotiviert. Ein neuer Job und eine neue Liebe haben eines gemeinsam: Sie mobilisieren neue Energie für eine erneute Selbstverpflichtung und Bindung. So führt die Rebellion gegen das Etablierte, die mit jeder neuen Liebe für kurze Zeit verbunden ist, letztlich doch wieder zur Re-Integration des Subjekts. Die Gesellschaft der zweiten Moderne kann deshalb auch darauf verzichten, vom Individuum Beziehungstreue und Ortsverbundenheit zu verlangen. Mobil, wandlungs- und anpassungsfähig soll es sein: im Beruf, in der Politik, und eben auch in seinen intimen Beziehungen.

Eine Trendumkehr ist nicht in Sicht. Selbst wenn künftige Generationen wieder eher im Stande sein sollten, ihre Sehnsucht nach Kontinuität und Geborgenheit, nach Nähe und Treue zu realisieren, und das bei geforderter Gleichrangigkeit von Frauen und Männern in allen Lebensbereichen, scheint es unwahrscheinlich, dass das Konzept der lebenslangen Ehe resp. Lebenspartnerschaft praktikabler werden könnte, als es derzeit ist. Zu different, ja zum Teil unvereinbar sind die Anforderungen an die romantische Liebesbeziehung, an die egalitäre Partnerschaft von Mann und Frau und an die ambitionierte Elternschaft (Allert 1997). Es ist auch nicht zu erkennen, dass die Bereitschaft wieder wachsen könnte, Leid zu ertragen oder auf Glückshoffnungen zu verzichten. Frauen und Männer im nordamerikanischen und europäischen Westen werden weiterhin – und in ländlichen Regionen noch öfter als bisher – eheliche und nicht-eheliche Intimbeziehungen abbrechen und neue beginnen. Als Folge wird der Anteil der Frauen, Männer und Kinder, die eine Zeit ihres Lebens in Einelternfamilien, als Singles und in Folgefamilien leben, weiter steigen. Wie ist dieses Zukunftsszenario zu bewerten? Werden die westlichen Gesellschaften damit in ihrem ›inneren‹ sozial-kulturellen Getriebe, genau dort, wo die Affekte und Emotionen ausbalanciert werden und die Arbeitskraft allererst hergestellt wird, geschwächt? Droht der Westen an seiner zunehmend liberalen und egalitären wie auch brüchigen Kultur der Intimität zu scheitern?

Was die Liebe und damit auch den Hass, ihren versteckten und oft geleugneten Bruder, betrifft, meinen manche, dass mehr Wissen, mehr Reflexion, wachsende Skepsis und Ironie dazu beitragen könnten, ein ernsthafteres Spiel der Liebe durchzusetzen und dem Hass, soweit er aus der Kränkung durch entzogene Liebe entsteht, seine mitunter lebensgefährliche Schärfe zu nehmen. Ich stimme dem in dieser Allgemeinheit zu. Doch sollte man ›ernsthaft‹ nicht mit vorbehaltlos ›offen‹ und ›ehrlich‹ verwechseln. Die Untersuchung hat gezeigt, dass einiges intransparent bleibt und auch bleiben muss, um ein Zusammenleben in intimer Nähe nicht zu gefährden. ›Ehrlichkeit‹ hat in intimen Beziehungen wohl weiterhin Grenzen. Utopische Bewegungen wie *polyamory* dürften genau daran scheitern. Allerdings ändert sich die Funktion des Heimlichen: Die patriarchale westliche Gesellschaft benötigte Nischen, um sexuelle Affären zu verbergen und den Schein der intakten Ehe und Familie zu wahren. Nicht zuletzt erhöhte die Heimlichkeit unter diesen Bedingungen den erotischen Reiz des Verbotenen und der Überschreitung (Gay 1986). Heute erfordern Intimbeziehungen aus einem anderen Grund Intransparenz, oder sollten wir besser sagen: Diskretion. Der Partner / die Partnerin darf mit den eigenen Bedenken, was die Zukunft der intimen Beziehung und die ungestillten Sehnsüchte betrifft, nicht zu sehr belastet werden. Würde man ihm alle Zweifel, alle Skepsis und alle Enttäuschungen mitteilen, die man in sich trägt, käme vielen der Mut zur intimen Beziehung abhanden.[2]

Bildungsexpansion, Wirtschaftswachstum und zunehmende Kaufkraft haben erwerbstätigen Frauen und Männern erweiterte Spielmöglichkeiten in ihren intimen Beziehungen verschafft. Doch damit wächst auch das Risiko. Schon im Augenblick der Liebe wird die Möglichkeit der Trennung antizipiert. Die Angst davor, sich zu verlieben, nimmt zu. Daher möchten viele die aus Liebe begründeten Bindungen schwächer institutionalisieren. Für die einen bedeutet dies ein verbindendes Leid an der Flüchtigkeit, für die anderen die ambivalente Einsicht, dass es mehr als eine legitime Möglichkeit gibt, in intimer Bezogenheit zu leben. Und dass kein einzelner Mensch alle intimen Bedürfnisse stillen kann. So stehen Frauen und Männer ihren Selbst-Entwürfen und ihrem Intimleben verantwortlicher und weniger schicksalsergeben gegenüber als frühere Generationen. Mehr denn je oszillieren sie aber auch zwischen dem Wunsch nach intimer Bindung und dem Verlangen nach Freiheit und Autonomie. Ob sie ihre Glücks-Chancen nützen oder versäumen, ist ihre Leistung und ihr Versagen. Der (gesellschaftliche) Skandal ist längst nicht mehr das Sexuelle, das selbst in Hard-Core-Varianten von der Peripherie ins Zentrum und in jeden Heimcomputer eingezogen ist. Der Skandal ist die unaufgebbare Sehnsucht nach jener Intimität, die sich eher zwischen den Worten verbirgt als sich mit ihnen ausdrücken lässt und die so schillernd wie unstillbar ist: Liebe, Vertrauen, Geborgenheit, Nähe, Zärtlichkeit, Zugehörigkeit, Unterwerfung, Eros, Erregung, und am besten alles zugleich. Doch was allzu vertraut ist, erregt nicht mehr, und was erregt, ist noch nicht vertraut. Die Sehnsucht nach Intimität liegt quer zu jener Rationalität und Sachlichkeit, die Männern und Frauen sonst allenthalben abverlangt wird. Dass ihr zunehmend skeptisch und ironisch begegnet wird, anerkennt nur, dass man anders nicht mehr über sie sprechen kann.

Anmerkungen

I. Die Sehnsucht nach Intimität

1 »Westlich« und »westeuropäisch« meint hier nicht exakt die aktuelle politische Kategorie, sondern sozial-kulturelle und ökonomische Verhältnisse, die sich über mehrere Jahrhunderte entwickeln, also eine »lange Dauer« (*longue durée*) im Sinne Fernand Braudels (Braudel 1977). Die westeuropäischen Familienverhältnisse entstehen unter dem Einfluss der Römischen Kirche und mit der Agrarverfassung des Mittelalters. Westlich einer fiktiven Linie, die etwa von St. Petersburg bis nach Triest verläuft, bilden sich vom Mittelalter bis ins 20. Jahrhundert Haushalts- und Familienformen, die sich von jenen östlich der Linie unter ostkirchlichem Einfluss in vieler Hinsicht unterscheiden. Die wichtigsten Merkmale der ›westeuropäischen‹ Familienverhältnisse sind: eine relativ späte Heirat und ein hoher Anteil an jungen Ledigen (Dienstboten, Lehrlinge, Gesellen, Gehilfen u.a.), die in Bauern-, Handwerker- und Händlerfamilien leben, ohne in der Regel mit den »Hauseltern« verwandt zu sein. An der Spitze des Hauses, das zugleich eine Wirtschaftseinheit (*oikos*) ist, steht ein Patriarch, der nicht immer – wie im Osten und Südosten Europas – der Älteste im Haus ist (Senioritätsprinzip), sondern jener Mann, der die Bauernwirtschaft, den Handwerksbetrieb oder das Geschäft leitet, also vorrangig durch seine Leitungskompetenz und nicht durch sein Alter ausgezeichnet ist. Die Leitung der Hauswirtschaft gibt er meist schon zu Lebzeiten an einen Nachfolger ab. Dies wirkt mentalitätsgeschichtlich weiter in den Familien der lohnabhängigen Arbeiter, Angestellten und Beamten im 19. und 20. Jahrhundert. Auch ihre aus den Wirtschaftsfamilien quasi kulturell ererbte Form des Patriarchats ist betont leistungsbezogen und funktionsabhängig. Hingegen stattet das osteuropäische Patriarchat (wie auch Varianten des Patriarchats in vielen außereuropäischen Regionen) jeweils den ältesten Mann im Haus resp. in der Familie unabhängig von seiner Leistung und auf Lebenszeit mit der führenden Autorität aus. Das westliche (»römische«) Christentum fördert die Individualisierung der Partnerwahl, während diese im Osten und Südosten Europas sowie in vielen Regionen außerhalb Europas von Eltern und Clans arrangiert wird. Den zu Verheiratenden bleibt dann häufig nur ein Vetorecht. »Partnerliebe« gilt nicht als Voraussetzung, sondern als Folge einer geglückten Partnerwahl (s. beispielsweise Czap in Mitterauer u. Sieder 1982, 192–240; Nippa 1991).

2 Der Begriff findet sich in anderer, aber entfernt ähnlicher Bedeutung bei Deleuze u. Guattari 1977.

3 Als ›fordistische‹ Wendung bezeichne ich eine gegenüber den USA erheblich verspätete Verschiebung der Arbeitsmoral: Ihr liegt eine ›fordistisch‹ veränderte Produktionsweise zugrunde, die durch diverse Formen der Arbeitszerlegung (Fließband u.a.) zur Verbilligung vieler Konsumprodukte führt, die auf dem Gütermarkt durch ein massenhaftes Publikum nachgefragt und gekauft werden sollen. Dies führt zu einer Transformation der Arbeitsmoral: An die Stelle älterer Formen der asketischen Arbeitsmoral tritt die Moral, fleißig zu arbeiten, um konsumfähig zu sein. Die Konsumfähigkeit wird zum Markenzeichen der Familien des wachsenden »Mittelstandes«. Es erfolgt die Erotisierung vieler Waren in der rasch expandierenden Werbung und die Inthronisierung des »Konsum-Patriarchen«, der als »Hauptverdiener« das Konsumniveau der

Gruppe maßgeblich bestimmt und daher an der Spitze der Konsumgruppe Familie steht (Sieder, Steinert u. Tálos 1996, 9–32; Sieder 2004a).

4 Als »primär« gelten hier die sozialen Systeme der Ehe und Lebenspartnerschaft wie auch der Elternschaft in den Herkunftsfamilien, in den Erstfamilien und in den nach Trennung und Scheidung gebildeten Folgefamilien. Der Begriff »Kampfzone« ist angeregt durch den Roman von Michel Houllebecq, Ausweitung der Kampfzone (2000).

5 Der Begriff »signifikanter Anderer« stammt von George Herbert Mead (1863–1931) und bezeichnet Personen, die in der »primären Sozialisation« aufgrund ihrer emotionalen Besetzung, ihrer permanenten Interaktion und ihrer Überlegenheit einen dominanten Einfluss auf Sozialisanden ausüben. Signifikante Andere sind Mutter, Vater und Geschwister, aber auch die Kindergartentante, die Lehrerin u. a. Diese »signifikanten Anderen« konfrontieren das Kind zum ersten Mal mit relevanten Reaktionen auf sein Verhalten (Mead 1934/1993).

II. Eine kurze Geschichte der Liebe in der Moderne

1 Eine genauere Analyse in Sieder 2004b, 95 ff.; die kulturelle und biopolitische Verwaltung der Differenz von Code, Diskurs, Norm und Gesetz lässt sich auch an der hohen Zahl außerehelich geborener Kinder in alpinen Regionen studieren, s. Mitterauer 1979.

2 Entgegen der Auffassung Luhmanns (1984, 334), der Körper wäre nur *Gegenstand* der Kommunikation im sozialen System, ist also festzuhalten: Der Körper ist in den Face-to-face-Kommunikationen ein *Medium* der Kommunikation. Alle Interaktionen sind hier an wechselseitige Leiblichkeit (»Zwischenleiblichkeit« nannte es Merleau-Ponty, s. Merleau-Ponty 1966) gebunden. Alfred Schütz fasste dies im Zusammenhang seiner Phänomenologie der für den Akteur fraglos gegebenen Lebenswelt folgendermaßen: »Zu allererst gibt es einen privilegierten Gegenstand in dieser Welt, der zu jedem Augenblick meines bewußten Lebens präsent, wenn nicht appräsentiert ist: nämlich *mein Leib* ... Ich *bin* mein Leib ... Mein Leib ist die Form, in der mein Selbst sich in der Außenwelt manifestiert« (Schütz 1971, 213 f.).

3 Mündliche Mitteilung von Dr. med. Andrea Olinovec.

4 Die hier entworfenen Konzepte einer ›sozialistischen Erziehung‹ in den Kindergärten, Horten und Tagesheimen, in den Kinder- und Jugendgruppen der »Kinderfreunde«, der »Roten Falken« und der »SAJ« etc. sind vor allem der Zeitschrift »Die Sozialistische Erziehung. Reichsorgan des Arbeitervereines ›Kinderfreunde‹ für Österreich«, 15. Mai 1921 ff., zu entnehmen.

5 Otto Felix Kanitz, Leiter der Schule für sozialistische Erzieherinnen, s. Kottlan-Werner 1982.

6 Beispielsweise in Arthur Schnitzlers Komödie *Reigen. Zehn Dialoge* (1896/97) oder in dem satirischen Roman *Fabian. Die Geschichte eines Moralisten* von Erich Kästner (1931), München 1989 (dtv), eine der brillantesten Satiren auf die Krise des Ehe- und Beziehungslebens im Berlin der 1920er und 1930er Jahre.

7 Aus dem einzigen »Einküchenhaus«, das in Wien errichtet wurde, berichten ehemalige Bewohner, dass einige der Mieterinnen und Mieter mit Formen des »Partnertauschs« experimentiert hätten, Sieder 2008.

8 Diese psychoanalytische These setzt voraus, dass jeder Mensch einem Trauma ausgesetzt wird, das sich aus der Wahrnehmung der Geschlechterdifferenz ergibt, also aus der Empörung, dass ein Mann nicht auch eine Frau, eine Frau nicht auch ein Mann sein kann. Genau dies werde durch diverse Neosexualitäten (*transgender* u. a.) in Abrede gestellt. Die Geschlechterdifferenz habe in allen Kulturen vielfältige Abwehr-, Ersatzbefriedigungs- und Reparaturvorgänge zur Folge, die auch den Umgang mit äußeren und inneren Objekten mitbestimmen. Die These, dass in rezenten westlichen Gesellschaften – noch außerhalb des Pathologischen – eine Verschiebung

von der »Normalneurose« zur »Normalperversion« stattfinde, behauptet eine Veränderung im Modus der Abwehr: ein perverser Modus der Abwehr trete an die Stelle eines neurotischen. Beide Abwehrformen seien zwar immer schon vorhanden gewesen (Freud 1938), doch habe der perverse sichtbar zugenommen (Oberlehner 2005). Kritisch dazu Robert Pfaller 2005.

9 Der Philosoph Slavoj Žižek dazu in einem Essay zum Film *Matrix*: »Der enge Zusammenhang von Perversion und Cyberspace ist heute ein Gemeinplatz. Perversion kann als Verteidigung gegen das Motiv ›Tod und Sexualität‹ verstanden werden, gegen die Gefahr der Sterblichkeit ebenso wie gegen die zufällige Verhängung sexueller Unterschiede. Der Perverse schafft sich eine Welt, in der, wie in Cartoons, ein Mensch jegliche Katastrophe überleben kann, in der die erwachsene Sexualität zu einem kindlichen Spiel reduziert worden ist; in der niemand gezwungen ist, zu sterben oder zwischen den beiden Geschlechtern zu wählen. So gesehen ist die Welt des Perversen eine Welt der reinen symbolischen Ordnung, in der das Spiel des Signifikanten seinen Lauf nimmt, ungehindert durch die Realität menschlicher Begrenztheit. Der einen Betrachtungsweise nach scheint unsere Erfahrung von Cyberspace perfekt dazu zu passen: Ist nicht auch der Cyberspace eine Welt, die nicht durch die Trägheit des Realen eingeschränkt und nur durch selbstgesetzte Regeln bestimmt wird? Und verhält es sich nicht ebenso mit der Virtuellen Realität in ›Matrix‹? Die ›Wirklichkeit‹, in der wir leben, verliert ihren unerbittlichen Charakter, sie wird ein Bereich der willkürlichen (von der Matrix erlassenen) Regeln, die man mit ausreichend starker Willenskraft jedoch verletzen kann … Was allerdings diese Standardinterpretation nicht in Betracht zieht, ist gemäß Lacan die einzigartige Beziehung zwischen dem großen Anderen (der virtuellen symbolischen Ordnung, welche die Welt für uns strukturiert, RS) und dem Genuß der Perversion. Hier liegt der Schlüssel zum richtigen Verständnis von *Matrix*: in seiner Gegenüberstellung von zwei Aspekten der Perversion. Einerseits die Reduzierung von Wirklichkeit zu einem virtuellen Reich, bestimmt durch willkürliche, aber verletzbare Regeln; andererseits die versteckte Wahrheit dieser Freiheit, die Reduzierung des Subjekts zu vollkommen instrumentalisierter Passivität« (Žižek 2006).

10 www.polyamory.at

11 Michael Schmidt-Salomon, Vom Ehekäfig zum Intimnetzwerk? Anmerkungen zur Politik der Geschlechter, in: Aufklärung und Kritik 2 (2001), auch http://www.polyamory.at/de/index.html 02 04 2004.

12 Die *wheel-theory* unterstellte – deshalb auch die Metapher des Rades – einen gleichsam unvermeidlichen Ablauf jedweder Intimbeziehung in vier Stadien oder Stufen: »rapport« (enges Verhältnis, Harmonie), »self-revelation« (Selbst-Offenbarung), »mutual dependency« (wechselseitige Abhängigkeit) und »personality need fulfillment« (Erfüllung persönlicher Bedürfnisse); die Laufrichtung dieses Rades könne sich auch umkehren und dies würde das Ende der intimen Beziehung bedeuten.

III. Nach dem Ende der Liebe: Die Trennung

1 Darauf hat wohl als erster der französische Soziologe Maurice Halbwachs aufmerksam gemacht. Er formulierte schon in den 1920er Jahren aus dieser Beobachtung das Konzept der sozialen Rahmen (fr. *les cadres sociaux*) des Gedächtnisses und den Begriff des »kollektiven Gedächtnisses« (s. Halbwachs 1925/1985). Die jüngere Gedächtnisforschung übernahm diese Begriffe oder ersetzte sie durch ähnliche wie »soziales Gedächtnis« oder »kommunikatives Gedächtnis« (Welzer 2002 a; Welzer 2002 c). Trotz einiger Präzisierungen und Berichtigungen der Theorie im Licht der rezenten Hirnforschung (Markowitsch u. Welzer 2005) ist weiterhin gültig, dass das Individuum durch die Kommunikation seiner Erinnerungen mit anderen Personen und unter

Bezugnahme auf Institutionen der Erinnerung wie die orale Tradition, die Literatur, das Archiv, das Museum u.v.a. erinnert. Die Familie ist eine der Institutionen, in denen Erinnerungen kommuniziert und stabilisiert werden. Man kann daher auch von einem spezifischen »Familiengedächtnis« (Coenen-Huther 2002) als einem der kommunikativen oder sozialen Gedächtnisse sprechen (s. auch Assmann 1992, 1998; Assmann u. Friese 1998).

2 Der psychoanalytische Begriff der Triangulation bezeichnet außerhalb jeder Pathologie (sic!) den grundlegenden Vorgang, dass sich ein Kleinkind in seiner Entwicklungsdynamik auf seine Dreiheit (Triangel) mit Mutter und Vater einzustellen beginnt. Dass die strukturelle resp. systemische Familientherapie diesen ontologischen Begriff in einen Störungsbegriff verwandelte, zeigt, dass die Ausdifferenzierung von diversen psychotherapeutischen Richtungen auch zu unangenehmen Begriffsverwirrungen führt. Eine Diskussion der diversen psychotherapeutischen Schulen zur Abklärung ihrer Begriffsdifferenzen wäre daher, so argumentiert auch Stierlin, nicht nur im Sinne der Klienten, sondern auch der psychotherapeutischen Forschung überaus wünschenswert (s. Stierlin 2001).

3 Die empirische Erhebung und die Interpretation und Analyse der Fälle wurde unter der wissenschaftlichen Leitung des Autors im Auftrag des Österreichischen Bundesministeriums für Wissenschaft und Verkehr durchgeführt. Das Forschungsprojekt trug den Titel »Beziehungskulturen abseits der Norm. Eine qualitative kulturwissenschaftliche Studie zu ›Stieffamilien‹ und ›Ein-Elternfamilien‹«. Die Interviews wurden vom Autor selbst sowie von Corina Ahlers durchgeführt. An der Interpretation der Fälle im Rahmen der Interpretengemeinschaft nahmen unter der Leitung des Autors teil: Corina Ahlers, Eva Schemm, Claudia Renner, Florian Oberhuber und Hedwig Wagner.

4 Ähnlich argumentiert schon Emile Durckheim: »Und doch sollte man, wenn es eine Wissenschaft von der Gesellschaft gibt, füglich von ihr erwarten, daß sie nicht in einer simplen Paraphrase überlieferter Vorurteile aufgeht, sondern uns die Dinge anders betrachten lernt, als sie gemeinhin erscheinen; denn es ist das Ziel jeder Wissenschaft, Entdeckungen zu machen, und jede Entdeckung verschiebt mehr oder minder die vorhandenen Anschauungen« (Durkheim 1895/1984, 85).

5 Dass der Körper in der persönlichen Kommunikation nicht bloß eventuell thematisch wird, sondern immer als Medium der Kommunikation wirksam ist, in dem Inhalte ausgedrückt werden (körperliche Expressivität), habe ich schon in Anmerkung 2 zu Kapitel 2 kurz begründet; siehe auch den Abschnitt 10.11.

IV. Männer lernen Vaterarbeit

1 Ideologie« meint hier keinerlei Abwertung von Ideen, sondern – mit Althusser – jenes Geflecht von Ideen und Vorstellungen, die das Verhältnis des Subjekts zu seinen Existenzbedingungen motivieren und orientieren; s. Althusser 1968.

2 Int. SK, S. 3, Z. 23 bis S. 4, Z. 22. Zur Transkription der Interviewpassagen siehe S. 4.

3 Int. SK, S. 4, Z. 22 bis S. 5, Z. 27.

4 Int. SK, S. 6, Z. 11–29.

5 Int. SK, S. 7, Z. 7–11.

6 Zu den Folgen des ›Überspringens‹ von Trauerarbeit nach Trennungen für künftige Beziehungen siehe die Stufentheorie der Trauerarbeit im Kapitel 10.6.

7 Int. SK, S. 10, Z. 4–23.

8 Als *Familienerzählung* bezeichnen wir das von den Familienmitgliedern geteilte Konstrukt ihrer gemeinsamen Geschichte, bestehend aus einer Vielzahl von Geschichten, die ihnen soziale Iden-

tität als Familie verleihen und sie von anderen Familien unterscheiden, nicht zuletzt auch von früheren Familien mit anderen Partnerinnen und Partnern.

9 Paarinterview mit Miriam Schön und Simon Kepler, geführt im Februar 2000, im Folgenden zitiert nach dem Transkript als Int. MSch/SK, hier S. 1, Z. 17 bis S. 3, Z. 3.

10 Interview mit Miriam Schön, geführt im Februar 2000, im Folgenden zitiert nach dem Tanskript als Int. MSch, hier S. 4, Z. 1.

11 Int. MSch, S. 5, Z. 20–29.

12 Interview mit Rafael Santos-Gomez, geführt im Mai 2000, im Folgenden zitiert nach dem Transkript als Int. RG, hier S. 5, Z. 25–33.

13 »… das Schwere war, den Kindern zu sagen, dass wir uns trennen – und – ja, das ist eigentlich, die haben ein bisschen geweint und dann war die große Frage: Dürfen wir, dürfen / dürfen wir das unseren Freunden sagen?« Int. RG, S. 7, Z. 2–7.

14 Interview mit Catherine und Julia Schön, geführt im März 2000, zitiert im Folgenden nach dem Transkript als Int. C/JSch, hier S. 18, Z. 21 bis S. 19, Z. 13.

15 MSch, S. 6, Z. 10–24.

16 Int. MSch, S. 9, Z. 24 bis S. 10, Z. 10.

17 Int. MSch/SK, S. 4, Z. 4 bis S. 5, Z. 16.

18 Int. MSch/SK, S. 8, Z. 26–29.

19 Int. C/JSch, S. 1, Z. 24 bis S. 2, Z. 10.

20 Int. C/JSch, S. 2, Z. 11–24.

21 Int. NdS, S. 12, Z. 4–13.

22 Int. C/JSch, S. 2, Z. 25–34.

23 Int. C/JSch, S. 12, Z. 3–14.

24 Int. C/JSch, S. 12, Z. 15–26.

25 Int. MSch/SK, S. 11, Z. 12–23.

26 Int. C/JSch, S. 5, Z. 22–26.

27 Int. NdS, S. 18, Z. 1–7.

28 Int. MSch/SK, S. 32, Z. 20–26.

V. Die Prominenten

1 Interview mit Norma von Echtheim, geführt am 1. Mai 2001, Tonaufnahme und Transkript im Besitz des Verfassers; im Folgenden zitiert nach dem Transkript als Int. NvE, S. 1, Z. 17–18.

2 Int. NvE, S. 2, Z. 13 bis S. 3, Z. 17.

3 Int. NvE, S. 55, Z. 17–24.

4 Int. NvE, S. 3, Z. 15–24.

5 Int. NvE, S. 6, Z. 10 bis S. 8, Z. 14.

6 »Imitierendes Sprechen« meint, dass die Erzählerin eine Person – hier zuerst die Mutter, dann auch den Vater – in Stimme, Tonfall und Gestik nachahmt. Nicht nur die erzählte Geschichte selbst, sondern auch die Art, in der sie erzählt wird, gerät zur Nachahmung der geschehenen Kommunikation. Solch imitierendes Sprechen finden wir meistens am Höhepunkt der Geschichte (*story*), oft verbunden mit direkter Rede und Gegenrede sowie mit dem Tempuswechsel von Vergangenheit oder Mitvergangenheit in das »historische Präsens«. Die Erzählerin exponiert sich im Akt des Erzählens als eine der Akteurinnen im erzählten Geschehen (*history*). Sie bringt das Geschehen zur Wiederaufführung (*replaying*) und macht die damals erlebten Emotionen und Eindrücke gewissermaßen noch einmal durch. Genauer gesagt, steuern ihre Affekte die Erinnerung und Rekonstruktion des Geschehens. Der Performanz solcher Erzählungen kann

eine gewisse psychotherapeutische Wirkung zukommen, weil sie ein Wiedererleben und erneutes Durcharbeiten im psychoanalytischen Sinn möglich macht. Doch wird diese mögliche Wirkung nicht planmäßig herbeigeführt, zielt doch das narrativ-autobiographische Interview auf die Herstellung einer extensiven und zugleich spezifischen Erzählung, und nicht auf spezielle psychotherapeutische Interventionen (Sieder 1998 a; 1999).

7 Int. NvE, S. 15, Z. 11 bis S. 16, Z. 11.

8 Int. NvE, S. 17, Z. 15 bis S. 18, Z. 17.

9 Siehe Kapitel 9, »Die Unternehmer«.

10 Int. NvE, S. 24, Z. 27 bis S. 25, Z. 22.

11 Int. NvE, S. 30, Z. 25 bis S. 31, Z. 15.

12 Int. NvE, S. 33, Z. 7 bis S. 34, Z. 11.

13 Int. NvE, S. 37, S. 20–24.

VI. Die Benachteiligten

1 Interview mit Sylvia Mayer und Hans Koller, geführt am 1. Juni 2000 in der Wohnung von Frau Mayer; zitiert im Folgenden nach dem Transkript als Int. SM/HK, hier S. 4, Z. 1–16.

2 Int. SM/HK, S. 9, Z. 20 bis S.10, Z. 5.

3 Für die Beziehung des Helfers zum Hilfsbedürftigen gibt es das theoretische Konzept der Co-Abhängigkeit (engl. *co-dependence, codependency*), welches meint, dass der Helfer nach und nach abhängig werde davon, dem Hilfsbedürftigen zu helfen. Dauere das Verhältnis längere Zeit, bilde der Helfer seine personale Identität daran aus. Die gegenseitige Abhängigkeit der Partner verstärke sich mit der Zeit: Der Trinker habe einen Kontrolleur für seine Exzesse, der co-abhängige Partner ein Objekt für seine Kontrollsucht gefunden (Rennert 1990).

4 Frau Mayer: »Er hot an Freind ghobt, der wos *auch* relativ stoak woar und sei Mu / Mama woar *auch* relativ stoak. Jo und – des gewisse Schulkind hot hoit die *ärgstn Sochn* über uns Mütta gesagt.« Interviewer: »Mhm --- ordinäres.« Sylvia Mayer: »Fick deine Mu / – *ordinär* bis zum *geht* nicht mehr. Daun san a die zwa Buam *ausgerastet* und hom gmant, sie miassn hoit *uns Mütta verteidigen*. Und – *meina* hot sich daun überhaupt nimma einkriagt, daun is hoit glei a Baunk in da Schul und wos *noch*gflogn.« Int. SM/HK, S. 18, Z. 23 bis S.19, Z. 5.

5 Freud schrieb in Bezug auf die mit der anhebenden Phantasietätigkeit verbundenen Tagträume des Kindes: »eine genaue Beobachtung dieser Tagträume lehrt, dass sie der Erfüllung von Wünschen, der Korrektur des Lebens dienen und vornehmlich zwei Ziele kennen: das erotische und das ehrgeizige (hinter dem aber meist auch das erotische steckt). Um die angegebene Zeit beschäftigt sich nun die Phantasie des Kindes mit der Aufgabe, die geringgeschätzten Eltern loszuwerden und durch in der Regel sozial höher stehende zu ersetzen« (Freud 1969, Band IV, 224).

6 Int. SM/HK, S. 16, Z. 13–14.

7 Int. SM/HK, S. 43, Z. 9–10.

8 Int. M/HK, S. 20, Z. 18–25.

9 »… und hot er=mas gebn ((die Hand gegeben)), wos er jo jetz glaub i zwa Joahr *überhaupt* nit gmocht hot. I man, i hobs *genossn* weil=s=ma irgendwo *ob*geht. Nuar daun hob=i schon zu eam gsogt, sog i: waßt, auf da *an* Seitn bist *frech* und wos zu mia und auf da *aundan* Seitn kummst *zuwa* wia a klans Kind. Sog i hiaz übaleg=da wost *wü:st*. Sog i, i hobs liawa waunst kummst wiar=a *klans Kind* – sog i, oba daun wül=i nix mehr *Freches* hean.« – Int. SM/HK, S. 20.

10 Eine ähnliche Einschätzung findet sich bei der Köchin und Putzfrau Theresia Zadek, siehe Kapitel 8.

11 Wieder finden wir, wie schon bei Sylvia Mayer, dass das Mädchen sehr jung, mit 17 Jahren, heiratet. Das mittlere Heiratsalter der Braut liegt 1996 in Wien bei 28,7 Jahren. Siehe Schipfer 2001, 20, Tabelle 21. Wie ist die drastische Abweichung vom Durchschnitt zu erklären? Beide Mädchen (Michaela Koller und Sylvia Mayer) haben eine Lehre absolviert. Deren Ende fällt zeitlich mit der ersten Heirat zusammen, worauf umgehend die erste Schwangerschaft und Mutterschaft folgen und damit die im Milieu geltende sozialen Vollreife erlangt ist. Ein längerer Aufschub der ersten Eheschließung und der ersten Mutterschaft – etwa um eine Berufslaufbahn zu beginnen, ist hier nicht üblich. Die Männer dieses Milieus heiraten deutlich später. Nicht unbedingt weil sie eine längere Berufsausbildung absolvieren, sondern vor allem weil sie diverse Freiheiten (Sport, Geselligkeit) genießen wollen, ehe sie sich binden und Verbindlichkeiten eingehen. Sylvia Mayers erster Ehemann ist etwa zehn Jahre älter; Hans Koller ist neun Jahre älter als seine erste Ehefrau. Auch dies ist eine deutlich höhere Altersdifferenz als sie die Statistik für die Gesamtbevölkerung Wiens ausweist: Dort ist das mittlere Alter des Bräutigams bei der ersten Eheschließung 1996 nur 2,4 Jahre höher als jenes der Braut (ebd.).

12 Int. SM/HK, S. 24, Z. 1–8.

13 Int. SM/HK, S. 36, Z. 7 bis S. 37, Z. 3.

14 Int. SM/HK, S. 51, Z. 17 bis S. 52, Z. 1

15 Int. SM/HK, S. 58, S. 23–24.

16 Int. SM/HK, S. 61, Z. 17–19.

17 Int. SM/HK, S. 62, Z. 17–19.

18 Int. SM/HK, S. 63, Z. 5–12.

19 Siehe das sehr gut kommunizierende binukleare Familiensystem mit den Folgefamilien von Miriam Schön und Rafael Santos-Gomez, Kapitel 4.

20 Int. SM/HK, S. 52, Z. 24.

21 Int. SM/HK, S. 50, Z. 12–16.

22 Int. SM/HK, S. 56, Z. 9–23.

23 Herr Koller: »Zu mia sogt er jo -- ich/ wie hot er zu mia imma gsogt – du brauchst mich *eh* nicht fragen, was sich drüben abspielt. – Das geht dich *nichts* an! hot er mir amoi gsogt.«
Frau Mayer: »Du host eam gfrogt wos er *gessn* hot.«
Herr Koller: »Jo wos geht dich des an?«
Frau Mayer: »Des geht dich *überhaupt* nichts an!« – Int. SM/HK, S. 58, Z. 5–22.

24 SM/HK, S. 64, Z. 12 bis S. 65, Z. 2.

25 SM/HK, S. 67, Z. 9–17.

26 Int. SM/HK, S. 67, Z. 19–25.

27 Hans Koller: »Waun da Kevin amoi eines Toges des Buach lesn tuat und daun sogt – na prack, *wos* Papa, des is *wirklich* olles passiert? – Na woart, do wear=i zur Mama gehn und ihr=s dazöhn. -- Na woat nua!«
Sylvia Mayer: »Und waunn=s da Kevin net liest oba /«
Hans Koller: »Jo jo. I sog nua. -- Waun er des amoi liest, sogt, na woart jetz wear= i da Mama wos dazöhn. *Des* hot sich wirklich *ob*gspüt? Na woat nua!« – Int. SM/HK, S. 68, Z. 13–20.

28 Sylvia Mayer: »Es geht jo net um an *Beweis*, es geht gaunz anfoch --- heast host eh die Foto gsegn, wos i von mia gmocht hob. – Wie / wie mi mei Exmaunn zaumgricht hot und wie da M/ da Mario amoi glaubt hot, wos wa:s i wos – bin i hergaungan, sog i, so liebes Kind – jetzt zeig i da wos, wos i da net zagt hob. – Und hob eam de Foto zagt – *wie* hoit mei Exmaunn den Tisch *zaumghaut* hot, sein Dreiradler zaumghaut hot und mia de blauen Augn ghaut hot. -- Do hot er daun amoi *gschaut*. – Weil do woar=i der Meinung, er vakrofts, er wa:s wos is. « —Int. SM/HK, S. 70, Z. 1–10.

VII. Freak und Freelance. Eine Frau spielt sich frei

1 Interview mit Tina Thonhauser, geführt am 5. Dezember 2001. Transkript Tina Thonhauser, im Folgenden zitiert nach dem Transkript als TT, S. 2, Z. 22.

2 TT, S. 3, Z. 4–9.

3 TT, S. 3, Z. 18–19.

4 »Es war von Anfang an so, dass ich / --- dass ein Teil meiner Interessen, die halt so ins Kulturelle gehen und die viel mit Lesen zu tun haben, da hab ich gewusst okay da werd ich relativ allein bleiben damit, das ist nicht so sehr seins. Und er kommt aus einem relativ kleinen obersteirischen Dorf -- und äh ((räuspert sich)) ich hab von Anfang an sehr Probleme mit seiner Familie gehabt und sie mit mir. -- Ich hab *sehr viel* Geld verdient zu der Zeit, wir waren beruflich sehr erfolgreich – und -- das hat dann alles *gar* keinen Stellenwert gehabt und war eher so sehr *schräg beäugt* -- und war / also es war schon ganz *klar* von Anfang an, wir kommen aus verschiedenen Welten -- und die Frage is halt, ob wir=s machen können – u:nd – … das war uns *schon beiden klar* irgendwie.« – TT, S. 4, Z. 6 bis S. 5, Z. 5.

5 TT, S. 6, Z. 4–24.

6 »Es hat aber dann angefangen, dass wir -- überhaupt nicht mehr miteinander geschlafen haben oder weiß ich nicht alle heiligen Zeiten einmal, weil // -- Und ich hab wieder zu arbeiten angefangen in einer anderen Firma ---- und war auch da recht viel unterwegs und es hat gut funktioniert und das war sehr fein. Also wir / – er hat gesagt, er bleibt *gern* beim Kind zu Hause -- und äh -- hat halt so seine Ge / seine Gschäftln und und Sachen gemacht und ich hab halt Geld verdient. -- Und das denk ich, hat er sehr genossen und ich sehr genossen und das war sehr fein. Und da hab ich / also mit dem Arbeiten wieder hab ich gemerkt, hab ich halt so gemerkt, wie viele *Talente* ich eigentlich hab und – und was ich -- was ich alles *machen* kann und welche Dinge ich – so *gar* nicht mit ihm *teilen* kann.« – Int. TT, S. 7, Z. 10 bis S. 8, Z. 7.

7 TT, S. 8, Z. 22 bis S. 9, Z. 11.

8 TT, S. 9, Z. 15–18.

9 TT, S. 9, Z. 20 bis S. 10, Z. 4.

10 TT, S. 10, Z. 24 bis S. 11, Z. 3.

11 TT, S 10, Z. 9–13.

12 »… dann ist das ein ein *langes* Gespräch mit meinen Eltern geworden, bei dem also so wirklich *rauf* gekommen ist, dass ich eigentlich in einer *un*glücklichen Beziehung bin.« – Int. TT, S. 12, Z. 2–5.

13 TT, S. 13, Z. 1–19.

14 Auch hier finden wir also ein Moratorium, das vorgeblich der Klärung der Zukunft der Beziehung dienen soll, aber zumindest von einer Seite als Instrument zur Herbeiführung der Trennung und zur eigenen Entlastung von Schuld eingesetzt wird.

15 TT, S. 15, S. 14–23.

16 TT, S. 16, Z. 1–3.

17 TT, S. 16, Z. 16 bis S. 17, Z. 3.

18 TT, S. 18, Z. 5–15.

19 TT, S. 18, Z.23 bis S. 19, Z. 6.

20 »… also hab ich zum Jörg gesagt ---- der vorher schon also angedeutet hatte, er wollte einen Vaterschaftstest machen -- und ich hab gesagt ja. Und dann hat er mich angerufen, ob ich die Hälfte zahl, weil das kostet dreißigtausend Schilling ((lächelt)). Dann hab ich gesagt – ((lacht)) Jörg ich zahl nicht die Hälfte zu deinem Vaterschaftstest. --- ähm --- Und dann wars so, dass ä – ich ihn angerufen hab und gesagt hab – hör mal -- du *kannst* die Vaterschaft für

dieses *Kind* -- beantragen ---- du *musst=s* nicht tun -- und er hats dann aber getan.« – Int. TT, S. 45, Z. 19–28.

21 TT, S. 46, Z. 1–19.

22 TT, S. 19, Z. 15–17.

23 TT, S. 20, Z. 24–27.

24 TT, S. 21, Z. 4–6.

25 TT, S. 20, Z. 27 bis S. 21, Z. 26.

26 TT, S. 41, Z. 22 bis S. 42, Z. 12.

27 »… als ich ((mit Daniel)) schwanger war, war das ein ziemlich rigoroser Einschnitt. Also der Jörg war halt die ganze Zeit viel unterwegs, wir haben natürlich einen großen gemeinsamen Freundeskreis gehabt -- ähm -- und äh – war natürlich / der is immer gekommen und ich hab jedes mal gesagt, Jörg erzähls mir nicht, und er hats mir *immer* erzählt – da war ich da mit *dem* und da war ich mit *dem* und auf dem Fest und das war so lustig und dö dö dö. Und ich bin mit *so* einem Bauch zu Hause gesessen. Warum erzählst du mir das, um Gottes Willen -- und äh – und ich war am Anfang *extrem* enttäuscht, weil sich der Großteil auch des Freundeskreises, den *ich* in die Beziehung mitgebracht hab, weil sich da *niemand* gerührt hat noch sonst was, die waren betreten. Und äh – ich hab dann also wirklich --- kann mich erinnern, ich hab einen Montag war ich / -- ((lacht)) ich hab mir nur gedacht, das darf doch nicht wahr sein, es gibt so viel Arschlöcher – nämlich *la:nge* gute langjährige gute Freunde -- und dann hab ich Montag in der Früh zwei Bier aufgemacht und hab alle angerufen und hab gesagt -- ich finde es ziemlich Oarsch von euch -- und das hat gut geholfen!« – Int. TT, S. 30, Z. 9 bis S. 31, Z. 2.

28 TT, S. 32, Z. 9–21.

29 TT, S. 23, Z. 16–28.

30 TT, S. 37, Z. 10 bis S. 38, Z. 6.

31 »… der Daniel weiß schon allein deswegen, weil der Ronald halt der Einzige ist, der auch da übernachtet und schläft -- ähm --- dass der Ronald einen *Sonderstatus* in meinem Leben hat. Das ist allerdings für ihn keine besonders grobe Geschichte. Also er geht mit dem Ronald nicht *anders* um als er mit – sonst irgendeinem Freund oder einer Freundin von mir umgeht. Er *freut* sich oft auf ihn wenn er sagt, wo ist der Ronald und was macht der Ronald, -- aber das ist eher --- n / *nebenbei*.« – Int. TT, S. 38, Z. 7–15.

32 TT, S. 39, Z.1–4 u. Z. 7–8.

33 TT, S. 39, Z. 8–20.

34 TT, S. 23, Z. 28 bis S. 24, Z. 13.

35 TT, S. 39, Z. 23–27.

36 TT, S. 35, Z. 2–8.

37 TT, S. 40, Z. 3–6.

38 TT, S. 40, Z. 18 bis S. 41, Z. 5.

39 »Ich denk, ich hab aber/ ich mein ich – ich hab immer *Verehrer* gehabt und ich bin in der glücklichen Situation, jetzt *auch* welche zu haben, also ich ((lächelt)) – … Und ich muss auch sagen, eben dass ich -- nicht so stolz emanzipiert bin, dass ich mich nicht freu, wenn jemand äh --- auch auch mh – einfach ein bisschen finanzielle *Absicherung* bietet.« – Int. TT, S. 41, Z. 7–18.

40 TT, S. 36, Z. 2–3.

41 TT, S. 42, Z. 18–20.

42 TT, S. 42, Z. 23–25.

43 TT, S. 43, Z. 7–12.

44 TT, S. 42, Z. 25 bis S. 43, Z. 2.

45 TT, S. 44, Z. 15 bis S. 45, Z. 9.

VIII. Die Umerzieher

1 Mehrstündiges Interview mit Theresia Zadek und Heinrich Miller, geführt im Jänner 2001, im Folgenden zitiert nach dem Transkript als Int. Z/M, hier S. 2, Z. 24 bis S. 3, Z. 2.

2 Int. Z/M, S. 3, Z. 20–26.

3 »… das war halt dann immer die Diskussion net – und das hat sich halt dann immer mehr *verschärft*. Sie war dann nicht bereit, irgendwelche Zugeständnisse zu machen oder Kompromisse einzugehen. Es waren dann immer sehr *einseitige* Kompromisse – von meiner Seite dann hat das wieder eine Weile a bissl funktioniert und dann ist es wieder von vorn losgegangen, und – irgendwann hab ich gesagt aus! Ich halte das nicht mehr aus, das kanns net sein irgendwie -- *Schnitt Ende* – und/ und ich fang bei *Null* wieder an – mit / mit allen *Nachteilen* für alle Beteiligten.« – Int. Z/M, S. 12, Z. 16–26.

4 »Ja er wird sich sicher denken, naja jetzt is die Theresia ((Zadek)) da und / und da muss ich das und das machen, weil im Endeffekt bin ja *ich* der schwarze Peter, *ich* bin Schuld an allem – es ist auch okay für mich, des drück ich *durch*, aber --- er wird sich sicher oft denken – ja vielleicht wärs doch nicht so schlecht bei der Tante Hilde, net -- da kann ich tun und lassen was ich möchte, so denkt amoi a Kind.« – Int. Z/M, S. 14, Z. 1–7.

5 »Die Sophie hat den den Kleinen mehr oder weniger wie ein *Nestscheißerl* behandelt --- das war einfach immer ihr *klana Bua*, net, er war einfach auch *jünger* – keine Frage, i man ((ich meine)) Florian is jetzt zehn Joahr und ich kenn ihn schon, wie er mit der Schul angfangt hat ((also seit seinem sechsten Lebensjahr))- … Der Christian hat dürfen auf den Fußballplatz gehn mit die anderen Burschn und so, net, sie hat dem Christian gewisse *Freiheiten* zugesprochen, aber der Florian hat müssen immer mit ihr *mitziagn* ((mitziehen)). Es hat öfters *Diskussionen* gebn zwischen mir und der Sophie.« – Int. Z/M, S. 4, Z. 13–25.

6 »Und ich muss auch sagen, sie hat mir in einer Situation sehr geholfen die Sophie ---- von meiner Vergangenheit her – sog i amoi – vom Andreas seinem Papa her. Wir haben da Probleme gehabt und sie hat mir gerichtlich ausgesagt – in dem Sinn hat sie mir die *Wahrheit* ausgesagt und es hat mir sehr *weiter*geholfen.« – Int. Z/M, S.5, Z. 23 bis S .6, Z. 5.

7 Int. Z/M, S. 23, Z. 21–26.

8 »Wo sie eben auch gemeint hat, das hat ja keinen *Sinn*, es is eh wuascht, alle Männer san *depat* und so, es war halt einfach ihre Meinung. Ich hab das akzeptiert, ich hab gesagt, jo okay das ist deine Meinung, aber i sog amoi, *mein* Leben geht *weiter* und ich muss da *durch* irgendwie.« – Int. Z/M, S. 23, Z. 21–26

9 In diesem Punkt besteht weitgehende Übereinstimmung unter zahlreichen Forschern. So schreiben auch Hetherington u. Kelly in ihrer jüngsten Studie: »Stepparents need to move *slowly* into the role of limit-setter and disciplinarian. Children will not accept the authority of an adult until that adult has won their trust and respect« (Hetherington u. Kelly 2002, 182).

10 »Jo jo – ich meine, wir haben schon *Diskussionen* ghobt eben wegen der Kinder, net – so auf die Art –, ich ent/ erzieh meinen Sohn zu selbstständig, und du lasst dafür vom Florian einfach zu wenig *los*, net« – Int. Z/M, S. 6, Z. 6–10.

11 »Ja diese *andere* Position, die war mir schon *bewusst*, die war vielleicht auch -- äh das war einer der großen Diskussionspunkte, die sicher auch dazu geführt haben, dass es zur Scheidung gekommen ist. – Weil – ich einfach andere --- wie soll ich sagen – eine andere Sichtweise zu dem Problem gehabt hab und auch vermutet hab, dass andere Gründe dahinter liegen als sie ((die Exfrau)) immer angeführt hat! Interviewerin: Zum Problem? Heinrich Miller: Zum / zum Problem jo es / es is ja so -- äh der Florian ist von / von klein auf – zumindest wurde es so diagnostiziert – ein Neurodermitiker.« – Int. Z/M, S. 6, Z. 26 bis S. 7, Z. 8.

12 Int. Z/M, S.5, Z. 23 bis S. 6, Z. 5.

13 Int. Z/M, S. 30, Z. 16–26.

14 Int. Z/M, S. 16, Z. 11–16.

15 Int. Z/M, S. 9, Z. 10–19.

16 »Also wenn / wenns *extrem* wird, wenns *extrem* wird, bin ich leider -- des nutzt / des nutzt er *kalt lächelnd* aus, net – also er / er weiß ganz genau – sie wird ihn nicht *angreifen* in irgendeiner Form -- und – jo do – do ziagt er das volle Programm durch.« – Int. Z/M, S. 40, Z. 23–27.

17 Int. Z/M, S. 40, Z. 23 bis S. 41, Z. 8.

18 Int. Z/M, S. 41, Z. 15–20.

19 »Ja ja -- und manchmal gibts auch Momente, wo ich *nicht* durchhalte, wo ich dann *auch* nervös werd, wo ich dann *auch* schrei – na kloar, des gibt ihm dann wieder *Berge*, net.« – Int. Z/M, S. 41, Z. 22–24.

20 Int. Z/M, S. 42, Z. 3–14.

21 Herr Miller:»Wenn man dem Christian seine Situation betrachtet, der hat ja dieses Jahr, in dem sich diese ganze Krankheit bis zum Tod hingezogen hat, de facto die ganze Verantwortung für den Haushalt gehabt, kann man sagen -- nen – und von dem ist natürlich auch eine große Belastung *weg*, net, er braucht sich nimmermehr um den Kleinen kümmern, er ist ständig dazu angehalten worden, sich um den Kleinen zu kümmern, er hat müssen die Tiere versorgen, er hat müssen einkaufen gehn und er hat eigentlich müssen neben der Schule alles zu Hause zu machen.« – Int. Z/M, S. 19, Z.9–14.

22 Int. Z/M, S. 53, Z. 18 bis S. 54, Z. 21.

23 Int. Z/M, S. 18, S. 26 bis S. 28.

24 Int. Z/M, S. 47, Z. 6–15.

IX. Die Unternehmer

1 Eine frühe und kürzere Fassung dieses Kapitels erschien mit stärkeren Bezügen auf die Eigenart der Unternehmerfamilie unter dem Titel »Der goldene Käfig« in: Simon (Hg.) (2002), 339–366.

2 »Mein Vater war, wenn es um die Arbeit und um gestalterische Dinge ging, extrem anspruchsvoll, sehr sehr genau und hat sehr viel verlangt von den Menschen, die um ihn herum waren. Er hat immer eine sehr intensive Auseinandersetzung verlangt und hatte überhaupt kein Verständnis dafür, wenn jemand dem nicht Folge geleistet hat. Ich weiß noch, wenn ich irgendwelche Dinge gestaltet habe ((Schmuckstücke in der Goldschmiedewerkstatt, RS)) und ich war da so ganz glücklich damit und er sagte: Dein wievielter Versuch ist denn das? Und ich sagte, das ist der erste oder der zweite -- er fuchsteufelswild wurde und dann sagte, was bildest du dir eigentlich ein? Ein Genie wie Beethoven hat seine Partituren bis zu dreizehn Mal überarbeitet und du glaubst beim ersten oder zweiten Mal fertig zu sein mit den Dingen? Nun setz dich hin und erarbeite die Dinge richtig! Er war da sehr sehr direkt und sehr sehr intensiv.« – Für das Transkript Valentin Schütz im Folgenden Int. VSch, hier S. 41, Z. 19 bis S. 42, Z. 7. Die mehrstündigen Gespräche mit »Valentin Schütz« wurden zu Pfingsten 2001 vom Autor geführt. Die Tonbandaufnahmen und das Transkript befinden sich in seinem Besitz.

3 Int. VSch, S. 12, Z. 1–4.

4 Int. VSch, S. 18, Z. 16–19.

5 Int. VSch, S. 18, Z. 20 bis S. 19, Z. 3.

6 »Ich hatte gerade Urlaub gehabt und bin dann wieder nach Afrika zurückgeflogen, und da geht das Flugzeug kaputt. Und da saß die Eva mit drinnen. So haben wir uns kennen gelernt. Und

dann haben wir so eine Nacht Zwangsaufenthalt gehabt, weil ein neues Flugzeug her musste, das andere war nicht zu reparieren.« – Int. VSch, S. 19, Z. 10–16.

7 »In einer neunzehnhundertzwölf erbauten kleinen Stadt, eine reine Wüstenstadt, vorne ist Wasser, hinten ist Sand. Da stehen diese deutschen Patrizierhäuser im Sand, das ist so eine ganz witzige Szenerie. Und da gibt es ein Hotel, das heißt der Schweizer Hof, und dort haben wir unsere Tochter gezeugt. Das fand ich irgendwie lustig, weil meine erste Frau ja Schweizerin war.« – Int. VSch, S. 22, Z. 1–10.

8 Int. VSch, S. 62, Z. 18–22.

9 Int. VSch, S. 60, Z. 7–11.

10 Int. VSch, S. 60, Z. 8 bis S. 61, Z. 2.

11 Int. VSch, S. 28, Z. 26 bis S. 29, Z. 2.

12 Dazu Genaueres in Kapitel 10.11.

13 Int. VSch, S. 29, Z. 4–22.

14 Int. VSch, S. 29, Z. 4–22.

15 Int. VSch, S. 28, Z. 20–26.

16 Int. VSch, S. 25, Z. 24 bis S. 25, Z. 16.

17 Int. VSch, S. 27, Z. 3–11.

18 Int. VSch, S. 27, Z. 11 bis S. 28, Z. 4.

19 Int. VSch, S. 69 Z. 23 bis S. 71, Z. 4.

20 Int. VSch, S. 71, Z. 4–21.

21 Int. VSch, S. 30, Z. 19–25.

22 Int. VSch, S. 31, Z. 3.

23 Int. VSch, S. 32, Z. 20 f.

24 »*Wiedererleben*« ist möglich, wenn vergangene Geschehnisse in einer Weise erzählt werden, die die erzählende Person sozusagen verdoppelt: in das vergangene Ich des damaligen Akteurs und in das aktuelle Ich des Erzählers. Diese Ich-Doppelung in der autobiographischen Narration exponiert das historische Ich in den erzählten Geschehnissen (Geschichten) stark und umso stärker, je detaillierter die Erzählung ausgeführt wird. Erst in der Detaillierung der Erlebnisse werden die mit ihnen verbundenen Emotionen, Affekte und körperlichen Eindrücke vom Erzähler gleichsam nochmals erlebt, ja herausragende Ereignisse oft sogar noch einmal Schritt für Schritt ›durchgespielt‹. (Hingegen erlaubt es der distanziert gegebene Bericht, sich dieses Wiedererlebens zu enthalten.) Eine entfernte Ähnlichkeit mit der Technik des Wiederholens und Durcharbeitens in der psychoanalytischen Kur liegt vor, doch verfolgen wir, wie gesagt, in den hier eingesetzten narrativ-lebensgeschichtlichen Interviews keine psychotherapeutischen Ziele. Dass der eine oder andere therapeutische Effekt dennoch entstehen kann, schließen wir nicht aus. Nicht nur die Tiefeninterviews selbst, sondern auch die Lektüre der von uns verfassten Texte lösen – wie wir aus Gesprächen wissen – Emotionen aus, die sich mitunter mit Einsichten und Vorsätzen für das weitere Leben verbinden. Siehe dazu auch Rosenthal 2003.

25 Int. VSch, S. 43, Z. 27 bis S. 44, Z. 20.

26 Zur Theorie der Autopoiesis siehe Maturana 1982, Maturana u. Varela 1987 sowie die damit verbundene Theorie Sozialer Systeme nach Luhmann 1984.

27 Für die Dimensionen des Körperlichen hat sich übrigens weder Parsons' Rollentheorie noch Luhmanns Systemtheorie interessiert. Beide Theorien leugnen zwar nicht, dass die Menschen einen Körper haben, doch wird er als biologisches System aus dem sozialen System herausgenommen und als dessen Umwelt verstanden. So aber verfehlen Rollentheorie und Systemtheorie die Körperlichkeit alles menschlichen Handelns und somit auch des Sozialen. Die Körperlichkeit des Menschen ist in dieser Sichtweise kein Thema der Soziologie, sondern der Natur- und

Medizinwissenschaften. Hingegen findet sich in der praxeologischen Sozialtheorie Pierre Bourdieus das Habitus-Konzept, das den Körper zu einem Agenten des Sozialen erhebt. Der Habitus ist inkorporierte (also in den Körper eingeschriebene) Struktur und Geschichte. Der Körper ist wesentlicher Bestandteil des Habitus, gleichsam Speicher und Instrument sozialer Erfahrung; Bourdieu 1976, 139 ff.; erläuternd auch Krais u. Gebauer 2002, 74 ff.; in vergleichender Perspektive zu einer Soziologie des Körpers s. Schroer 2005.

28 Zu dieser Metaphorik, die auf eine die Moderne kennzeichnende ökonomische Berechnungsdialektik verweist und Max Webers berühmte Rationalisierungsthese unterstützt, siehe Stierlin 1997. Dies schließt freilich nicht aus, dass die wirtschaftliche Berechnungslogik, auf das soziale System der Familie bzw. deren Subsystem Ehe übertragen, auch diverse ›Rechenfehler‹ erzeugt.

X. Muster der Patchworks: Vergleich der Fallanalysen

1 Intransparenz nimmt immer dann zu, wenn Zugehörigkeiten, Beziehungen, Bindungen und daraus erstehende Verpflichtungen in Frage gestellt werden und sich die Handelnden in Gründungs- oder in Auflösungskonflikten befinden. Das gilt nicht nur für Paare und Familien, sondern auch für Arbeitsteams oder Firmenbelegschaften, für politische Gruppen oder Vereine.

2 Dieses Drei-Phasen-Modell der Trennung entspricht dem älteren kulturanthropologischen Modell der *Rites de passage*, das Arnold van Gennep für jedweden Statuswechsel eines Individuums zwischen zwei differenten sozial-kulturellen Welten entwickelt hat. Er unterscheidet erstens die Separation, zweitens den Übergang oder Limen, der in unserem Modell der eigentlichen faktischen Trennung entspricht, und drittens die Aggregation (Anpassung), die in unserem Modell der Ablösung, Anpassung und Restabilisierung der Getrennten entspricht (van Gennep 1981).

3 Wir führten narrative lebensgeschichtliche Interviews mit einer Schwester dieser Frau und mit deren elfjähriger Tochter. Doch zog die Frau später, auch aus Angst vor möglichen Repressionen in ihrer Heimatgemeinde, die Genehmigung zur Publikation der Fallstudie wieder zurück.

4 Familien- und Paartherapeuten und -therapeutinnen, aber auch nahe Freundinnen und Freunde und Verwandte sollten nicht dazu beitragen, dass ein solches Familiengeheimnis *zur Unzeit* gelüftet wird. Simon, Clement und Stierlin empfehlen Psychotherapeutinnen und -therapeuten, mit der Methode des zirkulären Fragens soviel wie möglich darüber zu erfahren, was das Geheimnis für die Beteiligten aktuell bedeutet und welche Befürchtungen sie mit seiner Offenlegung jeweils verbinden. Darüber könne den ›wissenden‹ Beteiligten klar werden, welche Funktion das Familiengeheimnis aktuell hat und ob es mit Gewinn oder aber nur mit allzu großen Verlusten aufgehoben werden könnte (Simon, Clement, Stierlin 1999, 88 f.).

5 Es scheint bemerkenswert, dass es zwar einige Untersuchungen zur »Geliebten«, also zur außer- oder nebenehelichen Freundin des Mannes gibt (s. Flitner u. Valtin 1987), aber kaum eine Untersuchung über verheiratete Frauen und deren Liebhaber.

6 Die psychoanalytische Theorie unterstützt diese These: Je jünger das Kind ist, desto wirksamer und wichtiger scheinen ihr die Beziehungen zu beiden Eltern. Bei älteren Kindern behalten Beziehungen zu konstanten Bezugspersonen, die das Kind in der frühen Kindheit haben konnte, anhaltende Bedeutung. Je stärker und verlässlicher sie in den ersten Kinderjahren waren, desto eher sind Kinder den Anforderungen des Lebens und damit auch der Trennung der Eltern, später auch ihren eigenen Trennungen gewachsen, s. Lehmkuhl 1988, 134; Huss u. Lehmkuhl 1997, 26 ff.

7 Der Kreis der »Ausgewählten Anderen« geht über die »Signifikanten Anderen« (G. H. Mead) – siehe Anmerkung 5, Kap. 1 – deutlich hinaus: Er schließt auch Freunde, Psychotherapeuten oder

auch »Zufallsbekanntschaften« ein, denen man unter Umständen mehr erzählt als den »Signi-fikanten Anderen«, weil sie nicht Teil beständiger Sozialsysteme sind, und hier oft weniger oder keine Tabuisierungen von Themen bestehen. Während die »Signifikanten Anderen« in der Regel nicht gewählt werden können, werden die »Ausgewählten Anderen« nach Kriterien ihrer beson-deren Eignung zur Teilung eines Geheimnisses oder einer besonderen Information ins Vertrauen gezogen.

8 Für einige Autoren bezeichnet ›Diskurs‹ weniger den Inhalt oder das Thema, als den Wissensfluss und Wissenstransfer, der folgendermaßen vorgestellt wird: Wissen, Meinungen, Glauben, Ein-stellungen und Werthaltungen werden mittels Kommunikationsmedien (oral, literarisch, wis-senschaftspublizistisch, über Radio und Television, Kino etc.) transportiert. Im Diskurs kommen autorisierte Sprecher/innen zu Wort, die sich auf anerkannte Institutionen berufen können, in deren Namen und nach deren Regeln sie sprechen. Sie folgen diesen Regeln, um weiterhin als autorisierte SprecherInnen gelten zu können. Sie sprechen im Namen des Staates, des Landes oder der Gemeinde, im Namen einer Religion oder einer Wissenschaft, im Namen des Rechts oder der Gesundheit, und so fort. – Ich plädiere für folgende begriffliche Differenzierung: Mäch-tige öffentliche Wissens-Diskurse werden von Mediatorinnen und Mediatoren in lokale Lebens-welten ›übersetzt‹. Schließlich übersetzt *jedes* Subjekt die Übersetzungen der Mediatoren noch einmal in sein eigenes Leben und in seine ureigenste Lebenswelt, und zwar vorzüglich so, dass diese letzte Übersetzung seinen Möglichkeiten und Interessen entspricht. Die besten Ideologen in eigener Sache sind die Subjekte selbst. In ihren (mündlichen oder schriftlichen) autobiogra-phischen Erzählungen begegnen uns ihre letzten Übersetzungen der Diskurse: als Fragmente, hochgradig selektiert und interpretiert, sprachlich paraphrasiert und kulturell regionalisiert – synkretistische Spuren der Diskurse in den autobiographischen Texten. Vgl. Sieder 1999, 242 ff.

9 ›Bricolage‹ meint eine für die Post-Moderne typische Bastelei mit den Elementen der kulturellen Tradition. So spielt beispielsweise Tina Thonhauser alias Klaar mit Elementen der kulturellen Tradition, wenn sie ihren Kindern den Namen des Vaters entzieht – ein wichtiges symbolisches Element – und zugleich die Eltern des Vaters dazu auserwählt, die fragliche leibliche Vaterschaft Jörgs in Bezug auf das zweite Kind zu legitimieren.

10 Den Begriff »systemisch situiertes Subjekt« bilde ich in Analogie zum Begriff »situiertes Wis-sen«, vgl. Haraway 1991, 183 ff.; zum Bezug auf die französischen Existentialisten vgl. Fischer-Rosenthal 1999,15.

XI. Epilog: Intimität in der ›zweiten‹ Moderne

1 Umberto Eco dazu: »Die postmoderne Antwort auf die Moderne besteht in der Einsicht und Anerkennung, dass die Vergangenheit, nachdem sie nun einmal nicht zerstört werden kann, da ihre Zerstörung zum Schweigen führt, auf neue Weise ins Auge gefasst werden muß: *mit Ironie, ohne Unschuld*. Die postmoderne Haltung erscheint mir wie die eines Mannes, der eine kluge und sehr belesene Frau liebt und daher weiß, dass er ihr nicht sagen kann ›Ich liebe dich innig-lich‹, weil er weiß, dass sie weiß (und dass sie weiß, dass er weiß), dass genau diese Worte schon, sagen wir, von Liala geschrieben worden sind. Es gibt jedoch eine Lösung. Er kann ihr sagen: ›Wie jetzt Liala sagen würde: Ich liebe dich inniglich.‹« Eco 1986, 78 f.

2 Nur eine experimentierfreudige Minderheit von Künstlern und Intellektuellen legt ihre Neben-beziehungen und sexuellen Affären vor ihren Lebenspartnern völlig offen und verpflichtet sich wechselseitig, dies auch auszuhalten. Dazu zählen beispielsweise Simone de Beauvoir und Jean-Paul Sartre (s. ihre Briefwechsel: Sartre 1984; Beauvoir 1997).

Literatur

Abraham, Martin (2003), Die Stabilisierung von Partnerschaften durch bilaterale Investitionen. Das Beispiel der Unternehmensbesitzer, in: *Zeitschrift für Soziologie* 32/1, 50–69.

Acock, Allen C., u. David H. Demo (1994), Family Diversity and Well-Being, Thousand Oaks: Sage.

Adorno, Theodor W., u. Max Horkheimer (1956), Familie, in: Soziologische Exkurse. Herausgegeben vom Institut für Sozialforschung, Band 4 der Frankfurter Beiträge zur Soziologie, 116–132, Frankfurt am Main: Taschenbücher Syndikat/EVA.

Afkhami, Mahnaz (1995) (Hg.), Faith and Freedom. Women's Human Rights in the Muslim World, London: I. B. Tauris Publishers.

Ahlers, Corina (1994), Das Selbst und die systemische Therapie, in: *Systeme* 8/2, 19–36.

Ahrons, Constance R. (1979), The Binuclear Family. Two Households, one Family, in: *Alternative Lifestyles* 2 (4), 499–515.

Ahrons, Constance R. (1981), The Continuing Coparental Relationship Between Divorced Spouses, in: *American Journal of Orthopsychiatry* 51, 415–428.

Ahrons, Constance R. (1994), The Good Divorce. Keeping your Family Together when your Marriage is Coming Apart, New York: Harper Collins.

Ahrons, Constance R., u. Marion S. Perlmutter (1982), The Relationship Between Former Spouses: A Fundamental Subsystem in the Remarriage Family, in: Lillian Messinger (Hg.), Therapy with Remarried Families, 31–46, Rockville/MD.

Ahrons, Constance R., u. R. H. Rodgers (1987), Divorced Families. A Multidisciplinary Developmental View, New York: Norton.

Aichinger, Wolfram (2001), Almendral. Zur popularen Kultur eines kastilischen Gebirgsdorfes, Wien: turia+kant.

Aldous J. (1996), Family Careers. Rethinking the Developmental Perspectice. Thousand Oaks: Sage.

Alheit, Peter (2003), Biografizität, in: Rainer Bohnsack, Winfried Marotzki, Michael Meuser (Hg.), Hauptbegriffe Qualitativer Sozialforschung. Ein Wörterbuch, 25, Opladen: Leske & Budrich (UTB 8226).

Alheit, Peter (2005), Biographie und Mentalität. Spuren des Kollektiven im Individuellen, in: Bettina Völter u. a. (Hg.), Biographieforschung im Diskurs, 21–45, Wiesbaden: VS Verlag für Sozialwissenschaften.

Alheit, Peter, Bettina Dausien, Wolfram Fischer-Rosenthal, Andreas Hanses, Annelie Keil (Hg.) (1999), Biographie und Leib, Gießen: Psychosozial-Verlag.

Alheit, Peter, u. Bettina Dausien (2000), Die biographische Konstruktion der Wirklichkeit. Überlegungen zur Biographizität des Sozialen, in: Erika Hoerning (Hg.), Biographische Sozialisation, 257–283, Stuttgart: Lucius & Lucius.

Allert, Tilman (1996), Die Geburt des Sozialen. Strukturtheoretische Vorüberlegungen und Fallstudien zur Soziologie der Familie, Berlin u. New York: de Gruyter.

Allert, Tilman (1997), Zwei zu Drei: soziologische Anmerkungen zur Liebe des Paares, Teil II, in: *System Familie* 10, 31–43.

Althusser, Louis (1968), Für Marx, Frankfurt am Main: Suhrkamp.

Amato, Paul R. (1993), Children's Adjustment to Divorce. Theories, Hypotheses, and Empirical Support, in: *Journal of Marriage and the Family* 55, 23–38.

Amato, Paul R. (1994), The Implications of Research Findings on Children in Stepfamilies, in: Charles Booth u. John Dunn (Hg.), Stepfamilies. Who Benefits? Who Does not?, 81–87, Hillsdale/NY: Erlbaum.

Amato, Paul R. (1996), Explaining the Intergenerational Transmission of Divorce, in: *Journal of Marriage and the Family* 58/3, 628–640.

Amato, Paul R. (2000), The Consequences of Divorce for Adults and Children, in: *Journal of Marriage and the Family*, 62/4, November, 1269–1287.

Amato, Paul R., u. Allan Booth (1997), A Generation at Risk: Growing up in an Era of Family Upheaval, Cambridge /MA.

Amato, Paul R., John Gilbreth (1999), Nonresident Fathers and Children's Well-Being. A Meta-Analysis, in: *Journal of Marriage and the Family* 61, 557–573.

Amato, Paul R., David R. Johnson, Alan Booth u. Stacy J. Rogers (2003), Continuity and Change in Marital Quality. Between 1980 and 2000, in: *Journal of Marriage and Family* 65/4, November, 1 ff.

Anderson, Harlene (1997), Conversation, Language, and Possibilities. A Postmodern Approach to Therapy, New York: Basic Books.

Anderson, Harlene, Harold Goolishian u. Lee Winderman (1986), Problem Determined Systems. Towards Transformation in Family Therapy, in: *Journal of Strategic and Systemic Therapies* 5, 1–14.

Anderson, Harlene, u. Harold Goolishian (1992), Der Klient als Experte. Ein therapeutischer Ansatz des Nichtwissens, in: *Zeitschrift für Systemische Therapie* 3, 176–189.

Anderson, Harlene, u. Harold Goolishian (1996), Therapie als ein System in Sprache. Geschichten erzählen und Nicht-Wissen in Therapien, in: *Systeme* 10, Sonderheft, 114–120.

Ankersmit, Frank (1993), Wir schauen in einen Spiegel und sehen einen Anderen, in: *Österreichische Zeitschrift für Geschichtswissenschaften* 4/3, 457–465.

Arditti, Joyce A. (1999), Rethinking Relationships between Divorced Mothers and their Children. Capitalizing on Family Strengths, in: *Family Relations* 48, 109–119.

Arditti, Joyce A., u. T. Z. Keith (1993), Visitation Frequency, Child Support Payment, and the Father-Child Relationship Postdivorce, in: *Journal of Marriage and the Family* 55, 699–712.

Arendell, Terry (1986), Mothers and Divorce, Berkeley: University of California Press.

Arendell, Terry (1995), Fathers and Divorce, Thousand Oaks/CA: Sage.

Arendell, Terry (2000), Conceiving and Investigating Motherhood: The Decade's Scholarship, in: *Journal of Marriage and the Family* 62/4, 1192–1207.

Ariès, Philippe (1975), Geschichte der Kindheit, München u. Wien. Englisch (1962), Centuries of Childhood, New York: Vintage Books.

Ariès, Philippe (1984), Liebe in der Ehe, in: Philippe Ariès u. André Béjin (Hg.), Die Masken des Begehrens und die Metamorphosen der Sinnlichkeit. Zur Geschichte der Sexualität im Abendland, 165–175, Frankfurt am Main: Fischer.

Assmann, Aleida (1998), Stabilisatoren der Erinnerung – Affekt, Symbol, Trauma, in: Jörn Rüsen u. Jürgen Straub (Hg.), Die dunkle Spur der Vergangenheit. Psychoanalytische Zugänge zum Geschichtsbewusstsein, 131–152, Frankfurt am Main: Suhrkamp.

Assmann, Aleida, u. Heidrun Friese (Hg.) (1998), Identitäten. Erinnerung, Geschichte, Identität 3, Frankfurt am Main: Suhrkamp.

Assmann, Jan (1992), Das kulturelle Gedächtnis. Schrift, Erinnerung und politische Identität in frühen Hochkulturen, München: C. H. Beck.

Assmann, Jan (2005), Das Paar, die Liebe und der Tod. Der Mythos von Isis und Osiris, in: *Familiendynamik. Interdisziplinäre Zeitschrift für systemorientierte Praxis und Forschung* 30/1: Tod und Familie. Klett-Cotta.

Augé, Marc (1994), Orte und Nicht-Orte. Vorüberlegungen zu einer Ethnologie der Einsamkeit, Frankfurt am Main: Fischer.

Bachmann, Ronald (1992), Singles. Zum Selbstverständnis und zum Selbsterleben von 30 bis 40jährigen partnerlos alleinlebenden Männern und Frauen, Frankfurt am Main: Lang.

Badinter, Elisabeth (1981), Die Mutterliebe. Geschichte eines Gefühls vom 17. Jahrhundert bis heute, München: Beck.

Barthes, Roland (1964), Mythen des Alltags, Frankfurt am Main: Suhrkamp.

Barthes, Roland (1984), Fragmente einer Sprache der Liebe, Frankfurt am Main: Suhrkamp.

Bauman, Zygmunt (1995), Moderne und Ambivalenz. Das Ende der Eindeutigkeit. Frankfurt am Main: Fischer.

Bauman, Zygmunt (1997), Unbehagen in der Postmoderne. Hamburg: Hamburger Edition.

Bauman, Zygmunt (2000), Flüchtige Moderne. Frankfurt am Main: Suhrkamp.

Bauman, Zygmunt (2002), Über den postmodernen Gebrauch der Sexualität, in: Gunter Schmidt u. Bernhard Strauß (Hg.), Sexualität und Spätmoderne. Über den kulturellen Wandel der Sexualität, 29–49, Gießen: Psychosozial-Verlag.

Beauvoir, Simone de (1997), Briefe an Sartre. Band 1: 1930–1939. Herausgegeben und mit Anmerkungen versehen von Sylvie Le Bon de Beauvoir, Reinbek bei Hamburg: Rowohlt.

Beck, Nikolaus, u. Josef Hartmann (1999), Die Wechselwirkung zwischen Erwerbstätigkeit der Ehefrau und Ehestabilität unter der Berücksichtigung des sozialen Wandels, in: *Kölner Zeitschrift für Soziologie* 51/4, 655–680.

Beck, Ulrich (1986), Risikogesellschaft. Auf dem Weg in eine andere Moderne, Frankfurt am Main: Suhrkamp.

Beck, Ulrich (1997), Demokratisierung der Familie, in: Ders. (Hg.), Kinder der Freiheit, Frankfurt am Main, 195–216: Suhrkamp.

Beck, Ulrich, u. Elisabeth Beck-Gernsheim (1990), Das ganz normale Chaos der Liebe, Frankfurt am Main: Suhrkamp.

Beck-Gernsheim, Elisabeth (1994), Auf dem Weg in die postfamiliale Familie. Von der Notgemeinschaft zur Wahlverwandtschaft, in: Ulrich Beck u. Elisabeth Beck-Gernsheim (Hg.), Riskante Freiheiten. Individualisierung in modernen Gesellschaften, 115–138, Frankfurt am Main: Suhrkamp.

Becker, Hermann (1997), Wenn Familien wieder heiraten, Stuttgart: Klett-Cotta.

Becker, Natascha (2001), Leben in der Patchwork-Familie. So gelingt der neue Familienmix, Köln: Egmont vgs Verlagsgesellschaft.

Beckh, Katharina, u. Sabine Walper (2002), Stiefkinder und ihre Beziehungen zu den Eltern, in: Walter Bien, Angelika Hartl, Markus Teubner (Hg.), Stieffamilien in Deutschland. Eltern und Kinder zwischen Normalität und Konflikt, 201–228, Opladen: Leske + Budrich.

Béjin, André (1984), Ehen ohne Trauschein heute, in: Philippe Ariès u. André Béjin (Hg.), Die Masken des Begehrens und die Metamorphosen der Sinnlichkeit. Zur Geschichte der Sexualität im Abendland, 197–208, Frankfurt am Main: Fischer.

Benjamin, Jessica (1985), Herrschaft – Knechtschaft: die Phantasie von der erotischen Unterwerfung, in: Ann Snitow, Christine Stansell, Sharon Thompson (Hg.), Die Politik des Begehrens. Sexualität, Pornographie und neuer Puritanismus in den USA, 89–117, Berlin: Rotbuch.

Benjamin, Jessica (1993), Die Fesseln der Liebe. Psychoanalyse, Feminismus und das Problem der Macht, Frankfurt am Main: Fischer.

Benjamin, Jessica (1996), Phantasie und Geschlecht. Psychoanalytische Studien über Idealisierung, Anerkennung und Differenz, Frankfurt am Main: Fischer.

Berger, Brigitte, u. Peter L. Berger (1984), In Verteidigung der bürgerlichen Familie, Frankfurt am Main: S. Fischer.

Berger, Peter L., Brigitte Berger, Hansfried Kellner (1975), Das Unbehagen in der Modernität, München: Beck.

Berger, Peter L., u. Thomas Luckmann (1969/1980), Die gesellschaftliche Konstruktion der Wirklichkeit. Eine Theorie der Wissenssoziologie. Mit einer Einleitung zur deutschen Ausgabe von Helmuth Plessner, 5. Auflage, Frankfurt am Main: Fischer.

Berghaus, Margot (1985), Von der Brautschau zur Partnersuche. Geschlechtsrollenwandel am Beispiel von Heirats- und Bekanntschaftsanzeigen, in: Gisela Völger u. Karin von Welck (Hg.), Die Braut. Geliebt, verkauft, getauscht, geraubt. Zur Rolle der Frau im Kulturvergleich, 710–717, Köln: Rautenstrauch-Joest-Museum.

Bernand, Carmen, u. Serge Gruzinski (1997), Die Kinder der Apokalypse: Die Familie in Mittelamerika und den Anden, in: André Burguière, Christiane Klapisch-Zuber, Martine Segalen, Françoise Zonabend (Hg.), Geschichte der Familie, Band 3: Neuzeit, 195–268, Frankfurt am Main, Paris, New York: Campus.

Bernard, Jessie (1972), The Future of Marriage, New York: Times Mirror.

Bernfeld, Siegfried (1974), Über die einfache männliche Pubertät, in: Ders., Antiautoritäre Erziehung und Psychoanalyse, hg. v. Lutz v. Werder u. Reinhart Wolff, Band 2, 307–328, Frankfurt am Main u.a.: Verlag Ullstein.

Bernstein, Anne C. (1990), Yours, Mine and Ours. How Families Chance When Remarried Parents Have a Child Together, New York: Rochester. Deutsche Übersetzung: Anne C. *Bernstein* (1993), Deine, meine und unsere Kinder. Die Patchworkfamilie als gelingendes Miteinander. Freiburg: Herder.

Bernstein, Anne C. (2001), Stieffamilien. Neue Geschichten für das Stieffamilienleben jenseits der Gebrüder Grimm, in: *Familiendynamik. Interdisziplinäre Zeitschrift für systemorientierte Praxis und Forschung* 26/1: Januar, Stuttgart, 44–67.

Bertram, Hans (Hg.) (1991), Die Familie in Westdeutschland. Opladen: Leske + Budrich.

Bertram, Hans (2002), Die multilokale Mehrgenerationenfamilie. Von der neolokalen Gattenfamilie zur multilokalen Mehrgenerationenfamilie, in: *Berliner Journal für Soziologie* 4, 517–529.

Bien, Walter, u. Jan H. Marbach (1991), Haushalt – Verwandtschaft – Beziehungen. Familienleben als Netzwerk, in: Hans Bertram (Hg.), Die Familie in Westdeutschland, 3–44, Opladen: Leske + Budrich.

Bien, Walter, Angelika Hartl, Markus Teubner (Hg.) (2002), Stieffamilien in Deutschland. Eltern und Kinder zwischen Normalität und Konflikt, Opladen: Leske + Budrich.

Birnbaum, Brigitte, u. Max Josef Allmayer-Beck (1997), Konfliktlösung ohne gerichtliche Entscheidung durch Verhandeln und Mediation, in: *Anwaltsblatt*, 612 ff.

Blaumeiser, Heinz, u. Reinhard Sieder (1988), Langsam werden meine Wanderungen zu Beerdigungen. Antizipationen u. Rückgriffe im Umgang mit Ehepartnern und Freunden im Alter, in: Gerd Göckenjan u. Hans-Joachim von Kondratowitz, (Hg.), Alter und Alltag, 219–238, Frankfurt am Main: Suhrkamp.

Blesken, Karl W. (1998), Der unerwünschte Vater. Zur Psychodynamik der Beziehungsgestaltung nach Trennung und Scheidung, in: *Praxis der Kinderpsychologie und Kinderpsychiatrie* 47/5, 344–354.

Blume, Libby Balter, u. Thomas W. Blume (2003), Toward a Dialectical Model of Family Gender Discourse: Body, Identity, and Sexuality, in: *Journal of Marriage and Family*, 65/4, 785–794.

Blumenberg, Hans (1986), Lebenszeit und Weltzeit, Frankfurt am Main: Suhrkamp.

Blumer, Herbert (1973), Der methodologische Standort des Symbolischen Interaktionismus, in: Arbeitsgruppe Bielefelder Soziologen (Hg.), Alltagswissen, Interaktion und gesellschaftliche Wirklichkeit, Bd. 1+2, 80–146, Opladen: Westdeutscher Verlag.

Bock, Gisela (1995), Nationalsozialistische Geschlechterpolitik und die Geschichte der Frauen, in: Georges Duby u. Michel Perrot (Hg.), Geschichte der Frauen, Band 5, 20. Jahrhundert, hg. von Françoise Thebaud, 173–204, Frankfurt am Main, New York u. Paris: Campus.

Bock, Gisela, u. Barbara Duden (1977), Arbeit aus Liebe – Liebe als Arbeit: Zur Entstehung der Hausarbeit im Kapitalismus, in: Frauen und Wissenschaft. Beiträge zur Berliner Sommeruniversität für Frauen, Juli 1976, 118–199, Berlin.

Bodenmann, Guy (1995), Bewältigung von Stress in Partnerschaften. Der Einfluss von Belastungen auf die Qualität und Stabilität von Paarbeziehungen, Bern: Huber.

Bodenmann, Guy, Thomas Bradbury, Sabine Maderasz (2002), Scheidungsursachen und -verlauf aus der Sicht der Geschiedenen, in: *Zeitschrift für Familienforschung* 14/1, 5–20.

Bohannan, Paul, u. Rosemary Erickson (1978), Stiefväter, in: *Psychologie Heute* 5.

Bohleber Werner (2000), Die Entwicklung der Traumatheorie in der Psychoanalyse, in: *Psyche* 54, 797–839.

Böhnisch, Lothar, u. Karl Lenz (1997), Familien. Eine interdisziplinäre Einführung, Weinheim u.a.: Juventa Verlag.

Bonorden, Heinz (1989), Mann wird Vater. Anmerkungen, Berichte, Nachfragen, München: Beck.

Booth, Alan, u. Judy Dunn (1994) (Hg.), Stepfamilies. Who Benefits? Who Does Not? Hillsdale, NJ: Erlbaum.

Bösch, Jakob (1988), Sind Verliebtheit, Symbiose und Idealisierung für den Aufbau einer Paarbeziehung wichtig?, in: *Familiendynamik* 12, 116–126.

Boszormenyi-Nagy, Ivan (1965), Eine Theorie der Beziehungen. Erfahrung und Transaktion, in: Ders. u. J. L. Framo (Hg.), Familientherapie, Bd. 1, 51 ff., Reinbek bei Hamburg: Rowohlt.

Boszormenyi-Nagy, Ivan (1987), Der Kontext von Konsequenzen und die Grenzen therapeutischer Verantwortung, in: Helm Stierlin, Fritz B. Simon, Gunther Schmidt (Hg.), Familiäre Wirklichkeiten. Der Heidelberger Kongreß, 53–67, Stuttgart: Klett-Cotta.

Boszormenyi-Nagy, Ivan, u. Gerald M. Spark (1981), Unsichtbare Bindungen. Die Dynamik familiärer Systeme, Stuttgart: Klett-Cotta.

Bourdieu, Pierre (1972), Stratégies matrimoniales dans le système de reproduction, in: *Annales* 27/4–5, 1105–1125.

Bourdieu, Pierre (1974), Zur Soziologie der symbolischen Formen, Frankfurt am Main: Suhrkamp.

Bourdieu, Pierre (1976), Entwurf einer Theorie der Praxis auf der ethnologischen Grundlage der kabylischen Gesellschaft, Frankfurt am Main: Suhrkamp.

Bourdieu, Pierre (1983), Ökonomisches Kapital, kulturelles Kapital, soziales Kapital, in: Reinhard Kreckel (Hg.), Soziale Ungleichheiten. *Soziale Welt*, Sonderband 2, Göttingen: Verlag Otto Schwartz & Co.

Bourdieu, Pierre (1985), Sozialer Raum und »Klassen«. Leçon sur la leçon. Zwei Vorlesungen, Frankfurt am Main: Suhrkamp.

Bourdieu, Pierre (1987), Sozialer Sinn. Kritik der theoretischen Vernunft, Frankfurt am Main: Suhrkamp.

Bourdieu Pierre (1990), Die biographische Illusion, in: *BIOS. Zeitschrift für Biographieforschung und Oral History* 1/1990, 75–81.

Bourdieu, Pierre (2005), Die männliche Herrschaft. Aus dem Französischen von Jürgen Bolder, Frankfurt am Main: Suhrkamp Verlag.

Bourdieu, Pierre, u. Patrick Champagne (1998), Die intern Ausgegrenzten, in: Pierre Bourdieu u. a., Das Elend der Welt. Zeugnisse und Diagnosen alltäglichen Leidens an der Gesellschaft, 527–533, 2. Auflage, Konstanz: UVK.

Bovenschen, Silvia (1979), Die imaginierte Weiblichkeit. Exemplarische Untersuchungen zu kulturgeschichtlichen und literarischen Präsentationsformen des Weiblichen, Frankfurt am Main: Suhrkamp.

Bowen, Murray (1961), The Family as the Unit of Study and Treatment, in: *American Journal of Orthopsychiatry* 31, 40–60.

Bowen, Murray (1978), Family Therapy in Clinical Practice, New York: Jason Aronson.

Bowlby, John (1961), Processes of Mourning, in: *The International Journal of Psycho-Analysis* XLII/4–5, 317–340.

Bowlby, John (1973), Trennung. Psychische Schäden als Folge der Trennung von Mutter und Kind, München: Kindler.

Bowlby, John (1969/2006 a), Attachment and Loss. Vol. I: Attachment, New York: Basic Books. Deutsch: Bindung. (Bindung und Verlust, Band 1), München u. Basel: Ernst Reinhardt Verlag.

Bowlby, John (1973/ 2006 b), Attachment and Loss. Vol. II: Separation. Anxiety and Anger, New York: Basic Books. Deutsch: Trennung. Angst und Zorn. (Bindung und Verlust, Band 2), München u. Basel: Ernst Reinhardt Verlag.

Bowlby, John (1980/2006 c), Attachment and Loss. Vol. III: Loss, Sadness and Depression, New York: Basic Books. Deutsch: Verlust. Trauer und Depression (Bindung und Verlust, Band 3), München u. Basel: Ernst Reinhardt Verlag.

Bozett, F. W., u. S. M. H. Hanson (Hg.) (1991), Fatherhood and Families in Cultural Context, New York: Springer.

Braudel, Fernand (1977) Geschichte und Sozialwissenschaften. Die *longue durée*, in: Claudia Honegger (Hg.), M. Bloch, F. Braudel, L. Febvre u. a. Schrift und Materie der Geschichte. Vorschläge zur systematischen Aneignung historischer Prozesse, 47–85, Frankfurt am Main: Suhrkamp.

Braun, Maria (1997), Verarbeitungsstrategien des Trennungstraumas und psychotherapeutische Interventionen in der Behandlung bei drei Scheidungskindern, in: Gerd Lehmkuhl u. Ulrike Lehmkuhl (Hg.), Scheidung – Trennung – Kindeswohl. Diagnostische, therapeutische und juristische Aspekte, 59–79, Weinheim: Deutscher Studien Verlag.

Brim, Orville G. jr., u. Stanton Wheeler (1974), Erwachsenen-Sozialisation. Sozialisation nach Abschluß der Kindheit, Stuttgart: Ferdinand Enke Verlag.

Broderick, C. B. (1993), Understanding Family Process. Basics of Family Systems Theory. Newbury Park /CA: Sage.

Bruckner, Pascal, u. Alain Finkielkraut (1979), Die neue Liebesunordnung, München: Hanser.

Bruner, Jerome (1997), Sinn, Kultur und Ich-Identität. Zur Kulturpsychologie des Sinns, Heidelberg: Carl Auer Systeme Verlag.

Buchanan, C. M., E. E. Maccoby, S. M. Dornbusch (2000), The Divided Child. Adolescents Adjustment after Divorce, Cambridge/Mass: Harvard University Press.

Buchegger, Reiner (2004), Scheidungswahrscheinlichkeit und Scheidungsfolgen aus ökonomischer Sicht, in: Ulrike Zartler, Liselotte Wilk, Renate Kränzl-Nagl (Hg.), Wenn Eltern sich trennen. Wie Kinder, Frauen und Männer Scheidung erleben, 339–399, Wien: Campus Europäisches Zentrum.

Buchholz-Graf, Wolfgang, u. Claudius Vergho (Hg.) (2000), Beratung für Scheidungsfamilien. Das neue Kindschaftsrecht und professionelles Handeln der Verfahrensbeteiligten, Weinheim u. München: Juventa Verlag.

Budde, Gunilla (1994), Auf dem Weg ins Bürgerleben. Kindheit und Erziehung in deutschen und englischen Bürgerfamilien, 1840–1914, Göttingen (Bürgertum. Beiträge zur europäischen Gesellschaftsgeschichte, Band 6).

Bundesministerium für Soziale Sicherheit und Generationen (2002) (Hg.), Die Patchwork-Familie oder der, die das Stief…, Wien. (Broschüre im Eigenverlag, erhältlich bei jennifer.leitner@bmsg. gv.at)

Burguière, André, Christiane Klapisch-Zuber, Martine Segalen, Françoise Zonabend (Hg.) (1997 u. 1998), Geschichte der Familie, 4 Bände, Frankfurt am Main, Paris, New York: Campus. Neudruck mit selbem Titel: Essen 2005: Magnus Verlag.

Burkart, Günter (1991), Treue in Paarbeziehungen – Theoretische Aspekte, Bedeutungswandel und Milieu-Differenzierung, in: *Soziale Welt* 42, 319–339.

Burkart, Günter (1993), Individualisierung und Elternschaft – Das Beispiel USA, in: *Zeitschrift für Soziologie*, 22, 159–177.

Burkart, Günter (1994), Die Entscheidung zur Elternschaft. Eine empirische Kritik von Individualisierungs- und Rational-Choice-Theorien, Stuttgart: Enke.

Burkart, Günter (1995), Biographische Übergänge und rationale Entscheidungen, in: *BIOS – Zeitschrift für Biographieforschung und Oral History* 8, 59–88.

Burkart, Günter (1997), Lebensphasen – Liebesphasen. Vom Paar zur Ehe, zum Single und zurück? Opladen: Leske + Budrich.

Burkart, Günter (1998), Auf dem Weg zu einer Soziologie der Liebe, in: Günter Burkart u. Kornelia Hahn (Hg.), Liebe am Ende des 20. Jahrhunderts. Studien zur Soziologie intimer Beziehungen, 15–49. Opladen: Leske + Budrich.

Burkart, Günter (2005), Die Familie in der Systemtheorie, in: Gunter Runkel u. Günter Burkart (Hg.), Funktionssysteme der Gesellschaft. Beiträge zur Systemtheorie von Niklas Luhmann, 101–128, Wiesbaden: VS Verlag.

Burkart, Günter (2007), Handymania. Wie das Mobiltelefon unser Leben verändert hat, Frankfurt am Main: Campus.

Burkart, Günter, u. Martin Kohli (1992), Liebe, Ehe, Elternschaft. Die Zukunft der Familie, München: Piper.

Busch, Friedrich W., u. Rosemarie Nave-Herz (Hg.) (1996), Ehe und Familie in Krisensituationen, Oldenburg: Isensee Verlag Oldenburg.

Bussy, Genevois Danièle (1995), Spanische Frauen. Von der Republik zum Franco-Regime, in: George Duby u. Michelle Perrot (Hg.), Geschichte der Frauen, Band 5, hg. von Françoise Thébaud, 20. Jahrhundert, 205–222, Frankfurt am Main, New York u. Paris: Campus Verlag.

Butler, Judith (1991), Das Unbehagen der Geschlechter, Frankfurt am Main: Suhrkamp.

Caesar, Beatrice (1972), Autorität in der Familie. Ein Beitrag zum Problem schichtenspezifischer Sozialisation, Reinbek bei Hamburg: Rowohlt.

Cancik Hubert (1988), Zur Entstehung der christlichen Sexualmoral, in: Andreas Karsten Siems (Hg.), Sexualität und Erotik in der Antike, 347–374, Darmstadt: Wissenschaftliche Buchgesellschaft.

Carbone, June R. (1994), A Feminist Perspective on Divorce, in: *Children and Divorce* 4/1, 183–209.

Carter, Betty, u. Monica McGoldrick (1989), The Changing Family Life Cycle. A Framework for Family Therapy. Second Edition, Needham Heights, MA: Allyn and Bacon.

Carter, Elizabeth A., u. Monica McGoldrick (1980), The Family Life Cycle. A Framework for Family Therapy, New York: Gardner Press, Inc.

Caruso, Igor A. (2001), Die Trennung der Liebenden. Eine Phänomenologie des Todes, Wien: turia+kant.

Cassirer, Ernst (1925/1994), Philosophie der symbolischen Formen. Zweiter Teil: Das mythische Denken, 9. unveränderte Auflage, Darmstadt: Wissenschaftliche Buchgesellschaft.

Catherall, Don R. (1992), Working with Projective Identification in Couples, in: *Family Process* 31, 355–367.

Cherlin, Andrew (1978), Remarriage as an Incomplete Institution, in: *American Journal of Sociology* 84/3, 634–650.

Cherlin, Andrew (1992), Marriage, Divorce, Remarriage. Revised and Enlarged Edition, Cambridge/ MA: Harvard University Press.

Chvojka, Erhard (2003), Geschichte der Großelternrollen vom 16. bis zum 20. Jahrhundert, Wien: Böhlau.

Clason, Christine (1989), Die Einelternfamilie oder die Einelterfamilie?, in: Rosemarie Nave-Herz u. Manfred Markefka (Hg.), Handbuch der Familien- und Jugendforschung, Band 1: Familienforschung, 413–422, Neuwied u. Frankfurt am Main: Luchterhand.

Coenen-Huther, Josette (2002), Das Familiengedächtnis. Wie Vergangenheit rekonstruiert wird, Konstanz: UVK Verlagsgesellschaft.

Coleman, Marilyn, u. Lawrence Ganong (1990), Remarriage and Stepfamily Research in the 1980s. Increased Interest in an Old Family Form, in: *Journal of Marriage and the Family* 52/November, 925–949.

Coleman, Marilyn, u. Lawrence Ganong (1994), Remarried Family Relationships, Thousand Oaks /CA: Sage.

Coleman, Marilyn, u. Lawrence Ganong (1997), How Society Views Stepfamilies, in: *Marriage & Family Review* 26, 85–106.

Coleman, Marilyn, Lawrence Ganong, Mark Fine (2000), Reinvestigating Remarriage. Another Decade of Progress, in: *Journal of Marriage and the Family* 62/4: November, 1288–1307.

Conze, Werner, u. Jürgen Kocka (1985) (Hg.), Bildungsbürgertum im 19. Jahrhundert, Teil I, Stuttgart 1985.

Cyba, Eva (1996), Modernisierung im Patriarchat? Zur Situation der Frauen in Arbeit, Bildung und privater Sphäre 1945 bis 1995, in: Reinhard Sieder, Heinz Steinert u. Emmerich Tálos (Hg.), Österreich 1945–1995. Gesellschaft, Politik, Kultur, 2. Auflage, 435–457, Wien: Verlag für Gesellschaftskritik.

Cyprian, Gudrun, u. Marianne Heimbach-Steins (Hg.) (2003), Familienbilder. Interdisziplinäre Sondierungen, Opladen: Leske + Budrich.

Czap, Peter jun. (1982), »Eine zahlreiche Familie – des Bauern größter Reichthum«. Leibeigenenhaushalte in Misino, Russland 1814–1858, in: Michael Mitterauer u. Reinhard Sieder (Hg.), Historische Familienforschung, 192–240, Frankfurt am Main: Suhrkamp.

Dammasch, Frank, u. Hans-Geert Metzger (2006) (Hg.), Die Bedeutung des Vaters. Psychoanalytische Perspektiven, Frankfurt am Main: Brandes & Apsel.

Dausien, Bettina (1996), Biographie und Geschlecht. Zur biographischen Konstruktion sozialer Wirklichkeit in Frauenlebensgeschichten, Bremen: Donat Verlag.

Dausien, Bettina (2001), Erzähltes Leben – erzähltes Geschlecht? Aspekte der narrativen Konstruktion von Geschlecht im Kontext der Biographieforschung, in: *Feministische Studien* 2 /2, 57–73.

Deleuze, Gilles (1991), Was ist ein Dispositiv? In: François Ewald u. Bernhard Waldenfels (Hg.), Spiele der Wahrheit. Michel Foucaults Denken, 153–162, Frankfurt am Main: Suhrkamp.

Deleuze, Gilles, u. Félix Guattari (1977), Anti-Ödipus. Kapitalismus und Schizophrenie, Band 1, Frankfurt am Main: Suhrkamp.

DeMaris, Alfred, u. Geoffrey L. Greif (1997), Single Custodial Fathers and Their Children. When

Things Go Well, in: Alan J. Hawkins u. David C. Dollahite (Hg.), Generative Fathering. Beyond Deficit Perspectives, 134–146, Thousand Oaks: Sage.

Deutsch-Stix, Gertrud, u. Maria Janik (1993), Hauptberuflich Vater. Paare brechen mit Traditionen, Wien: Verlag für Gesellschaftskritik.

Deutsches Jugendinstitut (Hg.) (1993), Beratung von Stieffamilien. Von der Selbsthilfe bis zur sozialen Arbeit, München: DJI-Verlag Deutsches Jugendinstitut.

Dittmar, Norbert (2004), Transkription. Ein Leitfaden mit Aufgaben für Studenten, Forscher und Laien, 2. Auflage, Wiesbaden: Verlag für Sozialwissenschaften.

Dölling, Irene (1990), Über den Patriarchalismus staatssozialistischer Gesellschaften und die Geschlechtsfrage im gesellschaftlichen Umbruch, in: Wolfgang Zapf (Hg.), Die Modernisierung moderner Gesellschaften, Verhandlungen des 25. Deutschen Soziologentages in Frankfurt am Main 1990, 407–417, Frankfurt am Main u. New York 1990: Campus.

Douglas, Gillian, Ian Butler, Margaret Murch, Frank D. Fincham (2000), Children's Perspective and Experience of the Divorce Process, in: Children 5–16. Growing into the Twenty-First Century, End of Award Report, ref L129251014, Economic and Social Research Council, UK.

Dunn, Judy (1996), Stepfamilies. Who Fares Well, who Fares Badly, Hillsdale/N.J.: Erlbaum.

Durkheim, Emile (1895/1984), Die Regeln der soziologischen Methode. Herausgegeben und eingeleitet von René König, Frankfurt am Main: Suhrkamp.

Dux, Günter (1992), Die Spur der Macht im Verhältnis der Geschlechter. Über den Ursprung der Ungleichheit zwischen Frau und Mann, Frankfurt am Main: Suhrkamp.

Dux, Günter (1994), Geschlecht und Gesellschaft. Warum wir lieben. Die romantische Liebe nach dem Verlust der Welt, Frankfurt am Main: Suhrkamp.

Eckardt, Jörg (1993), Gebrauchte Junggesellen. Scheidungserleben und biographische Verläufe, Opladen: Leske + Budrich.

Eco, Umberto (1986), Postmodernismus, Ironie und Vergnügen, in: Ders., Nachschrift zum ›Namen der Rose‹; 78 ff., München: dtv.

Ehmer, Josef (1991), Heiratsverhalten, Sozialstruktur, ökonomischer Wandel, Göttingen: Vandenhoeck & Ruprecht.

Eiguer, Alberto, u. André Ruffiot (1991), Das Paar und die Liebe. Psychoanalytische Paartherapie, Stuttgart: Klett-Cotta.

Einnolf, Uta (1999), Knoblauchsauce geteilt durch zwei. Über einige Aspekte interpersonaler und intrapsychischer Konflikte und Reinszenierungen in familiären Trennungsprozessen, in: Anne-Marie Schlösser u. Kurt Höhfeld (Hg.), Trennungen, 101–123, Gießen: Psychosozial-Verlag.

Ekejiuba, Felicia I. (1995), Down to Fundamentals. Women-centred Hearth-holds in Rural West Africa, in: Deborah Bryceson (Hg.), Women Wielding the Hoe. Lessons from Rural Africa for Feminist Theory and Development Practise, 47–61, Oxford: Berg Publishers.

Elias, Norbert (1976), Über den Prozess der Zivilisation. Soziogenetische und psychogenetische Untersuchungen. Erster Band: Wandlungen des Verhaltens in den weltlichen Oberschichten des Abendlandes, Frankfurt am Main: Suhrkamp.

Elias, Norbert (1999), Die Gesellschaft der Individuen. Hg. von Michael Schröter, 4. Auflage, Frankfurt am Main: Suhrkamp.

Elschenbroich, Donata (1977), Kinder werden nicht geboren. Studien zur Entstehung der Kindheit, Frankfurt am Main: päd.extra buchverlag.

Ewering, Hildegard (1996), Stieffamilie. Schwierigkeiten und Chancen. Münster: LIT Verlag.

Fazekas, Christian, Walter Pieringer, Monika Glawischnig-Goschnik (2004), Bindung und Entwicklung. Zum Verhältnis von Individuum und Kultur, in: Elisabeth List u. Erwin Fiala (Hg.), Grundlagen der Kulturwissenschaften. Interdisziplinäre Kulturstudien, 493–501, Tübingen u. Basel: A. Francke Verlag.

Federn, Paul (1919), Psychologie der Revolution – Die vaterlose Gesellschaft, Leipzig 1919.

Fergusson, D. M., J. Horwood, M. T. Lynskey (1994), Parental Separation, Adolescent Psychopathology and Problem Behaviors, in: *Journal of the American Academy of Child and Adolescent Psychiatry* 33/8, 1122–1133.

Figdor, Helmuth (2000), Scheidungskinder – Wege der Hilfe, 3. Auflage, Gießen: Psychosozial-Verlag.

Figdor, Helmuth (2004), Kinder aus geschiedenen Ehen. Zwischen Trauma und Hoffnung. Wie Kinder und Eltern die Trennung erleben, 8. Auflage, Gießen: Psychosozial-Verlag.

Firestone, Shulamith (1970/2003), The Dialectic of Sex. The Case for Feminist Revolution, New York: Farrar, Straus and Giroux.

Fischer, Ernst (1984), Krise der Jugend (Auszüge), in: Ders., Kultur, Literatur, Politik. Frühe Schriften, hg. von Karl-Markus Gauß,155–194, Frankfurt am Main: Sendler Verlag.

Fischer, Wolfram, (1978) Struktur und Funktion erzählter Lebensgeschichten, in: Martin Kohli (Hg.), Soziologie des Lebenslaufes, 311–336, Darmstadt u. Neuwied: Luchterhand.

Fischer-Kowalski, Marina, Roswitha Fitzka-Puchberger, Julius Mende (Hg.) (1991), Kindergruppenkinder. Selbstorganisierte Alternativen zum Kindergarten, Wien: Verlag für Gesellschaftskritik.

Fischer-Rosenthal, Wolfram (1990), Von der »biographischen Methode« zur Biographieforschung: Versuch einer Standortbestimmung, in: Peter Alheit, Wolfram Fischer-Rosenthal, Erika M. Hoerning, Biographieforschung. Eine Zwischenbilanz in der deutschen Soziologie, 11–32, Universität Bremen.

Fischer-Rosenthal, Wolfram (1999), Biographie und Leiblichkeit. Zur biographischen Arbeit und Artikulation des Körpers, in: Peter Alheit, Bettina Dausien, Wolfram Fischer-Rosenthal, Andreas Hanses, Annelie Keil (Hg.), Biographie und Leib, 15–43, Gießen: Psychosozial-Verlag.

Fivaz-Depeursinge, Elisabeth, u. Antoinette Corboz-Warnery (2001), Das primäre Dreieck. Vater, Mutter und Kind aus entwicklungstheoretischer Sicht, Heidelberg: Carl-Auer-Systeme Verlag.

Fleck, Ludwik (1983), Erfahrung und Tatsache. Gesammelte Aufsätze. Mit einer Einleitung herausgegeben von Lothar Schäfer und Thomas Schnelle, Frankfurt am Main: Suhrkamp.

Flick, Uwe (1995 a), Qualitative Forschung. Theorie, Methoden, Anwendung in Psychologie und Sozialwissenschaften, Reinbek bei Hamburg: Rowohlt.

Flick, Uwe, Ernst von Kardorff, Heiner Keupp, Lutz von Rosenstiel, Stephan Wolff (Hg.) (1995 b), Handbuch empirische Sozialforschung, 2. Auflage, Weinheim: Psychologie Verlags Union.

Foucault, Michel (1983), Der Wille zum Wissen. Sexualität und Wahrheit 1, Frankfurt am Main: Suhrkamp.

Foucault, Michel (1986), Der Gebrauch der Lüste. Sexualität und Wahrheit 2, Frankfurt am Main: Suhrkamp.

Foucault, Michel (1989), Die Sorge um sich. Sexualität und Wahrheit 3, Frankfurt am Main: Suhrkamp.

Foucault, Michel (1991), Die Ordnung des Diskurses. Inauguralvorlesung am Collège de France, 2. Dezember 1970, Frankfurt am Main: Fischer Wissenschaft.

Framo, J. L. (1975), Beweggründe und Techniken der intensiven Familientherapie, in: Ivan Boszormenyi-Nagy u. J. L. Framo (Hg.), Familientherapie I, 169–243, Reinbek: Rowohlt.

Framo, J. L. (1980), Scheidung der Eltern – Zerreißprobe für die Kinder, in: *Familiendynamik* 5, 204–228.

Freud, Sigmund (1938), Die Ichspaltung im Abwehrvorgang, in: Gesammelte Werke XVII, 57–62.

Freud, Sigmund (1952 ff.), Über die allgemeine Erniedrigung des Liebeslebens, in: Gesammelte Werke, chronologisch geordnet, 18 Bände, unter Mitwirkung von Marie Bonaparte, Prinzessin Georg von Griechenland, herausgegeben von Anna Freud, Band 5, London: Imago Publishing.

Freud, Sigmund, Studienausgabe (1982 a) (1969–1979; 1982), Frankfurt am Main: Fischer.

Freud, Sigmund (1982 b), Das Unbehagen in der Kultur, in: Studienausgabe Band IX, 193–270, Frankfurt am Main: Fischer Wissenschaft.

Freud Sigmund (1982 c), Beiträge zur Psychologie des Liebeslebens, in: Studienausgabe Band V, 185–228, Frankfurt am Main: Fischer Wissenschaft.

Frevert, Ute (Hg.) (1988), Bürgerinnen und Bürger. Geschlechterverhältnisse im 19. Jahrhundert, Göttingen: Vandenhoeck & Ruprecht.

Friedl, Ingrid (1988), Stieffamilien. Ein Literaturbericht zu Eigenart, Problemen und Handlungsansätzen, München: DJI Verlag Deutsches Jugendinstitut.

Friedl, Ingrid, u. Regine Maier-Aichen (1991), Leben in Stieffamilien. Familiendynamik und Alltagsbewältigung in neuen Familienkonstellationen, Weinheim u. München: Juventa Verlag.

Fthenakis, Wassilios E. (1985), Väter Band 1: Zur Psychologie der Vater-Kind-Beziehung, Band 2: Zur Vater-Kind-Beziehung in verschiedenen Familienstrukturen, München, Wien, Baltimore 1985: Urban & Schwarzenberg.

Fthenakis, Wassilios E. (1993 a), Fünfzehn Jahre Vaterforschung im Überblick, in: Deutsches Jugendinstitut (Hg.), Was für Kinder. Aufwachsen in Deutschland, 101–105, München: Kösel.

Fthenakis, Wassilios E. (1993 b), Scheidung und Wiederheirat als Übergänge in der Familienentwicklung, Neuwied: Luchterhand.

Fthenakis, Wassilios E. (1994), »Neue Väter?« – einige Anmerkungen zur gegenwärtigen Vaterforschung, in: *Soziologische Revue* 17 (1994), 170–178 (= Sonderheft 2: Familie. Soziologie familialer Lebenswelten, hg. v. Laszlo A. Vaskovics).

Fthenakis, Wassilios E. (1999), Der Vater in der Stieffamilie, in: Ders. u. a., Engagierte Vaterschaft. Die sanfte Revolution in der Familie, 273 ff., Opladen: Leske + Budrich.

Fthenakis, Wassilios E., u. Oberndorfer R. (1993 c), Alleinerziehende Väter – eine zu vernachlässigende Minderheit? In: R. Ries u. K. Fiedler (Hg.), Die verletzlichen Jahre. Ein Handbuch zur Beratung und Seelsorge an Kindern und Jugendlichen, 564–583, München: Chr. Kaiser.

Fuhs, Burkart (2000), Qualitative Interviews mit Kindern. Überlegungen zu einer schwierigen Methode, in: Friederike Heinzel (Hg.), Methoden der Kindheitsforschung. Ein Überblick über Forschungszugänge zur kindlichen Perspektive, 87–104, Weinheim u. München: Juventa.

Furstenberg, Frank F. jr. (1987), Fortsetzungsehen. Ein neues Lebensmuster und seine Folgen, in: *Soziale Welt* 38, 29–39.

Furstenberg, Frank (1990), Die Entstehung des Verhaltensmusters »sukzessive Ehen«, in: Kurt Lüscher, Franz Schultheis, Michael Wehrspaun (Hg.), Die »postmoderne« Familie. Familiale Strategien und Familienpolitik in einer Übergangszeit, 2. Auflage, 73–83, Konstanz: Universitätsverlag Konstanz.

Furstenberg, Frank F. jr., u. K. Talvitie (1979), Children's Names and Paternal Claims. Bonds Between Unmarried Fathers and Their Children, in: *Journal of Family Issues* 1, 31–57.

Furstenberg, Frank F., u. Graham B. Spanier (1984), Recycling the Family. Remarriage after Divorce, Beverly Hills/CA: Sage.

Furstenberg, Frank F., u. Andrew J. Cherlin (1991), Divided Families. What Happens to Children when Parents Part, Cambridge/Mass.: Harvard University Press.

Furstenberg, Frank F., u. Andrew J. Cherlin (1993), Geteilte Familien, Stuttgart: Klett-Cotta.

Gaunt, David (1982), Formen der Altersversorgung in Bauernfamilien Nord- und Mitteleuropas, in: Michael Mitterauer u. Reinhard Sieder (Hg.), Historische Familienforschung, 156–191, Frankfurt am Main: Suhrkamp.

Gay, Peter (1986), Die Erziehung der Sinne. Sexualität im bürgerlichen Zeitalter, München: Beck. (Engl.: Education of the Senses. The Bourgeois Experience. Victoria to Freud, London 1983.)

Gehmacher, Johanna (1992), Antisemitismus und die Krise des Geschlechterverhältnisses, in: *Österreichische Zeitschrift für Geschichtswissenschaften* 3/4, 425–447.

Geißler, Sina-Aline, u. Wolfgang Bergmann (1989), Unsere neue Familie, Dilemma und Chance der Stieffamilie, Freiburg im Breisgau, Basel u. Wien: Beltz.

Gerbel, Christian, Alexander Mejstrik, Reinhard Sieder (2002), Die »Schlurfs«. Verweigerung und Opposition von Wiener Arbeiterjugendlichen im Dritten Reich, in: Emmerich Tálos, Hanisch Ernst, Neugebauer Wolfgang, Sieder Reinhard (Hg.), NS-Herrschaft in Österreich. Ein Handbuch, 523–548, Wien: öbv&hpt.

Gergen, Kenneth J. (1994a), Realities and Relationships. Soundings in Social Construction, Cambridge/Mass.: Harvard University Press.

Gergen, Kenneth J. (1994b), The Saturated Self. Dilemmas of Identity in Contemporary Life, New York, NY: Basic Books.

Gergen, Kenneth J. (1996), Das übersättigte Selbst. Identitätsprobleme im heutigen Leben, Heidelberg: Carl-Auer-Systeme.

Gergen, Kenneth J., u. Gergen Mary (1986), Narrative and the Self as Relationship, in: Borkowitz L. (Hg.), Advances in Experimental Social Psychology, New York: Academic Press.

Gern, Christiane (1992), Geschlechtsrollen. Stabilität oder Wandel? Eine empirische Analyse anhand von Heiratsinseraten, Opladen: Westdeutscher Verlag.

Giddens, Anthony (1993), Wandel der Intimität. Sexualität, Liebe und Erotik in modernen Gesellschaften, Frankfurt am Main: Fischer Taschenbuch Verlag.

Giesecke, Hermann (1992), Die Zweitfamilie. Leben mit Stiefkindern und Stiefvätern, (1987) 2. Auflage, Stuttgart: Klett-Cotta.

Giesecke, Hermann (1997), Wenn Familien wieder heiraten. Neue Beziehungen für Eltern und Kinder, Stuttgart: Klett-Cotta.

Glaser, Barney G. (1965), The Constant Comparative Method of Qualitative Analysis, in: *Social Problems* 12, 436–445.

Glaser, Barney G., u. Anselm L. Strauss (1965), Die Entdeckung gegenstandsbezogener Theorie. Eine Grundstrategie qualitativer Sozialforschung, in: Christel Hopf u. Elmar Weingarten (Hg.), Qualitative Sozialforschung, 91–111, Stuttgart: Klett-Cotta.

Glaser, Barney G., u. Anselm L. Strauss (1967), The Discovery of Grounded Theory. Strategies for Qualitative Research, Chicago: Aldine.

Goffman, Erving (1977), Rahmen-Analyse. Ein Versuch über die Organisation von Alltagserfahrungen, Frankfurt am Main: Suhrkamp.

Goffman, Erving (1981), Geschlecht und Werbung, Frankfurt am Main: Suhrkamp.

Goffman, Erving (1994), Das Arrangement der Geschlechter, in: Ders., Interaktion und Geschlecht, 105–158, Frankfurt am Main: Campus.

Goffman, Erving (2005), Rede-Weisen. Formen der Kommunikation in sozialen Situationen. Herausgegeben von Hubert Knoblauch, Christine Leuenberger und Bernt Schnettler, Konstanz: UVK Verlagsgesellschaft.

Goldberg, Christine (1992), Männer bei der Hausarbeit – Frauen im Beruf. Eine empirische Analyse über die Einstellungen zur Berufstätigkeit der Frau und ihre Auswirkungen auf die Beteiligung in der Hausarbeit, in: *Österreichische Zeitschrift für Soziologie* 17/3, 16–34.

Goldstein, J., Wolfgang Lutz, M. R. Testa (2003), The Emergence of Sub-Replacement Family Size Ideals in Europe. Vienna Institute of Demography, Vienna. (European Demographic Research Papers, 2).

Goody, Jack (1986), Die Entwicklung von Ehe und Familie in Europa, Frankfurt am Main: Suhrkamp.

Goody, Jack (2000), Geschichte der Familie, München: Verlag C. H. Beck.

Graf, Johanna, u. Reiner Frank (2001), Parentifizierung. Die Last, als Kind die eigenen Eltern zu bemuttern, in: Sabine Walper u. Reinhard Pekrun (Hg.), Familie und Entwicklung, Aktuelle Perspektiven der Familienpsychologie, 314–344, Göttingen: Hogrefe.

Grazia, Victoria de (1995), Die italienischen Frauen unter Mussolini, in: George Duby u. Michelle Perrot (Hg.), Geschichte der Frauen, Band 5, hg. von Françoise Thébaud, 20. Jahrhundert, 141–172, Frankfurt am Main, New York u. Paris: Campus Verlag.

Greif, G. L. (1995), Single Fathers with Custody Following Separation and Divorce, in: *Marriage and Family Review* 20/1/2, 213–231.

Greis, Jutta (1991), Drama Liebe. Zur Entstehungsgeschichte der modernen Liebe im Drama des 18. Jahrhunderts, Stuttgart: Metzler.

Gross, Peter, u. Anne Honer (1990), Multiple Elternschaften, in: *Soziale Welt* 41, 97–116.

Grossmann, Konrad Peter (2002), Therapeutische Dialoge mit Paaren. Ein narrativer Ansatz, Wien: Facultas-Universitätsverlag.

Gruber, Hans-Günter (1995), Familie und christliche Ethik, Darmstadt.

Gruber, Hans-Günter (2003), Ehe und Familie im Zeichen der befreienden Liebe Jesu Christi. Theologische Familienleitbilder und ihre ethischen Implikationen, in: Gudrun Cyprian u. Marianne Heimbach-Steins (Hg.), Familienbilder. Interdisziplinäre Sondierungen, 23–38, Opladen: Leske + Budrich.

Grünberg, Kurt (2000), Liebe nach Auschwitz. Die Zweite Generation. Jüdische Nachkommen von Überlebenden der nationalsozialistischen Judenverfolgung in der Bundesrepublik Deutschland und das Erleben ihrer Paarbeziehungen, Tübingen: edition discord.

Grünberger, Stefan (2000), Die Regelung der Mediation im EheRÄG 1999, in: *Österreichische Juristenzeitung*, 50.

Grundmann, Matthias (1992), Familienstruktur und Lebensverlauf. Historische und gesellschaftliche Bedingungen individueller Entwicklung, Frankfurt am Main u. New York: Campus.

Grunebaum, Henry (1997), Thinking About Romantic / Erotic Love, in: *Journal of Marital and Family Therapy* 23/3, 295–307.

Günter, Michael, Reinmar du Bois, Ernst Eichner, Doris Röcker, Renate Boos, Gunther Klosinski, Elisabeth Deberding (1997), Der Vorwurf des sexuellen Missbrauchs im Sorgerechtsstreit, in: Gerd Lehmkuhl u. Ulrike Lehmkuhl (Hg.), Scheidung – Trennung – Kindeswohl. Diagnostische, therapeutische und juristische Aspekte, 166–172, Weinheim: Deutscher Studien Verlag.

Gysi, Jutta (1989) (Hg.), Familienleben in der DDR. Zum Alltag von Familien mit Kindern, Berlin.

Habermas, Jürgen (1981), Theorie des kommunikativen Handelns, 2 Bände, Frankfurt am Main: Suhrkamp.

Habermas, Rebekka (1998), Parent-Child Relationships in the Nineteenth Century, in: *German History* 16, 43–55.

Hahn, Alois (1990), Familie und Selbstthematisierung, in: Kurt Lüscher, Franz Schultheis, Michael Wehrspaun (Hg.), Die »postmoderne« Familie, 2. Auflage, 169–179, Konstanz: Universitätsverlag Konstanz.

Hahn, Alois (2000), Konstruktionen des Selbst, der Welt und der Geschichte. Aufsätze zur Kultur-soziologie, Frankfurt am Main: Suhrkamp.

Halbwachs, Maurice (1925/1985), Das Gedächtnis und seine sozialen Bedingungen, Frankfurt am Main: Suhrkamp.

Haley, Jay (1977), Ansätze zu einer Therapie pathologischer Systeme, in: Paul Watzlawik u. John Weakland, Interaktion, 61–83, Bern: Huber.

Hall, Stuart (1996), Encoding, Decoding, in: Simon During (Hg.), The Cultural Studies Reader, 90–103, London u. New York: Routledge.

Hall, Stuart (1999), Kodieren/Dekodieren, in: Roger Bromley, Udo Göttlich, Carsten Winter (Hg.), Cultural Studies. Grundlagentexte zur Einführung, 92–110, Lüneburg: zu Klampen.

Hanson, S. H., u. F. W. Bozett (1985) (Hg.), Dimensions of Fatherhood, Beverly Hills/CA: Sage.

Haraway, Donna J. (1991), Simians, Cyborgs, and Women. The Reinvention of Nature, London: Free Association Books Ltd.

Hardesty, Jennifer L. (2002), Separation Aussault in the Context of Postdivorce Parenting. An Integrative Review of the Literature, in: *Violence Against Women* 8, 593–621.

Hardesty, Jennifer L., u. Grace H. Chung (2006), Intimate Partner Violence, Parental Divorce, and Child Custody: Directions for Intervention and Future Research, in: *Family Relations* 55, 200–210.

Hareven, Tamara K. (1982), Family Time and Industrial Time, New York: Cambridge University Press.

Harmat, Ulrike (1999), Ehe auf Widerruf? Der Konflikt um das Eherecht in Österreich 1918–1938, Frankfurt am Main: Vittorio Klostermann.

Hassebrauck, Manfred, u. Beate Küpper (2002), Warum wir aufeinander fliegen. Die Gesetze der Partnerwahl, Reinbek: Rowohlt.

Haupt, Heinz-Gerhard, u. Geoffrey Crossick (1998), Die Kleinbürger. Eine europäische Sozial-geschichte des 19. Jahrhunderts, München: Beck Verlag.

Hausen Karin (1976), Die Polarisierung der »Geschlechtscharaktere« – Eine Spiegelung der Disso-ziation von Erwerbs- und Familienleben, in: Werner Conze (Hg.), Sozialgeschichte der Familie in der Neuzeit Europas, 363–393, Stuttgart: Ernst Klett Verlag.

Hausen, Karin (2006), Die Ehe in Angebot und Nachfrage. Heiratsanzeigen historisch durchmustert, in: Ingrid Bauer, Christa Hämmerle, Gabriella Hauch (Hg.), Liebe und Widerstand. Ambiva-lenzen historischer Geschlechterbeziehungen, 428–448, Wien, Köln u. Weimar: Böhlau Verlag

Hawkins, Alan J., u. David C. Dollahite (1997) (Hg.), Generative Fathering. Beyond Deficit Perspec-tives, Thousand Oaks, London, New Delhi: Sage.

Hays, S. (1996), The Cultural Contradictions of Motherhood, New Haven/CT: Yale University Press.

Heekerens, Hans-Peter (1988), Die zweite Ehe. Wiederheirat nach Scheidung und Verwitwung, Weinheim: Deutscher Studien Verlag.

Heiliger, Anita (1993), Alleinerziehen als Befreiung. Mutter-Kind-Familien als positive Sozialisa-tionsform und als gesellschaftliche Chance, 2. Auflage, Pfaffenweiler.

Heiliger, Anita (1994), Alleinerziehen als emanzipatorische Chance für Frauen, in: Ruth Simsa (Hg.), Kein Herr im Haus. Alleinerziehen – Eine Auseinandersetzung, 43–63, Frankfurt am Main: Fischer.

Herlth, Alois (1990), Was macht Familien verletzlich? Bedingungen der Problemverarbeitung in familialen Systemen, in: Martin Lüscher, Franz Schultheis, Michael Wehrspaun (Hg.), Die »post-moderne« Familie. Familiale Strategien und Familienpolitik in einer Übergangszeit, 312–326, 2. Auflage, Konstanz: Universitätsverlag Konstanz.

Herlth, Alois (2002), Ressourcen der Vaterrolle. Familiale Bedingungen der Vater-Kind-Beziehung, in: Heinz Walter (Hg.), Männer als Väter. Sozialwissenschaftliche Theorie und Empirie, 585–608, Gießen: Psychosozial-Verlag.

Herlth, Alois, Ewald J. Brunner, Hartmann Tyrell, Jürgen Kriz (Hg.) (1994), Abschied von der Normalfamilie? Partnerschaft kontra Elternschaft, Berlin: Springer.

Herlth, Alois, A. Engelbert, Jürgen Mansel, Ch. Palentien (Hg.) (2000), Spannungsfeld Familienkindheiten. Neue Anforderungen, Risiken und Chancen, Opladen: Leske + Budrich.

Herzer, Manfred (1998), Ehescheidung als sozialer Prozess, Opladen: Westdeutscher Verlag.

Hetherington, E. Mavis (1993), An Overview of the Virginia Longitudinal Study of Divorce and Remarriage. A Focus on Early Adolescence, in: *Journal of Family Psychology* 7, 39–56.

Hetherington, E. Mavis (1999), Coping with Divorce, Single Parenting, and Remarriage: A Risk and Resiliency Perspective, Hillsdale/NJ: Erlbaum.

Hetherington, E. Mavis, M. Cox u. R. Cox (1982), Effects of Divorce on Parents and Children, in: M. E. Lamb (Hg.), Nontraditional Families. Parenting and Child Development, 233–288, New York: Erlenbaum.

Hetherington, E. Mavis, u. Josephine D. Arasteh (1988), Impact of Divorce, Single Parenting, and Stepparenting on Children, Hillsdale/NJ: Erlbaum.

Hetherington, E. Mavis, u. John Kelly (2002/2003), For Better or For Worse. Divorce Reconsidered, New York u. London: W. W. Norton & Company. Deutsch: Scheidung. Die Perspektiven der Kinder. Aus dem Amerikanischen von Andreas Nohl, Weinheim, Basel, Berlin: Beltz Verlag.

Hettlage, Robert (1992), Familienreport. Eine Lebensform im Umbruch, München: Beck, bes. 185 ff.

Hildenbrand, Bruno (1995), Fallrekonstruktive Forschung, in: Uwe Flick u. a. (Hg.), Handbuch Qualitative Sozialforschung. Grundlagen, Konzepte, Methoden und Anwendungen, 2. Auflage, 256–260, Weinheim: Psychologie Verlags Union.

Hildenbrand, Bruno, u. Walter Jahn (1988), »Gemeinsames Erzählen« und Prozesse der Wirklichkeitskonstruktion in familiengeschichtlichen Gesprächen, in: *Zeitschrift für Soziologie* 17, 203–217.

Hirsch, Mathias (1999), Die Wirkung schwerer Verluste auf die zweite Generation am Beispiel des Überlebendenschuldgefühls und des »Ersatzkindes«, in: Anne-Marie Schlösser u. Kurt Höhfeld (Hg.), Trennungen, 125–136, Gießen: Psychosozial-Verlag.

Hochschild, Ari R. (1997), The Time Bind. When Work Becomes Home, and Home Becomes Work, New York: Metropolitan Books.

Hochschild, Ari R., u. A. Machung (1989), The Second Shift. Working Parents and the Revolution at Home, New York: Viking.

Hoffmann-Riem, Christa (1989), Elternschaft ohne Verwandtschaft: Adoption, Stiefbeziehung und heterologe Insemination, in: Rosemarie Nave-Herz u. Manfred Markefka (Hg.), Handbuch der Familien- und Jugendforschung Band 1: Familienforschung, 389–411, Neuwied u. Frankfurt am Main: Luchterhand.

Hoffmeister, Dieter (2001), Mythos Familie. Zur soziologischen Theorie familialen Wandels, Opladen: Leske + Budrich.

Höllinger, Franz (1992), Verfall der christlich-bürgerlichen Ehemoral. Einstellungen zu Ehe und Scheidung im interkulturellen Vergleich, in: *Zeitschrift für Familienforschung* 1, 197–220.

Holstein, J. A., u. J. F. Gubrium (1994), Constructing Family. Descriptive Practice and Domestic Order, in: T. R. Sarbin u. J. I. Kitsuse (Hg.), Constructing the Social, 232–249, London: Sage.

Holzhey-Kunz, Alice (2005), Kann und soll die Liebe in den Fokus zweckrational konzipierter Paartherapie rücken? In: Jürg Willi u. Bernhard Limacher (Hg.), Wenn die Liebe schwindet. Möglichkeiten und Grenzen der Paartherapie, 99–115, Stuttgart: Klett-Cotta.

Hondrich, Karl Otto (1996), Lassen sich soziale Beziehungen modernisieren? Die Zukunft von Herkunftsbindungen, in: *Leviathan* 24, 28–44.

Hondrich, Karl Otto (1997), Wie werden wir die sozialen Zwänge wieder los? Zur Dialektik von Kollektivisierung und Individualisierung (am Beispiel der Paarbeziehung), in: *Merkur* 51, 283–292.

Hondrich, Karl Otto (2004), Liebe in den Zeiten der Weltgesellschaft, Frankfurt am Main: Suhrkamp.

Honegger, Claudia (1991), Die Ordnung der Geschlechter. Die Wissenschaften vom Menschen und das Weib, Frankfurt am Main u. New York: Campus.

Honig, Michael-Sebastian, Andreas Lange u. Hans-Rudolf Leu (Hg.) (1999), Aus der Perspektive von Kindern? Zur Methodologie der Kindheitsforschung, Weinheim u. München: Juventa.

Honneth, Axel (1994), Aspekte der Individualisierung, in: Ders., Desintegration. Bruchstücke einer soziologischen Zeitdiagnose, 20–28, Frankfurt am Main: Fischer.

Hopf, Gerhard (2000), Eherechts-Änderungsgesetz 1999 im Überblick, in: Susanne Ferrari u. Gerhard Hopf (Hg.), Eherechtsreform in Österreich, 1–35, Wien: Manz.

Hopf, Gerhard (2001), Die Rechtsstellung des Elternteils, bei dem sich das Kind nicht hauptsächlich aufhält, nach dem KindRÄG 2001, in: Susanne Ferrari u. Gerhard Hopf, Reform des Kindschaftsrechts, 69–85, Wien: Manz.

Höpflinger, François (1987), Wandel der Familienbildung in Westeuropa, Frankfurt am Main: Campus.

Hopper, Joseph (1993 a), Oppositional Identities and Rhetoric in Divorce, in: *Qualitative Sociology* 16, 133–156.

Hopper, Joseph (1993 b), The Rhetoric of Motives in Divorce, in: *Journal of Marriage and Family* 55, 801–813.

Hopper, Joseph (2001), The Symbolic Origins of Conflict in Divorce, in: *Journal of Marriage and Family* 63/2, 430–445.

Houllebecq, Michel (2000), Ausweitung der Kampfzone, Reinbek bei Hamburg: Rowohlt.

Hradil, Stefan (1995), Die »Single-Gesellschaft«, München: Beck.

Huinink, Johannes (1995), Warum noch Familie? Zur Attraktivität von Partnerschaft und Elternschaft in unserer Gesellschaft, Frankfurt am Main: Campus.

Humboldt, Wilhelm von (1960), Theorie der Bildung, in: Werke Band 1, 234–240, 2. Auflage, Darmstadt.

Hurrelmann, Klaus, u. Heidrun Bründel (1999), Konkurrenz, Karriere, Kollaps. Männerforschung und der Abschied vom Mythos Mann, Stuttgart u. a.: Kohlhammer.

Huyssen, Andreas (1995), Twilight Memories. Marking Time in a Culture of Amnesia, New York u. London: Routledge.

Illouz, Eva (2003), Der Konsum der Romantik. Liebe und die kulturellen Widersprüche des Kapitalismus, Frankfurt am Main: Campus.

Imber-Black, Evan, u.a. (1993), Rituale in Familie und Familientherapie, Heidelberg: Auer Verlag.

Imber-Black, Evan (Hg.) (1995), Geheimnisse und Tabus in Familie und Familientherapie, Freiburg im Breisgau: Lambertus.

Imber-Black, Evan (1999), Die Macht des Schweigens. Geheimnisse in der Familie, Stuttgart: Klett-Cotta.

Iványi, Nathalie, u. Jo Reichertz (2002), Liebe (wie) im Fernsehen. Eine wissenssoziologische Analyse, Opladen: Leske + Budrich.

Jaeggi, Eva (1999), Liebesglück – Beziehungsarbeit. Warum das Lieben heute schwierig ist, Reinbek bei Hamburg: Rowohlt Taschenbuch Verlag.

Kallenbach, K. (1996), Zur Vater-Kind-Beziehung heute. Bestandsaufnahme und Literaturüberblick, in: *Psychosozial* 19/4, 77–98.

Kaslow, Florence W. (2001), Spaltung: Familie in Scheidung, in: Sabine Walper u. Reinhard Perkun (Hg.), Familie und Entwicklung. Aktuelle Perspektiven der Familienpsychologie, 444–473, Göttingen: Hogrefe.

Kaufmann, Franz-Xaver (1994), Lässt sich Familie als gesellschaftliches Teilsystem begreifen? In: Alois Herlth, Ewald J. Brunner, Hartmann Tyrell, Jürgen Kriz (Hg.), Abschied von der Normalfamilie? Partnerschaft kontra Elternschaft, 42–63, Berlin: Springer.

Kaufmann, Franz-Xaver (1995), Zukunft der Familie im vereinten Deutschland. Gesellschaftliche und politische Bedingungen, 42–63, München: C. H. Beck.

Kaufmann, Jean Claude (1994), Schmutzige Wäsche. Zur ehelichen Konstruktion von Alltag. Konstanz: Universitätsverlag.

Kaupp, Peter (1968), Das Heiratsinserat im sozialen Wandel. Ein Beitrag zur Soziologie der Partnerwahl, Stuttgart: Enke.

Kayongo-Male, Diane, u. Philista Inyango (1991), The Sociology of the African Family, 3. Auflage, London u. New York: Longman Group Ltd.

Kayser, Karen (1990), When Love Dies. The Process of Marital Dissatisfaction, New York: Guilford.

Kernberg, Otto F. (1995), Love Relations. Normality and Pathology, New Haven u. London: Yale University Press. Deutsch: Liebesbeziehungen. Normalität und Pathologie, Stuttgart 1998: Klett-Cotta.

Kersting, Jens, u. Ina Grau (2003), Paarkonflikt und Trennung, in: Ina Grau u. Hans-Werner Bierhoff (Hg.), Sozialpsychologie der Partnerschaft, 430–456, Berlin u. a.: Springer.

Kipnis, Laura (2004), Liebe. Eine Abrechnung, Frankfurt am Main: Campus Verlag.

Klapisch-Zuber, Christiane (1989), Die Frau und die Familie, in: Jacques Le Goff (Hg.), Der Mensch des Mittelalters, 312–339, Frankfurt am Main: Campus.

Klees, Karin (1992), Partnerschaftliche Familien. Arbeitsteilung, Macht und Sexualität in Paarbeziehungen, Weinheim u. München: Juventa.

Klein, Gabriele (2005), Das Theater des Körpers. Zur Performanz des Körperlichen, in: Markus Schroer (Hg.), Soziologie des Körpers, 73–91, Frankfurt am Main: Suhrkamp.

Klein, Thomas (Hg.) (2001), Partnerwahl und Heiratsmuster. Sozialstrukturelle Voraussetzungen der Liebe, Opladen: Leske + Budrich.

Klotter, Christoph (Hg.) (1999), Liebesvorstellungen im 20. Jahrhundert. Die Individualisierung der Liebe, Gießen: Psychosozial-Verlag.

Kluckhohn, Paul (1966), Die Auffassung von Liebe in der Literatur des 18. Jahrhunderts und in der deutschen Romantik, Tübingen: Niemeyer.

Kocka, Jürgen (Hg.), Bürgertum im 19. Jahrhundert, 3 Bände, München 1988: Beck.

Koebner Thomas, Rolf-Peter Janz u. Frank Trommler (Hg.) (1985), »Mit uns zieht die neue Zeit«. Der Mythos Jugend, Frankfurt am Main: Suhrkamp.

Kohaus-Jellouschek, Margret, u. Hans Jellouschek (1988), Stieffamilien. Struktur, Entwicklung, Therapie, in: Klaus Menne u. Knud Alter (Hg.), Familie in der Krise. Sozialer Wandel, Familie und Erziehungsberatung, Weinheim u. München: Juventa.

Kohl, Karl-Heinz (2001), Gelenkte Gefühle. Vorschriftsheirat, romantische Liebe und Determinanten der Partnerwahl, in: Heinrich Meier u. Gerhard Neumann (Hg.), Über die Liebe. Ein Symposion, 113–138, München: Piper.

Köhler, Oskar (1985), Artikel »Bürger, Bürgertum« in: Staatslexikon, Band 1, Spalten 1040 ff., Freiburg im Breisgau.

Köhler, Ute (1987), Du bist gar nicht meine Mutter. Stiefmütter erzählen, München: Droemer.

König, Oliver (1997), Geben und Nehmen. Soziologische Anmerkungen zu einem psychotherapeutischen Konzept, in: *Familiendynamik* 22, 200–223.

König, Oliver (1998), Macht in Gruppen. Gruppendynamische Prozesse und Interventionen, München: Pfeiffer.

König, René (1946), Materialien zur Soziologie der Familie, Bern.

Kornbichler, Thomas (Hg.) (1995), Variationen der Liebe. Historische Psychologie der Geschlechterbeziehung, Tübingen: Edition Diskord.

Koschorke, Albrecht (2001), Die Heilige Familie und ihre Folgen. Ein Versuch. 3. Auflage, Frankfurt am Main: Fischer Taschenbuch Verlag.

Kotlan-Werner, Henriette (1982), Otto Felix Kanitz und der Schönbrunner Kreis. Die Arbeitsgemeinschaft sozialistischer Erzieher 1923–1934 (= Ludwig Boltzmann Institut für Geschichte der Arbeiterbewegung. Materialien zur Arbeiterbewegung Nr. 21), Wien: Europaverlag.

Krähenbühl, Verena, Hans Jellouschek, Margret Kohaus-Jellouschek, Roland Weber (1984), Stieffamilien. Struktur, Entwicklung, Therapie, in: *Familiendynamik* 9/1, 2–18.

Krähenbühl Verena, Hans Jellouschek, Margret Kohaus-Jellouschek, Roland Weber (1986), Stieffamilien. Struktur – Entwicklung – Therapie, Freiburg im Breisgau: Lambertus; 5. Auflage 2001.

Krähenbühl, Verena, Anneliese Schramm-Geiger u. Jutta Brandes-Kessel (2000), Meine Kinder, deine Kinder, unsere Familie. Wie Stieffamilien zusammenfinden, Reinbek bei Hamburg: Rowohlt.

Krais, Beate, u. Gunter Gebauer (2002), Habitus, Bielefeld: transcript Verlag.

Krappmann, Lothar (1990), Über die Verschiedenheit der Familien alleinerziehender Eltern – Ansätze zu einer Typologie, in: Martin Lüscher, Franz Schultheis, Michael Wehrspaun (Hg.), Die »postmoderne« Familie, 131–142, 2. Auflage, Konstanz: Universitätsverlag Konstanz.

Kraus, Otto (Hg.) (1993), Die Scheidungswaisen. Verpflichtung, Recht und Chancen im Spannungsfeld divergierender Interessen, Göttingen: Vandenhoek & Ruprecht.

Kreppner, Kurt, u. Manuela Ullrich (1999), Ablöseprozesse in Trennungs- und Nicht-Trennungsfamilien: Eine Betrachtung von Kommunikationsverhalten in Familien mit Kindern im frühen bis mittleren Jugendalter, in: Sabine Walper u. Beate Schwarz (Hg.), Was wird aus den Kindern? Chancen und Risiken für die Entwicklung von Kindern aus Trennungs- und Stieffamilien, 91–120, Weinheim u. München: Juventa Verlag.

Kriedtke, Peter, Hans Medick, Jürgen Schlumbohm (1977), Industrialisierung vor der Industrialisierung. Gewerbliche Warenproduktion auf dem Land in der Formationsperiode des Kapitalismus, Göttingen: Vandenhoeck & Ruprecht.

Kristeva, Julia (1987), In Beginning was Love, New York: Columbia University Press.

Kristeva, Julia (1989), Geschichten von der Liebe, Frankfurt am Main: Suhrkamp.

Kristeva, Julia (2001), La revuelta íntima, Buenos Aires: Eudeba.

Kriz, Jürgen (1997), Systemtheorie. Eine Einführung für Psychotherapeuten, Psychologen und Mediziner, Wien: Facultas.

Kudera, Werner (2002), Neue Väter, neue Mütter – neue Arrangements der Lebensführung, in: Heinz Walter (Hg.), Männer als Väter. Sozialwissenschaftliche Theorie und Empirie, 145–185, Gießen: Psychosozial-Verlag.

Künzler, Jan (1994), Familiale Arbeitsteilung. Die Beteiligung von Männern an der Hausarbeit, Bielefeld: Kleine.

Kurdek, Lawrence A. (1994), Remarriages and Stepfamilies Are Not Inherently Problematic, in: Alan Booth u. Judy Dunn (Hg.), Stepfamilies. Who Benefits? Who Does Not? 37–44, Hillsdale, NJ: Erlbaum.

Küsters, Urban (1994), Die Liebe und der zweite Blick. Wahrnehmungshaltungen in höfischen Liebesbegegnungen, in: Helmut Brall u. a. (Hg.), Personenbeziehungen in der mittelalterlichen Literatur, 271–320, Düsseldorf: Droste.

Lacan, Jacques (1994), Die Familie (franz. Original 1938), in: Ders., Schriften III, 3. korrigierte Auflage, 39–100, Weinheim u. Berlin: Quadriga Verlag.

Lacan, Jacques (2003), Das Seminar von Jacques Lacan. Buch IV. Die Objektbeziehung 1956–1957. Text eingerichtet durch Jacques-Alain Miller. Aus dem Französischen von Hans-Dieter Gondek, Wien: turia+kant.

Laing, Ronald D. (1979), Die Politik der Familie, Reinbek bei Hamburg: Rowohlt.

Lamb, Michael (1997), The Role of the Father in Child Development, 3. Auflage, New York: John Wiley & Sons.

Langner, Vera M. (1996), Die etwas andere Familie. Über das Zusammenleben von Stiefeltern und Stiefkindern, München: Goldmann Verlag.

Laplanche, J. U., u. J.-B. Pontalis (1972), Das Vokabular der Psychoanalyse, 2 Bände, Frankfurt am Main: Suhrkamp.

Largo, Remo H., u. Monika Czernin (2003), Glückliche Scheidungskinder. Trennungen und wie Kinder damit fertig werden, München: Piper.

Laslett, Peter, u. Richard Wall (Hg.), Household and Family in Past Time, Cambridge: Cambridge University Press.

Lassnigg, Lorenz (1996), Bildungsreform gescheitert … Gegenreform? 50 Jahre Schul- und Hochschulpolitik in Österreich, in: Reinhard Sieder, Heinz Steinert, Emmerich Tálos (Hg.), Österreich 1945–1995. Gesellschaft. Politik. Kultur, 458–484, 2. Auflage, Wien: Verlag für Gesellschaftskritik.

Lehmkuhl, Gerd, u. Ulrike Lehmkuhl (Hg.) (1997), Scheidung – Trennung – Kindeswohl. Diagnostische, therapeutische und juristische Aspekte, München: Beltz. Deutscher Studienverlag.

Lehmkuhl, Ulrike (1988), Wie erleben Kinder und Jugendliche und deren Eltern die akute Trennungsphase? in: *Familiendynamik* 13, 127–142.

Lehmkuhl, Ulrike (1991), Erfahrungen von Kindern und Jugendlichen im Rahmen der Trennung – Empirische Daten, in: *Zeitschrift für Familienforschung* 3/2, 5–13.

Lehmkuhl, Ulrike, u. Michael Huss (1997), Psychische Folgen von Trennung und Scheidung bei Kindern und Jugendlichen, in: Gerd Lehmkuhl u. Ulrike Lehmkuhl (Hg.), Scheidung – Trennung – Kindeswohl. Diagnostische, therapeutische und juristische Aspekte, 26–33, Weinheim: Deutscher Studienverlag.

Lempp, Reinhart (1997), Die Position des Gutachters im familienrechtlichen Verfahren, in: Gerd Lehmkuhl u. Ulrike Lehmkuhl (Hg.), Scheidung – Trennung – Kindeswohl. Diagnostische, therapeutische und juristische Aspekte, 156–165, Weinheim: Deutscher Studien Verlag.

Lenz, Karl (1998), Romantische Liebe – Ende eines Beziehungsideals? In: Günter Burkart u. Cornelia Hahn (Hg.), Liebe am Ende des 20. Jahrhunderts. Studien zur Soziologie intimer Beziehungen, 65–85, Opaden: Leske + Budrich.

Lenz, Karl (2003), Soziologie der Zweierbeziehung. Eine Einführung, Wiesbaden: Westdeutscher Verlag.

Lenzen, Dieter (1989), Vater, in: Ders. (Hg.), Pädagogische Grundbegriffe, Band 2, Reinbek bei Hamburg: Rowohlt.

Lenzen, Dieter (1991), Vaterschaft. Vom Patriarchat zur Alimentation, Reinbek bei Hamburg: Rowohlt.

Leon, Kim, u. Angst Erin (2005), Portrayals of Stepfamilies in Film: Using Media Images in Remarriage Education, in: *Family Relations. Interdisciplinary Journal of Applied Family Studies* 54/1: January 2005, 3–23.

Lermer, Stephan, u. Hans Christian Meister (1994), Lebensabschnittspartner. Die neue Form der Zweisamkeit, Frankfurt am Main: Fischer.

Leupold, Andrea (1983), Liebe und Partnerschaft. Formen der Codierung von Ehen, in: *Zeitschrift für Soziologie* 12, 297–327.

Levold, Tom (1997), Problemsystem und Problembesitz. Die Diskurse sexueller Gewalt und die institutionelle Praxis des Kinderschutzes. Teil I, in: *System Familie* 10, 21–30.

Levold, Tom (2001), Macht und Machtspiele aus systemischer Sicht, in: *Systeme. Interdisziplinäre Zeitschrift für systemtheoretisch orientierte Forschung und Praxis in den Humanwissenschaften* 15/2, 111–119.

Levold, Tom, Erhard Wedekind, Hans Georgi (1990), Familienorientierte Behandlungsstrategien bei Inzest, in: *System Familie*, H. 3, 74–87.

Levold, Tom, Erhard Wedekind, Hans Georgi (1993), Gewalt in Familien. Systemdynamik und therapeutische Perspektiven, in: *Familiendynamik* 18/3, 287–311.

Ley, Katharina, u. Christine Bohrer (1992), Und sie paaren sich wieder. Über Fortsetzungsfamilien, Tübingen: edition diskord.

Limbach, Jutta (1988), Die Rolle des Vaters im Wandel des Rechts, in: *Zeitschrift für Sozialisationsforschung und Erziehungssoziologie* 8, 298–308.

Lindemann, Gesa (1994), Die Konstruktion der Wirklichkeit und die Wirklichkeit der Konstruktion, in: Theresa Wobbe u. Gesa Lindemann (Hg.), Denkachsen. Zur theoretischen und institutionellen Rede vom Geschlecht, 115–146, Frankfurt am Main: Suhrkamp.

Lindemann, Gesa (1995), Geschlecht und Gestalt. Der Körper als konventionelles Zeichen der Geschlechterdifferenz, in: Gertrud Koch (Hg.), Auge und Affekt. Wahrnehmung und Interaktion, 75–92, Frankfurt am Main: Fischer.

Lindemann, Gesa (1999), Bewußtsein, Leib und Biographie. Biographische Kommunikation und die Verkörperung doppelter Kontingenz, in: Peter Alheit, Bettina Dausien, Wolfram Fischer-Rosenthal, Andreas Hanses, Annelie Keil (Hg.), Biographie und Leib, 44–72, Gießen: Psychosozial-Verlag.

Linse, Ulrich (1985), »Geschlechtsnot der Jugend«. Über Jugendbewegung und Sexualität, in: Thomas Koebner u. a. (Hg.), »Mit uns zieht die neue Zeit.« Der Mythos Jugend, 245–309, Frankfurt am Main: Suhrkamp.

Lipp, Carola (1988), Enge Verhältnisse – Liebe im Proletariat, in: Eva Pampuch u. Max Zihlmann (Hg.), Gesammelte Liebe. Ein Lesebuch, 152–171, München: Piper.

Litton, Fox Greer, u. Velma McBride Murry (2000), Gender and Families: Feminist Perspectives and Family Research, in: *Journal of Marriage and the Family* 62/ 4, 1160–1172.

Löffler, Jutta, u. Norbert Herriger (1989), Das schwierige neue Glück. Zur Lebensorganisation von Stieffamilien, in: *Soziale Arbeit* 3.

Lueger, Manfred (2000) Grundlagen qualitativer Feldforschung. Methodologie, Organisierung, Materialanalyse, Wien: WUV.

Luhmann, Niklas (1982), Liebe als Passion, Frankfurt am Main: Suhrkamp.

Luhmann, Niklas (1990), Sozialsystem Familie, in: Ders., Soziologische Aufklärung, Band 5, 196–217, Opladen: Westdeutscher Verlag. Auch in: (1988), *System Familie – Forschung und Therapie* 2, 68–85.

Luhmann, Niklas (1995), Was ist Kommunikation, in: Ders., Soziologische Aufklärung, Band 6, 113–124, Opladen: Westdeutscher Verlag.

Luhmann, Niklas (1997) Die Gesellschaft der Gesellschaft, 2 Bände, Frankfurt am Main: Suhrkamp.

Luhmann, Niklas (1997), Selbstreferentielle Systeme, in: Fritz B. Simon (Hg.), Lebende Systeme. Wirklichkeitskonstruktionen in der systemischen Therapie, 69–77, Frankfurt am Main: Suhrkamp.

Luhmann, Niklas (1999), Soziale Systeme. Grundriß einer allgemeinen Theorie, 7. Auflage, Frankfurt am Main: Suhrkamp.

Lüscher, Kurt, Franz Schultheis, Michael Wehrspaun (Hg.) (1990), Die »postmoderne« Familie. Familiale Strategien und Familienpolitik in einer Übergangszeit, 2. unveränderte Auflage, Konstanz: Universitätsverlag Konstanz.

Lüscher, Kurt, Franz Schultheis (Hg.) (1995), Generationenbeziehungen in »postmodernen« Gesellschaften, 2. Auflage, Konstanz 1995: Universitätsverlag Konstanz.

Lutterbach, Hubertus (2003), »Heilige Familie« – Religions- und Sozialbild ultramontanen Lebens, in: Gudrun Cyprian u. Marianne Heimbach-Steins (Hg.), Familienbilder. Interdisziplinäre Sondierungen, 39–57, Opladen: Leske + Budrich.

Macfarlane, Alan (1986), Marriage and Love in England. Modes of Reproduction 1300–1840, Oxford: Blackwell.

Mahlmann, Regina (1991), Psychologisierung des »Alltagsbewußtseins«. Die Verwissenschaftlichung des Diskurses über Ehe, Opladen: Westdeutscher Verlag.

Mahlmann, Regina (2003), Was verstehst du unter Liebe? Ideale und Konflikte von der Frühromantik bis heute, Darmstadt: Primus-Verlag.

Maier-Aichen, Regine, u. Ingrid Friedl (1992), Stiefväter. Umgang mit sozialer Elternschaft, in: *Familiendynamik* 4, 164–179.

Maltzahn, Birgit von (1994), Die Chancen der offenen Familie: Stiefeltern und Stiefkinder, München u.a.: Piper.

Marcuse, Herbert (1979), Triebstruktur und Gesellschaft. Ein philosophischer Beitrag zu Sigmund Freud. Übersetzt von Marianne von Eckhardt-Jaffe, Frankfurt am Main: Suhrkamp.

Markowitsch, Hans J. (2002), Autobiographisches Gedächtnis aus neurowissenschaftlicher Sicht, in: *BIOS. Zeitschrift für Biographieforschung, Oral History und Lebensverlaufsanalysen* 15/2, 187–201.

Markowitsch, Hans J., u. Harald Welzer (2005), Das autobiographische Gedächtnissystem. Hirnorganische Grundlagen und biosoziale Entwicklung, Stuttgart: Klett-Cotta.

Marsiglio, William (Hg.) (1995), Fatherhood. Contemporary Theory, Research, and Social Policy. Thousand Oaks /CA: Sage.

Marsiglio, William (2004a), When Stepfathers Claim Stepchildren: A Conceptual Analysis, in: *Journal of Marriage and Family* 66/1, 22–39.

Marsiglio, William (2004b), Stepdads. Stories of Love, Hope, and Repair. Boulder /CO: Rowman & Littlefield.

Marsiglio, William, Day Amato, D. Randal, Michael E. Lamb (2000), Scholarship on Fatherhood in the 1990s and Beyond, in: *Journal of Marriage and Family* 62/4, 1173–1191.

Maturana, Humberto (1982), Erkennen. Die Organisation und Verkörperung von Wirklichkeit, Braunschweig: Vierweg.

Maturana, Humberto, u. Francisco Varela (1987), Der Baum der Erkenntnis, Bern, München, Wien: Scherz.

Matzner, Michael (1998), Vaterschaft heute. Klischees und soziale Wirklichkeit, Frankfurt am Main: Campus.

Matzner, Michael (2002), Alleinerziehende Väter, in: Heinz Walter (Hg.), Männer als Väter. Sozialwissenschaftliche Theorie und Empirie, 187–218, Gießen: Psychosozial Verlag.

Matzner, Michael (2004), Vaterschaft aus der Sicht von Vätern, Wiesbaden: VS Verlag für Sozialwissenschaften.

Mause, Lloyd de (1982), Hört ihr die Kinder weinen? Frankfurt am Main: Suhrkamp.

Maywald, Jörg (2001), Zwischen Trauma und Chance. Trennung von Kindern im Familienkonflikt, 2. Auflage, Freiburg im Breisgau: Lambertus.

McGoldrick, Monica, u. Betty Carter (1989), Forming a Remarried Family, in: Dies. (Hg.), The Changing Family Life Cycle. A Framework for Family Therapy, Second Edition, Needham Heights, MA: Allyn and Bacon, 399–429.

Mead George, H. (1934/1993), Geist, Identität und Gesellschaft aus der Sicht des Sozialbehaviorismus. Mit einer Einleitung herausgegeben von Charles W. Morris, 9. Auflage Frankfurt am Main. Suhrkamp.

Meier, Heinrich, u. Gerhard Neumann (Hg.) (2005), Über die Liebe. Ein Symposion, München: Piper.

Mejstrik, Alexander (2006), Welchen Raum braucht Geschichte? Vorstellungen von Räumlichkeit in den Geschichts-, Sozial- und Kulturwissenschaften, in: Reinhard Sieder (Hg.), Die Räume der Geschichte. *Österreichische Zeitschrift für Geschichtswissenschaften* 17/1, 9–64.

Menne, W. Ferdinand (1971), Kirchliche Sexalethik gegen gesellschaftliche Realität. Zu einer soziologischen Anthropologie menschlicher Fruchtbarkeit, München: Kaiser Grünewald.

Merleau-Ponty, Maurice (1966), Phänomenologie der Wahrnehmung, Berlin: de Gruyter.

Métral, Marie O. (1981), Die Ehe. Analyse einer Institution, Frankfurt am Main: Suhrkamp.

Meulders-Klein, Marie-Thérèse, u. Irène Théry (Hg.) (1998), Fortsetzungsfamilien. Neue familiale Lebensformen in pluridisziplinärer Betrachtung, Konstanz: UVK.

Meyer, Sibylle, u. Eva Schulze (1988), Lebens- und Wohnformen Alleinstehender. Literaturstudie und Bibliographie, Wiesbaden: Bundesinstitut für Bevölkerungsforschung.

Meyer, Sibylle, u. Eva Schulze (1989), Balancen des Glücks. Neue Lebensformen: Paare ohne Trauschein. Alleinerziehende und Singles, München: Beck.

Millhahn, Ulrike (1993), Vor der Schwierigkeit, eine gute Stiefmutter zu sein, Frankfurt am Main: Fischer Taschenbuch Verlag.

Milhoffer, Petra (1973), Familie und Klasse. Ein Beitrag zu den politischen Konsequenzen familialer Sozialisation, Frankfurt am Main: Fischer.

Minuchin, Salvador (1987), Familie und Familientherapie. Theorie und Praxis struktureller Familientherapie, Freiburg im Breisgau: Lambertus.

Minuchin, Salvador, Bernice L. Rosman, Lester Baker (1981), Psychosomatische Krankheiten in der Familie, Stuttgart: Klett-Cotta.

Mitchell, Juliet (1971), Women's Estate, Harmondsworth: Penguin Books.

Mitchell, Stephen A. (2002), Can Love Last? The Fate of Romance over Time, Norton: New York.

Mitscherlich, Alexander (1963), Auf dem Weg zur vaterlosen Gesellschaft. Ideen zur Sozialpsychologie, München: Piper.

Mitterauer, Michael (1979), Familienformen und Illegitimität in ländlichen Gebieten Österreichs, in: *Archiv für Sozialgeschichte* 19, 123 ff.

Mitterauer, Michael (1990), Historisch-anthropologische Familienforschung. Fragestellungen und Zugangsweisen, Wien u. Köln: Böhlau.

Mitterauer, Michael, u. Reinhard Sieder (1977), Vom Patriarchat zur Partnerschaft. Zum Strukturwandel der Familie, (4. Auflage 1991) München: Beck.

Mitterauer, Michael, u. Reinhard Sieder (Hg.) (1982), Historische Familienforschung, Frankfurt am Main: Suhrkamp.

Moinet, Sylvie (1989), Der Stiefmutter-Komplex. Kinder und neue Partnerschaft, Düsseldorf: Econ.

Mosse, Georg L. (1997), Das Bild des Mannes. Zur Konstruktion der modernen Männlichkeit, Frankfurt am Main: S. Fischer Verlag.

Mottl, Ingeborg (1997), Kindesunterhalt, Obsorgeregelung und Besuchsrecht bei Ehescheidung, in: Ulrike Aichhorn (Hg.), Frauen und Recht, 331, Wien: Springer.

Mottl, Ingeborg (2004), Analyse der rechtlichen Situation bei einer Scheidung bzw. Trennung in Österreich. Auswirkungen auf Kinder, Frauen und Männer, in: Ulrike Zartler, Liselotte Wilk, Renate Kränzl-Nagl (Hg.), Wenn Eltern sich trennen. Wie Kinder, Frauen und Männer Scheidung erleben, 283–336, Frankfurt am Main u. New York: Campus.

Mühlfeld, Claus, u. Friedrich Schönweiss (1989), Nationalsozialistische Familienpolitik. Familiensoziologische Analyse der nationalsozialistischen Familienpolitik, Stuttgart: Enke.

Müller-Funk, Wolfgang (2002), Die Kultur und ihre Narrative. Eine Einführung, Wien u. New York: Springer.

Murstein, Bernard I. (1976), Who Will Marry Whom? Theories and Research in Marital Choice, New York: Springer.

Napp-Peters, Anneke (1985), Ein-Elternteil-Familien. Soziale Randgruppe oder neues familiales Selbstverständnis, Weinheim u. München: Juventa.

Napp-Peters, Anneke (1987), Sozialisation durch den Vater, in: *Neue Praxis* 5, 413–422.

Napp-Peters, Anneke (1988), Scheidungsfamilien. Interaktionsmuster und kindliche Entwicklung. Aus Tagebüchern und Interviews mit Vätern und Müttern nach Scheidung, Frankfurt am Main: Deutscher Verein für Öffentliche und Private Fürsorge.

Napp-Peters, Anneke (1992), Die Familie im Prozeß von Trennung, Scheidung und neuer Partnerschaft, in: Jochen Hahn, Berthold Lomberg, Heinz Offe (Hg.), Scheidung und Kindeswohl. Beratung und Betreuung durch scheidungsbegleitende Berufe, Heidelberg: Asanger.

Napp-Peters, Anneke (1995), Familien nach der Scheidung, München: Antje Kunstmann.

Nassehi Armin, u. Gerd Nollmann (Hg.) (2004), Bourdieu und Luhmann. Ein Theorienvergleich, Frankfurt am Main: Suhrkamp.

Nave-Herz, Rosemarie (1988), Wandel und Kontinuität der Familie in der Bundesrepublik Deutschland, Stuttgart: Enke.

Nave-Herz, Rosemarie, u. Dorothea Krüger (1992), Ein-Eltern-Familien. Eine empirische Studie zur Lebenssituation und Lebensplanung alleinerziehender Mütter und Väter, (= Materialien zur Frauenforschung 15) Bielefeld: Kleine.

Nave-Herz, Rosemarie, u. Manfred Markefka (Hg.) (1989), Handbuch der Familien- und Jugendforschung, Band 1: Familienforschung, Neuwied u. Frankfurt am Main: Luchterhand.

Nelson, Katherine (2002), Erzählung und Selbst, Mythos und Erinnerung: Die Entwicklung des autobiographischen Gedächtnisses und des kulturellen Selbst, in: *BIOS. Zeitschrift für Biographieforschung, Oral History und Lebensverlaufsanalysen* 15/2, 241–263.

Nestmann, Frank, u. Sabine Stiehler (1998), Wie allein sind Alleinerziehende? Soziale Beziehungen alleinerziehender Frauen und Männer in Ost und West, Opladen: Leske + Budrich.

Niepel, Gabriele (1994 a), Soziale Netze und soziale Unterstützung alleinerziehender Frauen. Eine empirische Studie, Opladen: Leske + Budrich.

Niepel, Gabriele (1994b), Alleinerziehende. Abschied von einem Klischee, Opladen: Leske + Budrich.

Nippa, Annegret (1991), Haus und Familie in arabischen Ländern. Vom Mittelalter bis zur Gegenwart, München: C. H. Beck.

Nolte-Schefold, Sigrid (2000), Rechtsratgeber für Stieffamilien, Reinbek bei Hamburg: Rowohlt.

Oberlehner, Franz (2005), Sexualität und Bindung im Spätkapitalismus: Von der Normalneurose zur Normalperversion, in: *texte. psychoanalyse. ästhetik. kulturkritik* 12/3, 110–128, Wien: Passagen Verlag.

Oevermann, Ulrich (2001), Die Soziologie der Generationenbeziehungen und der historischen Generationen aus strukturalistischer Sicht und ihre Bedeutung für die Schulpädagogik, in: Rolf T. Kramer u.a. (Hg.), Pädagogische Generationenbeziehungen. Jugendliche im Spannungsfeld von Schule und Familie, 87–128, Opladen: Leske + Budrich.

Oevermann, Ulrich (2005), Manifest der objektiv hermeneutischen Sozialforschung, in: Jurij Fikfak, Frane Adam u. Detlev Garz (Hg.), Qualitative Research. Different Perspectives. Emerging Trends, 101–133, Ljubljana 2004: ZRC Publishing.

Oevermann, Ulrich, u.a. (1979), Die Methodologie einer ›objektiven Hermeneutik‹ und ihre allgemeine forschungslogische Bedeutung in den Sozialwissenschaften, in: Hans-Georg Soeffner (Hg.), Interpretative Verfahren in den Sozial- und Textwissenschaften, Stuttgart: Metzler, 352–433.

Ortmayr, Norbert (1996), Formas de ilegitimidad en Guatemala, in: Barbara Potthast-Jutkeit u. Susana Menéndes (Hg.), Mujer y familia en América Latina, siglos XIX y XX (Cuadernos de Historia Latinoamericana no. 4).

Österreichischer Familienbericht, 4. (1999), Familie – zwischen Anspruch und Alltag. Zur Situation von Familie und Familienpolitik in Österreich, hg. v. Bundesministerium für Umwelt, Jugend und Familie, Wien.

Pagel, Gerda (1989), Jacques Lacan zur Einführung, 4. verbesserte Auflage, Hamburg: Junius-Verlag.

Palkovitz, Rob (1997), Reconstructing »Involvement«. Expanding Conceptualizations of Men's Caring in Contemporary Families, in: Alan J. Hawkins u. David C. Dollahite (Hg.), Generative Fathering. Beyond Deficit Perspectives, 200–216, Thousand Oaks: Sage.

Pasley, Kay, u. Carmelle Minton (1997), Generative Fathering After Divorce and Remarriage. Beyond the «Disappearing Dad«, in: Alan J. Hawkins u. David C. Dollahite (Hg.), Generative Fathering. Beyond Deficit Perspectives, 118–133, Thousand Oaks: Sage.

Passerini, Luisa (1984), Torino operaia e fascismo, Rom u. Bari.

Passerini, Luisa (1995), Frauen, Massenkonsum und Massenkultur, in: Georges Duby u. Michelle Perrot (Hg.), Geschichte der Frauen, Band 5, hg. v. Françoise Thébaud, 20. Jahrhundert, 355–374, Frankfurt am Main, New York u. Paris: Campus Verlag.

Pateman, Carole (1987), The Patriarchal Welfare State, in: Amy Gutman (Hg.), Democracy and the Welfare State, 231–260, Princeton: UP.

Paul, Norman L. (1987), Die paradoxe Natur der Trauererfahrung, in: Helm Stierlin, Fritz B. Simon, Gunther Schmidt (Hg.), Familiäre Wirklichkeiten. Der Heidelberger Kongreß, 107–125, Stuttgart: Klett-Cotta.

Pelikan, Christa (2002), Erwartungen zur Implementierung der Gemeinsamen Obsorge in Österreich. Studie im Auftrag der MA 57, Frauenbüro Wien.

Penn, Peggy (1983), Zirkuläres Fragen, in: *Familiendynamik* 8, 198–220.

Perkins, Terry F., u. James P. Kahan (1982), Ein empirischer Vergleich der Familiensysteme mit leiblichen Vätern und mit Stiefvätern, in: *Familiendynamik* 7, 354–367.

Petri, Horst (1991), Verlassen und verlassen werden, Zürich: Kreuz Verlag.

Peuckert, Rüdiger (1999), Familienformen im sozialen Wandel, 3. völlig überarbeitete und erweiterte Auflage, Opladen: Leske + Budrich (UTB).

Pfaller, Robert (2005), Der Normalnarzissmus der Verhandlungsmoral und seine Widersacherin, die Normalperversion – und was die Psychoanalyse aus ihrem Gegensatz lernen kann. Zu Franz Oberlehners Text »Sexualität und Bindung im Spätkapitalismus. Von der Normalneurose zur Normalperversion«, in: *texte. psychoanalyse. ästhetik. Kulturkritik* 25/4, hg. von Johannes Ranefeld, August Ruhs, Karl Stockreiter, Gerhard Zenaty, 7–21, Wien: Passagen Verlag.

Pfoser, Alfred (1984), Der Wiener »Reigen«-Skandal. Sexualangst als proletarisches Syndrom der Ersten Republik, in: Helmut Konrad u. Wolfgang Maderthaner (Hg.), Neuere Studien zur Arbeitergeschichte, Band 3, 663–720, Wien: Böhlau Verlag.

Pfürtner, Stephan H. (1972), Kirche und Sexualität, Reinbek bei Hamburg: Rowohlt.

Piaget, Jean (1950), Der Aufbau der Wirklichkeit beim Kinde. Gesammelte Werke, Band 2, Stuttgart: Klett.

Pirhofer, Gottfried, u. Reinhard Sieder (1982), Zur Konstitution der Arbeiterfamilie im Roten Wien. Familienpolitik, Kulturreform, Alltag und Ästhetik, in: Michael Mitterauer u. Reinhard Sieder (Hg.), Historische Familienforschung, 326–368, Frankfurt am Main: Suhrkamp.

Pleck, J. H. (1997), Paternal Involvement. Levels, Sources, and Consequences, in: Michael E. Lamb (Hg.), The Role of the Father in Child Development, 3. Auflage, 66–103, New York: Wiley.

Plessner, Helmut (1975), Die Stufen des Organischen und der Mensch, 3. Auflage Berlin u. New York: de Gruyter.

Pruett, Nikolaus D. (1988), Die neuen Väter. Männer auf dem Weg in die Familie, München: Mosaik (zuerst 1988: The Nurturing Father).

Pryor, Jan, u. Bryan Rogers (2001), Children in Changing Families. Life After Parental Separation, Oxford: Blackwell.

Raeithel, Gert (2005), Only you. Das amerikanische Liebeslied, in: *Merkur. Deutsche Zeitschrift für europäisches Denken* 59/2: Februar, 131–139.

Rahden, Till van (2000), Vaterschaft, Männlichkeit und private Räume. Neue Perspektiven zur Geschlechtergeschichte des 19. Jahrhunderts, in: Franz X. Eder (Hg.), Im Inneren der Männlichkeit, *Österreichische Zeitschrift für Geschichtswissenschaften* 11/3, 147–156.

Reich, Wilhelm (1983), Frühe Schriften 1, Aus den Jahren 1920 bis 1925, Frankfurt am Main.

Reiche, Reimut (1968), Sexualität und Klassenkampf, Frankfurt am Main: Fischer Verlag.

Reif, Heinz (1981), »Erhaltung adligen Stamms und Namens« – Adelsfamilie und Statussicherung im Münsterland 1770 bis 1914, in: Neithard Bulst, Joseph Goy u. Jochen Hoock (Hg.), Familie zwischen Tradition und Moderne. Studien zur Geschichte der Familie in Deutschland und Frankreich vom 16. bis zum 20. Jahrhundert, 275–307, Göttingen: Vandenhoeck & Ruprecht.

Reis, Olaf, u. Bernhard Meyer-Probst (1999), Scheidung der Eltern und Entwicklung der Kinder: Befunde der Rostocker Längsschnittstudie, in: Sabine Walper u. Beate Schwarz (Hg.), Was wird aus den Kindern? Chancen und Risiken für die Entwicklung von Kindern aus Trennungs- und Stieffamilien, 49–72, Weinheim u. München: Juventa Verlag.

Reiss, Ira L. (1960), Toward a Sociology of the Heterosexual Love Relationship, in: *Marriage and Family Living* 22, 139–145.

Reiter, Ludwig, u. Corina Ahlers (Hg.) (1991), Systemisches Denken und therapeutischer Prozeß, Berlin u. a.: Springer Verlag.

Rennert, Monika (1990), Co-Abhängigkeit. Was Sucht für die Familie bedeutet, 2. unveränderte Auflage, Freiburg im Breisgau: Lambertus.

Rerrich, Maria S. (1983), Veränderte Elternschaft. Entwicklungen in der familialen Arbeit mit Kindern seit 1950, in: *Soziale Welt* 4, 420–449.

Rerrich, Maria S. (1984), Alle reden vom Vater – aber wen meinen sie damit? Zur Differenzierung des Vaterbildes, in: Sektion Frauenforschung in den Sozialwissenschaften in der DGS (Hg.), Beiträge zum 22. Deutschen Soziologentag, Dortmund.

Rerrich, Maria S. (1988), Balanceakt Familie. Zwischen alten Leitbildern und neuen Lebensformen, Freiburg im Breisgau: Lambertus.

Retzer, Arnold (2002a), Das Paar. Eine systemische Beschreibung intimer Komplexität, Teil I: Liebesbeziehungen, in: *Familiendynamik* 27/2002, Januar, 5–42.

Retzer, Arnold (2002b), Das Paar. Eine systemische Beschreibung intimer Komplexität, Teil II: Partnerschaften, in: *Familiendynamik* 27/2002, April, 186–217.

Retzer, Arnold (2005), Liebesmythen und ihre Funktion, in: Jürg Willi u. Bernhard Limacher (Hg.), Wenn die Liebe schwindet. Möglichkeiten und Grenzen der Paartherapie, 61–79, Stuttgart: Klett-Cotta.

Reulecke, Jürgen (1985), Männerbund versus Familie. Bürgerliche Jugendbewegung und Familie in Deutschland im ersten Drittel des 20. Jahrhunderts, in: Thomas Koebner u.a. (Hg.) »Mit uns zieht die neue Zeit«. Der Mythos Jugend, 199–223, Frankfurt am Main: Suhrkamp.

Rhoden, J. Lyn, u. Bryan E. Robinson (1997), Teen Dads: A Generative Fathering Perspective versus the Deficit Myth, in: Alan J. Hawkins u. David C. Dollahite (Hg.), Generative Fathering: Beyond Deficit Perspectives, 105–117, Thousand Oaks, CA: Sage.

Rich, Adrienne (1977), Of Woman Born. Motherhood as Experience and Institution, New York: Bantam Books.

Ricœur, Paul (1988), Zeit und Erzählung. Band I: Zeit und historische Erzählung. Aus dem Französischen von Rainer Rochlitz, München: Wilhelm Fink Verlag.

Ricœur, Paul (1989), Zeit und Erzählung. Band II: Zeit und literarische Erzählung. Aus dem Französischen von Rainer Rochlitz, München: Wilhelm Fink Verlag.

Ricœur, Paul (1990), Soi-même comme un autre, Paris.

Ricœur, Paul (1991), Zeit und Erzählung. Band III: Die erzählte Zeit. Aus dem Französischen von Andreas Knop, München: Wilhelm Fink Verlag.

Riehl-Emde, A., u. Jürg Willi (1993), Ist seine Ehe auch ihre Ehe? Vergleichende Untersuchung zu Wohlbefinden, Empathie und Zufriedenheit von Mann und Frau, in: *System Familie* 7/2, 83–97.

Riessmann, C. K. (1990), Divorce Talk. Women and Men Make Sense of Personal Relationships, New Brunswick /NY.

Ritzenfeldt, Sigrun (1998), Kinder mit Stiefvätern. Familienbeziehungen und Familienstruktur in Stiefvaterfamilien, Weinheim: Juventa.

Rollin, M. (1988), So stief sind Stiefmütter gar nicht, in: *Psychologie Heute* 15, 54–61.

Rosenbaum, Heidi (1982), Formen der Familie. Untersuchungen zum Zusammenhang von Familienverhältnissen, Sozialstruktur und sozialem Wandel in der deutschen Gesellschaft des 19. Jahrhunderts, Frankfurt am Main: Suhrkamp.

Rosenbaum, Heidi (1992), Proletarische Familien. Arbeiterfamilien und Arbeiterväter im frühen 20. Jahrhundert zwischen traditioneller, sozialdemokratischer und kleinbürgerlicher Orientierung, Frankfurt am Main: Suhrkamp.

Rosenmayr, Leopold, u. Franz Kolland (1997), Mein »Sinn« ist nicht dein »Sinn«. Unverbindlichkeit oder Vielfalt – Mehrere Wege im Singletum, in: Ulrich Beck (Hg.), Kinder der Freiheit, 256–287, Frankfurt am Main: Suhrkamp.

Rosenthal, Gabriele (1995), Erlebte und erzählte Lebensgeschichte. Gestalt und Struktur biographischer Selbstbeschreibungen, Frankfurt am Main: Campus.

Rosenthal, Gabriele (2003), The Healing Effects of Storytelling. On the Conditions of Curative Storytelling in the Context of Research and Counseling, in: *Qualitative Inquiry* 9/6, 915–933.

Rosenthal, Gabriele (2004), Biographical Method – Biographical Research, in: C. Seale, G. Gobo, J. F. Gubrium, D. Silverman (Hg.), Qualitative Research Practice, 48–64, London: Sage.

Rosenthal, Gabriele (2005), Die Biographie im Kontext der Familien- und Gesellschaftsgeschichte, in: Dies. u. Bettina Völter, Bettina Dausien, Helma Lutz (Hg.), Biographieforschung im Diskurs, 46–65, Wiesbaden: SV Sozialwissenschaftlicher Verlag.

Rottleuthner-Lutter, Margret (1992), Gründe von Ehescheidungen in der Bundesrepublik Deutschland. Eine Inhaltsanalyse von Gerichtsakten, Köln: Bundesanzeiger-Verlagsgesellschaft.

Rougement, Denis de (1987), Die Liebe und das Abendland, übersetzt von Friedrich Scholz u. Irène Kuhn, Zürich: Diogenes.

Roussel, Louis, u. Patrick Festy (1979), Recent Trends in Attitudes and Behaviour Affecting the Family in Council of Europe Member States, in: *Population Studies* 4.

Rusch, Gebhard (1997), Konstruktivismus und die Traditionen der Historik, in: *Österreichische Zeitschrift für Geschichtswissenschaften* 8/1, 45–76.

Safilios-Rothschild, Constantina (1977), Love, Sex, and Sex Roles, Englewood Cliffs NJ: Prentice-Hall.

Sandgruber, Roman (1983), Innerfamiliale Einkommens- und Konsumaufteilung: Rollenverteilung und Rollenverständnis in Bauern-, Heimarbeiter- und Arbeiterfamilien Österreichs im 18., 19. und frühen 20. Jahrhundert, in: Peter Borscheid u. Hans J. Teuteberg (Hg.), Ehe, Liebe, Tod. Zum Wandel der Familie, der Geschlechts- und Generationsbeziehungen in der Neuzeit, 135–149, Münster: F. Coppenrath Verlag.

Sandgruber, Roman (1985), Vom Hunger zum Massenkonsum, in: Gerhard Jagschitz u. Klaus-Dieter Mulley (Hg.), Die »wilden« fünfziger Jahre. Gesellschaft, Formen und Gefühle eines Jahrzehnts in Österreich, 112–122, St. Pölten u. Wien: Pressehaus.

Sarasin, Philipp (2003), Geschichtswissenschaft und Diskursanalyse, Frankfurt am Main: Suhrkamp.

Sartre, Jean-Paul (1984), Briefe an Simone de Beauvoir und andere. Herausgegeben von Simone de Beauvoir, Band 1: 1926–1939. Aus dem Französischen von Andrea Spingler, Reinbek bei Hamburg: Rowohlt.

Schacter, Daniel L. (2001), Wir sind Erinnerung. Gedächtnis und Persönlichkeit, Reinbek bei Hamburg: Rowohlt Taschenbuch Verlag.

Schattner, Heinz, u. Marianne Schumann (1988), Meine Kinder, deine Kinder, unsere Kinder. Stieffamilien, in: Deutsches Jugendinstitut (Hg.), Wie geht's der Familie? Ein Handbuch für Familien heute, München: Juventa.

Scheer, Peter, u. Marguerite Dunitz-Scheer (2002), meine. deine. unsere. Leben in der Patchworkfamilie. Mit einem Vorwort von Professor Ingomar Mutz, Wien: Falter Verlag.

Scheib, Asta (1989), Deine, meine, unsere Kinder. Der zweite Anlauf zum Glück, Bergisch Gladbach: Lübbe.

Scheewe, S., P. Warschburger, K. Clausen (1997), Neurodermitis-Verhaltenstraining für Kinder, Jugendliche und ihre Eltern, München: Urban und Vogel.

Scheit, Gerhard (1995), Dramaturgie der Geschlechter. Über die gemeinsame Geschichte von Drama und Oper, Frankfurt am Main: Fischer Taschenbuch Verlag.

Schenk, Herrad (1987), Freie Liebe – wilde Ehe. Über die allmähliche Auflösung der Ehe durch die Liebe, München: Beck.

Schiepek, Günther (1993), Lebensformen in der postmodernen Gesellschaft. Konsequenzen für die Therapie, in: *Systeme* 7/1, 17–28.

Schipfer, Rudolf Karl (2001), Familien in Zahlen. Informationen zu Familien in Österreich und der EU auf einen Blick, Ausgabe 2001, herausgegeben vom Österreichischen Institut für Familienforschung, Wien.

Schissler, Hanna (Hg.) (2001), The Miracle Years. A Cultural History of West Germany, 1949–1968, Princeton u. Oxford: Princeton University Press.

Schleiffer, Roland (1982), Zur Psychodynamik von Stieffamilien mit einem psychisch gestörten Kind, in: *Praxis der Kinderpsychologie und Kinderpsychiatrie* 31/4, 155–160.

Schleiffer, Roland (1988), Das Kind als kollusives Partnersubstitut, in: *Zeitschrift für systemische Therapie* 6/1, 13–22.

Schlemmer, Elisabeth (1994), »Living apart together«, eine partnerschaftliche Lebensform von Singles? In: Hans Bertram (Hg.), Das Individuum und seine Familie. Lebensformen, Familienbeziehungen und Lebensereignisse im Erwachsenenalter, 363–397, Opladen: Leske+Budrich.

Schlösser, Anne-Marie, u. Kurt Höhfeld (Hg.) (1999), Trennungen, Gießen: Psychosozial-Verlag.

Schmale, Wolfgang (2003), Geschichte der Männlichkeit in Europa (1450–2000), Wien, Köln u. Weimar: Böhlau.

Schmid, Wilhelm (2006), Globalisierung als Chance: Individueller Umgang mit Wandel. Ein wandlungsfähiges Selbstverhältnis als Grundlage für die Bewältigung von Wandel. http://www.lpb.bwue.de/publikat/global/schmie.htm (gesehen 1. November 2006).

Schmidt, Gunter (1996), Das Verschwinden der Sexualmoral. Über sexuelle Verhältnisse, Hamburg: Klein.

Schmidt, Gunter (1998), Sexuelle Verhältnisse. Über das Verschwinden der Sexualmoral, Reinbek: Rowohlt 1998.

Schmidt, Gunter (2003), Beziehungsbiografien im Wandel. Von der sexuellen zur familiären Revolution. Vortrag auf der 21. wissenschaftlichen Tagung der Deutschen Gesellschaft für Sexualforschung am 26.–28.9.2003 in Hamburg. www.beziehungsbiographien.de.

Schmidt, Gunther (2004), Liebesaffären zwischen Problem und Lösung. Hypnosystemisches Arbeiten in schwierigen Kontexten, Heidelberg: Carl-Auer Verlag.

Schmidt, Gunter, Arne Dekker u. Silja Matthiesen (2000), Von den Sechzigern zu den Neunzigern, in: Gunter Schmidt (Hg.), Kinder der sexuellen Revolution. Kontinuität und Wandel studentischer Sexualität 1966–1996. Eine empirische Untersuchung, Gießen: Psychosozial-Verlag.

Schmidt, Gunter, u. Bernhard Strauß (Hg.) (2002), Sexualität und Postmoderne. Über den kulturellen Wandel der Sexualität, Gießen: Psychosozial-Verlag.

Schmidt-Denter, Ulrich (2000), Entwicklung von Trennungs- und Scheidungsfamilien. Die Kölner Längsschnittstudie, in: Klaus A. Schneewind (Hg.), Familienpsychologie im Aufwind. Brückenschläge zwischen Forschung und Praxis, 203–221, Göttingen: Hogrefe.

Schmidt-Denter, Ulrich, Wolfgang Beelmann, Inga Trappen (1991), Empirische Forschungsergebnisse als Grundlage für die Beratung von Scheidungsfamilien. Das Kölner Längsschnittprojekt, in: *Zeitschrift für Familienforschung* 3, 40–51.

Schmidt-Denter, Ulrich, Heike Schmitz (1999), Familiäre Beziehungen und Strukturen sechs Jahre nach der elterlichen Trennung, in: Sabine Walper u. Beate Schwarz (Hg.), Was wird aus den Kindern? Chancen und Risiken für die Entwicklung von Kindern aus Stieffamilien, 73–90, Weinheim u. München: Juventa.

Schmitz-Köster, Dorothee (1990), Liebe auf Distanz. Getrennt zusammen leben, Reinbeck: Rowohlt.

Schneider, Manfred (1994), Liebe und Betrug. Die Sprachen des Verlangens, München: Deutscher Taschenbuch Verlag.

Schneider, Norbert F. (1990), Woran scheitern Partnerschaften? Subjektive Trennungsgründe und Belastungsfaktoren bei Ehepaaren und nichtehelichen Lebensgemeinschaften, in: *Zeitschrift für Soziologie* 19, 458–470.

Schneider, Norbert F. (1994), Familie und private Lebensführung in West- und Ostdeutschland. Eine vergleichende Analyse des Familienlebens 1972–1992, Stuttgart: Enke.

Schneider, Werner (1989), Die neuen Väter. Chancen und Risiken. Zum Wandel der Vaterrolle in Familie und Gesellschaft, Augsburg: AV.

Schneider, Werner (1994), Streitende Liebe. Zur Soziologie familialer Konflikte, Opladen: Leske+ Budrich.

Schöningh, Insa, Monika Aslandis, Silke Faubel-Diekmann (1991), Alleinerziehende Frauen. Zwischen Lebenskrise und neuem Selbstverständnis, Opladen: Leske + Budrich.

Schroer, Markus (2000), Das Individuum der Gesellschaft. Synchrone und diachrone Theorieperspektiven, Frankfurt am Main: Suhrkamp.

Schroer, Markus (Hg.) (2005), Soziologie des Körpers, Frankfurt am Main: Suhrkamp.

Schülein, Johannes August (1994), Zur Entwicklung der Elternrolle in modernen Gesellschaften, in: *Psychosozial* 58, 89–101.

Schülein, Johannes August (2002), Die Geburt der Eltern. Über die Entstehung der modernen Elternposition und den Prozess ihrer Aneignung und Vermittlung, 2. Auflage, Gießen: Psychosozial-Verlag.

Schultheis, Franz (1990), Fatale Strategien und ungeplante Konsequenzen beim Aushandeln »familialer Risken« zwischen Mutter, Kind und »Vater Staat«, in: Kurt Lüscher, Franz Schultheis, Michael Wehrspaun (Hg.), Die »postmoderne« Familie. Familiale Strategien und Familienpolitik in einer Übergangszeit, 2. Auflage, 371–387, Konstanz: Universitätsverlag Konstanz.

Schultheis, Franz (1995), Genealogie und Moral: Familie und Staat als Faktoren der Generationenbeziehungen, in: Kurt Lüscher u. Franz Schultheis (Hg.), Generationenbeziehungen in »postmodernen« Gesellschaften, 415–433, 2. Auflage, Konstanz: Universitätsverlag Konstanz.

Schultheis, Franz (1999), Familien und Politik. Formen wohlfahrtsstaatlicher Regulierung von Familie im deutsch-französischen Gesellschaftsvergleich, Konstanz: UVK Universitätsverlag Konstanz.

Schulz, Wolfgang, u. Christian Hummer (2005), Veränderungen in den Formen des Zusammenlebens und Wandel der Einstellungen zu Ehe und Familie, in: Wolfgang Schulz, Max Haller, Alfred Grausgruber (Hg.), Österreich zur Jahrhundertwende. Gesellschaftliche Werthaltungen und Lebensqualität 1986–2004, 343–366, Wiesbaden: VS.

Schumann-Gliwitzki, Birgitta, u. Salwa Meier (1990), Schwierigkeiten und Chancen von Stieffamilien. Eine qualitative Erforschung der spezifischen Familienrealität, Berlin: Spieß.

Schütz, Alfred (1971) Das Problem der Relevanz, Frankfurt am Main: Suhrkamp.

Schütz, Alfred, u. Thomas Luckmann (2003), Strukturen der Lebenswelt, Konstanz: UVK Verlagsgesellschaft.

Schütze, Fritz (1978), Die Technik des narrativen Interviews, dargestellt an einem Projekt zur Erforschung von kommunalen Machtstrukturen, Universität Bielefeld, Fakultät für Soziologie, Arbeitsberichte und Forschungsmaterialien Nr. 1, 2. Auflage.

Schütze, Fritz (1981), Prozeßstrukturen des Lebensablaufs in: Joachim Matthes, Arno Pfeifenberger, Manfred Stosberg (Hg.), Biographie in handlungswissenschaftlicher Perspektive. Kolloquium am Sozialwissenschaftlichen Forschungszentrum der Universität Erlangen-Nürnberg, 67–156, Nürnberg: Verlag der Nürnberger Forschungsvereinigung e.V.

Schütze, Yvonne (1988), Zur Veränderung im Eltern-Kind-Verhältnis seit der Nachkriegszeit, in: Rosemarie Nave-Herz (Hg.), Wandel und Kontinuität der Familie in der Bundesrepublik Deutschland, 95–114, Stuttgart: Enke.

Schütze, Yvonne (1989), Die Bedeutung des Vaters für die Entwicklung des Kindes, in: Bettina Paetzold u. Lilian Fried (Hg.), Einführung in die Familienpädagogik, Weinheim u. Basel.

Schütze, Yvonne (1991), Die gute Mutter. Zur Geschichte des normativen Musters »Mutterliebe«, 2. unveränderte Auflage, Bielefeld: Kleine Verlag.

Schwikart, Georg (2001), Sexualität in den Weltreligionen, Gütersloh: Gütersloher Verlagshaus.

Schwingel, Markus (1995), Bourdieu zur Einführung, Hamburg: Junius.

Segalen, Martine (1990), Die Familie. Geschichte, Soziologie, Anthropologie, Frankfurt am Main, New York u. Paris: Campus.

Selvini-Palazzoli, Mara, Luigi Boscolo, Gianfranco Cecchin, Giuliana Prata (1981 a), Paradoxon und Gegenparadoxon, Stuttgart: Klett-Cotta.

Selvini-Palazzoli, Mara, Luigi Boscolo, Gianfranco Cecchin, Giuliana Prata (1981 b), Hypothetisieren – Zirkularität – Neutralität: Drei Richtlinien für den Leiter der Sitzung, in: *Familiendynamik* 6/2, 123–139.

Selvini-Palazzoli, Mara, Stefano Cirillo, Matteo Selvini, Anna Maria Sorrentino (1988), Die psychotischen Spiele der Familie, Stuttgart: Klett-Cotta.

Seybert, Gislinde (1995), Liebe als Fiktion. Studien zu einer Literaturgeschichte der Liebe, Bielefeld: Aisthesis-Verlag.

Sieder, Reinhard (1978), Strukturprobleme der ländlichen Familie im 19. Jahrhundert, in: *Zeitschrift für bayerische Landesgeschichte* 41 (1978)/1, 173–217.

Sieder, Reinhard (1986), »Vater, derf i aufstehn?« Kindheitserfahrungen in Wiener Arbeiterfamilien um 1900, in: Hubert-Christian Ehalt, Gernot Heiß, Hannes Steckl (Hg.), Glücklich ist, wer vergisst ...? Das andere Wien um 1900, 39–89, Graz u. Wien: Böhlau.

Sieder, Reinhard (1987), Sozialgeschichte der Familie, Frankfurt am Main: Suhrkamp.

Sieder, Reinhard (1997), Freisetzung und Bindung. Eine Fallstudie zu aktuellen Dynamiken im Ehe- und Familienleben, in: Josef Ehmer, Tamara Hareven, Richard Wall (Hg.), Historische Familienforschung. Ergebnisse und Kontroversen, 229–253, Frankfurt am Main u. New York: Campus.

Sieder, Reinhard (1998 a), Erzählungen analysieren – Analysen erzählen. Narrativ-biographisches Interview, Textanalyse und Falldarstellung, in: Karl R. Wernhart u. Werner Zips (Hg.), Ethnohistorie. Rekonstruktion und Kulturkritik. Eine Einführung, 145–172, Wien: promedia.

Sieder, Reinhard (1998 b), Besitz und Begehren, Erbe und Elternglück. Familien in Deutschland und Österreich, in: André Burguière u. a. (Hg.), Geschichte der Familie. Band 4: 20. Jahrhundert, 210–284, Frankfurt am Main, Paris und New York: Campus.

Sieder, Reinhard (1999), Gesellschaft und Person: Geschichte und Biographie. Nachschrift, in: Ders. (Hg.), Brüchiges Leben. Biographien in sozialen Systemen, 234–264, Wien: turia+kant.

Sieder, Reinhard (2000), Von Patriarchen und anderen Vätern. Männer in Familien nach Trennung und Scheidung, in: *Österreichische Zeitschrift für Geschichtswissenschaften* 11/ 3, 83–107.

Sieder, Reinhard (2004 a), From Patriarchy to New Fatherhood? Private Life and the Process of Modernization in Twentieth-Century Austria, in: Günter Bischof u. Anton Pelinka (Hg.), The Americanization / Westernization of Austria. *Contemporary Austrian Studies* 12, 186–198.

Sieder, Reinhard (2004 b), Die Rückkehr des Subjekts in den Kulturwissenschaften, Wien: turia+ kant.

Sieder, Reinhard (2004 c), The Individual and the Societal, in: Jurij Fikfak, Frane Adam u. Detlev Garz (Hg.), Qualitative Research. Different Perspectives. Emerging Trends, 49–66, Ljubljana: ZRC Publishing.

Sieder, Reinhard (2008), Das Volk und seine Meister. Eine Kulturgeschichte der Arbeiter/innen im Roten Wien, Druck in Vorbereitung, Wien: turia+kant.

Sieder, Reinhard, u. Michael Mitterauer (1979), The Developmental Process of Domestic Groups: Problems of Reconstruction and Possibilities of Interpretation, in: *Journal of Family History*, Fall, 257–284.

Sieder, Reinhard, u. Michael Mitterauer (1983), The Reconstruction of the Family Life Course: Theoretical Problems and Empirical Results, in: Richard Wall (Hg.), Family Forms in Historic Europe, 309–345, Cambridge: Cambridge University Press.

Sieder, Reinhard, u. Heinz Blaumeiser (1988) »Langsam werden meine Wanderungen zu Beerdigungen.« Antizipationen und Rückgriffe im Umgang mit Ehepartnern und Freunden im Alter, in: Gerhard Göckenjahn u. Hans-Joachim von Kondratowitz (Hg.), Alter und Alltag, 219–238, Frankfurt am Main: Suhrkamp.

Sieder, Reinhard, Heinz Steinert, Emmerich Tálos (1995), Wirtschaft, Gesellschaft und Politik in der Zweiten Republik. Eine Einführung, in: Dies. (Hg.), Österreich 1945–1995. Gesellschaft, Politik, Kultur, 9–34, Wien: Verlag für Gesellschaftskritik.

Sigusch, Volkmar (2001), Kultureller Wandel der Sexualität, in: Ders. (Hg.), Sexuelle Störungen und ihre Behandlung, 3. überarbeitete u. erweiterte Auflage, Stuttgart: Thieme.

Sigusch, Volkmar (2002), Kritische Sexualwissenschaft und die Große Erzählung vom Wandel, in: Gunter Schmidt (Hg.), Sexualität und Spätmoderne. Über den kulturellen Wandel der Sexualität, 11–27, Gießen: Psychosozial-Verlag.

Sigusch, Volkmar (2005), Neosexualitäten. Über den kulturellen Wandel von Liebe und Perversion, Frankfurt am Main u. New York: Campus.

Simmel, Georg (1957), Fragment über die Liebe, in: Ders., Das Individuum und die Freiheit. Essais, 19–28, Berlin: Wagenbach.

Simmel, Georg (1998), Philosophische Kultur. Über das Abenteuer, die Geschlechter und die Krise der Moderne. Gesammelte Essays, mit einem Vorwort von Jürgen Habermas, Berlin: Wagenbach.

Simon, Fritz B. (Hg.) (1997), Lebende Systeme. Wirklichkeitskonstruktionen in der systemischen Therapie, Frankfurt am Main: Suhrkamp.

Simon, Fritz B. (2000), Grenzfunktionen der Familie, in: *System Familie* 13, 140–148.

Simon, Fritz B. (2001), Die Familie des Familienunternehmens, in: *Familiendynamik* 26/4, 359–377.

Simon, Fritz B. (Hg.) (2002), Die Familie des Familienunternehmens. Ein System zwischen Gefühl und Geschäft, Heidelberg: Carl-Auer-Systeme.

Simon, Fritz B., Ulrich Clement, Helm Stierlin (1999), Die Sprache der Familientherapie. Ein Vokabular, Kritischer Überblick und Integration systemtherapeutischer Begriffe, Konzepte und Methoden, 5., völlig überarbeitete und erweiterte Auflage: Klett-Cotta.

Simsa, Ruth (1994), Kein Herr im Haus. Alleinerziehen – Eine Auseinandersetzung, Frankfurt am Main: Fischer.

Singly, François de (1995), Die Familie der Moderne. Eine soziologische Einführung, Konstanz: UVK.

Sluzki, Carlos E. (1992 a), Die therapeutische Transformation von Erzählungen, in: *Familiendynamik* 17, 19–38.

Sluzki, Carlos E. (1992 b), Transformations. A Blueprint for Narrative Changes in Therapy, in: *Family Process* 31, 217–230.

Soeffner, Hans-Georg (1989), Alltagsverstand und Wissenschaft. Anmerkungen zu einem alltäglichen Missverständnis von Wissenschaft, in: Ders., Auslegung des Alltags – Der Alltag der Auslegung. Zur wissenssoziologischen Konzeption einer sozialwissenschaftlichen Hermeneutik, 10–50, Frankfurt am Main: Suhrkamp.

Sombart, Werner (1903–1928), Der moderne Kapitalismus, 3 Bände, unveränderter Nachdruck, München u. a.: Deutscher Taschenbuchverlag.

Sombart, Werner (1984/1911), Der Sieg des Illegitimitätsprinzips in der Liebe, in: Ders., Liebe, Luxus und Kapitalismus. Über die Entstehung der modernen Welt aus dem Geist der Verschwendung, Berlin: Wagenbach.

Spengler, Christian (1997), Psychische Systeme, in: *Familiendynamik* 22, 363 – 395.

Steigerwald, Jörn (2001), Um 1700. Galanterie als Konfiguration von Préciosité, Libertinage und Pornographie. Am Beispiel der Lettres portugaises, in: Thomas Borgstedt u. Andreas Sobach (Hg.), Der galante Diskurs. Kommunikationsideal und Epochenschwelle, 275–304, Dresden: Thelem bei w.e.b.

Stein-Hilbers, Marlene (1994 a), Wem »gehört« das Kind? Neue Familienstrukturen und veränderte Familienbeziehungen, Frankfurt am Main u. New York: Campus.

Stein-Hilbers, Marlene (1994 b), Männer und Männlichkeit in der neueren sozialwissenschaftlichen Diskussion, in: *Psychologie und Gesellschaftskritik* 18.

Stekl, Hannes (2000), Bürgerliche Familien, Wien: Böhlau Verlag.

Stern Daniel N. (1998), Die Mutterschaftskonstellation, Stuttgart: Klett-Cotta.

Sternberg, Robert (1998), Cupid's Arrow. The Course of Love through Time, Cambridge u. a.: Cambridge University Press.

Stierlin, Helm (1977), Eltern und Kinder. Das Drama von Trennung und Versöhnung im Jugendalter, Frankfurt am Main: Suhrkamp.

Stierlin, Helm (1978), Delegation und Familie, Frankfurt am Main: Suhrkamp.

Stierlin, Helm (1987), Diktatur in der Familie und Diktatur außerhalb der Familie: ähnliche Konfliktlösungen? In: *Familiendynamik* 1, 3–14.

Stierlin, Helm (1997), Verrechnungsnotstände: Über Gerechtigkeit in sich wandelnden Beziehungen, in: *Familiendynamik* 22, 136–155.

Stierlin, Helm (2001), Psychoanalyse – Familientherapie – systemische Therapie. Entwicklungslinien, Schnittstellen, Unterschiede, Stuttgart: Klett-Cotta.

Stierlin, Helm (2005), Gerechtigkeit in nahen Beziehungen. Systemisch-therapeutische Perspektiven, Heidelberg: Carl-Auer-Systeme Verlag.

Stone, Laurence (1977), The Family, Sex and Marriage in England 1500–1800, New York: Harper & Row.

Straub, Jürgen (Hg.) (1998), Erzählung, Identität und historisches Bewusstsein. Die Psychologische Konstruktion von Zeit und Geschichte, Frankfurt am Main: Suhrkamp.

Strauss, Anselm L. (1969), Mirrors and Masks. Transformations of Identity, New York: Macmillan.

Strauss, Anselm L. (1994), Grundlagen qualitativer Sozialforschung. Datenanalyse und Theoriebildung in der empirischen soziologischen Forschung, München: W. Fink (UTB).

Strauss, Anselm L., u. J. Corbin (1998), Basics of Qualitative Research. Techniques and Procedures for Developing Grounded Theory, 2. Auflage, Thousand Oaks/CA: Sage.

Strübing, Jörg (2004), Grounded Theory. Zur sozialtheoretischen und epistemologischen Fundierung des Verfahrens der empirisch begründeten Theoriebildung, Wiesbaden: VS Verlag für Sozialwissenschaften.

Szczesny-Friedmann, Claudia (1996), Die neue Großfamilie. Notlösung oder Zukunftsmodell. Hamburg: Rowohlt.

Tengelyi, László (1998), Der Zwitterbegriff Lebensgeschichte, München: Wilhelm Fink Verlag.

Théry, Irène (1990), Die Familien nach der Scheidung. Vorstellungen, Normen, Regulierungen, in: Kurt Lüscher, Franz Schultheis, Michael Wehrspaun (Hg.), Die »postmoderne« Familie, 84–97, 2. Auflage, Konstanz: UVK.

Théry, Irène, u. Marie-Josèphe Dhavernas (1998), Elternschaft an den Grenzen zur Freundschaft. Stellung und Rolle des Stiefelternteils in Fortsetzungsfamilien, in: Meulders-Klein u. Théry (Hg.), Fortsetzungsfamilien, 163–204, Konstanz: UVK.

Theweleit, Klaus (1990), Objektwahl (All You Need Is Love …) Über Paarbildungsstrategien & Bruchstück einer Freudbiographie, Basel u. Frankfurt am Main: Stroemfeld/Roter Stern.

Theweleit, Klaus (2000), Männerphantasien 1 + 2. Band 1: Frauen, Fluten, Körper, Geschichte. Band 2: Männerkörper – zur Psychoanalyse des weißen Terrors. Mit zahlreichen Abbildungen. Mit einem Nachwort zur Taschenbuchausgabe, München u. Zürich: Piper.

Thompson, E. P. (1980), «Rough Music» oder englische Katzenmusik, in: Ders., Plebeische Kultur und moralische Ökonomie. Aufsätze zur englischen Sozialgeschichte des 18. und 19. Jahrhunderts. Ausgewählt und eingeleitet von Dieter Groh, 130–168, Frankfurt am Main, Berlin u. Wien: Ullstein.

Tippelt, Rudolf (2005), Handbuch Bildungsforschung, Wiesbaden: Vs Verlag.

Tomm, Karl (1989), Das Systemische Interview als Intervention: Teil III. Lineare, zirkuläre, strategische oder reflexive Fragen?, in: *System Familie* 1, 220–243.

Tomm, Karl (1992), Interviewing the Internalized Other. Toward a Systemic Reconstruction of the Self and Other. Workshop at the California School for Professional Psychology, 31. Januar.

Trotha, Trutz von (1994), Pluralisierung familialer Lebensformen? In: *Soziologische Revue*. Besprechungen neuer Literatur 17/Sonderheft 3, 55–60.

Tyrell, Hartmann (1990), Ehe und Familie – Institutionalisierung und Deinstitutionalisierung, in: Kurt Lüscher, Franz Schultheis, Michael Wehrspaun (Hg.), Die »postmoderne« Familie, 145–156, Konstanz: Universitätsverlag Konstanz.

Tyrell, Hartmann (1994), Partnerschaft versus Elternschaft, in: Alois Herlth u. a. (Hg.), Abschied von der Normalfamilie? Partnerschaft kontra Elternschaft, 1–15, Berlin: Springer.

Unverzagt, Gerlinde (2002), Patchwork. Familienformen mit Zukunft, München: Deutscher Taschenbuch Verlag.

Valtin, Renate (1987), Das Thema »Geliebte« in Zeitschriften und Illustrierten. Ein Lehrstück aus dem Patriarchat, in: Elisabeth Flitner u. Renate Valtin (Hg.), Dritte im Bund: Die Geliebte, 37–73, Reinbek: Rowohlt.

van de Velde, Theodor (1923), Die vollkommene Ehe. Eine Studie über ihre Physiologie und Technik, Wien: Verlag Willy Verkauf.

van Gennep, Arnold (1981), Les rites de passage. Études systematiques des rites, Paris (1909).

Visher, Emily B., u. John S. Visher (1987), Stiefeltern, Stiefkinder und ihre Familien. Probleme und Chancen, München u. Weinheim; 2. neu ausgestattete Auflage München: Psychologie Verlags Union.

Voges, Wolfgang (Hg.) (1987), Methoden der Biographie- und Lebenslaufforschung, Opladen: Leske + Budrich.

Völter, Bettina, Bettina Dausien, Helma Lutz, Gabriele Rosenthal (Hg.) (2005), Biographieforschung im Diskurs, Wiesbaden: VS Verlag für Sozialwissenschaften.

Wahl, Klaus (1989), Die Modernisierungsfalle. Gesellschaft, Selbstbewusstsein und Gewalt, Frankfurt am Main: Suhrkamp.

Wahl, Klaus, Greta Tüllmann, Michael Sebastian Honig, Lerke Gravenhorst (1980), Familien sind anders! Wie sie sich selbst sehen. Anstöße für eine neue Familienpolitik (Deutsches Jugendinstitut München), Reinbek bei Hamburg: Rowohlt.

Wallerstein, Judith S., u. Joan B. Kelly (1980), Surviving the Breakup. How Children and Parents Cope with Divorce, New York: Basic Books.

Wallerstein, Judith S., u. Sandra Blakeslee (1989), Gewinner und Verlierer. Frauen, Männer, Kinder nach der Scheidung. Eine Langzeitstudie, München: Droemer Knaur.

Wallerstein, Judith S., u. Sandra Blakeslee (1994), Scheidung – Gewinner und Verlierer, in: Ulrich Beck u. Elisabeth Beck-Gernsheim (Hg.), Riskante Freiheiten, 168–187, Frankfurt am Main: Suhrkamp.

Wallerstein, Judith S., Julia M. Lewis, Sandra Blakeslee (2000), The Unexpected Legacy of Divorce. A 25 Year Landmark Study, New York: Hyperion.

Wallerstein, Judith S., Julia M. Lewis, Sandra Blakeslee (2002), Scheidungsfolgen – Die Kinder tragen die Last. Eine Langzeitstudie über 25 Jahre; aus dem Englischen von Ulrike Stopfel, Münster: Votum.

Wallerstein, Judith S., u. Sandra Blakeslee (2003), What About the Kids? Raising your Children Before, During, and After Divorce, New York: Hyperion.

Walper, Sabine, u. Anna-Katharina Gerhard (1999), Konflikte der Eltern, Trennung und neue Partnerschaft. Einflüsse auf die Individuation von Kindern und Jugendlichen in Ostdeutschland, in: Sabine Walper u. Beate Schwarz (Hg.), Was wird aus den Kindern? Chancen und Risiken für die Entwicklung von Kindern aus Trennungs- und Stieffamilien, 143–170, Weinheim u. München: Juventa Verlag.

Watson, Patricia A. (1995), Ancient Stepmothers. Myth, Misogyny and Reality. Leiden: Brill.

Weber, Max (1922/1970), Wirtschaft und Gesellschaft. Grundriß der verstehenden Soziologie, 5. revidierte Auflage, Tübingen: J. C. B. Mohr (Paul Siebeck).

Wegmann, Nikolaus (1988), Diskurse der Empfindsamkeit. Zur Geschichte eines Gefühls in der Literatur des 19. Jahrhunderts, Stuttgart: Metzler.

Welsch, Wolfgang (1991), Unsere postmoderne Moderne. Dritte, durchgesehene Auflage, Weinheim: Acta humaniora.

Welter, Rüdiger (1986), Der Begriff der Lebenswelt. Theorien vortheoretischer Erfahrungswelt, München: Wilhelm Fink Verlag.

Welzer, Harald (2002a), Das kommunikative Gedächtnis. Eine Theorie der Erinnerung, München: C. H. Beck.

Welzer, Harald (2002b), Die Entwicklung des autobiographischen Gedächtnisses – ein Thema für die Biographieforschung, in: *BIOS. Zeitschrift für Biographieforschung, Oral History und Lebensverlaufsanalysen* 15/2, 163–168.

Welzer, Harald (2002c), Was ist das autobiographische Gedächtnis, und wie entsteht es? in: *BIOS. Zeitschrift für Biographieforschung, Oral History und Lebensverlaufsanalysen* 15/2, 169–186.

Welzer, Harald (2005), Wozu erinnern wir uns? Einige Fragen an die Geschichtswissenschaften, in: *Österreichische Zeitschrift für Geschichtswissenschaften* 16 (2005)/1, 12–35.

Werneck, Harald (1998), Übergang zur Vaterschaft. Auf der Suche nach den »Neuen Vätern«, Wien: Springer.

White, Michael, u. David Epston (1990), Narrative Mean to Therapeutic Ends, New York: Norton.

Wilk, Liselotte (1999), Die Gestaltung multipler Vaterschaft in Stieffamilien, in: Sabine Walper

u. Beate Schwarz (Hg.), Was wird aus den Kindern? Chancen und Risiken für die Entwicklung von Kindern aus Trennungs- und Stieffamilien, 121–142, Weinheim u. München: Juventa Verlag.

Wilk, Liselotte, u. Ulrike Zartler (2004), Leben mit Stiefeltern. Wie Kinder sich fühlen und was sie brauchen, Wien: öbv & hpt.

Willi, Jürg (1975), Die Zweierbeziehung, Reinbek: Rowohlt.

Willi, Jürg (1978), Therapie der Zweierbeziehung. Analytisch orientierte Paartherapie. Anwendung des Kollusions-Konzeptes. Handhabung der therapeutischen Dreiecksbeziehung, Reinbek bei Hamburg: Rowohlt.

Willi, Jürg (1991), Was hält Paare zusammen? Der Prozeß des Zusammenlebens in psycho-ökologischer Sicht, Reinbek: Rowohlt.

Wimmer, Rudolf u. a. (1996), Familienunternehmen – Auslaufmodell oder Erfolgstyp? Wiesbaden: Gabler Verlag.

Winkel, Heidemarie (2002), »Trauer ist doch ein großes Gefühl …« Zur biographiegenerierenden Funktion von Verlusterfahrungen und der Codierung von Trauerkommunikation, Konstanz: UVK.

Winter, Rainer (1990), Das Spannungsfeld zwischen Individuum und Familie. Selbstthematisierung in der Familie und familiale Selbstthematisierung, in: *System Familie* 3, 251–263.

Worden, William J. (1983), Understanding the Mourning Process, in: Ders., Grief Counseling and Grief Therapy. A Handbook for the Mental Health Professional, 25–50, London: Springer Publishing Company.

Zartler, Ulrike, Liselotte Wilk, Renate Kränzl-Nagl (Hg.) (2004), Wenn Eltern sich trennen. Wie Kinder, Frauen und Männer Scheidung erleben, Frankfurt am Main: Campus Verlag.

Žižek, Slavoj (1999), Liebe deinen Nächsten? Nein, danke! Die Sackgasse des Sozialen in der Postmoderne. Aus dem Englischen von Nikolaus G. Schneider, Berlin: Verlag Volk & Welt.

Žižek, Slavoj (2001), Die gnadenlose Liebe. Aus dem Englischen von Nikolaus G. Schneider, Frankfurt am Main: Suhrkamp.

Žižek, Slavoj (2006), Die zwei Seiten der Perversion. Die Philosophie der Matrix, in: http://www.schnitt.de/themen/artikel/philosophie

Rüdiger Retzlaff:
Spiel-Räume
Lehrbuch der systemischen Therapie mit Kindern und Jugendlichen
Mit einem Vorwort von Jochen Schweitzer
430 Seiten, mit ca. 30 Abbildungen, ISBN 978-3-608-94158-6

Das Buch vermittelt einen praxisnahen Leitfaden für den Aufbau
und die Durchführung von Therapien, angefangen vom Erstkontakt
über die mittlere Behandlungsphase und den Umgang mit
Therapiefortschritten und -krisen bis zur Beendigung von Therapien.
Ein weiterer Schwerpunkt des Buches ist die anschauliche Darstellung
der großen Fülle von systemischen Methoden und Interventionen.
Neben Standardinterventionen wie der Arbeit mit Aufgaben und
Verschreibungen werden kreative Techniken, die Arbeit mit Geschichten
und Metaphern, Rituale, Skulpturen und Ausdruckstechniken
ausführlich dargestellt. Abschließend wird auf den Einsatz von
Entspannungsverfahren, Imagination und Hypnose im Kontext von
Familien und auf Verfahren des systemischen Elterncoachings eingegangen.

Elisabeth Roudinesco:
Die Familie ist tot – Es lebe die Familie
Aus dem Französischen von Sabine Mehl
240 Seiten, broschiert, ISBN 978-3-608-94069-5

Vor einigen Jahrzehnten noch bespöttelt, erlebt sie heute ein Revival:
die Familie. Doch sie ist eine ganz andere geworden als noch vor
wenigen Jahrzehnten. Trotz allem ist die Sehnsucht nach familiärer
Bindung stärker als je zuvor. Sogar die bisherigen Außenseiter der
Gesellschaft wie gleichgeschlechtliche Paare, die bislang von der
bürgerlichen Gesellschaft abgelehnt, ja verhöhnt worden sind, kämpfen
heute vehement für ihr Recht auf Eheschließung und Kindesadoption.
Was sind die Gründe für diese anscheinend widersprüchliche
Entwicklung? Für die bekannte Historikerin und Psychoanalytikerin
Elisabeth Roudinesco gibt es nur eine Erklärung: Allein die Familie
bietet in der gegenwärtigen dekonstruierten Welt den Hort, der
dem Einzelnen die größtmögliche persönliche Entwicklungs- und
Entfaltungsmöglichkeit gewährleistet.

Klett-Cotta

Helm Stierlin:
Psychoanalyse – Familientherapie – systemische Therapie
Entwicklungslinien, Schnittstellen, Unterschiede
328 Seiten, gebunden, ISBN 978-3-608-94036-7

In den letzten Jahrzehnten ist es in der Familientherapie zu
einer Erweiterung des Gesichtsfeldes über die Familie hinaus zur
Betrachtung des gesamten »Systems« gekommen, und in Verbindung
mit der Übernahme von Erkenntnissen aus der modernen
Kommunikationswissenschaft ist das entstanden, was wir heute
systemische Therapie nennen. Stierlin verfolgt in dem vorliegenden
Werk die genannten Entwicklungslinien bis zu ihren Ursprüngen
zurück, wodurch heutige systemisch arbeitende Therapeuten die
Wurzeln ihrer Theorie erkennen und verstehen lernen.

Peter Nemetschek:
Systemische Familientherapie
mit Kindern, Jugendlichen und Eltern
Lebensfluss-Modelle und analoge Methoden
435 Seiten, gebunden mit ca. 60 Illustrationen, ISBN 978-3-608-94423-5

Peter Nemetschek vermittelt seine profunde Erfahrung in der
Familientherapie kreativ und humorvoll. Mit erstaunlich einfachen
Mitteln, z. B. bunten Seilen als Lebenslinien, baut die Familie
gemeinsam ihre Lebensfluss-Landschaft auf:
* Liebesgeschichte
* Zeugung und Geburt der Kinder
* Heranwachsen
* die Krise im Jetzt
* und weiter Richtung Zukunft.
Ressourcen aus der Vergangenheit und die plastische Vision in
Alltagstrance »Wenn ich mal groß bin« geben den Familienmitgliedern
die notwendige Kraft für den Lösungsprozess.
Der Autor vermittelt Grundlagen und Methoden der Lebensfluss-Arbeit
und konkretisiert sie durch spannende Fallgeschichten aus etwa 20
Symptombereichen – vom Problem des Einnässens über rebellierende
Jugendliche bis hin zur Krebserkrankung in der Familie.

Klett-Cotta

Helge-Ulrike Hyams:
Kinder wollen keine Scheidung
186 Seiten, broschiert, ISBN 978-3-608-94044-2

Das Buch behandelt ausführlich das Thema des Verlusts eines
Elternteils und dessen Folgen für Jungen und Mädchen. Diese
Trennung, in den meisten Fällen vom Vater, ist das größte Problem.
Der Schmerz über den Vaterverlust und die Sehnsucht nach ihm –
wie auch umgekehrt die Sehnsucht des Vaters nach den Kindern – ist
mitunter so übermächtig, dass die Kinder ihn nur durch Verleugnung
oder Verdrängung ertragen können. »Mein Vater ist Negerkönig im
Takatukaland«, lässt Astrid Lindgren die verwaiste Pippi Langstrumpf
sagen. Kein Kind der Welt, das dies nicht verstehen würde.
Eltern, die sich scheiden lassen, tun dies letztlich immer auf Kosten
und zu Lasten ihrer Kinder, ob sie dies wollen oder nicht. Sie sollten
dieses bedenken, bevor sie ihre Entscheidung treffen.

Françoise Dolto:
Scheidung. Wie ein Kind sie erlebt
140 Seiten, broschiert, ISBN 978-3-608-94528-7

Françoise Dolto gibt wertvolle praktische Hinweise, wie Eltern, die sich
zur Scheidung entschlossen haben, unnötige Probleme vermeiden und
sich und ihren Kindern einen konstruktiven Neuanfang ermöglichen.

»Das in Interviewform weitgehend ohne Fachvokabular geschriebene
Buch vermittelt eine Fülle von Informationen und Anregungen ...
Ein psychologischer Ratgeber, der gelungen ist wie selten.«
Süddeutsche Zeitung

Klett-Cotta